Das Superbuch der Horoskope

Erika Sauer

Das Superbuch der Horoskope

Abendländische und chinesische Astrologie

Bassermann

Inhalt

Vorwort

In diesem Buch finden Sie alles über Charakter, Liebe und Schicksal nach dem abendländischen und chinesischen Tierkreis für das dritte Jahrtausend. Es soll eine uralte Wissenschaft entschlüsseln und astrologische Fakten darstellen, die auch heute noch gültig sind.

Vor Jahrtausenden wurde die Astrologie als eine Geheimwissenschaft von Priestern gehütet, war ein Teil der Religion. Sie war Mutter der Astronomie und fand im Abendland, aber auch in Ostasien Eingang in den Volksglauben. Unwidersprochen blieb bis auf den heutigen Tag die Erkenntnis, daß es rätselhafte Verbindungen zwischen den Gestirnen und dem menschlichen Charakter gibt. Auch noch im dritten Jahrtausend wird die Anziehungskraft der Astrologie die Zeiten überdauern.

Schon vor vierhundert Jahren nannte Johannes Kepler (1564 bis 1640) die aus den Sternen gelesenen Horoskope eine ernst zu nehmende Wissenschaft, obwohl er als Astronom tiefschürfende Erkenntnisse über die Sonne und die sie umkreisenden Planeten hatte, die das mittelalterliche Weltbild auf den Kopf stellten und auch in diesem Millennium ihre Gültigkeit behalten werden.

Er arbeitetet, um seine finanziellen Mittel aufzufrischen, wie der Italiener Galileo Galilei (1564 bis 1642) als treffsicherer Astrologe. Auch dieser stellte fest, daß die Erde nicht Mittelpunkt der Welt sein könne, sondern die Sonne. Er mußte sein Forschungsergebnis vor einem Kirchengericht widerrufen. Wir wissen aber heute, daß es im Weltall hunderte von Sonnensystemen gibt, Millionen und Abermillionen Lichtjahre von unserer kleinen Erde entfernt.

Bedeutet diese Tatsache das Ende jeder astrologischen Weisheit? Wohl kaum. Sie hat die Jahrtausende überdauert und wird auch das neue überstehen. Das Geheimnis ist ja, daß die magischen Kräfte in unserem Weltsystem weiterhin ausstrahlen werden auf die Menschen – gerade so, wie es unser Buch wissen läßt.

Wir haben die abendländische und ostasiatische Astrologie hier zusammengefaßt. Der erste Teil handelt von den

Charaktereigenschaften in den zwölf Sternbildern und ihren Aszendenten, verfeinert durch planetarische Einsichten, die erst das astrologische Bild jedes einzelnen Menschen vervollständigen. Im zweiten Teil wenden wir uns den schicksalhaften Gegebenheiten der chinesischen Tiersymbolik zu.

Unsere Leser mögen aus den beiden Teilen jeweils das für sie Passende herausfinden und vielleicht feststellen, daß auch im dritten Jahrtausend die Astrologie und ihre Erkenntnisse modern bleiben. Denn ob man es nun glaubt oder auch nicht: Es ist ebenso spannend wie interessant, die Geheimnisse einer uralten Wissenschaft zu ergründen.

Erika Sauer

Teil 1

Abendländische Astrologie

Astrologie: Aberglaube oder Wissenschaft?

Eine beliebte Lektüre – das Horoskop

»Haben Sie zufällig in den letzten Monaten in einer Zeitung oder Zeitschrift Ihr Tages- oder Wochenhoroskop gelesen?« fragten die Allensbacher Interviewer zweitausend erwachsene Bundesbürger. Sechsundvierzig Prozent, also knapp die Hälfte, bekannten sich zum Blick ins Horoskop. Achtundzwanzig Prozent wußten sogar noch, ob die Sterne günstig oder ungünstig für sie standen. Dabei war der Prozentsatz der astrogläubigen Frauen weit höher als der männlicher Horoskopleser. Und noch etwas Erstaunliches kam heraus: Fast jede fünfte Frau, aber nur jeder vierzehnte Mann gaben zu, das Zeitungshoroskop habe gelegentlich genau gestimmt.

Was steckt nun wirklich hinter der Astrologie? Ist sie ernstzunehmende Wissenschaft oder nur Scharlatanerie einzelner, die sich den Aberglauben der Hälfte unseres Volkes bezahlen lassen? Wir sind der Meinung, daß alles ein Spiel ist, bei dem immer wieder erstaunliche Ergebnisse herauskommen, das nie zu Ende geht und stets von neuem aufgenommen wird – das große Schicksalsspiel der Menschheit, das seit Jahrtausenden bekannt ist: Aus der Stellung der Gestirne sollen Charaktere zu bestimmen und Zukünftiges abzulesen sein.

Von alters her glauben die Menschen an den Einfluß der Gestirne

Die Götter aus dem Weltall

Götter, Geister und Dämonen belebten nach den Vorstellungen der Urmenschen die Natur. Die Gestirne, besonders die Sonne, der Mond und die Planeten, galten als Gottheiten, die direkt in das Geschehen auf der Erde eingriffen. Seit Urgedenken verfolgten die Menschen den Lauf der Gestirne und verglichen ihn mit den Geschehnissen auf der Erde. So entstand in Jahrtausenden ein Katalog für Schicksalsvorhersagen.

In Babylonien und Assyrien waren die ersten Astrologen Priester, die aus den Stellungen der Planeten, aus Finsternissen und atmosphärischen Erscheinungen den Willen der Götter erforschten. Die frühesten astrologischen Aufzeichnungen stammen aus Assyrien. In den Ruinen von Ninive wurden in den Überresten der ehemaligen Bibliothek des Königs Assurbanipal (668-626 v. Chr.) Keilschrifttexte gefunden, die das älteste bisher bekannte Schrifttum zur Astrologie enthalten. Diese Quellen lassen bereits Einflüsse der Sumerer aus dem 3. Jahrtausend v. Chr. erkennen.

Über Jahrhunderte und Jahrtausende zeichneten die damaligen Wissenschaftler die Planetenbahnen exakt auf, und ihre Berechnungen waren auch ohne optische Geräte so genau, daß sie nur geringfügig von den astronomischen Messungen unserer Tage abweichen. Aus der genauen Beobachtung von Gestirnen entstand die Astronomie, die aber in früheren Zeiten nicht von der Astrologie zu trennen war. Auch auf diesem Gebiet leisteten die Babylonier Erstaunliches. Sie entwickelten unter anderem schon früh einen Kalender, der zwölf Monate zu dreißig Tagen enthielt. Da sie aber mit den Jahreszeiten nicht immer hinkamen, schoben sie von Zeit zu Zeit ziemlich willkürlich einen Schaltmonat ein.

In der Zeit der frühgeschichtlichen Hochkulturen waren Astronomie und Astrologie eine Einheit

Geschäfte mit Tageshoroskopen

Astrologie und Astronomie wurden auch schon im alten Ägypten betrieben. Die ägyptischen Astronomen beschäftigten sich vor allem mit der Zeitrechnung: Das Kalenderjahr begann mit der regelmäßig einsetzenden Nilschwelle und hatte 365 Tage, die in zwölf Monate mit je dreißig Tagen und fünf Zusatztagen unterteilt waren.

Ägyptische Astrologen erstellten bereits Tageshoroskope. Allerdings wurden solche Prognosen auch von geschäftstüchtigen Gauklern unters Volk gebracht. Die Sonnenreligion der Ägypter verkam schließlich zur reinen Wahrsagerei, wozu

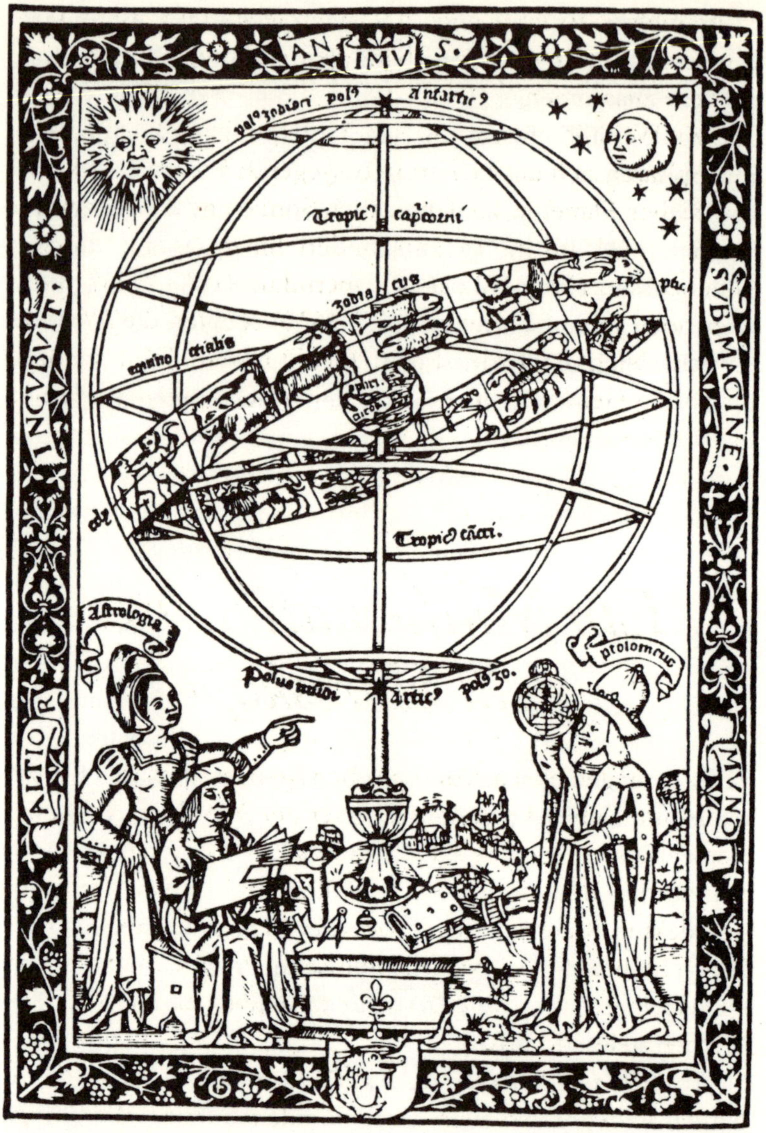

Das Weltbild des Ptolemäus, wie er es um 150 n. Chr. in seinem jahrhundertelang gültigen Standardwerk der Astrologie »Tetrabiblos« beschrieb; Holzschnitt aus dem Jahre 1515

später auch so manche Orakelschrift beitrug, die sich bis in unsere Zeit in Form von sogenannten ägyptisch-arabischen Traum- und Wahrsagebüchern erhalten hat.

Trotz der Auswüchse im östlichen Mittelmeerraum betrieben die alten Griechen sehr ernsthaft die Astrologie. Auch hier galt sie zunächst als Geheimwissenschaft, die nur wenigen Eingeweihten und Priestern zugänglich war.

Um 150 n. Chr. schrieb der Astronom Claudius Ptolemäus das jahrhundertelang gültige Standardwerk der Astrologie

»Tetrabiblos«. Er faßte auch das gesamte astronomische Wissen seiner Zeit in dem mehrbändigen Werk »Syntaxis mathematica« zusammen.

Sein Weltbild mit der Erde im Mittelpunkt und den auf sieben Sphären sich um sie herum bewegenden (damals bekannten) sieben Planeten, zu denen auch Sonne und Mond gezählt wurden, blieb bis ins 16. Jahrhundert hinein astronomischer Glaubenssatz. Erst Nikolaus Kopernikus (1473-1543), mehr aber noch Johannes Kepler (1571-1630) rückten das Weltbild zurecht: Nicht die Erde ist Mittelpunkt unserer Welt, sondern die Sonne. Heute wissen wir, daß auch unser Sonnensystem nur eines von vielen ist.

Ein Mathematiklehrer stellt Horoskope

Trotz ihrer genialen astronomischen Kenntnisse waren Kopernikus und Kepler keinesfalls Gegner der Astrologie. Johannes Kepler besserte sogar sein karges Gehalt als Lehrer und Mathematiker in Graz durch die Herstellung von schwarz und rot gedruckten Kalendern auf, denen er »Prognostica« beifügte: Aussichten auf das Wetter, politische Prophezeiungen und auch kleinere Jahreshoroskope für den einzelnen, die er aus den Sternen gelesen hatte.

Im ganzheitlichen Weltbild der frühen Neuzeit blieb die Astrologie Bestandteil ernsthafter Sternenkunde

Er blieb sein Leben lang Astronom *und* Astrologe, was er einmal so begründete: »Wenn Gott jedem Tierlein Werkzeuge zur Erhaltung seines Lebens gegeben hat, warum soll es dann nicht recht sein, wenn er in derselben Absicht den Astronomen die Astrologie zuteilt?« Später fügte er dann an: »Es ist wol diese Astrologia ein närrisches Töchterlin, aber lieber Gott, wo wollt ihre Mutter die hochvernünftige Astronomia bleiben, wann sie diese ihre närrische Tochter nit hette, ist doch die Welt noch viel närrischer.«

Kepler glaubte an die kosmische Gebundenheit des Menschen: »Alles, was in der Astrologia einer Erfahrung gleich sihet und sich nicht offenbarlich auff kindische fundamente

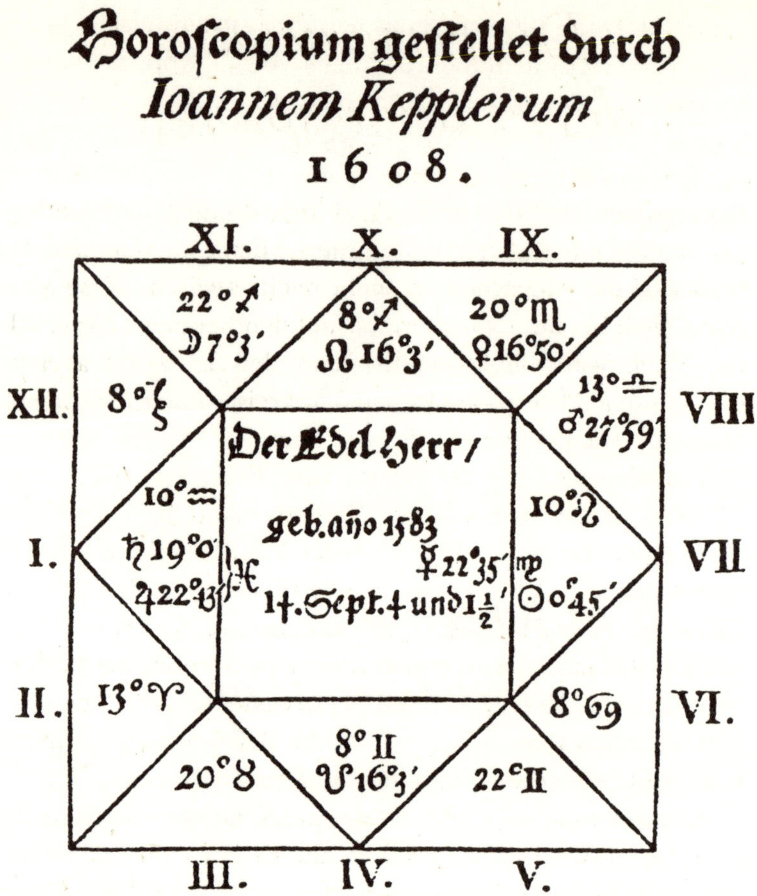

Der Astronom Johannes Kepler (1571–1630) rückte das Weltbild zurecht: Nicht die Erde, sondern die Sonne ist das Zentrum, um das sich alles dreht. Er blieb ein Leben lang auch Astrologe und stellte dem kaiserlichen Feldherrn Wallenstein Anfang des 17. Jahrhunderts das nebenstehende Horoskop

zeucht, das halte ich für würdig, daß man darauff achtung gebe.« Und er hoffte, »solche scientia werden neben vielen Stücken der Medicina sich dürffen sehen lassen«. Kepler stellte Anfang des 17. Jahrhunderts auch dem Feldherrn Wallenstein ein Horoskop, dessen Prognosen, wenn man sie im nachhinein betrachtet, einigermaßen genau eintrafen.

Bis zum Beginn der Neuzeit beherrschte die Astrologie im christlichen Gewand das abendländische Denken. Sie wurde noch bis ins 18. Jahrhundert an Universitäten als Wissenschaft gelehrt. Dann verschwand sie von den Lehrplänen, ihre Gegner behielten die Oberhand – für sie hatte die »exakte« Wissenschaft gesiegt.

Die Verschiebung des Frühlingspunktes

Kritik aus den Reihen der »exakten« Naturwissenschaft

Naturwissenschaftlich sei die Astrologie durch nichts zu erklären, hieß es, ein Einfluß der Gestirne auf den Charakter und das Schicksal des Menschen sei nicht nachzuweisen. Diese Meinung blieb bei ihren Gegnern bis auf den heutigen Tag erhalten. Wichtigster Punkt der Kritik an der Astrologie aber ist die Tatsache, daß Sternbild und Tierkreiszeichen nicht mehr wie vor etwa zweitausend Jahren, übereinstimmen.

Damals wanderte die Sonne zum Frühlingsanfang, dem 21. März, in das Sternbild des Widders. Heute liegt der Frühlingsbeginn längst im Sternbild der Fische und nähert sich schon dem des Wassermanns, weil sich dieser Zeitpunkt im Laufe von etwa 2160 Jahren um ein Sternbild verschiebt. Erst nach 25 900 Jahren wird er sich wieder im Sternbild des Widder befinden. Und deshalb folgern Naturwissenschaftler, die jahrtausendealten Berechnungen, auf die Astrologen auch heute noch stolz verweisen, seien für die Katz.

Um diesen scheinbaren Fehler auszumerzen, deuteten die Astrologen das Tierkreiszeichen um. Es hat nichts mehr mit dem Sternbild gleichen Namens gemein. Widder bleibt für sie Widder, auch wenn die Sonne zur Geburtszeit im Sternbild der Fische steht.

Astrologie und Weltraumfahrt

High-Tech und Astrologie – unvereinbar?

Natürlich haben auch die Weltraumfahrt und die Eroberung des Mondes den Gegnern der Astrologie Zündstoff gegeben. Im Zeitalter künstlicher Satelliten und Weltraumraketen, so behaupten sie, sei kein Platz mehr für Vorstellungen, daß im Augenblick der Geburt eines Menschen, des ersten Atemzuges also, wirksame kosmische Einflüsse den weiteren Lebensweg

Albrecht Dürer schuf um 1515 eine der schönsten Sternkarten, auf der er die Tierkreiszeichen ihrem Namen nach verbildlichte. Unsere Abbildung zeigt den nördlichen Himmel

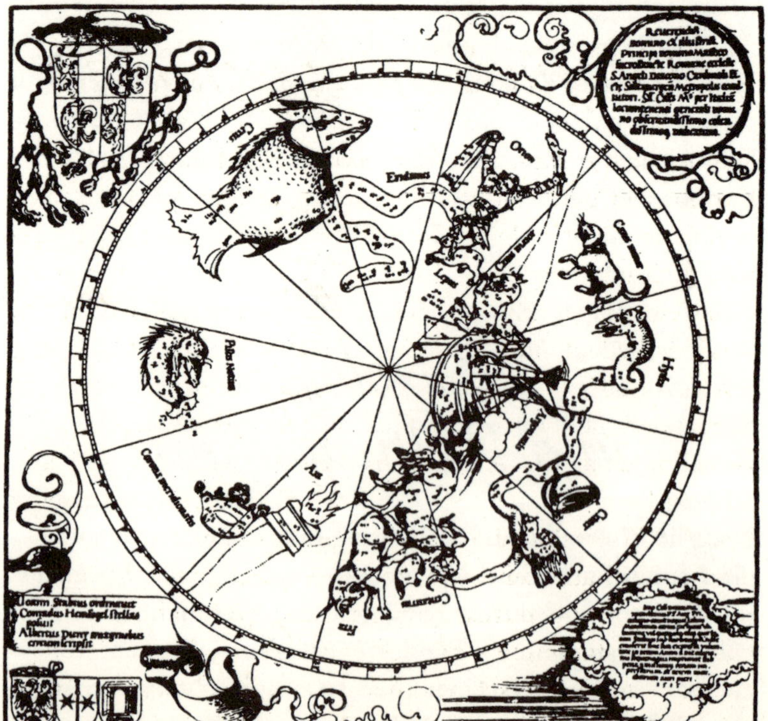

Der nördliche Himmel aus der um 1515 entstandenen Sternkarte Albrecht Dürers

des Individuums bestimmen. Allerdings wird hierbei übersehen, daß der Einfluß des Erdtrabanten auf Ebbe und Flut noch nicht schlüssig erklärt wurde, daß es nach wie vor »mondfühlige« Menschen gibt, die in Vollmondnächten unter Kreislaufschwäche und Schlafstörungen leiden.

In unseren Tagen erlebt die Astrologie, trotz der starken Gegnerschaft in den Reihen der Naturwissenschaftler, einen großen Aufschwung. In amerikanischen Hochschulen steigt die Zahl der Studenten, die unter dem Stichwort »Experimentelle Parapsychologie« auch Astrologie wissenschaftlich betreiben, ganz zu schweigen von den 32 Millionen erwachsener Amerikaner, die – nach einer Umfrage des weltberühmten Gallup-Instituts – an die Astrologie »glauben« und von ihr Lebenshilfe erwarten. Vor einer Generation, als es noch viel mehr Tageszeitungen in den USA gab, brachten nur hundert Blätter regelmäßig Horoskope. Heute sind es 1250 (zwei Drittel der gesamten US-Presse), obwohl wegen der vielen neu hinzugekommenen Fernsehsender weniger Zeitungen erscheinen.

»Es gibt mehr Ding' im Himmel und auf Erden, als eure Schulweisheit sich träumen läßt« – viele Menschen erhoffen sich Rat bei den Sternen

Hilfe für Tiefenpsychologie

Der schlechte Ruf, den die Astrologie durch mancherlei Kurpfuscher und Marktschreier in den letzten Jahrhunderten bekam, ist nicht so leicht wegzuwischen. Wer aber die Ernsthaftigkeit und wissenschaftliche Akribie kennt, mit der heute viele Astrologen arbeiten, der vermag nur zu unterstreichen, was der bedeutende Schweizer Psychotherapeut C. G. Jung schon vor über dreißig Jahren sagte: »Die moderne Astrologie nähert sich mehr und mehr der Psychologie und klopft bereits vernehmlich an die Tore der Universitäten!« Und ein so angesehener Psychoanalytiker wie Fritz Riemann schrieb in seinem Ende 1976 erschienenen Buch »Lebenshilfe Astrologie«, er glaube, bei Patienten beobachtet zu haben, daß deren Neurosen oft von einem Auseinanderlaufen zweier natürlicher Prägungen herstammten – der des Typs, der sie, ihrem Tierkreiszeichen und ihrer Geburtssituation entsprechend, eigentlich sein sollten, und einer vom Milieu bedingten Prägung, die keine

Psychologische Beobachtungen sprechen für den Einfluß der Sterne auf die Psyche

Rücksicht auf »kosmische Konstellation« nähme. »So festigte sich in mir«, schreibt Riemann, »aus der wechselseitigen Ergänzung der beiden Gebiete, der tiefenpsychologischen Therapie und der Astrologie, die Erfahrung, daß die alte Lehre von der Entsprechung zwischen den kosmischen Konstellationen und dem Wesen des Menschen ernst zu nehmen sei.«

Tatsächlich findet man die seltsame charakterliche Übereinstimmung zwischen Menschen aus dem gleichen Tierkreiszeichen, die auch von »exakten« Wissenschaftlern nicht ganz geleugnet wird, selbst wenn diese die Gründe dafür nicht gerade in den Sternen suchen. Als »Scharlatanerie« und »Geschäftemacherei« wird die astrologische Zukunftsdeutung von Naturwissenschaftlern abgetan, was der vor einigen Jahren verstorbene Fernseh-Wissenschaftsautor Professor Hoimar von Ditfurth in dem Satz zusammenfaßte, Astrologie sei »eine Form von Aberglauben, die sich anmaße, dem lieben Gott in die Karten zu schauen«.

Wie hoch die Astrologen dagegen bei den Großen der Welt in Kurs stehen, mag sich daraus erhellen, daß zum Beispiel der frühere indische Ministerpräsident Jawaharlal Nehru, ein nüchterner Realpolitiker, oft dem Rat seines Astrologen vertraute. So wurden einmal die Unabhängigkeitsfeiern vorgezogen, weil dem Sterndeuter ein Termin um Mitternacht günstiger erschien als der am nächsten Morgen.

Führungskräfte per Horoskop

In unseren Breiten schweigen Astrologen über ihre prominenten Kunden aus Politik und Wirtschaft. Bekannt aber ist die Tatsache, daß in der Bundesrepublik einige bedeutende Unternehmer Einstellungen von Führungskräften nicht nur von graphologischen, sondern auch von astrologischen Gutachten abhängig machen. Daß dabei die beratenden Astrologen eine Menge Geld verdienen, braucht nicht erst erwähnt zu werden (der Preis für ein exaktes Individualhoroskop, von einem anerkannten Astrologen erstellt, ist eine drei-, manchmal sogar vierstellige Summe, die durch die zeitraubenden Berechnungen und Analysen jedoch durchaus vertretbar erscheint).

Wir möchten jedoch jede der gestellten Prognosen anzweifeln, die nicht auf der genauen Geburtsminute basiert; denn schon eine Verschiebung von wenigen Minuten kann einen anderen Aszendenten bescheren. Aber weiß jeder Bewerber auf die Minute genau, wann er geboren wurde?

Sie sehen: Astrologen haben es schwer, exakt zu arbeiten. Und wenn man ihre mit mathematischer Genauigkeit erstellten Ausrechnungen eines auf die Geburtsminute basierenden Horoskops sieht, ahnt man schon, daß es sich hier um eine Wissenschaft handeln muß, auch wenn das die Naturwissenschaftler leugnen.

Exakte Daten sind Voraussetzung für exakte Horoskope

Der »Horoskop-Normalverbraucher« fragt nicht danach, ob die Astrologie eine anerkannte Wissenschaft oder nur ein Aberglaube ist – er liest sein tägliches Horoskop in der Tageszeitung und stellt an manchen Tagen fest, daß es fast genau mit den wirklichen Geschehnissen übereinstimmt. Und manch einer freut sich über solch ein Horoskop, wenn es ihm Glück verspricht, und vergißt schnell kleine Unebenheiten, die auf eine kritische Phase in seinem Leben hindeuten.

Das Spiel für Millionen

Millionen und Abermillionen Menschen spielen dieses Spiel mit der Zukunft – täglich, wöchentlich, monatlich. Astrologen, die für Zeitungen durchaus ernsthafte Prognosen erstellen, geben zu, daß ein noch so gutes Zeitungshoroskop im Durchschnitt allerhöchstens zu zwanzig Prozent für den einzelnen zutreffen kann. Das mag einmal an der Kürze der Aussagen liegen, vor allem aber an den Mittelwerten, die für solche Horoskope zur Berechnung herangezogen werden; denn für Zeitungen können sie ja nicht mit feststehenden Zahlen aufwarten, die sie bei einem auf die Geburtsminute genau erstellten Horoskop vorliegen haben. Und deshalb ist die Wahrscheinlichkeit, daß die auf diese Weise errechnete Prognose eintrifft, nicht allzu hoch.

Grenzen eines Zeitungshoroskops

Das Horoskop

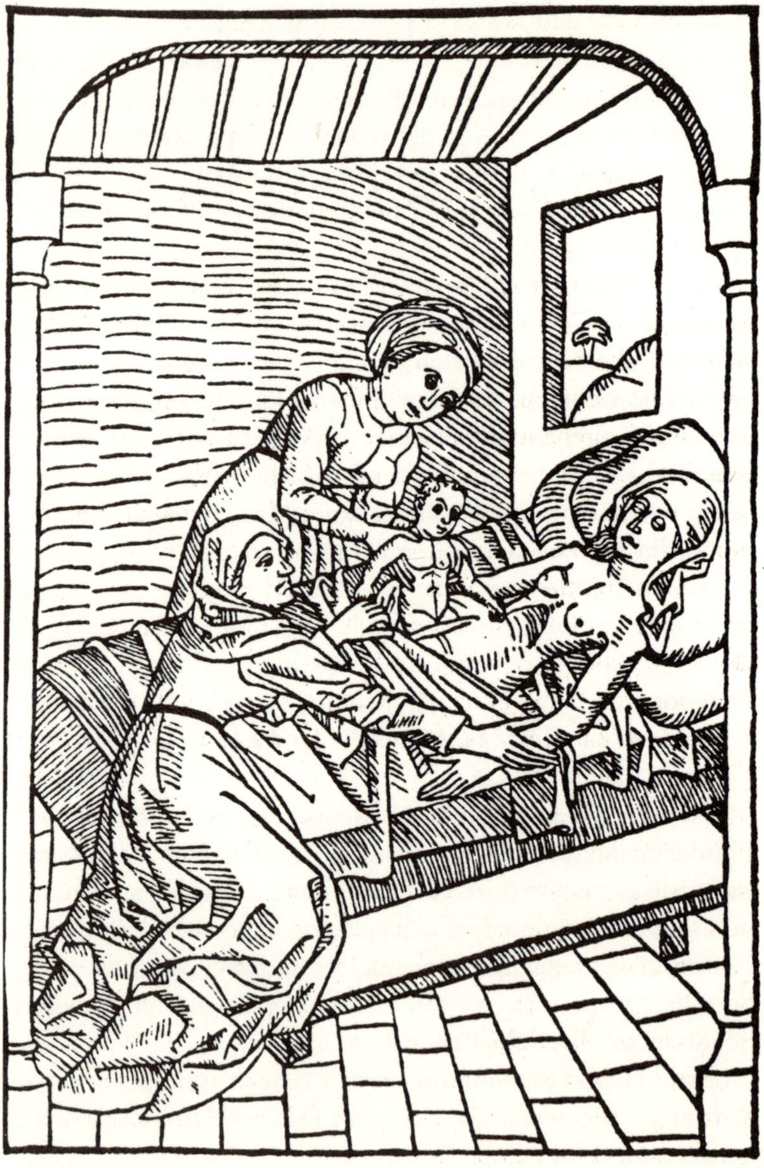

Für den Astrologen ist der Augenblick der Geburt, wenn das Kind den Mutterleib verläßt, maßgebend, um den Aszendenten zu berechnen. Unser Bild zeigt einen Holzschnitt aus »der selen wuczgart«, gedruckt von Konrad Dinckmut in Ulm 1483

Das folgende Wissen ist von entscheidender Bedeutung, wenn man ein genaues Horoskop erstellen will: die geographische Länge und Breite des Geburtsortes und die Minute der Geburt. Längen- und Breitengrad eines Ortes lassen sich leicht auf einer Landkarte ablesen, aber auch anhand der Tabelle im Kapitel »Der Aszendent im Tierkreis verändert das Charakterbild« ab Seite 225 dieses Buches feststellen.

Die Geburtsminute

Es gibt verschiedene Möglichkeiten, die genaue Geburtsminute zu erfahren

Leider kennen viele Menschen nur vage oder gar nicht die Minute ihrer Geburt. Sie wissen also nicht die genaue Zeit, da sie das Licht der Welt erblickten. Einige werden ihre Mutter fragen, die vielleicht Auskunft geben kann. Bei Jüngeren unter uns steht die genaue Uhrzeit eventuell schon auf dem Geburtsschein oder im Familienstammbuch. Jede Klinik registriert heute neben dem Datum auch auf die Minute genau den Zeitpunkt der Geburt. Sind diese Möglichkeiten erschöpft, sollte man beim Standes- oder Einwohnermeldeamt seines Geburtsortes eine große Geburtsurkunde bestellen; denn seit Ende des 19. Jahrhunderts sind diese Ämter verpflichtet, die vom Arzt oder der Hebamme angegebene Geburtszeit zu registrieren. Nur so kann ein Astrologe ein Horoskop auf gesicherten Daten aufbauen.

Wer seine Geburtsminute nicht kennt, muß sich mit einem Horoskop begnügen, das nur die Tageskonstellationen aufzeigt, die er freilich mit Millionen anderen Menschen gemeinsam hat, die am gleichen Tag wie er geboren wurden. Findige Astrologen versuchen darum, wenigstens die ungefähre Stunde der Geburt zu erfragen, was dann schon genauere Schlüsse auf das Schicksal zuläßt.

Sind Geburtszeit und Geburtsort bekannt, braucht der Astrologe nur noch einige wenige Faktoren zu berücksichtigen, um ein Horoskop zu erstellen.

Der Tierkreis

Da ist zunächst der Tierkreis. Das ist die Bahn, die Sonne, Mond und Planeten am Himmel wandern, wie man es von der Erde aus beobachten kann.

Ist die Sonne in Bewegung?

Ihr Einwand ist jetzt durchaus berechtigt: Die Sonne, meinen Sie, ist ein Fixstern, der von der Erde in einem Jahr einmal umrundet wird. Astronomisch ist das richtig. Aber für den Astrologen ist, anders als für den Astronomen, die Erde ein fester Standplatz, von dem aus betrachtet die Sonne (und nicht die Erde!) am Himmelszelt von Ost nach West wandert.

Diese scheinbare Bahn der Sonne nennt der Astrologe die Ekliptik. Sie ist derjenige größte Kreis am Himmelsgewölbe, in dem sich die Sonne Jahr für Jahr zu bewegen scheint.

Der Umfang eines Kreises – das lernten wir schon in der Schule – beträgt 360 Grad. Das trifft auch auf diesen größten Kreis der Sonne zu, wie wir es von der Erde aus sehen. Der Astrologe teilt nun den Sonnenweg in zwölf Abschnitte zu je etwa 30 Grad ein, die wir Tierkreiszeichen nennen. Der Sektor, in dem sich die Sonne zum Zeitpunkt unserer Geburt befindet, ist unser spezielles Tierkreiszeichen. Wer zum Beispiel am 1. April Geburtstag hat, bei dem stand die Sonne am Tage seiner Geburt im ersten Zeichen des Tierkreises auf der Ekliptik, im Widder. Er ist also, wie man landläufig sagt, ein Widder-Mensch.

Bestimmung der Tierkreiszeichen

Die Zwölfteilung des Tierkreises ist übrigens durch den Mond bedingt, der in einem Sonnenjahr etwas mehr denn zwölfmal als Trabant die Erde umkreist. Von alters her wird darum das Jahr kalendarisch in zwölf Monate eingeteilt, die in etwa den zwölf jährlichen Mondumläufen entsprechen.

Ein neues Jahr in jedem März

Das astrologische Jahr beginnt am 21. März im Tierkreiszeichen Widder, also nicht mit dem Kalenderbeginn am 1. Januar. Das ist so zu erklären: Die Ekliptik, der Weg, den Sonne, Mond und Planeten am Himmel scheinbar entlangziehen, liegt schief zum Äquator und zwar um zirka 23½ Grad. Der Äquator wird durch sie in zwei einander gegenüberliegenden Punkten durchschnitten. Diese Punkte heißen Äquinoktial- oder Tagundnachtgleiche-Punkte; wenn die Sonne an einem dieser beiden Punkte steht, sind Tag und Nacht gleich lang. So haben

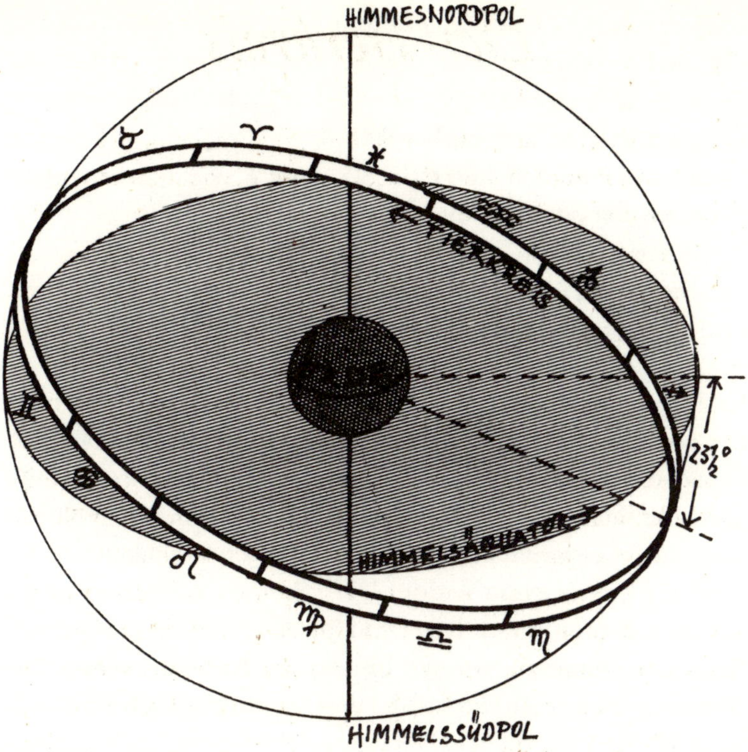

Der Himmelsäquator ist gegen die Ekliptik (den Tierkreis) um 23½ Grad geneigt. Er bildet eine Linie mit dem Erdäquator. Die gedachten Pole am Himmelsgewölbe stehen in einer Linie mit den Erdpolen. Die Schnittpunkte des Tierkreises mit dem Himmelsäquator sind die Tag- und Nachtgleichen

wir den Frühlings- und den Herbstpunkt. Steht die Sonne am Frühlingspunkt, beginnt das astrologische Jahr.

Die zwölf Abschnitte auf der Ekliptik benannte man schon vor Jahrtausenden nach Sternbildern, die in einer Vielzahl die Namen von Tieren hatten. Daher also stammt der Name Tierkreis für die Gesamtheit der zwölf Zeichen Widder, Stier, Zwillinge, Krebs, Löwe, Jungfrau, Waage, Skorpion, Schütze, Steinbock, Wassermann und Fische.

Tatsächlich deckten sich die gleichnamigen Sternbilder, wie wir gesehen haben, vor weit über zweitausend Jahren noch halbwegs mit den Tierkreisabschnitten. Damals wanderte die Sonne zum Frühlingsanfang, dem 21. März, ins Sternbild Widder. Heute liegt der Frühlingspunkt längst im Zeichen Fische und rückt aufs Zeichen Wassermann vor – Ansatzpunkt für die Gegner der Astrologie, diese daraufhin insgesamt in Frage zu stellen.

Nun sagen die Astrologen: Die Tierkreiszeichen sind nicht mit den gleichnamigen Sternbildern identisch. Sie sind nichts anderes als Einteilungen auf der Sonnen- und Planetenbahn.

Man hat nur die Namen der Sternbilder, die ja tatsächlich am Himmel zu sehen sind, für die Tierkreiszeichen übernommen. Sie sind die Sektoren der Ekliptik – eine Einteilung, die auf jahrtausendealter Erfahrung beruht.

Die Tierkreiszeichen

Der scheinbare Lauf der Sonne geht, von der Erde aus betrachtet, von Ost nach West. Deshalb sind auf einem Horoskopformular die Tierkreiszeichen auch von Ost nach West eingezeichnet, also im umgekehrten Uhrzeigersinn. Der Tierkreis beginnt im Osten etwa am 21. März, dem Frühlingspunkt, mit dem Tierkreiszeichen Widder. Die Sonne zieht danach in nördlicher Richtung durch Stier und Zwillinge, wendet sich nach Westen zu Krebs, Löwe und Jungfrau, geht nach Süden durch Waage, Skorpion und Schütze und kommt schließlich in öst-

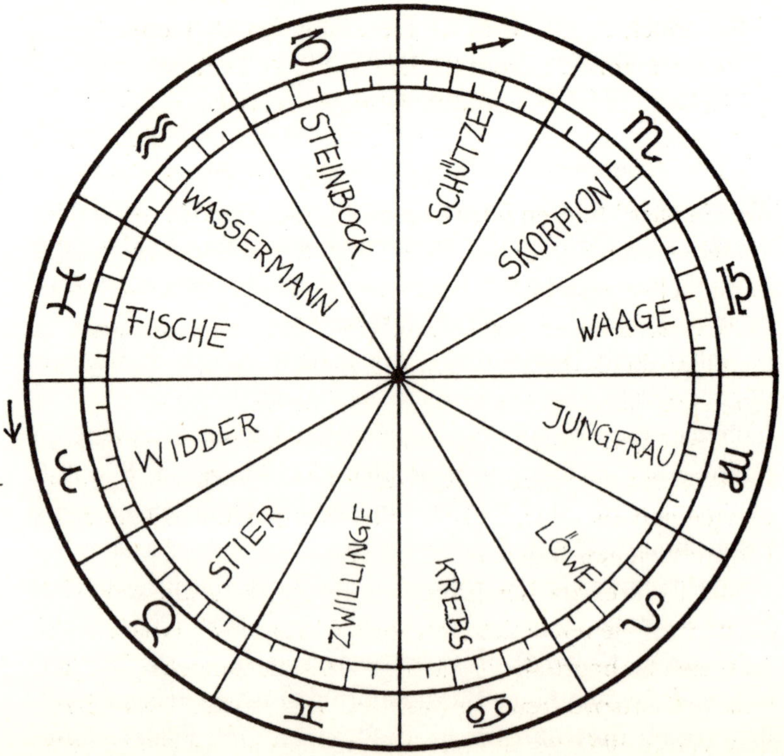

Entgegengesetzt zum Uhrzeigersinn verläuft der Tierkreis. Er beginnt am 21. März, dem Frühlingspunkt, mit dem Tierkreiszeichen Widder. Die Symbole der Tierkreiszeichen sehen Sie auf dem äußeren Rand unseres Horoskopschemas

licher Richtung durch Steinbock, Wassermann und Fische wieder auf den Frühlingspunkt zurück. Das ist das astrologische Jahr. Übrigens: Im Gegensatz zu Zeichnungen auf Landkarten ist in Horoskopformularen der Osten links, der Westen rechts, der Süden oben und der Norden unten.

Im Verlauf des astrologischen Jahres durchwandert die Sonne die Tierkreiszeichen

Eine genaue Festlegung der Tierkreiszeichen ist wegen einiger Verschiebungen, die sich aus den Planetenstellungen ergeben, nicht gut möglich; jedoch sind nachstehende Zeiten in unseren Breiten die gebräuchlichsten:

Widder	vom 21. März bis 20. April
Stier	vom 21. April bis 20. Mai
Zwillinge	vom 21. Mai bis 21. Juni
Krebs	vom 22. Juni bis 22. Juli
Löwe	vom 23. Juli bis 23. August
Jungfrau	vom 24. August bis 23. September
Waage	vom 24. September bis 23. Oktober
Skorpion	vom 24. Oktober bis 22. November
Schütze	vom 23. November bis 21. Dezember
Steinbock	vom 22. Dezember bis 20. Januar
Wassermann ...	vom 21. Januar bis 19. Februar
Fische	vom 20. Februar bis 20. März

Wer ein paar Minuten oder wenige Stunden vor oder nach dem Anfangs- oder Enddatum eines Zeichens geboren ist, müßte einmal selbst ausrechnen oder ausrechnen lassen, zu welchem Tierkreiszeichen er wirklich gehört. Man kann dies auch in einem Jahrbuch der täglichen Gestirnsstände, den Ephemeriden, nachlesen. Doch darüber später mehr.

Diese Überschneidungen aber sind in den meisten Fällen so minimal, daß sie kaum ins Gewicht fallen. Wir können uns im allgemeinen also durchaus an die oben genannten Daten der Tierkreiszeichen halten.

Tierkreiszeichen, nach Gruppen geordnet

Die Tierkreiszeichen können in Gruppen zusammengefaßt werden, aus denen ersichtlich wird, wie unterschiedlich sie im einzelnen zu beurteilen sind. Man kann sie zunächst den Jahreszeiten entsprechend gruppieren, also je drei Tierkreiszeichen von je 30 Grad zu 90 Grad der Ekliptik zusammenlegen.

Das ergibt dann folgendes Bild:

Frühling:	Widder	Stier	Zwillinge
Sommer:	Krebs	Löwe	Jungfrau
Herbst:	Waage	Skorpion	Schütze
Winter:	Steinbock	Wassermann	Fische

Das Viereck

Viereckgruppierungen gehören zu den ältesten astrologischen Zeichenverbindungen

Nach ältester astrologischer Tradition werden die Tierkreiszeichen auch in kardinale, feste und bewegliche Zeichen unterteilt, in sogenannte Viereckgruppierungen. Die kardinalen oder bewegten Zeichen zeigen stets besondere Leistungen an, wenn sie beherrschend sind. Zu ihnen gehören die ersten der vier Jahreszeiten, die auch Eckzeichen genannt werden.

Die festen oder fixen Zeichen sind die mittleren in den vier Jahreszeiten. Sie haben einen besonders großen Einfluß im Horoskop. Schließlich künden die letzten Zeichen der vier Jahreszeiten, die beweglichen oder angleichenden, Wechsel und Umschwünge an, wenn sie eine beherrschende Stellung in einem Horoskop einnehmen. Im einzelnen sieht das so aus:

Kardinale Zeichen:	Widder	Krebs	Waage	Steinbock
Feste Zeichen:	Stier	Löwe	Skorpion	Wassermann
Bewegliche Zeichen:	Zwillinge	Jungfrau	Schütze	Fische

Wie sind nun kardinale, feste und bewegliche Zeichen in einem Horoskop zu deuten? Hier die Merkmale im einzelnen:

Kardinale Zeichen stehen für Selbstbewußtsein

Kardinale oder bewegliche Zeichen: Wer in diesen vier Zeichen Sonne, Mond, Aszendent und Planeten gehäuft in seinem Horoskop stehen hat, den kann man als einen Menschen bezeichnen, der sich durchsetzt, mit sehr viel Verstand arbeitet und zu überragenden Leistungen befähigt ist. Er wird sicher ein guter Schüler gewesen sein und sich in seinem Beruf schnell nach oben gearbeitet haben. Er hat ein starkes Selbstbewußtsein, seine Gefühle gründen tief. Aber wie das so ist im Leben, kann der, dem solche Eigenschaften zugeschrieben werden, leicht auch über das Ziel hinausschießen und sich von einem gefühlsbetonten in einen triebhaften Menschen verwandeln. Oder er kann die ihm eigene Aktivität ins Maßlose steigern. Der *Widder* ist für die egoistische Grundtendenz verantwortlich, aber auch für starke Willenskraft. Der *Krebs* liefert die Gefühle, die von innen kommen und dafür sorgen, daß man nicht so hart mit seiner Umwelt umspringt. Die *Waage* sorgt für

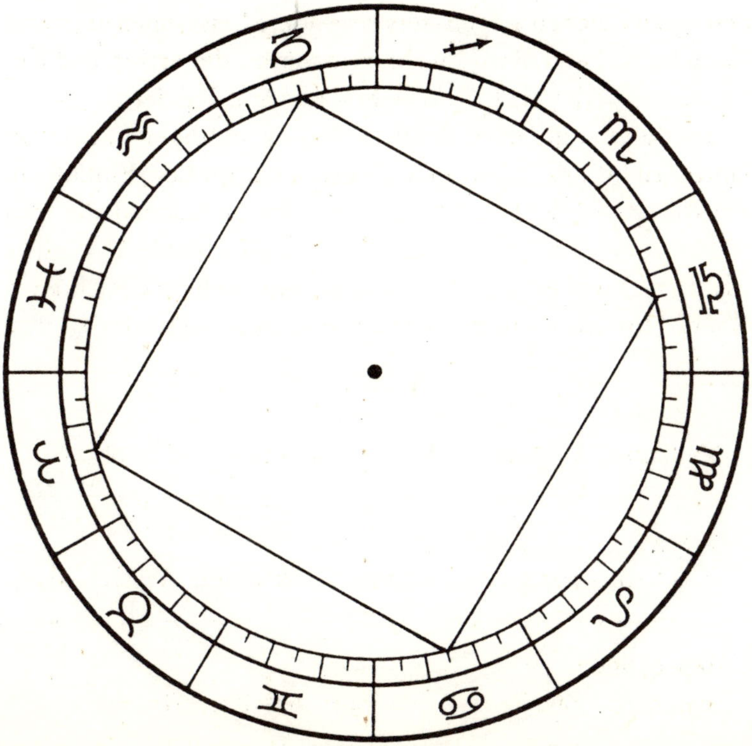

Das Viereck mit den vier kardinalen Zeichen Widder, Krebs, Waage und Steinbock

den Gemeinschaftssinn, sicher auch für jenen Feinschliff, den Leute aus solchem kardinalen Zeichen benötigen, um zu Rang und Würden zu kommen. Der *Steinbock* schließlich steuert Ausdauer und realistische Denkungsart bei. Stehen Sonne, Mond, Aszendent und Planeten gehäuft jedoch nur in einem der kardinalen Zeichen, so äußert sich das hier Gesagte meist überspitzt und wird möglicherweise sogar ins Negative verkehrt.

Geduld und Beständigkeit zeichnen feste Zeichen aus

Feste oder fixe Zeichen: Wenn in diesen vier Zeichen besondere Ballungen von Sonne, Mond, Aszendent und Planeten auftreten, wird das als Hinweis auf Beständigkeit eines Individuums gedeutet. Ein Mensch, dessen Horoskop auf feste Zeichen ausgerichtet ist, wird eher dem Traditionellen verhaftet sein. Was er auch tut – er wird besonnen zu Werke gehen. Geduld ist seine starke Seite. Er ist treu und anhänglich. Wenn er etwas verspricht, dann wird er es auch halten. Er ist arbeitsam und fleißig, so daß er sich wahrscheinlich leicht Besitz schaffen kann. Negativ kann man freilich sein stures Festhalten an veralteten Prinzipien, seinen Eigensinn und seinen manchmal über-

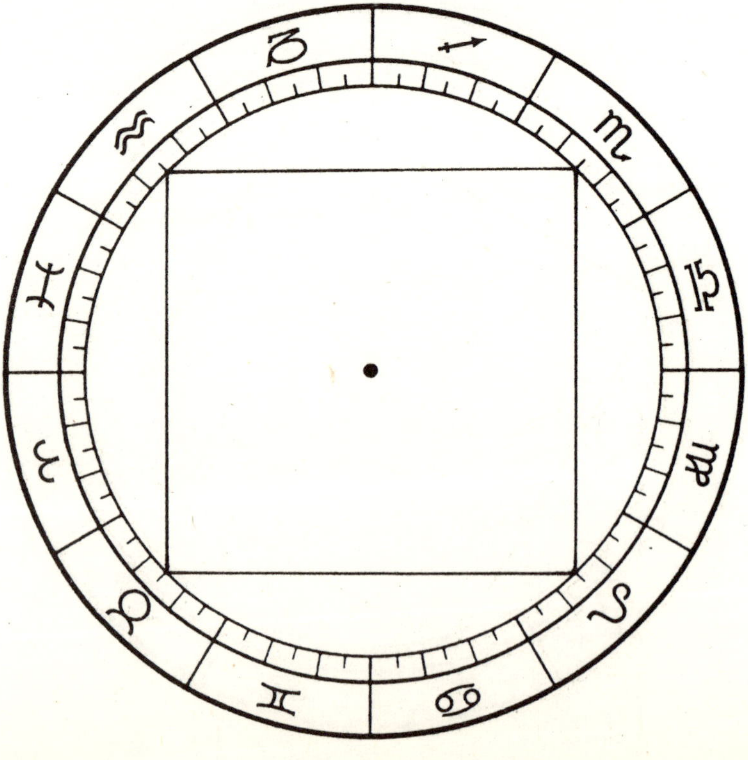

Das Viereck mit den vier festen Zeichen Stier, Löwe, Skorpion und Wassermann

spitzten Fanatismus vermerken, seine Eifersucht und sein ganz privat oft zur Despotie neigendes Wesen. Der *Stier* ist für die materielle Seite in den festen Zeichen zuständig, gleichzeitig für die praktische Umsetzung von Plänen in die Tat. Der *Löwe* stellt sich als sehr willensstark, aber manchmal auch als allzu selbstherrlich dar. Der *Skorpion* betont das Ich und das Durchsetzungsvermögen, koste es, was es wolle. Und schließlich neigt der *Wassermann* dem Ideellen zu, was mit sehr viel Freiheitswillen gepaart ist, wobei er nur zu leicht in Oppositionen zu den eigenen festen Zeichen geraten kann. Wie schon bei den kardinalen Zeichen kann eine besondere Anhäufung der erwähnten Aspekte in einem einzelnen festen Zeichen das hier Gesagte besonders negativ beeinflussen.

Bewegliche Zeichen: fügsam und gelassen

Bewegliche oder angleichende Zeichen: Hier ist eine Ballung von Sonne, Mond, Aszendent oder Planeten so zu deuten, daß der Mensch, bei dem eine solche Anhäufung im Horoskop auftritt, weicher und fügsamer ist. Ihm gilt der innere Frieden mehr als äußerer beruflicher Glanz. Er will nicht um jeden Preis

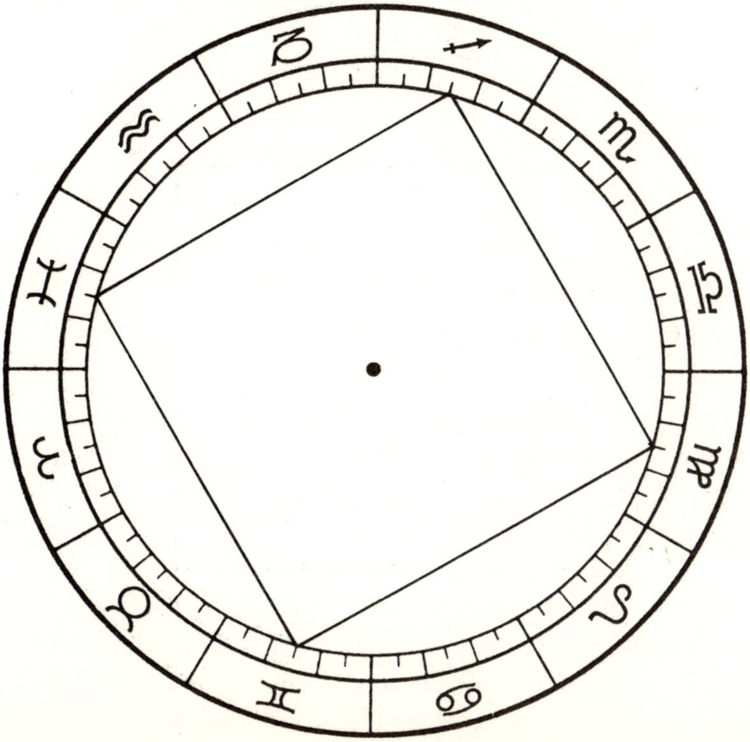

Das Viereck mit den vier beweglichen Zeichen Zwillinge, Jungfrau, Schütze und Fische

voranko mmen. Er läßt sich leicht vereinnahmen, bricht aber ebenso leicht aus dem gesellschaftlichen Gefüge aus. Bewegliche Zeichen künden oft heftige Umschwünge sowie krisenhafte Wechsel in eine etwas ungewisse Zukunft an. Trotzdem sind Menschen, die in diesen vier Zeichen Planetenanhäufung haben, gelassen und ergeben sich manchmal geradezu lethargisch in ihr Schicksal. Die *Zwillinge* steuern hier das geistvolle Streben bei, das freilich oft nur an der Oberfläche treibt. Die *Jungfrau* ist für das nüchterne Denken verantwortlich, das manchmal zu einer Unterordnung führt, die peinlich wirkt. Der *Schütze* steht in dieser Zusammensetzung für das Rastlose, Temperamentvolle, das sich aber leicht vergaloppieren kann. Und die *Fische* lassen die Gefühle wuchern, aber auch die Probleme, die zu Schicksalsschlägen führen können, gegen die man kaum ankommt. Ballungen nur in einem der vier Zeichen können das hier Gesagte ins Negative verfälschen.

Das Dreieck

Im Dreieck den Elementen zugeordnet

Auch Dreiecke können zur Deutung eines Horoskops herangezogen werden. Dazu ordnet man die Tierkreiszeichen den vier Elementen Feuer, Erde, Luft und Wasser zu:

Feuer:	Widder	Löwe	Schütze
Erde:	Stier	Jungfrau	Steinbock
Luft:	Zwillinge	Waage	Wassermann
Wasser:	Krebs	Skorpion	Fische

Die vier Elemente spiegeln sich bildhaft im Charakter und Schicksal des Menschen wider, die in den Feuer, Erde, Luft oder Wasser zugeordneten Zeichen zur Geburtsstunde eine Anhäufung von Sonne, Mond, Aszendent oder Planeten haben.

Feuerzeichen deuten daraufhin, daß Menschen im Horoskop positiv zu beurteilen sind. Sie sind sehr beweglich und wissen sich immer im rechten Augenblick durchzusetzen. Hier liegt eine vielseitige Erfahrung vor, die dafür sorgt, daß man nicht im »Fußvolk« steckenbleibt. Das Feuer heizt gewissermaßen zu großer Selbständigkeit an, zu Taten, die in der Öffentlichkeit anerkannt werden. Im negativen Sinne ist eine Überbetonung der Triebe und Leidenschaften auf vielen Gebieten vorhanden. Eine Ballung der erwähnten Aspekte im Feuerzeichen *Widder*

Im Zeichen des Feuers sind oft selbständige und durchsetzungsfähige Menschen zu finden

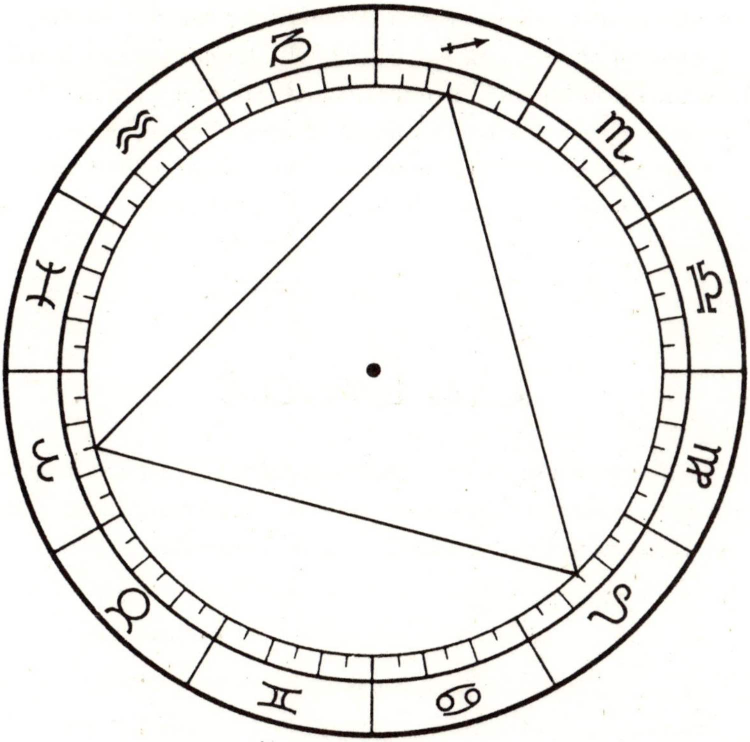

Das Dreieck der drei Feuerzeichen Widder, Löwe und Schütze

zeigt die Entschlossenheit der davon betroffenen Menschen an, sich in jedem Fall – zur Not auch unter Zuhilfenahme der Ellenbogen – durchzusetzen; hier wird krisenfest geplant. Eine Überbetonung im *Löwen* wird als Hinweis auf überragende Führungseigenschaften gedeutet; Manager dürften mit dieser Konstellation im Horoskop der Konkurrenz erfolgreich das Nachsehen geben. Anhäufungen im *Schützen* bewirken eine ideelle Haltung, das Streben nach mehr Menschlichkeit in harten Jobs.

Erdzeichen deuten auf realitätsbezogene Entschlüsse hin, wenn in einem Horoskop dort gehäuft Sonne, Mond, Planeten oder auch der Aszendent stehen. Hier ist man praktisch veranlagt und überlegt bewußt nüchtern. Auch eine gute Hand bei finanziellen Transaktionen wird bescheinigt. Da ist vor allem der *Stier* federführend. Wenn sich in diesem Erdzeichen die Konstellationen ballen, wird das immer auf Besitz oder eine gute Beziehung zu Geld und festen Werten hinweisen; ohne zu spekulieren wird man sein Schäfchen ins Trockene bringen. Bei

Das Dreieck der drei Erdzeichen Stier, Jungfrau und Steinbock

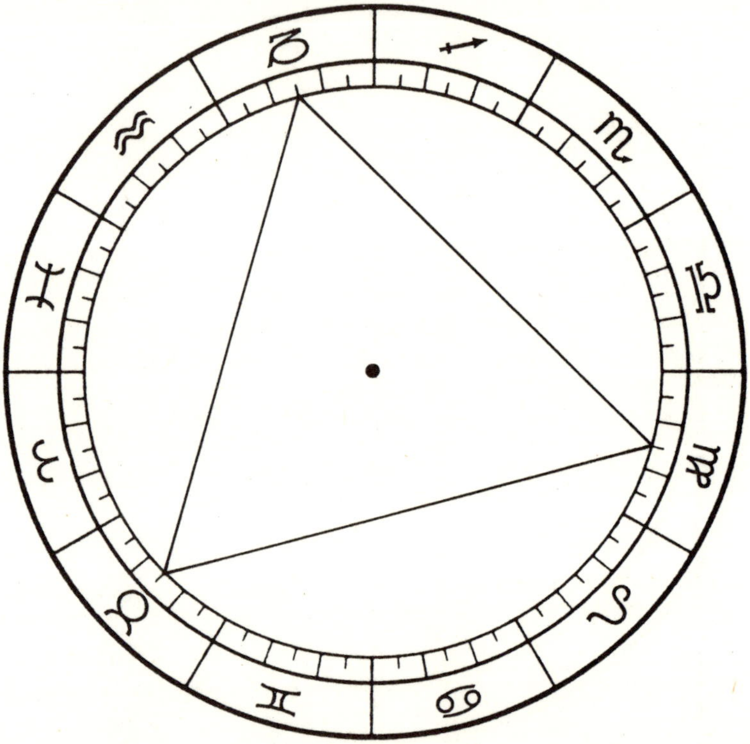

Eigenwillig bis eigenbrötlerisch sind bisweilen die Erdzeichen

der *Jungfrau* ist der Verstand im Spiele, der die praktischen Fähigkeiten in Erfolg umzusetzen versteht. Ist der *Steinbock* betont, wird sich das in einem ausgesprochenen Organisationstalent ausdrücken, das in irgendeiner Weise nutzbringend angewandt werden kann. Auf negativer Seite muß bei den Erdzeichen verbucht werden, daß man sich wegen zu großer Eigenwilligkeit nicht recht anpassen kann. Es kommt, wenn Gestirne mit negativen Aussagen angehäuft sind, zu einer gewissen Eigenbrötelei, zur Schlitzohrigkeit, die unsympathisch wirkt. Im allgemeinen aber sind Ballungen der Erdzeichen positiv zu werten.

Luftzeichen zeigen geistige Fähigkeiten an. Ideen werden gründlich durchdacht, man schindet Eindruck und wird von den Mitmenschen wegen guter Anpassungsfähigkeit und einer lockeren Beweglichkeit geschätzt. Man ist gesellig, aber oft nicht allzu zuverlässig. Hier kann sich der Verstand auch in Hochmut äußern. Menschen, in deren Horoskop Aspekte der

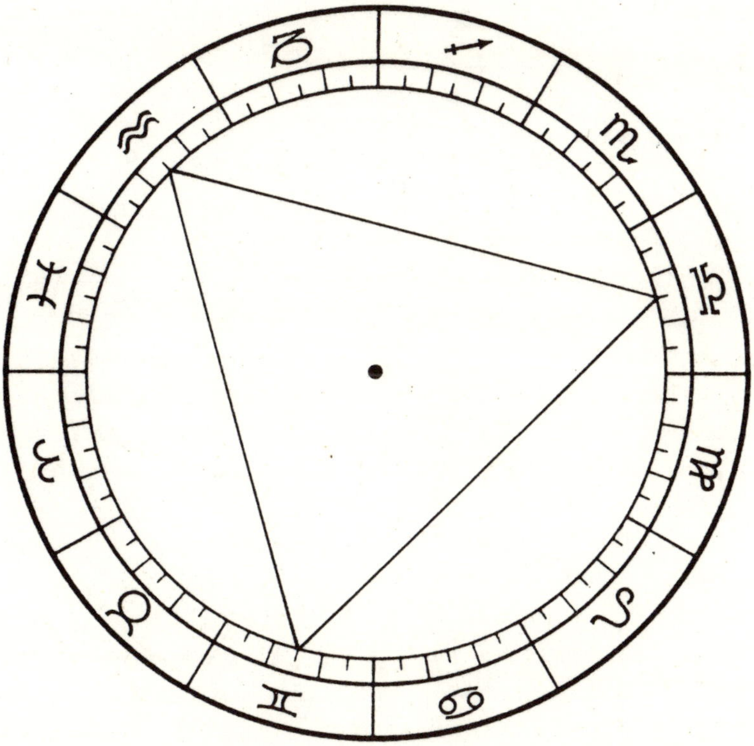

Das Dreieck der drei Luftzeichen Zwillinge, Waage und Wassermann

Luftzeichen übermäßig vorkommen, neigen oft zu Kurzschlußhandlungen, die plötzliche Wechsel im Beruf oder in den Gefühlen leicht möglich machen. Aber das Luftelement fördert auch die schönen Künste und läßt dort Großes erreichen. Sind in den *Zwillingen* die Planeten, zu denen ja astrologisch auch Sonne und Mond zählen, besonders angehäuft, haben wir es hier mit intellektuellen Begabungen zu tun; originelle Ideen kommen dabei heraus, die aber möglicherweise schnell wieder durch andere ersetzt werden. In der *Waage* deuten Ballungen

Gesellig, launisch, künstlerisch begabt: Die Luftzeichen

auf ein vorsichtiges Abwägen aller Möglichkeiten hin; ständig versucht man, sich den augenblicklichen Gegebenheiten anzupassen. Hier wird seelischer Tiefgang bevorzugt, der im zwischenmenschlichen Bereich auch zu Krisen führen könnte. Planetenhäufungen im *Wassermann* wirken eher stabilisierend, weil meist eine feste Haltung eingenommen wird.

Wasserzeichen deuten auf eine ausgeprägte Gefühlswelt hin. Man schürft im seelischen Bereich tief und reagiert sehr sensi-

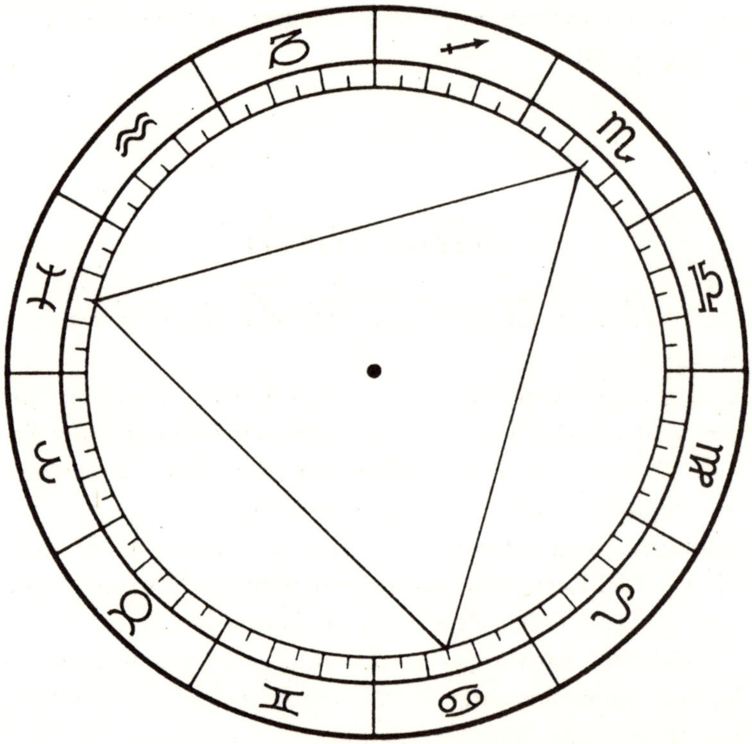

Das Dreieck der drei Wasserzeichen Krebs, Skorpion und Fische

Sensibilität und Sinn für Romantik zeichnet die Wasserzeichen aus

bel auf die Umwelt. Man hat viel Gemüt, aber auch königliche Launen. Wer es mit Ballungen in einem Wasserzeichen zu tun hat, kann durchaus einen erfolgreichen Berufsweg beschreiten, er wird es jedoch eher mit Spekulation und Hoffnung aufs große Glück versuchen als mit hartem Durchsetzungsvermögen. Die romantische Ader ist betont. Man hat es mit Schwärmern zu tun, die echte Menschenfreunde sind und durch ihre Höflichkeit und ihr sympathisches Wesen angenehm auffallen. Etwas unentschieden sind die Deutungen, wenn im *Krebs* die erwähnten Anhäufungen auftreten. Man hat viel Gemüt, wird aber zeitweilig auf Härte umschalten, um im Leben voranzukommen zu können. Widerstandsfähigkeit auch im seelischen Bereich erwartet man, wenn sich im *Skorpion* solche Ballungen zeigen; hier wird das Unbewußte öfter nach oben streben, man hat gewissermaßen einen sechsten Sinn. Negative Schlüsse läßt eine übermäßige Besetzung im *Fische*-Zeichen zu, wenn nicht andere starke Einflüsse das Bild verändern. Man ist von allen möglichen und unmöglichen Ereignissen stark beeindruckt, läßt sich leicht geistig überfahren, ist oft auch faul und unduldsam. Im gefühlsmäßigen Bereich reagiert man dagegen überwiegend positiv.

Männliche und weibliche Zeichen

Der älteste Gegensatz – männlich-weiblich – spiegelt sich auch in der Sterndeutung wider

Analog zum Prinzip der chinesischen Astrologie von Yin und Yang teilt man den Tierkreis auch noch in männliche und weibliche Zeichen ein, in Kraftfelder also, die typisch männliche oder typisch weibliche Energien widerspiegeln. In alten Darstellungen rücken dabei die weiblichen Zeichen in ein etwas schiefes Licht, weil sie allzu negativ dargestellt werden, während die männlichen überwiegend als positiv gelten.

Moderne Astrologen haben mit solchen antiquierten Anschauungen aus einer Welt, in der stets das Patriarchat den Ton angab, gründlich aufgeräumt.

Männliche Zeichen sind die Feuer- und Luftzeichen, also Widder, Zwillinge, Löwe, Waage, Schütze und Wassermann. Finden sich in männlichen Zeichen eines Horoskops betont positive Planetenkonstellationen, weist das auf starke Typen hin, die gern die Initiative ergreifen, manchmal aber auch mit allzu großer Aggressivität zu überzeugen suchen. Sie schöpfen Kraft aus sich selbst und vertrauen meist nur sich und den eigenen Handlungen. Man wird seine Ziele tatkräftig ansteuern und sich, ohne lange zu fackeln, ins volle Menschenleben stürzen. In alten astrologischen Überlieferungen wurde die Betonung eines männlichen Zeichens eindeutig positiv, für ein weibliches Zeichen aber negativ bewertet, weil man eine aggressive Lebensführung als unweiblich ankreidete.

Ist sie wirklich immer sanft und friedfertig – die Frau?

Weibliche Zeichen sind die Erd- und Wasserzeichen Stier, Krebs, Jungfrau, Skorpion, Steinbock und Fische. Die Betonung dieser Zeichen in einem Horoskop deutet auf eine mehr passive Lebenshaltung hin. Man zögert, ehe man sich zum Handeln entschließt, was oft auch als Klugheit ausgelegt werden kann. Positiv zu bewerten ist eine ausgesprochene Friedensliebe. Man will sich mit nichts und niemandem anlegen, sondern friedliche Koexistenz üben. Die in den männlichen Zeichen vorhandene Angriffslust ist nicht gegeben, und man ergreift auch nicht gern die Initiative, sondern überläßt, wenn in den weiblichen Zeichen die Planeten gehäuft auftreten, lieber anderen die Entscheidung. In Horoskopen von Frauen wurde diese Veranlagung bei solchen Konstellationen früher meist als sehr weiblich geschildert, in Horoskopen für Männer dagegen wurde sie eher als Mangelerscheinung beklagt; dann hieß es, dem Mann fehle der Mumm, sich im Leben durchzusetzen. Im Zeichen der Gleichberechtigung sehen das freilich moderne Astrologen ein wenig anders, zumal in unserer Zeit Frauen genauso »ihren Mann« stehen müssen wie die sogenannten Herren der Schöpfung. Oder sind Sie anderer Ansicht?

Was die Tierkreissymbole aussagen

Jedes Zeichen hat seine besondere Eigenart

Wenn wir die eben geschilderten Vierer-, Dreier- und Zweierkombinationen abschließend zusammenfassen, sehen wir, daß kein Tierkreiszeichen dem anderen gleich ist. Nun heißt es zu kombinieren, was wir als Merkmale von Sonne, Mond, Aszendenten und Planeten in den einzelnen Zeichen herausgestellt haben; dann haben wir schon ein Gerippe, mit dem der Astrologe arbeiten kann. Hier unsere Zusammenfassung:

Widder:	kardinal	Feuer	männlich
Stier:	fest	Erde	weiblich
Zwillinge:	beweglich	Luft	männlich
Krebs:	kardinal	Wasser	weiblich
Löwe:	fest	Feuer	männlich
Jungfrau:	beweglich	Erde	weiblich
Waage:	kardinal	Luft	männlich
Skorpion:	fest	Wasser	weiblich
Schütze:	beweglich	Feuer	männlich
Steinbock:	kardinal	Erde	weiblich
Wassermann:	fest	Luft	männlich
Fische:	beweglich	Wasser	weiblich

Höchstens zwei Eigenschaften können bei verschiedenen Zeichen übereinstimmen

Die Aspekte

Und nun kommen wir zu den Planeten, zu denen – astrologisch gesehen – auch der Fixstern Sonne und der Erdtrabant Mond gerechnet werden, weil sie großen Einfluß auf das Geschehen auf der Erde haben. Wie die Sonne durchwandern ja ebenso die Planeten die Ekliptik, die gedachte Himmelsbahn, die in einem Horoskop als sogenannter Tierkreis dargestellt wird.

Auch unsere Erde ist ein Planet. Sie wird im Horoskop zum Standpunkt des Betrachters, um den sich alles andere dreht – auch die Sonne, obwohl diese eigentlich – für die um sie rotierende Erde – ein feststehender Himmelskörper ist. Für den Betrachter auf der Erde bewegt sie sich allerdings Tag für Tag von Ost nach West.

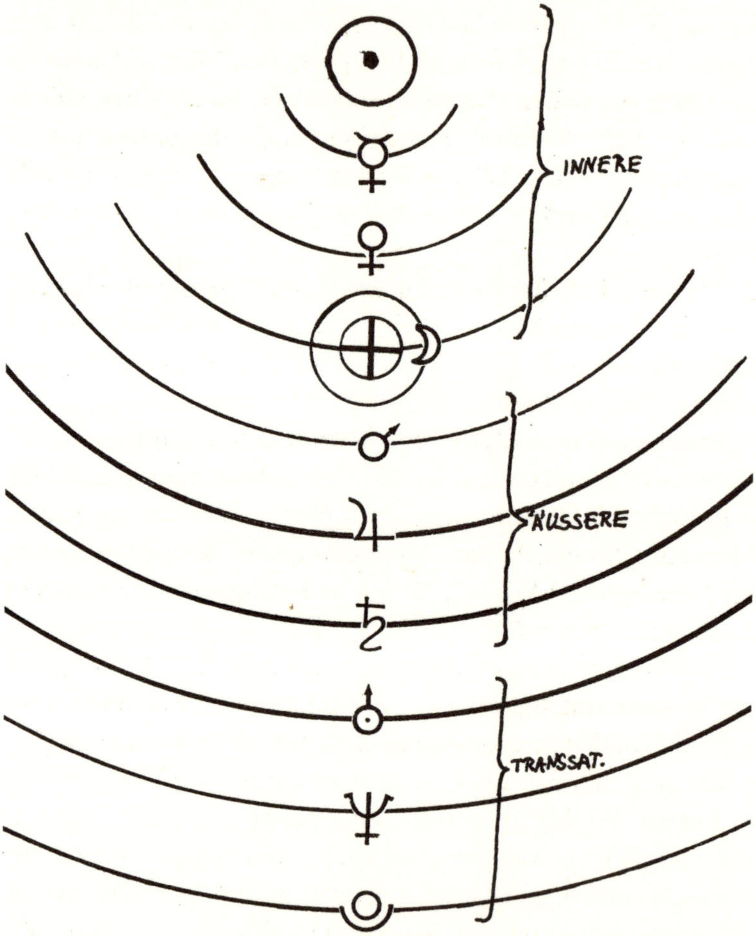

Unser Sonnensystem, wie es der Astrologe deutet. Oben die vier inneren Planeten mit der Sonne, dann Merkur, Venus und der Mond, der um die Erde kreist. In der Mitte die drei äußeren Planeten (von oben): Mars, Jupiter und Saturn. Und schließlich die drei transsaturnischen Planeten (von oben): Uranus, Neptun und Pluto

Seit es astrologische Forschung auf dieser Welt gibt, werden Sonne und Mond in die Planetenbewegungen einbezogen. Zu den Planeten gehören die hellsten Leuchtpunkte am Himmel, aber auch andere, die für das bloße Auge gar nicht zu erkennen sind. Als die »Lichter unserer Welt« haben sie astrologisch eine Sonderstellung.

Betrachten wir einmal dieses Planetensystem. Da ist zunächst die Sonne, gewissermaßen das Zentrum unserer Welt, um die sich alles dreht. Dieses Sonnensystem – das wissen wir inzwischen – rotiert wieder um ein anderes. Aber die Fixsternbewegung unserer Sonne ist für die Dauer eines Menschenlebens so unerheblich, daß wir sie getrost als ruhende Kraft bezeichnen können.

Sonne und Mond sind in der Astrologie den Planeten gleichgestellt

Der Sonne am nächsten ist Merkur, der zweitnächste Planet die Venus. Als dritter Planet kommt die Erde, um die sich der Mond dreht. Danach folgen Mars, Jupiter und Saturn. Damit ist die Reihe der sieben Planeten (Sonne und Mond eingeschlossen, aber nicht die Erde!) abgeschlossen, die den antiken astrologischen Forschern bekannt waren. Später wurden dann noch drei transsaturnische Planeten entdeckt: Uranus, Neptun und Pluto.

Die innerhalb der Erdbahn laufenden Gestirne, also Sonne, Merkur, Venus und Mond, werden auch »innere Planeten« genannt, die Planeten außerhalb der Erdbahn, Mars, Jupiter und Saturn, »äußere Planeten«.

Alle diese Himmelskörper bewegen sich mit unterschiedlichen Geschwindigkeiten um die Sonne. Vom Standplatz Erde aus gesehen, bilden die einzelnen Planeten (und demnach auch Mond und Sonne, die sich für das Auge des Betrachters ja um die Erde bewegt) Winkel, die in Graden, Minuten und Sekunden gemessen werden.

Im Zentrum: der Beobachterstandort Erde

Wir können, wenn wir den genauen Stand zweier Planeten zur Geburtszeit haben, den Winkel leicht ausrechnen: Die Schenkel bilden zwei gedachte Geraden, die sich, von den Planeten ausgehend, im Standplatz auf der Erde treffen.

Solche Winkel zwischen zwei Planeten werden Aspekte genannt. Winkel können aber auch – das haben wir bei den Dreiecks- und Vierecksverbindungen in den Tierkreiszeichen schon gesehen – von anderen festen Punkten im Horoskop bestimmt werden.

Die fünf wichtigsten Aspekte sind Verbindungen im Horoskop, die einen Winkel von 0 Grad *(Konjunktion)*, 60 Grad *(Sextil)*, 90 Grad *(Quadrat)*, 120 Grad *(Trigon)* und 180 Grad *(Opposition)* bilden.

Günstige und ungünstige Aspekte

Die Konjunktion ist ein Aspekt, bei dem die Gestirne die gleiche Länge haben, also 0 Grad oder nur wenig mehr voneinander abweichen. Je nach Stellung der anderen Gestirne im

Horoskop wird durch sie bei guter Stellung eben das Gute, bei schlechter das Schlechte verstärkt.

Das Sextil ist ein Aspekt mit einem Winkel von 60 Grad. Es läßt eine günstige Horoskopdeutung zu.

Das Quadrat ist ein Aspekt von 90 Grad, der in den meisten Fällen nur ungünstige Deutungen erlaubt.

Das Trigon ist ein Aspekt von 120 Grad. Es gilt als der freundlichste und günstigste unter den Horoskopaspekten.

Die Opposition ist ein Aspekt von 180 Grad, bildet also einen Halbkreis. Sie wird im allgemeinen als ungünstiger Aspekt angesehen.

Es ist meist unerheblich für die Horoskopdeutung, wenn die Aspekte um Minuten oder gar einige Grade ungenau sind, wie wir sehen werden, wenn wir auf die Erklärung einzelner Aspekte später noch zurückkommen.

Der Aszendent

Entscheidend für jede Berechnung: der Aszendent

Wichtigster Punkt der Ekliptik im Horoskop ist der Aszendent. Seine möglichst genaue Bestimmung ist die Grundlage jeder astrologischen Untersuchung. Es ist der Punkt der Ekliptik, der für einen gegebenen Ort und Zeitpunkt gerade am Osthorizont aufgeht. Meistens ist dieser Punkt durch Geburtsort und genaue Geburtszeit gegeben.

Infolge der Erdumdrehung scheinen sich alle zwölf Zeichen im Tierkreis innerhalb von 24 Stunden um die Erde zu drehen, so daß etwa alle zwei Stunden ein neues Tierkreiszeichen am östlichen Horizont aufsteigt. Wer sich in seiner Geburtszeit nur um ein paar Minuten irrt, könnte schon einen anderen Aszendenten am Osthorizont gehabt haben.

An diesem Beispiel sieht man, wie wichtig es bei einem Geburtshoroskop ist, wenn man die genaue Uhrzeit weiß, in der man den Mutterleib verlassen hat und das Licht der Welt erblickte.

Mehr über den Aszendenten lesen Sie ausführlich später. Wie man ihn in etwa errechnet, können Sie schließlich ab Seite 223 erfahren.

Die Felder

Der Aszendent bestimmt auch die Schicksalsfelder in einem Horoskop. Er bildet die Spitze des ersten Feldes (oder Hauses) in unserem Horoskop. Wie die Tierkreiszeichen gliedern sich diese Felder in unseren Breiten in zwölf nicht in jedem Fall gleiche Abschnitte (etwa im Winkel von 15 bis 45 Grad).

Feld I sagt über die persönlichen Anlagen (Vererbung, Herkunft, Umwelt) und den Charakter dessen aus, dem man ein Horoskop stellt.

Feld II behandelt den materiellen und ideellen Besitz und das Vermögen.

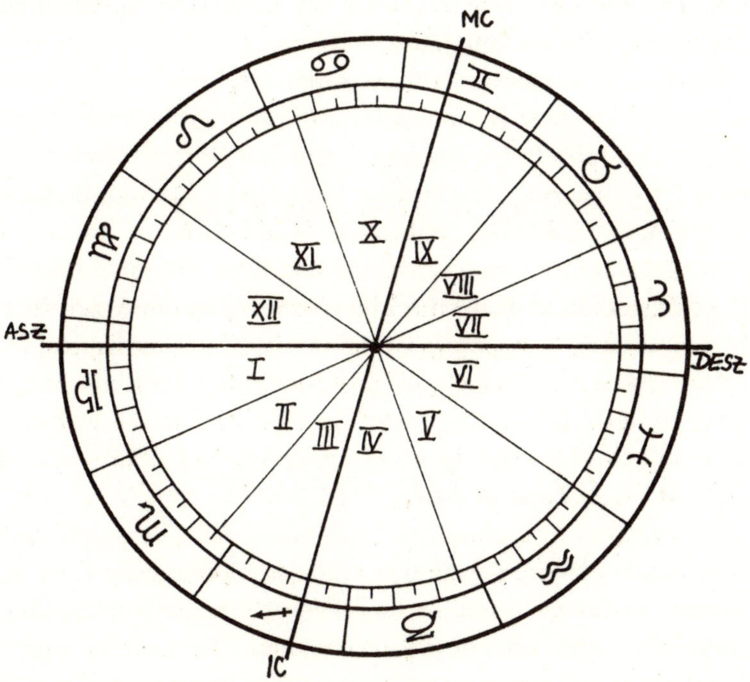

Das Medium Coeli (MC) bildet die Spitze des zehnten Feldes, das über das Weiterkommen unseres Ichs in der Öffentlichkeit Auskunft gibt. Hier ist 5 Grad Waage die Spitze des ersten Feldes, bei dem man auch die Grundtendenz des Widders, des Herrschers in Feld I, bei Deutungen ins Kalkül ziehen sollte. Die Feldergrößen differieren. In unserem Falle sind die Felder 1–3 und 7–10 kleiner als die sechs anderen

Feld III bezieht sich auf die Nachbarschaft des Horoskopeigners, aber auch auf kleine Reisen, Nachrichten, Briefe und Dokumente.

Feld IV beschäftigt sich mit dem eigenen Heim, dem Elternhaus (und Erbmöglichkeiten) und mit Grund und Boden.

Feld V fragt nach dem persönlichen Glück. Das kann in Verbindung mit Kindern und Geschwistern gesehen werden, jedoch auch im Hinblick auf Spielleidenschaft oder Spekulationen und auf den zwischenmenschlichen, sexuellen Bereich.

Feld VI steht für den Bereich Arbeit und den damit verbundenen Anstrengungen, aber auch für bestimmte Leidenssituationen, die körperlich und seelisch krank werden lassen.

Feld VII beschäftigt sich mit Partnerschaftsfragen. Es läßt Schlüsse auf Ehe, Freundschaft, Kollegen und Mitarbeiter zu, also auf das Gegenüber des Horoskopeigners; damit können im negativen Sinn auch Gegner und aus Feindschaft erwachsene Prozesse gemeint sein.

Feld VIII drückt Betrübnisse, Leid und Krankheit aus. Es spricht aber auch von geheimen Kräften, die aus dem Unbewußten oder dem Okkulten entsprießen.

Feld IX beschäftigt sich mit Wissenschaft, Religion und Politik. Auch große Reisen kündigen sich hier an.

Im Horoskop dient die Feldertheorie zur Verfeinerung der Aussagen, sie ist aber bei vielen Astrologen umstritten

Feld X ist gewissermaßen das königliche Haus. Es bedeutet Würden, Ehre und Ruhm, gleichzeitig den Höhepunkt eines Tages oder Jahres, das Ich im Glanze der Öffentlichkeit.

Feld XI beleuchtet den inneren Gehalt von Freundschaften, Hoffnungen und Wünschen.

Feld XII läßt uns gewissermaßen zu innerer Einkehr kommen. Es stellt freilich auch den Grad unserer Vereinsamung heraus.

Die Himmelsmitte

Neben den Planetenstellungen und dem Aszendenten ist die Spitze des Feldes X ein wichtiger Punkt im Horoskop. Man nennt ihn den oberen Meridian oder die Himmelsmitte (Medium Coeli, abgekürzt MC). Er bildet den oberen Teil der Vertikalachse des Horoskops. Die Himmelsmitte zeigt die Persönlichkeit des Menschen an, für den ein Horoskop gestellt wird, ebenso seine Position in der Öffentlichkeit oder die Möglichkeiten zum beruflichen Aufstieg.

Der Punkt am unteren Teil der Vertikalachse heißt übrigens unterer Meridian oder Himmelstiefe (Imum Coeli, abgekürzt IC). Er ist die Spitze des Feldes IV und spiegelt die Beziehungen zum Elternhaus und zur Heimat wider.

Tips für die Berechnung eines Horoskops

Es ist gar nicht so schwer, ein Horoskop zu erstellen

Bevor wir zu Einzelheiten über das Sonnenstandshoroskop mit den Charakteristiken der zwölf Tierkreistypen und der Behandlung von Planeten, Aszendenten, Aspekten und Feldern übergehen, wollen wir noch ein paar Tips geben, wie jeder sein eigenes Horoskop selbst ausrechnen kann.

Über die *Geburtszeit* haben wir in diesem Zusammenhang schon gesprochen. Wichtig ist die annähernd genaue Minute der Geburt, die auch über den Aszendenten Auskunft gibt.

Beim *Geburtsort* ist die geographische Länge und Breite wichtig, (siehe die Tabelle auf Seite 225).

Um die Planetenstellungen für jeden Tag des Jahres zu wissen, brauchen wir Tabellen, die man *Ephemeriden* nennt, aus denen man die jeweils dazugehörige Sternzeit ablesen kann. Diese Ephemeriden hier abzudrucken würde den Rahmen dieses Buches sprengen. Empfehlenswert sind vor allem die »Europa Ephemeride« aus dem Metz Verlag in Zürich (zwei Bände von 1900 bis 2005) und »Die Deutsche Ephemeride«, die in sieben Bänden von 1850 bis 2000 im Otto Wilhelm Barth Verlag in München erschienen ist, aber auch amerikanische und englische Ephemeriden-Bücher, die man auch in guten Volksbüchereien und Bibliotheken ausleihen kann.

Ephemeriden geben Auskunft über die Planetenstellung

In einigen Ephemeriden-Bänden kann man auch einzelne *Feldertabellen* finden. Leider waren die deutschsprachigen Tabellen nach Placidus lange Zeit vergriffen, nur noch in Bibliotheken einzusehen oder auch im Antiquariat zu erstehen. Nun aber sind sie im Verlag »Die Deutsche Ephemeride« (Otto Wilhelm Barth Verlag, München) unter dem Titel »Die globalen Häuser-Tabellen«, vervollständigt und neu computerberechnet, wieder erschienen. Man kann es auch mit den »Häusertabellen des Geburtsortes für 0°–60° nördliche Breite« von Dr. Walter A. Koch und Elisabeth Schaeck aus dem Rohm Verlag, Bietigheim, probieren. Man kann aber die Felderberechnung auch aus dem eigentlichen Horoskop ausklammern.

Über *Zeitumstellungen,* besonders die Sommerzeiten, gibt Seite 223 f. erschöpfend Auskunft.

Sonnenstandshoroskop für die zwölf Sterntypen

D

Die Sonne; Holzschnitt von Hans Sebald Beham, um 1535. Sie wird als Zepterkrone des Monarchen dargestellt, der auf einem Wagen thront, dessen Rad den Löwen zeigt, Schützling der Sonne im Tierkreis

Die Sonne ist der Energiespender der Erde, die Kraft, die erst das Leben auf unserem Planeten ermöglicht. Sie steigert unser geistiges Vermögen und unsere Vitalität, wodurch zum Beispiel Krankheiten leichter zu überwinden sind; nach alter astrologischer Ansicht beherrscht sie Herz und Kreislauf. Sie verleiht den von ihr Beeinflußten Stolz und Mut, der sich aber auch in überspitztem Sinn als Hochmut erweisen kann. Menschen, die unter starkem Einfluß der Sonne stehen, strahlen Autorität aus, die sich im ungünstigen Falle, wenn etwa negative Planetenstellungen hinzukommen, freilich in Herrschsucht und übertriebenen Egoismus umsetzen kann.

Energie- und Lebenszentrum Sonne

Die Sonne, im Altertum als Gottheit verehrt, fördert aus astrologischer Sicht unsere schöpferischen Fähigkeiten und bestimmt unseren geistigen Standpunkt. Im Horoskop verrät sie, wieviel Erfolg wir im Leben haben werden, ob wir ehrenvoll das Leben meistern oder die ewig Abhängigen bleiben werden.

Ihre Stellung im Horoskop enthüllt den Charakter

Die Position der Sonne im Einzelhoroskop läßt Positives wie Negatives zutage treten. Sie zeigt uns die Persönlichkeit, die wir mit allen Stärken, aber auch allen Schwächen auf unserem Lebensweg sein werden.

Am nachhaltigsten spiegelt sich das Kraftfeld der Sonne in dem Tierkreiszeichen Löwen wider, als dessen Geburtsherrscher sie von alters her fungiert. Hier fallen die ihr nachgesagten Eigenschaften gewissermaßen auf fruchtbaren Boden. In diesem Feuerzeichen setzt sich ihre Energie kraftvoll durch, während sie vor allem in den Wasserzeichen (das sind Krebs, Skorpion, Fische) zum Beispiel mehr im Gefühlsmäßigen ein Kraftfeld bildet.

Die Sonne ist wichtigster Bestandteil jeder astrologischen Prognose, die sich auf die Geburtsminute des Menschen bezieht. Solche Vorhersage wird deshalb auch das *Sonnenstandshoroskop* oder – kurz – das *Solarhoroskop* genannt.

Sonnenstand in der Geburtsminute

Wie sich der Einfluß der Sonne in den einzelnen Tierkreiszeichen niederschlägt, mag unsere *Charakteranalyse der zwölf Sterntypen* beweisen, die gewissermaßen die Grundlage für die Erstellung eines Horoskops ist. Schließlich muß man zunächst den Typ mit allen seinen Stärken und Schwächen kennen, um dann auf seine gegenwärtigen oder zukünftigen Möglichkeiten schließen zu können.

Widder-Menschen schreiten stets mit Macht zur Tat

Das Jahr des Tierkreises beginnt mit dem 21. März, dem Frühlingsanfang, wenn die Sonne auf der Ekliptik in das Tierkreiszeichen Widder (21. März bis 20. April) tritt.

Erstes Zeichen im astrologischen Jahr: der Widder

Menschen, die unter diesem vom Planeten Mars beherrschten Feuerzeichen geboren wurden, sind angriffslustig, jedoch ebenso naturliebend. Sie wollen sich, koste es, was es wolle, durchsetzen. Leider sind sie wie das Wetter von Ende März bis in den April hinein ein wenig unbeständig.

Widder-Menschen schreiten stets zur Tat. Sie sind leicht zu begeistern, aber diese ihre Begeisterung klingt ebenso schnell wieder ab. Sie spielen den Starken oft nur, um die eigenen Schwächen zu vertuschen. Mal sind sie fröhlich und beschwingt, und dann wieder wirken sie unsicher und grüblerisch, was ein wenig das Unstete in ihrem Charakter widerspiegeln könnte, wenn sie nicht die seltene Gabe hätten, eigene Schwächen im rechten Augenblick zu übertünchen.

Haben sie sich einmal etwas in den Kopf gesetzt, lassen sie sich kaum davon abbringen, selbst wenn Vernunftgründe anscheinend dagegen sprechen sollten. In schwierigen Situationen ist ihre Entschlußkraft etwas gehemmt, sie kommen jedoch auf Umwegen in den meisten Fällen dann doch zum Ziel, zumal sie Meister im Aussitzen von verzwickten Problemstellungen sind. Es ist der sprichwörtliche Dickkopf, der manchmal sogar die besten Freunde an den Widder-Menschen zweifeln läßt.

Diese vom Mars beherrschten Menschen sind meist von guter Gesundheit, weil ihre ureigene Energie Krankheiten schnell besiegt. Allerdings sind Kopf und Gesicht, vor allem die Gehörorgane, die Augen und die Bronchien gesundheitliche Schwachstellen. In jungen Jahren sind viele unter ihnen wegen ihres Mutes verletzungsanfällig. Ältere Widder-Menschen sind große Feinschmecker und haben daher des öfteren Gewichtsprobleme, die sie mit viel Energie durch oft tagelanges Hungern oder Diätkuren zu bekämpfen suchen.

Zweifelhafte Diätkuren können der robusten Gesundheit des Widders schaden

Rot ist die Glücksfarbe der unter dem Widder-Zeichen Geborenen, ihr Metall das Eisen. Glückssteine sind nach alter Überlieferung der härteste Edelstein der Welt, der Diamant, und der Blutstein, ein dunkelgrüner Jaspis mit roten Flecken. Als Talisman gilt für Widder-Geborene der durchsichtige violette Amethyst, ein Halbedelstein aus der Familie der Quarze, der von jeher als Stein der Liebenden galt, weshalb man ihn im Mittelalter den Widder-Männern wärmstens zur Erhaltung ihrer sowieso übergroßen Potenz empfahl. Der braune Sardonyx war nach Meinung mittelalterlicher Astrologen nur dann für Widder-Menschen nützlich, wenn man in diesen Stein das Zeichen des Mars einschnitt.

Wer die Sonne im Widder-Zeichen stehen hat, braucht jedoch kaum auf solche Hilfmittel zu bauen. Er ist in jedem Falle begeisterungsfähig und aktiv. Auch ohne Talismane und Mittel, die der Aberglaube verschreibt, schreitet er ungestüm zur Tat, was dem Einfluß seines Geburtsplaneten Mars zuzuschreiben ist, der – wie wir gesehen haben – in diesem Feuerzeichen charakterliche Akzente setzt.

Charakteristisch für den Widder sind Tatkraft und Elan

Selbst Widder-Menschen mit schwächerer Planetenkonstellation im Schicksalshoroskop fallen in der Öffentlichkeit durch aufgesetzte Forschheit auf. Hier hat der Widder gewissermaßen streitlustig die harten Hörner gesenkt, um mögliche Gegner auf Anhieb zu verschrecken.

Der Widder braucht den Platz an der Sonne

Chefs mögen die nach vorne strebende Art des Widder-Typs. Seine Ideen und sein Arbeitseifer scheinen den Erfolg zu programmieren. Freilich ist da auch manchmal Blindwütiges im Spiel: Was der Widder einmal als richtig erkennt, hinter dem steht er, selbst wenn er hinterher feststellen muß, daß er sich in eine erfolglose Sache verrannt hatte. Sein Dickkopf spielt ihm gerade im Berufsleben manchen Streich.

Erhält der Widder nicht genügend Anerkennung, wird er bald den Arbeitsplatz wechseln

Widder-Menschen sind gute Arbeiter. Keine Überstunde ist ihnen zuviel, wenn nur der Laden läuft. Ihre Chefs wären gut beraten, von Zeit zu Zeit an eine Gehaltsaufbesserung und an eine Rangerhöhung zu denken. Doch beim Widder-Menschen hängt nicht alles am Geld – ein aufmunterndes Wort zur rechten Zeit genügt, um ihn zu neuer Höchstleistung anzuspornen.

Widder-Männer sind Weltmeister im Aussitzen schwieriger Situationen. Probleme kennen sie nicht; denn wenn es mal problematisch wird, schalten sie auf stur um und tun so, als sei nichts gewesen, oder lassen möglicherweise auch andere die Suppe auslöffeln, die sie sich selbst eingebrockt hatten.

In dieser Hinsicht verhalten sich Frauen und Männer unter diesem Zeichen nahezu gleich. Nur: die Widder-Männer sind ungeduldiger als ihre Sternenschwestern. Sie sind immer auf der Suche nach einer noch besseren Position, in der sie mehr zu sagen haben als in der, die sie nicht befriedigte. Es gibt Widder-Männer, die in einem einzigen Jahr dreimal die Stellung wechseln können nach dem ihnen von der Natur mitgegebenen Motto: Das Wandern ist des Müllers Lust.

Jeden Widders Ziel: nach vorn zu kommen

Hausfrau – nur ein Zweitberuf!

Eine Widder-Frau ordnet sich nicht gern unter. Zwang erzeugt bei ihr Widerstand. Sie will auch in untergeordneten Stellungen frei in ihren ganz persönlichen Entscheidungen sein. In einem freien Beruf fühlt sie sich daher am besten aufgehoben oder in einer Stelle als Lehrerin, wo sie einer Klasse unmündiger Kinder ihren Stempel aufdrücken kann. Und wenn sie endlich »ihren« Beruf gefunden hat, wird sie ihn nur ungern aufgeben wollen. Als Hausfrau eines »Herrn der Schöpfung« das Mädchen für alles zu sein, liegt ihr nicht. Aber sie bekennt gern, daß Hausfrau der ideale Zweitberuf für sie sein könnte, wenn der Mann ihrer Wahl ihr bei der Hausarbeit eifrig zur Hand geht.

Freiheitsliebend und eigenwillig ist die Widder-Frau

Viele moderne Managerinnen, Politikerinnen und Unternehmerinnen wurden in dem Mars-Zeichen geboren. Sie machen den Männern vor, wie man lenkt und führt. Chefinnen unter diesem Zeichen sind wahre Genies im Aussuchen von Fachleuten, deren Fähigkeiten sie nur zu koordinieren brauchen, um zu überdurchschnittlichen Ergebnissen zu gelangen.

Und in diesem Punkt treffen sie sich wieder mit den Männern aus diesem Feuerzeichen, die ebenfalls die Gabe haben, die richtigen Leute an die richtige Stelle zu setzen, damit sie selbst frei sind für die gewaltige Aufgabe, die Richtlinien zu bestimmen. Der einzige Nachteil für allzu machtbesessene Widder-Menschen: Sie können niemanden neben sich dulden, der auf Mitbestimmung pocht. So kommen ihnen vielleicht die besten Mitarbeiter auf Nimmerwiedersehen abhanden.

Die Ellenbogen spielen mit

Widder-Menschen sind hart gegen sich selbst und gegen andere, wenn es darum geht, voranzukommen. Sie haben ein cholerisches Temperament, das sie des öfteren zu Kurzschlußreaktionen verleitet. Bester Zug: Sie sehen ein, wenn sie Unrecht haben, und reichen dann dem Gegner versöhnlich die Hand. Sie schließen gern Freundschaften und fördern Freunde, so gut sie es vermögen. Das brachte schon manchem unter ihnen den Ruf ein, »Vetterleswirtschaft« zu treiben.

Offen für den Fortschritt zu sein, ist ein weiteres Widder-Charakteristikum

Die vom Mars Begünstigten wollen stets das Neue, Fortschrittliche, verlieren jedoch leicht die Lust an einem Projekt, das den Höhepunkt überschritten hat. Gern überlassen sie dann anderen die Abschlußarbeiten und wenden sich selbst einem neuen Betätigungsfeld zu.

Ohne Rücksicht auf Verluste drängt jeder Widder-Mensch zum Erfolg. Das macht ihn bei Arbeitskollegen nicht unbedingt beliebt, zumal sie hin und wieder auch seine Ellenbogen zu spüren bekommen. Hat er aber sein Ziel erreicht, mehr zu sein als all die anderen, lernt man ihn als liebenswürdigen Kollegen kennen, der niemanden seine neue Stellung spüren läßt.

Viel Erfolg haben übrigens Widder-Männer in Berufen, in denen man mit Energie und Autorität zum Ziele kommen kann. Ihnen liegen Technik und Handwerk, das Militär und die Polizei. Im Verkehr stellen sie hervorragende Flieger, Lokomotivführer und Taxichauffeure. Sie sind draufgängerische

Rennfahrer und Testpiloten, Forscher und Chirurgen. Als Buch- und Zeitungsverleger fördern sie gern junge Autoren. Als Politiker gehen sie keine Umwege zur Macht. Sie kennen nur das selbstgesteckte Ziel, das sie erreichen wollen.

Von den Widder-Frauen im Beruf sprachen wir schon. Sie tendieren mehr zu Berufen, in denen sie sich frei entfalten können. Etwa als Sekretärin, die selbständig die Arbeiten für ihren Chef erledigt und dabei eine Machtstellung bezieht, die sie manchmal als die heimliche Chefin erscheinen läßt. Viele vorzügliche Ärztinnen und geschickte Kunstgewerblerinnen stammen aus dem vom Mars beherrschten Zeichen.

Ihr Durchsetzungsvermögen macht die Widderfrau zur begabten Politikerin

In den sogenannten Männerberufen hat die Widder-Frau als überzeugte Vorkämpferin der Gleichberechtigung von Mann und Frau längst Fuß gefaßt. Überdurchschnittliches wird sie daher auch als Politikerin leisten, weil sie sich in entscheidenden Fragen stets durchzusetzen versteht. In Wissenschaft und Forschung steht sie »ihren Mann«.

Der Lehrmeister in Sachen Sex

In den zwischenmenschlichen Beziehungen trennen sich – anders als im Beruf – die Wege von Mann und Frau aus dem Widder-Zeichen. Zwar sind beide besitzergreifend und wollen den Partner mit sanfter Gewalt beherrschen, aber ansonsten sind ihre Charaktere (und natürlich auch ihre Beurteilung im Horoskop) doch etwas unterschiedlich.

Der Widder-Mann ist ein Eroberertyp. Frauen, die an ihn gerieten, wissen: Man weint diesem Lehrmeister in Sachen Sex viele Tränen nach, wenn ihn vorzeitig die Wanderlust packt. Er kauft niemals die Katze im Sack. Liebe auf den ersten Blick gibt es für ihn kaum.

Es dauert lange bis der Widder seine Herzensdame gefunden hat

Spricht ihn ein hübsches Mädchen an, fühlt er sich geschmeichelt und wittert ein Abenteuer. Es muß ja nicht gleich Liebe sein... Flirtbereite Damen bestätigen ihm seine Männlichkeit. Auf Dauer werden sie den Marsjünger kaum fesseln; denn obwohl er selbst oft oberflächlich reagiert, kann er oberflächliche Frauen nicht ausstehen.

In zerrissenen Jacken geht der Widder-Mann kaum auf die Jagd. Er wirft sich in Schale, um Eindruck zu schinden, und in die Brust (das macht ihn gleich zwei Zentimeter größer).

Schmachtende Frauenblicke saugt er auf wie Honigseim. Ein echter Widder ist immer davon überzeugt, daß er Adonis und Herkules in einer Person sei.

Der Widder-Mann liebt Sex in allen Spielarten, den Gruppensex vielleicht eingeschlossen. Fürs Herz aber braucht er etwas ganz anderes: ein möglichst unberührtes Mädchen, das ihm allein zu Willen ist. Wehe, es würde anderen Männern schöne Augen machen! Auch wenn er selbst ein wildbewegtes Vorleben hat, wünscht er sich die Unschuld vom Lande eher als die liebeserfahrene, wissende Frau.

Was den Schmusebär anmacht

Je ernster sein Interesse am weiblichen »Objekt« ist, desto länger kann es dauern, bis er endlich intim wird. Hat er sich jedoch fürs Bett entschieden, wird er jeden Widerstand im Keime zu ersticken suchen. Das Ventil, das den Dampf abläßt, heißt beim Widder-Mann restlose Hingabe an die Partnerin. Wer da prüde ist, wird schnell umgeschult oder abgehalftert. Wer bei ihm die Liebesprobe besteht, den wird er führen – von Höhepunkt zu Höhepunkt.

Ganz feuriger Liebhaber, aber auch einfühlsam und rücksichtsvoll – so kennen Frauen den Widder-Mann

Für lange Vorspiele ist er kaum zu haben. Doch wer ihn feuriger haben will, massiere leicht seine Kopfhaut, kraule die Haare und – falls vorhanden – den Bart. Sanftes Berühren seiner Lippen mit den Fingerkuppen erotisiert ihn, und Küsse, die man auf Augen, Ohrläppchen und den Nacken haucht, machen ihn wild. Die Nervenenden am Kopf sind seine empfindsamsten Stellen.

Der Widder-Mann ist ein Schmusebär aus Leidenschaft, die freilich im Feuer des Liebesgefechts übersprüht und der Partnerin manchmal Verrenkungen zumutet, die an artistische Höchstleistungen erinnern. Wer ihn liebt, macht mit oder meldet sich beizeiten bei ihm krank. Er kennt trotz seiner sprichwörtlichen Potenz auch zarte Rücksichtnahme.

Frauen, die es auf ihn abgesehen haben, sollten seine Männlichkeit bewundern, ihm aber im rechten Augenblick Zunder geben. Der Widder verträgt Widerspruch. An ihm entzündet sich sein Temperament. So kommt es zu Diskussionen, an deren Ende eine kluge Frau ihm, dem Einzigartigen, den Sieg gönnt oder ein akzeptables Unentschieden, das neuen Gesprächs- und Zündstoff offenläßt.

Sanft, aber nicht allzu fügsam soll die Gefährtin des Widders sein

Sanfte Frauen kommen bei ihm an, aber sie müssen Charakter und Rückgrat haben, auch mal wider den Stachel zu löcken. Bei allzu willigen Damen, die alles mit sich machen lassen, spürt er zuwenig Widerstand, den er nun einmal braucht, um auch im Bett zur Höchstform aufzulaufen.

Im Gespräch mit der Frau, die er liebt, mag der Widder-Mann manchmal über das Ziel hinausschießen und mit Gebrüll fehlende Argumente zu ersetzen suchen. Man sollte ruhig zurückbrüllen. Diese Sprache versteht er. Rechtzeitiges Umschalten auf die sanfte Tour wird ihn dann davon überzeugen, daß man seinen Ausfall nicht übelnahm.

Er ist kein Kind von Traurigkeit

Der Widder-Mann liebt die Wahrheit, auch wenn sie einmal grob dahergesagt wird. Er liebt auch die Pünktlichkeit. Man lasse ihn darum nie mit langsam verwelkenden Blumen lange am Treffpunkt warten. Sonst wird er nämlich den Strauß aufs Pflaster knallen und in der Kneipe an der Ecke seine Wut Schluck für Schluck in sich hineintrinken. Und seine Liebe wird im Dunst der Kneipe verrauchen.

Er ist eben nie lange ein Kind von Traurigkeit. Er wird's mit einer anderen erneut versuchen. Bis er es endlich leid ist und eine dritte aufs Standesamt führt. Vielleicht wird er – wie ein anderer aus einem Feuerzeichen, der Löwe – um sie einen goldenen Käfig bauen, in dessen Mitte sie als Paradiesvögelein sitzt und ihm zuzwitschert – ihm allein.

Eintönige Sex-Routine kann den Widder-Mann auf Abwege treiben

Widder-Männer sind treu, solange der Gesprächsstoff in der Ehe oder in einem eheähnlichen Verhältnis nicht ausgeht, und sie sich wegen der vielen Arbeit im Beruf keine Nebenbeschäftigung in Sachen Sex leisten können.

Der Widder-Mann ist der Feldherr, der daheim selbst auf weichem Polster die Strategie des Liebesspiels bestimmt. Er ist der perfekte Liebhaber, der auch in der Ehe immer noch etwas hinzulernen möchte.

Die Beste für den Lebenskampf

Man sieht: die Frau eines Widder-Mannes hat es schwer. Sie müßte schon eine langjährig geschulte Psychologin sein, um alle Tiefen und Untiefen seines Charakters und seiner Nachtseele ausloten zu können. Aber wer kann das schon? Am ehesten gelänge es der *Löwe*-Geborenen, die in ihrer Sexbereitschaft das gleiche Feuer versprüht wie der Widder. Sie braucht Komplimente – auch im Bett. Der alte Schmeichler wird sie ihr geben und erhält zum Lohn dafür ein »sexy girl«.

Die *Schütze*-Frau tut im allgemeinen nur das, was sie selber will. Das imponiert dem Widder, den es reizt, jeden Widerstand zu brechen. Oft bis in die Nacht hinein wird manch heißes Gefecht geliefert, das beiden immer besser gefällt. Selbst noch nach der silbernen Hochzeit ist kaum Routine im Spiel.

Sexuelle Hemmungen kennt die *Zwillinge*-Frau nicht, wenn sie den Richtigen gefunden hat. Aber auf Dauer wird sie den Widder zu bremsen suchen, weil sie einfach mehr Spaß am geistreichen Vorspiel als am schnellen Aus und Vorbei hat.

Bei der *Wassermann*-Frau kann der Marsjünger viel lernen. Sie erfindet Lustspiele, die ihm gefallen, und das Seltsame: Er fragt kaum je danach, woher sie das alles kennt. Leider setzt die *Waage*-Frau dem Kämpfer zu sehr auf Harmonie.

Jungfrau, Löwin, Waage – welches Sternzeichen paßt zum Widder?

Wenn es allzu heiß zwischen zwei *Widder*-Typen hergeht, kann leicht das teure Porzellan darunter leiden: Nicht immer sind Menschen aus dem gleichen Tierkreiszeichen ideale Partner. Da kann es der Widder-Mann eher mit einer *Skorpion*-Frau, die wie er zu kämpfen versteht, aber im Kampf der Geschlechter rechtzeitig einlenkt. Die *Stier*-Frau dagegen ist ihm oft zu herrisch.

Die unterkühlte Art der *Jungfrau*-Geborenen macht den Widder neugierig, ihre Kritiklust danach eher rasend. Aber er könnte es mit ihr ebenso versuchen wie mit den Frauen aus dem *Steinbock*-, *Krebs*- oder *Fische*-Zeichen. Seine Sexualität überzeugt selbst zarte Seelchen. Aber ob auf Dauer?

Was er gar nicht mag

Wenn der Widder-Mann sich einmal für eine Frau entschieden hat, wird er zäh wie Kleister und klebt an seinem Schatz. Es ist schwer, ihn loszuwerden. Wer es versuchen will, sollte ihn in aller Öffentlichkeit einen Pantoffelhelden schimpfen oder seine Potenz in Frage stellen – oder im Hoppla-hopp-Verfahren aus der gemeinsamen Wohnung ausziehen. Wenn er seine Partnerin liebt, wird er ihre »Entgleisung« zu entschuldigen suchen. Lenkt sie dann immer noch nicht ein, wird er endlich Stellung beziehen – und zwar demonstrativ gegen sie!

Widder-Mädchen muß man lieben!

Wer sie erobern will, kann lange warten. Zwar träumt das Widder-Mädchen, wie viele ihrer Sternenschwestern, von dem Helden, der sie im Sturme nimmt, aber noch längst nicht jeder hergelaufene Rittersmann kommt für solchen Sturm und Drang in Frage.

Ein Traummann soll es sein für die Widder-Frau

Eine Widder-Frau ist wählerisch. Sie weiß, daß sie bei den Männern Eindruck schindet. Für verliebte Blicke wirkt sie so verspielt, so schmusig und anschmiegsam, daß man sie auf der Stelle zum häuslichen Kuscheltier machen möchte: Dieses Mädchen muß man lieben.

Doch der Schein trügt. Ist ein Mann ihr erst völlig verfallen, zeigt sie gern die Tatzen. Dann hat das scheinbar sanfte Ding mit dem treuen Blick den Mann ihres Herzens längst als ihr ausschließliches Eigentum vereinnahmt.

Dieses Prachtstück ist sich schon im Teenageralter seiner Wirkung wohl bewußt. Und es weiß sich durchzusetzen – zur Not mit Tränen. Ihr Typ ist kaum der Schaumschläger, der ihr täglich sagt, was er alles an ihr – vom Leberfleck am Busenansatz bis zu den Grübchen in den Wangen – toll findet. Es ist auch nicht der Softie, der immer zu allem ja und amen sagt. Nein, es muß schon ein gestandenes Mannsbild sein! Ein Mann, der sich durchsetzen kann, an ihrer Seite aber der perfekte Kavalier bleibt und tut, was sie wünscht.

Sie hat für Sex und Liebe immer Zeit. Trotzdem sucht sie oft lange nach dem einzig Richtigen. Wenn sie den gefunden zu haben glaubt, läßt sie ihn nicht mehr aus ihren Fängen. Und wenn sie ihm selbst den Heiratsantrag machen müßte!

Ihr Auserwählter kann sich freuen

Das sollte den Tollkühnen, der ein Auge auf dieses Vollblutweib geworfen hat, nicht schrecken – vor allem, wenn er den Eindruck hat, ihrem überschäumenden Temperament gewachsen zu sein. Zeigt er Interesse und bei ihr funkt's zurück, geht es ihr zunächst nur um ein Spielchen, das aber, wenn er gekonnt mitspielt, schon gleich am ersten Tag in ihrer Wohnung enden kann.

Da mag mancher an ein leichtes Mädchen denken – die Widder-Frau ist es nicht. Sie hat nur ein Gespür dafür, wie man mit Männern umgeht, um sie zu fangen. Eine Widderin kann nie zwei Männer auf einmal lieben. Sie sucht immer nur den einen. Und man sollte sich freuen, wenn man auserwählt ist.

Sie will gestreichelt werden

Die Widder-Frau braucht Aufgaben und Ziele, die sie anfeuern und begeistern. Sie muß sich einer Sache verschreiben und einen Traum erfüllen können. Man könnte sagen, daß sie – obwohl es da natürlich Ausnahmen gibt – ohnehin eine bessere Geliebte als Ehefrau ist. Der Grund: Sie braucht in ihren Beziehungen ein romantisches Element und Herausforderungen, die sie mutig bewältigen will. Außerdem ist sie leidenschaftlich unabhängig und zieht oft einen leicht zu zähmenden Partner an, der nach einer Jungfrau von Orleans suchte.

Sexuell aktiv, ergreift die Widder-Frau gern die Initiative

Wenn es den Sex nicht gäbe – die Widder-Frau hätte ihn sicherlich erfunden: auf die schönste Nebensache der Welt hat sie immer Lust. Aber sie will die Dinge selbst in die Hand nehmen und bestimmen, wann, wo und wie man sich zu zärtlichem Stelldichein zusammenfindet. Hingebungsvolle Liebhaber sollten aufpassen: Ihre Stimmungsumschwünge hauen bisweilen den stärksten Mann um.

Praktischer Tip für Männer, die sich mit einer Widder-Frau einlassen: Sie will gestreichelt werden! Kopf und Gesicht sind ihre empfindsamsten Zonen. Sie reagiert lustvoll auf sanftes Streicheln ihrer Haare, aufs »Köpfchen-Kraulen« und auf zart gehauchte Wangenküsse. Wer gern an Ohrläppchen nagt, bringt sie rasch in Fahrt, Lippen- und Zungenküsse steigern ebenfalls ihr Lustbarometer. In solchen Stunden will sie wissen, wie reizend sie ist und wie sehr man sie liebt. Es macht ihr Freude, wenn die Augen des Partners wie unbeabsichtigt über ihre Figur wandern, wenn er bewundert, was sie selbst am meisten liebt: die zarten Rundungen ihres Körpers, die sie geschickt durch ihre modische Kleidung unterstreicht.

Sex ist für die Widder-Frau die selbstverständlichste Sache der Welt. Sie hat Phantasie und wünscht sich einen phantasievollen Partner, der ihr zuliebe viele Lustspiele erfindet, um sie zu erfreuen. Sie ist in den sogenannten schwachen Stunden des Lebens aggressiv, möchte aber auch den Liebhaber angriffslustig sehen. Und sie verlangt Hingabe – bis zur Erschöpfung!

Jederzeit ist die Widderin bereit, zu vergeben und zu vergessen

Wo es blitzt und donnert, ist die Marstochter zu Hause. Sie wird keinem Krach aus dem Wege gehen. Aber sie wird kaum jemals etwas nachtragen. Keine noch so schändliche Kränkung hindert sie am Verzeihen. Die Verzeihung erwartet sie auch von den anderen, die von ihr beleidigt wurden.

Ehekrach mit Happy-End

In der Ehe liegt es am Mann, den sich die Widder-Frau geangelt hat, was er daraus macht. Er sollte es ruhig mal krachen lassen, die Versöhnung mit ihr ist hinterher um so schöner. Wer bei ihr erst nach Kampf die Segel streicht, ist ihr Partner.

Sie wird aber in jedem Falle versuchen, sich durchzusetzen, zur Not - wie schon erwähnt - mit dem weiblichsten aller Kampfmittel: mit Tränen. Man sollte sie ihr wegküssen und sie zum Lachen bringen. Fröhlichkeit lenkt sie von den Abgründen ihrer Nachtseele ab. Im Grunde ihres Herzens ist die Widder-Frau doch ein recht einsichtiges Menschenkind.

Ehe und Beruf unter einem Hut - kein Problem für die Widder-Frau

Nur ein Heimchen am Herd wird sie nicht werden. Sie hat auch in der Ehe meist noch Ambitionen, in ihrem erlernten Beruf weiterhin »ihren Mann« zu stehen. Solch einem Prachtweib reicht es nicht, nur Hausfrau und Mutter zu sein.

Welcher Mann zu ihr paßt

Mit lauwarmen Liebhabern und schon gar mit Ehemännern, die am Abend gleich in ihre Pantoffeln schlüpfen, vor der Glotze Entspannung suchen und den Sex hinterher als Pflichtübung absolvieren, kann die Widder-Frau nichts anfangen. Und deshalb paßt nicht jeder Sternentyp zu ihr.

Heiß geht es mit einem Mann aus ihrem eigenen *Widder*-Zeichen her. Er hat dieselbe aggressive Sexbereitschaft. Probleme bleiben da nicht aus: Er will ebenso wie sie im Bett das Kommando führen. Da wird selbst die sogenannte Missionarsstellung zum Machtkampf.

Selbst den Löwen bringt die Widderin zum Schnurren

Anders ist das, wenn ein *Löwe*-Mann von ihr angeworben wurde. Er wird trotz königlicher Haltung bei ihr zärtlich schnurren und sie nur im Notfall böse anfauchen - vor allem, wenn er schon manchen heftigen Einsatz in Liebesgefechten hinter sich hat.

Der auf Abenteuer bedachte *Schütze*-Mann könnte bei der sexbereiten Widderin seine auf Abwechslung ausgerichteten Gelüste schlichtweg vergessen und bei ihr zum schmachtenden Liebhaber werden.

Mit dem *Zwillinge*-Mann liefert sich die Widder-Frau schon beim Vorspiel heiße Wortgefechte, die nach ihrer Meinung nur nicht übermäßig in die Länge gezogen werden dürften; denn sie geht nun einmal gern direkt und sehr offen zur Sache.

In seiner Betulichkeit kann sich der *Fische*-Mann auf die heißblütige Art einer Widder-Frau schnell einstellen. Hier hat man eine spannende Kombination der Gegensätze.

Der *Wassermann* mimt immer den verständnisvollen Liebhaber, selbst wenn er manchmal auf Abwege sinnt. Die Widder-Frau verteidigt ihren Alleinanspruch und wird ihm einheizen, daß er über wonnigen Spielchen vergißt, daß es auch noch andere gibt. Und so kommt es zur Kampfgemeinschaft, bei der jeder das letzte aus sich und dem Partner herausholt.

In Opposition zum Widder-Zeichen steht der *Waage*-Mann. Er sucht die Konfrontation. Das reizt die Widder-Frau, diesen Widerstand zu brechen. Am Ende kommen beide aber trotz aller Widersprüche auf ihre Kosten.

Nach längerem Zusammenleben liebt ein *Stier*-Mann seine Bequemlichkeit über alles. Er ist treu und zuverlässig, was die Widder-Frau an ihm schätzt, aber was nicht unbedingt ihre feurigen Gefühle entfachen kann.

Bei dem *Jungfrau*-Mann kehrt sich die sonst bei ihm so sprichwörtliche Zurückhaltung in gefühlvolle Liebeslust, wenn ihm eine Widder-Frau das Jawort abgerungen hat. Er gleicht sich gern ihrer rasanten Art an und könnte auch ohne Trauschein für eine Weile mit ihr glücklich sein.

Der *Krebs*-Mann mag es gern etwas ruhiger, obwohl er jederzeit mit der temperamentvollen Widder-Frau mithalten könnte. Aber wenn er zu nörgeln beginnt, vergißt die Widderin vielleicht ihre gute Erziehung und zählt taktlos seine schwachen Seiten auf.

Im Zeichen der Sterne ist nichts unmöglich

An der Seite eines *Steinbock*-Mannes fühlt sich die Widder-Frau ein wenig zurückgesetzt. Er jagt seinen Geschäften nach und vergißt darüber manchmal ganz die ehelichen Pflichten. Hier hängt ebenso wie in einer Verbindung mit einem *Skorpion*-Mann des öfteren der Haussegen schief – doch es gibt unterm Sternenzelt keine unmöglichen Verbindungen.

Wie man die Feurige loswerden kann

Nichts ist einfacher, als eine Widder-Frau zu vergraulen. Der Mann ihrer Wahl muß nur den Müden spielen, wenn sie die Lust packt, oder im Bett lesen, wenn sie anderes im Sinn hat.

Schlimm wird's, wenn man ihr in aller Öffentlichkeit widerspricht oder – noch schlimmer – sich mit ihrer Mutter in ihrem

Beisein über ihre Unarten unterhält. Zunächst wird sie das alles nur kühl registrieren oder möglicherweise sogar fröhlich darüber hinwegsehen – bis sie eines Tages die Wut packt und sie sich anderwärts nach jemandem umsieht, der sich besser auf sie einstellt als der ekelhafte Kerl, der sie nicht tun ließ, was sie wollte, und sich sogar über sie lustig machte.

Die Pluspunkte des Widder-Menschen

Der Widder-Mensch ist ein dynamischer Typ, der sich eigentlich keine Gedanken um seine Gesundheit zu machen braucht, zumal es ihn in jeder freien Minute hinaus in die Natur zieht. Hier findet er die körperliche Betätigung: Er wandert gern, und er ist auch einem kleinen Waldlauf oder einer anderen sportlichen Betätigung nicht abgeneigt. Selbst Frauen aus diesem Zeichen joggen für ihr Leben gern. Wer in des Widders persönlichem Horoskop negative Gesundheitswerte feststellt, sollte immer seine Widerstandskraft ins Kalkül ziehen.

Im Zeichen des Widders geborene Menschen sind selbstbewußt und zupackend, impulsiv, zielgerichtet, jähzornig und aufbrausend – aber nie nachtragend

Mars gibt seinem Schützling auch auf anderen Gebieten die Selbstsicherheit und Energie, sich durchzusetzen. Ein Widder-Mensch reagiert schnell und hat eine klare Zielvorstellung. Er ist ein Kämpfer, für den es Hindernisse nur gibt, um sie wegzuräumen. Seine Impulsivität läßt ihn jeden Gegner sofort attackieren: Es ist der Überraschungseffekt, der den Widder siegen läßt.

Die Schwachstellen des Widder-Typs

Seine Ungeduld macht manches zunichte, seine Verwegenheit läßt ihn Gefahren, die am Lebensweg lauern, oft erst erkennen, wenn es fast schon zu spät ist. Der Widder-Mensch will mit dem Kopf durch die Wand und denkt nicht an die Beulen, die er sich holen wird. Er ist jähzornig und braust beim geringsten Anlaß auf. Da er Unrecht schnell einsieht, wird die Wut über eigenes Fehlverhalten größer sein als die über seine Gegner. Das kostet Nerven.

Er müßte sich beherrschen lernen. Aber welcher echte Widder kann das schon? Es ist das eigene ungestüme Ich, das selbst dem widerstandsfähigsten Widder-Typ eine Fallgrube graben kann.

Stier-Menschen haben viel Selbstvertrauen

Am 21. April tritt die Sonne astrologisch in das Tierkreiszeichen Stier (21. April bis 20. Mai). Das Wetter wird zusehends beständiger. Es färbt auch auf die Stier-Menschen ab: Ihr Charakter ist ausgeglichen, ihr Selbstvertrauen überwindet selbst stürmische Zeiten.

Selbstbewußt und ausgeglichen sind unter dem Frühlingszeichen Stier-Geborene

Sie schätzen die Bequemlichkeit und lieben gutes Essen, aber auch geistige Nahrung. Sie wollen in Frieden leben. Wer sie aber reizt, lernt eine Unebenheit in ihrer Nachtseele kennen: Ohne Rücksicht auf Verluste können sie auf jeden losgehen, der ihnen nach ihrer Meinung Unrecht getan hat. Wer sie so erlebt, sollte schnell das Weite oder bessere Argumente suchen.

Stier-Menschen sind, wenn es darauf ankommt, ordnungsliebend, ihre Nonchalance läßt sie Unordnung jedoch durchaus ertragen. Sie bemühen sich, stets korrekt gekleidet zu gehen, pingelig genau sind sie aber nicht.

Als robuste Naturen sind sie nicht so leicht umzuwerfen. Erkrankungen drohen vor allem im Bereich des Halses, der Kehle

und der Schultern. Manchmal machen ihnen auch die Nieren und der Stoffwechsel Kummer. Und natürlich die Figur.

Ein Zeichen unter dem Einfluß der Venus

Der Planet Venus beherrscht dieses Erdzeichen. Hellgrün ist seine Farbe und Kupfer sein Glücksmetall. Zu seinen Glückssteinen zählt der wasserhelle Saphir, der nach alter astrologischer Weisheit den Wohlstand mehrt. Der grüne Moosachat, ein weiterer Glücksstein für den Stier-Menschen, sollte von diesem besonders in Zeiten getragen werden, in denen Epidemien das Land heimsuchen, und der dunkelblutrote bis gelbe Karneol soll seine Seele von schwermütigen Gedanken befreien und Lebensängste vertreiben. Wer bei seiner Geburt die Sonne im Zeichen Stier stehen hatte, ist praktisch veranlagt. Er denkt nicht allzu schnell, dafür um so gründlicher. So leicht kann ihn nichts aus der Ruhe bringen.

Der Stier-Mensch hat die Geduld, jede Sache zu einem guten Ende zu bringen. Die Zeit, die er dazu braucht, spielt für ihn keine Rolle. Im Grunde seines Wesens ist er freundlich und hilfsbereit, aber auch emotionsgeladen, wenn es gilt, die eigene oder anderer Leute Sache zu verteidigen. Eifersucht und beleidigter Stolz machen ihm hier und da zu schaffen.

Der Dauerbrenner im Tierkreis

Geduld und Ausdauer sind Stiertugenden

In Wolkenkuckucksheim ist er nicht zu Hause: Der Stier-Mensch steht mit beiden Beinen fest auf der Erde. Der Spatz in der Hand ist ihm lieber als die Taube auf dem Dach. Eine feste Position weiß er zu schätzen. Zu gegebener Zeit wird er es schon zu etwas bringen. Im Beruf will er mehr Vorbild sein, die Ellenbogen gebraucht er nicht.

Felsenfest ist er davon überzeugt, daß er eines Tages ganz oben steht. Verantwortung trägt er gern. Der Stier ist gewissermaßen der Dauerbrenner unter den Tierkreiszeichen. Und das wissen Chefs zu schätzen.

Stiere sind friedfertig, aber nicht konfliktscheu

Am Arbeitsplatz liebt der Stier-Mensch die friedliche Koexistenz. Wenn ihm aber die Kollegen nicht passen und der Chef allzu autoritär ist, kann ein einziges schiefes Wort aus dem Dauerbrenner einen Dauerrenner machen. Manche unter diesen von der Venus begünstigten Sternenkinder wechseln so lange die Stellung, bis ihnen endlich eine paßt, in der sie bis zur Pensionierung in Treue fest bleiben können.

Chefs aus dem Stier-Zeichen – sie sind im weiblichen Sektor eher dünn gesät – sind freundlich und geduldig, solange ihre Mitarbeiter zum Wohle der Firma fleißig sind. Sie übersehen auch mal ein vorübergehendes Nachlassen der Spannkraft. Dauerfaulenzer aber sollten sich hüten: Ihr Stier-Chef wird sich eine Zeitlang das Spielchen anschauen, ohne die sprichwörtliche Freundlichkeit zu verlieren, bis dann ganz plötzlich per Einschreiben mit Rückantwort der blaue Brief ins Haus flattert.

Sicherheitsdenken geht vor Risikofreude

Stier-Menschen sind immer auf die Mehrung ihres Besitzstandes bedacht, stecken aber sofort zurück, wenn sie allzu viel wagen müßten. Ihnen ist die Sicherheit des Erarbeiteten lieber als noch so schöne Aussichten auf allerdings fraglichen Gewinn. Als Chefs möchten sie in allen Dingen die letzte Entscheidung haben. Eigensinnig halten sie an Leuten fest, die sie eingestellt haben. Dieses geduldige Beharren macht den Stier-Menschen nicht nur im Chefsessel so liebenswert.

Die besten Berufe für einen Stier-Menschen

Ideale Hausfrau? Die Stierin verneint's

Sagen wir es gleich vorweg und geben damit den Männern, die um ihre Gunst buhlten und von ihnen bekocht wurden, das Wort: Der beste Beruf, den eine Stier-Frau ausüben könnte, wäre der einer Hausfrau. Das sollte man ihr nicht zu laut sagen; denn auch die Stier-Frau lebt vom Widerspruch. Sie will in einem »richtigen« Beruf ihre Fähigkeiten beweisen. Zwar übt sie im stillen Kämmerlein gern Selbstkritik und beklagt sich mit dem alten Sokrates-Wort »Ich weiß, daß ich nichts weiß«, aber so ganz ernst nimmt sie diese stille Einkehr auch wieder nicht.

Ihr Tüftelsinn macht sie zur hervorragenden Wissenschaftlerin. In der Forschung haben Stier-Frauen längst Fuß gefaßt. Als pädagogische »Wunderkinder« stellen sie die besten Lehrerinnen, weil sie sich in ihre Schüler hineindenken können, wobei sie fortschrittliche Erziehungsmethoden bevorzugen. In den Finanzämtern wird ihre Sachkenntnis, gepaart mit viel Verständnis für ihre Kundschaft, die Steuerzahler, gelobt.

In der Modebranche kann die Venustochter ebenso Überragendes leisten. Künstlerische Fingerfertigkeit hilft ihr auch in anderen artverwandten Berufen. Ihr musisches Talent ist bekannt.

An der frischen Luft blühen sie auf

Die Männer aus diesem Tierkreiszeichen drängen sich oft nach erdverbundenen Berufen. Man findet sie in Gärtnereien, auf Bauernhöfen oder im Baugewerbe. Hier blühen sie auf, weil sie an der frischen Luft arbeiten können, die für sie lebenswichtig ist. Als Handwerker schaffen sie mit viel Geduld, wobei ihre Genauigkeit dem Kunden nützt. Sie haben ein Faible für die Naturwissenschaft, was sie nicht hindert, auch in weniger exakten Wissenschaften ein auskömmliches Einkommen zu erziehlen. Sofern die Venus in ihrem Geburtshoroskop betont ist, zieht es Stier-Menschen beiderlei Geschlechts zu den schönen Künsten hin. Viele Schauspieler und Sänger, Musiker und Maler wurden unter diesem Zeichen geboren.

Venus sorgt für die künstlerische Ader

Als Finanzgenies sind sie bekannt, obwohl sie bei den eigenen, ganz privaten Finanzen trotz dem Willen zu großer Sparsamkeit zeitweise schludern können. Trotzdem verstehen sie das Manipulieren mit Geld und festen Werten wie kaum sonst einer. Man kann ihnen vertrauen. Deshalb schätzen Banken und Versicherungen diese Venus-Kinder als gute Innen- und Außendienstmitarbeiter. Sie sorgen in diesem Sektor nicht nur für die eigene materielle Absicherung, sondern auch für die anderer Leute.

Fachmännischer Rat und Hilfsbereitschaft des Stiers sind gefragt

Es kommt natürlich auf das persönliche Horoskop an, wie sich der Stier-Mensch entwickelt. Je eindeutiger er vom eigenen Zeichen geprägt ist, desto eher wird sich unsere Charakterstudie auch in seinem weiteren Lebensweg bewahrheiten. Trotz seiner Erdverbundenheit zählt der Stier-Mensch zu den Typen, die am ehesten zu beeinflussen sind. Schon ein strenger Aszendent oder ein schiefstehender Planetenaspekt können hier Einschneidendes verändern.

Er ist ein Rosenkavalier

Freundschaften dauern beim Stier-Mann oft nur so lange, wie sie ihm Nutzen bringen können. In der Liebe ist das anders: Er sucht lange, bis er endlich die Traumfrau gefunden hat. Oft weiß diese dann noch gar nichts von ihrem Glück. Der Stier-Mann hat sie ausgesucht – nun wird er um sie freien. Mag sie über den »lästigen Vogel« auch schimpfen – er wird sie so lange beknien, bis sie ihn erhört.

Ein ausdauernder Freier: der Stier-Mann

Der sonnige Venus-Typ aus dem Stier-Zeichen hat nicht zu knapp Chancen bei Frauen, obwohl er als Playboy auf der Bühne des Lebens sicher durchfallen würde. Stürmisch ist er wahrhaftig nicht. Wenn er sich um eine Frau bemüht, hat das nichts mit einer flotten Anmache zu tun. Er versucht's zunächst mit einem tiefsinnigen Gespräch, um ihre geistige Tiefe auszuloten. Flirts, die ziemlich eindeutig zweideutige Absichten erkennen lassen, sind nicht seine Sache.

Wenn er das Gefühl hat, sie sei die Richtige, ist für den sonst so Sparsamen nichts zu teuer. Er wird ihr täglich unerkannt Blumen ins Haus schicken, so daß sie rätseln mag, wer da wohl den Rosenkavalier spielte. Eines Tages wird er die Neugierige in ein gutes Restaurant einladen und ihr bei Hummercocktail und trockenem Wein gestehen, was er ihr durch die Blume sagen wollte. Und dann – hofft er – wird es ihr wie Schuppen von den Augen fallen, daß es dieser und sonst keiner sein müsse, der ihr Herz gehören soll. Daß sich bei solchem Vorgehen mit der Zeit auch manche trübe Erfahrung beimischen wird, ist verständlich; denn jede Hoffnung ist trügerisch. Und anonyme Blumen kosten auf die Dauer ein Vermögen.

Champagner, Rosen, Hummer – der Stier-Mann wirbt stilvoll um die Dame seines Herzens

Ein Langsamstarter in der Liebe

Wenn er verliebt ist, kann auch der Stier-Mann Süßholz raspeln. Doch in dieser Rolle versagt er oft: Er kommt sich albern vor! In solchem Falle bleibt bei ihm der Flirt sozusagen im Ansatz stecken.

Damen, die an diesem Venus-Jünger Interesse zeigen, sollten ihm zuhören können. Er kann amüsant erzählen und kommt dabei vom Hundertsten ins Tausendste. Seine Gedankensprünge sind aber stets mit Bonmots gespickt. Über seine Witze kann man getrost lachen. Zweideutiges sagt er erst, wenn er sich mit der Zuhörerin einig wurde.

Mag sich ein Stier-Mann im Lebenskampf auch mit starken Männern messen und sie mit gar nicht so herkömmlichen Methoden zu Fall bringen – bei Frauen bleibt er immer Gentleman. Höflichkeit und Zurückhaltung dem sogenannten schwachen Geschlecht gegenüber sind für ihn Kavalierspflicht.

Der Stier-Mann gehört zu den Langsamstartern in der Liebe. Wenn aber die Frau seiner Wahl auf seinen Stil eingeht, wird es gar nicht so lange dauern, bis man sich einig ist.

Er ist durchaus für ein Zusammenleben auf Probe, weil er seine Schwächen kennt. Aber empfehlenswert ist das nicht: Er lernt dann auch die Schwächen seiner Partnerin kennen, die er bisher vielleicht liebevoll übersah. Am besten: man schleppt ihn gleich aufs Standesamt. Er läßt sich gern verführen, weil er eigentlich nicht allein sein kann. Das einzig Bedenkliche: Von nun an wird die Frau als sein unveräußerliches Eigentum betrachtet, das er eifersüchtig hüten wird.

Frauen, die um diesen Schwachpunkt in seiner Nachtseele wissen, wohnen so lange wie möglich getrennt von ihm, packen ihn bei den Hörnern oder kraulen ihm den Kopf. Das mag er, obwohl er sonst ein rechtes Kräutchen Rührmichnichtan ist. Was ihn mehr begeistert, sind gutes Essen und Trinken. Schon mancher Stier-Mann fiel auf eine Frau herein nur, weil sie gut kochen konnte. Das bringt mit den Jahren Gewichtsprobleme.

Die Frau des Stiers sollte es mit Cäsar halten: Laßt dicke Männer um mich sein!

Übrigens zieht ein Stier-Mann kaum den schwarzen Anzug an, um die Eltern seiner Liebsten um die Hand ihrer Tochter zu bitten. Das würde seinem antiautoritären Denken widersprechen. Eher schon könnte er sich ganz altmodisch vor die Geliebte hinknien und theatralisch mimen: Sei mein!

Sex ist sein Steckenpferd

Dieser Mann, der nach außen hin so nüchtern und abgeklärt erscheint, hat ein Steckenpferd, das er für sein Leben gern reitet: Liebesspiele sind für ihn die schönste Freizeitbeschäftigung! Aber es gilt, dabei einige Spielregeln zu beachten. Zum Vorspiel zum Beispiel gehört für ihn der festlich gedeckte Tisch mit silbernen Leuchtern und teurem Porzellan.

Ein Genießer nicht nur des guten Essens ist der Stier-Mann

Der Stier genießt langsam und bewußt, und gerade das macht viele Frauen schwach, die von Tisch- auf Bettgewohnheiten schließen. Sie haben gerade beim Stier-Mann mit ihren Vermutungen recht. Wer wie er sich weigert, Champagner aus dem Zahnputzglas zu trinken, liegt ungern auf feuchtem Rasen oder unbequemen Autorücksitzen. Er bevorzugt weiche Unterlagen und sanfte, anschmiegsame Partnerinnen.

Venus gab ihrem Schützling aus dem Stier-Zeichen die Leidenschaft, aber wohl auch die Bedächtigkeit mit, die den Genuß erhöht. Gerade so kühle Frauentypen wie aus der Jungfrau und dem Steinbock fließen bei ihm dahin.

Seine empfindsamen Zonen

Obwohl er zum Platzen potent ist, läßt er sich Zeit. Und wenn seine Partnerin keine Spielverderberin ist und mitmacht, wird auch sie bald von dem Stier-Mann als einem exzellenten Liebhaber schwärmen. Mit Sex-Akrobatik hat er wenig im Sinn.

Da muß viel Zärtlichkeit im Liebesgetriebe sein, wobei die erfahrene Frau seine empfindsamen Zonen an Hals und Nakken bei ihren zarten Streichelkünsten einbezieht. Seine Sinnesfreudigkeit verlangt Gefühl, kein schnelles Aus und Vorbei. Es ist die behutsame Bedächtigkeit des Stier-Mannes, die Frauen von ihm träumen lassen, auch wenn er in Sachen Sex nicht sehr einfallsreich ist und kaum als Erfinder berauschender Lustspiele gehandelt werden kann.

Für den Stier ist das Schlafzimmer kein Turnsaal, sondern der Raum, in dem man in Ruhe, aber ausdauernd genießt und sich danach wohlig unter der Daunendecke räkelt.

Spiele, bei denen der Körper in allen möglichen und unmöglichen Stellungen verrenkt werden muß, macht er schon wegen seiner Bandscheiben nicht mit, die ja bereits durch eventuelles Übergewicht genügend strapaziert werden. Frauen, die da anderer Meinung sind, sollten sich nicht mit dem Stier verbinden.

Bis daß der Tod euch scheide ...

Wer einen Stier-Mann heiratet, kann sich darauf einrichten, mit ihm auch die goldene Hochzeit zu erleben, sofern nichts Gravierendes dazwischenkommt. An dem Gebot »Bis daß der Tod euch scheide« hält er starrköpfig fest. Auch wenn er einige Ausflüge aus dem Eheleben starten mag – seine Frau darf sich solche nur in ihren Träumen wünschen. Wenn sie klug ist, wird sie auch diese für sich behalten; denn selbst auf Gespenster, die in alten Gemäuern spuken, ist ein Stier-Mann eifersüchtig.

Freilich ist es mit seinen außerehelichen Ausflügen meist nicht allzu weit her. Schließlich liebt jeder Stier-Mann, wenn er in die Jahre gekommen ist, ein trautes Heim mit vorgewärmten Filzpantoffeln. Er kann treu wie Gold sein, wenn seine Frau nicht nur gute Hausfrau und Mutter seiner Kinder ist, sondern auch die perfekte Geliebte bleibt.

Es könnte nichts schaden, wenn sie etwas Vermögen in die Ehe mitbrächte, das er als sparsamer Hausherr verwalten kann. Sollte das nicht der Fall sein, hat er nichts dagegen, wenn sie halbtags etwas hinzuverdient, wobei er sich aber ihre Kollegen vorher genau ansieht. Man weiß ja nie ... Auf jeden Fall aber müßte sie gescheit sein; denn dumme Frauen haßt der Stier.

Heißgeliebte Jungfrau

Idealpartnerinnen: Jungfrau- und Steinbock-Frauen; eher schwierig: Zwilling- und Wassermann-Geborene

Es wurde schon erwähnt. Mit *Jungfrau-* und *Steinbock-*Geborenen würde der Stier-Mann das Glück seines Lebens machen. Seine behutsame Art zu lieben kommt diesen etwas kühleren Sterntypen entgegen und läßt sie in den Wonnestunden des Lebens Höhepunkte erleben, die sie sich bei anderen Männern nur erträumen können.

Wollüstige Freude wird der Stier-Mann auch bei der *Schütze-* und der *Stier-*Frau wecken. Nur: Die Schützin schürt manchmal seine Eifersucht, und seine Sternenschwester neigt ihrerseits dazu. Mit den Jahren wird man sich aber zusammengerauft haben.

Er schätzt die tiefen Gefühle, die ihm eine *Krebs-*Frau entgegenbringt, vergrault die Empfindsame aber zu oft mit seinem aufbrausenden Wesen, das auch die liebevollen Frauen aus der *Waage* und aus den *Fischen* verschrecken und Sand ins Getriebe bringen könnte.

Als Kavalier vom Scheitel bis zur Sohle betet er die hoheitsvolle *Löwe-*Dame an. Das hebt ihre Stimmung nicht nur im Schlafzimmer. Auch mit *Skorpion-* und *Widder-*Frauen käme der Stier-Mann hervorragend zurecht, wenn sie sich nur besser auf seine bedächtige Art einstellen könnten.

Die *Zwillinge-*Frau ist ihm ein wenig zu direkt, er ihr manchmal etwas zu schwerfällig. Einigen sich die beiden vor der angestrebten Hochzeit auf eine längere Probezeit, könnten sie danach vielleicht besser miteinander auskommen.

Und die *Wassermann-*Frau möchte in einem Verhältnis mit dem Venus-Schützling trotz erotischer Übereinstimmung immer noch genügend Freiraum haben. Es ist die geistige Freiheit, die der Stier nicht versteht, weil er stets den Alleinanspruch stellt.

Die Nachtseele des Stier-Mannes

Kluge Frauen, die ein wenig in die Nachtseele eines Stier-Mannes blicken konnten, entziehen sich ihm möglicherweise gleich; denn je länger ein Verhältnis mit ihm dauert, desto schwerer wird es, ihn loszuwerden. Zeitweiliger Liebesentzug vermag ihn zu schocken. Aber da er nie den Grund bei sich selbst sucht und gern auch weiterhin den Kavalier spielt, ist das auch kaum die richtige Lösung, ihn zu vergraulen.

Die Superfrau fürs Herz

Venus gab fast jedem ihrer weiblichen Stier-Schützlinge alles mit, was Männer mögen: Weibliche Superformen, grazile Haltung, den verführerischen Augenaufschlag und jenes gewisse Etwas, das den Müdesten munter macht. Wer sie zum erstenmal sieht, könnte sie leicht mit jenen Playgirls verwechseln, die sich zur Schau stellen, um geliebt zu werden. Oder mit einem männermordenden Vamp, der in seinem ganz privaten Adreßbuch Strichlisten für den Sündenfall der Menschheit führt.

Eine treue Seele verbirgt sich hinter den Reizen der Stier-Frau

Das Bild täuscht: Die aufregende Stier-Frau ist in Wirklichkeit ganz solide. Unter ihrem zweifellos bemerkenswerten Busen schlägt das Herz meistens nur für den einen Mann ihres Lebens. Sie verliert es nicht planlos in Heidelberg, sie verschenkt es – möglichst nur einmal.

Obwohl dieses herzige Weibchen vorgibt, eine dicke seelische Hornhaut zu haben, ist diese zur Schau gestellte Robustheit Makulatur; denn im Grunde ihres Wesens ist die Stier-Frau ein leicht verletzliches Wesen.

Treue erwartet sie auch von ihrem Partner, die Stierin

Wer sie hintergeht, lernt ihre Eifersucht kennen, die das Inventar schon so manchen Haushalts dezimierte, weil eine wütende Stier-Frau mit allem um sich warf, was in ihrer Reichweite stand. Wir möchten nicht in der Haut eines Mannes stekken, den die Stier-Frau auf frischer Tat ertappt! Da wird aus dem sonst so reizenden und anschmiegsamen Kätzchen eine reißende Raubkatze.

Sie ist der Kunst, der leichten Muse sehr zugetan. Man findet die temperamentvolle Stier-Geborene daher häufig in literarischen Zirkeln und in Gruppen, die Revolutionen planen. Hier spricht sie mit, setzt ihre Meinung durch und – flirtet ganz nebenbei mit diesem und jenem. Sie fährt ihre Gefühlsantenne aus und testet, wer wohl am besten zu ihr passen könnte. Hier ist der geeignete Ansatzpunkt für Männer, die eine Stier-Frau erobern möchten.

Man lade sie ins Theater ein und diskutiere über das Gesehene hinterher in einem wirklich guten Restaurant. Wie ihr Sternenbruder ist sie eine Feinschmeckerin. So kommt man sich näher und darf sich rühmen, bald von ihr selbst mit ihren Lieblingsspeisen bekocht zu werden. Man lobe ihre Kochkunst, übersehe aber gentlemanlike, wenn sich diese bei ihr in einigen überflüssigen Pfunden angesetzt haben sollte.

Sex mit und ohne Trauschein

Obwohl die meisten Stier-Frauen irgendwann einmal heiraten, macht's ihnen nichts aus, auch ohne Trauschein mit dem Mann ihres Herzens zusammenzuleben. Sie sind nicht prüde, tun nur manchmal so, um ihren Wert zu erhöhen, weil sie wissen, wie sehr manche Männer auf scheinbare Jungfräulichkeit fliegen.

Schnelle Entschlüsse bei der Partnerwahl sind nicht Sache der Stier-Frau

Trotzdem gehen sie bedächtig an die Auswahl ihres zukünftigen Favoriten heran und versuchen, die Spreu vom Weizen zu trennen. Nur so kommen Stier-Frauen mit der Zeit zu einiger Lebenserfahrung und zu einem späten Glück mit einem Mann, der oft eigentlich so gar nichts mit dem Held ihrer Jungmädchenträume gemein hat, den sie sich aber als geschickte Bastlerinen nach ihrem Gefühl zurechtschnitzen.

Wenn ihr der Mann gefällt, ist die Stier-Frau zu allem bereit. Bei ihr ist es schließlich immer die Liebe auf den ersten Blick. Aber im Laufe ihres Lebens kann sie manche solcher Blicke verschwenden ...

Hat es ein Mann endlich geschafft, die Stier-Frau zu Liebesspielen zu animieren, macht sie willig mit. Nur die Umgebung muß stimmen: Hier ein rosarotes Kissen, dort schimmerndes Licht. Und vorher geht man zu Tisch und stärkt sich an den von der Venustochter gezauberten erlesenen Genüssen. Erst dann sollte man zur Sache kommen.

Ein romantisches Ambiente gefällt der Stier-Geborenen

Eine Stier-Frau verlangt viel von ihrem Liebhaber. Sie mag ausgedehnte Vorspiele, braucht Streicheleinheiten und Küsse, wobei der Herzensmann stets ihre erogenen Zonen – Hals und Nacken – in seine Liebkosungen einbeziehen sollte. Und außerdem: Sie möchte sich langsam in das frivole Vergnügen der reinen Körperlichkeit hineinsteigern. Männer, die sich da ungeschickt anstellen, werden schnell abserviert oder umerzogen, wenn die Liebe auf den ersten Blick noch anhält.

Draufgänger mag sie nicht

Ihr Liebhaber sollte Zeit mitbringen

Es ist nicht leicht für den Mann, bei einer Stier-Frau auch sexuell zu bestehen. Sie mag zum Beispiel jene Draufgänger nicht, die ihre Potenz gleich mehrmals hintereinander beweisen wollen. Was eben noch von den ausgedehnten Vorspielen gesagt wurde, gilt auch für die Zwischenspiele: Je länger ihr Partner es versteht, die Zeit charmant zu überbrücken, desto mehr hat die Stier-Frau davon.

Gefühl ist bei ihr alles. Der Geschlechtsakt selbst, so macht sie glauben, ist eigentlich nur ein Nebenbei, das sie duldet, um dem Mann einen Gefallen zu tun. Die »schnellen Brüter« sind bei ihr nicht gefragt. Oft genügt ihr schon ein intensiv ausgedehnter Flirt zur erotischen Befriedigung. Dann rückt sie ganz nahe an ihr Zielobjekt heran und läßt es ihren Körper spüren.

Solch körperliche Flirtbereitschaft trug mancher dieser Venus-Jüngerinnen den Vorwurf ein, sie seien leichtsinnige Luder, die es um jeden Preis auf die Männer abgesehen hätten. In Wirklichkeit haben Stier-Mädchen nur Lust am fröhlichen Spiel und denken sich nichts dabei, wenn sie einem Mann allzu nahe auf den Pelz rücken.

Es ist das beinahe kindliche Spiel, das Stier-Frauen bevorzugen. Um ihre Spiellaune noch zu unterstreichen, benutzen sie beim zärtlichen Tête-à-tête oft auch die Kindersprache. Männer, die das albern finden, sollten schleunigst das Weite suchen. Die Stier-Frau hat ihren eigenen schrulligen Humor, den man – so komisch das klingt – ernst nehmen sollte.

Fröhlich, kindlich, ja verspielt – Stier-Frauen sind meist sonnige Wesen

Am Ende findet jede Stier-Frau ihren Hafen, in dem sie glücklich ist. Alle Tändelei hat schließlich nur den einen Zweck, den einen zu finden, der zu ihr paßt. Als Ehefrau oder Festverbandelte ordnet sie sich sogar auch mal unter, wenn der Herzensmann ansonsten ihre Wünsche erfüllt. Er müßte lieb und häuslich sein und mit ihr alles besprechen, was er auf dem Herzen hat. Sie kann zuhören, vor allen Dingen aber müßte er ihr zuhören können. Sie kann am laufenden Band Geschichten erzählen. Wehe dem Mann, der sich dabei langweilt!

Die Favoriten einer Stier-Frau

Zu den Favoriten einer Stier-Frau zählt vor allem der *Jungfrau*-Mann. Er will sich wie sie langsam ins intime Vergnügen steigern. Und er lehrt sie, wie man sein Geld sparen und überhaupt Ordnung halten kann. Er ist zärtlich zu ihr wie zu seinem Kätzchen, das Mittlerin zwischen den beiden im Temperament so unterschiedlichen Typen sein kann.

Die an sich sprichtwörtliche Kühle eines *Steinbock*-Mannes wird sie allmählich auftauen, weil bei ihm sonst alles stimmt – auch die Kasse. Und beim *Stier*-Mann könnte nur der beiderseitige Eigensinn das ansonsten angenehm gleichgeschaltete Vergnügen stören.

Mit dem *Schütze*-Mann verbindet die Stier-Frau die gleiche erotische Ausstrahlung, nur der Leichtsinn des Schützen könnte der Idealverbindung im Wege stehen – besonders dann, wenn seine Abirrungen die Eifersucht des Venus-Schützlings schüren.

Da wären für sie die Männer aus dem *Fische*- oder aus dem *Krebs*-Zeichen besser. Beide profitieren von der Erfindungsgabe der Stier-Frau, die sie schon beizeiten umerziehen und auf ihr Naturell einstimmen wird.

Fisch und Krebs passen nicht schlecht zu ihr

Mehr Temperament haben *Skorpion*- und *Widder*-Männer. Diese beiden könnten sie aber mit allzu rasantem Vorgehen ein um das andere Mal verschrecken. So mancher Krach stünde ins Haus. Ob das der Stier-Frau auf die Dauer gefällt, ist fraglich. Vielleicht macht's ihr geniales Geschick im Umerziehen auch schwieriger Typen möglich.

Auf gleicher Venuswelle funkt der *Waage*-Mann, der ihr aber oft zu oberflächlich reagiert. Da wäre der *Wassermann* schon besser. Er beflügelt die Stier-Frau mit seiner Phantasie. Leider hat er meist aber ihr gegenüber so seine Heimlichkeiten, die sie beargwöhnt.

Der *Zwillinge*-Mann ist in Sachen Sex ein Luftikus, weshalb es von Zeit zu Zeit zwischen ihm und der Stier-Frau gewaltig knistern könnte.

Bei Zwilling und Löwe kann es funken

Bliebe noch der *Löwe*-Mann, dessen Ritterlichkeit der Stier-Frau gefällt. Er schürt stets zur rechten Zeit ihr feuriges Temperament an. Seine erotische Ausstrahlung bringt sie richtig auf Trab.

Warum sie wegläuft ...

Nichts ist leichter, als eine Stier-Frau loszuwerden. Man schüre ihre Eifersucht, flirte in ihrem Beisein und schwärme von einer anderen Frau in den höchsten Tönen. Entweder geht die Stier-Frau dann gleich auf ihre verhaßte Rivalin los, oder sie zieht die Konsequenzen und läuft Hals über Kopf auf Nimmerwiedersehen davon.

Eifersucht ist ein Trennungsgrund

Was sie auch auf die Palme bringt: Man spreche tagelang nicht mehr mit der so Diskutierfreudigen und betrachte sie als Luft. Die Stier-Frau ist zwar treu, aber sie will beachtet sein. Jeder Mann, der das nicht begreift, den läßt sie ziemlich schnell sitzen.

Die Pluspunkte des Stiers

Der Stier-Mensch kann selbst die schwierigste Aufgabe mit Geduld und Ausdauer meistern. Er wägt viel und wagt nur dann, wenn er sicher sein kann, daß sein Einsatz nicht umsonst ist. Er hat einen guten Draht zu Geld und festen Werten. Seine Treue ist sprichwörtlich. Vertrauen ehrt ihn. Man schätzt seinen gesunden Menschenverstand und seinen praktischen Sinn.

Wenn der Stier-Mensch gute Aspekte in seinem Geburtshoroskop hat (etwa die Sonne-Jupiter-Konjunktion), ist er sehr zielsicher und nimmt gleich mehrere Hürden auf einmal. Sonst genügt ihm auch ein langsameres Vorwärtskommen. Er hat ein Beharrungsvermögen, das ihn schließlich doch das Zielband zerreißen läßt. Ehrgeizig ist er nicht allzu sehr. Mögen andere auch nach unerreichbaren Sternen trachten, er bleibt auf dem Boden der Tatsachen. Das kleine Glück ist jedem Stier-Menschen lieber als das große, das irgendwo nebelverhangen lockt. Er scheint der Genügsamste unter dem Sternenzelt zu sein, wenn es um den Erfolg geht.

Stärken und Schwächen im Zeichen des Stiers

So erscheint er als Phlegmatiker und ist doch etwas ganz anderes: Ein Mensch, der weiß, was er will. Und der darum vielleicht gerade mehr erreicht als die Stürmer und Dränger, die vergessen, ihren Erfolg beizeiten abzusichern.

Die Schwachstellen des Stiers

Der Stier-Geborene ist eigentlich ein recht barocker Menschentyp. Er liebt die Völlerei, die ihn mit den Pfunden wuchern läßt. Da das der Figur schadet, entschließt er sich, abzuspecken – tage- und auch wochenlang. Das schadet ihm noch mehr. Er treibt zu oft mit seinen Kräften Raubbau. Er strebt nach Harmonie und macht möglicherweise alles mit seiner Eifersucht kaputt.

Prüfungen machen ihn krank. Schon mancher Stier-Mensch bekam hohes Fieber aus Angst, das in schlaflosen Nächten Vorbereitete könne für ein Examen nicht reichen. Es ist eine gewisse Hysterie, in die er sich hineinsteigert.

Der Stier-Mensch liebt heiße Diskussionen und kann eine einmal als richtig erkannte Meinung bis zum Exzeß vertreten. Wenn es um seine persönlichen Belange geht, ist er leicht beleidigt und dann auch unduldsam.

Die zwei Seelen der toleranten Zwillinge

Vom 21. Mai bis 21. Juni steht die Sonne im Tierkreiszeichen Zwillinge. Die Natur wechselt vom heiter beschwingten Frühling allmählich in den Sommer. Aus zarten Blüten bilden sich Fruchtansätze, die in der Sonne Glut reifen. Menschen, die in dieser Naturwende geboren wurden, haben zwei Seelen in ihrer Brust. Die eine drängt nach vorn und kennt kaum Skrupel, wenn es um den persönlichen Erfolg geht, die andere bringt moralische Grundsätze ins Spiel und verzögert manchmal sogar das, was sich erfolgreich anbahnte.

Sprichwörtlich ist die Hin- und Hergerissenheit der Zwillingsmenschen

Das Doppelzeichen Zwillinge zeigt Höhen und Tiefen. Mal läßt es die unter ihm Geborenen himmelhochjauchzend, dann zu Tode betrübt sein. Oft kommen wichtige Entscheidungen wie aus der Pistole geschossen, können aber ebenso rasch wieder umgestoßen oder ins Gegenteil verkehrt werden.

Regent der Zwillinge ist astrologisch der Planet Merkur, der seine Schützlinge mit Vernunft begabte und ihnen einen sicheren Sinn für finanzielle Vorteile mitgab. Aber auch dieser Planetenherrscher kommt nicht gegen die Doppelnatur der Zwillinge an: In den entscheidenden Augenblicken ihres Lebens lassen die in einem Luftzeichen Geborenen ihr Herz sprechen, auch wenn das wider alle Vernunft wäre.

Ihre Versprechungen und guten Vorsätze sind immer ernst gemeint, aber sie werden nicht immer eingehalten. Man sollte ihnen daraus keinen Vorwurf machen und lieber daran denken, daß man selbst ja ebenfalls nicht fehlerlos ist. Wer kann schon dafür, wenn in dieser schnellebigen Zeit etwas dazwischenkommt, das zu einem Kurswechsel zwingt?

Auf dem kürzesten Weg suchen sie den Erfolg und rennen dabei vielleicht ein Hindernis um, das sich plötzlich vor ihnen aufbaut. So kommen sie zu Lebenserfahrungen.

Das kostet natürlich Nerven, weshalb die Nerven der anfälligste Teil des Zwillinge-Menschen ist. Da sie sich nie schonen, haben sie leicht Erkältungen, die oft chronische Erkrankungen nach sich ziehen. Obwohl sie gegen Krankheiten mit allerlei Mittelchen und Traktätchen ankämpfen und für eine vernünftige Lebensweise eintreten, sündigen sie viel zu oft gegen ihren eigenen Standpunkt.

Glücksmetall ist das Quecksilber; es läßt auf das Temperament der Zwillinge schließen

Die Farbe des Luftzeichens ist hellgelb, das Glücksmetall Quecksilber. Starke Kräfte soll den Merkur-Schützlingen der gelbschimmernde Goldberyll, ein dem Smaragd verwandter Edelstein, verleihen. Glückstein ist in diesem Zeichen auch der Bergkristall, ein Quarz in sechsseitigen Säulen mit pyramidenförmigen Enden, der im fernen Osten als »Stein der Konzentration und Beharrlichkeit« gilt – Eigenschaften, die beim Zwillinge-Typ meist nicht allzu stark ausgeprägt sind.

In diesem beweglichen Zeichen baut man zwar auf sein Glück, gibt aber vor, nicht abergläubisch zu sein, trägt als Talisman eventuell ausgerechnet einen der beiden eben erwähnten Steine bei sich oder am Ringfinger einen wunderschönen Goldtopas, vielleicht auch einen hellblauen Aquamarin, die seit dem Altertum schon zu den Glücksbringern dieses Zeichens gehören. Man kann ja nie wissen ...

Zwillinge-Menschen sind tolerant, haben sogar die seltene Gabe, auch einmal über sich selbst lachen zu können. Sie analysieren glänzend und gehören zu den Intellektuellen des Tierkreises. Es kommt allerdings auf ihr ganz persönliches Horoskop an, wie sie ihre Intelligenz einsetzen.

Die Talente des Zwillinge-Menschen

Ein wenig unstet ist das Leben eines Zwillinge-Menschen schon. Stundenlang möchte er unterwegs sein, um Neues zu erfahren. Ihn hält es nie lange an einem Platz. In untergeordneten Stellungen fühlt er sich nicht wohl. Aber auch dann wird er nicht so leicht kapitulieren. In solch seltenem Fall versucht er sich als Alleinunterhalter der Belegschaft oder als Betriebsrat, der die Belange seiner Kollegen vorzüglich vertritt. Er liebt die Betriebsamkeit, das Wohlergehen des Betriebs jedoch interessiert ihn erst in zweiter Linie.

Zwillinge-Männer werden ihre Talente als Journalisten oder Schriftsteller, als Lehrer oder Erzieher, vor allem aber auch als Politiker vorzüglich anbringen können. Reden können sie ja wie ein Wasserfall, und was sie sprechen, hat Hand und Fuß, auch wenn es des öfteren demagogisch verfärbt ist.

Viele erfolgreiche Bankiers wurden unter diesem vom Merkur beherrschten Zeichen geboren. Je nachdem, ob schlechte Aspekte in ihrem Horoskop durchschlagen sollten, könnte man sich einige wenige unter diesen doch so gewandten Typen auch als Scheckbetrüger vorstellen oder als Händler, die gute Ware feilbieten und bei Gelegenheit auch mal schlechte zu überhöhten Preisen verkaufen.

Seine Überzeugungskraft macht den Zwilling zum perfekten Verkäufer

Trotz der Zwiespältigkeit in des Zwillings Wesen unterstelle man ihm nie böse Absichten – verschlungen sind halt die Pfade, auf denen er den Erfolg um jeden Preis sucht. Er ist ein guter Kollege, der anderen hilft, wo er nur kann. Daß er sie bei dieser Hilfestellung möglicherweise aussticht, ist eine andere Sache. Er will keinem böse, aber seine hohe Intelligenz sagt ihm nun mal, daß ihm der bessere Platz gehört. Wer Schlechtes daran findet, dem ist nicht zu helfen.

Wie ihr Sternenbruder strebt auch die Zwillinge-Frau im Beruf nach oben. Sie wird manchen männlichen Kollegen aus dem Rennen werfen und dabei geschickt ihre Ellenbogen (oder auch ihre spitze Zunge) einsetzen, ohne daß es die anderen merken. Sie könnte mit List und Tücke Erstrebtes erreichen, aber meistens braucht sie das gar nicht: Ihr Charme wirkt so überzeugend, daß jene, die sie überflügelte, ihr ohne Arg Glück in der neuen Position wünschen. Futterneid wäre verfehlt; ohne selbst viel dazu beizutragen, sind Beförderung oder Gehaltsaufbesserung eigentlich nur noch eine Frage der Zeit.

Die Zwillinge-Frau ist eine gutherzige Kameradin, die jedem die Arbeit erleichtert, die selbstlos jede Vertretung übernimmt, nur damit der Kollege oder die Kollegin ein paar Ruhestunden mehr haben. Woraus zu ersehen wäre, daß auch im Beruflichen der Zwilling voller Widersprüche steckt.

Meister schneller Entschlüsse

Auf Tradition hält der Zwillinge-Mann als Chef kaum sehr viel, er urteilt mehr nach der Nützlichkeit seiner Mitarbeiter. Er ist ein Meister schneller Entschlüsse, die er aber oft ebenso schnell wieder verwirft, weil ihm plötzlich etwas anderes in den Sinn kam. Gute Vorschläge seiner Untergebenen übernimmt er gern als die eigenen. Urheberrechte übersieht er, wenn er kann.

Er hält auf Distanz: der Zwilling als Chef

Er ist nach außen hin stets höflich und verbindlich, aber hinter der Verbindlichkeit steckt nur zu oft etwas Abweisendes. Mitarbeiter, die mit einem persönlichen Anliegen zu ihm kommen, empfindet er als lästig. Trotzdem versucht er zu helfen, weil er sich überall gern ins rechte Licht gesetzt sieht.

Die Chefin aus dem Zwillinge-Zeichen ist ähnlich gelagert. Sie hält zwar die Finger aufs Geld, wenn jedoch ein Mitarbeiter hervorragende Leistungen vollbringt, wird sie ihm vielleicht sogar außer der Reihe das Gehalt erhöhen. Sie wird sich wie ihr Sternenbruder stets schnell für etwas entscheiden, aber ebenso schnell Entscheidungen zurückziehen, weil ihr möglicherweise von irgendeiner Seite zugeflüstert wurde, sie sei falsch informiert. Sie ist zu harter Kritik vor versammelter Mannschaft fähig, aber sie hält auch nicht mit Lob zurück.

Manch einem erscheint der Zwillinge-Mensch wankelmütig. Er ist es nur, weil er sich allzuoft zum Spielball der eigenen Launen machen läßt. Und die steigen und fallen mit den guten oder schlechten Aspekten in seinem Horoskop.

Er spielt gern den Frauenheld

Traue niemals einem Zwilling über den Weg, auch wenn er schon hoch in den Siebzigern ist. Er führt stets etwas im Schilde, wenn er schöne Frauen sieht. Sie wecken seinen Jagdinstinkt und beflügeln ihn zu außergewöhnlichen Ideen und ungewöhnlichen Taten.

So kommen junge Zwillinge zu Liebschaften und ältere zu Scheidungen. Wer aus diesem Zeichen etwas auf sich hält, ist von Zeit zu Zeit ein rechter Luftikus. Ist es da nicht mehr als verständlich, wenn mancher Zwillinge-Mann erst in der dritten Ehe seßhaft wird?

Charmant, aber ein bißchen leichtfertig: der Zwillinge-Mann

Der Charme eines Zwillings ist so umwerfend, daß seine Verflossenen noch Jahre lang später nicht nur feuchte Augen bekommen, sobald sie an diesen Adonis denken. Er selbst weint keiner eine Träne nach, beschreibt aber seine Affären und Liebesabenteuer in seinem Tagebuch oder erzählt sie lustvoll in kleinem Kreis, wobei er zur Ausschmückung gewisser Höhepunkte auf dichterische Freiheit nicht verzichtet.

Wer es auf einen Zwillinge-Mann abgesehen hat, sollte sich einen Rat zu Herzen nehmen: Machen Sie ihn neugierig! Die kluge Frau sollte ihn zunächst völlig im Unklaren lassen über ihre Gefühle und ihre Pläne. Ist sein Interesse erst mal erwacht, wird er unverschämt gekonnt zu flirten beginnen, wobei er nicht versäumt, seine eigenen Vorteile mehr oder weniger auffällig ins rechte Licht zu rücken.

Er wird die Dame, die seine Neugier weckte, auszufragen beginnen. Die gescheite Frau gibt ihm nie gleich erschöpfend Antwort, sondern überrascht ihn mit vielen Andeutungen, aus denen er dann Hoffnung schöpfen kann. Weiß er erst mal alles über sein Flirtobjekt, erlahmt vielleicht bald sein Interesse. Wer es unverbindlich macht, aber kräftig zurückflirtet, hat mehr Aussicht auf Erfolg.

Er lügt nicht; nur die Wahrheit des Zwillings wandelt sich oft

Die Frau, die ihn einfangen will, schlägt ihn also mit seinen eigenen Waffen. Und prompt wird er sie einladen und schon bald gestehen, daß sie diejenige ist, von der er schon immer träumte. Das ist in diesem Augenblick übrigens kein bißchen geflunkert. Jeder Zwilling glaubt, was er sagt. Seine Liebesschwüre kommen sicherlich von Herzen. Einziges Problem: Am nächsten Tag schlägt's vielleicht schon für eine andere.

Auch der Verstand spielt bei seinen Herzensangelegenheiten ein wenig mit: Gar mancher aus diesem luftigen Zeichen denkt, wenn er einen entsprechenden Aszendenten in seinem Geburtshoroskop hat, auch ein bißchen an das Bankkonto seiner Angebeteten, von dem sie ihm erzählt hat. So ganz uneigennützig ist kein Zwillinge-Mann, den Merkur mit einer gehörigen Portion Vernunft begabte ...

Wie er den Sex liebt

Sex ist nicht unbedingt das wichtigste in seinem Leben. Er ist oft nur Abrundung eines Erlebnisses, das mit Flirt begann und über neckische Spiele ins Bett führte.

Wie ein Schauspieler auf der Bühne will er im Lust-Spiel gesehen werden. Gedämpftes Licht verträgt die Show nicht. Der Kronleuchter mag sich in den Spiegeln vervielfachen, so wie der Held des Geschehens: der Zwillinge-Mann. Schüchterne Lämmchen, die schützende Dunkelheit vorziehen möchten, überzeugt er charmant von der Energiequelle Licht, die auch eigene Energie sichtbar macht.

Er ist zwar nicht unbedingt für die Gleichberechtigung, aber für die Frau, die ihn liebt, bleibt er der Kavalier der alten Schule, der alle Feinheiten des Liebesspiels beherrscht. Meist läßt er es langsam angehen und steigert's dann mit viel Gefühl, wobei seine Finger die zarten Rundungen seiner Partnerin ertasten, bevor sie das Zielgebiet ansteuern.

Um die Spannung zu erhöhen, legt er manchmal Kunstpausen ein. Und dann läßt er es lustvoll treiben bis zum kurzen, aber wilden Höhepunkt. Man spare nicht mit Beifall, bevor am Ende des Aktes der Vorhang fällt!

Frauen, die vor lauter Lust eigene Sexvarianten erfinden und ihn mit Küssen und Bissen zu erregen versuchen, kommen nicht so sehr an, wenn sie dabei seine empfindsamsten Körperstellen, Hände und Arme, auslassen. Wer ihn dort mit viel zärtlichem Gefühl stimuliert, erotisiert ihn im Nu.

Treu ist der Zwilling nur der Frau, die ihn mit immer neuen Überraschungen zu fesseln weiß und dem charmanten Plauderer vor allem zuhören kann

Ein Zwilling ist erfinderisch. Langeweile macht ihn krank. Liebe, die sich in alltäglichen Pflichtübungen erschöpft, läßt seine Launen sprießen und ihn im Laufe der Zeit auf Abenteuer außer Haus ausgehen.

Er sucht die Begegnung mit dem anderen Geschlecht wie kein zweiter. Aber er möchte, selbst in einer Ehe, seine Freiheit nicht verlieren.

Das machen die zwei Seelen in seiner Brust: Im Grunde sehnt er sich nach der Ruhe am heimischen Herd, sein Temperament jedoch drängt nach außen in die freie Welt. Er braucht seinen Stammtisch, noch mehr große Gesellschaften, in denen er sein Wissen und seine Diskutierwut ausspielen kann. Es ist kein leichtes Leben an der Seite dieses Mannes, auf dessen Launen man sich täglich neu einstellen muß.

Guter Tip: Er kann nicht allein sein

Die Scheidungsquote unterm Zwilling ist hoch. Manch einer aus diesem luftigen Zeichen kann es, wenn bestimmte Aspekte oder sein Aszendent nicht mildernd einwirken, nacheinander zu mindestens drei Ehefrauen bringen. Jede hat er auf seine Art geliebt, jede war ihm zugetan, aber am Ende zerbrach dann doch, was himmelhochjauchzend begann.

Eine liebende Frau sollte auf das Zwiespältige in einem Zwillinge-Charakter eingehen. Schließlich war sie ja vorher schon gewarnt und wollte es nur nicht hören. Sie sollte ihm die Freiheit lassen, sich draußen in der geschäftigen Welt umzuschauen. Sie müßte vor allem geistig mit ihm harmonieren und darüber hinwegsehen, daß er nun mal gern hübschen Mädchenbeinen nachschaut.

Ein Zwilling glaubt das, was er sagt, auch wenn es geflunkert ist

Und sie sollte bedenken, daß Liebesabenteuer, über die ein Zwilling spricht, meist dichterisch verbrämt sind: Das Lächeln einer Schönen verwirrt ihn so, daß er sich mit ihr schon im aufreizenden Liebesspiel sah.

Ein Glück für die Frau, die es auf ihn abgesehen hat: Der Zwillinge-Mann kann nicht allein sein. Er braucht jemanden, der für ihn sorgt und ihm seine Sorgen abnimmt.

Seine ganz private Bestsellerliste

Etwas Schnuckeliges zeigt er gern her. Er achtet auf Figur bei seiner Partnerin. Auf seiner ganz privaten Bestsellerliste steht darum stets die *Waage*-Frau an erster Stelle. Sie flirtet selbst nach dem verflixten siebten Jahr noch mit dem Einzigartigen und spielt – ihm zur Freude – das Betthäschen, das nicht müde wird, seine reifen Liebeskünste zu loben.

Fast ebenso hoch im Kurs stehen bei ihm die *Wassermann*- und die *Zwillinge*-Frau. Da gibt es oft hitzige Debatten und fliegende Untertassen, die den gemeinsamen Haushalt dezimieren. Aber mit den beiden temperamentvollen Damen versöhnt er sich schnell; denn er weiß: hinterher herrscht immer Hochstimmung im Himmelbett …

Forsche Frauen sind dem Zwilling nicht geheuer

Die *Widder*-Frau ist dem Zwilling zu forsch – ein sexy Girl, das ihn unterbuttern will, was er so gar nicht mag. Und an der Seite einer *Löwe*-Frau fühlt er sich zeitweilig als der Prinzgemahl, der in aller Öffentlichkeit zu ihr aufblicken muß, um in der Nacht einen verständnisvollen Bettschatz zu haben.

Die *Krebs*-Frau will ihm nach den ersten Wonnewochen die Pantoffeln anziehen und mit seinen hochherrschaftlichen Launen um die Wette eifern. Aus purer Bequemlichkeit könnte es der Zwillinge-Mann bei ihr trotz der vielen Gegensätze unter Umständen recht lange aushalten.

Nicht ganz so bequem hat er es bei der *Schütze*-Frau. Sie läßt ihm mehr Freiheiten als jede andere, will jedoch selbst ab und zu ihre eigenen Wege gehen. Das führt zu häufigen Meinungsverschiedenheiten.

Ganz gleich für welche Frau er sich entscheidet, leicht seßhaft wird der Zwilling in keinem Fall

Die *Fische*-Frau bleibt längere Zeit seine Favoritin. Bis er es leid wird, ständig saubere Taschentücher parat zu haben, um ihre Tränen zu trocknen. Da kommt mit der Zeit leider Langeweile auf...

Auch mit Frauen aus dem *Jungfrau-*, *Skorpion-*, *Steinbock-* und *Stier*-Zeichen könnte ein Zusammenleben klappen. Nur müßte sich der Zwilling vorher bei anderen lustvoll die Hörner abgestoßen haben oder bei einer dieser Damen deren Erbschaft verwalten können.

Langeweile tötet die Liebe

Meist sucht der Zwillinge-Mann selbst das Weite, wenn er merkt, daß irgend etwas in der Partnerschaft nicht mehr stimmt, und flüchtet schnell in die Arme einer neuen Gespielin.

Sollte aber der recht seltene Fall eintreten, daß man ihn loswerden will und er es einfach nicht merkt, gibt es einige probate Mittel, ihn zu verscheuchen: Man öde ihn stets nur mit den eigenen Problemen an und höre bei seinen Leidensgeschichten einfach nicht zu. Man spiele die Frigide und lästere über seine vergeblichen Bemühungen, die Partnerin wieder fit zu bekommen.

Tödlich für die Gefühle des Zwillings: die Langeweile

Und wenn das alles nicht hilft, sollte man ihn mit Dingen langweilen, die er überhaupt nicht mag. Langeweile tötet bei ihm garantiert das letzte Fünkchen Liebe.

Träumen von der Zwillinge-Frau

Zwillinge-Frauen sehen aus, als ob sie Eva hießen. Allerdings sind ihre Äpfelvorräte nicht beschränkt, und ist der eine Mann aus dem Liebesparadies vertrieben, steht schon der nächste in der Schlange bei ihr an. Die Zwillinge-Frau ist ein Früchtchen

mit vielen Geschmacksvarianten. Mal ist sie zum Anbeißen süß, mal ist sie herb. Sauer oder gar verbittert ist sie nie. Wer einmal eine Zwillinge-Frau gekostet hat, leidet hinterher an Entzugserscheinungen.

Zwillinge-Frauen halten auf die Linie. Sie können sich zu asketischer Lebensweise erziehen, aber es fällt ihnen schwer, von Genußmitteln loszukommen, wenn sie sich erst einmal daran gewöhnt haben. Ihre Geheimwaffe ist der Flirt.

Genießerisch, aber wählerisch – auch bei den Männern; so läßt sich die Zwillinge-Frau charakterisieren

Jede Zwillinge-Frau kann Männer glauben machen, sie sei leicht zu haben. Aber mit weiblicher Schläue wird sie sich dem allzu Stürmischen entziehen, ohne daß er merkt, daß sie ihr Herz längst an einen anderen verloren hat.

Die Frau aus dem Luftzeichen Zwillinge probiert viel, nur entscheiden will sie sich nicht so schnell. Wer meint, er hätte sie erobert, dem kann sie von einer Minute auf die andere die kalte Schulter zeigen. Im Grunde genommen möchte sie es nämlich sein, die erobert. Sie will nicht die sturmreife Festung spielen, die der Ritter mit Gewalt nimmt.

Sie ist ein heiteres, stets dem Leben zugewandtes Menschenkind. Selbst auf der tiefsten Talsohle wird sie ein Liedchen trällern und beschwingt den Weg zurück nach oben wagen. Eine Zwillinge-Frau bringt so leicht nichts um.

Ihr Charme ist bei jedem Mann gefragt, ihr Temperament beflügelt ihn zu kühnen Träumen. Am Ende aber war es vielleicht doch nur der handfeste Flirt einer Frau, die Entspannung vom alltäglichen Einerlei suchte.

Trotz dieser scheinbar leichten Ader geht sie immer wieder auf die Suche nach dem einen, der sie glücklich machen wird. Da läppert sich mit der Zeit einiges zusammen, was dem kritischen Verstand der Zwillinge-Dame nicht standhalten konnte. Schließlich haben Heldenfiguren die Eigenart, daß ihr Lack mit der Zeit Brüche bekommt.

Männer, das weiß sie, sind austauschbar. Und wohl darum werden einige dieser Merkurkinder erst in der dritten Ehe glücklich. Verflossene Liebhaber einer Zwillinge-Frau werden es bestätigen: Eben noch war sie die hingebungsvolle, zärtliche Geliebte; und wenig später nörgelte sie an allem herum, was man auch machte. Schon zieht sie aus dem gemeinsamen Haushalt aus – denn Zwillinge sind nun einmal für völlig klare Verhältnisse.

»Vielweiberei« mit einer einzigen Frau

Wer diese Frau erobert, hat keine Langeweile mehr, aber er muß viel Durchstehvermögen beweisen und auch einen Hang zur »Vielweiberei« mitbringen; denn in dieser einzigen Eva vereinen sich neben den berühmten zwei Seelen, ach, auch eine Vielzahl widersprüchlicher Frauentypen.

Eine Frau mit vielen Gesichtern

Da ist die anhängliche Freundin, die viel Zeit zum Schmusen hat, und die andere, die ihren Geliebten mit ihren Launen auf Trab hält, so daß er manchmal nicht mehr hüh noch hott weiß. Eine dritte tut unbeschwert und fröhlich und hat es doch faustdick hinter den Ohren. Die vierte diskutiert noch im Bett, wenn der Mann schon an ganz etwas anderes denkt. Die fünfte spielt die Rolle des unwissenden Gänsleins, und die sechste ist die »große Dame«, die mit Charme und Esprit eine ganze Gesellschaft allein unterhalten kann. Man kennt auch die siebte, die als perfekte Hausfrau und Mutter agiert.

Die Anlagen all dieser Einzeltypen (und noch einiger mehr!) sind in dieser einen Zwillinge-Frau vereint. Da ist es kaum verwunderlich, daß bei ihr selbst die größten Frauenkenner mit ihrer Weisheit am Ende sind. Denn hat man sich auf den einen Typ eingestellt, schneit einem der andere ins Haus. Männer lernen bei dieser Frau nie aus.

Auf die Schnelle geht nichts

Frühstücken im Stehen neben dem Kühlschrank mag sie nicht. Sex zwischen Tür und Angel genauso wenig. Schnelle Hingabe nimmt sie in ihr Liebesrepertoire nicht auf. Der Weg zu ihrem Körper führt über ihren Kopf.

Die schönen Stunden ihres Lebens will die Zwillinge-Frau bis zur Neige auskosten. Sie ist eine perfekte Geliebte, aber sie will Liebe und Sex genießen. Ein zu kurzes Vorspiel kann alles verderben. Sie will ihren Höhepunkt erreichen. Zum Einstimmen können durchaus tiefsinnige Gespräche über Kunst und Wissenschaft oder über die Technik des Wankelmotors zählen.

Ob Scheune oder Himmelbett, abwechslungsreich wünscht sich die Zwillinge-Frau die Liebe

Gegen Abschweifungen vom Thema hat sie nichts. Gegen Ausschweifungen auch nicht. Das Umfeld amouröser Spiele braucht für sie nicht unbedingt in rosarotes Licht getaucht zu sein. In einer halbdunklen Scheune treibt sie's ebenso gern und so lang wie im Himmelbett, wenn der Liebhaber und seine zurückhaltende Taktik stimmen.

Empfindlich ist sie nur in einer Hinsicht: Wenn man sich bei ihr bedienen will, ohne zuvor nach ihren Wünschen zu fragen. Für Supermarkttypen hat sie dann nur noch eins im Angebot: Kälte bis hin zur Frigidität. Die Gespielin, der keine Position zu gewagt ist und die ihre Neugierde eben auch auf sexuellem Gebiet befriedigen will, ist dann ganz plötzlich überhaupt nicht mehr wiederzuerkennen.

Wer die Zwillinge-Frau an der zarten Innenseite ihrer Arme streichelt, beflügelt ihren Atem. Und wer bereits im Restauant beginnt, ihre Hände zu liebkosen, muß sich auf einen Spurt zum nächstbesten Taxi gefaßt machen. An Händen und Armen liegen bei der Zwillinge-Frau die empfindsamsten Nervenenden. Übrigens: Auch auf Kitzeln an allen möglichen und unmöglichen Stellen reagiert sie.

Eine temperamentvolle Gespielin, zugleich aber voller Zärtlichkeit – wie immer zeigt die Zwillinge-Geborene zwei Seiten

Wer mit ihr ein heimliches Verhältnis pflegt, sollte nur nichts übertreiben: Ihre Lustschreie werden durchs Haus schrillen. Ist sie erregt, bekommt das der Partner zu spüren. Sie zwickt und beißt ihn so, daß er möglicherweise nach blutstillenden Mitteln verlangt. Sie wird sich anschließend allerdings überaus rührend um den Geschockten bemühen und ihn mit ihrer ganzen Zärtlichkeit belohnen.

Alles in allem gesehen kann keine Frau behutsamer und zärtlicher sein als die Zwillinge-Frau, keine auch so variantenreich auf männliche Liebeskunst eingehen, wobei sie allerlei Experimenten und außerdem vom Zeit zu Zeit einem Rollentausch durchaus nicht abgeneigt ist.

Wer warum zu ihr paßt

Waage- und *Wassermänner* sind wie für die Zwillinge-Frau gebaut. Sie haben die richtige Konstitution für abendfüllende Gespräche und nächtelange Spiele. Und da die beiden schon als Twens absolut nichts gegen Vielweiberei haben, kommt ihnen auch die abwechslungsreiche Lebensart der Zwillinge-Frau sehr entgegen.

Auf der gleichen geistigen Wellenlänge funkt's unter astrologischen Geschwistern aus dem *Zwillinge-*Zeichen. Und die sexuelle Frequenz stimmt auch. In solchem Verhältnis kann es nur mal krachen, wenn die geistige Freiheit verwechselt wird mit jener, die in fremden Revieren sucht, was man genauso gut zu Hause bekommen könnte.

Was den Appetit auf Liebe angeht, passen *Widder*-Mann und Zwillinge-Frau zusammen, nur schlingt er alles für ihren Geschmack zu schnell hinunter. Und außerdem: Seine oft herrische Art spricht bei ihr nicht an.

Der *Löwe*-Mann macht ihr auch noch nach dem siebten Ehejahr galant den Hof. Bei ihm darf sie so lange Dame sein, bis er ihre Bluse aufknöpft und den alten Adam herauskehrt.

Der *Skorpion* kann sie zu höchster Leidenschaft anstacheln, aber er verdirbt manches, oft mitten im schönsten Liebesspiel, durch Eifersuchtsszenen, die bei ihr in einer Diskussion über das Ende der Beziehung münden können.

Sternzeichen, die zu ihr passen – mal mehr, mal weniger

Nicht unbedingt ihr Typ ist ein *Jungfrau*-Mann, auch wenn er ihr in seiner Diskutierfreude nahekommt. Bei ihm findet sie zwar wie bei *Stier*- oder *Steinbock*-Männern die langsame Steigerung der Lustgefühle, aber wenn diese drei ihren kessen Mini zu aufreizend finden und meinen, die Vorzüge der Zwillinge-Frau für alle Ewigkeit gepachtet zu haben, ist sie lieber haltlos und amüsiert sich vielleicht schon bald mit anderen Typen, die besser zu ihr passen.

Gegensätze ziehen sich in einer Zwillinge-*Fische*-Verbindung an. Der Fisch läßt sie nicht kalt; denn daß bei ihm viel Glück im erotischen Spiel ist, empfiehlt ihn wärmstens bei ihr.

Anfangs amüsiert schauen *Krebs*- und *Schütze*-Männer über die Eskapaden ihrer Zwillinge-Frau hinweg. Der Krebs versucht sie mit viel Liebe umzuerziehen, der Schütze geht wie sie das Leben locker an. Ob das reicht, kann nur die Zukunft erweisen.

Eifersucht kann sie nicht ausstehen

Eine so gescheite Frau wie die aus den Zwillingen bringt viel Verständnis auf, wenn man ihr gesteht, man liebe eine andere. Sie zieht dann den Schlußstrich und wird nicht lange dem Verflossenen nachtrauern.

Großzügig, wie sie ist, macht die Zwillinge-Frau dem Mann den Abschied leicht

Nichts ist also einfacher, als diese so selbständige und verstehende Dame loszuwerden. Wer nicht wagt, ihr einen Seitensprung zu gestehen, sollte es auf die wilde Tour versuchen, nicht mehr mit ihr diskutieren oder ihr kurz und bündig erklären, alles, was sie sage, sei Nonsens. Gerade in einer Verbindung mit einer Zwillinge-Frau darf ja der Gespächsstoff nie ausgehen, wobei sie schon mitreden möchte.

Die Pluspunkte der Zwillinge

Zwillinge-Menschen sind vielseitig interessiert und intelligent. Sie haben einen geistigen Horizont, der in allen Lebenslagen die richtige Wellenlänge erreicht. Sie sind tolerant und gönnen auch anderen Erfolge. Ihre Doppelnatur schillert zwar in allen Regenbogenfarben, aber gerade das macht sie in der Gesellschaft so interessant. Selbst durch einen nicht so forschen Aszendenten gehemmt, werden sie sich in den Vordergrund spielen. Das macht ihr scharfer Verstand.

Sie sind kontaktfähig, brauchen Diskussionen wie das tägliche Brot. Sie weichen bei Gelegenheit keinem Streit aus, suchen ihn aber mit diplomatischem Geschick stets zu schlichten. Trotz ihres oft wetterwendischen Wesens sind sie die geborenen Vermittler in schwierigen Rechtsfällen. Sie hassen Fanatismus und wollen Gegensätze lieber auf geistiges Gebiet verlagert wissen.

Zwillinge-Menschen lachen gern. Ihre Liebenswürdigkeit wird in allen Kreisen geschätzt. Sie lieben die Betriebsamkeit und hören sich gern reden. Aber was sie sagen, hat dann auch Hand und Fuß.

Gute wie schlechte Seiten sind gleichermaßen ausgeprägt – kein Wunder bei diesen Doppelwesen

Die Schwachstellen der Zwillinge

Ruhelos tändeln Zwillinge-Menschen durch die Welt. Sie haben so viele Interessen, daß sie sich nur schwer auf ein einziges Thema konzentrieren können. Ihr Gemüt bleibt oft an der Oberfläche, sie schürfen nicht allzu tief. Ihre Gefühle wechseln mit hochherrschaftlichen Launen, die andere, aber auch sie selbst Nerven kosten.

Ein schwaches Nervenkostüm ist bei Zwillingen symptomatisch und kann sogar zu schweren gesundheitlichen Störungen führen. Bei aller Zuwendung, die sie einem anderen entgegenbringen können, sind sie in Wirklichkeit unverbesserliche Egoisten, auch wenn sie ihr Ich meisterlich in ein Wir verpakken können.

Ihre Neugier läßt sie auch Klatsch und Tratsch aufnehmen und eventuell zu gegebener Zeit weitertragen. Wenn sie einmal die Unwahrheit sagen, tarnen sie diese so geschickt, daß sie nicht nur andere überzeugen, sondern auch am Ende selbst glauben, was sie erzählen.

Der Krebs: Rätselhaft, aber stets zum Verlieben

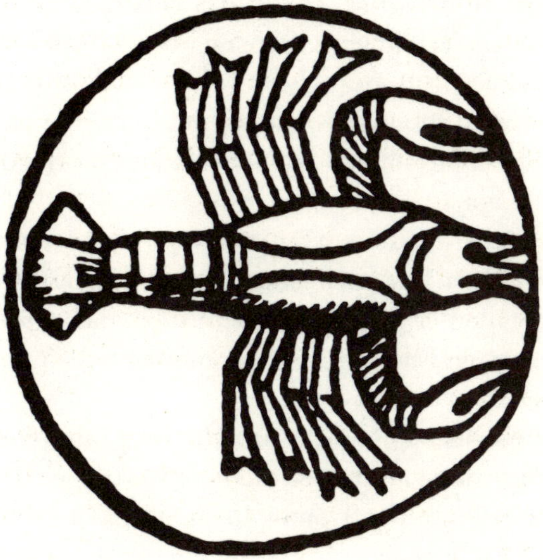

Empfindsam und ein wenig introvertiert ist oft das Sommer-Zeichen Krebs

Die Sonne erreicht ihren höchsten Stand, wenn sie von den Zwillingen in das Tierkreiszeichen Krebs (22. Juni bis 22. Juli) wechselt. Nun beginnt der Sommer, die Reifezeit der Natur. Die Nächte werden wieder länger, der Mond regiert an einem meist wolkenlosen Himmel. Er ist der Regent des Krebses: Die Menschen, die unter diesem Zeichen geboren wurden, reagieren auf rätselhafte Weise wie Ebbe und Flut auf die Mondphasen. Mal sind sie heiter wie ein sonniger Sommertag, dann wieder launisch wie der Mond, der seine Gestalt scheinbar immer wieder wechselt, obwohl nur der Erdschatten sein Spiel mit ihm treibt.

Krebs-Geborene sind Empfindungs- und Erkenntnismenschen. Sie sind leicht zu beeinflussen, auch wenn sie sich gegenüber ihrer Umwelt innerlich abzukapseln versuchen. Sie sind sehr von sich und ihrem Können überzeugt, auf der anderen

Seite aber oft unentschlossen und gehemmt. Kritik können sie schlecht vertragen. Lob nehmen sie als Bestätigung dessen, was sie selbst schon wußten.

Ärger fressen sie meist in sich hinein, woraus die erstaunlich große Zahl magen- und darmkranker Krebs-Menschen resultiert. Trotzdem bringt sie so leicht nichts um. Sie sind widerstandsfähig und erreichen – ihr persönliches Horoskop wird es beweisen – oft ein hohes Alter.

Sensibel und verletzlich wie der Krebs ist, schirmt er sich gegen die für ihn so harte, falsche Welt ab.

Ihre Farbe ist silberweiß, aber auch grün wird von ihnen bevorzugt. Ihr Glücksmetall ist Silber und ihr Glücksstein der grüne Smaragd.

Es ist nicht der Eigensinn, der den Krebs manchmal so streng erscheinen läßt, eher jener für die Mitmenschen unsichtbare Panzer, den er gegenüber allem trägt, das in sein Ich eindringen möchte. Aber unter dieser rauhen Schale hat er einen weichen Kern.

Seine lebhafte Phantasie entführt ihn immer wieder in Traumwelten, die er auf die Erde herunterholen möchte. Weil aber die meisten seiner Träume in ein Nichts zerrinnen, bleibt dem Krebs-Geborenen oft nur ein angekratztes Gemüt.

Der Krebs-Mensch und das liebe Geld

Der Krebs-Mensch hat eine gute Beziehung zu Geld und festen Werten. Obwohl er recht sentimental sein kann, ist er, was die Finanzen angeht, ein recht geschickter Taktiker. Er wird zwar immer klagen, wie schnell ihm das Geld durch die Finger rinne, dabei aber verschweigen, daß er es heimlich in Aktien und zinsgünstigen Rentenpapieren angelegt hat. Ein bißchen Sicherheit darf schon sein ...

Gute, zuverlässige Mitarbeiter: die Krebs-Menschen im Berufsleben

Jeder Chef sollte sich glücklich schätzen, einen Krebs-Menschen zum Mitarbeiter zu haben. Der kann wühlen und schuften. Auf Überstunden kommt es ihm nicht an, wenn sie nur gut bezahlt werden. Der Krebs-Geborene ist ausdauernd und zielbewußt. Sein Arbeitseifer steigt – sein Gehalt müßte es auch.

Er gibt so schnell keine Stellung auf, weil er nichts so leicht aufgibt, an das er sich gewöhnt hat. Aber wenn er sich nicht leistungsgerecht bezahlt sieht, packt er trotzdem umgehend die Koffer. Und dann mag der Prinzipal sehen, wer ihm jetzt die Arbeit zu solchem Hungerlohn macht! Kann der Krebs-Mensch jedoch von seinem Gehalt etwas zurücklegen und nebenbei noch ganz gut leben, vergißt er seine Karriere und bleibt bis zur Pensionierung.

Im Betrieb gilt er als Einzelgänger. Auch wenn ihn die Kollegen sehr mögen, kapselt er sich ihnen gegenüber oft ab. Sie sehen seine Arbeitswut und halten ihn für einen Streber. Dabei will er ja nur vor sich selbst bestehen. Ruhm und Anerkennung sucht er nur, wenn dabei etwas für ihn herausspringt.

Erfinder des dreizehnten Monatsgehalts

Man sagt, der beste Beruf einer Krebs-Frau sei der einer Hausfrau. Sie wird es zornig bestreiten; denn sie haßt manchmal ihr eigenes Ich, das nur Fürsorge für die anderen kennt. Tatsächlich wird sie in jedem Beruf bestehen, falls sie nicht den richtigen Mann findet, mit dem sie eine Familie gründen kann. Als mitverdienende Ehefrau fühlt sie sich zwar überfordert, weil dann oft die Familie zu kurz kommt, aber auch das steht sie durch.

Die Krebs-Frau hat wie der Krebs-Mann beruflich die gleichen Neigungen. Man findet die beiden in Sozial- und Pflegeberufen, in Verwaltungen und im Dienstleistungsgewerbe. Krebs-Geborene haben eine stille Liebe zu Kunst und Kunsthandwerk. Als freischaffende Künstler fühlen sie sich möglicherweise aber überfordert, es sei denn, ein Mäzen würde ihnen beim Aufbau helfen.

Die Krebse hängen sehr am Gestern, das Morgen ist für sie nebulös, gefahrdräuend. Von der Vergangenheit weiß man schließlich, was sie brachte. Die Zukunft aber ist verschleiert, wird von den Krebsen ins Land der Träume versetzt, die sich nur zu oft in Angstbildern niederschlagen. Darum wagen viele Krebs-Menschen nicht, sich selbständig zu machen und als Chef über andere zu bestimmen. Für sie ist das ein Schritt ins Ungewisse; wo bliebe da die persönliche Sicherheit?

Er verlangt viel, der Krebs-Chef, aber es zahlt sich aus

Doch wenn den Krebs Geld, viel Geld lockt, bekommt er schon mal die Kurve. Und dann ist er einer, der seine Mitarbeiter, wenn der Laden läuft, am Verdienten teilhaben läßt. Der Krebs-Geborene ist nicht knauserig. Viele behaupten sogar, er sei der Erfinder des dreizehnten Monatsgehalts.

Was Krebs-Menschen im Beruf am meisten hassen, ist Zwang. Sie tun lieber alles freiwillig. Und sie setzen, wo sie nur können, ihren Willen durch. Wer sie kritisiert, mag sich augen-

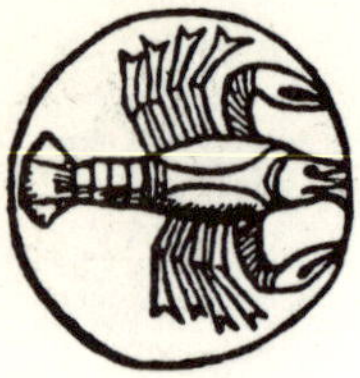

blicklich auf einen Gegenangriff gefaßt machen, bei dem die Fetzen fliegen, oder auf eisiges Schweigen des Beleidigten.

Obwohl die Krebse gern und lange zögern, können sie plötzlich wild entschlossen sein. Schon mancher Ehemann zum Beispiel, der in einem Fragebogen die Hausfrauentätigkeit seiner Krebs-Frau als Berufslosigkeit bezeichnete, war wie vor den Kopf gestoßen, als sie sich in der freien Wirtschaft einen Job nahm und ihm bewies, daß sie auch in einem »richtigen« Beruf sehr viel zu leisten vermag.

Der Einzelgänger in der Liebe

Die Frau seiner Träume findet ein Krebs-Mann eigentlich nie. Er stellt zu hohe Ansprüche an sein Ideal. Das hindert ihn nicht daran, in der jeweiligen Freundin zunächst sein Traumbild zu erblicken, an dem er hin und wieder kratzt, um zu sehen, was unter der aufgetragenen Farbe alles zum Vorschein kommt. Meist kratzt er so lange, bis ihm die nackte Leinwand Risse offenbart. Und so wechselt der Krebs-Mann genau wie seine Launen auch seine Freundinnen. Ein schiefes Wort von ihr kann schon die Liebe löschen.

Es ist die Ungeduld der Frauen, die manchen Krebs-Mann vorzeitig das Weite suchen ließ!

Die Frau, die diesen Mann erobern will, müßte schon eine psychologisch geschulte Kraft sein, die sich in dem ewigen Wechselspiel zwischen Ebbe und Flut seiner Launen auskennt.

Als er die ersten Gehversuche ins Leben unternahm, stand schon »Mamas Liebling« auf seinem Lätzchen. An den Rockschößen der Mutter bleibt ein echter Krebs auch als Erwachsener immer noch etwas hängen. Er sucht sie später bei seiner eigenen Frau. Er braucht die nimmermüde Fürsorge, den Zuspruch. Aber auch das Schweigen, wenn er seine Gedanken im stillen Kämmerlein ordnen möchte. Nie stillstehende Plappermäulchen sind ihm ein Greuel.

Wer diesen so gefühlvollen Mann für sich vereinnahmen will, hat gewiß keinen leichten Stand. Daß wir uns nicht falsch verstehen: Er ist kein Muttersöhnchen, sondern ein ganzer Kerl, der den einzigen Nachteil hat, von den Phasen des Mondes abhängig zu sein.

Geprägt von den Mondphasen, erlebt man den Krebs als wandelbar

Bei Voll- oder Neumond kann man zum Beispiel bei diesem sonst so ausgeglichenen Mann seltsame Verwandlungen feststellen, die ihn für seine Umwelt zu einem schwer durchschaubaren Menschen machen. Man müßte schon in den Untiefen seiner Nachtseele loten, um des Rätsels Lösung zu finden. Alternativ könnte man auch versuchen, hinter das Strahlengeheimnis des Mondes zu kommen, das trotz Raumflug und Landung auf dem Erdtrabaten immer noch nicht ganz erforscht ist.

Der Krebs-Mann ist ein Einzelgänger in der Liebe. Die Frau seiner Träume ist kein Playmate; denn bei fliegendem Partnerwechsel würde ihm schwindlig und bei allzu rasanten Kurven wird ihm flau im Magen. Eine feste Freundin reicht ihm, was ihn aber nicht daran hindert, hinter schlanken Beinen herzuschauen und künstlerische Studien zu treiben. Es ist auffallend, wie hübsch die Freundinnen eines Krebs-Mannes meist sind.

Sie ähnelt seiner Mutter: die Idealfrau des Krebs-Mannes

Wir sagten es schon: Der Krebs-Mann träumt stets von der Idealfrau, die die Züge seiner Mutter verrät. Aber da er klug und einsichtig ist, verweist er Träume ins Reich der Fabel und sucht sich das, was diesem Ideal am nächsten kommt, aus dem Reigen seiner zahlreichen Favoritinnen aus. Oder bleibt ewig Junggeselle mit Katze oder Hund als Gespielen.

So beißt der Krebs an

Junge Krebse geraten oft an ältere Frauen, von denen sie bemuttert werden. Vielfach bleiben sie Liaison, obwohl man schon auf Probe zusammenwohnte. Mit der Zeit werden die Herzensdamen immer jünger. Ein Krebs-Mann probiert und studiert lange. Und jede wird bestätigen: Er ist ein großartiger Liebhaber und bemüht sich um seine jeweilige Freundin wie sonst keiner!

Er pflegt mit ihr ein festes Verhältnis, das keine Nebenfrau duldet. Allerdings kann es geschehen, daß er aus nichtigem Anlaß die Sachen packt und geht. Für immer! Zurück bleibt die enttäuschte Schöne, die ihm nachweint: Einen bessern find'st du nicht!

Dieser Mann kennt noch (besser: immer wieder!) die Liebe auf den ersten Blick. Für den zweiten ist er meist zu scheu. Die Frau, die ihn haben will, muß schon viel weibliche Schläue anwenden, damit er auch bestimmt anbeißt. Sie sollte die mädchenhaft Tugendsame spielen. Das mag er. Er schaut nicht unbedingt darauf, ob sie vor ihm schon andere Männer kannte. Auf Unschuld ist er nicht fixiert.

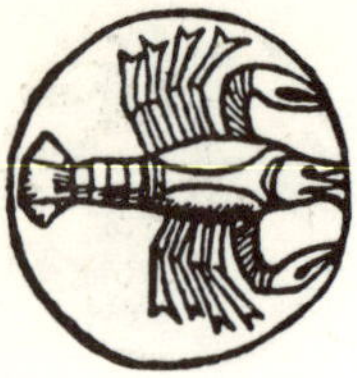

Man kann diesen Mann um den Finger wickeln. Er liest die Wünsche von den Augen seiner Freundin ab und gibt nach, wenn sie mal schmollt. Er ist ein behutsamer Liebhaber, den man freilich nie ganz besitzen wird. Es gibt Stunden und Tage, da ist er kaum ansprechbar und brütet vor sich hin. Er verkriecht sich wie ein Meereskrebs in sein Haus und pflegt unter harter Schale den weichen Kern.

Geduld ist im Umgang mit dem Krebs-Mann unerläßlich

Kluge Frauen sind in solchen Zeiten besonders zärtlich zu ihrem »großen Bub« und enthalten sich jeder Kritik über sein seltsames Gebaren. Nie sollte man versuchen, hinter seine Geheimnisse zu kommen. Neugier kann er nicht ausstehen. So herzlich und einfühlsam wie ein Krebs-Mann sein kann, so verschlossen wirkt er gegenüber jedem, der sein doch so zerbrechliches Ich und seine Nachtseele ergründen will.

Sein Spieltrieb ist bekannt. Er liebt auch die ganz privaten Spielereien, die nicht nur in der Ehe erlaubt sind ...

Der Kavalier genießt und schweigt

Bei diesen fröhlichen Spielen kann er die Welt um sich herum vergessen. Gefühl ist bei ihm alles. Erfahrene Frauen sollten aber behutsam mit ihm umgehen. Er haßt Schulmeisterei. Wo kleine Hilfen angebracht wären, sollte man sie als seine eigenen Ideen verkaufen. Bei ihm heißt es auch in der Liebe und erst recht beim Sex: Selbst ist der Mann!

Und der ist zärtlich und geduldig. Der schätzt das sanfte Einpendeln, das der Draufgänger nach einer Weile sieghaft beendet. Geflüsterte Worte, in die Dunkelheit gesprochen, erhöhen den Reiz des Sichgehenlassens. Wer etwas zu verbergen hat, mag sich trösten: Er ist stets Kavalier, der genießt und schweigt!

Ein guter Liebhaber, aber bequem

Obszöne Gespräche führt kein echter Krebs. Aber er kann durchaus verstehen, wenn sich eine Frau in der Hitze des Liebesspiels wie eine Dirne benimmt. Er wird sie entschuldigen, weil sie ja nur ihm zuliebe in eine Rolle schlüpfte, die ihr sonst nicht liegt. Trotzdem sollte sich die Geliebte eines Krebs-Mannes immer soweit in der Gewalt haben, daß sie auch im Sturm auf selige Sexgefilde nie seine Gefühle verletzt.

Natürlich ist der Krebs-Mann kein Avantgardist, der immer neue Stellungen zur Freude seiner jeweiligen Partnerin probiert. Schon aus Bequemlichkeit liebt er eher die konventionelle Art. Zur Not verzichtet er nach einem sich allmählich steigernden Vorspiel sogar ganz auf den abschließenden Höhepunkt. Woraus man ersehen kann, daß der Krebs-Mann, wenn er will, seine Nerven ganz schön in der Gewalt haben kann.

Die Partnerin sollte mitspielen und sich aufs nächste Mal freuen, aber nur ja nicht Gleiches mit Gleichem vergelten, sondern lieber versuchen, seine empfindsamste Stelle, den Brustbereich, sanft zu stimulieren und ihn mit Zungenküssen zu erotisieren. Dann packt er es vielleicht doch noch und schont seine Nerven.

Mit dem Krebs in die Flitterwochen

Die Frau, die er liebt, wird der Krebs-Mann auf Händen tragen, selbst wenn bei ihr mit der Zeit die Pfunde wuchern. Hat er sie erst einmal geheiratet, bleibt er ihr Mann fürs ganze Leben. Wenn ihn nicht vorher seine Stimmungen und Launen aufreiben, schafft er sogar leicht die goldene Hochzeit.

Ist die Richtige gefunden, bleibt der Krebs treu – ein Leben lang

Die Flitterwochen dehnt er aus wie ein Gummiband; denn er fürchtet, seine ehrlichen und poetischen Bekenntnisse könnten im Ehealltag wirken wie eine Mozartsinfonie in einem Waschsalon.

Die *Fische*-Frau versteht es, seinen Liebestraum zu bewahren. Sie weiß, wie sie ihn bei Laune halten kann. Und wenn es mal bei den beiden so Gefühlvollen krachen sollte, findet die Wiedervereinigung im Schlafzimmer statt.

Die *Skorpion*-Frau bringt Feuer ins Leben eines Krebs-Mannes. Sie ist scharf wie eine Pfefferschote. Nur: der Krebs verträgt nicht zuviel Gewürz. Er vergißt zwar unter ihren geschickten Händen seine Launen, aber ihr handfestes Bekenntnis zur Sexualität irritiert ihn manchmal.

Da gibt es bei der *Krebs*-Frau weniger Meinungsverschiedenheiten. Sie versteht, daß für ihn sexuelle Befriedigung ohne seelischen Tiefgang keinen Höhepunkt bedeutet.

Zucht und Ordnung bringt ihm die *Steinbock*-Frau bei. Sie heizt ihn vor allem außerhalb des Bettes zu Taten an, während sie sonst für die gute Dosierung sorgt.

Stier-Frauen bringen den Krebs auf Touren

Mit der *Stier*-Frau glaubt er eine Sexbombe kennengelernt zu haben. Tatsächlich kann sie den Krebs-Mann so in Fahrt bringen, daß er in langen Nächten erotische Glanzleistungen vollbringt, so daß er sich selbst über seine Energie wundert. Ob

das für ein ganzes Leben lang genügt, kann erst nach dem siebten Ehejahr schlüssig gesagt werden.

Die *Jungfrau*-Geborene gönnt ihm schon aus Eigeninteresse schöpferische Pausen. Beide sind nicht allzu stürmisch – das verbindet.

Die Freude am Spiel hat der Krebs-Mann mit der *Waage*-Frau gemeinsam. Mit der Zeit könnte aber Langeweile aufkommen, zumal der ernsthafte Krebs seine etwas flatterhafte Waage nicht immer verstehen wird.

Schwierig, aber nicht unmöglich: Krebs und Zwilling

Ein schwieriger Fall wäre für ihn auch die *Zwillinge*-Frau. Bei dieser so kapriziösen Dame müßte er viel öfter nachgeben, als er eigentlich möchte. Trotzdem sind einige glückliche Ehen zwischen diesen beiden grundverschiedenen Typen bekannt.

Die *Wassermann*-Frau regt ihn möglicherweise mehr auf als an, aber auch mit ihr kann es zu einer guten Verbindung kommen, wenn die Wassermann-Dame mehr auf die jeweilige Seelenlage ihres Krebses Rücksicht nimmt.

Bei solch einem Prachtkerl von Mann sollte die *Löwe*-Frau lieber mal von ihrem Thron hinuntersteigen und sich das Köpfchen kraulen lassen. Ob sie das auf Dauer kann, ist die Frage. Er selbst müßte viel öfter nachgeben, als ihm lieb ist. Gut nur, wenn beide den passenden Aszendenten haben.

Guter Wille ist bei Krebs und Widder reichlich vonnöten

Die *Widder*-Geborene badet nicht gern in den Launen eines Krebses. Ihre temperamentvolle Art belächelt er in den ersten Wochen und Monaten vielleicht, danach aber wird's ihm möglicherweise lästig. Ausgerechnet dann, wenn sie die Forsche spielt, will er seine Ruhe haben. Da ist viel guter Wille nötig, um miteinander glücklich zu werden.

Auch die *Schütze*-Frau hat ihre Macken. Sie ist oft zu ungeduldig, um seinem Krebs-Gang (drei Schritte vor, zwei zurück) zu folgen. Hier entscheiden ebenfalls die beiderseitigen Aszendenten über das Glück des etwas ungleichen Paares.

Wenn sie ihn nicht mehr mag …

Schon aus finanziellen Gründen hält es ein Krebs-Mann sehr lange in einem staatlich verbrieften Verhältnis aus. Trotzdem wird er im Falle eines Falles seiner Partnerin keinen Stein in den Weg legen, wenn sie ihm eines Tages gesteht, einen anderen zu lieben. In einer Verbindung auf Probe kann man in solchem Falle einfach aus der gemeinsamen Wohnung ausziehen. Szenen, bei denen alles Umherliegende zu Bruch geht, liegen ihm nicht. Trotz anfänglicher Tränen über den schändlichen Verrat wird er die Trennung mit Fassung tragen und sich – Liebe auf den ersten Blick! – eine andere suchen. So einfach geht das bei dem gefühlvollen Krebs!

Eine Frau mit Herz und Gefühl

Die Krebs-Frau steht fest mit beiden Beinen auf der Erde, auch wenn sie eine romantische Träumerin zu sein scheint. Sie weiß sich in der Liebe durchzusetzen, und wenn sie zu weiblicher List greifen muß: Unter dem Krebs können die Tränen fließen, die andere zum Einlenken zwingen.

Diese Frau verliebt sich gern, aber es ist möglich, daß sie unter Liebe etwas ganz anderes versteht als der Mann, der um sie wirbt. Gefühl ist bei ihr alles; man packe es in Watte, um es nicht zu verletzen. Sie schätzt den Kavalier der alten Schule mehr als den feurigen Liebhaber, der auf sie wirkt wie der berühmte Elefant im Porzellanladen. Die drei Wörter »Ich liebe dich« kommen nur schwer über ihre Lippen; denn sie meint, Worte seien Schall und Rauch, man müsse das Gefühl dahinter schon selber spüren.

Für die Liebe gemacht ist die Krebs-Frau, aber mit ihren Gefühlen darf man kein Schindluder treiben

Die Krebs-Frau ist für die Liebe geschaffen. Das kommt nicht nur daher, weil ihr Schutzpatron der Mond ist, der die Nacht erhellt, in der bekanntlich die Liebe erwacht. Sie hat viel Herzenswärme und noch mehr Gefühl. Wer solche Frau für sich gewonnen hat, kann sich glücklich schätzen: Er wird umhegt und gepflegt. Da fehlt nichts, was sein Wohlbefinden beeinträchtigen könnte. Selbst Männer, die sonst dafür bekannt sind, daß sie nach außen streben, werden bei der Krebs-Frau ein wenig häuslicher.

Leider reagiert sie anfällig auf alle möglichen atmosphärischen Störungen, auf den Wetterwechsel ebenso wie auf Voll- und Neumond. Dann fühlt sie sich nicht wohl in ihrer Haut und läßt das launenhaft auch ihre Umwelt spüren. Ihre Kritiklust ist gefürchtet. Ein Stäubchen auf des Mannes Anzug kann sie anregen, gleich einen Wüstensturm daraus zu machen.

Ihre vorgefaßte Meinung ist kaum zu erschüttern. Einen Krach deswegen vom Zaun zu brechen, würde sie nur verstockter machen. Wer sie zum Lachen bringt, kriegt sie rum.

Wie man sie gewinnt

Leider gibt es nur zu viele Männer, die die zarten Gefühle einer Krebs-Frau verletzen, die Liebe heucheln und nur das eine wollen. Bevor die Krebs-Frau daran zerbricht, wird sie sonst seltene Entschlußkraft zeigen und die ungehobelten Liebhaber abservieren.

Takt und Zartgefühl schätzt die Krebs-Geborene

Wer aber taktvoll und zärtlich auf sie eingeht, hat gewonnenes Spiel. Nur sollte er nie zu dick auftragen; denn Angeber kann sie nicht ausstehen. Sie hat auch eine eigene Art, Komplimente aufzufassen. Sagt ihr ein Kavalier, sie sehe heute besonders hübsch aus, fragt sie todsicher zurück, ob das denn sonst nicht der Fall sei. Und der ungeschickte Komplimenteschmied wird zu stottern beginnen.

So ganz einfach ist es nicht, ihr Herz zu gewinnen, obwohl sie, abgesehen von einigen Untiefen in ihrer Nachtseele, ein recht unkomplizierter Typ ist. Die Kunst, diese Frau glücklich zu machen, ist durchaus zu erlernen: Man gehe nur ein wenig auf sie ein, höre ihr zu (was Männern oft besonders schwer fällt), nehme ihre Stimmungsumschwünge als Naturereignis und – man liebe sie.

Ohne große Worte kommt die Krebsin in der Liebe aus

Wenn sie liebt, bedarf es nicht vieler Worte. Sie wird mit ihrem Freund durch die Mondscheinnacht gehen, durch einen alten Park mit verschwiegenen Bänken. Oder auf seine Junggesellenbude: Man versteht sich – gut, dann kann man auch in anderer Weise miteinander verkehren. Wenn am Ende nichts daraus wird, geht man auseinander – es hat nicht sollen sein.

Ohne Liebe kein Sex

Sie ist eine wundervolle Geliebte, die mit der ihr eigenen Sensibilität den Mann glücklich machen will: Man darf sie nur nicht zu rauh anfassen. Obwohl sie dem Mann zuliebe alles mitmacht, was er von ihr verlangt, scheut sie vor allzu deftigen Sexpraktiken zurück. Und wenn sie dann doch einmal ja sagt zu einem etwas absonderlichen Wunsch, sollte man ihr zuliebe zur Ausführung die schützende Dunkelheit wählen.

Ihren Körper kann man getrost bewundern. Sie braucht sich seiner nicht zu schämen. Die meisten Krebs-Frauen haben Idealgewicht und die Pölsterchen genau an der richtigen Stelle. Aber man sollte die reine Körperlichkeit einer Verbindung nicht zu sehr herausstellen.

Eine Krebs-Frau würde nur widerstrebend auf dem Autositz lieben. Auf weichen Kissen bei gedämpftem Licht oder im Urlaub am einsamen Strand bei Mondschein und leise rauschenden Wellen hat sie es lieber. Und überdies hat sie eine recht eigene Einstellung zum Sex und meint, ohne ein Quentchen Liebe ginge da nichts.

Sie mag tiefe Küsse. Wie elektrisiert reagiert sie, wenn die Hände des Geliebten ihre Brüste streicheln, die zu ihren empfindsamsten Körperstellen gehören. Nicht unbedingt will sie im Bett das Sagen haben, vor eigener Initiative scheut sie meist zurück. Sie überläßt lieber dem Einfallsreichtum des Mannes, sie und sich selbst glücklich zu machen. Nur bei sogenannten Fehlzündungen greift sie einmal ein und beweist dann, daß sie durchaus nicht prüde ist und Lustvolles zum launigen Spiel beitragen kann.

Beim Liebesspiel ist die Krebs-Frau eher passiv

Mit wem sie es versucht

Die einfühlsame Art einer Krebs-Frau kann jeden Mann glücklich machen. Trotzdem sind dem Zusammenleben mit gewissen Typen Schranken gesetzt. Vor allem selbstsüchtige Männer mag sie nicht und schon gar nicht die Kraftmeier, die bei nächster Gelegenheit das zarte Pflänzchen zertreten. Eigentlich wartet sie wie viele ihrer Geschlechtsgenossinnen auf den Märchenprinzen, der sie heimführt. Aber ihr »Prinz« kann ruhig arm und das »Schloß«, in dem er wohnt, ein kleines Zimmer sein.

Vor einer Verbindung mit einem reinrassigen *Widder*-Typ scheut sie oft zurück. Wenn er dann doch seinen Willen bei ihr durchsetzt, versucht sie ihn umzuerziehen – ebenso wie den *Löwe*-Mann, der sich zwar als Kavalier erweist, aber stets seinen eigenen Willen durchsetzen möchte. Da scheint ein Krach ein um das andere Mal vorprogrammiert zu sein, der nur dadurch verhindert werden könnte, wenn der Löwe klein beigibt.

Scheu empfindet die Krebs-Frau vor Widder und Löwe

Dem *Schütze*-Geborenen begrenzt die Krebs-Frau sein Jagdrevier in den eigenen vier Wänden. Eifersüchtig ist sie nicht. Sie möchte nur nicht einen Mann, der in fremden Revieren wildert und daheim das Unschuldslamm spielt.

Getrennte Schlafzimmer sollte man dem *Wassermann* bei einer Krebs-Frau empfehlen, wenn sie in Vollmondnächten mit hochherrschaftlichen Launen reagiert. Ob das dann nützt,

solche Verbindung auf ewig zu kitten, muß mit einem Blick auf die Statistik bezweifelt werden.

Maßgeschneidert wäre für die Empfindsame ein *Fische*-Mann, der so gefühlvoll wie sie reagieren kann. Sie wird ihm seine Mutter ersetzen und mit ihm träumen. Es ist die seelische Übereinstimmung, die Krebs und Fisch ein Leben lang glücklich machen kann.

Sexuelle Harmonie: Krebs und Krebs-Frau

Diese Übereinstimmung findet die Krebs-Geborene auch bei einem *Krebs*-Mann. Da ist sexuell wohl alles im Lot. Nur könnten die beiderseitigen Launen zu Streitgesprächen führen, die an Lautstärke nichts zu wünschen übrig lassen. So kann sich eine Idealverbindung mit der Zeit verzerren.

Den leidenschaftlichen Typ aus dem *Skorpion*-Zeichen zieht die so gefühlvolle Krebs-Frau magisch an. Da sie sich bemüht, treu zu sein, wird seine sprichwörtliche Eifersucht keinen Ansatzpunkt finden. Auch die unterkühlte Art des *Steinbock*-Mannes wird die Krebs-Frau ertragen, solange sie nicht in seelische Grausamkeit ausartet.

Es könnte ihr langweilig werden mit Stier- oder Jungfrau-Mann

Bei *Stier*- und *Jungfrau*-Mann fühlt sie sich wohl, weil die beiden denselben Sinn für sparsame Haushaltsführung haben wie sie. Da jedoch eine Verbindung nach Meinung der Krebs-Frau nicht allein auf Geld und sicheren Wert aufgebaut werden kann, sondern auch auf Lustschlössern, wird sie mit der Zeit vielleicht bei beiden Langeweile verspüren.

Der *Zwillinge*-Geborene nutzt seine Krebs-Freundin ab und zu schamlos aus, kann sie aber meist mit einschmeichelnden Worten von seinen Qualitäten überzeugen. Dieser in allen Lebenslagen gewandte Mann könnte der einzige sein, dem die gescheite Krebs-Frau nicht auf die Schliche kommt.

Bliebe der *Waage*-Mann, der auf gleicher Gefühlswelle wie sie funkt. Die Krebs-Frau wird seine etwas oberflächliche Art oft kritisieren, worauf er sich schmollend zurückzieht. Der Groll mag den Tag überdauern, die Nacht garantiert nicht ...

So wird man sie garantiert los

Ihre Empfindsamkeit verletzt man nicht ohne Folgen

Wer quasi mit Nagelschuhen auf den zarten Gefühlen einer Krebs-Frau herumtritt, der wird sie schneller los, als er es sich vielleicht selber wünscht. Sie ist sehr empfindsam und mag es nicht, wenn man nach einem Konzertbesuch zu Hause gleich den Fernseher anstellt. Sie will ein Erlebnis stets abklingen lassen. Wer das nicht begreift, hat mit der Zeit bei ihr verloren. Die Krebs-Frau ist leicht verwundbar. Wenn ein Mann ihre dünne Haut behandelt, als sei diese ein dickes Fell, beugt sie Verletzungen vor: Sie verläßt den Gewalttätigen auf Nimmerwiedersehen.

Sie behält sich stets vor, den Schlußstrich unter eine Beziehung selber zu setzen. Wer partout frei sein will, erleichtert ihr diesen Schritt, indem er alle seine Kavalierstugenden verleugnet, mit ihr um Kleinigkeiten streitet und andere Frauen, die sie nicht leiden kann, über den grünen Klee lobt.

Die Pluspunkte des Krebses

Krebs-Menschen sind gutmütig und immer hilfsbereit. Sie sind kaum je egoistisch, auch wenn es manchmal den Anschein haben sollte. Für den, der sie liebt und auf ihre zarten Gefühle Rücksicht nimmt, gehen sie durchs Feuer.

Gutmütig, hilfsbereit, fröhlich, aber auch launisch, eigenbrötlerisch und spitzzüngig: So läßt sich der Krebs charakterisieren

Die Krebs-Geborenen können gut zuhören, verlangen das aber auch von dem Menschen, mit dem sie zusammenleben. Sie sind fröhlich, lachen gern und versuchen, sich in den Mitmenschen hineinzudenken. Wer Trost sucht, findet ihn bestimmt bei diesem so gefühlvollen Tierkreistyp.

Krebs-Menschen haben nur wenige Freunde; wer zu ihnen zählt, kann sich glücklich schätzen. Sie lieben den kleinen Kreis. Ein gemütliches Heim ist für jeden Krebs-Geborenen die kleine Welt, in der er sich geborgen fühlt. Er stattet es nach seinem eigenen (guten, aber dezenten!) Geschmack aus. Bei ihm kann sich jeder wohl fühlen.

Die Schwachstellen des Krebses

Es sind die Launen, die manchen Krebs-Menschen Sympathien kosten. In diesem vom Mond beherrschten Zeichen übertreibt man die seelische Empfindlichkeit manchmal so sehr, daß man selbst mit dem besten Freund wie aus heiterem Himmel einen zünftigen Krach vom Zaun brechen kann.

Von ihrer Umwelt kapseln sie sich innerlich oft zu sehr ab. Sie kritisieren zwar gern andere Menschen, können aber selbst kaum Kritik vertragen. Obwohl sie selbst leicht zu verletzen sind, können sie anderen manchen Hieb versetzen.

Die sonnigen Typen aus dem Löwe-Zeichen

Energisch und voller Selbstbewußtsein: der Löwe

Vom 23. Juli bis 23. August durchläuft die Sonne das Tierkreiszeichen Löwe. Sie leuchtet am Himmel mit voller Kraft. Auch die Menschen, die in diesen Sommertagen geboren wurden, sind von seltener Energie. Sie nehmen die Herausforderung Leben an. Durch nichts ist ihr Selbstvertrauen zu erschüttern. Sie haben viel Temperament, sind aber auch gutmütig und hilfsbereit. Die Mitmenschen sollten zu ihnen aufschauen; denn das königliche Wappenzeichen färbt auf den Charakter des Löwe-Menschen ab, der sehr großzügig, aber auch sehr egoistisch sein kann.

Die unter diesem Feuerzeichen Geborenen sind robuste Naturen, die sich freilich vor lauter Tatendrang oft übernehmen. Und deshalb wohl sind sie am ehesten von der sogenannten Managerkrankheit, von Herz- und Kreislaufstörungen oder Bandscheibenschäden bedroht. Wie alle Menschen, die rechte Kraftprotze sind, kann sie manchmal die kleinste Erkältung umwerfen.

Der Regent des Zeichens ist die Sonne, in deren Glanz sich die Löwen spiegeln. Gold ist ihr Glücksmetall, und der Rubin, ein besonders harter, stark lichtbrechender, tiefroter Edelstein aus kristallisierter Tonerde (Korund), ihr Glücksbringer. Als Talisman soll der Rubin nach alter Überlieferung Leidenschaft und siegreiche Kraft verleihen, als Amulett verwandten ihn unsere Altvorderen gegen Gift und böse Geister. Mittelalterliche Esoteriker behaupteten, konzentriere ein im Löwe-Zeichen Geborener seine sorgenvollen Gedanken auf diesen Stein, würden des Rubins verborgene Kräfte die Sorgen auf sich ziehen, und der Löwe wäre im Nu frei von allen Belastungen.

Sonnenkinder, die sie sind, können Löwen nicht im Schatten stehen

Man kann den Schützlingen der Sonne Bewunderung nicht versagen. Eigentlich sind sie schon von klein auf Persönlichkeiten. In ihrem ganzen Auftreten liegt etwas Königliches. Sie sonnen sich im Mittelpunkt jeder Gesellschaft. Und wenn das mal nicht so ist, sorgen sie dafür, daß man auf sie aufmerksam wird.

So planen Löwen ihre Karriere

Kein Mensch kann gleich als Generaldirektor anfangen. Auch ein Löwe nicht, obwohl er es gern möchte. Aber er kann seine Karriere planen wie kein anderer. Er hat den meisten Mitmenschen voraus, daß er seine Pläne – koste es, was es wolle – auch ausführt. Zunächst beweist er sein Pflichtbewußtsein, damit die Chefs sehen, daß er mit Ernst an die Sache herangeht. Dann zeigt er sehr viel Fleiß. Und damit setzt er sich ins rechte Licht.

Großzügigkeit macht dem Löwen viele Freunde

Natürlich hat er Neider unter den Kollegen. Bis sie seine Großzügigkeit kennenlernen: Ein Löwe-Mensch ist immer generös. Das schafft ihm bald mehr Freunde als Gegner. So sichert er seinen Aufstieg ab.

Löwe-Menschen, die ganz unten bleiben, sind selten. Die wenigen, die im Beruf ein Aschenbrödeldasein führen, spielen dann meist daheim ersatzweise den Haustyrannen. Schuld an solchem Schicksal sind sie nie selbst, sondern irgendein vertrackter Aszendent oder eine verkorkste Konstellation in ihrer Geburtsminute.

Selbst wenn Löwe-Menschen – was selten vorkommt – nicht die intelligentesten sind, werden sie es im Durchschnitt weiterbringen als viele ihrer Kollegen aus anderen Tierkreis-

zeichen. Ihr Typ ist einfach mehr gefragt. Sie können – auch im übertragenen Sinn! – vieles reparieren, was andere für hoffnungslos kaputt hielten. Außerdem wissen sie ihrem Gehabe das Flair zu geben, nach dem die Großen dieser Welt lechzen. So werden sie gefördert und hoch gelobt, bis sie möglicherweise selbst auf dem ersehnten Chefstuhl landen.

Er singt das Lied der Mächtigen

Eigentlich wäre der Löwe-Mann ein geborener Revolutionär, weil er weiß, wie man die Massen – via kleine Geschenke und freundliche Zuwendung – hinter sich bringt. Aber wenn ihm die Obrigkeit einen gehobenen Posten gibt, wird er das Lied der Mächtigen singen. So wandeln sich die Zeiten …

Sogenannte Modeärzte, von deren Können die Reichen schwärmen, sind oft unterm Löwe-Zeichen geboren.

Man findet ihn als Kaufmann in vielen Branchen und im Handel. Er verdient sein Geld als begehrter Hausarzt, weil er auch einmal von der Schulmedizin abweichen kann und Mittelchen weiß, an die seine Patienten glauben. (Schließlich versetzt der Glaube gerade bei Kranken Berge!).

Auch unter den selbständigen Unternehmern sind diese sonnigen Typen recht zahlreich zu finden. Als kampffreudige Politiker sitzen sie in Regierungen und Parlamenten. So ganz unten bleibt von ihnen – wie gesagt – kaum einer.

Als Chef kann der Löwe-Mann endlich den Alleinunterhalter spielen. Seine Monologe vor versammelter Mannschaft sind berühmt. Dieser Boß bringt Leben in den Laden. Endlich kann der sonst so Arbeitswütige andere für sich schuften lassen und sich selbst aufs Organisieren beschränken.

Er liebt das Teamwork und fördert Talente, die schließlich seinen eigenen Ruhm vermehren. Keiner sollte ihm widersprechen. Wer jedoch seinen Widerspruch vorher mit einer Lobrede auf den einzigartigsten unter allen Chefs beginnt, dem hört der Geschmeichelte aufmerksam zu.

Für Schmeicheleien (zu) empfänglich: der Löwe als Chef

Das Traurige an dieser Geschichte ist, daß Schmeichler es bei diesem Chef oft leichter haben als jene, die keine Speichellecker sind. Das kommt wohl daher, daß die Menschenkenntnis eines Löwen durch Lobhudelei ein wenig beschränkt werden kann. Keiner sollte sich zu früh freuen: Am Ende siegt bei jedem Löwen der gesunde Menschenverstand. Aber es dauert eine Weile, bis er erkennt, wer für ihn nützlicher arbeitet.

Die selbstbewußte Löwe-Dame

Löwe-Frauen haben die gleichen beruflichen Ambitionen wie ihre Sternenbrüder. Sie sind genauso selbstbewußt und können durch ihren Wagemut schon in jungen Jahren vieles bewegen. Wenn sie die Arbeitsstelle oft wechseln, liegt das keinesfalls an ihnen. Dann gab man ihnen keine Aufstiegschance. Eine Löwe-Dame spielt nicht gern das unbeachtete Fräulein in einem Großraumbüro.

Eine Löwe-Sekretärin schmeißt den Laden

Der Chef, der eine Löwin zur Sekretärin hat, weiß, daß diese den Laden auch ohne ihn schmeißen kann. Er sollte ihr öfter ein kleines Geschenk (Lob eingeschlossen!) machen, damit sie auch wirklich bleibt. Das ist nur ein Beispiel von vielen, wie man die Löwe-Frau behandeln muß, damit sie zu Höchstleistungen fähig ist.

Immer wird diese von sich sehr überzeugte Frau aus ihrer jeweiligen Position das Beste machen und sich wegen ihrer Tüchtigkeit manche Freiheiten herausnehmen können, die man bei anderen nicht duldet. Sie wird allein schon durch ihre damenhafte Haltung die Aufmerksamkeit auf sich lenken. Oft steigt sie nur darum nicht in höhere Stellungen auf, weil sie vorher weggeheiratet wird und ihre Karriere aufgibt.

In hohen Positionen findet man häufig Löwe-Frauen

Die Löwe-Frau ist in vielen Berufen sattelfest. Sie kann leicht hohe Positionen besetzen. Sie besteht darauf, Verantwortung zu tragen. Als Chefin ist sie gerade am rechten Platz. Sie ist ihren Untergebenen gegenüber streng, aber gerecht. Nichts läßt sie durchgehen, was die Firma schädigen könnte.

Eigentlich müßte das Sonnenkind reich zur Welt kommen; denn Armut macht sie krank. Nur gut, daß die Löwe-Frau jederzeit in der Lage ist, sich mit Hilfe ihres Einfallsreichtums und ihrer Durchsetzungskraft ein Plätzchen an der Sonne zu erarbeiten.

Der königliche Liebhaber

Gern gesehen bei den Frauen ist der Löwe-Mann

Man muß es den Löwe-Männern lassen: Sie haben Charme und wissen sich wie echte Gentlemen zu benehmen. Und darum umschwärmen liebebedürftige Damen diesen königlichen Liebhaber wie die Motten das Licht. Sie sind klug beraten, wenn sie ihn anbeten und ihm nie und nimmer widersprechen. Widerspruch reizt den Löwen, seine angeborene Ritterlichkeit

zu vergessen und großes Geschütz aufzufahren gegen jene, die opponieren. Sein grenzenloser Optimismus gefällt den Frauen. Sie können vertrauensvoll zu ihm aufschauen und sich in seinen starken Armen geborgen fühlen. Und das spricht sich rum. Es ist daher nicht verwunderlich, daß der Löwe-Mann schon in jungen Jahren einen Fan-Club mit hübschen Mädchen um sich schart. Schließlich läßt er für seine Verehrerinnen gern auch etwas springen.

Seine Großzügigkeit kann den Löwen in Geldverlegenheit bringen

So geht ihm zeitweilig das Geld aus, und er muß auf Vorschuß leben, um sich den Status des Gönners zu erhalten. Irgendwo und irgendwann wird schon ein Mäzen auf ihn warten, der ihm beispringt, wenn einmal Ebbe in seiner Kasse ist. Das kann durchaus die reiche Witwe sein, die ihn in ihr Haus aufnimmt und mütterlich umsorgt. Löwe-Männer haben aber auch die Kraft, sich selbst aus dem Sumpf freizustrampeln. Sie fallen wie Katzen stets wieder auf die Füße. Leisetreter gibt es unter dem Löwe-Zeichen nicht. Man soll ihn sehen, soll ihn hören. Selbstbewußtsein bröckelt niemals ab.

Es ist viel Herzlichkeit im Wesen eines Löwen. Und wenn er sie ein wenig von oben herab verschenkt, sollte man ihm das nicht als Arroganz auslegen. Es ist die Leutseligkeit eines Königs, der seinem Volk huldvoll zugetan ist. Er ist charmant, er ist galant. Und das mögen die Frauen. Leider kommen bei ihm und soviel Glanz und Glorie die Mauerblümchen sichtlich zu kurz. Es sind die Rosen, die er knickt, wobei er freilich zeitig auch Erfahrungen mit den Dornen macht.

Tendenzen zum Playboy sind beim Löwen nicht zu übersehen

Wenn er es nicht auf einen Blitzsieg mit anschließender Triumphfahrt zum Standesamt anlegt, wird ein echter Löwe seine Gunst mal hier und mal dort verschenken. Ein so umworbener Mann kann ja gar nicht anders, als zu pflücken, was sich vor ihm aus zarten Knospen zu voller Schönheit entfaltet. Nur darum wurde mancher Löwe zum Playboy.

Frauen mögen seine weltgewandte Art, mit der er sich auf Gesellschaften bewegt. Und sie nehmen es ihm auch nicht weiter übel, wenn er ihre Schönheit als schmückendes Accessoire mißbraucht, um seinen sprichwörtlichen Glanz noch zu erhöhen. Obwohl der Löwe-Mann gern den Verführer spielt, wird er oft selber verführt von Frauen, die das verliebte Kätzchen spielten, sich danach aber, wenn er zu allem ja und amen sagte, als ausgewachsener Drache entpuppten.

Wie man sich einen Löwen schießt

Den Löwen schießt man auf freier Wildbahn in illustren Gesellschaften oder bei Kerzenlicht und gedämpfter Musik in einem Nobelrestaurant. Etwas Stil muß schon sein, auch wenn das den Löwen teuer kommt, weshalb er zeitweilig auf Pump leben muß: Nobel geht die Welt zugrunde.

Im Mittelpunkt des Interesses steht er gar zu gern

Frauen, die diesen Supermann erobern wollen, sind gut beraten, wenn sie sich in den Reihen derer formieren, die ihm Beifall klatschen. Er möchte gern der umworbene Mittelpunkt sein, um den sich alles dreht. Und er liebt den Disput über Themen, die ihm liegen. Man zeige gleiches Interesse, bis er aufmerksam wird. Schon scheint das Spiel gewonnen, wenn nicht eine andere die gleiche Masche strickt.

Am Ende wird er es mit beiden gleichzeitig versuchen, weil er schließlich die beste Wahl treffen möchte. Wer da die Eifersüchtige spielt, wird schnell abserviert. Seine Favoritinnen sollten einsehen lernen, daß es das Recht der Könige ist, sich auch anderen weiblichen Untertanen gegenüber huldvoll zu erweisen. Mit anderen Worten: Er nimmt sich gern heraus, was er anderen verwehrt; denn wehe, er hätte Grund zur Eifersucht!

Auch im Bett ein Wundermann

Ein Vulkan ist der Löwe als Liebhaber

Als Geliebter ist der Löwe der Wundermann, der Glanz in die kleinste Hütte bringt, wenn er sich je einmal dorthin verirren sollte. Im Bett kennt er keine Zurückhaltung. Er ist der Draufgänger, der kraftvoll den eigenen Höhepunkt ansteuert. Die Partnerin mag selbst sehen, wie sie von solchem Tatendrang angesteckt und befriedigt werden kann.

Ein Löwe-Mann, so verliebt er auch sei, hält sich kaum mit langwierigen Vorspielen auf. Er will seine Potenz gleich beweisen und glaubt, daß das auch für seine Partnerin die beste Lösung ist. Die Frau, die ihn liebt, sollte das einsehen und sich in seine schnelle Truppe einreihen. Hinterher bleibt noch genügend Zeit, vielleicht vorher fehlende Streicheleinheiten zu bekommen. Beim Zwischenspiel mag's der Löwe, wenn man zart seinen Rücken krault, vielleicht auch mit den Fingernägeln sanft das Kreuz hinauf- und herunterfährt. Das erotisiert ihn und macht ihn bald schon zu neuer Tat bereit. Er hat auch nichts gegen Partnermassage, wenn er dabei den aktiveren Teil übernehmen kann.

Sex ist für den Löwe-Mann immer eine Art der Selbstbestätigung. Zurückhaltung oder gar Enthaltsamkeit sind für ihn Fremdwörter. Mit anderen Worten: Die geliebte Frau muß zu jeder Tages- und Nachtzeit für ihn bereit sein.

Er stellt totale Besitzansprüche an die Frau, mit der er sein Lager teilt. Wer solch königlichen Bettgenossen einfing, sollte das einsehen und sich entsprechend fügen. Und wenn er auch, ohne lange herumzufummeln, gleich zur Sache kommt, mag man sich trösten. Er wird sich allmählich an seine Partnerin gewöhnen und ihr als echter Kavalier jeden Gefallen tun, wenn sie es versteht, ihn so zu nehmen, wie er ist – ein galanter Mann, dem man nicht böse sein kann.

Des Löwen liebste Gespielinnen

Seine größte Favoritin ist die Widder-Frau

Jede Frau kann mit diesem Supermann glücklich werden, wenn sie nur einsieht: Er ist der Größte! An der Spitze seiner Bestsellerliste steht die *Widder*-Frau. Bei ihr wird er schnurren wie ein braver Hauskater; denn sie hat seiner Potenz ein sexuelles Einfühlungsvermögen entgegenzusetzen, das ins Guiness-Buch der Rekorde gehört.

An zweiter Stelle rangieren gleichauf die *Löwe-* und die *Schütze*-Frau. Beide lieben wie er große Gesellschaften, beide haben Verständnis für seine ständige Sexbereitschaft. Wenn man sich hier einigt, wer herrschen soll, kann man bis ins siebzigste Jahr und länger mit ihm fröhliche Urständ feiern.

Bei der *Zwillinge*-Dame wird er zum Streichler und Schmeichler. Und sie zahlt ihm mit gleicher Münze zurück. Mit ihr kann er Wonnestunden erleben, wenn sie die Lust packt.

Es ist die schicke Figur, die den Löwen bei der *Skorpion*-Frau anbeißen ließ. Sie versteht sich wie sonst keine auf die Liebe und vermag den feurigen Löwen bis zur Weißglut anzuheizen. Leider hat man außerhalb des Schlafzimmers manche Meinungsverschiedenheit, deren Getöse noch im Nachbarhaus zu hören ist und deswegen dem auf seinen Ruf bedachten Löwen Grund für die Beendigung des Verhältnisses geben könnte.

Jungfrau, Steinbock-, Stier-Frau machen den Löwe-Mann glücklich

Jungfrau- und *Steinbock*-Damen lassen den Löwen manchmal in der eigenen Glut schmoren, was ihm bei der *Stier*-Frau kaum passieren wird. Trotzdem kann er bei allen dreien glücklich werden, weil sie am ehesten dafür sorgen, daß der Löwe zu Wohlstand und Ansehen kommt.

Die gefühlvolle *Krebs*-Frau läßt ihn in dem Glauben, er sei der letzte Patriarch unserer Zeit. Sie zieht ihm ganz sachte Pantoffeln an, die seine dröhnenden Schritte dämpfen. Und bei der *Fische*-Frau gefällt er sich in der Beschützerrolle; ob das für ein ganzes Leben zu zweit langt, kann man bezweifeln: Als Leibwächter ist sich mancher Löwe denn doch zu schade.

Sexuelle Übereinstimmung verbindet ihn mit der *Wassermann*-Frau, die ihn freilich von einer Aufregung in die andere stürzt, was der sowieso labile Löwe-Kreislauf nicht allzu lange verkraften könnte. Dagegen wird der Kraftprotz bei der *Waage*-Frau höchstens auszusetzen haben, daß sie allzu sensibel auf deftige Sexpraktiken reagiert.

Eine Schlampe schmückt ihn nicht

Wenn man den Löwe-Mann loshaben will (was kaum je geschieht), kleide man sich schlampig, nenne ihn einen eitlen Gecken und zweifle an seiner Potenz. Besonders hart trifft es ihn auch, wenn man ihm kaum mehr zuhört.

Eleganz und Schick seiner Partnerin sind für den eitlen Löwen höchst wichtig

Er ist einer der charmantesten Männer, der sich gern mit dem schicken Aussehen und dem eleganten Auftreten seiner Lebensgefährtin schmückt. Sieht er sich darin getäuscht, wird er Schluß machen. Eine Schlampe mag er nicht!

Die Löwe-Frau hat Sex-Appeal

Schon mit achtzehn ist die Löwe-Frau eine Dame vom Scheitel bis zur Sohle: königliche Haltung, selbstbewußt und ohne Skrupel, jeden zu beherrschen. Wenn sie geht, schreitet sie. Sie spricht mit niemandem – sie gibt eine Audienz!

Bei der Löwe-Frau muß man andere Maßstäbe anlegen als bei anderen Evastöchtern. Sie hat Sex-Appeal, ist aber nie eine Sexbombe. Sie ist im landläufigen Sinne schön, aber ihre Schönheit ist kaum die eines Pin-up-girls: Sie kommt von innen und strahlt nach außen.

Zweifellos ist sie klug, aber manchmal liegt sie daneben, wenn sie Dinge diskutiert, von denen sie nicht allzu viel versteht. Der Kavalier alter Schule behandelt sie dann immer noch als Dame und wechselt das Thema. Sie wird es ihm im stillen danken. Wer sie bloßstellt, hat nichts zu lachen. Irgendwann wird sie es ihm heimzahlen.

Die Löwin ist anmutig und setzt ihren Sex-Appeal gezielt ein, wenn sie auf die Jagd nach dem Mann geht, der ihr gefällt. Berechnend ist sie nicht. Liebe ist immer im Spiel, wenn die Löwin zum Sprung ins Ungewisse einer Beziehung ansetzt. Und: ist es ihre Schuld, daß unter den Bewerbern um ihre Gunst mehr Aristokraten, Manager und Akademiker sind als Leute aus dem einfachen Volk?

Ihre huldvolle Haltung hat nichts mit Arroganz zu tun

Manche halten sie für eitel, andere sogar für arrogant. Die Gründe scheinen diesen Kritikern recht zu geben: Sie schmückt sich gern mit teurem Geschmeide und zeigt gegenüber Leuten, mit denen sie bekannt wird, eine geradezu herablassende Freundlichkeit. Wer das mit Eitelkeit oder Arroganz verwechselt, vergißt, daß die Löwin aus königlichem Geblüt stammt. Und dazu gehören Gold und glitzernde Brillanten ebenso wie eine huldvolle Haltung ...

Der Märchenprinz an ihrer Seite

Wer sie näher kennenlernt, wird von ihr begeistert sein. Sie hat Fabuliertalent: Die schönsten Märchen werden von einer Löwe-Frau erzählt. Männer, die um ihre Gunst buhlen, glauben ihr aufs Wort und fühlen sich als Märchenprinz. Sie kann bezaubernd lachen – ein bißchen Berechnung steckt allerdings dahinter, weil sie weiß, daß Lachen eine Frau verschönt.

Flirten dient der Löwin dazu, den Mann zu testen

Diese Dame ist es schon wert, daß man um sie wirbt. Nur schade, daß es da Zulassungsbeschränkungen gibt. Wenn sie mit einem Mann flirtet, heißt das noch lange nicht, daß sie ihn auch wirklich mag. Sie testet nur, wie weit er geht und mit wieviel Respekt er sie behandelt. Da wurde mancher nicht für gut befunden, der sich schon vor dem Ziel seiner Wünsche sah.

Treu wie Gold: die Löwe-Frau

Leider wird ihre Großzügigkeit oft ausgenutzt von Schmeichlern, die ihr Liebe heucheln. Ehe eine verliebte Löwe-Frau das bemerkt, ist es manchmal schon für sie zu spät. Dann hat sie möglicherweise den schändlichen Heuchler am Hals und kriegt ihn nur über ein ordentliches Gericht wieder los. Um es klarzustellen: Löwe-Frauen sind treu wie das Gold, mit dem sie sich schmücken. Es ist nie und nimmer ihre Schuld, wenn ein Verhältnis bröckelt.

Wer ernste Absichten hat, spiele den Strahlemann, der ihr zu Füßen liegt, trage aber nie zu dick auf. Wie zufällig kann man auf ihre Hobbys zu sprechen kommen und ihre Talente bewun-

dern. Und wem die Löwin lieb ist, der sollte sie sich auch teuer sein lassen. Wer wünscht, die Löwin möge ihm aus der Hand fressen, der muß Hummer und Filetsteak hineinlegen.

Sie hat übrigens durchaus nichts dagegen, selbst einmal das Essen in einem Nobelrestaurant zu bezahlen. Schließlich ist sie spendabel, und außerdem könnte der Mann wegen Speisen und Getränken Ansprüche stellen, die sie nicht erfüllen will.

Wenn ein Bewerber etwas von einer Löwe-Frau will, sollte er den Antrag stellen, sie wird ihn überprüfen. Selten marschiert sie gleich mit dem ersten besten ins Bett, nur weil er ihr auf Anhieb gefiel. Sie braucht Zeit für die Bearbeitung des Antrags. So ging ihr vielleicht schon mancher Supermann durch die Lappen. Die Löwe-Frau spielt sogar noch gern die Unschuldige, wenn ihre Liaisons stadtbekannt wurden. Man sollte mitspielen, sonst hat man verspielt.

Sexvergnügen im Himmelbett

Eine Löwin will immer die Initiative behalten – das sollten ihre Verehrer berücksichtigen

Wen die Löwe-Frau zu sich nach Hause einlädt, der hat schon halb gewonnen. Aber er sollte Kavalier bleiben und sich nicht gleich nach dem Schlafgemach erkundigen. Ihr selbst macht es Spaß, einem Mann den Kopf zu verdrehen.

Löwe-Frauen wollen auch dann noch als Damen behandelt werden, wenn sie ihr duftiges Negligé übergestreift haben. Wer da den wilden Mann spielt, bekommt eins auf die Finger und Hut und Mantel für den Nachhauseweg.

Natürlich reagiert sie auf Zärtlichkeit. Sie kann wie ein Kätzchen schnurren, wenn sie gestreichelt wird, wobei man ihrer Kreuzgegend besondere Beachtung schenken sollte; denn am Rücken ist sie zu entzücken. Das ist ihre erogene Zone, die auf die geringste Berührung reagiert.

Aber sie macht es dem Mann schwer. Sie will die Verführerin sein, trägt jedoch anfangs kaum etwas dazu bei, gemeinsames Wollen in die Tat umzusetzen. Für sie ersetzt solche Haltung schon einen Teil des Vorspiels. Sie will die Lust wachsen sehen, bevor man der Leidenschaft frönt. Löweerfahrene Männer wissen: Wenn die Löwin erregt ist, zieht sich leichte Röte vom Bauch aufwärts bis zum Hals. Obwohl sie in Sachen Sex nicht allzu erfinderisch ist, macht sie alles mit. Wenn man sie während des Liebesakts bewundert, bedeutet ihr das mehr als ein flottes Spielchen, bei dem man die Glieder verrenkt.

Sie genießt Sex als die selbstverständlichste Sache der Welt, kann jedoch genauso gut enthaltsam sein: Sex darf, muß aber nicht sein. Wenn sie Lust darauf hat, muß – wie in allem, was die Löwin tut – die Umgebung stimmen. Ein Himmelbett wäre das geeignete Möbel, auf dem man lieben kann.

Ihre Favoriten

Wer von ihr geheiratet wird, kann sich glücklich schätzen: Er hat alle Prüfungen bestanden und eine Klassefrau gewonnen.

Natürlich hat die Sonnenkönigin ihre Favoriten im Tierkreis. Und das sind ausgerechnet so durchsetzungsstarke Typen wie *Widder-*, *Löwe-* und *Schütze-*Geborene. Da paßt in sexueller Hinsicht alles zusammen. Und aus der körperlichen Übereinstimmung könnte sogar die seelische werden, wenn die Löwin und ihre Favoriten aus den Feuerzeichen öfter mal dem anderen nachgeben. Das ist bei dem beweglicheren Schützen am ehesten der Fall. Leider packt ihn aber manchmal die Abenteuerlust, inklusive Ferien ohne die Lieblingsfrau ...

Feuerzeichen sind die Favoriten der Löwe-Geborenen

Den *Waage-*Mann spornt die Löwin zu mehr Leidenschaftlichkeit an. Und der Genießer wird ihr zu Gefallen sein. Scheinbar läßt er sich von ihr beherrschen – aber nur eben scheinbar!

Feuriger geht der *Skorpion-*Mann zu Werke. Er nutzt ihr Sexverständnis zur eigenen Befriedigung. Leider beschneidet seine zeitweilige Eifersucht die Bewegungsfreiheit der Löwin. Und das könnte der Knackpunkt sein.

Auch der *Zwilling* wäre für sie der rechte Schatz, wenn er nur ein wenig zu ihr aufschauen wollte. Er tut's bestimmt, aber dann führt der alte Seitenspringer irgend etwas im Schilde. Beim *Wassermann* genießt die Löwin die Liebe im Whirlpool und badet sich in seiner strudelnden erotischen Phantasie.

Jeder Mann kann mit der Löwin glücklich werden – wenn er ihre Eigenheiten respektiert

Stiere und *Steinböcke* zähmen die Löwin auf andere Art: Sie schmeicheln ihr mit klugen Worten und gehen hart ran. Die Löwin läßt sich von diesen Jägern gern bändigen.

Der Mann aus der *Jungfrau* ist ihr vielleicht zu genau (ein bißchen Oberfläche sollte schon sein!), der aus den *Fischen* zu elegisch. Und der *Krebs-*Mann braucht in einer festen Verbindung zu viele Erholungspausen. Trotzdem: Gutgehen kann's mit der Löwe-Frau immer, wenn sie nur ein wenig hofiert wird und sie das Gefühl hat, verehrt zu sein von einem Mann, der sie als sein Juwel gern auch in der großen Gesellschaft zeigt.

Was sie auf die Palme treibt

Es ist der Unverstand der Männer, der die Löwe-Frau auf die Palme treibt. Man kann doch wirklich nur mit dem Kopf schütteln, wenn ein Mann solch hehre Dame loswerden will. Tatsächlich ist nichts leichter, als sie zu vergraulen. Und dann wird sie, ohne sich auch nur einmal umzuschauen, das Weite suchen.

So geht das: Man breche ihren Stolz, spreche nur noch von sich und seinen Heldentaten und beachte ihre eigenen Vorzüge nicht. Man stelle sie in aller Öffentlichkeit bloß oder bringe eine Nebenbuhlerin ins Spiel. Sie wird solch schandbares Vorgehen garantiert als Majestätsbeleidigung bewerten und den Schlußstrich ziehen.

Die Pluspunkte des Löwen

Charmant, großzügig, ein guter Kamerad; der Löwe hat viele gute Eigenschaften

Der Löwe-Mensch ist charmant und großzügig. Er übersieht Fehler von anderen, wenn sie seine eigenen ebenfalls nicht beachten. Er ist strebsam und schuftet wie ein Wilder, wenn er sein Ziel vor Augen hat. Er stellt sein Licht nicht unter den Scheffel, läßt aber auch andere sich in seinem Glanz sonnen.

Löwe-Menschen sind die besten Kameraden und Kollegen und vergessen nie, wenn man ihnen einen Gefallen tat. Sie sind Persönlichkeiten, die Respekt verdienen. Ihre Energie ist durch nichts zu brechen. Mit Tatkraft und Ausdauer gelangen sie in die obere Etage des Lebens. Durch ihren Wagemut und ihr Selbstbewußtsein können sie sich auch in schwierigen Situationen durchsetzen. Ihr freundliches Wesen macht sie beliebt.

Die Schwachstellen des Löwen

Sein größter Fehler: der Glaube, keine Fehler zu haben

Man sage ihm nie, daß er Schwachstellen hat; er wird aus der Haut fahren und den Lästerer in Grund und Boden stampfen wollen. Der Löwe-Mensch ist oft zu sehr von sich selbst eingenommen und kann arrogant reagieren. Das Ich geht ihm über alles, erst lebenserfahrene Löwen kennen auch das Wir.

Sie sind verschwenderisch, weil sie überall glänzen wollen. Ihre Eitelkeit übertrifft noch ihren zeitweiligen Hochmut. Sie können recht zynisch sein, wenn sie sich attackiert sehen. Nur zu oft lassen sie andere nicht zu Wort kommen, weil sie sich selbst am liebsten reden hören.

Der wache Verstand der Jungfrau-Menschen

Erdverbundenheit und Realismus kennzeichnen die spätsommerliche Jungfrau

Wenn die Sonne, astrologisch gesehen, das Tierkreiszeichen Jungfrau (24. August bis 23. September) durchläuft, geht der Sommer zu Ende. Auf den Feldern reifen die letzten Früchte. Die Menschen, die in dieser Zeit geboren werden, sind erdverbundene Naturen und Realisten, die sich immer neu einem Reifeprozeß unterwerfen. Sie sind neugierig, um sich weiterbilden zu können oder an die letzten Dinge zu kommen.

Sie sind pflichtbewußt und hilfsbereit, aber oft übergenau. Ein Stäubchen auf dem Fußboden kann sie schon stören. Ihre Kritiksucht macht sie bei vielen Menschen unbeliebt. Ist eine Kritik an ihnen selbst berechtigt, werden sie im stillen Kämmerlein alles überdenken und verarbeiten. Ihr wacher Verstand sucht immer nach dem besten Weg, im Leben zu bestehen.

Ärger fressen viele Jungfrau-Menschen in sich hinein oder versuchen, ihn durch Überreaktionen loszuwerden. Und da solch Verhalten auf den Magen schlägt, ist der Verdauungstrakt unter diesem Zeichen besonders gefährdet.

Planetarischer Schutzpatron der Jungfrau ist Merkur, der diese Menschen mit messerscharfem Verstand begabt, aber auch mit finanziellem Gespür, hinter dem freilich stets die nüchterne Überlegung steht, ob auch nützt, was man plant. Mit anderen Worten: Jungfrau-Menschen halten den Daumen aufs Geld. Sie sparen lieber, bevor sie etwas ausgeben. Das brachte ihnen in mancher Hinsicht fälschlicherweise den Ruf ein, sie seien Geizkragen.

Natürlich ist jeder Jungfrau-Typ ein Realist, aber er beschäftigt sich vielleicht ganz nebenbei (und natürlich »rein wissenschaftlich«) mit parapsychologischen Studien, wobei er die Astrologie als »Hauptfach« belegt. Er wird stets abstreiten, daß er abergläubisch sei. Ist es daher nur Zufall, daß er an dünnem Kettchen möglicherweise ein aus dem jungfräulichen Glücksmetall Bronze gefertigtes Siegel Salomonis oder einen mit einem Blutjaspis geschmückten Ring trägt?

Jungfrauen sind nicht abergläubisch – oder?

Diesem dunkelgrünen Stein mit roten Flecken schrieben die alten Griechen Heilkraft bei Lethargie und Depressionen zu – Stimmungen, in die Jungfrau-Menschen nur zu leicht verfallen können, wenn sie sich über irgend etwas ärgern. Als Glückssteine ohne besondere Heilkraft bieten sich auch der hellgelbe bis bräunliche Topas und der gelbe Saphir an. Der grüne Smaragd soll Jungfrauen – so glaubte man im Mittelalter – okkulte Kräfte verleihen.

Oberflächliche Leute halten die Jungfrau-Menschen für gefühlskalt. Sie haben unrecht: Das Gefühl wird unter diesem Zeichen nur von einem messerscharfen Verstand überlagert, der sagt, daß man mit Gefühl allein keine Häuser bauen kann.

Gefühl ohne Verstand ist der Jungfrau suspekt

Die Merkur-Schützlinge müßten es, von der Intelligenz her gesehen, allemal zu etwas bringen. Leider läßt sie die ihnen eigene Pingeligkeit oft zuviel bedenken und den Anschluß gegenüber schneller Schaltenden verpassen.

Eine Jungfrau macht keine halben Sachen

Was der Jungfrau-Mensch anpackt, das macht er ganz. Halbe Sachen sind ihm ein Greuel. Jede Arbeit versucht er bis ins kleinste Detail auszuführen. Und so macht er sich bei seinen Chefs beliebt, zumal er auch die Kollegen gern auf Vordermann bringt, wenn sie nach seiner Meinung zu schlampen beginnen.

Für Chefs aber ist der Jungfrau-Mensch meist der ruhende Pol der Firma, dessen Ordnungsliebe sprichwörtlich ist. Sein Wille zur Sparsamkeit hat schon manchen Betrieb vor Schaden bewahrt. Und seine Gründlichkeit sorgt dafür, daß selbst versteckte Fehler gefunden werden können. Unter diesem Zeichen arbeitet man nach Plan und wirtschaftet nicht ins Leere.

Der Jungfrau-Mensch hat eine durchaus realistische Einstellung zum Geld. Ließe man ihm die Wahl zwischen Rangerhöhung und Gehaltsaufbesserung, er würde wohl letztere wählen. Schließlich – sagt er sich – was nützt der Titel, wenn die Mittel fehlen? Er wünscht leistungsgerechte Bezahlung – aber, bitte schön, über Tarif!

Forscher, Tüftler, Wissenschaftler – Jungfrau-Idealberufe

In allen Berufen, die Scharfsinn und Genauigkeit bis ins Detail verlangen, sind Jungfrau-Menschen gesucht. Sie sind hervorragende Naturwissenschaftler, weil sie auf diesem Gebiet auf dem Boden der Tatsachen bleiben können. Als Lehrer zeigen sie Geduld auch mit dem Schwächsten in der Klasse und versuchen, ihn an die anderen heranzuführen. In Forschungsanstalten arbeiten viele Jungfrau-Geborene, aber auch in der Presse, weil sie dort ihrer Kritiklust freien Lauf lassen können. Auf Finanzämtern und in Buchhaltungen sitzen Jungfrau-Menschen, denn auf dem Geldsektor sind sie unschlagbar.

Leider bleiben sie nur darum manchmal unten hängen, weil sie das Risiko scheuen, mit eigenem Geld zu spekulieren. Geschäftsleute aus diesem Zeichen lieben die Sicherheit eher als schnelles Wachstum. Sie werden den Groschen lieber mehrmals herumdrehen, als ihn in eine windige Sache zu stecken. Und wohl darum sind Pleiten unter der Jungfrau so dünn gesät.

Er ist kein »Radfahrer-Typ«

Jungfrauen schätzen eine klare Rangfolge

Ein Jungfrau-Mensch ist immer bereit, sein Letztes zu geben. Das macht ihn in den Augen mißgünstiger Zeitgenossen zum »Radfahrer-Typ«, der er eigentlich gar nicht ist, auch wenn er manchmal die Lust verspürt, nach unten zu treten und nach oben zu buckeln. In sein Ordnungsprinzip gehört nun einmal der Prinzipal, dem man zu folgen hat, wenn er anordnet.

So sieht es der Jungfrau-Geborene auch, wenn er selbst Chef wird: Er verlangt unbedingte Befolgung seiner Anordnungen. Er ist jedoch einsichtig genug, sie schnell zu widerrufen, wenn er merkt, daß sie nicht ganz richtig waren. Er wird sich eine Führungscrew zur Seite stellen, die ihm hilft, Entscheidungen mitzutragen.

Nicht, daß er sich vor der Verantwortung scheut – ein Jungfrau-Mensch handelt immer verantwortungsbewußt. Nein, er will stets sichergehen, daß alles krisenfest geregelt ist. Er wird jeden fördern, der ihm dazu verhilft. Und dann ist er auch nicht knauserig, obwohl man ihm Geiz nachsagt.

Im Berufsleben verfolgen sie die gleichen Ziele: Männer und Frauen im Zeichen der Jungfrau

Jungfrauen arbeiten eigentlich nur so strebsam, um mit der Zeit zu Wohlstand zu gelangen. Auf dem Weg dahin ist ihnen manches Mittel recht. Das rückt sie oftmals in das schiefe Licht, sie seien eiskalt berechnend. Dabei setzen sie nur ihre Intelligenz ein, um dem Ziele näher zu kommen, das sie sich gesteckt haben: Durch eigenen Besitz unabhängiger zu werden.

Liebe mit dem Jungfrau-Mann

Wenn der Jungfrau-Mann mit perfekt geschnittenem Haar im perfekt sitzenden Blazer seinem perfekt gepflegten Wagen entsteigt und mit vollendeten Umgangsformen eine Dame begrüßt, sollte diese nur ja nicht glauben, er bemühe sich ihretwegen so. Er braucht das alles für sein höchst persönliches Wohlbefinden. Gerade weil er es gar nicht darauf anlegt, den Damen damit zu imponieren, fahren diese voll darauf ab.

Der Jungfrau-Mann bemüht sich immer, eine gute Figur zu machen. Er will vor sich selbst bestehen, was andere von ihm denken, ist ihm ziemlich gleichgültig. Er kleidet sich adrett und hält auf Hygiene.

Dieser schicke Mann hat – ohne eigentlich selbst etwas dazuzutun – Chancen beim schönen Geschlecht. Aber es sind immer die Mädchen, die den ersten Schritt wagen, ihn ansprechen, mit ihm flirten und ihn schließlich auch rumkriegen.

Er wartet auf »ihre« Initiative, der Jungfrau-Mann

Er ist kein schüchterner Junge, der die Augen niederschlägt und im Gesicht rot anläuft, sobald er nur ein weibliches Wesen sieht. Eine Frau, die sich nicht traut, den ersten Schritt zu tun, kann dem Jungfrau-Mann kaum näherkommen. Er erwartet, daß man auf ihn zugeht. Liebe auf den ersten Blick hält er für ein Privileg der Groschenromanhelden.

Von strahlender Schönheit und glitzerndem Geschmeide läßt er sich nicht blenden, nur von Geistesblitzen. Ihm gefällt

der Flirt, der mit Witz und Geist vorgetragen wird. Dumme Frauen kann er nicht ausstehen und vulgäre Redensarten genauso nicht. Intelligenz erotisiert ihn derart, daß er seinen aufs Sparen angelegten Haushaltsplan über den Haufen wirft, um davon einen Tea for two abzuzweigen. Noch mehr spricht es für sie, wenn solch weitreichende Folgen durch eine Einladung zu sich nach Hause vermieden werden ...

Seine Freundinnen haben es schwer. Sie eroberten den besten Mann, den man sich denken kann, aber leider hat ausgerechnet der kleine Fehler, die im zwischenmenschlichen Bereich zu funktionellen Störungen führen können.

Ein Mann im Wartestand

In Sachen Liebe ist der Jungfrau-Mann immer ein bißchen im Wartestand. Bis es zum Beispiel zu einer Eheschließung kommt, überlegt er lange. Schließlich ist die Mark nach der Hochzeit auch für ihn nur noch die Hälfte wert.

Seine Sparsamkeit erschwert dem Jungfrau-Mann das Ja-Wort

Ein Jungfrau-Mann läßt sich nicht verführen, obwohl er selbst einige Verführungstricks kennt. Wenn er Zuneigung gefaßt hat, wird er geduldig warten, bis seine Herzensfreundin irgend etwas unternimmt, das seinen Wünschen entgegenkommt. Wer sich um diesen Mann bemüht, sollte nicht zuviel von Sex und lustigen Spielen reden, die den Lebensgenuß erhöhen. Ein Jungfrau-Mann ist nicht prüde, aber Gespräche über Thema eins, die Liebe, mag er nicht. Schon gar nicht, wenn sie über zart geschwungene Frauenlippen kommen.

Er wird jedoch gern einer Einladung zum Hausbesuch folgen und alles Nötige für die Nacht mitbringen. Auch in der Liebe will er gleich wissen, woran er ist. Um den heißen Brei herumzureden, hält er für Zeitverschwendung.

Warnung an allzu sehr verliebte Damen: Von liebgewordenen Sachen trennt sich der Jungfrau-Mann nicht gern, selbst nicht von einer alten Freundin, wenn er sich schon eine neue anlachte. Hat man sich im Einvernehmen getrennt, wird man schließlich auch noch weiterhin mit ihr verkehren dürfen. Wer da eifersüchtig reagiert, stößt auf Unverständnis.

Jungfrau-Männer haben oft zwei Eisen im Feuer, wenn sie gesetzlich noch nicht gebunden sind. Sie trennen sich von alten Gewohnheiten nur, wenn sie mit Stempel und eigenhändiger Unterschrift ewige Treue besiegelt haben.

Auch beim Sex noch formtreu

Dieser Mann ist kein Draufgänger, der gleich das erste Rendezvous mit einer Bettszene bereichern will. Er hält auch im zwischenmenschlichen Bereich auf Etikette. Wenn er sich verabredet, wird er pünktlich sein. Die Frau, die sich verspätet, hat einen Minuspunkt mehr in seinem Gedächtnisprotokoll.

Schon manches Liebesverhältnis ging in die Brüche, wenn der Jungfrau-Mann begann, die Geliebte kritisch zu analysieren und Schattenseiten aufzuzeigen, von denen sie selbst noch nichts wußte. Man sollte ihm diese Veranlagung verzeihen. Er ist ja nur der Meinung, daß er bei einem guten Verhältnis alles sagen kann.

Ehrlichkeit gehört für den Jungfrau-Mann dazu

Wenn er sich übrigens einmal zu Intimitäten entschlossen hat, wird er wie selbstverständlich reagieren. Man ist sich einig – weshalb dann noch große Umstände machen? Nur allzu deftige Praktiken schätzt er nicht; er ist auch beim Sex für Formen, die bis zu einem gewissen Grad den Anstand wahren.

Sein Sexverständnis beschränkt sich eher auf das Bekannte, Überlieferte. Partnerinnen, die mehr von ihm haben wollen, sollten eigene Erfahrungen spielen lassen. Ein Jungfrau-Mann ist sehr gelehrig und fragt nie, woher man das hat, was man ihm beibringen möchte.

In der Liebe kann er keine großen Worte machen. Beim Vorspiel heizt er kaum die Stimmung mit wilden Liebkosungen und geflüsterten Liebesschwüren an. Aber er weiß, was der Partnerin dient und trägt dem Rechnung. Was dann noch fehlt, holt er anschließend mit bestaunenswerter Ausdauer nach.

Statistisch wurde festgestellt, daß seine empfindsamste Körperstelle der Bauch ist. Ehe jedoch die Partnerin das raushat, vergeht eine Weile. Dann versucht sie es vielleicht mit Massage oder mit sanften Zungenspielen. Das erotisiert ihn. Ein gemeinsames Bad auch. Er ist ja so für Hygiene.

Wem er sein Herz schenkt

Jungfraumänner können gut mit Stier- und Steinbock-Frauen

Natürlich hat der Jungfrau-Mann eine materielle Ader. Wenn er aber einmal ja gesagt hat, wird man bald entdecken: Dieser Mann hat nicht nur Verstand, sondern auch viel Herz. Er ist erdverbunden wie die *Stier-* und die *Steinbock-*Frau und kann sich darum mit diesen auch am besten verständigen. Die Stier-Geborene heizt ihn übrigens ganz schön an, während die

Steinbock-Dame seinem Wunsch nach mehr Mäßigung entgegenkommt. Letzteres gilt ebenfalls für seine Sternenschwester aus der *Jungfrau*, mit der er am Abend gern auch über die jüngsten Börsenwerte spricht.

Auf Trab bringt ihn die *Skorpion*-Frau, deren Lebenswürze Pfeffer ist, mit dem sie den Partner auf Touren bringt. Ihre zeitweilige Eifersucht kommt bei dem treuen Jungfrau-Mann nicht an, weil er sich im Falle eines Falles auch kaum von der Skorpionin erwischen läßt.

Der *Krebs*-Frau gibt er die Sicherheit, die sie zum Glücklichsein braucht. Eine Verbindung mit ihr hat jedenfalls größere Chancen, länger zu halten, als die mit der herrisch-herrlichen *Löwe*- oder der charmant-sensiblen *Waage*-Frau. Beide haben zwar sehr viel Sinn für die festen Werte, die ihnen ein Jungfrau-Mann schaffen kann, aber wenig für die etwas unterkühlte Art, mit der er zeitweilig selbst der Liebsten gegenübertritt.

Die etwas kühle Art des Jungfrau-Mannes schreckt Löwe- und Waage-Frau

Schon besser wäre da die Verbindung mit einer *Wassermann*-Frau, die den Jungfrau-Geborenen nach einigen vielleicht mißlungenen Versuchen schließlich doch auf Vordermann bringt und seine Kritiklust eindämmt.

Da der Jungfrau-Mann über allem erhaben schwebt, macht es ihm auch nichts aus, die Wünsche einer *Widder*-Frau zu erfüllen und seine eigenen zurückzustellen. Er hält das für praktizierte Koexistenz und sinnt darauf, ihr Feuer ein wenig auf Sparflamme zu drosseln, was ihm aber kaum gelingen wird ...

Viel Unordnung bringt die *Fische*-Frau dem so korrekten Jungfrau-Mann ins Haus. Das könnte ihr manchen Tadel einbringen, der an ihrem sowieso nicht überentwickelten Selbstbewußtsein kratzen wird. Guter Rat für ihn: Er sollte einen Lehrgang für Tiefenpsychologie belegen und ihre Traumwelt analysieren. Am besten: die beiden würden die Verbindung sofort mit Nachwuchs festigen; denn er ist ein guter Vater und sie die beste Mutter, die man sich denken kann.

Schütze- und Zwillinge-Frau müßten sparen lernen

Realistischer als die Fische-Maid denken *Zwillinge*- und *Schütze*-Frauen. Deren Esprit und Witz bringt den Jungfrau-Mann in Stimmung, sexuell mal über den eigenen Schatten zu springen, aber was das Materielle angeht, kann er sich manchmal wohl kaum verkneifen, die beiden Lebenslustigen zu erhöhter Sparsamkeit aufzufordern. Ob das dann trotzdem gut geht, wird die Zeit erweisen ...

Was er nicht leiden kann

Kauft sie die Butter im Feinkostladen, obwohl der Supermarkt genau die gleiche vierzig Pfennig billiger anbietet, muß er ihr das aufs Brot streichen. Bricht sie dann in Tränen aus, reicht er ihr eine Großpackung Papiertaschentücher und verzieht sich.

Solange der Jungfrau-Mann nicht verheiratet ist, kann man ihn leicht loswerden: Man weist ihm einfach die Tür und schickt ihm Schlafanzug und Zahnbürste nach. Oder räumt, wenn er gerade mal verreist ist, die gemeinsame Wohnung aus und läßt ihn in leeren Zimmern frieren.

An einer Ehe freilich wird der Jungfrau-Geborene in Treue festhalten, weil ihm eine Scheidung einfach zu teuer kommt. Er wird höchstens mal grantig, wenn die Angeheiratete im Freundeskreis zum besten gibt, daß er Trinkgelder über eine Mark erst ab einer Hundert-Mark-Rechnung für angemessen halte.

Trotzdem wird er den Fauxpas entschuldigen und selbst dann zögern, sich von seiner Frau zu trennen, wenn sie ihm gesteht, sie habe ihn betrogen – außer sie verzichtet auf Unterhalt und übernimmt alle Kosten.

Heißgeliebte, kühle Jungfrau

Anspruchsvoll in der Partnerwahl, selbständig, rätselhaft: die Jungfrau-Geborene

Erst einmal täuscht das Bild: Keine Jungfrau-Geborene will um jeden Preis Jungfrau bleiben. Gewiß, sie hat so viele moralische Grundsätze wie Politiker in der Wahlkampagne. Nur bleibt sie ihnen dann auch treu. Und manch einer mag die nach außen hin so Kühle für prüde halten.

Eins steht fest: Sie hat's faustdick hinter den Ohren. Die astrologische Jungfrau läßt sich nicht verführen, es sei denn, sie hätte selbst ernsthafte Absichten auf den Verführer. Dann müßte er aber schon den Liebestest bei ihr bestanden haben. Jungfrau-Damen sind recht pingelig. Und wenn das Ergebnis negativ ist, können sie auch mal eine Weile auf Sex ganz verzichten und »jungfräulich« bleiben. Nicht um jeden Preis wollen sie Ehefrau spielen. Als alleinerziehende Mütter stehen sie ebenso ihren »Mann«. Oder sie verlassen den angetrauten Ehemann und die Kinder, um einem anderen in die Wüste zu folgen. Wer kann schon eine Jungfrau enträtseln?

Scheu zieht sie sich zurück, wenn jemand versucht, ihr Innenleben zu erforschen. Sie ist abweisend gegen die Zudring-

lichen, die zuviel von ihr wissen wollen. Ihr Lachen zieht die Männer an; aber die verwechseln manchmal von Herzen kommende Freundlichkeit mit sturmfreier Bude.

Um das klarzustellen: Auch wenn die Jungfrau-Geborene mit diesem oder jenem Mann schäkert, so hat sie doch eine sehr moralische Lebensauffassung. Wer das mit Prüderie verwechselt, kennt sich im Jungfrau-Charakter nicht aus. Beinahe stur geht diese Frau den Weg, den sie für richtig hält.

Man mag nun geteilter Meinung darüber sein, ob die Jungfrau-Geborene, die ihren Mann verließ, um einem anderen in die Wüste zu folgen, noch »moralisch« zu nennen ist. Es ist eben keine bürgerliche Moral, die eine Jungfrau zu ihrem Leitbild erhebt. Ihr Wahlspruch heißt: Verlogenes ist Verlorenes!

Heuchelei ist der Jungfrau zuwider

Und sie hat feste Grundsätze. Allzu forsche Lebemänner weist sie deshalb von vornherein ab. Auf Playboys fällt sie nur herein, wenn diese an ihrer Seite eine schauspielerische Glanzleistung aufs Parkett legen und sich so verstellen können, daß selbst der für ihre Pfiffigkeit bekannten Jungfrau nichts auffällt. Aber solche Genies sind selten und haben überdies meistens bereits andere Objekte für ihren Eros gefunden.

Modetorheiten sind ihr zu teuer

Diese Jungfrau ist schon ein rätselhaftes Wesen. Mit Ernst und Würde geht sie an die Dinge heran, auch an die Liebe. Sie schätzt das Dezente: Kaum wird sie sich mit glitzernden Klunkerchen behängen und Weihnachtsbaum mimen. Kosmetika sind für sie geschaffen, um Unebenheiten auszugleichen und nicht dafür, sich begehrenswerter zu machen. Sie ist zwar eine moderne Frau, aber Modetorheiten macht sie kaum mit.

Ein herziges Wesen ist diese Jungfrau schon. Sie wird dem Mann zulächeln, wenn er neben ihr im Kaffeehaus sitzt. Und wenn er ihr gefällt, kommt sie gern mit ihm ins Gespräch. Literatur und Kunst interessieren sie, möglicherweise auch die letzten Börsenkurse (das kommt von Merkur, ihrem Geburtsplaneten). Sie kann gut zuhören, sobald ihr aber etwas nicht plausibel genug erscheint, wird sie einhaken. Die Jungfrau mag keine Männer, die über Dinge reden, von denen sie nichts verstehen.

Schwätzer haben bei Jungfrauen wenig Chancen

Bester Rat für jene, die es auf eine Jungfrau abgesehen haben: Geben Sie sich charmant und gehen Sie auf die Jungfrau ein, auch wenn Sie Ihnen schon beim ersten Kennenlernen mit ihrer kritischen Ader auf die Nerven geht. Wenn es bei ihr gefunkt hat, wird sie schon bald mit Ihnen in einem blumenreichen Park spazieren gehen. Sie können sogar Händchen mit ihr halten. Aber erwarten Sie nicht gleich zuviel von ihr. Liebe braucht bei jeder Jungfrau ihre Zeit ...

Der Sauberen sinnliches Vergnügen

Sie taut nur langsam auf, erwärmt sich dann jedoch rasch für die intime Behandlung ihrer unterkühlten Körperteile. Eine Badewanne ist für das Vorspiel mit einer Jungfrau oft besser geeignet als ein Luxuslager. Sauberkeit ist für sie oberstes Gebot. Wer mit ihr in die Badewanne steigen und ihr dabei nicht nur den Rücken, sondern auch den Bauch (ihre erogenste Stelle!) kundig einseifen darf, genügt nicht nur ihren ästhetischen Ansprüchen. So erotisiert wird ihr sexueller Ehrgeiz wachgekitzelt. Von da an ruht die Jungfrau nicht, bis sie zumindest für völlige Befriedigung des Geliebten gesorgt hat, woraus man ersehen kann, daß Jungfrauen auch in der Liebe Leistung erbringen wollen. An der Seite des Mannes, den sie lieben, entwickeln sie mit der Zeit eine Perfektion, zu der sie vorher nur zögernd bereit waren.

Um dem Geliebten zu gefallen, wird die Jungfrau ihm selbst einige seiner absonderlichen Wünsche erfüllen, wenn diese nicht zu sehr gegen ihr ästhetisches Empfinden verstoßen. Sie kann einen Mann mit ihrer Zärtlichkeit überraschen und nach einigen Lehrstunden sogar zu einer erotischen Meisterleistung anheizen. Männer wissen das zu schätzen. Und darum gibt es eigentlich kaum jemanden, der es mit einer Jungfrau nicht versuchen könnte.

Für den Geliebten steigert sich die Jungfrau zur sexuellen Meisterschaft

Wer sich eine Jungfrau hält

Der *Stier* kann mit seinem starken Nacken am ehesten das Joch ihrer Reinlichkeitsmarotten und ihrer oft übertriebenen Sparsamkeit tragen; wenn sie ihre Spitzen gegen ihn abschießt, kommt ihm sein dickes Fell zugute. Auch er ist ein sparsamer Typ, der aber mit Leidenschaft irdischen Genüssen frönt. An seiner Seite entwickelt sich die Jungfrau zur Genießerin.

Wie sie betrachtet der *Steinbock*-Mann Sex als schöne Nebensache und sammelt wie sie statt Briefmarken lieber Aktien. Hier wird Liebe mit Verstand gemacht. Ähnliches kann von

einer Verbindung mit einem *Jungfrau*-Mann gesagt werden, wobei hier zusätzlich die beiderseitige Streitbereitschaft für folgende Versöhnungsszenen Raum schafft.

Beim oft eifersüchtigen *Skorpion* spielt die Jungfrau ab und zu einmal, um dem Feurigen zu gefallen, das Betthäschen, sorgt aber ganz nebenbei dafür, daß die Kasse stimmt.

In dieser Hinsicht ist freilich ein *Krebs*-Mann eher ihr Favorit. Er zählt wie sie gern Banknoten und finanzielle Sicherheit versprechende Papiere, hat darüber hinaus viel Verständnis für die etwas unterkühlte Art seiner Jungfrau in Sachen Sex.

Verstandesmäßig kann der *Wassermann* mit ihr konkurrieren. Auch er testet wie sie, ob der Partner körperliches Vergnügen über moralische Grundsätze stellt.

Die Jungfrau kann viele Männertypen glücklich machen und weiß die meisten klug zu nehmen

Der *Fische*-Mann, unverbesserlicher Träumer, fühlt sich von der prosaischen Jungfrau herausgefordert und nimmt sich vor, sie mit erotischen Kunststücken von der Lektüre des Wirtschaftsteils abzulenken. Er geht ihrer sexuellen Zurückhaltung auf den Grund und stößt dabei nicht einmal auf Widerstand.

Löwe- und *Widder*-Männer, die mit einem Potenzansturm die Festung erobern wollen, überrascht die Jungfrau, indem sie freiwillig die Pforte öffnet. Mit der Zeit paßt sie sich den Leidenschaftlichen geschickt an, zumal sie dann längst deren Konten verwaltet und für ihre Karriere gesorgt hat.

Das gelingt der Jungfrau bei dem ansonsten zärtlichen *Waage*-Mann nicht. Zu sehr regt sie ihn mit kritischen Bemerkungen über sein manchmal etwas oberflächliches Wesen auf. Sein Selbstbewußtsein leidet darunter und wird auch nicht im Bett durch eine willige Jungfrau gestärkt.

Zwillinge- und *Schütze*-Männer werden durch die erste Jungfrau in ihrem Leben zuweilen neugierig auf die nächsten drei, was ganz und gar nicht im Sinne der Dame ist. Bei gescheiten Diskussionen könnten sich diese konträren Typen aber so an die Jungfrau gewöhnen, daß sie das Abenteuer reizt, es mit ihr ein Leben lang zu versuchen.

Unvernunft ist für sie der Anfang vom Ende

Erzählt ihr Gespons Zoten, verwandelt sich die süßeste Jungfrau in eine säuerliche ältere Jungfer, deren einziges Interesse dem Schweizer Hohlsaum gilt und die sogar den Kreuzstich aus Gründen der Doppeldeutigkeit vermeidet.

Betritt ihr Herzensmann mit Gartenschuhen den hellbeigen Teppichboden, hinterläßt das unauslöschliche Spuren in ihrem Gedächtnis. Und wenn er anstelle des Reihenhauses einen flotten Porsche hinstellen läßt, zweifelt sie an seinem Verstand und an seiner Zuneigung und investiert Liebes- und Barvermögen in ein lohnenderes Objekt. Mit anderen Worten: Wer seine Jungfrau loswerden will, hat es leicht. Von sich aus wird sie den Scheidungsanwalt bestellen und den nichtsnutzigen Mann die Rechnung, inklusive hohem Schadensersatz für mit ihm verbrachte unnütze Zeit, bezahlen lassen.

Eine Scheidung von ihr kann teuer werden

Die Pluspunkte der Jungfrau

Jungfrau-Menschen sind intelligent. Sie versuchen immer, hinter die letzten Dinge zu kommen. Scharf beobachten sie und ziehen daraus ihre Schlüsse, die meist über jede Kritik erhaben sind. Nüchtern und distanziert gehen sie an alles heran. Sie analysieren selbst schwierige Probleme richtig mit logischem Verstand.

Sie vertrauen nur auf ihre eigene Kraft. Ihr ganzes Denken ist auf Erfolg ausgerichtet. Glücksspielereien sind gegen ihre Natur. Jungfrau-Menschen sind in allen Lebenslagen für Geradlinigkeit und berücksichtigen auch das Detail. Pläne, von deren Richtigkeit sie überzeugt sind, werden sie ausführen, selbst gegen den Widerstand aus eigenen Reihen. Sie haben ein Gespür dafür, wie man auch ohne große Mittel den eigenen Besitz mehren kann.

Im Guten wie im Schlechten sind Jungfrauen Verstandesmenschen

Die Schwachstellen der Jungfrau

Die Lust zu kritisieren läßt manchen Jungfrau-Menschen als unverbesserlichen Nörgler erscheinen. Sein Verstand arbeitet manchmal zu scharf und erkennt Schwächen, wo eigentlich keine sind. Wenn er sich einmal vergaloppiert hat, weicht er feige zurück und überläßt anderen die Verantwortung.

Mancher Jungfrau-Mensch wird im zwischenmenschlichen Bereich wegen seiner pingeligen Ordnungsliebe gehaßt. Seine Pedanterie ist sprichwörtlich. Die Zurückhaltung im finanziellen Bereich wird oft als Geiz ausgelegt. Seine kühle Sachlichkeit, auch im Privatleben, verwirrt selbst Leute, die ihn lieben.

Die unverbesserlichen Optimisten aus der Waage

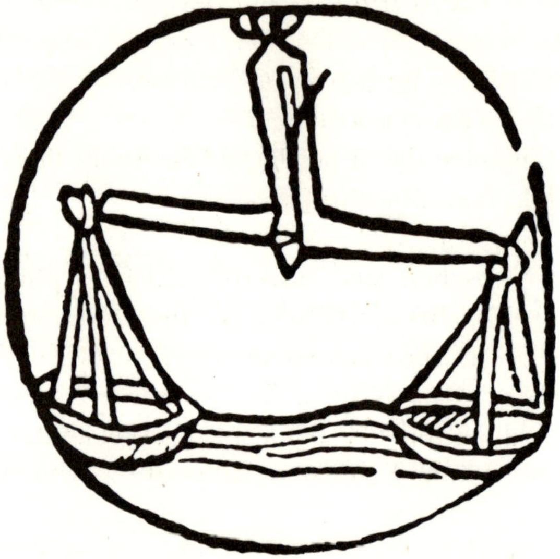

Der Herbst hält seinen Einzug, wenn die Sonne in das Tierkreiszeichen Waage (24. September bis 23. Oktober) tritt. Die Ernte wird eingebracht, und die Felder werden für den Winter ein letztes Mal gepflügt.

Harmoniesüchtig, optimistisch, gut gelaunt: Waagen sind die Diplomaten im Tierkreis

Die im Waage-Zeichen geborenen Menschen haben viel von dem Naturrhythmus des Werdens und Vergehens mitbekommen: Sie sind für den Ausgleich um jeden Preis, auch wenn sie manchmal hin- und herschwanken; sie können schaffen, gleich darauf aber faulenzen wie sonst niemand. Wie junger Wein befinden sie sich in einem ständigen Reifeprozeß, der sie durch Höhen und Tiefen führen kann. Sie haben jedoch auch etwas von dem Frohsinn und der guten Laune mitbekommen, die der Wein schaffen kann.

Ihr Zeichen ist die Waage, deren Schalen sich mal nach der einen, dann nach der anderen Seite senken. Ausgeglichen sind sie nur selten; und das gilt auch für den Charakter der Menschen, die unter diesem Zeichen geboren wurden.

Waage-Leute brauchen für ihr gesundheitliches Wohlbefinden vor allem Harmonie. Ärger führt bei ihnen häufig zu Steinbildungen – die Nieren und die Harnwege sind deshalb bei ihnen am meisten gefährdet.

Regent der Waage ist die Venus. Besonderer Glücksstein der Waage ist der Aquamarin, ein Halbedelstein, der auch Stein der Liebenden genannt wird. Der durchsichtige, klare Edeltopas soll den Waage-Menschen Glück bringen, vor allem wenn er einen Stich ins Rosafarbene hat.

Kupfer bringt der Waage Glück

Kupferpfennige, die sie zufällig auf der Straße finden, sollten sie aufheben und als Talismann tragen; denn Kupfer ist das spezielle Glücksmetall dieses Zeichens.

Waage-Menschen sind unverbesserliche Optimisten. So leicht wirft sie nichts um. Obwohl sie ein starkes Streben nach Unabhängigkeit haben, passen sie sich leicht an. Konflikten gehen sie gern aus dem Wege, weil sie zu den Friedfertigen unter der Sonne zählen. Ihre Hilfsbereitschaft ist bekannt. Wer sie um Rat fragt, wird immer eine gute Antwort bekommen.

Für harte Jobs nicht geschaffen

Der Aszendent bestimmt über den Erfolg der Waage im Berufsleben

Waage-Menschen wägen zuviel, bevor sie sich entscheiden. Sie schieben gern manches auf die lange Bank und hoffen, daß sich alles von selbst erledigt. Ein schwacher Aszendent oder ein etwas schiefgestellter Planet lassen sie hin- und herpendeln. Die Waage steht als Sinnbild für einen unsteten Charakter, der zwar das Beste will, aber nur zu oft über das Ziel hinausschießt oder es erst gar nicht erreicht. Manche Entscheidung wird ihnen von anderen abgenommen, und dann wundern sie sich, daß sie überspielt wurden. Das sind die Schatten, die auf der Nachtseele des Waage-Menschen lasten. Es kommt bei diesem Sternentyp auf das persönliche Horoskop an, wie stark er von diesen Schatten beeinflußt wird.

Waage-Menschen sind Künstlernaturen, für harte Jobs eigentlich nicht geschaffen. Trotzdem leisten sie auf vielen Gebieten Überdurchschnittliches. Wenn sie sich einmal in eine Arbeit festgebissen haben, kommen sie so lange nicht von ihr los, bis sie erfolgreich beendet wurde.

Es ist in diesem Tierkreiszeichen das ständige Auf und Ab, das Nerven kostet. Waage-Menschen stört das weiter nicht.

Wenn ihre Kräfte erlahmen, werden sie Pausen einlegen und auf den nächsten günstigen Zeitpunkt hoffen, da sie wieder aktiv werden können. Sie schöpfen aus dem Nichtstun die Kraft, die sie benötigen, um trotz allem Hin- und Hertaktieren den Lebenskampf zu bestehen und am Ende erfolgreich zu sein.

Kein Waage-Mensch arbeitet gern nach einem Programm. Wenn die Arbeit liegenbleibt, mag sie liegenbleiben – es wird schon der Tag kommen, wo man alles wieder aufarbeiten wird. Wenn das nicht gelingt, bleibt für Unerledigtes immer noch der Papierkorb. Trotzdem setzen sie sich im Beruf durch, weil ihr diplomatisches Geschick, aber auch ihre Einfühlsamkeit in andere Charaktere manches wettmachen, was mangelnde Durchsetzungskraft scheinbar blockiert. Und noch etwas läßt sie den Erfolg suchen: Sie brauchen Anerkennung, um vor sich selbst bestehen zu können. Von daher kommt der zeitweilige Arbeitseifer, der sie zum Vorbild für die Kollegen werden läßt.

Lob spornt die Waage zu großen Leistungen an

Karriere als Richter und Künstler

Ihr Gerechtigkeitssinn ist über jeden Zweifel erhaben. Man sieht deshalb Waage-Menschen oft als Richter und Rechtsanwälte, die sich mit Vehemenz für ihre Mandanten einsetzen. Die zweite große Gruppe von Waage-Menschen findet man im künstlerischen Bereich – als Maler und Schriftsteller, als Tänzer und Schauspieler. Aber auch im Kunstgewerbe und in der Modebranche leisten sie Überragendes.

Obwohl sie im Handel und in kaufmännischen Berufen mit einigem Erfolg vertreten sind, können sie in diesen Bereichen wegen ihrer Gutmütigkeit möglicherweise in die roten Zahlen kommen, sofern sich nicht der bei ihnen durchaus vorhandene Ehrgeiz durchsetzt. Besser wäre es freilich, sie würden ihrem handwerklichen Talent folgen, das ihnen goldenen Boden verspricht. Übrigens: Beamte aus dem Waage-Zeichen lassen im Paragraphendschungel oft ihr Herz sprechen.

Gut geeignet ist die Waage für das Handwerk

Der Waage-Mann ist – im Gegensatz zu mancher Waage-Frau – ordnungsliebend, aber es fällt ihm oft schwer, Ordnung zu schaffen. Sekretärinnen von Waage-Chefs wissen, wieviel Makulatur auf deren Schreibtischen zu finden ist. Und mitten in diesem Tohuwabohu aus Papier steckt möglicherweise ein wichtiger Brief, der auf Erledigung wartet.

Trotzdem ist der Waage-Chef sehr aktiv. Nur mit seinen Entschlüssen scheint er es nicht immer eilig zu haben. Er braucht deshalb Leute, die er um ihre Meinung fragen und denen er eventuell die Schuld zuschieben kann, wenn etwas schief läuft. Das macht ihn nicht sehr beliebt. Auf der anderen Seite fördert er jeden, der ihm zur Hand geht. Und das ist eigentlich der schönste Zug eines Waage-Chefs.

Entschlußfreudiger als ihr männlicher Sternenbruder ist die Waage-Frau. Sie hat es freilich meist leichter, da sie sich gern einen Kompagnon sucht, der ihr Entscheidungen abnimmt. Ihr Lächeln aber ist im Geschäft Gold wert. Die Kunden liegen ihr zu Füßen, und mit ihrem Charme sticht sie jeden aus.

Er kann nicht nein sagen

Sehnsucht nach einem Leben in Harmonie

Der Waage-Mann würde am liebsten die ganze Welt umarmen und für ewigen Frieden und harmonische Koexistenz sorgen. Da das nicht geht, sucht er sich eine Frau, mit der er im kleinen versucht, was ihm im großen verwehrt ist: Ein Leben in Liebe und stetiger Verständigungsbereitschaft, in dem ein kleiner Streit höchstens dem Zwecke dient, sich hinterher noch besser zu verstehen. Leider ist er in den entscheidenden Stunden seines Lebens oft sehr unentschlossen. Das zeichnet sich auch in den intimen Beziehungen ab. Er ist von jeder Freundin begeistert, deren Gunst er gerade gewonnen hat. Er liebt sie heiß und innig, aber dann wird irgend ein vertrackter Anlaß hochgespielt, und man lernt sich »richtig« kennen ...

Der Waage-Mann wird bis zuletzt versuchen, die Harmonie erneut herzustellen, nur muß er leider immer wieder feststellen, daß mühsam Gekittetes schnell zerbricht.

Der Waage-Mann läßt sich gerne einreden, daß alles in Ordnung ist – auch wider besseres Wissen

Man sieht: Auch in der Liebe pendeln die Waagschalen hin und her: Ein Waage-Mann kann schlecht nein sagen. Und nur darum heiraten diese Venusschützlinge oft früh und gleich die erste, die ihnen über den Weg läuft. Was man hat, das hat man!

Zu spät merken sie vielleicht, daß ihr Charme und ihre Freundlichkeit Platz hat für viele Freundinnen. Waage-Männer sind treu, man führe sie nur nicht in Versuchung. Ehescheidungen unter der Waage liegen zwar in der Statistik nicht an erster Stelle, das kommt jedoch daher, weil sich der Mann aus dem Venuszeichen vor peinlichen Entscheidungen scheut.

Erfinder heimlicher Liebesaffären

In der Liebe treiben Waage-Männer gern ein Versteckspiel, das sie meisterlich beherrschen. Viele halten diese Typen sogar für die Erfinder der im Verborgenen blühenden Liebesaffären. Leider gerät der Waage-Mann oft an die Falsche, die ihn als Kavalier kennenlernt und glaubt, mit ihm leichtes Spiel zu haben. Sie kann ihn nach Strich und Faden ausnutzen – bis er plötzlich ausreißt, weil er Angst vor der eigenen Courage bekommt.

Die Verflossene mag sich trösten: Die Gefühle ihres Waage-Mannes waren tief und echt, seine Liebe hätte Häuser versetzen können. Irgendwie kam nur ein Körnchen Sand ins Getriebe und brachte es zum Stillstand. Da hatte eigentlich keiner schuld, am allerwenigsten der Waage-Mann. Wenn er ehrlich zu sich selbst ist, wird er eingestehen, daß er kurz vor Beendigung der Affäre schon eine andere im Auge hatte.

Tiefe Gefühle – aber auf wechselnde Objekte gerichtet

Der Waage-Mann trauert verflossenen Liebschaften nie lange nach. Er bucht sie höchstens als Erfahrung ab, die der nächsten Frau seiner Träume zugute kommen mag. Das ist kein schlechter Charakterzug, sondern der Lauf der Welt. Das Leben geht weiter, und die Liebe blüht neu.

Frauen, die sich einen Waage-Mann angeln möchten, haben zumindest guten Geschmack bewiesen. Sie haben auch keinen Fehlgriff getan, nur sollten sie ihm das mindestens dreimal täglich bewundernd sagen. Auf Lob und gute Worte sind Waage-Männer angewiesen, weshalb sie leicht auf schmähliche Schmeichlerinnen hereinfallen. Es ist die eigene Eitelkeit, die dem Waage-Mann immer wieder zu schaffen macht.

Schmeichlerinnen haben beim Waage-Mann leichtes Spiel

Er ist ein Schönheitsfanatiker. Obwohl er selbst mit der Zeit seine Gewichtsprobleme bekommen mag, sieht er seine Liebste gern schlank und rank. Zunehmende Rundlichkeit ihrerseits könnte ihn leicht auf schlechte Gedanken bringen und nach vergangenen Formen in anderer Gestalt fahnden lassen. So ganz sicher sollte man sich seiner nie sein.

Der Meister des Vorspiels und Beethovens Neunte

Natürlich ist der Venusschützling ein echter Mann, der Liebe nie ohne Sex begreift. Wenn er ein Verhältnis anstrebt, wird er immer auch das Ziel verfolgen, mit seiner Schönen recht bald intim zu sein. Sie sollte sich von ihm streicheln lassen, um bald zu wissen, warum auch andere Frauen ihm schöne Augen ma-

chen. Er ist ein Meister des Vorspiels, das zunächst vielleicht mit Beethoven untermalt wird, dann aber im Swing endet.

Frauen, die mit solchem Mann fröhliche Spiele trieben, lobten vor allem seine Phantasie, seine behutsame Art, sich auf die Wünsche des anderen einzustellen. Im Bett bleibt der Waage-Mann ein Gentleman, der sich der Partnerin anpaßt und durchaus versteht, wenn sie mal nicht so will, wie er es gern haben möchte. Das Vulgäre ist ihm verhaßt, aber wenn es seiner Gespielin gefällt, macht er alles mit, zu dem sie ihn anregt.

Nicht nur in jungen Jahren ist der Waage-Mann die Ausdauer in Person. Obwohl er meist kein athletisch gebauter Adonis ist, legt der Sex Kräfte in ihm frei, die selbst eine frigide Frau anheizen können. Er ist nicht der Stürmer und Dränger, der nur der eigenen Befriedigung wegen Intimitäten austauscht. Er wartet gern geduldig ab, bis seine Herzenspartnerin dem Ziel nahe ist, um dann in Lust zu schwelgen.

Gegen einen Quickie hier und da hat der Waage-Mann nichts einzuwenden

Zwar liebt er längere Vor- und Zwischenspiele, hat aber auch nichts dagegen, wenn mal etwas Flottes läuft. Er ist dankbar für die Hilfestellung der Partnerin, die seine erogenste Stelle hinten unterhalb der Hüfte mit der Zeit ja kennen müßte ...

Frauen, die sein Herz gewinnen

Man unterstelle dem Waage-Mann nie den bösen Willen, es im intimen Bereich nur auf kurze Fristen angelegt zu haben. Dagegen sprechen die vielen Waage-Ehemänner, die in einer Blitzheirat das Glück zu zwingen suchten und oft auch auf Dauer fanden. Ein Waage-Mann ist, wenn er liebt, immer der felsenfesten Ansicht, es müsse nur die und sonst keine sein.

Sein Ziel ist – wenn nicht konträre Stellungen der Gestirne zu seiner Geburtszeit das übliche Bild verschleiern – stets das feste Verhältnis, das nur darum nicht zustande kommen könnte, weil sich der Waage-Mann so schlecht entscheiden kann. Wie gut, wenn er dann eine Frau an seiner Seite hat, die ihm die Entscheidung abnimmt – so oder so.

Entscheidungsfreude ist eine wichtige Tugend der Waage-Partnerin

Wer sich mit der Waage nicht verträgt, ist selber schuld (glaubt er!). Jede Frau kann sein Herz gewinnen. Warum also nicht auch eine *Jungfrau*- oder *Steinbock*-Geborene? Diese beiden sollten an seiner Seite lernen, des Lebens Lust und Freude zu genießen. Zum Dank dafür, daß er sie anheizt, könnten die sonst so Kühlen ihm das Rückgrat stärken, was er ja nötig hat.

Die quicklebendige *Zwillinge*-Frau wäre ihm aber sicher lieber, weil sie ihn mit ihren witzigen Einfällen erheitern und nicht nur im Bett zu Taten reizen könnte.

Im siebten Himmel würde er sich an der Seite einer *Wassermann*-Frau fühlen und feststellen, daß es auch in diesem himmlischen Revier ganz schön staubt. Rühriger geht's jedenfalls unter *Waage*-Leuten zu, deren Harmoniegefühl aber nicht immer krisenfest ist.

Eine *Löwin* möchte der Waage-Mann gern für sich dressieren. Am Ende aber wird aus dem Dompteur wohl selbst der Dressierte werden. Was auch bei der *Widderin* der Fall sein könnte. Bei beiden gibt's im Schlafzimmer kaum Schwierigkeiten, zumal der Waage-Mann gern mit Feuer bei der Sache ist. Leider liegt's ihm nicht, auf Dauer den Prinzgemahl zu spielen.

Mit allen kann er harmonieren – davon ist der Waage-Mann fest überzeugt

Die *Schütze*-Frau war gleich in ihn verliebt und entschied sich gern fürs Zusammenleben. Hier läuft die Garantiezeit nicht allzu lange. Danach strebt manches auseinander: Die Schützin verlangt nach mehr Freiheit, und das kommt selbst der sonst so toleranten Waage verdächtig vor. Man weiß ja schließlich: Ganz so harmlos sind die Frauen nicht ...

Mit der *Stier*-Frau hat er die Venus gemeinsam, und das bedeutet Liebe und nochmals Liebe, solange der Honigmond anhält. Später wird's vielleicht eine Kampfgemeinschaft, in der sich der Streit bestimmt in den eigenen vier Wänden austobt.

Wenn die *Krebs*-Frau nicht genauso empfindlich reagieren würde wie der Waage-Mann, könnte diese Verbindung die beste von allen sein. Da kommt es auf die Aszendenten an.

Die Direktheit der *Skorpion*-Frau macht den Kavalier der alten Schule aus unerfindlichen Gründen leicht nervös. Sie will ihn besitzen und traut ihm wegen seiner Art, gern hübschen Beinen hinterherzuschauen und mit fremden Frauen zu flirten, nicht über den Weg. Ob da sein Harmonie-Bedürfnis ausreicht, um stets gute Miene zum eifersüchtigen Spiel zu machen?

Das Tränenkrüglein, das die *Fische*-Frau gern mit sich herumträgt, läßt ihn zum Seelentröster werden, eine Aufgabe, die ihm liegt auf Dauer aber auch Langeweile erzeugt.

Trotzdem: Unter der männlichen Waage gibt es keine unmöglichen Verbindungen. Man müßte sich nur auf seine gefühlvolle Art richtig einstellen, dann würde es schon klappen – meint der Venusschützling selbstbewußt. Na ja ...

Dieser Mann will alles kitten

Aus reinem Harmoniebestreben versucht der Waage-Mann brüchige Verbindungen zu kitten. Wer ihn loswerden will, muß also schweres Geschütz auffahren. Am meisten trifft es ihn, wenn man seine Vorzüge kritisch unter die Lupe nimmt und sie in Nachteile verfälscht.

Wer ihn nicht mehr bewundert oder gar kaum mehr beachtet, wird ihn nervös machen. Hört der Krach im Haus dann nicht mehr auf, macht er selber Schluß: Er will seinen Frieden haben und sucht sich deshalb lieber eine Neue, mit der er sein Ideal der völligen Harmonie besser verwirklichen kann.

Waage-Frau: Venus in Seide

Die Anmut einer Waage-Frau wird selbst im Aschenbrödel-Look noch sichtbar

Waage-Frauen haben Charme und Esprit. Sie verstehen die Männer so zu nehmen, daß diese von ihnen träumen: die oder keine! Solche Traumgebilde kommen freilich teuer. Man muß sie in Samt und Seide verpacken, auch wenn ihnen Jeans ebensogut stehen wie sündteure Roben.

Die Hübsche weiß um ihre Vorzüge. Das macht sie wählerisch: Es muß schon wer sein, dem sie das Jawort gibt, ein Akademiker vielleicht oder ein Unternehmer, auf jeden Fall jemand mit Geld. Und dann fällt dieses reizende Mädchen doch auf einen herein, der sich eigentlich ein solch teures Geschöpf gar nicht leisten kann. Waage-Frauen vergessen eben bei allem Spekulieren nach Höherem ihr weiches Herz, das Liebe auch an die scheinbar falschen Objekte verschenken kann.

Obwohl es arme Waage-Mädchen eigentlich gar nicht geben dürfte, weil bei ihnen ja die ganze Männerwelt Schlange stehen müßte, seien die wenigen, die sich nichts leisten können, getröstet: Eine Waage sieht auch im billigen Fähnchen von der Stange noch bezaubernd aus. Das macht die Haltung, die Anmut, die Ausstrahlung dieses Venusschützlings.

Und überdies: Waage-Frauen verstehen aus jeder Lage das Beste zu machen. Da wird die kleinste Hütte zum gemütlichen Heim. Die Waage-Frau bezaubert nicht nur den Mann an ihrer Seite, sondern sie kann buchstäblich aus nichts etwas machen.

Erotik braucht die Waage als Antriebsmotor ihres Daseins

Jede Schicke aus dem Venus-Zeichen – ob arm, ob reich – braucht die Liebe als eine Art Selbstbestätigung. Ohne Liebe würde sie verkümmern und vorzeitig altern.

Mit Komplimenten fängt man sie

Natürlich ist die Waage-Frau auf ihre Vorzüge ein wenig eingebildet. Bewundernde Blicke nimmt sie als Huldigung entgegen, aber die allein bringen sie nicht an den Mann. Der müßte schon mehr tun, um sie zu erobern.

Am ehesten fängt man sie mit Komplimenten über ihr hübsches Kleid, ihr gutes Aussehen oder ihre geniale Kochkunst, die man selbst dann noch loben sollte, wenn das Essen versalzen war. Die Waage-Frau wird dankbar sein und den falschen Zungenschlag überhören, der hinter solchen Komplimenten steckt.

Mit viel Charme stellt sich die Waage in den Mittelpunkt

Waage-Frauen sind sehr redselig, wenn man sie anspricht. Selten können sie gut zuhören, wenn es um anderer Leute Sachen geht. Man sollte ihr diese Ichbezogenheit nicht übelnehmen. Sie kann so charmant über sich und ihre eigenen Angelegenheiten plaudern, daß man sich mit ihr in eine Wunderwelt versetzt sieht, die Grimms Märchen deutlich in den Schatten stellt.

Wer eine Waage-Frau erobern will, sollte ihr wenigstens am Anfang der Beziehung zuhören. Sie wird es dem liebenswerten Gesprächspartner danken. Vielleicht lädt sie ihn gleich in ihre Wohnung ein, wenn er in etwa ihrer Vorstellung vom Idealbild eines Mannes entspricht. Sie sammelt nun mal Idealbilder, die mit den Männern wechseln, die ihr den Hof machen.

Einer beendeten Beziehung weint die Waage-Frau nicht lange nach

Enttäuschen kann man die Waage-Geborene kaum. Weshalb sollte sie auch jemandem nachweinen, der ein Verhältnis in die Brüche gehen ließ? Waage-Frauen lieben immer den Mann, den sie gerade besitzen. Manchmal wird der erste Beste genommen, der ihnen über den Weg läuft. Sie bleiben ihm treu, wenn er bereit ist, sie ein wenig anzuhimmeln.

Der Bettschatz stellt Ansprüche

Diese Bewunderung sollte auch noch im Schlafzimmer anhalten; denn für die romantischen Stunden ihres Lebens hat die Waage-Frau manche Überraschung parat: Zarte Dessous, die ihre Pfirsichhaut durchscheinen lassen, ein Make-up, das ihre Schönheit unterstreicht.

Wer da nicht »Ah« und »Oh« sagt oder gar solche »Kriegsbemalung« im Bett überflüssig findet, ist unten durch. Er hat eine lustlose Frau neben sich, die keinen Spaß mehr am Vergnügen hat. Es sind die tölpelhaften Männer, die der Waage-Frau den Sex vergällen. Für wen hat sie sich denn eigentlich so schön gemacht?!

Sie kann der perfekte Bettschatz sein mit allem Drum und Dran, das kichernde Häschen in der Grube und die vollendete Dame, die sich herabläßt, dem Geliebten zu gefallen. Aber sie will für ihr Schauspiel gelobt werden. Ein Mann, der gleich danach einschläft, ohne sie und ihren Körper noch einmal bewundert zu haben, ist für sie wie ein Eiszapfen, den man heimlich ins Bett schmuggelte.

Die Waage-Frau will Zärtlichkeit mit Zärtlichkeit belohnt sehen. Burschen, die nach dem antiquierten Nietzsche-Wort »Wenn du zum Weibe gehst, vergiß die Peitsche nicht« handeln, kommen bei ihr höchstens einmal zum Zuge und dann nie wieder. Schließlich will sie ihre perfekte Körperrundungen, in die sie selbst am meisten verliebt ist, nicht durch obskure Liebesspiele entstellt sehen, die diesen Namen eigentlich überhaupt nicht verdienen.

Für Liebe und Sex nimmt sich die Waage-Frau immer viel Zeit. Sie ist zur Einstimmung für ausgedehnte Vorspiele, für Konversation bei Kerzenschimmer, die einmündet in zärtliche Küsse und sanftes Liebkosen, wobei der Geliebte nie vergessen sollte, ihre rückwärtige Körperpartie unterhalb der Hüfte in seine Streichelkünste einzubeziehen. Genauer gesagt: Die empfindsamste Körperzone einer Waage-Frau ist ihr meist wohlgerundetes Hinterteil.

Liebe wird von der Waage-Frau großgeschrieben – zu Recht, denn die Geburtsherrscherin Venus hat sie reich bedacht

Selbst die gerade der Jungfräulichkeit entwachsene Waage-Frau kann ihren Liebhaber mit Vergnüglichem überraschen, das er noch nicht kennt. Sie hat eine natürliche Begabung für Sex und Liebe.

Die nahezu ideale Ehefrau

Wenn sie sich zur Ehe entschlossen hat, hält sie in Treue fest zu ihrem Mann, selbst wenn ihn mit der Zeit ein stattliches Bierbäuchlein ziert. Er muß nur Gleiches mit Gleichem vergelten. Wer bereit ist, noch nach der silbernen Hochzeit mit seiner Waage-Frau im Honigmond zu leben, wird auch die goldene mit ihr feiern können. Es sind nur die Ehemänner, deren Aufmerksamkeit nachläßt, die Waage-Frauen zu einer hohen Scheidungsquote bringen.

Ohne Liebe gibt es für sie kein Auskommen in der Partnerschaft. Sie könnte die ideale Frau für jeden Mann sein. Trotzdem hat auch die Waage-Frau ihre Favoriten. Den *Zwillinge*-Mann etwa, der selbst in der Ehe noch so schön flirtet, daß sie über der Vorspeise glatt den Hauptgang vergessen könnte.

Oder den *Wassermann*, der die gleiche positive Einstellung zum Leben hat wie sie. Leider hat's der Schlawiner faustdick hinter den Ohren und möchte auch mal in fremden Revieren wildern, traut sich aber bei der Waage-Frau höchstens mal zu einem harmlosen Flirt, weil er Angst haben muß, sie würde es ihm heimzahlen.

Favoriten der Waage-Frau: Waage, Zwilling, Wassermann

Zu diesen Favoriten zählt natürlich auch der *Waage*-Typ, der ihren Sinn für Schönheit und Harmonie teilt und mit ihr noch nach dem verflixten siebten Jahr turteln möchte.

Der königliche *Löwe* schmückt sich in der Öffentlichkeit mit ihrer Anmut und belohnt ihren Sex-Appeal mit feuriger Leidenschaft. Auch die Waage-Frau wird sich mit dem Löwen schmücken: Schaut her, wen ich da geangelt habe!

Mit dem *Schützen* erlebt sie tolle Liebesabenteuer. Er hängt, um ihr zu gefallen, sogar den Seitenspringer an den Nagel – wie kann man auch Ihrer Lieblichkeit, der Waage-Frau, untreu sein?

Schon schwieriger: Widder und Skorpion

Leider versteht sich der *Widder*-Mann nicht auf immerwährendes Turteln. Sonst könnte er einer Waage-Frau, die »ganze Kerle« besonders schätzt, sexuell genauso gefallen wie ein *Skorpion*, der die Schöne am liebsten vor aller Welt verstecken möchte.

Da liegt ihr eher der so gefühlvolle *Krebs*-Mann, der sich jedoch zeitweilig von ihr abkapseln möchte, um sich in seine tiefsinnige Gedankenwelt zurückzuziehen, obwohl die Waage-Frau ihn gern ständig um sich herum haben möchte.

Mit dem *Stier* hat sie die Venus gemeinsam. Er wird sie verwöhnen, und das genügt der Waage-Frau vielleicht sogar ein Leben lang.

Zu realistisch: Steinbock und Jungfrau

Steinbock- und *Jungfrau*-Männer haben für sie nur den einzigen Fehler: Sie sind zu realistisch eingestellt, um einer Frau ständig zu Füßen zu liegen.

Und die Traumwelt eines *Fische*-Mannes bleibt mancher Waage verschlossen, weil man sich von Träumen nun mal kein schickes Kleid kaufen kann.

Kritik kann sie nicht ausstehen

Uncharmante Männer, die an ihr herumnörgeln und statt Bewunderung nur Kritik für sie übrig haben, können schnell das Ende der Affäre mit einer Waage-Frau heraufbeschwören. Sie ist sehr empfindlich, was die eigene Person angeht.

Streit stört ihr Harmoniebedürfnis. Setzt es dabei sogar Schläge, ist auch für die verständnisvollste Waage-Frau der Ofen aus. Aber wer greift schon zu einem so schändlichen Mittel, um sie loszuwerden?

Die Pluspunkte der Waage

Waage-Menschen sind geistvoll und intelligent. Sie versuchen, jeden Streit im Keime zu ersticken. Bei Meinungsverschiedenheiten hören sie erst beide Seiten.

Gute und schlechte Eigenschaften – die Waage pendelt sie aus

Ihr Gerechtigkeitssinn wird höchstens noch durch ihren Charme und durch ihre Freundlichkeit übertroffen. Mit Launen reagieren sie eigentlich nur, wenn sie einen entsprechenden Aszendenten im Horoskop haben.

Ein Waage-Mensch bezieht nur dann Stellung, wenn er sich seiner Sache sicher ist. Nie verharrt er fanatisch auf einem Standpunkt, wenn man ihn überzeugen kann, daß ein anderer besser wäre. Sein Optimismus steckt andere an. Seine Fröhlichkeit kommt von innen. Man schätzt an ihm das formvollendete Benehmen, seine beschwingte Art, seine Sensibilität, seinen Anstand.

Die Schwachpunkte der Waage

Waage-Menschen mit einer negativen Konstellation sind eitel, oberflächlich und leichtsinnig. Sie reagieren überempfindlich und kennen nur ihr eigenes Ich.

Mangelt es an Wissen, dreschen sie Phrasen. Sie hören sich gern reden und versuchen, wo immer es geht, das letzte Wort zu haben. Zuhören können sie nicht.

Ihre Sinnlichkeit läßt sie unmoralisch erscheinen. Sie scheuen die Verantwortung und drücken sich vor Entscheidungen. Ihre Unsicherheit überspielen sie mit aufgesetzter Forschheit. Sie versuchen, andere für sich schaffen zu lassen, um dann so zu tun, als ob sie selbst deren Leistung erbracht hätten.

Skorpion:
Im Innern brodelt ein Vulkan

Energisch und kämpferisch, selbstbewußt und unabhängig zeigt sich der Skorpion seinen Mitmenschen

Rauhe Winde jagen über die Landschaft. Sie wirbeln die letzten Blätter von den herbstlichen Bäumen, wenn die Sonne im Tierkreiszeichen Skorpion (24. Oktober bis 22. November) steht. Die Natur bereitet sich auf den Winter vor, aber insgeheim mobilisiert sie neue Kräfte, die bereit machen zu frühlingshaftem Auferstehen. Die Menschen, die in dieser rauhen Jahreszeit geboren werden, haben den starken Willen, Neues zu schaffen. Ihre Energie ist beispiellos. Sie schauen ihren Mitmenschen in die Augen, und schon wissen sie, mit wem sie es zu tun haben.

Skorpion-Menschen lieben den Kampf; das kommt vom Mars, der neben Pluto ihr Regent ist. Nach außen werden sie sich stets gelassen geben, aber sie verdecken damit nur den Vulkan, der in ihrem Innern brodelt. Ihre Selbstbeherrschung und ihr Selbstbewußtsein sind bewundernswert. Manchmal jedoch bricht es mit elementarer Wucht hervor; dann können sie alles niederwalzen, was sich ihnen hemmend in den Weg stellt. Oder sie machen's mit List und Tücke. Das kommt vom Giftstachel, den jeder dieser Typen wie ihr Wappentier in sich trägt.

Skorpion-Menschen sind vor allem anfällig für Krankheiten der Unterleibsorgane; für viele von ihnen besteht wegen ihrer manchmal ungestümen Art Verletzungsgefahr.

Die Farben grau und schwarz passen zu den geheimnisvollen Skorpionen. Eisen ist ihr Glücksmetall, aber in Gold lassen sie am besten ihre Glückssteine fassen. Den tief dunkelroten Granat, einen Edelstein von großer Härte, können sie als Talisman tragen. Der Amethyst, ein violetter Halbedelstein, soll nach Meinung mittelalterlicher Esoteriker den Skorpion-Menschen in der Liebe Erfolg verschaffen. Und der farblose, durchsichtige Topas soll sie sogar hellsehend machen.

Selbstkritik ist nicht Sache des Skorpions

Skorpion-Menschen ist es völlig gleichgültig, was andere von ihnen halten. Sie gehen ihren Lebensweg nach eigenen Gesetzen und entscheiden, ohne andere nach ihrer Meinung zu befragen. Sie glauben, daß ihre Absichten immer die besten seien, übersehen aber ganz, daß sie bei ihrem großen Eigenwillen notgedrungen mehr Fehler machen als andere.

Skorpion-Menschen lügen nicht

Wer zu den empfindsamen Menschentypen zählt, sollte einen Skorpion-Menschen nie um seine ehrliche Meinung über sich befragen. Der Mars-Schützling wird mit der ungeschminkten Wahrheit nicht hinter dem Berg halten – im guten wie im bösen. Und daraus ergibt sich eine der schönsten Eigenschaften der Skorpion-Geborenen: Sie lügen nicht.

Der Skorpion-Mann kann schroff reagieren. Er will immer seinen eigenen Kopf durchsetzen. Trotzdem wird er Befehle, wenn er noch in der unteren Etage herumkrebst, schon aus reinem Selbsterhaltungstrieb bis ins letzte Detail ausführen.

Ob Gutes oder Böses: Skorpione vergessen nichts

Die Frau aus diesem Zeichen ist verbindlicher. Wenn sie jedoch von jemandem beleidigt wird, kann sie so nachtragend sein wie ihr Sternenbruder. Skorpion-Menschen vergessen aber auch nicht den, der ihnen einmal etwas Gutes tat.

Ihre Neugier, hinter alle Geheimnisse des Lebens zu kommen, macht sie zu Forschern. Es ist wohl der so spät entdeckte Planet Pluto, der sie mit einem Gespür für überirdische Zusammenhänge begabte. Das kann auch ein Nachteil für sie sein, weil sie beim Grübeln über solche Dinge leicht zu Depressionen neigen.

Auf der anderen Seite wird ihr zweiter Schutzpatron, der kriegerische Mars, schon dafür sorgen, daß sie nicht den Blick fürs Realisierbare verlieren. Und darum werden sie sich in jedem Beruf durchsetzen und willig zum Wohl der Firma wirken, wenn man ihre Leistungen nur ein wenig anerkennt. Sie werden unbedingt loyal sein, falls man sie als vollwertige Arbeitskräfte respektiert.

Sie können selbstzerstörerisch handeln

Skorpione sind geschätzte Kollegen

Wenn dem Skorpion-Menschen irgend etwas nicht paßt, kann er den Krempel ohne Zögern hinwerfen. Er schätzt die Sicherheit einer festen Anstellung nicht um jeden Preis. Wenn ihm etwas gegen den Strich geht, kann er sogar selbstzerstörerisch handeln. Im allgemeinen sind Skorpion-Geborene nützliche Mitarbeiter in jedem Betrieb. Sie werden schnell und ohne viele Worte ihre Arbeit machen. Sie haben Ausdauer und brauchen kaum Ruhepausen. Jederzeit sind sie aufgeschlossen für die Sorgen und Nöte ihrer Kollegen; ihre eigenen Privatangelegenheiten gehen niemanden etwas an.

Der Skorpion-Mann mag eine Stelle, wo er seinen Forscherdrang (oder seine Neugierde) voll entfalten kann. Viele exzellente Wissenschaftler wurden in diesem Zeichen geboren. In Krankenhäusern findet man ihn unter dem Pflegepersonal wie unter der Ärzteschaft. Da er gern Macht über andere hat, geht er zur Polizei oder zum Militär. Als Tüftler versucht er, neue Techniken in den Griff zu bekommen. Als Handwerker wird seine Präzision gelobt. Eigentlich gibt es keinen Beruf, den er nicht ausüben könnte.

Die Skorpion-Frau hat den sechsten Sinn für die Zukunft

Die Skorpion-Frau fühlt sich am wohlsten, wenn sie auf eigenen Füßen steht – als freie Künstlerin oder Innenarchitektin (sie hat Geschmack), als Ärztin oder Krankenschwester (sie ist fürsorglich), aber auch als astrologische Fachberaterin.

Die Skorpion-Frau ist übrigens eine großartige Chefin, weil sie sich intensiv um ihre Mitarbeiter bemüht. Sie hat zwar einen eisernen Willen, doch den setzt sie eigentlich nur da ein, wo es unbedingt not tut.

Auch viele Skorpion-Männer dienen sich nach oben. Nur bleiben sie leider oft in der zweiten Position stecken. An der Schaltzentrale der Macht werden sie eisern dafür sorgen, daß die Mitarbeiter spuren. Man widerspreche ihnen nur mit guten Argumenten, die von den Skorpionen gegen ein kleines Anerkennungshonorar gern übernommen werden. Ihr Ziel verfolgen sie beharrlich. Sie lassen niemanden in ihre Karten sehen: Es ist der Überraschungseffekt, der dem Skorpion-Chef den Erfolg garantiert.

Kein Typ für nüchterne Großraumbüros

Kein Mensch aus dem von Mars und Pluto beherrschten Zeichen ist am Arbeitsplatz unterzukriegen. Viele halten ihn für unbesiegbar und freuen sich, wenn sie zu seinen Freunden gehören. Er braucht einen Kollegenkreis, der ein wenig Wärme ausstrahlt. Er ist sehr gerecht, aber wer einmal seine Rache spürte, wird bestätigen, daß dieser sonst so ansprechende Typ im Zorn alles niederreißen kann. So ganz wird keiner aus diesem Menschen schlau.

Sein Blick macht Frauen weich

Von den Sternen fühlt er sich nicht gelenkt

Der Skorpion-Mann ist sehr gesellig. Er ist Anhänger von Stammtischen, an denen es deftig zugeht. Er ist für Völlerei, auch wenn seine manchmal asketische Figur über diese seine Einstellung hinwegtäuscht. Er liebt das Abenteuer, weil er die Gefahr nicht scheut. Nicht unbedingt ist er ein Anhänger der Astrologie – nicht, weil er bei ihr zu schlecht wegkommen könnte (wegen des Giftstachels, den ihm die Astrologen anhängen!), sondern weil er sein Glück und seine Zukunft selbst bestimmen möchte.

Das gilt auch für die Liebe. In dieser Hinsicht ist der Skorpion-Mann wie ein Vulkan, der Feuer speit und alles niederwalzt, was sich ihm entgegenstellt. Von fast hypnotischer Gewalt ist sein Blick. Mit schier übersinnlicher Kraft versucht er, sein Opfer gefügig zu machen, dem es ergeht wie dem Kaninchen bei der Schlange.

Einen ganzen Harem könnte ein Skorpion-Mann befriedigen

Frauen, die mit ihm flirten, müssen dem Rechnung tragen. Der Skorpion-Mann ist immer zu allem bereit und läßt es kaum bei einem oberflächlichen Gesellschaftsspiel.

Schon als Jüngling sammelt er Gespielinnen für frohe Stunden. Er ist nicht sehr wählerisch. Gefällt ihm eine, muß sie sein werden. Und er wird sie bekommen, wenn sie nur die geringste Schwäche zeigt. Seinem männlichen Charme und seiner erotischen Kunst, glaubt er, könne keine widerstehen.

Der Erfolg scheint ihm recht zu geben. Und doch ist er kein Don Juan, kein Bruder Leichtfuß, der die Mädchen gleich reihenweise vernascht und jede Nacht in einem anderen Bett verbringt. Die Potenz wäre zwar vorhanden, aber eine einzige Frau kommt ihm auf die Dauer billiger.

In Wirklichkeit ist er ein Sucher nach der einen, die er mit Haut und Haaren besitzen wird. Seine Favoritin müßte ein zärtliches Wesen sein, das sich ihm willig unterwirft. Nach dem Gang zum Standesamt dürfte sie keinen Eigenwillen mehr besitzen. Der Skorpion-Mann ist für die Gleichberechtigung der Frau, solange sie sich ihm unterwirft.

Ihn reizt das Risiko

Ihn reizt das Risiko, auch einmal abgewiesen zu werden. Wer sich anfangs störrisch zeigt, hat die Chance, von ihm sogar aufs Standesamt geschleppt zu werden. Kluge Frauen ordnen sich seinen Wünschen unter und beginnen mit der notwendigen Umerziehung erst in der Ehe. Sie lassen ihm vor allem nie den geringsten Grund zur Eifersucht, die ihn rasend macht wie Othello, von dem man annehmen könnte, er sei ebenfalls unterm Skorpion-Zeichen geboren.

Othello könnte ein Skorpion gewesen sein – wenn man aus seiner Eifersucht Schlüsse ziehen kann

Nach außen hin spielt er gern den beherrschten Mann, die Würde in Person. Wenn er angegriffen wird, schlägt er gleich zurück. Wer über ihn und sein Verhalten lacht, bekommt den berühmten Giftstachel zu spüren.

Wenn es trotzdem so viele Frauen auf ihn abgesehen haben, muß das wohl auf Qualitäten hinweisen, die andere Männer in solch hohem Maße nicht zu bieten haben. Sie machen es ihm leicht, ihr Herz zu erobern. Trotzdem sucht er sich meist nicht solche Frau fürs Leben aus: Wo der Widerstand fehlt, verliert er die Lust. Er will die Festung im Sturm nehmen.

Wer gleich die weiße Fahne hißt und sich als leichte Beute vereinnahmen läßt, hat nicht unbedingt seine allergrößte Wertschätzung. Vielleicht wird er der willigen Dame ein paar schöne Stunden machen, sie aber schon bald mit einem Geschenk nach Hause schicken oder sie durch einen handfesten Krach so vergraulen, daß sie von selbst das Weite sucht.

Jetzt wissen wir also, warum so viele Skorpion-Männer ein Leben lang Junggesellen bleiben und notgedrungen die Playboys spielen: Die Frauen machen es ihnen nicht schwer genug!

Der Feuerblitz, der elektrisiert

Sexuell wirkt jeder Skorpion-Mann wie ein Magnet, der alles anzieht, was er ausziehen möchte. Er ist wie ein Feuerblitz, der bei Berührung elektrisiert. Prüde Frauen sollten sich nicht mit einem Skorpion einlassen.

Er kennt alle Schliche und Kniffe, den Lustgenuß zu erhöhen, ist dabei aber nicht zimperlich. Was mit Zärtlichkeit begann, kann bei ihm in höllischem Feuer enden, an dem man sich nicht nur die Finger verbrennt. Zarte Frauen, die da nicht mithalten können, werden bei ihm ihr blaues Wunder erleben.

Der Skorpion, der nach außen hin so kühl und gelassen wirkt, entpuppt sich beim Liebesspiel als ein Heißsporn, bei dem die Frau als reines Lustobjekt rangiert. Er ist kein Mann, der nach der ersten Sexrunde schon in Morpheus Armen ruhen möchte. Selbst ausdauernde Sexpartnerinnen kommen da kaum mit, zumal er sie mit Spielarten verschrecken kann, die über das Maß des Üblichen weit hinausgehen. Und dabei schlägt seine blühende Phantasie manchen Purzelbaum.

Seine Potenz hält den Skorpion wach und verlangt nach Fortsetzung des intimen Spiels

Für Vorspiele hat er nur insofern etwas übrig, wenn sie mit einem deftigen Mahl beginnen, durch das man sich für spätere Anstrengungen vorab stärken kann. Ansonsten gefällt es ihm, wenn man gleich zur Sache kommt. Romantische Spielereien hält er für lästige Verzögerungen. Er will sich genüßlich ins sexuelle Vergnügen hineinsteigern, eine langsame Anlaufzeit ist nichts für diesen Berserker, dessen erogene Zone nach alter Überlieferung nichts anderes als die Genitalien selbst sind.

Im Eifer des Gefechts schießt der Skorpion-Mann öfter über das Maß des gerade noch Erträglichen hinaus. Macht ihm die Partnerin deswegen Vorwürfe, wird er den Unverständigen spielen, der kein Wässerchen trüben kann. Ein Skorpion, der zündelte, will es nie gern gewesen sein. Das ist keineswegs als Feigheit zu verstehen, sondern eher als mangelndes Kritikverständnis, wenn es die eigene Person betrifft.

Mit dem Skorpion auf dem Pulverfaß

Der Skorpion-Mann legt nicht unbedingt Wert auf Jungfräulichkeit. Was vor ihm war, interessiert ihn nicht. Zur Not heiratet er die Geschiedene seines besten Freundes, die lange Zeit als unnahbar galt. Oder er verfolgt hartnäckig ein Mädchen, das seinen Liebeskünsten erlag, dann aber einen anderen erwählte.

Nun glaube nur ja keiner, der Skorpion-Mann suche sich stets eine Germania, die ehern die Wacht am Rhein singt. Seine Favoritin muß zart und anschmiegsam sein, aber mit einem unbändigen Willen, den er – koste es, was es wolle – brechen wird.

Er ist ein Diktator in der Ehe. Was auf den Tisch kommt, wird er allein bestimmen, wobei er deftige Hausmannskost bevorzugt. Was der Bauer nicht kennt, frißt er nicht, sagt ein Sprichwort. Und deshalb sollte sich seine Frau hüten, ihm vorzusetzen, was er nicht mag.

Skorpion und Skorpionin: das gibt eine Doppel-Explosion

Trotzdem: Hochzeitmachen mit dem Skorpion-Mann ist wunderschön. Was danach kommt, ist die ständige Bereitschaft, auf einem Pulverfaß zu sitzen und zu warten, bis es mal hochgeht. Eine ebenfalls unter dem *Skorpion*-Zeichen Geborene bringt ihm gleich die Lunte mit und explodiert zur gleichen Zeit wie er. In solchem spannungsgeladenen Verhältnis rauft man sich schnell zusammen, weil man sich auf anschließende Intimitäten freut, die drei Sterne verdienen.

Auch die *Wassermann*-Frau wird gar manchesmal bei ihm explodieren, nur wird das mehr und mehr an ihren eigenen Nerven zehren, zumal sie sexuell oft andere Ansichten hat.

Die *Waage*-Frau wäre so etwas Schnuckeliges, was gerade noch in der Sammlung des Skorpions fehlen würde, aber er müßte zärtlicher zu ihr sein als zu allen anderen vor ihr.

Auch die *Stier*-Frau geizt nicht mit ihren Reizen. Sie hat viel Sinn für ein gepflegtes Heim, was der manchmal pingeligen Ordnungsliebe eines Skorpions entgegenkommt. Leider sehen beide gern rot, möglicherweise sogar mitten im schönsten Lust-Spiel ...

Mit Widder-Frau und Schützin ist sexuelle Harmonie garantiert

Bei *Widder*-Frau und Skorpion ist im Sexuellen die Welt völlig in Ordnung. Ob das ein Leben lang reicht, muß die Zeit ergeben, ebenso wie in einer Verbindung der *Schütze*-Frau mit dem Heißsporn. Sie könnte ihm – vielleicht sogar ohne Grund – Stoff zur Eifersucht liefern. Und da müßte ihr der Skorpion die Hölle heiß machen. Aber welche Schützin brät schon gern im eigenen Saft?

Auf Erfüllung seiner Sexträume kann der Skorpion-Mann sowohl bei einer *Löwe*- als auch bei einer *Zwillinge*-Frau hoffen. Wenn er gut betucht ist und den beiden ihre oft recht teuren Wünsche erfüllen kann, darf er sie sogar mal herumkommandieren, falls das überhaupt möglich ist.

Jungfrau- und *Steinbock-*Geborene vermag er sicher ein wenig aufzuheizen, und da sie auch seinen Wünschen nach absoluter Sparsamkeit entgegenkommen, sind die Voraussetzungen für ein friedliches Nebeneinander wohl gegeben.

Am besten jedoch kommt er mit Frauen aus dem *Krebs-* oder dem *Fische-*Zeichen aus. Beide lieben mit Gefühl und übersehen die rauhe Gangart des Skorpions. Er muß sich aber gefallen lassen, daß sie ihn ganz allmählich umerziehen.

Die Frau, die ihn liebt, sollte ihn so nehmen, wie er ist: Ein Hansdampf, der es nie so meint, wie er es sagt. Wenn er selbst merkt, daß er seine Liebste einmal falsch behandelt hat, wird er in sich gehen und ihr seine Zuneigung zärtlich beweisen; denn sein Leben lang bleibt er ein großer Junge, dem man eigentlich nie böse sein kann.

Man schüre seine Eifersucht

Wenn es für ihn selbst nicht eine nur lockere Bindung war, bekommt man den Skorpion-Mann nicht so leicht wieder los. Einziges Mittel: Man schüre seine Eifersucht und liefere ihm einen triftigen Grund dazu. Danach lasse man sich nicht mehr bei ihm blicken; denn seine Rache ist fürchterlich ...

Liebenswerte Skorpion-Hexe

Eine Lehrmeisterin der Erotik ist die verführerische Skorpionin

Gäbe es heute noch Hexenverfolgungen, müßten eine Menge Skorpion-Frauen an den Pranger. Ihre faszinierenden Augen versprechen erotisches Feuer. Sie allein fordern ihr Opfer, das wie verhext alle anderen Blumen, die am Wege blühen, vergißt und dieser einen, zugegebenermaßen sehr liebenswerten, verfällt. Es sind gestandene Mannsbilder, die eine Skorpionin verführen, keine, die beim ersten Schuß gleich umfallen.

Diese Frau hat Sex-Appeal. Und sie setzt ihn ein. Zunächst, um zu lernen. Teenager und Twens unterm Skorpion sind sehr wißbegierig. Danach bringen sie das Erlernte an den Mann (vielleicht auch an die Männer!).

Das Seltsame: Wo immer sie lernte und lehrte, liebte sie das Schulungsobjekt. Aber es kam ihr möglicherweise wieder abhanden und mußte durch ein neues ersetzt werden. Beim einen lag's an der Potenz, beim anderen half der gefürchtete Skorpion-Stachel ein wenig nach, um es zu vergraulen.

Was ihre Augen versprechen, hält sie: Sie wird keinen Mann enttäuschen, der ihre Liebe gewinnt. Sie ist eine leidenschaftliche Geliebte. Ihre Gefühle gründen in den lodernden Tiefen eines Vulkans. Sie kann Knaben zu Männern machen. Als Bezahlung verlangt sie Treue. Sie schafft sich ihr Idealbild selbst. Da werden Fehler abgeschliffen, Korrekturen angebracht. Bis es der Skorpionin endlich gefällt, ist ihr möglicherweise das Versuchsobjekt davongelaufen. Wer geht schon gern als Roboter durchs Leben, der nach der Pfeife einer einzelnen Dame tanzt?

Sie hat die Qual der Wahl

Jetzt glauben Sie um Himmels willen nicht, die Skorpion-Frau sei eine rechte Nymphomanin, die Männer sammelt wie andere Leute Briefmarken. Sie kann sehr herzlich sein und hat nie mehrere zur gleichen Zeit, obwohl eine lange Reihe bei ihr ansteht. Immer dem letzten Mann bleibt sie treu. Eine Zeitlang wenigstens. Oder ein ganzes Leben.

Treu ist die Skorpion-Frau – wenn auch nicht stets dem gleichen

Der Auserwählte, den sich das Skorpion-Mädchen aus einer Schar von Verehrern heraussuchte, sollte zunächst gute Miene zum bösen Spiel machen, daß sich die Skorpionin auch weiterhin Flirts mit anderen Männern vorbehält. Wer Gleiches da mit Gleichem vergilt, verliert die Schöne schnell. Schließlich ist Eifersucht der Schatten auf ihrer Nachtseele.

Wie sieht nun der ideale Mann einer Skorpion-Frau aus? Er sollte treu sein, aber kein Waschlappen – ein männlicher Typ also, der Leidenschaftlichkeit in der Liebe mit gleicher Münze zurückzahlen kann. Er sollte intelligent sein, damit sie zu ihm aufschauen kann, gleichzeitig aber auch ihr Knecht, der alles tut, was sie gern möchte.

Das ist eine Menge Holz. Und eigentlich gibt es solch einen idealen Mann gar nicht. Wer aus einer Vielzahl von Angeboten ausgewählt wurde, kann jedoch Glück haben, daß die Skorpionin so tut, als ob ... Und dann hat er ein Klasseweib erobert.

Sie ist eine rätselhafte Frau. Schon mancher Mann hoffte, hinter das Geheimnis ihres Lebens zu kommen – es gelang ihm nicht. In irgendeiner verschlossenen Schublade hebt die Skorpionin ihr ganz geheimes Tagebuch auf, in dem sie das Auf und das Ab ihres Lebens beschreibt. Man versuche nie, an dieses Büchlein zu gelangen – es wäre das Ende der Beziehung.

Natürlich muß auch die Skorpion-Frau im Mai ihres Lebens Erfahrungen machen. Dabei kommt es dann mal vor, daß sie ihre glutäugigen Blicke an einen Unwürdigen verschenkt, der einfach nicht lernen will, wie man sich zusammenrauft. Und manches Klatschweib wird in der Nachbarschaft von den vielen Liebesabenteuern des Skorpion-Mädchens flüstern.

Klatschtanten können ja nicht ahnen, wie es um die Seele einer so leidenschaftlichen Frau bestellt ist, die nur ihr Ideal aus einer Vielzahl von Angeboten finden möchte.

Ihr Sex verlangt potente Männer

Wer das Herz dieser Frau gewann, braucht nicht lange darauf zu warten, bei ihr ein- und auszugehen. Sie behandelt den Mann, den sie liebt, sowieso als ihren ureigensten Besitz. Aber erst im Bett lernt er die Leidenschaftliche richtig kennen.

Mag sie draußen im Gesellschaftsleben die Dame sein, die sich fein und possierlich gibt – bei dem Mann ihrer Wahl bricht das Triebhafte aus ihr heraus. Großer Anstrengungen, mit ihr im Liebesspiel voranzukommen, bedarf es nicht. Sie wird die Aktive sein, die oft sogar neue Spielarten erfindet, um dem Partner zu gefallen und selbst viele Höhepunkte zu erlangen. Da heißt es: Je länger, desto lieber! Und das geht natürlich an die Kräfte, weshalb nur potenten Männern geraten sei, sich eine Skorpionin zu angeln. Die Nacht ist lang und der Einfallsreichtum einer liebenden Skorpion-Frau unermeßlich.

Unersättlich und aktiv, ist die Skorpionin eine ideale Gespielin – aber sie verlangt auch einiges von ihrem Partner

Schon mancher Mann mußte vor ihren hohen Ansprüchen passen und suchte sich eine etwas weniger leidenschaftliche Freundin, sobald er aus dem Blickwinkel der Feurigen verschwand. Vereinzelt findet man auch in hinterwäldlerischen Klausen Eremiten, die darüber nachdenken, warum es am Ende mit der so herrlichen Skorpion-Frau schief lief.

Keine gibt dem Mann soviel wie sie, keine ist so anschmiegsam, so erfinderisch in Sachen Sex. Nach überlieferten astrologischen Erfahrungen sind ihre erogene Zone die Genitalien. Daraus mag sich ergeben, daß sie kaum viel von langen Vorspielen hält und die Zwischenspiele gern abkürzt.

Gertenschlanke Skorpion-Frauen halten viel von übermütigen Spielen, die nahezu turnerisches Können voraussetzen. Trotzdem wollen sie nie zu früh ihren Höhepunkt erreichen. Sie sind keine Hennen, die der Hahn bedient.

Summieren wir alle hier geschilderten guten Seiten einer Skorpion-Frau, dann überwiegt das Positive bei weitem das Negative – wenn überhaupt als negativ empfunden werden kann, was wir über den Schützling von Mars und Pluto geschrieben haben. Etwas Besseres kann man ja nicht finden, wenn man selbst ein ganzer Kerl ist.

Supermann für Superfrau gesucht

Glücklich wird die Skorpion-Frau mit Fisch und Krebs

Die Supermänner dieser Superfrau sind eigentlich in jedem Tierkreiszeichen zu finden. Aber es sind vor allem die einfühlsamen Typen aus dem *Krebs* und aus den *Fischen*, die mit ihr in beglückende Zweisamkeit wegtauchen können. Der Krebs-Mann braucht sie als Antriebsmotor für seine Karriere. Sie kommt mit ihm auch sexuell zurecht, läßt ihm sogar aus lauter Liebe die nötigen Atempausen, damit er sich regenerieren kann. Beim Fische-Mann lernt sie das Träumen. Und da sie nichts geschenkt haben will, stärkt sie ihm das Rückgrat.

Am *Jungfrau*-Mann liebt sie das verständige Taktieren und die Unterwerfung unter Unvermeidliches (womit sie wohl selbst gemeint ist). Dem Zurückhaltenden wird sie schon rechtzeitig eine Portion Pfeffer geben. Die bekommt auch der *Steinbock*-Mann, hinter dessen auf Pflichterfüllung ausgerichteter Lebensweise sie heiße Liebesstunden wittert.

Heilmittel für verwundete Zwillings-Seelen

Auch mit *Löwe*- und *Zwillinge*-Männern kommt sie hervorragend zurecht. Am Löwen liebt sie das Temperament und die liebevolle Art, es ihr recht zu machen. Beim Zwilling wäre sie am besten dessen dritte Frau, weil sie den zweimal Enttäuschten am ehesten aufmuntern kann.

Der *Schütze* wäre für diese so natürlich anmutige Frau sicher der Richtige. Nur müßte er seine Vorliebe, in fremden Revieren zu wilden, gleich nach dem Jawort aufgeben, um der Skorpionin keinen Grund zur Eifersucht zu geben.

Stier- und *Waage*-Typen lassen sich zwar gern auch mal unterbuttern, aber schnelle Erfolge liebt die Skorpion-Frau nun einmal nicht. Sie will auch immer etwas zu kämpfen haben. Beim Stier gelänge ihr das hin und wieder; bei dem stets auf Ausgleich und Frieden bedachten Waage-Typ aber weniger.

Nach dem Streit mit dem Widder: Vergnügen zu zweit

Besser kommt sie da schon mit einem *Widder* aus. Zwischen beiden reinigt öfter mal ein Krach die Luft, in der man nach der Versöhnung freier atmet.

Blieben *Wassermann* und Bruder *Skorpion*. Die haben zwar gleiche Sexgelüste wie die Skorpionin. Leider kann es zu Unstimmigkeiten kommen, wer in solchen Verhältnissen den Ton angibt. Da kann sie bei beiden auf Granit beißen.

Wann sie den Schlußstrich zieht

Wer von einer Skorpion-Frau loskommen will, braucht ihr nur Gründe für ihre krankhafte Eifersucht zu liefern, und sie wird den Schlußstrich ziehen. Sie mag keine treulosen Männer.

Wir möchten freilich nicht in der Haut des Mannes stecken, der sie betrog. Er wird seines Lebens auch nach der Scheidung nicht mehr froh: Die von ihm so enttäuschte Skorpionin wird ihn mit ihrem Haß verfolgen; denn sie kann nicht vergessen. Einziger Ausweg: Er wandert aus!

Die Pluspunkte des Skorpions

Skorpion-Menschen sind sehr willensstark. Sie sind gefühls- und triebbetont. Mit viel Ausdauer steuern sie ein Ziel an, wobei sie sich bei aller Energie, die in ihnen steckt, Zeit lassen. Ihr Ehrgeiz blüht im verborgenen, aber er kann Berge versetzen. Sie sind kritisch gegenüber ihrer Umwelt, sehen aber Irrtümer schnell ein.

Absolute Ehrlichkeit ist ihre Devise. Sie können Probleme instinktsicher orten und mit großem persönlichen Einsatz aus der Welt schaffen. Nicht um jeden Preis wollen sie nach oben. Die Ellenbogentaktik ist ihnen verhaßt.

Halbheiten sind nicht Sache des Skorpions; im Guten wie im Schlechten sind seine Eigenschaften ausgeprägt

Die Schwachstellen des Skorpions

Der Wille eines Skorpion-Geborenen wird oft durch zu stark wuchernde Triebe geschwächt. Wer diesen Menschen hintergeht, den wird er möglicherweise mit hinterhältigen Mitteln verfolgen und – wenn er ihn stellt – vernichten. Wenn der Skorpion haßt, ist er zu allem fähig.

Er hat selbst vor seinem Nächsten Geheimnisse. Das macht ihn undurchsichtig und schwer berechenbar. Seine Schaffensfreude ist beschränkt. Er handelt des öfteren nach dem Spruch: Wer die Arbeit kennt und danach rennt und sich nicht drückt, der ist verrückt.

Jupiter schenkt den Schützen viel Erfolg im Leben

In der Übergangszeit vom Herbst zum Winter ist der optimistische, schnell entschlossene Schütze anzutreffen

In der Zeit vom 23. November bis 21. Dezember steht die Sonne astrologisch im Tierkreiszeichen Schütze. Der Herbst klingt aus, der Winter zieht ins Land. Der Sturm, der die Blätter von den Bäumen fegte, hat sich gelegt. Das Jahr kommt in eine ruhige Phase, aber die Natur bleibt nicht untätig: Sie bereitet den Wandel vor.

Menschen, die in dieser Zeit geboren werden, sind äußerlich ruhig, im Innern jedoch sehr oft zwiespältig. Sie lieben ihre Unabhängigkeit über alles und gelten als unverbesserliche Optimisten. Sie wollen gerecht sein, aber da sie Freunde von sehr schnellen Entschlüssen sind, können sie anderen gegenüber häufig ungerecht erscheinen. Unrecht sehen sie zum Glück bald ein und versuchen dann, alles wiedergutzumachen.

Planetenbeherrscher Jupiter schenkt den Schützen viel Erfolg im Leben. Und sie streben nach oben. In untergeordneten Stellungen fühlen sie sich nicht wohl. Ihr Instinkt weist ihnen den richtigen Weg. Zeitweise scheinen sie das Glück gepachtet zu haben, Rückschläge im Leben werfen sie nicht um.

Hart kämpfen die Jupiter-Schützlinge gegen schlechte Einflüsse im Leben an. Stets sind sie auf der Jagd nach immer noch größeren Erfolgen. Das bringt ihnen mit der Zeit einen großen Nervenverschleiß. Und tatsächlich ist ihr Nervensystem des öfteren in schlechtem Zustand. Auch die Leber macht bei einigen aus diesem Zeichen manche Ungelegenheit. Alkoholische Getränke sollten sie daher nur mäßig genießen.

Mit Ironie und flotten Sprüchen tarnt der Schütze seinen Idealismus

Zinn ist das Glücksmetall dieses Zeichens. Der meergrüne Türkis gilt als der Talismann der Jupiter-Schützlinge, aber auch der Granat und der dunkle Saphir sind ihre Glückssteine.

Der Schütze-Geborene ist immer Idealist, auch wenn er seine hohen Ideale meist hinter Sarkasmus und flotter Rede versteckt. Er hat viele Freunde, die seine leichte Lebensart schätzen. Argwohn kennt er nicht. Nur zu oft plaudert er vieles im kleinen Kreis aus, was ihm hinterher zu schaffen macht: Es war die zu große Vertrauensseligkeit, die manchen Schützen ins schiefe Licht rückte.

Unterordnen können sie sich nicht

Schütze-Menschen sind sehr impulsiv. Sie reagieren überschnell und überhart. Und sie sagen manches schärfer, als sie es eigentlich meinen. Wenn ihre Mitmenschen danach sauer sind, schütteln sie die Köpfe und sind bestürzt.

Im Berufsleben können sich Schütze-Menschen nicht gut unterordnen. Obrigkeitsdenken ist ihnen zuwider. Sie wollen auch in abhängiger Stellung frei und unabhängig entscheiden können, was richtig und was falsch ist. Sie brauchen keinen Vormund, der sagt, was sie zu tun und zu lassen haben.

Hart gegen sich selbst und gegen andere

Nur darum wechseln Schützen ihre Stellungen mehr als andere und manchmal gar den Beruf. Sie arbeiten hart an sich und verlangen gleiche Härte von den anderen, die ihre Ellenbogen spüren. Wenn das nichts hilft, vertrauen sie auf ihr Glück, das sie nie ganz im Stich läßt. Dafür sorgt schon Jupiter, ihr Glücksplanet.

Der Schütze-Mann ist immer ein angenehmer Kollege. Er schätzt Freundschaften am Arbeitsplatz, solange sie seinem eigenen Weiterkommen nicht im Wege stehen. Chefs sollten ihn öfter mal vor versammelter Mannschaft loben. Das verdreifacht seine Arbeitslust. Der Schütze gilt dann als Vorbild für alle.

Viele Schützen arbeiten sich in relativ kurzer Zeit zum Chef hoch. Sie haben immer das Wohl der Firma im Auge – wenn recht viel dabei für sie abfällt, um so besser. Aber sie honorieren gute Leistungen ihrer Mitarbeiter ebenso großzügig. Nur verwirren sie manchmal ihre Untergebenen durch allzu sarkastische Bemerkungen und vorschnelles Urteil. Takt ist erst im nachhinein die starke Seite eines Schütze-Mannes.

In Industrie und Wirtschaft finden sich viele leitende Angestellte aus dem Schütze-Zeichen. Sie können repräsentieren und wissen mit den Leuten umzugehen. Ihre Sachkenntnis wird geschätzt. Schütze-Menschen findet man in Behörden und Ämtern, als Richter und Theologen, auch als Politiker.

In welcher Branche auch immer – der Schütze strebt aufwärts

Da sie gern reisen und auch das Abenteuer suchen, locken sie die Seefahrt und der Entwicklungsdienst. Als kaufmännischer Angestellter, als Handwerker oder einfacher Arbeiter belegen sie Kurse in Volkshochschulen oder versuchen, sich sonst weiterzubilden; denn so ganz unten will – wie gesagt – kein Schütze bleiben. Sie jagen dem Erfolg nach; und haben sie erreicht, was sie wollten, ist den meisten unter ihnen auch das noch nicht genug.

Die Schützin fürchtet keine Konkurrenz

Die Schütze-Frau ist vielseitig begabt. Sie neigt zu allem Schönen auf der Welt und weiß auch sehr wohl auf eigenen Füßen zu stehen. Chefs lieben die beherzte Art, mit der diese Frau heiße Probleme anpackt und löst.

Männliche Konkurrenz fürchtet die Schützin nicht. Sie ist emanzipiert. Und wenn ein Kollege es besonders schlau anstellen will, sie aus dem Wege zu räumen, wird sie schon eine weibliche List finden, um dem Burschen Paroli zu bieten.

Viele Lehrerinnen und Jugenderzieherinnen wurden in diesem Zeichen geboren. Als Sozialarbeiterinnen und im medizinischen Bereich tun sie oft mehr als ihre Pflicht. In allen Berufen, in denen sie zum Publikum Kontakt halten können, sieht man sie gern. Und wie ihre Sternenbrüder zieht es sie hinaus in die weite Welt.

Eine Superchefin ist die Schütze-Frau

Dem Weg nach oben sind auch für die Schütze-Frau kaum Schranken gesetzt. Mit ihr als Chefin kommt Schwung in den müdesten Laden. Ihr gutes Urteilsvermögen und ihr Instinkt,

Zukünftiges weit vorauszusehen, hilft jeder Firma über mögliche Verluste hinweg.

Frauen wie Männer aus dem von Erfolgsplanet Jupiter beherrschten Zeichen haben den Drang nach absoluter Unabhängigkeit. Sie sind vielseitig interessiert und können ihre Meinung in gut gesetzter Rede wirkungsvoll vertreten. Nur mangelt es ihnen manchmal am Konzentrationsvermögen. Nur zu leicht lassen sie sich ablenken: der Schütze-Mann von einer schicken Frau, die Schütze-Frau von einem Adonis, der an ihrem Arbeitsplatz turtelt.

Der Schütze bleibt gern frei

Beim Schütze-Mann ist's in der Liebe wie im Beruf: Er begibt sich nicht gern in Abhängigkeit. Und darum schreckt er vor festen Bindungen eher zurück. In keinem anderen Tierkreiszeichen gibt es daher mehr Junggesellen als in diesem. Spötter meinen, die Schützen blieben es selbst dann noch, wenn sie bereits einen Trauring verschämt in der Westentasche bei sich tragen würden.

Seine Freiheit ist dem Schützen teuer, darum zögert er lange, sich in feste Hände zu begeben

Schütze-Männer sind Doppelnaturen. Sie glauben, am besten zweigleisig zu fahren. Diese unverbesserlichen Optimisten setzen auch in der Liebe auf Erfolg und haben das Glück des Tüchtigen. Kommen sie auf dem einen Gleis nicht so recht voran, steigen sie aufs andere um. Ein Ziel erreichen sie immer.

Ein Schütze-Mann, der nicht zwei Eisen im Feuer hat, fand entweder – was relativ selten ist – gleich die Frau, die ihm das zweite „Eisen“ ersetzt, oder er hat einen hemmenden Aszendenten.

Frühehen werden unterm Schützen weniger eingegangen, es sei denn, man müsse eine Kavalierspflicht erfüllen oder könne in betuchte Kreise einheiraten, die der Karriere förderlich sind. Der Schütze ist nicht berechnend, aber er weiß, daß Geld, wenn man es hat, die Nerven beruhigt. Und die sind bekanntlich in diesem Zeichen eine Schwachstelle.

Als Jupiters Schützling ist der Schütze stets auf Abenteuer aus. Er reist wie der altgriechische Göttervater gern in ferne Länder und schaut sich auch dort nach feschen Mädchen um. Matrosen aus dem Schütze-Zeichen haben in jedem Hafen eine Braut, und der sind sie treu, bis ihr Schiff den Anker lüftet.

Dem Rätsel Weib auf der Spur

Man nehme dem Schützen sein großes Herz nicht übel. Es ist nur Entdeckergeist, der ihn zwingt, dem ewigen Rätsel Weib auf die Spur zu kommen. Man möge ihm auch keinen Vorwurf daraus machen, daß er die Zweisamkeit schätzt, aber die Abwechslung liebt. Wer kann schon gegen seine Natur?

Viele Freundinnen verloren ihren Schützen nur, weil sie ihn nach dem Stand ihrer Beziehungen fragten. Er kann da sehr ironisch werden, möglicherweise sogar taktlos. Solche schwerwiegenden Fragen sprechen kluge Frauen bei ihm nicht an. Er hat eine Antenne für gescheite Damen.

Die Verlockungen der Frauen machen den Schütze-Mann schwach

Nun ist beileibe nicht jeder Schütze ein Schürzenjäger. Und er ist auch nicht der Casanova, für den man ihn im allgemeinen hält. Für ihn ist die Eroberung des Objekts oft wichtiger als das Schleifen der Festung. Und außerdem gibt's zu viele Frauen, die darauf warten, ihn zu verführen.

Die Frau, die einen Schützen ins Auge gefaßt hat, sollte also an die Schlange denken, die bei ihm ansteht. Sie sollte sich schick anziehen und ihm tiefe Einblicke verschaffen, gleichzeitig so tun, als ob sie nicht auf ein Erlebnis mit ihm aus sei.

Eine witzige und schlagfertige Frau schindet bei ihm gleich Eindruck. Aber sie sollte sich keine falschen Hoffnungen machen: Er ist nicht der stürmische Liebhaber, auf den sie gefaßt war, sondern ein ganz normaler Mann.

Lange kann der Schütze seiner Angebeteten den Hof machen, bevor es – wenn überhaupt – zum Happy-End kommt

Ein bißchen Sex zum Abgewöhnen

Schütze-Männer sind nicht die Sexkanonen, für die man sie im allgemeinen hält. Eher sind sie Romantiker, die in der Liebe schwelgen möchten. Mit anderen Worten: Dem Schützen ist ein ausgiebiges Vorspiel wichtiger als der kurze Schlußakt, nach dem man eine Zeitlang sowieso nicht mehr weiterkann. Zitat eines Jupiter-Schützlings, der es wissen muß: „Das bißchen Sex brauche ich zum Abgewöhnen!"

Der Schütze ist also nicht der stürmische Liebhaber, sondern ein Mann, der eher am erotischen Geplänkel Spaß hat, bei dem er sich eine ganze Weile einstimmen kann. Frauen, denen er zu langsam den eigenen Höhepunkt ansteuert, legen ihm während der lustvollen Einstimmungszeit die Hände auf den Oberschenkel. Dort nämlich, nahe den Genitalien, ist seine erogene Zone. Wenn er dann endlich soweit ist, geht alles meist kurz und schmerzlos über die Bühne. Und hinterher tut er so, als sei nichts gewesen.

Trotzdem: Langweilig wird's beim Schützen nie werden. Dazu ist er zu gescheit und im Grunde genommen auch zu sexbereit. Frauen, die es mehrmals mit ihm versuchen, werden sich mit der Zeit an seine Hinhaltetaktik gewöhnen, das romantische Vorgeplänkel mitmachen und sogar Freude daran finden.

Seine Potenz macht es ihm freilich auch möglich, verschiedene Verhältnisse gleichzeitig zu pflegen und sie geheimzuhalten. Frauen, denen das nicht paßt, sollten sich trösten: Vielleicht wollte der Seitenspringer nur Erfahrungen für die traute Zweisamkeit mit ihnen sammeln...

Das Treusein kommt nach der Hochzeit

In der Ehefrau eines Schützen sind die guten Anlagen seiner Exfreundinnen zum Quadrat erhoben

Es gibt trotz allem, was bisher hier geschrieben stand, viele treue Schütze-Männer. Schauen Sie sich deren Ehefrauen an und Sie wissen Bescheid: Es sind Prachtexemplare, die jeder Mann mit Kußhand nehmen würde, wenn ihnen der Schütze abhanden kommt. Ihr Wesen strahlt Herzlichkeit und natürliche Anmut aus.

Bevorzugt könnte es eine *Widder*-Frau mit dem Schützen versuchen. Sie gönnt ihm viel Auslauf (aber nur an ihrer Seite!) und kann ihm auch sexuell jede weitere Frau ersetzen.

Bei der *Löwe*-Dame wagt er schon darum keinen Seitensprung, weil die Sonnentochter gern Gleiches mit Gleichem vergilt, oder er läßt sich von ihr nicht erwischen.

Lustig wird's im Verhältnis mit einer *Waage*- oder *Stier*-Frau. Die beiden Venustöchter sind zu jedem lustvollen Spiel bereit. Sie streben absolute Spitzenpositionen im Liebesleben an. Falls er die Absicht hat, sich bei einer von beiden zu verkrümeln, gelingt ihm das eher bei der Waage- als bei der Stier-Frau.

Auch die *Skorpion*-Frau beobachtet die Konkurrenz stets mit wachen Augen und legt gern ein paar Nachtschichten mehr ein, wenn sie den Schützen dadurch von ihrer sexuellen Einsatzbereitschaft überzeugen kann. Sie ist sehr eifersüchtig, aber mit ihr wird es nie langweilig.

Eine Interessengemeinschaft gründet der Schütze mit einer *Wassermann*-Frau, die ihn an langem Zügel hält. Selbst wenn ihn die Lust packen sollte, einmal auswärts zu wildern, wird er – falls sie dann noch mag – immer wieder zu ihr zurückkehren.

Leichter hat es der Schütze wohl bei einer *Fische*-Frau. Sie könnte ihn aber mit „ihrem verdammten Seelenkram" (Zitat eines Schützen) nerven. Besser ließe er sich zum Psychologen umschulen und machte wie sie auf viel Gefühl.

Mit der *Zwillinge*-Frau hätte er gleich einen ganzen Harem bei der Hand, was seinem Wunsch nach Abwechslung entgegenkäme. Sie ist klug beraten, wenn sie ihn täglich in ein anderes Schmuseeckchen ihres erotischen Serails locken würde.

Die kühle Schönheit der *Jungfrau*- und *Steinbock*-Geborenen reizt den Romanhelden zu kühnen Taten. Es besteht nur die Gefahr, daß ihm die Lektüre seines eigenen Lebens mit der Zeit ein wenig zu fad wird.

Es erfordert viel weibliche Klugheit, den Schütze-Mann vor »Abwegen« zu bewahren

Die *Krebs*-Frau ist ihm manchmal zu zart besaitet; denn ein Mann wie er greift gern voll in die Harfe. Und Liebesgestöhn zieht er vielleicht auch zärtlichem Liebesgeflüster vor.

Schließlich ist ihm die *Schützin* doch zu ähnlich. Aber unter diesen Sternengeschwistern arrangiert man sich gern und bleibt selbst in einer festen Bindung noch weiter Junggeselle.

Scheiden läßt er sich ungern

Es bedarf keiner großen Anstrengung, ein brüchiges Verhältnis mit dem Schützen zu lösen, zumal er fest daran glaubt, daß für ihn an der nächsten Ecke schon eine andere wartet.

Scheiden läßt er sich ungern. Zum einen könnte das seinem Image schaden, zum anderen ist er als Familienvater sehr verantwortungsbewußt. Wer trotz allem von ihm los will, muß mit Leuten verkehren, die er nicht mag, seine Leistungsfähigkeit bezweifeln und sich einen Nachschlüssel zu seinem Schreibtisch besorgen, in dem er seine Heimlichkeiten aufbewahrt.

Liebesspiele mit der Schützin

Leben, Liebe, Männer – für die Schützin ist's ein Spiel

Die Schütze-Frau nimmt das Leben leicht und die Männer nicht allzu ernst. Sie ist selbstbewußt und heiter – eine schicke Person, die sich gern nach der neuesten Mode kleidet, aber auch im deftigen Wanderlook bezaubernd ausschaut.

Das Wandern ist ihr Hobby. Sie liebt die Natur. Doch sie weiß sich auch in der großen Gesellschaft zu bewegen. Sie geht beschwingt durchs Leben und stört sich nicht am Geschwätz der Klatschbasen, die von ihren Abenteuern flüstern.

Die gute Laune einer Schütze-Frau steckt an. Sie ist tolerant und freundlich. Ihr Charme läßt die Männer gleich reihenweise zu ihren Füßen knien. Solche Vorzüge lassen auch Schattenseiten erahnen: Sie ist zu offen. Wenn sie an jemandem etwas auszusetzen hat, muß es heraus, auch wenn es den anderen verletzt. Viele nennen das taktlos, und sie fühlt sich unverstanden.

Es gibt keine Frau, die so selbstsicher durchs Leben geht wie sie. Was die Schützin sagt, hat Hand und Fuß, wenn es nicht mißverstanden wird. Sie muß Betrieb um sich haben. Langeweile hemmt sie. Wenn es ihr zu bunt wird, geht sie allein auf Reisen und sucht das Abenteuer.

Schürzenjägern zahlt es die Schützin mit gleicher Münze heim

Viele Schütze-Mädchen probieren in der Liebe oft und wechseln viel. Sie vergeben sich dabei nichts: Es wär' so schön gewesen, es hat nicht sollen sein! Obwohl sie sich vor nichts fürchten, wissen sie doch die Welt voller Gefahren. Und voller Männer, die stets nur das Eine wollen und danach schnell verduften. Die Schützinnen zahlen es ihnen möglicherweise heim.

So bandelt man mit ihr an

Sie ist durchaus für die Liebe. Und es ist leicht, mit ihr anzubandeln. Man sollte ihr nur nicht gleich einen Antrag machen. Das verschreckt sie. Gut Ding will Weile haben. Und überdies könnte sie den Antrag falsch verstehen und ihn unter „versuchte Einschränkung der persönlichen Freiheit" ablegen.

Die Entscheidung zwischen einem stillen Fernsehabend im trauten Heim und einem Faschingsball fällt ihr ebenso leicht wie zwischen Ferien auf dem Lande und einer Reise in die Karibik. Sie hört meist lieber Barockmusik als einen Trauermarsch und bekommt bei dem Wort „Problemfilm" eine Gänsehaut.

»Drum prüfe, wer sich ewig bindet« – diesen Satz nimmt die Schützin ernst

Schütze-Frauen wollen mit sich und ihren Gefühlen ins reine kommen und erst dann entscheiden. Wie es das Pech so will, begegnet ihnen ausgerechnet in der Karenzzeit ein anderer, der ihnen besser gefällt. Und der um eine vage Hoffnung Betrogene bleibt trauernd allein zurück.

Die Schützin ist eine charmante Frau, die für ihr Leben gern lacht. Wer mit ihr Trübsal blasen will, hat die falsche Tonart erwischt. Sie glaubt keinem, der vor ihr niederkniet und heilige Schwüre von ewiger Liebe und Treue ablegt.

Am besten also läßt man den Eid und unterhält sich mit ihr. Aus der flotten Unterhaltung zieht sie ihre Schlüsse. Oder man

lade sie auf große Fahrt ein. Sie wird mitkommen und auftauen, wenn sie mit ihrem ständigen Begleiter am Strand unter Palmen einherwandelt. Sie hat etwas übrig für laue Nächte.

Mögen sie auch jene Männer, die sich bei der Schütze-Frau einen Korb holten, gefühlskalt schelten. Sie ist es nicht, sondern durchaus der großen, der alles vergessenden Liebe fähig. Es müßte nur der Richtige kommen, der sie so nimmt, wie sie ist: als frisches Menschenkind mit einem sehr eigenwilligen Charakter, den eigentlich niemand bändigen kann.

Beim Sex sucht sie Entspannung

Für Liebesspiele braucht die Schütze-Frau das Schlafzimmer nicht. Draußen in der Natur fühlt sie sich freier.

Sie hält sich eigentlich nie lange mit dem Vorspiel auf. Sie will Befriedigung haben und sich danach in die Arme des Geliebten kuscheln. Hauptsache bleibt letztlich das eigene Gefühl der Entspannung danach. Das ist auch ein Teil der Ehrlichkeit sich selbst gegenüber, wenn sie so und nicht anders reagiert.

Eine gelehrige Schülerin in Sachen Sex

Allzu ernst nimmt sie Sex und Liebe nicht. Gar manche Urlaubsbekanntschaft wiegte sich deshalb schon in falscher Hoffnung. Sie ist nicht sexbesessen, obwohl sie auf Lustspielereien nie ganz verzichten würde.

Allzu deftige Praktiken kann sie nicht ausstehen. Und sie hat auch ihre Launen: Mitten im schönsten Liebesspiel, wenn der Mann neben ihr bereits heiß auf totale Befriedigung seiner Wünsche ist, kann sie sich zurückziehen.

Nach alten astrologischen Erfahrungen sind Schenkel und Hüften ihre empfindsamsten Körperzonen. Wer dort seine Streichelkünste ansetzt und sie mit Küssen zu erregen sucht, hat fast gewonnen. Aber nur fast: Sie mag zwar solch erotische Spielarten, will aber auch rechtzeitig befriedigt sein.

Sie bekommt den Mann, den sie sich in den Kopf gesetzt hat

Wenn die Schütze-Frau etwas haben will, dann bekommt sie es auch – selbst den Mann ihrer besten Freundin, der ihr schöne Augen macht. Trotzdem ist sie kein leichtes Mädchen, das auf jeden Dahergelaufenen hereinfällt, sondern eine Frau mit Verstand, die recht wählerisch ihre Gunst verschenkt.

Wer es mit ihr wagen sollte

Es sind die Individualisten unter den Sterntypen, auf die eine Schütze-Frau am leichtesten fliegt. Da ist allen voran der *Löwe-*

Mann. Er ist genauso begeisterungsfähig wie sie und spürt in seiner einfühlsamen Art am ehesten, wann die Schützin für ein fröhliches Spiel zu zweit zu haben ist.

Ihr zweiter Favorit ist der *Widder*-Mann. Der hat wie sie viel Sinn für die freie Natur. Wie sie wandert er gern. Und sexuell ist er einer von der schnellen Truppe, was den Gelüsten einer Schützin ja ebenfalls sehr entgegenkommt.

Etwas unruhig dagegen mag es in der Verbindung mit dem Sternenbruder, dem *Schützen*, zugehen. Trotzdem verspricht sie wegen der beiderseits vorhandenen Toleranz Haltbarkeit.

Die Schützin bändigt gerne Löwen, aber auch Widder werden bei ihr handzahm, von anderen ganz zu Schweigen

Seelenverwandt ist die Schützin mit Typen aus der *Waage* und aus dem *Stier*. Sogar Liebe auf den ersten Blick ist da nicht auszuschließen. Leider tändelt bei den beiden Venusjüngern manches an der Oberfläche, trotzdem werden die beiden zumindest die sinnlichen Wünsche ihrer Schützin voll erfüllen.

Ein *Fische*-Mann hat Verständnis, wenn sie einmal aus einer festen Verbindung ausbrechen möchte, hat er doch zeitweilig ähnliche Gelüste. Er möchte dann mit seinen Gefühlen ins reine kommen, und sie gesteht ihm nach der Trennung ein, daß er ihr Bester ist.

Kameradschaftlich geht's in einem Verhältnis mit einem *Wassermann* oder einem *Zwilling* zu. Es ist nur die Frage, wer am Ende auf wen aufpassen muß. Der Wassermann wird sie am ehesten von einer freien Lebensart überzeugen und sich in ein besseres Licht rücken als der Zwilling, der an ihrer Seite zum Schmeichler wird, der immer ein paar Hintergedanken hat.

Leider ist der *Skorpion*-Mann zu wenig Individualist, um eine Schütze-Frau bändigen zu können (was außer ihm kaum jemandem sonst gelänge). Wenn sich der Stachelbewehrte als eifersüchtiger Platzhirsch aufspielt, flieht die flinke Schützin aus seinen Jagdgründen.

In Zeitlupe müßte sie ihr Leben und Lieben an der Seite eines *Krebs*-, *Jungfrau*- oder *Steinbock*-Mannes abspielen, sonst wird denen schwindelig. Abstürze sind da üblich, die der Schützin erotische Kletterpartien vermiesen könnten.

Warum die Scheidungsrate steigen kann

Es sind stets die unvernünftigen Männer, die die Scheidungsrate unterm Schützen ansteigen lassen, die kein Verständnis haben für eine emanzipierte Frau.

Wer also seine Schütze-Frau an der kurzen Leine hält und ihr ständig Vorschriften macht, was sie zu tun und zu lassen habe, der wird schon bald Bekanntschaft mit ihrem Anwalt machen können. Es ist also gar nicht so schwer, dieses lebenslustige Geschöpf loszuwerden, um hinterher möglicherweise festzustellen: Sie war doch die Beste.

Die Pluspunkte des Schützen

Unternehmungslust, Gewissenhaftigkeit, Toleranz: starke Schützen-Seiten

Ein Schütze-Mensch ist immer unternehmungslustig. Er handelt nach besonderen moralischen und rechtlichen Grundsätzen. Er hat stets große Pläne und zögert nicht, sie auch auszuführen.

In allen Lebenslagen verläßt ihn nie sein grenzenloser Optimismus. Er weiß, was er wert ist, und versucht, das auch in klingende Münze umzusetzen. Er arbeitet gewissenhaft, weshalb er im Beruf manchen überrundet.

Im zwischenmenschlichen Bereich ist er tolerant und verständnisvoll, erwartet das aber ebenso von seinen Freunden. Er ist ehrlich gegen sich selbst und andere.

Überall steht ihm ein wenig das Glück zur Seite. Er will nur vor sich selbst bestehen können, was die anderen über ihn sagen, ist ihm egal.

Die Schwachstellen des Schützen

Skrupellosigkeit, Sarkasmus und Oberflächlichkeit schätzt man weniger an den Schütze-Geborenen

Schütze-Menschen können sich nur schwer unterordnen. Sie gehen ohne Skrupel auf ein Ziel los und kümmern sich nicht darum, ob sie damit einen guten Freund vergrämen.

Im bedingungslosen Streben nach Erfolg und Wohlstand überschätzen sie manchmal sich und ihre eigenen Möglichkeiten. Sie können andere mit ihrem Sarkasmus verletzen und wirken dann für manchen arrogant und überheblich.

Schütze-Menschen schürfen nicht allzu tief. Sie bleiben immer etwas an der Oberfläche und pendeln manchmal von Meinung zu Gegenmeinung. Sie nutzen andere Leute gern aus, um ihnen dann plötzlich aus fadenscheinigem Grund die Freundschaft aufzukündigen.

In der Liebe sind sie nicht allzu entschlußfreudig. Oft bleiben sie aus purem Egoismus Junggesellen.

Der Steinbock strebt meist steil nach oben!

Am 22. Dezember erreicht die Sonne ihren südlichsten Stand, tritt in das Tierkreiszeichen Steinbock (22. Dezember bis 20. Januar) und wendet sich nun wieder nach Norden. Der Winter beherrscht in unseren Breiten die Natur, aber die Sonne steigt höher und höher am Firmament und kündet schon von ihrer siegbringenden Kraft.

Langsam, aber stetig erreicht der zielstrebige Steinbock alles, was er sich vornimmt

Die Menschen, die in dieser Wendezeit geboren werden, passen sich dem Aufwärtstrend an. Kein anderer im Tierkreis ist so von seinem Willen durchdrungen, vorwärtszukommen, wie der Steinbock-Mensch. Er gleicht seinem Wappentier, das in der eisigen Bergwelt zu Hause ist – ein gewaltiger Kletterer, der trotz Schnee und Eis immer noch irgendwo sein Futter findet: Auch er strebt meist steil nach oben!

Der Aufstieg im Leben ist dem Steinbock-Menschen sicher, aber er muß ihn sich mit vielen Entbehrungen und gewaltigen Kraftanstrengungen erkämpfen. Während andere in Wolkenkuckucksheim schweben, hält er sich an Realitäten. Er arbeitet viel und versucht, stets seine Pflicht zu erfüllen.

Seiner unbändigen Energie traut man kaum ein empfindsames Gemütsleben zu

Der Steinbock-Mensch träumt nicht nur von festen Werten, sondern er schafft sie sich auch über Aktien und Sparkassenbriefe. Ein reales Ziel verfolgt er ausdauernd und mit jener Energie, die Berge versetzen kann.

Sein Planetenbeherrscher ist der Saturn, der seinen Schützlingen nach alten astrologischen Forschungen manche Bewährungsprobe auferlegt, sie aber auch zeitweise Depressionen aussetzt. Er hilft ihnen ebenso, Erfolge mit viel Beharrlichkeit und Gründlichkeit abzusichern.

Steinbock-Menschen sind gesundheitlich sehr widerstandsfähig. Nur von Zeit zu Zeit sind sie anfällig für Rheuma und Erkältungskrankheiten. Ihr Knochensystem ist nicht allzu stabil. Ihr rastloses Wesen sorgt oft für manchen Schwächezustand, der mehr und mehr ihre Psyche belasten könnte. Doch sie rappeln sich immer wieder hoch.

Das weiche, glänzende und leicht abfärbende Blei gilt als Glücksmetall des Steinbock-Geborenen. Seine Glückssteine sind der apfelgrüne Chrysopras und der schwarze Onyx, der schon bei den Griechen dem Saturn zugeschrieben wurde.

Sachlich und nüchtern gehen die Steinbock-Menschen ans Werk. Das läßt sie mögliche Rückschläge leichter überwinden. Ihre Gründlichkeit stempelt sie nicht unbedingt zu den schnellsten Arbeitern. Und diese mangelnde Beweglichkeit ist wohl der Grund dafür, daß sie selbst dann noch mit Vehemenz die eigene Meinung verfechten, wenn diese möglicherweise bereits überholt ist.

Beim Steinbock geht's nur langsam voran, weil er es sich oft selbst zu schwer macht. Niemand jedoch kann sich seinem Aufstieg entgegenstemmen. Hartnäckig verfolgt er sein Ziel und setzt sich nach Mühen und Plagen endlich durch.

Ein Steinbock meidet die Klippen

Zweifellos ist der Steinbock-Mensch ehrgeiziger als die Leute aus anderen Tierkreiszeichen. Er arbeitet sicher mehr als sie, wenn auch etwas umständlicher. Sein Blick ist nach vorn und damit nach oben gerichtet, aus der Vergangenheit zieht er seine Lehren. Wie sein Wappentier ist er vorsichtig, setzt Schritt vor Schritt und meidet die Klippen, an denen er abstürzen könnte. So klimmt er allmählich nach oben.

Nur wenige unter den Saturn-Schützlingen wollen gleich ganz oben anfangen. Das sind dann die unbeliebten, die ihre Ellenbogen kräftig einsetzen, die Außenseiter, die niemanden sonst zum Freund haben als ihr eigenes kaltes Ich. Nur gut, daß dieser Menschentyp unterm Steinbock eine verschwindende Minderheit ist.

Leider zählt die Mehrheit der Steinböcke zu den Eigenbrötlern, die sich am wohlsten in einer kleinen Crew fühlen oder in einem Einzelzimmer, in dem sie allein „wursteln" können.

Praktisch und handfest, ist der Steinbock der »reinen Theorie« eher abgeneigt

Als Praktiker gilt für sie das Theoretische höchstens als Mittel zum Zweck. Deshalb werden sie in allen Berufen, die eine gewisse Fingerfertigkeit voraussetzen, am besten vorankommen. Auch als Kaufleute sind sie gefragt, zumal sie für Finanzen ein ausgeprägtes Gespür haben. Als durchsetzungskräftige Politiker loben sie sogar manchmal ihre Gegner. Als Manager sichern sie das Vermögen eines Unternehmens nach allen Seiten ab und sorgen für einen stets steigenden Absatz.

Der Steinbock ist ein Arbeitstier

Steinbock-Männer wollen sich nicht immer in den unteren Etagen des Arbeitslebens aufhalten. Sie drängen langsam, aber stetig zur Macht. Solch ein Typ wird willig die Arbeit eines Kollegen übernehmen: Man soll sehen, daß er ein Arbeitstier ist!

Bei entsprechendem Aszendenten geht der Steinbock auch mal krumme Wege

Wenn die Chefs es nicht schon selber merken, wird er zu gegebener Zeit auf die Nachlässigkeit dessen hinweisen, den er von Zeit zu Zeit vertreten hat.

Der Beruf nimmt den Steinbock-Mann so in Anspruch, daß er darüber sogar sein Privatleben vergessen kann. Erst in späteren Jahren bequemt er sich zu der Erkenntnis, daß man arbeitet, um zu leben und nicht umgekehrt.

Und das ist auch bei der Steinbock-Frau der Fall. Sie findet sich im Beruf gut zurecht, der für sie ein Statussymbol ist, das man selbst noch in der Ehe hochhält. Sie wird von vielen Chefs als vorbildliche Mitarbeiterin geschildert, der nichts zuviel ist.

Geld und Rang erfreuen auch die Steinbock-Frau

Ihr Pflichtgefühl und ihr Leistungswille sind durch nichts zu überbieten. Obwohl sie recht eigenwillig ist und selbst den Arbeitsablauf bestimmen will, wird die Steinbock-Frau in jedem Betrieb ihren Weg machen. Sie braucht allerdings ab und zu Verschnaufpausen, sonst wird sie krank.

Als rechte Hand des Chefs fühlt sie sich ebenso unentbehrlich wie als Vorsteherin eines Heims für alleinerziehende Mütter. Sie hat die praktische Veranlagung wie der Steinbock-Mann und kann selbst in den sogenannten „männlichen" Berufen viel leisten.

Steinbock-Menschen, ob Mann oder Frau, sind für ihre Firma immer da. Wenn sie nicht durch einen etwas bequemeren Aszendenten gehemmt werden, ist ihnen keine Überstunde zuviel. Zur rechten Zeit wollen sie dafür kassieren oder über die anderen gestellt werden.

Disziplin geht Steinbock-Chefs über alles

Als Chefs sind sie nicht immer die beliebtesten. Sie arbeiten im gleichen Stil weiter, den sie schon als Untergebener gepflegt haben. Von ihren Mitarbeitern erwarten sie oft zuviel. Bei ihnen muß schließlich alles wie am Schnürchen laufen.

Steinbock-Männer und die Liebe

Es ist das Mißtrauen gegen jedermann, das dem Steinbock-Mann auch im Privatleben manches verbaut. Und dieses Mißtrauen wird noch wachsen, wenn trübe Erfahrungen gemacht werden. Bei solcher Charakteranlage fällt es vielen Steinbock-Männern natürlich schwer, die Partnerin fürs Leben zu finden. Man prüft zu lange, ob die Frau, um die man wirbt, auch den Steinbock wert ist ...

Bei diesem Saturn-Schützling ist's wie bei einem jungen Wein: Je älter er wird, desto besser ist er. In der Jugend quirlt die Lebensfreude nur zeitweise über, weil dem echten Steinbock-Mann kaum Zeit für private Gefühle bleibt. Wie das alpine Klettertier bemüht er sich ja um den Aufstieg.

Lange Zeit spielt beim Steinbock-Mann der Beruf die erste Geige

Leider dauert es eine Weile, bis er oben angelangt ist. Da ist es doch nur zu verständlich, wenn bei ihm wegen der mühseligen Klettertour die Liebe zunächst ein wenig zu kurz kommt. Schließlich glaubt er, daß die Götter vor das Vergnügen den Schweiß gesetzt haben. Und danach handelt er.

Nur wenige aus diesem vom Saturn überschatteten Zeichen entschließen sich schnell. Oft werden sie dann glücklicher als ihre Sternenbrüder, die hinter jeder Hübschen eine Falle wittern. Dabei haben die Steinböcke durchaus ihre Chancen beim weiblichen Geschlecht, weil manche Damen die Schüchternen oft mehr mögen als die allzu Forschen.

Zum Glück bleibt ein Steinbock-Mann nie gern allein. Und nur darum kann er sich auch für eine frühe Heirat entscheiden. Da heiratet der eine seine Jugendgespielin, weil ihm keine Zeit blieb, auch auf andere zu schauen. Einen Zweiten erjagte sich eine Schöne, die ihm die karge Freizeit vertrieb und nebenbei tätige Mithilfe beim Gipfelsturm versprach. Ein Dritter nahm die erste beste, um wegen der sowieso mangelnden Zeit nicht weitersuchen zu müssen.

Auch in den zwischenmenschlichen Beziehungen sind die meisten Steinbock-Männer eben kühle Realisten, was manche Frau derart ernüchtert, daß sie vor dem schon geplanten Jawort schleunigst das Weite sucht.

Schließlich und endlich landet auch der Steinbock bei der Richtigen

Glaubt der Steinbock-Mann, endlich die Richtige gefunden zu haben, wird er sie mit männlichem Charme (oder was er dafür hält) umwerben. Der wird von manchen Steinbock-Typen aber so unterkühlt dargeboten, daß die Umworbene fürchten muß, sich Erfrierungen ersten Grades zuzuziehen, wenn sie ihn erhört. Scherz beiseite: Auch diese vom Saturn beherrschten Männer haben den Dreh raus, wie man Frauen rumkriegt. Schließlich haben sie etwas zu bieten.

So „schießt" man sich einen Steinbock

Die einfachste Art, sich einen Steinbock zu „schießen": Man legt sich am Arbeitsplatz auf die Lauer. Er braucht bei allem beruflichen Ehrgeiz Atempausen, in denen er gesprächsbereit ist.

Man gehe mit ihm essen und schimpfe mit ihm über den Kantinenfraß. Er wird die Ohren spitzen und die Gesprächspartnerin für eine gute Köchin halten.

Den zweiten wird sie ergattern, wenn sie mit ihm erstmals ausgeht und sich ein bescheidenes Menü bestellt, weil sie auf die Preise schaut. Wenn sie sich dann nicht geniert und ihn zu sich zum Kaffeetrinken einlädt, ist der dritte Punkt fällig.

Der Steinbock-Mann mag unkomplizierte Frauen, die sich nicht genieren, zumal er sowieso der antiquierten Männeransicht ist, jede Frau sei zu haben, wenn man sie nur ein bißchen drängt. Man lernt ihn auch in Fortbildungsseminaren und in Bibliotheken kennen, in denen er sein Wissen aufpoliert, um damit später zu glänzen. In zwanglosem Gespräch über fachliche Fragen kommt man ihm näher und kann auch dort Pluspunkte sammeln.

Sex ohne Prüderie

Für den Steinbock-Mann ist Sex die selbstverständlichste Sache der Welt. Was braucht man da prüde zu sein? Er ist ein durchaus leidenschaftlicher Liebhaber, aber in Sexpraktiken nicht sehr erfinderisch.

Trotz ständiger Zeitknappheit mag er nicht die schnelle Tour. Er weiß genau, daß ein in die Länge gezogenes Vorspiel seine etwas unterkühlten Gefühle aufheizen kann. Und er braucht die rechte Einstimmung, um zum Ziele zu gelangen. Dazu gehört kein greller Scheinwerfer, der bühnenreif den Akt beleuchtet und auch keine heiße Musik, die den Rhythmus bestimmt. Für ihn ist die Schmusezeit das Zauberwort.

Liebt die Unschuld wie die Erfahrung bei Frauen

Sanftes sinnliches Einpendeln erhöht seine Ausdauer, die schließlich jeder Frau den Höhepunkt garantiert. Das mag ein paar Stunden Schlaf kosten, aber man ist am anderen Morgen zufrieden mit sich selbst und kann fröhlich an die Arbeit gehen.

Der sexbetonte Steinbock-Mann will seine Lust befriedigt sehen. Frauen, die sich zu lange zieren oder sich ihm gar verwehren, haben dazu bei ihm nur einmal die Möglichkeit. Aber er hat Verständnis dafür, wenn die Partnerin einen triftigen Grund hat, seine erotischen Wünsche mal nicht zu erfüllen.

Er schätzt es besonders, wenn ihm seine Gespielin, gleichsam als Vorspiel auf nahe Wonnen, hautnah auf den Pelz rückt, seinen Rücken streichelt und sich mit den Fingern sanft an den Wirbeln hinuntertastet. Sie kann ihn auch von hinten unter den bei Steinböcken empfindsamen Achselhöhlen hindurch mit den Armen umschlingen und ihn ihre Brüste spüren lassen.

Selbst Sex ist für den Steinbock noch karriere-fördernd

Solche genußreichen Lustspiele erotisieren ihn nicht nur, sondern kurbeln anderntags auch seinen Arbeitseifer an und fördern dementsprechend seine Karriere. Das mögen Frauen bedenken, die nicht mit gleicher Leidenschaft bei der intimen Sache sind wie er.

Frauen, die sich um die Gunst eines Steinbock-Geborenen bewerben, müssen damit rechnen, daß er – ähnlich wie der Skorpion-Mann – die ihm gesetzlich Angetraute als seinen ureigensten Besitz vereinnahmt. Er ist für die Gleichberechtigung, bei der er das Sagen hat. Im Gegensatz zum Skorpion kennt er jedoch keine Eifersucht. Er braucht die verständnisvolle Lebensgefährtin, die ihn umsorgt, die ihn umpflegt und ihm zu Willen ist, wann immer er es wünscht.

Mit diesem Mann kann man leben

Der Steinbock-Mann ist ein treuer Bursche, der seine Pflicht erfüllt. Mit diesem Menschen kann man leben. Gefährlich wird's bei ihm erst, wenn er es zu etwas gebracht hat. Die Midlife-Crisis geht an keinem Steinbock spurlos vorüber. Kluge Frauen lassen ihm dann vor lauter Liebe und übersprudelnden Ideen einfach keine Zeit für krumme Gedanken.

Die gleiche Geldwellenlänge haben Stier-, Jungfrau- und Steinbock-Frauen

Stier-, *Jungfrau-* und *Steinbock-*Geborene basteln zuerst an seiner Karriere mit, und werden danach als fleißige Heimwerkerinnen den erotischen Innenausbau nachholen. Wenn er es endlich geschafft hat, holt er mit diesen auch im Materiellen übereinstimmenden Typen gern noch nach der Silbernen Hochzeit seine Flitterwochen nach.

Für die etwas dünne Haut der *Krebs-* und *Fische-*Damen hat der Steinbock eigentlich ein zu dickes Fell. Überdies hat er in den ersten Jahren einer innigen Beziehung mit einer von den beiden zu wenig Zeit, seine Gefühle mit denen der Partnerin in Übereinstimmung zu bringen. Er kann den Gefühlvollen aber jene Sicherheit geben, die sie brauchen, um keine Existenzangst aufkommen zu lassen. Hier wird er wohl schon nach dem vierzigsten Lebensjahr einiges freudvoll nachholen können, wenn sie ihm vorher nicht schon weggelaufen sind.

Die Skorpionin lehrt ihn sexuelle Pflichterfüllung

Die *Skorpion-*Frau ist gar nicht mehr so damenhaft, wenn er auf seinen Herrenrechten herumreitet, anstatt sich um das gemeinsame Steckenpferd im Schlafzimmer zu kümmern. Und sie wird ihm beibringen, daß sexuelle Pflichten nicht nur zweimal in der Woche zu erfüllen sind.

Auch bei der *Löwe-* oder bei der nicht minder stolzen *Widder-*Frau muß er mit seinen Klamotten die patriarchalischen Allüren ablegen, wenn sie ihn im Adamskostüm anziehend finden sollen. Da sie aber seinen guten Ruf in der Öffentlichkeit mehren, wird er sich fügen.

Für den Steinbock zu verschwenderisch: Zwillinge und Waagen

Bei der *Wassermann-* und der *Schütze-*Frau geht ihm auf den Wecker, daß sie ihre Uhren nicht auf ihn einstellen, sondern ihre Freizeit so gestalten, wie es in ihnen paßt.

Und bei *Zwillinge-* und *Waage-*Frauen genießt er zwar, daß sie sehr viel Energie für erotische Lustbarkeiten verschwenden, leider jedoch mit den finanziellen Mitteln genauso freizügig sind wie mit ihren Reizen. Und dieser Preis für seine Teuerste ist dem Steinbock-Mann denn doch etwas zu hoch.

Was ihm auf die Nerven geht

Geht sie allzusehr nach der neuesten Mode, geht das ins Geld und ihm an die Nerven. Der Steinbock-Mann sieht seine Partnerin gern unter einem Heiligenschein. Die so Verehrte sollte sich nicht erlauben, deftige Zoten zu reißen und ihn in aller Öffentlichkeit einen Nichtsnutz schimpfen, der selbst im Bett nichts tauge. Lebte er nur in einem Verhältnis auf Probe, würde er schon da auf Nimmerwiedersehen verschwinden.

Die Ehefrau kann ihn noch tiefer treffen, wenn sie seine Sparkonten abräumt und das sauer verdiente Geld einfach zum Fenster hinauswirft. Stellt er die Partnerin dann unter Kuratel, bleibt ihr nur noch der Gang zum Scheidungsanwalt mit der Begründung vor Gericht: seelische Grausamkeit. Und die kommt den Steinbock sehr teuer.

Die kühle Steinbock-Frau?

Nicht nach rechts oder links schaut die Steinbock-Frau, wenn sie es auf einen bestimmten Mann abgesehen hat

Oft vergleicht man die Steinbock-Frau mit einem Eisberg. Aber die so kühl Erscheinende hat das Herz auf dem richtigen Fleck. Nur kann sie – auch in der Liebe – nichts so leicht aus der Ruhe bringen. Sie geht den Weg, den sie einmal eingeschlagen hat, beharrlich weiter.

Rehaugen wirken tolldreist, verglichen mit ihren Guckerln, und selbst die scheueste Siamkatze erscheint borstig im Vergleich mit diesem anschmiegsamen Geschöpf. Die Steinbock-Frau ist verletzlich, und alle Kosenamen dieser Welt passen auf sie. Aber wenn sie ein starker Mann einmal tröstend in seine Arme nehmen will, wird er irritiert feststellen, daß sie nicht weint, sondern nur Tränen lacht über ihn; denn sie hat im Lebenskampf männliche Unterstützung wahrhaftig nicht nötig.

An der Haustür stehen die Pantoffeln

Die Steinbock-Frau ist nicht das schüchterne Hascherl, das sie nach außen hin spielt. Nein, diese Frau verbirgt hinter der so weiblichen „Schale" einen sehr harten Kern. Sie ist selbstbewußt, beharrlich und geht stur auf ihr Ziel los.

Viele Steinbock-Frauen üben auch in der Ehe noch ihren Beruf weiter aus. Von daher stammt die irreführende Ansicht, sie stelle den Beruf über das Familienleben. In Wirklichkeit will sie von ihrem Mann nicht zu sehr abhängig sein.

Trotz beruflicher Ambitionen hält jede dieser Saturn-Schützlinge ihr Haus in Ordnung. Schon an der Haustür werden für den Mann, die Kinder und eventuelle Besucher die Pantoffeln bereitgestellt. Unordnung mag sie nicht.

Der Mann allein genügt ihr nicht. Obwohl sie möglicherweise schon in jungen Jahren heiratet, will sie in der Ehe unabhängiger sein, als sie es zuvor vielleicht im Elternhaus war.

So schmilzt der „Eisberg" dahin

Unter dem Fell dieses Lämmchens, das sie nach außen hin spielt, verbirgt sich sehr viel weibliche Raffinesse. Man beachte daher bei ersten Kontaktgesprächen die Zwischentöne. Sie wird immer etwas Persönliches einstreuen. Hier hake man ein, streife wie unbeabsichtigt ihre Hand und flechte ebenso Privates ein.

Vorschnelle Liebesschwüre bedeuten der Steinbock-Geborenen nichts

Komplimente über ihr gutes Aussehen mag sie, aber sie weiß sehr wohl zu unterscheiden zwischen aufrichtiger Bewunderung und nur auf den heißen Flirt beschränkte Ansprache.

Und die Steinbock-Frau liebt die Heimlichkeit. Trotzdem wird sie ihren Freundinnen von dem Mann erzählen, mit dem sie sich unter Ausschluß der Öffentlichkeit trifft. So bleibt nie lange geheim, was sie heimlich treibt ...

Wenn sie sich einmal vorgenommen hat, einen Mann für sich zu erobern, wird sie ihre Schüchternheit ablegen und im zärtlichen Tête-à-tête beweisen, daß der „Eisberg", für den sie von vielen wegen ihrer scheinbaren Unnahbarkeit gehalten wird, sehr wohl schnell dahinschmelzen kann. Und sie kennt alle Tricks, den Mann ihrer Wahl zu verführen.

In der Liebe fackelt sie nicht lange

Wenn sie sich einmal dazu entschlossen hat, mit einem Mann ins Bett zu gehen, kennt sie kein langes Fackeln. Das Vorspiel mag aus einem Drink bei gedämpftem Licht bestehen, mehr braucht sie nicht zur Einstimmung, um schließlich zu beweisen, wie leidenschaftlich eine Steinbock-Frau sein kann.

In partnerschaftlichen Liebesspielen übernimmt sie gern die Führung

Sie findet sich rasch zurecht in dem, was ihr am besten gefällt. Da braucht der Mann gar nicht so lange den Lehrmeister zu spielen. Sie macht bei allem mit, wenn es nur etwas in die Länge gezogen werden kann; denn sie hat Ausdauer, weshalb potente Männer gefragt sind.

Am Ende erreicht jede Steinbock-Frau ihren Höhepunkt, wenn man sie nur machen läßt. Von der Kälte eines Eisbergs ist da nichts mehr zu spüren. Sie will die Lust befriedigt und sich als Vollweib bestätigt sehen. Der Mann, den sie erwählte, mag sich an ihre Lustschreie ebenso gewöhnen wie an „Tätlichkeiten", die sich hinterher in Kratzspuren und blauen Flecken manifestieren.

Trotz ihres sonst so nüchternen Wesens braucht gerade die Steinbock-Frau viele Streicheleinheiten. Wer ihre erogenen Zonen kennt, hat schon fast gewonnen. Zartes Kosen den Rücken hinunter macht sie an. Sanftes Stimulieren der Brüste und der Schenkel bis hinunter zu den Kniekehlen läßt sie weich werden; denn sie sehnt sich am Ende eines langen Arbeitstages nach Zärtlichkeit und restloser Hingabe.

Die Steinbock-Frau braucht viel, viel Liebe

Der Mann, der ihr das nicht geben kann, wird bald die Kehrseite der Medaille erkennen müssen: Sie zeigt ihm mit Enthaltsamkeit die kalte Schulter und sucht sich möglicherweise einen Hausfreund. Vielleicht wählt sie auch die Einsamkeit oder tut sich mit einer Freundin zusammen, mit der sie über die ach so unzuverlässigen Männer lästern kann.

Der ideale Mann für sie

Um es gleich vorweg zu sagen: Eine ideale Ehe könnte die Steinbock-Frau mit einem *Stier*-Mann führen. Er kann warten, wenn sie in Sachen gemeinsamer Zugewinn unterwegs ist. Er ist auch der ideale Beifahrer, wenn sie bei amourösen Touren am Steuer sitzt. Aber er lenkt sie auch sicher zum Höhepunkt, wenn sie den steilen Anstieg passiv genießen will. Und er hat die Ausdauer, die sie von ihrem Liebhaber verlangt.

Mit dem Stiermann in die Traumehe

Mit einem *Jungfrau*-Mann wird sie zunächst wohl auf Probe zusammenleben, bis sie feststellen kann, daß an seiner Seite physisch wie psychisch Übereinstimmung herrscht. Er wird mit der Zeit lernen, wie herrlich es sich mit der Frau aus dem vom tiefsinnigen Saturn beherrschten Zeichen leben und lieben läßt.

Im erotischen Duo mit einem *Krebs*- oder einem *Fische*-Mann übernimmt sie meist die Oberstimme, wird aber nur korrigieren, wenn er aus dem Takt kommt. Sie wird dem Krebs wie dem Fisch im Bett manches Zugeständnis abringen, das die Gemeinschaft auf einen grünen Zweig bringen wird.

Mit dem Artgenossen aus dem *Steinbock*-Zeichen könnte die große Langeweile ins Liebesleben einziehen, denn er entwickelt nicht allzuviel erotische Phantasie. Trotzdem kann diese Verbindung halten, wenn im Alltag die Kasse stimmt.

Zu weit geht ihr manchmal der *Skorpion*-Mann. Er will auch mal sexuelle Abwegigkeiten testen. Ihre eigenen Wünsche liegen da genau in der Mitte zwischen denen des eigenen Sternenbruders und des Skorpions.

Viel Gemeinsamkeiten findet sie an der Seite eines *Wassermanns*. Im Gespräch über Gott und die Welt finden sich die beiden immer wieder zu lustvollen Spielen bereit. Ob das reicht, wird erst nach dem siebten Jahr entschieden.

Löwen kann sie handzahm machen

Als Dompteuse erweist sich die Steinbock-Frau bei einem *Löwe*-Mann. Das will heißen: Ganz allmählich wird sie sich in solcher Verbindung die Hosen anziehen. Sie sollte aber bedenken, daß gezähmte Löwen oft die Lust an heißen Spielen verlieren.

Verbindet sie sich mit einem *Widder* oder einem *Schützen*, wird es häufiger krachen, als ihr lieb ist. Da will der Widder dann mit dem Kopf durch die Wand, und der Schütze geht zeitweilig seine eigenen verschlungenen Pfade. Nur eine ganz gescheite Steinbock-Frau, die mit diplomatischem Geschick und noch mehr Geduld die eigenen Gelüste überspielen kann, sollte sich mit einem von beiden zusammentun.

Zu ungleich erscheinen auch Männer aus dem *Waage*- oder dem *Zwillinge*-Zeichen, deren Charaktere konträr dem der Steinbock-Frau sind. Horizontale Supereinstellung ist eben doch nicht das einzig Senkrechte.

Es spricht jedoch für die Steinbock-Frau, wenn sie sich selbst in einer scheinbar „unmöglichen" Verbindung zurechtfinden kann. Ihr Wille kann eben Berge versetzen. Sie möchte in der Ehe den Ton angeben, spielt aber auch gern mal die zweite Geige, wenn ihr Mitspieler auf der ersten besteht.

Sie ist hart im Nehmen

Kritik ja – aber bitte mit Maßen

Zu weit darf man es bei einer Steinbock-Frau nicht treiben. Wer alles kritisiert, was sie tut und läßt, wer ihr vorwirft, sie mache ihr Liebeslager zum Schauplatz von Soloaufführungen, der wird bald eine andere Steinbock-Frau kennenlernen. Sie ist zwar hart im Nehmen, aber was zu viel ist, ist zuviel.

Und wer ihr Bestreben, für den Zugewinn der Familie zu sorgen, als aufgesetzte Selbstbestätigung bezeichnet, hat sie ebenso schnell los. Sie wird eines Tages klammheimlich die Koffer packen und tief getroffen verschwinden.

Es sind nur die unverständigen Männer, die im Steinbock-Zeichen die Scheidungsquote hochputschen. Der Saturn-Schützling wird vor dem Richter stets seine Unschuld beteuern

Die Pluspunkte des Steinbocks

Er hat ein Herz für die sozial Schwächeren

Jeder Steinbock-Mensch strebt nach Sicherheit. Um sie zu erreichen, arbeitet er viel und legt sich beizeiten einiges zurück. Mit Bedacht geht er an die Dinge heran und löst selbst schwierige Aufgaben mit sehr viel Umsicht und Sachverstand. Wenn er ein Ziel vor Augen hat, wird er es mit aller verfügbaren Kraft zu erreichen suchen.

Sein Wille versetzt Berge, auch im privaten Bereich. Hat er den richtigen Partner gefunden, wird er über scheinbare sexuelle Antriebsschwäche zu echter Leidenschaft finden.

Die kühle Haltung, die er gegenüber seiner Umwelt zeigt, weicht im Freundeskreis einer großen Herzlichkeit. Schönster Zug: Der Steinbock-Mensch wird, wo er nur kann, sozial Schwächeren helfen.

Die Schwachstellen des Steinbocks

Steinböcke können gut austeilen, aber schlecht einstecken

Zu leicht kapselt sich ein enttäuschter Steinbock-Mensch gegenüber seiner Umwelt ab. Das eigene Ich siegt über das Wir, die Folge ist eine Vereinsamung im Alter. Er ist nicht allzu sehr kontaktfreudig.

Um berufliche Ziele anzusteuern, kann er hemmungslos reagieren und sogar seine besten Freunde vergraulen. Wenn er im Guten nicht erreicht, was er will, wird er es mit recht brutalem Einsatz erreichen.

Er neigt zu Pedanterie, die sich in einer überspitzten Ordnungsliebe niederschlägt. Ein schneller Arbeiter ist er nicht. Seine Bedächtigkeit geht anderen auf die Nerven.

Sein Mißtrauen macht manches gute Verhältnis kaputt. Der Steinbock-Mensch ist leicht zu verletzen, obwohl er mit anderen sehr hart ins Gericht gehen kann.

Der Wassermann – Kämpfer für Frieden und Humanität

Wenn die Sonne im Tierkreiszeichen Wassermann (21. Januar bis 19. Februar) steht, ist noch tiefster Winter. Unter dem Schnee jedoch, der die Landschaft bedeckt, wachsen schon neue Kräfte, die auf Auferstehung warten. Diese Naturstimmung überträgt sich auch ein wenig auf die Menschen, die in dieser Zeit das Licht der Welt erblicken.

Phantasiebegabt, idealistisch und tolerant – so kennt man das Winterzeichen Wassermann

Wassermann-Menschen glauben an die verborgenen Kräfte, die in ihnen schlummern. Sie haben seltsame Vorahnungen von kommenden Geschehnissen und eine lebhafte Phantasie. Und sie versuchen, hinter die letzten Dinge zu kommen. Für sie ist nur der Fortschritt erstrebenswert. Sie kämpfen für den Frieden um der Humanität willen.

Wassermann-Menschen sind großzügig und hilfsbereit. Sie üben Toleranz, verlangen dies aber auch von ihren Mitmenschen. Mit viel Energie überwinden sie selbst schwere Krankheiten, so daß sie oft ein hohes Alter erreichen. Nur Kreislauf und Stoffwechsel machen ihnen zu schaffen.

Der spannungsgeladene Uranus und der hemmende Saturn sind ihre Planetenherrscher, die nervöse Unruhe in ihr Leben bringen, aber auch jenen messerscharfen Verstand vermitteln, der den Wassermann-Menschen zur rechten Zeit den Vorsprung vor anderen verschafft.

Wassermann-Menschen bauen nie auf ihr Glück, sondern nur auf das, was sie aus eigener Kraft bewirken können. Und sie tun mit einer wegwerfenden Handbewegung ab, wenn man ihnen berichtet, daß ihr Glücksmetall Platin sei.

Einen Amethysten, einen Halbedelstein von violetter Farbe, tragen sie nur, weil er ihnen gefällt – nicht, weil er ihnen in der Liebe Erfolg bringen und sie vor Volltrunkenheit schützen soll. Und ein blauer Saphir, heißt es, soll ihre Treue fördern.

Es gibt keinen fröhlicheren Typ unter der Sonne als den Wassermann-Menschen. Trotzdem versucht er immer wieder, seine Mitmenschen herauszufordern und durch sein manchmal recht widerborstiges Wesen zu schockieren. Unterordnung liegt ihm nicht. Er will frei sein, koste es, was es wolle.

Seine Freiheitsliebe macht den Wassermann kämpferisch

Der Mensch aus dem Luftzeichen Wassermann ist intelligent. Er gebraucht sein Wissen oft, um seine oppositionellen Anschauungen glaubhaft zu begründen. Er steht vielfach gegen das Althergebrachte – ein geborener Revolutionär.

Ein Mensch mit Forschergeist

Der Wassermann-Mensch grübelt viel. Er horcht oft gedankenverloren in sich hinein, wenn er einem Geheimnis auf der Spur zu sein glaubt. Eigentlich ist er in jedem Beruf brauchbar, am meisten jedoch in einem, der seinem Forschergeist freien Lauf läßt. Er lebt gewissermaßen in der Zukunft, aus der er manches Ergebnis im voraus abzulesen vermag.

Kollegen schätzen den Wassermann-Geborenen als treuen Freund. Er drängt sich nicht vor wie andere. Wenn er nach oben kommt, dann hat er das seiner Sachlichkeit und seinem fundierten Wissen zu verdanken. Seine Ideen verhelfen mancher Firma zu neuen Produkten, aber es ist möglich, daß er sich tagelang nicht im Betrieb sehen läßt, weil er wieder einmal einem Phantom nachjagt.

Manchmal ist er ein Phantomjäger

Kehrseite der Medaille: Wegen seines Wesens, mit jedermann gut Freund zu sein, wird er oft nicht für voll genommen.

Das verletzt seine Eitelkeit. Erst ein anerkennender Blick muntert ihn wieder auf und läßt ihn zu neuen Taten schreiten. Bester Zug an ihm: Wenn er einmal eine Arbeit übernommen hat, wird er nicht ruhen, sie zu einem guten Ende zu bringen.

Frauen und Männer aus dem Wassermann-Zeichen findet man viel in freien Berufen, wo sie ihre Ideen und Pläne am ehesten verwirklichen und ungebunden über sich selbst bestimmen können. Sie hassen feste Arbeitszeiten, die sie in ein Korsett zu pressen drohen, das ihnen die Luft nimmt.

Wassermänner streben zu den Sternen

Als einfühlsame Menschentypen sind sie die geborenen Psychologen oder Nervenärzte, die mit ihren Patienten fühlen, und in allen zukunftsorientierten Berufen sind sie zu Hause: als Computerfachmann, in der Atomphysik und Raumfahrt.

Als Wissenschaftler können Wassermänner viele Erfolge aufweisen, sie sind ernstzunehmende Forscher. Sie wagen sich sogar in den Bereich der Grenzwissenschaften vor, um mit dem „Unsinn" aufzuräumen oder aus dem jahrtausendealten Material Wissen zu schöpfen, das sich nicht widerlegen läßt.

Wassermann-Menschen sind nicht auf einen einzigen Beruf beschränkt. Im Laufe ihres Lebens können sie vieles beginnen, um es dann auf der Höhe des Erfolges abzubrechen. Wenn die Statistik recht hat, wechselt niemand öfter die Stellung, den Beruf und dementsprechend auch seine innere Einstellung.

Am besten Chef in einem Einmannbetrieb

Sein Idealismus läßt den Wassermann-Menschen Dinge tun, die von anderen nur schwer verstanden werden. Er ist nicht auf Absicherung bedacht, sondern will mit dem, was er tut, zufrieden sein. Wenn er es trotzdem immer zu etwas bringt, ist das auf seinen wachen Verstand zurückzuführen.

Der Wassermann kommandiert höchstens sich selber gern

In einem Einmannbetrieb ist der Wassermann der beste Chef. Wenn er ganz auf sich allein gestellt ist, kann er hervorragende Entscheidungen treffen. Und da er das weiß, drückt er sich oft vor dem großen Posten, der ihm angeboten wird.

Durch seine Menschenkenntnis wird er immer für ein gutes Betriebsklima sorgen. Es sind die wechselnden Ideale des Wassermanns, die Unruhe schaffen, aber doch meist positive Veränderungen bewirken. Jeder Laden wird unter seiner Leitung aufblühen – fragt sich nur, ob der Wassermann lange bleibt.

Zum Geld haben Wassermann-Geborene nicht unbedingt das beste Verhältnis. Es kann ihnen durch die Finger gleiten, wenn sie anderen damit eine Freude machen können. Sie werden es aber auch, wenn ein entsprechender Aszendent durch ihr Horoskop geistert, eisern sparen.

Er jagt das „Freiwild" Frau

Es ist der Forschergeist, der den männlichen Wassermann in den etwas anrüchigen Ruf bringt, er sei ein forscher Geist, der die Frauen als Freiwild betrachte, das ein Mann jagen müsse. Mit anderen Worten: Das Luftzeichen Wassermann bürge dafür, daß daraus ein Luftikus entspringt, der – kaum flügge geworden – zum Playboy avanciert.

Es wird viel erzählt. Der Wassermann-Geborene debattiert gern und hat viel Phantasie. Irgend etwas wird schon wahr sein, wenn er es sagt. Nur möglicherweise verwechselte er den aufgetischten körperlichen Kontakt mit dem stattgefundenen geistigen. Und dieser muß ja zunächst mal stimmen, bevor der Wassermann zur Sache kommt.

Playboy oder nicht – das ist beim Wassermann die entscheidende Frage

Dieser Sternentyp ist immer ein Menschenfreund, speziell ein Freund der Frauen. Er meint, jedes Mädchen sei zu haben, man müsse nur wollen. Das hat nichts mit Frauenverachtung zu tun; er steht nur auch auf diesem Gebiet in Opposition zu einer landläufigen Ansicht. Daß es ihm manche Frau leicht macht, steht auf einem anderen Blatt.

So sammelt er Erfahrungen wie andere Leute Briefmarken. Seine Gefühle wird er kaum zeigen, aber er wird die Gefühle anderer, in diesem Falle die der Frauen, testen. Sie sind gewissermaßen Versuchsobjekte für seine Studien.

Wenn es in seinen Fingern kribbelt ...

Ein Playboy ist er nicht, aber er fällt leicht auf Playgirls herein, die wissen, wie man ihn rumkriegt. Sie beginnen zum Beispiel mit einem tiefsinnigen Gespräch oder bringen die Rede, wenn sie technisch veranlagt sind, auf den neuen Sechszylinder. Der Wassermann wird dozieren und erklären und gerät bald so in Fahrt, daß es unter dem Tisch in seinen Fingern zu kribbeln beginnt. Für die Frau ist damit das erste strategische Ziel erreicht – nun mag er den Feldherrn spielen, der die Schlacht gewinnt.

Leider bleibt vieles beim Wassermann unverbindlich, daran ändert auch die heißeste Nacht nichts, in der man sich liebte. Für ihn ist Sex die natürlichste Sache der Welt, die man nur nicht überbewerten sollte.

Im Grunde genommen sind seine „Reihenversuche" mit Frauen nichts anderes als die ständige Suche nach der Superfrau, die alle Vorzüge in sich vereinigt.

Ein Rätsel, selbst für erfahrene Psychologinnen

Die Frau, die sich ein Wassermann wünscht, ist ihm ebenbürtig (natürlich mit männlich-verständlichen Abstrichen). Sie ist Betthäschen und Dame in einer Person und kann außerdem mitreden über Themen, die einigen Verstand voraussetzen. Das ist sein Ideal. Aber er hat noch 99 andere Ideale, die zu jeder Zeit austauschbar sind. Und das macht den Wassermann gerade für Frauen so undurchsichtig.

Wer ihn haben will, der muß um ihn kämpfen. Ganz besitzen wird ihn keine Frau. Man wird handfeste Beweise bringen müssen, warum eine Verbindung für ihn nützlich sein könnte. Eine Frau, die mit ihm durch dick und dünn geht, überzeugt ihn am ehesten. Es ist die gute Kameradin, die er sucht, nicht die Gespielin seiner schwachen Stunden.

Fortsetzung mit Bettgeflüster

Beim Sex ist für ihn die Frau Versuchsobjekt wie gleichberechtigter Partner. Er ist ja Menschenfreund, der die Belange des anderen sehr wohl berücksichtigt und sich nicht wie ein Wilder nimmt, was sich ihm bietet. Er schätzt es sogar sehr, wenn die Frau die Verführerin spielt. Auch hier ist er ein Forscher, der abwartet, wie weit sie gehen wird. Solch Geplänkel kann schon im Beisein anderer beginnen und sich im Appartement der Partnerin unter vier Augen fortsetzen.

Frauen, die Variantenreichtum mögen, kommen beim Wassermann auf ihre Kosten

Zum Vorspiel liebt der Wassermann geistreiche Gespräche, die sich noch als Bettgeflüster fortsetzen lassen. Wo die Verführungskunst der Partnerin aufhört, setzt seine Phantasie ein. Er betrachtet das Bett als eine Spielwiese, auf der man nach Herzenslust herumtollen kann. Hat er an dem einen Spiel die Lust verloren, wird er ein neues beginnen.

Der Wassermann hat genügend Ausdauer, jedes intime Spiel in die Länge zu ziehen. Aber er kann es jederzeit abrupt abbrechen und seine Partnerin unbefriedigt zurücklassen, nur um ihr zu zeigen, daß es auch anders geht.

Als Praktiker ist er immer bei der Sache, Gefühl tut er als Theorie ab. Trotzdem schätzt er neben der körperlichen auch die seelische Bereitschaft der Partnerin. Er ist nicht unbedingt der stürmische Liebhaber, der sein Opfer haben will. Das wird er erst in der Hitze des Gefechts, die von der Frau an seiner Seite geschürt wird.

Er versteht wie keiner die Kunst, Frauen, die wie ein Eisberg reagieren, aufzutauen. Das macht seine behutsame Art, mit der er das lustvolle Spiel beginnt; denn er führt die jeweilige Partnerin ganz allmählich an das gemeinsame Ziel heran und steigert Zug um Zug das Tempo. Er wartet geduldig auf ihre Reaktionen, bis sie schließlich in einem Gefühlsschwall enden.

Im Bett wie im Leben ein Forscher

Er ist für Abwechslung. Herkömmliche Stellungen langweilen ihn. Sein Forscherdrang will Neues erproben, wobei er auch seine empfindsamsten Körperzonen, die Fesseln und Waden, einbezogen sehen will. Das erotisiert ihn, läßt für ihn und die Partnerin alle nur möglichen Gliederverrenkungen erahnen.

Seine Lieblingsfrauen

Der Wassermann ist ein Widerspruch in sich. Kluge Frauen behandeln ihn wie ein trotziges Kind, dem man nur dadurch beikommt, daß man ihm eine gegensätzliche Meinung suggeriert in der Hoffnung, daß der Trotzkopf gegen sie opponiert.

Nun ja, ganz so einfach ist es natürlich nicht, dem alten Revoluzzer aus dem Wassermann-Zeichen beizukommen. Aber in der hier aufgezeigten Richtung ist meist etwas zu machen. Man kann die Durchführung je nach Bildungsstand vergröbern oder verfeinern, irgendwie wird der Wassermann schon auf den Leim kriechen.

Gemeinsames Lachen verbindet Wassermann und Zwillinge-Frau

Der Wassermann kann's mit jeder Frau, aber er hat auch seine ganz speziellen Lieblinge. Zum Beispiel lacht er gern mit der *Zwillinge*-Frau, die sich wie er meisterlich auf das Spiel versteht, vom tiefernsten Gespräch auf Thema eins zu kommen.

Bei der *Waage*-Frau reizt ihn das Experiment, ob weibliche Ausstrahlung auch erotische Kunst beeinflußt. Ihr anmutiges Wesen trägt dazu bei, daß er bei dieser Frau weich wird und vielleicht auch mal zu Kreuze kriecht.

Unter *Wassermännern* fliegen die Fetzen und schiefe Worte wie Bumerangs durch die Lüfte. Wie gut, daß man in diesem Zeichen genügend Humor hat.

Auch mit der *Widder*-Frau kommt es zu heftigen Gefechten auf körperlicher wie auf geistiger Ebene. Doch wenn der Wassermann sein treffsicheres Geschütz auffährt, gibt sich die Widderin geschlagen.

Als Entfesselungskünstler müßte er sich schon bei der *Stier*-Frau beweisen. Ihre Leidenschaft fördert seine Forschungen: Keine andere Frau ist im Experimentellen so ergiebig wie die so heißblütige Venus aus dem Stier-Zeichen.

Abenteuerlich geht's in einer Verbindung des Wassermanns mit der *Schütze*-Frau zu. Da pocht jeder auf die geistige Freiheit und läßt sich doch vom Partner fesseln. Jedenfalls machen Ausflüge mit dem Paradiesvogel aus dem Schütze-Zeichen den Wassermann beschwingt.

Als Forschungsobjekt schätzt er auch die Kühlen aus dem *Steinbock* und aus der *Jungfrau*. Es ist die stete Zurückhaltung der beiden, die ihn veranlaßt, wissenschaftliche Studien am lebenden Objekt zu treiben.

Krebs- und Fische-Frauen sind dem Wassermann zu gefühlsbetont

Die innigen Gefühle, die ihm eine *Krebs*- oder eine *Fische*-Frau beim Liebesspiel entgegenbringt, tut er im geheimen als Gefühlsduselei ab. Mit der Zeit wird ihn die Krebs-Frau aber umerziehen, und die Tränen der Fische-Frau machen ihn weich. Ob das für eine dauerhafte Verbindung reicht?

Schließlich geben ihm die mehr körperbetonten Frauen aus dem *Löwe*- oder dem *Skorpion*-Zeichen Rätsel auf, die er gern lösen wird. Sexuell machen ihn die beiden trunken und süchtig auf mehr.

Zuviel Fürsorge stört ihn

Für den Wassermann ist selbst die Ehe nur eine Affäre, die zu Ende gehen kann. Dabei ist es gleichgültig, von wem der Schlußstrich gezogen wird.

Jedenfalls würde er sich in einem zerbrochenen Verhältnis unglücklich vorkommen. Er geht darum lieber, bevor man ihn aus dem Hause ekelt. Der Mann, sagt er sich, muß Charakter haben.

Liebenswerte Wassermann-Frau

Kennen Sie die Dame, die alle paar Monate die Möbel in der ganzen Wohnung umstellt? Sie wurde im Zeichen Wassermann

geboren und liebt den Wechsel. Im übertragenen Sinn tut sie damit ihrer erstaunten Umwelt kund, daß ihr an ihrem augenblicklichen Leben irgend etwas nicht gefällt. Und deshalb wünscht sie, sich zu verändern.

Die Wassermann-Frau reagiert mit solchem Tun auch ihr etwas sprunghaftes Wesen ab, mit dem sie ihren Mitmenschen auf den Wecker fallen könnte. Sie möchte das liebenswerte Geschöpf bleiben, das bisher jedermann in ihr sah.

Wie ihr männlicher Sternenkollege steht auch die Wassermann-Frau ständig in Opposition. Für sie reinigt ein zünftiger Krach die Atmosphäre. Mit fadenscheinigen Gründen kann sie ihn vom Zaune brechen: Ein Wort gibt das andere, des Stichelns ist kein Ende, bis es endlich nach Brandstiftung riecht. In des Feuers Glut schüttet sie noch ein bißchen Benzin, um gleichzeitig mit dem Wassereimer zu löschen. Was zurückbleibt sind verstörte Menschen und eine Wassermann-Frau, die sich schmollend zurückzieht, weil sie sich unverstanden fühlt.

Manchmal ganz schön streitlustig, die Wassermann-Frau

Sie ist schon ein schillerndes Persönchen, aus dem die Männer kaum klug werden. Aber gerade das macht diese neugierig auf die Wassermann-Frau.

Es dauert schon etwas länger, bis sie ihrem augenblicklichen Favoriten erlaubt, näherzutreten. Das macht: Die Wassermann-Frau sieht sich – bei aller Flirtbereitschaft – die Männer sehr wohl an, die sich an sie heranmachen. Und wenn sie auch für ein lockeres Verhältnis ist, das „so nebenbei" läuft und kaum tief schürft, geht sie doch noch längst nicht mit jedem Hergelaufenen ins Bett.

Wer sie liebt, braucht starke Nerven

Wer sie liebt, wird die beiden Seiten des Uranus-Kindes kennenlernen: ihre sinnliche Hingabe, aber auch ihre fast an Gefühlskälte grenzende Ablehnung. Die Reaktionen einer Wassermann-Frau sind völlig unberechenbar. Das macht sie so interessant. Männer, die die Abwechslung lieben, kommen bei ihr stets auf ihre Kosten.

Ihre Gefühle sind und bleiben unberechenbar

Von ihrem Geburtsherrscher Uranus hat sie viel Originalität mitbekommen, ebenso das Streben nach Unabhängigkeit. Das sollte sich jeder merken, der um ihre Gunst buhlt. Sie schätzt auch an ihrem Partner das Originelle, seine ungezwungene Art. Sie mag den Gentleman mehr als den Stürmer und Dränger, der

mit „Hoppla, jetzt komm ich!" ihre Sexbereitschaft testen möchte. Sex ist zwar für die Wassermann-Frau etwas, über das man reden kann, aber die Erlaubnis zur technischen Durchführung will sie sich selber vorbehalten.

Männer, die einer Wassermann-Frau schon lange Jahre verbunden sind, wissen, wie liebenswert sie ist, welche Herzensgüte sie ausstrahlt. Daß sie ihre Fehler hat, die sie oft am falschen Ort und zur verkehrten Zeit offenbart, nimmt der Kavalier zur Kenntnis und schweigt.

Sie verschenkt ihr letztes Hemd, wenn sie meint, ein anderer brauche es notwendiger als sie. Auch liebevolles Entgegenkommen entschädigt sie mit reichen Geschenken. Es gibt viele, die solch freigebige Damen ausnützen – sie ist zu hilfsbereit. Und obwohl sie sich immer wieder vornimmt, das nächste Mal ganz anders zu sein, wird sie den guten Vorsatz vergessen, wenn man sie braucht.

Die Wassermann-Frau gibt mehr, als sie nimmt – auch in der Liebe

Viel Spaß an ihrer Seite

Die Wassermann-Frau sucht sich gern die fröhlichen Typen aus ihrem Freundeskreis, um mit ihnen Ernst zu machen. Und die haben viel Spaß an ihrer Seite.

Sie mag den Mann, der ihre Einkaufstasche trägt und ihr aus dem Mantel hilft. Aber sie würde sich eher die Zunge abbeißen, als jemanden darum zu bitten. Irgendwann wird sie den Nachlässigen tadeln. Sie kann mitten im schönsten Liebesspiel sein Fehlverhalten von damals zum Streitgespräch hochstilisieren, bei dem Teller und Tassen fliegen, und man hat die Beule weg.

Vielleicht hat man auch die Wassermann-Frau für immer verloren. Wie kann auch ein Mann, meint sie, der eben noch zur Liebe bereit war, um eine Kleinigkeit solch ein Theater machen?! Daß sie die Regisseurin des Spektakels war, wird sie übersehen.

Sexualität ist für diese streitbare Frau nicht nur ein körperliches Verlangen, sondern gründet eher auf seelischer Übereinstimmung. Der Akt als solcher ist für sie ein notwendiges Nebenbei, an dem der Partner sein Vergnügen haben soll.

Solche Meinung könnte auf eine etwas prüde Grundhaltung schließen lassen, die gewissermaßen idealistisch verbrämt wird. Es ist aber etwas ganz anderes: Der Wunsch, dem Menschen, den man liebt, etwas zu schenken – sich selbst!

Immer neue Varianten der Liebeskunst

In dem Bestreben, den Partner glücklich zu machen, entwickelt selbst die noch nicht so erfahrene Wassermann-Frau immer neue Varianten der Liebeskunst. Ob sie dabei selbst Befriedigung findet, ist ihr nicht so wichtig. Trotzdem ist sie danach so zärtlich wie keine andere.

Sie wird bald die erogenen Zonen ihres Partners herausfinden und seine Wollust sanft, aber wirkungsvoll steigern. Sie selbst schreckt eher zurück vor den Fingerspielen des Partners, wenn sie zu schnell das Ziel suchen, das Befriedigung verspricht. Bei allem Temperament ist die Wassermann-Frau eine Langsamstarterin, die in einem längeren Vorspiel die Lust wachsen sehen möchte, um dann zu explodieren.

Man muß Zeit mitbringen zum Liebesspiel mit der Wassermann-Frau

Allzu kräftige Handgreiflichkeit mag sie zur Einstimmung nicht. Sie verlangt als liebende Frau nach absoluter Zärtlichkeit. Fesseln und Waden sind ihre empfindsamsten Körperzonen. Aber das dauert schon seine Zeit, ehe man sanft von den Fesseln über die Waden höher gleiten darf.

Es sind die zurückhaltenden Männer, die ihr liegen. Sie werden von ihr nach längerer Tändelei mit wonnigen Sexvariationen entlohnt.

Der Versuch lohnt sich für viele

„Heirate, und du lachst dich kaputt!“ Dieser Seufzer stammt von einem Ehemann, der bereits silberne Hochzeit feierte – mit einer Wassermann-Frau! Etwas Wahres beinhaltet der Satz. Leider aber ist die Zahl der Männer, die diesen Uranus-Schützling enttäuschten, über die Maßen groß.

Nur zu oft gelangt die Wassermann-Frau wegen ihrer nahezu sprichwörtlichen Hilfsbereitschaft an den Falschen. Es sind die Hasardeure, die in fremden Betten Abwechslung suchen, auf die solche Frau nur zu leicht hereinfällt. Dabei würde sich der Versuch lohnen, sich mit ihr zu liieren.

Bevorzugt werden von ihr der diplomatisch-sanfte Typ aus dem *Waage*-Zeichen oder auch der so wetterwendisch-smarte aus den *Zwillingen*. In den Armen des ausgeglichenen Waage-Mannes liegt sie richtig, weil er genau die Balance zwischen einfühlsamer Zurückhaltung und energischem Zupacken findet. Beim Zwillinge-Mann hat sie viel zu lachen. Und auch im Schlafzimmer geht’s rund.

Zwillinge machen die Wassermann-Geborene fröhlich

Beim *Wassermann*-Bruder tut ihr die Seelenverwandtschaft gut. Da läßt jeder dem anderen seine Freiheit – eine Wohltätigkeit, die manchmal auch im falschen Bett landen läßt, falls sie mißverstanden wird.

Die Schwächen eines starken Mannes lernt die Wassermann-Frau beim *Widder* kennen. Wenn sich der bekannt Schnelle ihren sexuellen Wünschen nach langsamer Einstimmung fügt, kann eigentlich auch sonst nichts schiefgehen.

Da die Wassermann-Frau oft zu sich selbst in Opposition steht, könnte sie sich ebenso mal mit einem *Jungfrau*-Mann verbandeln. Sie wird dabei feststellen, daß er gar nicht der seelenlose Pfennigfuchser ist, für den ihn manche halten.

Neugierig wandelt sie auf den Spuren des Schützen

Natürlich ist der *Schütze* ein ganz anderes Kaliber. Es ist die Neugier, die eine Wassermann-Frau mit ihm verband, dieselbe Neugier, mit der sie ihm später auf die Schliche kommt.

Der *Fische*-Mann ist so hilfsbereit und menschlich wie sie selbst. Nur ist den beiden kaum zu helfen, wenn jeder nur geben und nicht nehmen will.

Der *Steinbock*-Mann kann ihr, trotz grundverschiedenen Charakters, jenen Reichtum bieten, den sie für die Armen braucht. Ist sie für sein sexuelles Wohl genauso tätig, rückt er auch etwas raus.

Der *Löwe* schmückt sich gern mit ihr; denn ihre glänzenden Ideen, ihr goldiges Herz und ihr reiches Wissen ernten so viel Bewunderung, daß für ihn davon eine Menge abfällt.

Sie lockt auch den *Krebs* aus seiner Reserve, auch wenn sie seine kritische Ader ein über das andere Mal auf die Palme bringt, so daß er sich quasi ständig mit ihr versöhnen muß.

Im Grunde kann sie jeden glücklich machen

Sie kann es aber eigentlich mit jedem, der ein bißchen Verständigungsbereitschaft zeigt. Selbst mit *Stier* und *Skorpion* kommt sie zurecht, auch wenn sie sich vor den Hörnern des einen und dem Giftstachel des anderen fürchtet. Die beiden müßten sich etwas einfallen lassen, wenn sie ihre Wassermann-Frau behalten wollten. Oft gelingt's sogar …

Alles will sie sein, nur keine Ersatzmutter

Zugegeben: Die Wassermann-Frau ist sehr einfühlsam. Und sie wird spüren, wenn in ihrer Beziehung irgend etwas nicht stimmt. Sie liebt zu sehr die eigene Freiheit und versteht darum nur zu gut, wenn andere frei sein möchten.

Sie will alles sein, nur keine Ersatzmutter. Männer, die ihr das zumuten, sollten sich jemanden anderen suchen. Man zwinge sie auch nicht zu einem Hausmütterchendasein oder zu einer Mode, die ihr nicht behagt.

Als Ansatzpunkt für treulose Männer, die diese so hehre Frau unverständlicherweise loswerden möchten, gilt auch, ihre Fehler über Gebühr aufzubauschen und ihr die persönliche Freiheit zu beschneiden. Solche miesen Typen jagt sie aus dem Haus oder verläßt es selbst auf Nimmerwiedersehen.

Die Pluspunkte des Wassermanns

Wenn einen seine Streitsucht auch zum Wahnsinn treibt – Güte und Hilfsbereitschaft versöhnen wieder mit dem Wassermann

Ein Wassermann-Geborener ist aktiv und willensbetont. Er findet bei seinen Mitmenschen gleich Sympathie, weil er ihnen freundlich entgegenkommt. Nur vor sich selbst will er bestehen. Er verstrickt sich manchmal in Abenteuer, die meistens zu seinen Gunsten enden. Er ist aufgeschlossen gegenüber allem Neuen.

Dieser Mensch hat noch Grundsätze und Verständnis für jeden, der wie er wider den Stachel löckt. Es ist die positive Grundhaltung des Wassermanns, die ihn auch dann noch nicht unsympathisch erscheinen läßt, wenn er mal in Opposition steht. Humor ist seine starke Seite.

Wassermann-Menschen helfen gern sozial Schwachen. Sie entwickeln auch im zwischenmenschlichen Bereich viel Mitgefühl. Ihr Schönheitssinn ist bekannt.

Die Schwachstellen des Wassermanns

Wassermann-Menschen sind oft oberflächlich in ihrem Urteil über andere Leute. Sie neigen zu Affekthascherei und Prinzipienreiterei. Sie suchen zur Abwechslung immer mal einen Streit. Aus purer Selbstüberschätzung wagen sie sich auch an Dinge heran, die ihnen nicht liegen.

Ihre Gunst verschenken sie willkürlich an jeden, der ihnen huldigt. In ihren Entscheidungen sind sie von einer Inkonsequenz, die manches zunichte macht, was sie sich selbst erarbeiteten. Und sie können unbeugsam auf ihrem eigenen Standpunkt verharren, obwohl sie vielleicht längst erkannt haben, daß ein anderer richtiger wäre.

Aus der Welt der Träume: Die Fische-Menschen

Der Winter klingt aus, wenn die Sonne das Tierkreiszeichen Fische (20. Februar bis 20. März) durchläuft. Zwar blasen noch rauhe Winde, aber die ersten bunten Blumen lassen schon den Frühling erahnen. Die Menschen, die in dieser Zeit geboren werden, haben eine starke Psyche, die sie gegenüber ihrer Umwelt gern verbergen möchten.

Uneigennützig, bescheiden und ein wenig weltfremd schwimmen die Fische durchs Leben

Oft sind sie schüchtern, obwohl sie diese Schüchternheit manchmal mit aufgesetzter Forschheit zu kaschieren suchen. Das Leben scheint ihnen feindlich gesinnt zu sein. Wie sonst könnte es geschehen, daß ihre tiefsten Gefühle von mitleidlosen Zeitgenossen verletzt werden?

Fische-Menschen sind in eine Traumwelt versponnen, in die sie sich immer wieder trostsuchend zurückziehen, wenn ihnen das Leben übel mitspielte. Ihr Planetenherrscher Neptun mag ihre Phantasie beflügeln, und Erfolgsplanet Jupiter steuert stets ein Quentchen Glück für sie bei.

Übertriebener Ehrgeiz oder gar Habgier kann den Fische-Menschen nicht nachgesagt werden, es sei denn, daß ein ent-

sprechender Aszendent daran etwas ändert. In jungen Jahren sind die meisten unter ihnen von etwas schwächlicher Konstitution, aber das wird anders, wenn bei ihnen in späteren Jahren die Pfunde zu wuchern drohen.

Ihr Nervensystem ist störanfällig, häufig wird bei ihnen – besonders bei den Frauen dieses Zeichens – Blutarmut beobachtet. Auch der Alkohol, den einige der Fische-Menschen als „Trostspender" betrachten, kann ihnen zusetzen.

Zinn und – wie beim Wassermann – Platin sind ihre Glücksmetalle. Der Chrysolith soll ihnen als Talisman eines Tages Reichtum vermitteln, ein Hyazinthring Fröhlichkeit im Erdenleben bescheren. Besonderes Glück im intimen Bereich aber sollen ihnen Korallen bringen.

Von allen Typen im Tierkreis ist der Fische-Mensch wohl der bescheidenste. Er ist uneigennützig und stets bereit, anderen zu helfen. Man sollte ihm seine Ruhe und auch seine Träume lassen. Oft vertraut er auf sein Glück, aber wenn er ein Ziel vor Augen hat, ist er zu riesigen Kraftanstrengungen fähig. Und weil er so sympathisch ist, hat er viele Gönner, die ihm weiterhelfen.

Der Wahrheitssucher im Beruf

So ganz untergehen wird kein Fische-Mensch. Er findet in seiner beruflichen Laufbahn immer wieder Leute, die ihm den Weg bahnen. Ihm fehlt das Talent, die Ellenbogen einzusetzen.

Er sucht beständig die Wahrheit. Vorurteile kennt er nicht. Er wird selbst den schlimmsten Verbrecher noch entlasten wollen, wenn dieser menschliche Züge zeigt. Für seine Freunde geht er durchs Feuer; er versucht sie selbst dann noch zu verstehen, wenn sie ihm einen Streich spielten.

Die Schwere einer Aufgabe kann den Fisch nicht abschrecken

Als Mitarbeiter wird ein Fische-Mensch nie das in ihn gesetzte Vertrauen brechen. Im Beruf wird er seine Pflicht noch erfüllen, wenn andere aufgegeben haben.

Er ist nicht unbedingt der schnellste Denker, dafür gelingt es ihm, um so gründlicher nachzufassen. Bei vielen Kollegen gilt er als verschlossener Charakter, weil er nicht alles ausplaudert. Eisern behält er das Geschäftsgeheimnis für sich.

Der Fische-Mann hält nicht viel von Titeln, und auch seine Beziehung zum Geld ist nicht sehr ausgeprägt. Er träumt zwar gern von einem Lottogewinn und was er damit anfangen könnte, aber es macht ihm überhaupt nichts aus, wenn er nicht ans große Geld herankommt. Eigentlich ist er stets zufrieden mit dem, was er hat.

In Krankenhäusern und Fürsorgeheimen steht dieser Mann am richtigen Platz. Viele Mediziner, Seelsorger und Heimleiter wurden in diesem Zeichen geboren. In künstlerischen Berufen leistet er Überdurchschnittliches. Vor allem eignen sich Fische-Männer auch zum Lehrer; denn sie können die schwierigsten Dinge klar und richtig erklären.

Sie haben den sechsten Sinn

Manche Fische-Männer haben den berühmten sechsten Sinn, der sie zum Kriminalisten genauso befähigt wie zum Zukunftsdeuter auf dem Jahrmarkt oder zum ernsthaften Vertreter mystischer Geheimlehren. Ihre Phantasie, die sie aus ihren Träumen schöpfen, läßt sie auch zum Schriftsteller oder zum Verleger geistvoller Literatur werden.

Literarische Begabung zeichnet viele Fische aus

Obwohl sie selbst keine rechte Beziehung zum Geld haben, kennen sie sich in Finanzgeschäften oft besser aus als jene, denen solches in ihrem Horoskop nachgesagt wird. Das kommt ihnen zugute, wenn sie als Bankangestellte oder Steuerberater schlaue Tips geben müssen. Und natürlich nützt ihnen diese Fähigkeit auch in kaufmännischen Berufszweigen.

Die Fische-Frau kann vor allem in den Berufen Hervorragendes leisten, die große Opferbereitschaft abverlangen. Harte Männerjobs sind nichts für diese zarte Seele. Wie ihr männlicher Sternenkollege wird sie die Diskretion in Person sein, aber ihre Gründlichkeit wird meist an der Oberfläche pendeln: Fische-Frauen verkramen gern das, was sie eigentlich unbedingt brauchen. Sie sind oft ein wenig vergeßlich, weil sie andere Dinge im Kopf haben als die, an denen sie gerade arbeiten.

Eine Karrierefrau ist die Fische-Geborene nicht

Trotzdem sind sie bei ihren Kollegen und besonders bei ihren Vorgesetzten sehr beliebt. Sie können sich anpassen und im entscheidenden Moment auch mal zurückstecken. Streitfragen zwischen einem Fische-Mädchen und einem Kollegen werden die meisten Chefs wahrscheinlich zugunsten des Mädchens entscheiden. Wer mag solchem hilflos erscheinenden Geschöpf schon weh tun?

Aus diesem einen Beispiel wird klar ersichtlich, daß sich Fische-Frauen sehr wohl durchsetzen können, wobei sie freilich Mittel anwenden, die gemeinhin nicht üblich sind.

Am Schaltpult der Macht ist der Fische-Mensch nicht unbedingt der harte Managertyp. Er wird auch als Chef zu dienen versuchen, um der Menschlichkeit willen. Meistens bringt er viel Erfahrung auf den Chefstuhl mit, auf dem er nicht unnahbar thront, sondern mitarbeitet. Seine Launen lassen ihn manchmal schroff erscheinen, aber das ist auch hier nur der Panzer, den sich der Fische-Typ zeitweise anlegen muß, um gegen die Unbill des Lebens gefeit zu sein.

Harmonie ist für den Fische-Menschen lebensnotwendig

Um sich entwickeln zu können, braucht jeder Fische-Mensch eine harmonische Umwelt, die viel Verständnis, Geduld und Zuneigung für ihn und seine Art aufbringt. Wer bereit ist, seine Träume, wenn er sie je offenbart, mitzuträumen oder sie sogar zum Teil in die Wirklichkeit umzusetzen, der bleibt ein Leben lang sein Freund.

Wer ihm einmal grollt, sollte verstehen lernen, daß sein oft ironisch-sarkastisches Wesen, das andere sehr verletzen kann, nur der berühmte Schutzschild ist, mit dem er mögliche Angriffe auf sein eigenes verletzliches Ich abblocken kann.

Fische-Männer sind Romantiker

Das ist er also – der Mann, der kein Wässerchen trüben kann und mit seiner zuvorkommenden Freundlichkeit die Umwelt beglückt. Dem Fische-Mann kann niemand böse sein. Er ist ein romantischer Träumer vor allem auch im privaten Bereich.

Liebenswert, aber leicht zu enttäuschen – der Fische-Mann

Aber es fehlt ihm manchmal der Mut zu schnellen Entscheidungen, wenn er einmal das gefunden zu haben glaubt, was seinem Idealbild am nächsten kommt. So flattert ihm vielleicht der bunte Schmetterling davon, den er schon im Netz wähnte: Fische-Männer werden oft enttäuscht.

Es ist verständlich, daß sie nach solchen Erlebnissen ihre romantischen Gefühle hinter dem Panzer scheinbarer Gefühlskälte verstecken. Ihre Unsicherheit im Lebenskampf tarnen sie mit einer Rücksichtslosigkeit, die sie befähigt, weit stärkere Männer aus dem Wege zu räumen.

Sie opponieren, weil das die einzige Möglichkeit ist, sich auch einmal durchzusetzen. Dabei sind sie die verträglichsten

Menschen unter der Sonne. Keiner Fliege können sie etwas zuleide tun. Wenn man sie nimmt, wie sie sind, muß man sie lieben.

Wie sieht die ideale Frau eines Fische-Mannes aus, die er oft auf den ersten Blick findet? Ein bißchen von seiner Mutter müßte sie haben, zu der er ein inniges Verhältnis pflegt. Er hat auch nichts dagegen, wenn sich da auch etwas von der Kinoschönen beimischt, deren Fan er ist.

Der Fische-Mann ist ein galanter Liebhaber. Von Amors Pfeil getroffen, spricht er nie gleich von Liebe, sondern erst einmal um den heißen Brei herum. Natürlich nippt er an den grünen Pflänzchen, die ihm in den Weg kommen. Und er bewundert die Seerosen, die schon zur vollen Schönheit erblüht sind. Der Fische-Mann ist kein Kostverächter. Er ist der schüchterne Liebhaber, der es faustdick hinter den Ohren hat.

Wie man ihn ins Netz lockt

Der Fische-Mann ist immer umschwärmt, weil er eben anders ist als andere Männer, aber keinesfalls erfolgloser. In seinen Träumen ist stets die augenblickliche Gespielin seine Favoritin, bis eine andere kommt, die seinen Idealen näher ist. So was kann leicht zu einem Reihenversuch werden, bei dem die „Objekte“ mit mikroskopischer Genauigkeit durchleuchtet werden.

Von vielen läßt der Fische-Mann sich bezaubern

Wir sagten es schon: Zum schnellen Entschluß fehlt den meisten Fische-Männern der Mut. Klug beraten sind daher Frauen, die beizeiten nachhelfen, die ihm auch mal die Meinung sagen, wenn er zu spinnen anfängt. Er akzeptiert die Wahrheit selbst, wenn er dabei den kürzeren zieht.

Die Frau, die den Schützling von Neptun und Jupiter ins Netz locken will, muß Geduld haben. Sie sollte gewissermaßen seine Seele massieren und mit ihm träumen, dann aber im rechten Augenblick auf des Lebens Wirklichkeit umschalten.

Auffallend viele Fische-Männer heiraten energische Frauen, die das Dasein zu meistern verstehen. Anfangs ist es häufig die ältere Frau, bei der sie mütterlichen Halt suchen. Wenn sie jedoch einige Lebenserfahrung sammeln konnten, werden ihre Freundinnen immer jünger.

Jeder Fische-Mann hat die feste Absicht, seiner momentanen Freundin den Himmel auf Erden zu bereiten. Allein, das

Fleisch ist schwach und die Versuchung groß. Es gibt genügend Mädchen, die im Trüben fischen. Wer die aus dem Feld schlagen will, muß ihn schon ein wenig verwöhnen, um das Bild zurechtzurücken, daß der Fische-Mann nicht treu sein kann.

Seine erotischen Träume

Wer die Frau seiner Träume werden will, muß bereit sein, wenn ihn die Leidenschaft packt. Er ist kein Sexprotz, aber auch kein Anfänger, der mit wenigem zufriedenzustellen ist. Er verlangt von seiner Partnerin zwar nur so viel, als er selbst zu leisten imstande ist, aber das ist oft mehr, als sie vertragen kann.

Einem so wunderbaren Liebhaber wie dem Fische-Geborenen muß man viel Abwechslung bieten

In den blauen Stunden seines Lebens entwickelt der Fische-Mann viel Phantasie, von der jede Frau begeistert sein wird. Er ist mit Genuß bei der Sache und möchte, daß auch seine Partnerin zufrieden ist. Fische-Männer sind hervorragende Liebhaber, aber sie schätzen auch die Abwechslung. Da geht Probieren über Studieren. Eintönigkeit im intimen Zusammenleben ist ihnen ein Greuel.

Der Fische-Geborene ist durchaus nicht der Mann, der im Bett das Sagen haben möchte. Er nimmt erotische Anregungen der Partnerin gern entgegen und setzt sie genüßlich um. Er fragt auch nicht, woher sie die eine oder andere Spielart haben mag, wenn sie ihm Spaß macht.

Eifersucht kennt er nicht, schon gar nicht die auf verflossene Freunde seiner Liebsten. Obwohl er sonst sehr empfindlich auf sogenannte Unanständigkeiten reagiert, läßt er sie im Sexspiel gelten, wenn sie sein Lustgefühl und das seiner Partnerin zu steigern vermögen. Die bürgerliche Moral macht bei ihm vor der Bettkante halt.

Es erotisiert ihn, wenn die Frau ihn im Liebesspiel unter der Fußsohle kitzelt. Die Füße sind seine empfindsamsten Körperzonen. Mit ihnen kann er auch die Partnerin heiß machen, wobei die Zehen das sonst übliche Fingerspiel übernehmen.

Er kann's mit allen

Manche Fische-Männer haben eine doppelte Moral. Sie behaupten felsenfest, sie blieben ihrer Frau stets treu, auch wenn sie mal eine andere streicheln. Ihr Herz sei eben groß und weit, es habe für mehrere Platz. Wie gut, daß die meisten Fische-Männer dieser zweifelhaften Moral nicht frönen, sonst müßte man beim Scheidungsrichter in einer noch längeren Schlange anstehen.

Es gibt auch jene treuen Burschen in diesem Zeichen, die ihren angeborenen Hang zur Galanterie nur der eigenen Frau zukommen lassen. Aber die muß schon selbst etwas dazutun und ihr Fischlein pflegen. Ein bißchen verwöhnt will es schon werden, wenn es all die anderen da draußen vergessen soll, die ihm schöne Augen machen ...

Dieser empfindsame Mann kann es mit allen. Am besten aufgehoben wäre er bei der *Krebs*-Geborenen, die ihn am ehesten an seine Mutter zu erinnern vermag. Hier heißt es immer: zwei Seelen und ein Gedanke. Und das wirkt sich auch in den fröhlichen Stunden aus, in denen die Leidenschaft aus den beiden hervorbricht.

Die scheue Krebs-Frau paßt zu ihm

Ähnliches erlebt er auch in der Verbindung mit einer *Fische*-Frau. Sie kann wie er so herrlich schmusen. Schwierigkeiten gibt's da eigentlich nur, wenn die beiden Fische psychisch in ein Wellental gelangen oder sie von einer Woge fortgespült werden.

Die *Skorpion*-Frau packt ihren Fische-Liebling beim Wickel und lehrt ihn, die Pantoffeln anziehen. Der Fische-Mann, sonst antiautoritär eingestellt, fügt sich ihr seltsamerweise, weil sie so lustvolle Spielchen mit ihm macht, die ihn vergessen lassen, daß er eigentlich der Herr im Hause sein wollte.

Viel Sex zu verschenken hat auch die *Stier*-Frau. Da sich der Fische-Mann nichts ohne Gegenleistung schenken läßt, wird er ihr manchen absonderlichen Wunsch erfüllen. Und sie dankt's ihm mit unerschütterlicher Treue.

Prächtig versteht er sich mit einer *Steinbock*-Frau, die ihn lehrt, das Geld zusammenzuhalten, und ihn im „Außendienst“ zur Leistung ermuntert. Da wird gespart, was das Zeug hält. Leider begrenzt das Steinböckchen auch manch lustvolles Spiel, weil man nach des Tages Mühe und Plage nun einmal müde geworden ist. Vielleicht wird's der Fische-Mann ein Leben lang ertragen – vielleicht ...

Ob er seiner Steinbock-Geliebten wohl ewig treu sein wird?

Munterer ist schon eine *Schütze*-Frau. Sie bringt heißen Sex ins Spiel, läßt ihrem Fisch aber auch noch genügend Freiheit, damit er sich zu ihrem Nutzen regenerieren kann.

Des Fische-Mannes zeitweilige Launen bringen die Frau aus dem *Wassermann*-Zeichen so auf die Palme, daß sie ihm ge-

hörig den Kopf wäscht. Wie gut, daß beide hohe Ideale haben, die auf echter Menschlichkeit gründen. Das kann manches kitten und selbst gelegentliche Kopfwäschen der Wassermann-Frau ertragen lassen.

Sehr verschieden sind auch die Charakteranlagen von *Jungfrau* und Fisch. Sie hat Sinn fürs Praktische, er für seine Traumwelt, in der das meiste Theorie bleibt. Ansätze für glückliches Verstehen sind in diesen beiden Zeichen zweifellos vorhanden. Ob das jedoch für ein ganzes Leben lang reichen wird?

Besser kommt der Fische-Mann vielleicht mit einer *Waage*-Frau aus, die so gefühlvoll wie er selbst ist. Leider gründet da manches nicht sehr tief und plätschert mehr an der Oberfläche.

Die *Zwillinge*-Frau quirlt durch sein Leben, und das wird ihm sicher nicht nur eine Zeitlang gefallen. Man liebt sich und man neckt sich – was will man mehr?

Löwin und Widder-Frau machen dem Fische-Mann zu schaffen

Schwieriger hat er es wohl bei einer *Löwe*- oder einer *Widder*-Frau. Beide wollen ihn zu sehr beherrschen, statt sich seiner fröhlichen Lebensart anzupassen. Aber auch das kann gut gehen, weil der Fische-Mann sich auf jedermann einstellen kann – auch auf die Marotten jeder Frau.

Gefühllosigkeit mag er nicht

Der Fische-Mann ist leicht zu verletzen. Gefühllosigkeit mag er nicht. Er hat den festen Willen, ein bestehendes Verhältnis auf Dauer zu festigen, erleidet aber leider nur darum manchmal Schiffbruch, weil er zu empfindlich auf gefühllose Äußerungen reagiert. Harte Kritik verträgt er ebenso wenig.

Es kommt bei ihm schon auf die jeweilige Partnerin an, ob er ihr treu bleiben kann. Es ist gut, daß er sich gern mit jemandem arrangiert. Nur darum ist wohl die Scheidungsquote unterm Fische-Zeichen nicht allzu hoch.

Sensible, sanfte Fische-Frau

Ein empfindsames Seelchen: die Fische-Geborene

Die Fische-Frau ist eine zuverlässige, anpassungsfähige, recht charmante und sanftmütige Dame, die stets ein paar Problemchen mit sich herumträgt, die gestandene Mannsbilder gern lösen möchten.

Diese so sensible Frau umgibt sich mit vielen Geheimnissen. Sie ist ängstlich bemüht, ihr Seelenleben vor jedermann zu verbergen. Sie weiß, daß sie immer mit viel Gefühl und damit als schwache Frau handelt, aber sie überspielt diese Ängste wie die Schauspielerin in einer Komödie, weshalb sie manche Leute für oberflächlich halten.

Nach außen hin spielt sie die dem Realen zugewandte Frau und ist doch so hilflos wie sonst keine ihrer Sternenschwestern. Männer mögen das und versuchen, das Seelchen zu ergründen, das so herzerweichend weinen und so unschuldig tun kann wie keine andere. Sie spielen den Beschützer und wollen doch nur das zarte Blümchen knicken. Das bringt der Fische-Frau die Lebenserfahrung, die sie vorsichtig macht.

Aus Erfahrung wird die Fische-Frau vorsichtig

Sie sucht die lockere Bindung, aus der sie jederzeit entwischen kann. Insgeheim aber hofft sie, daß sich ihr ständiger Begleiter als Märchenprinz entpuppt, der sie wie Dornröschen für ein neues Leben erweckt. Sie wird ihm alles geben, wenn nur ihre Psyche nicht angeknackt wird. Und sie spielt bewußt das zerbrechliche Wesen. So lieben sie die Männer.

Selbst für den langjährigen Ehemann einer Fische-Frau bleibt sie ein ewiges Rätsel. Auch sie lebt wie ihre männlichen Sternengeschwister in ihren Träumen. Ihr ganzes Leben ist nach innen gerichtet – möglich, daß solcher Charakterzug nur eine andere Form von Egoismus ist. Sie reagiert überempfindlich, sobald man ihre zarten Gefühle verletzt. Und dann zeigt sie hochherrschaftliche Launen, die jeden abstoßen können.

Scheue Rehlein können recht raffiniert zu Werke gehen; die Fische-Frau beweist es

Dabei ist die Fische-Frau eigentlich das reizendste, liebste, netteste Geschöpf unter der Sonne, das freilich bei aller Unschuld ganz genau weiß, was es will. Am Ende ist der Fische-Frau kein Mann gewachsen! Sie kennt die Mittel, wie man Männer weich macht, und wendet sie an: mit Raffinesse, mit schauspielerischem Talent und – wir sagten es schon – mit Tränen.

Man verstehe es nicht falsch: Was eben in Superlativen angedeutet wurde, stimmt genau – diese Frau ist reizend, lieb und nett in allen Lebenslagen. Sie tut es mit Charme, wenn sie die Hilflose spielt, sie tut's mit Herz, wenn ihr Gefühl spricht.

Wie man nach ihr fischt …

Wo findet man dieses rätselhafte Wesen? Zunächst einmal fische man nach ihr in einem Tanzcafé oder auf dem glatten Parkett großer Gesellschaften. Dort wird sie von vielen Vereh-

rern umschwirrt, die alle nur den Fisch an ihrer Angel haben wollen. Sie spielt die Damenrolle perfekt.

Auch das Mauerblümchen, das abseits vom Rummel einsam an einem Tische sitzt und sich scheinbar nicht traut, ist eine Glanzrolle von ihr. Bei diesem Typ kommt ein Mann natürlich leichter voran als bei der von vielen umschwirrten großen Dame. Und: Wer nimmt es schließlich gern mit einer Vielzahl von Verehrern auf?

Wetten, daß das Mauerblümchen bald aufgeht wie eine Rose und tanzt wie einst Anna Pawlowa den sterbenden Schwan?! Der Mann, der sich um diesen Typ bemüht, wird seinen Spaß daran haben. Wenn er nett und höflich ist, darf er sogar draußen im Park beim Mondenschein händchenhaltend mit dem Fische-Mädchen spazierengehen, selbst wenn er ihm zuvor beim Tanzen auf die Füße trat.

Das Plappermäulchen der Fische-Frau wird nicht stille stehen. Sie offenbart dem Verehrer alles über sich, ihre Eltern und ihre Umwelt, nur das, was sie im Innern fühlt, klammert sie aus. Wer ihr aufmerksam zuhört, kann gleich den nächsten Treff mit ihr ausmachen.

Mit Kuchen und Okkultem lockt man die Fische-Frau ins Netz

Wer es nach dem ersten Rendezvous immer noch auf sie abgesehen hat, lädt sie in ein Café ein, wo es guten Kuchen gibt, oder auf eine spiritistische Sitzung – sie schwärmt für das Okkulte. So lockt man dieses liebreizende Fischlein am ehesten ins Netz. Wie es danach weitergeht, muß man dem Schicksal überlassen, das die Fische-Frau schon zugunsten ihres Verehrers deuten wird, wenn er eine gute Figur bei ihr machte.

Sie liebt mit Phantasie

Es dauert einige Zeit, ehe man mit einer Fische-Frau allein sein kann. Im Park – nun ja, da schauen die Sterne zu. Aber nach Hause? Da muß der Mann schon eine Menge Süßholz geraspelt oder ihr sonst irgendwie imponiert haben. Trotz ihrer Zerbrechlichkeit ist die Fische-Frau keine so ganz leicht zu nehmende Festung, obwohl sie sich im allgemeinen schnell verliebt.

Sie hat auch etwas für den Sex übrig, möchte sich nur nicht zu rasch etwas vergeben. Und deshalb bleibt sie vorsichtig und fällt möglicherweise trotzdem herein. Fische-Mädchen haben, selbst wenn sie die Zukunft aus der Hand lesen und mit sicherem Instinkt sagen können, ob die Sterne günstig stehen, mit dem auf ihre Person bezogenen Ahnungsvermögen meistens Pech.

Es spielt immer Liebe mit, wenn sich die Fische-Frau einem Mann hingibt. Schon beim ersten schüchternen Versuch entwickelt sie viel Phantasie und noch mehr Temperament. Und sie ist auch eine hervorragende Schauspielerin, wenn es darum geht, den Mann an ihrer Seite davon zu überzeugen, daß sie die perfekteste Geliebte ist, besser als all die anderen, die er vor ihr kannte.

Eine Nymphe, in Spitzen gehüllt

Mit der Zeit gewöhnt sich der Mann an ihr Bühnenlicht: rosarot gedämpft. Er soll sie sehen, schemenhaft wie eine Quellnymphe, von der die alten Griechen träumten, nur daß es damals noch keine Spitzenhöschen gab, die heutzutage Nymphen tragen.

Die Fische-Frau, die sonst so penibel auf Anstand achtet, ist in ihrer schwachen Stunde für alles aufgeschlossen, das sie beim lustvollen Spiel mit dem Partner voranbringt. Er könnte vor ihr niederkauern und zärtlich ihre zierlichen Füße streicheln. Das erotisiert sie besonders.

Sie wird mit tiefen Küssen und launigem Zungenspiel antworten oder auch mit den Füßen, ihren empfindsamsten Körperzonen, die erogenen Stellen des Mannes zu ertasten suchen.

Trotz ihrer Sensibilität ist die Fische-Frau im Bett höchst leidenschaftlich

Der darf dann ausnahmsweise auch mal zur weiteren Einstimmung lockere Reden führen, aber sich nur insgeheim über die so rasante Leidenschaftlichkeit seiner Fische-Partnerin wundern, weil die Zarte auch noch mitten im schönsten Liebesspiel gern ein wenig die Unschuld mimen möchte.

Wer ihr mit gleicher Leidenschaft und viel Gefühl ihre Liebesbereitschaft doppelt und dreifach zurückzahlt, wird eine Frau kennenlernen, die trotz aller Sensibilität bei dem heißesten Gefecht mitmischen kann.

Die Seelentröster der Fische-Frau

Wenn sich die Fische-Frau einmal entschließt, aus dem festen Verhältnis ein staatlich sanktioniertes zu machen, kann sich der Erwählte freuen. Er nennt eine ausgesprochen hingebungsvolle Frau sein eigen. Nicht immer ist sie eine perfekte Hausfrau. Aber das wird sich dann schon geben, wenn der Ehemann selbst das Kochen lernt und das Windelnwechseln dazu.

Bei aller Intensität, mit der die Fische-Frau lieben kann, sucht sie immer wieder die psychische Übereinstimmung mit dem Partner. Sie braucht ihn nun einmal als ihren Seelentröster, der auf ihre Probleme gefühlvoll eingehen kann.

So gesehen, ist eigentlich der *Krebs*-Geborene ihr Favorit, weil er gern bereit ist, mit ihr in die Tiefen ihrer Psyche hinabzutauchen. Nur die beiderseitig fürstlichen Launen könnten da einem lebenslangen Verhältnis im Wege stehen.

Auch *Fisch* und Fisch können sich im gemeinsamen Aquarium tummeln. Das hält lange an, bis er ihr möglicherweise vorwirft, sie sei überempfindlich, und sie diese Kritik umgehend und durchaus berechtigt an den Absender zurückschickt.

Die Fische-Frau wird mit jedem Mann glücklich sein, der ihrer sensiblen Art Rechnung trägt

Der *Skorpion* spielt den Beschützer der Fische-Frau, weiß auch ihre sexuellen Gelüste vollauf zu befriedigen und merkt dabei vor lauter Liebe gar nicht, daß sie ihn selbst an die Angel nimmt.

Der *Steinbock* sichert sein Fischlein, das gern gut versorgt ist, finanziell meist so gut ab, daß es niemals auf dem Trockenen sitzt. Leider ist er wegen Beschaffung weiterer Mittel oft lange unterwegs. Und das könnte die Hausfreunde anlocken ...

Geborgenheit findet die Fische-Frau bei einem *Stier*-Mann. Und wenn er sie erotisch verwöhnt, stören sie die Gitter an den Fenstern nicht, mit denen er sie vor unerlaubten Eindringlingen schützt. Stellt er freilich zu hohe Besitzansprüche, wird sie ihn eines besseren belehren. Ein Fisch bringt ja das Freischwimmerzeugnis in die Ehe mit.

Auch bei ihr spielt der *Schütze* den Draufgänger. Mit ihm kann sie genußvoll alle Liebesspielereien erproben. Fragt sich nur, wie lange die Leidenschaft füreinander anhält. Ein Trost: Statistisch gesehen, gehört die Verbindung zwischen Fischen und Schützen zu den haltbaren.

Der *Jungfrau*-Mann ist ihr zwar zu pedantisch, was das alltägliche Miteinanderauskommen betrifft, hat aber so viel Schliff, um bei der Fische-Frau den perfekten Kavalier zu spielen, der ihr jeden Wunsch von den Augen abliest. Was sie stört, ist die seltsame Art, Geschenke gleich im Dutzend billiger zu kaufen. Wer braucht schon zwei Dutzend Schrubber, nur weil sie im Sonderangebot zu haben waren?!

Der so auf Freiheit bedachte *Wassermann* läßt sich von dieser so zarten Frau unter den Pantoffel stellen, findet aber mit der

Zeit doch wieder zu alten Gewohnheiten zurück. Mit viel Gefühl macht's bei ihr der *Waage*-Mann, mit mehr Einfühlungsgabe der *Zwilling*, der bei ihr seine Neugier stillen kann und doch nicht klüger wird. *Löwe*- und *Widder*-Männer sind ihr manchmal zu laut, obwohl gerade sie fähig wären, den Fisch ein Leben lang auf Händen zu tragen.

Warum sie Schluß machen wird ...

Die Fische-Frau kann einfach nicht verstehen, daß man sie, die Gefühlvolle, verlassen möchte. Sie wird sich wehren und ihren Liebeseifer verdoppeln, bis der Partner wieder schwach wird. Es sei denn, er läßt es an Takt und Feingefühl fehlen und beschimpft sie wie den letzten Dreck.

Anders ist es, wenn sie selbst Schluß machen will. Dann kann sie zum Ekel werden, das man gern verläßt.

Die Pluspunkte der Fische

Fische-Menschen sind hilfsbereit und gutmütig. Ihre Uneigennützigkeit überzeugt sogar ihre Gegner. Sie setzen sich durch, ohne daß sie ihre Ellenbogen einsetzen. Nicht nur in ihrem Freundeskreis schätzt man sie als reizende Mitmenschen. Beruflicher Erfolg gründet bei ihnen auf der Gabe, sich in komplizierteste Sachverhalte einzufühlen.

In ihrem verträumten Wesen sind Stärken wie Schwächen der Fische-Menschen begründet

Sie lieben den Frieden und schätzen ein gepflegtes Heim. Harmonie bedeutet ihnen sehr viel. In ihren Träumen sind sie glücklich. Und Liebe ist für sie etwas, das man fühlen muß, ohne viele Worte zu machen.

Die Schwachstellen der Fische

Fische-Menschen gehen lieber den untersten Weg, anstatt zu kämpfen. Sie sind oft willensschwach, aber doch so raffiniert, ihre Hilflosigkeit als Kapital anzulegen. Am liebsten lassen sie alles auf sich zukommen und hoffen auf ihr Glück.

Fische-Menschen lieben die Bequemlichkeit. Wenn es einmal hart auf hart geht, flüchten sie in ihre Traumwelt. Sie sind verschlossen gegen jedermann, können aber, wenn es darauf ankommt, sehr beredt sein. Sie scheuen das Risiko und geben selbst dann noch nach, wenn sie sich im Recht fühlen.

Der Mond im Horoskop: Das Leitbild des Unbewußten

Der Mond; Holzschnitt von Hans Sebald Beham, um 1535. Mondgöttin Luna trägt die Mondsichel und sitzt auf einem einrädrigen Wagen, dessen Rad den Krebs zeigt, Schützling des Mondes im Tierkreis

Der Mond bewegt sich auf einer fast kreisförmigen Ellipsenbahn um die Erde und gewinnt seine Leuchtkraft durch die Sonne. Seine Herkunft ist rätselhaft. Er ist nicht, wie man lange Zeit glaubte, eine »Absplitterung« der Erde, sondern stammt aus einer anderen Welt, die er nach wissenschaftlichen Schätzungen vor etwa 4,6 Milliarden Jahren verließ, um im magnetischen Kraftfeld der Erde hängenzubleiben. Seither umrundet er unseren Planeten in genau 27,32166 Tagen.

Trotz Raumfahrt bleibt er geheimnisvoll: der Erdbegleiter Mond

Trotz der Landungen von Menschen auf dem Mond, gibt der Erdtrabant auch heute noch Rätsel auf. Er steuert die Gezeiten der Erde und hat auch auf viele Menschen eine Wirkung, die ursächlich bisher noch kaum erforscht werden konnte: Bei Mondwechsel schlafen viele schlecht oder sind nervös.

Astrologen stellen immer wieder einen rätselhaften Einfluß des Mondes auf die Gefühlswelt des Menschen fest. Von alters her wird er darum astrologisch als eines der beiden Hauptlichter (die Sonne ist das andere) den Planeten zugerechnet. Er ist das symbolische Leitbild für das Unbewußte, die Seele des Menschen. Der Mond verkörpert im Gegensatz zur rein männlichen Schöpferkraft der Sonne, die weibliche Seite, die sich in der Persönlichkeit des Individuums widerspiegelt.

Es ist die aus dem Mütterlichen stammende Erbmasse, die sich in Gefühlen und Empfindungen, aber auch in den Bindungen an Familie und Umwelt niederschlägt. Wer einen »guten Mond« hat, der wird die Menschen anziehen.

Die astrologische Kraft des Mondes

In der Astrologie symbolisiert der Mond aber auch das Veränderliche. Hier reagieren Menschen wie die Gezeiten im steten Auf und Ab: Mal sind sie fröhlich und durch nichts zu erschüttern, dann wieder launenhaft und niedergedrückt. In den Tierkreiszeichen findet er die verwandte Kraft im Krebs-Zeichen, dessen Regent er ist. Wie wirkt nun seine astrologische Kraft im Tierkreis und damit auf das Horoskop?

Mond im Widder fördert die gefühlsmäßige Impulsivität des Charakters, aber auch die stete Ungeduld und das aufbrausende Temperament des Individuums. In diesem Fall lernt der gradlinige Widder Launen kennen, die sich in einem recht angriffslustigen Wesen niederschlagen. Menschen, die den Mond im Widder haben, wollen unabhängig sein, ihren Willen durchsetzen. Sie lassen sich aber so sehr von ihren Gefühlen leiten, daß sie oft überstürzt handeln. Viel Gemüt zeigen sie in den zwischenmenschlichen Beziehungen.

Mond im Stier spiegelt eine konservative Grundtendenz wider. Hier ist man gemütvoll und sinnlich. Man hat viel Sinn für Kunst und Wissenschaft. Aber wegen des starken Wunsches nach finanzieller Sicherheit und Unabhängigkeit wird man kaum einen künstlerischen Beruf erwählen, sondern einen, der ihrer praktischen Veranlagung entspricht. Der Mond im Stier deutet auch auf Sinnes- und Genußfreude hin.

Der Mond treibt die Zwillinge in die Ferne

Mond in den Zwillingen zeigt die ewige Unruhe eines Menschen, der leicht erregbar ist und aus seiner Phantasie Ideen schöpfen kann. Man ist sehr mitteilsam, wechselt jedoch Meinungen. Fernweh und Reiselust gehören zusammen. Man liebt den Wechsel auch im persönlichen Bereich. Trotz mancher Launen ist man humorvoll und sehr kontaktfreudig.

Mond im Krebs deutet starke mütterliche Gefühle und – beim Mann – eine gefühlsmäßige Bindung an die Mutter an. In seinem eigenen Zeichen sorgt der Mond für einen Überschuß an Gemüt, das sich manchmal in einem recht launischen Charakter niederschlägt. Man ist sehr sensibel und reagiert dementsprechend. Hier liebt man ein gemütliches Heim. Leider ist man für die Umwelt oft unberechenbar.

Mond im Löwen schätzt das Rampenlicht. Da werden tiefe Gefühle zur Schau gestellt, man ist offenherzig und mitteilsam. Künstlerische Begabung ist vorhanden. Das Ich steht im Vordergrund, ist daher aber auch leichter zu verletzen. Man ist leidenschaftlich, sexbetont und trotzdem treu, wenn man sich einmal für einen Partner entschieden hat.

Im zwischenmenschlichen Bereich ist die Jungfrau auf (zu) großer Distanz

Mond in der Jungfrau läßt am ehesten Komplexe zu. Man versteckt seelische Gefühle hinter einer pingeligen Ordnungsliebe, übt gern Kritik und ist schnell beleidigt. Die Neugier ist durchaus positiv zu nehmen: In dieser Verbindung hat man wissenschaftliche Interessen. Schlechte Aspekte deuten auf Kleinigkeitskrämer hin.

Mond in der Waage spricht für viel Taktgefühl. Man ist auf seine äußere Erscheinung bedacht, aber leicht aus dem Gleichgewicht zu bringen. Man sucht Harmonie in allen Lebenslagen. Streit macht hier krank. Man reagiert sehr empfindlich, ist höflich und freundlich zu jedermann. Geduld ist die schwache Seite, auch eine gewisse Unausgeglichenheit ist vorhanden. Man gewinnt bei seinen Mitmenschen dennoch viel Sympathie.

Taktvolle Waage – der Mond bestärkt's

Mond im Skorpion läßt gern anecken. Hier liegen Sympathie und Antipathie nahe beieinander. Man ist sehr energisch und ein richtiges Arbeitstier. Privat wird man von Emotionen und Begierden vereinnahmt. Man will den Menschen an seiner Seite mit Haut und Haaren besitzen und reagiert sehr schnell eifersüchtig. Wird man beleidigt, sinnt man auf Rache.

Mond im Schützen kündet von einem recht beweglichen Menschen, der zu impulsiven Handlungen neigt. Anstrengungen im beruflichen Bereich nimmt man sportlich, und das zahlt sich aus, obwohl die Begeisterung meist schnell abklingt. Wer den Mond im Schützen hat, ist von einer inneren Unrast beseelt. Er strebt meist hinaus in die weite Welt. Man bleibt stets der Menschenfreund mit tiefschürfenden Gefühlen, aber leider auch dünnen Nervensträngen.

Schützen macht der Mond wechselhaft

Mond im Steinbock läßt das Leben manchmal zu ernst nehmen. Man ist ehrgeizig, macht sich jedoch alles viel zu schwer. In dieser Verbindung will man etwas gelten, hat aber bei allem auch gewisse seelische Bedenken, die möglicherweise sogar krank machen können. Menschen mit dem Mond im Steinbock arbeiten hart und sind sehr pflichtbewußt. In der privaten Sphäre spielt das Gefühl die entscheidende Rolle.

Mond im Wassermann deutet auf ein sprunghaftes Wesen hin. Die Kontaktfreude ist groß, in den zwischenmenschlichen Beziehungen braucht man viel Abwechslung. Man will selbst in einer festen Bindung noch freie Entschlüsse fassen können. Man ist zu jedermann freundlich, wirkt trotzdem distanziert.

Mond in den Fischen läßt auf eine sensible Natur mit zarter Seele schließen. In dieser Verbindung ist man leicht verwundbar und neigt zu Launen. Man hat großes Mitgefühl, weil man sich total in einen Mitmenschen hineindenken kann. Oft ist große Musikalität vorhanden, häufig auch eine Neigung zu okkulten Praktiken. Im Beruf könnte ein gewisses Phlegma schaden. In der Liebe ist man hingebungsvoll und treu.

Verstärkt die Sensibilität des Fischs: der Mond

Der Merkur im Horoskop schenkt logisches Denken

Der Planet Merkur; Holzschnitt von Hans Sebald Beham, um 1535. Über dem Arm des königlichen Kaufmanns sieht man das Zeichen des Merkurs und auf den Rädern des Wagens das Jungfrau- und Zwillinge-Zeichen, in denen der Planet Merkur herrscht

Merkur ist der Planet, der der Sonne am nächsten steht. Man sieht ihn von der Erde aus recht selten, weil er oft von der Sonne überstrahlt wird. In Mitteleuropa zum Beispiel kann man ihn im Jahr höchstens 15 bis 18 Stunden beobachten. Am Frühlingshimmel wird er kurze Zeit als Abendstern, am Herbsthimmel als Morgenstern sichtbar. Er kreist in stark pendelnder Bewegung einmal in etwa 88 Tagen um die Sonne, von der er sich höchstens um 28 Grad entfernt.

Astrologisch symbolisiert Merkur den Verstand und zwar im weitesten Sinne. Er schenkt das logische Denken und sorgt für Entscheidungen. Er vermittelt Gewandtheit in Rede und Schrift, aber auch jede Art von einträglichen Geschäften. Gut aspektiert, kann man Reaktionsschnelligkeit und geistige Beweglichkeit von ihm erwarten.

Der Sonne am nächsten, aber auch von ihr überstrahlt, schenkt der Merkur Verstand und Entscheidungsfreude

Schlechte Merkur-Aspekte deuten solch gute Eigenschaften um: Man hat es mit voreiligen Leuten zu tun, die meist den Mund zu voll nehmen, mit recht undurchsichtigen Geschäftsleuten, die mit reißerischen Werbesprüchen versuchen, ihre Ware an den Mann zu bringen. Der Planet schwankt zwischen männlicher und weiblicher Grundhaltung.

Als Morgenstern findet Merkur seine verwandte Kraft im Zwillinge-Zeichen, als Abendstern im Jungfrau-Zeichen.

Merkur im Widder verleiht Schlagfertigkeit und scharfsinniges Denken. Die Impulsivität kann zu überschnellen Entscheidungen führen, die man recht scharfzüngig vertreten wird. In Streitgesprächen will man das letzte Wort behalten, wobei der Sarkasmus manchmal überwiegt. Ideen werden oft so schnell aufgegriffen wie verworfen. Wer den Merkur im Widder stehen hat, ist ehrgeizig, zugleich aber ungeduldig.

Merkur im Stier gibt Ausdauer und Konsequenz in der Verfolgung einträglicher Geschäfte. Hier legt man Wert auf praktische Erfahrungen, aus denen materieller Nutzen gezogen werden kann. Wenn man den Erfolg anpeilt, kann man geduldig darauf warten. Die eigene Meinung wird meist starrköpfig vertreten. Gute Aspekte sagen bei Merkur im Stier eine künstlerische Neigung voraus, die mit mathematischer Begabung einhergeht. In dieser Verbindung wird viel gerechnet, und aus kleinsten Dingen werden wahre Wunderwerke gezaubert. Ein negativ aspektierter Merkur im Stier bedeutet materialistisches Denken und einen Hang zum Geiz.

Merkur in den Zwillingen steht im Horoskop meist nur bei gescheiten Leuten. Logisches Denken wurde hier zur Selbstverständlichkeit. Man ist schlagfertig und weiß, was man sagt, stets hervorragend zu begründen. Sehr sensibel werden äußere Reize erfaßt und umgesetzt. Bei schlechter Aspektierung bleibt freilich manches an der Oberfläche. Jeder, der den Merkur in den Zwillingen hat, wird manchmal sehr nervös reagieren.

Klug, aber nervös macht Merkur den Zwilling

Merkur im Krebs sorgt für sehr viel Phantasie und meist auch für ein phänomenales Gedächtnis. Gefühl ist hier alles, es lenkt auch das Denken. Mancher mit Merkur im Krebs kann Zukünftiges erahnen. Er ist jedoch leicht beeinflußbar, wobei Launen und Stimmungen bei schlechter Aspektierung ihn mal diese und mal jene Meinung annehmen lassen. Er hat es gern mit Geld zu tun, das er raffiniert zu mehren und für sich und seine nächsten Angehörigen oder Freunde gut anzulegen weiß.

Merkur im Löwen deutet auf einen guten Geschmack und intellektuelles Denken hin. Die eigene Willensstärke setzt man autoritär ein, Gefühle werden frei geäußert. Man gibt sich freundlich und zuvorkommend. An seinen Erfolgen läßt man nicht nur nahestehende Personen teilhaben. Wer Merkur im Löwen hat, ist ein geistiger Führer, manchmal aber auch – bei entsprechender Aspektierung – ein großer Verführer auf politischem Gebiet sowie im privaten Bereich.

Merkur in der Jungfrau verspricht Intelligenz und ein auf den Nutzen ausgerichtetes Denken. Hier kann ein analytischer Verstand, der oft eine phänomenale mathematische Begabung einschließt, Großes schaffen. Dies sollte sich allerdings auch in einem entsprechenden Vermögen niederschlagen. Mit Merkur in der Jungfrau erfaßt man schnell die schwierigsten Zusammenhänge. Nur im zwischenmenschlichen Bereich ist man eher scheu als draufgängerisch.

Der Jungfrau gibt er mathematische Begabung

Merkur in der Waage steuert neben einem charmanten Wesen auch ein geschliffenes Benehmen bei. Man versucht in allen Lebenslagen gerecht zu urteilen und zu vermitteln, wenn sich Streithähne balgen. Aus der Philosophie, oft auch aus der Astrologie zieht man Nutzen für sich selbst. Ein Vermögen ist der scharfe Verstand, aus dem man auch finanziellen Nutzen zieht. Schlecht aspektiert, sind Leute mit Merkur in der Waage oft sehr unentschlossen. Sie zögern Entscheidungen bis zum Sankt-Nimmerleins-Tag hinaus.

Merkur im Skorpion gibt kämpferischem Denken den Vorrang. Es herrscht wenig Rücksichtnahme auf die Gefühle anderer. Man erfaßt sehr leicht die Fehler seiner Mitmenschen und lernt daraus, eigene zu vermeiden. Pläne arbeitet man scharfsinnig aus und setzt sie dann mit großem Einsatz in die Tat um. Konzentration ist hier alles. Ein negativ gestellter Merkur deutet auf starke sexuelle Bedürfnisse und Dreistigkeit hin.

Merkur im Schützen fördert die Freimütigen im Tierkreis. Man hat Ideen und viele Pläne, die man theoretisch perfekt ausbaut, deren praktische Ausführung man jedoch gern anderen überläßt. Man denkt sozial und gerecht. Bei entsprechender Erziehung ist man sehr religiös oder zumindest einer tiefschürfenden Weltanschauung verpflichtet. Ein Mensch, der Merkur im Schützen stehen hat, wird sich in höchste Positionen vorarbeiten können, weil er in der Öffentlichkeit meist sehr geachtet ist. Bei negativer Aspektierung kann freilich aus ihm auch ein Moralprediger werden.

Merkur im Steinbock vermittelt kritisches Denken, das schnell Zusammenhänge erfaßt. Bei aller Scharfsinnigkeit bleibt man stets objektiv. Bedächtig, aber konzentriert verfolgt man hier das Ziel. Man hat eine gesunde Einstellung zu Geld und festen Werten. Dem geschulten Auge entgeht nichts. Bei zu großer Kraft- oder Geistesanspannung kann es bei einem schlecht aspektierten Merkur zu Depressionen oder nervlichen Überreaktionen kommen.

Bei Steinböcken: kritisches Denken und gesunder Materialismus

Merkur im Wassermann fördert die Originalität, die geistige Bereitschaft, etwas völlig Neues zu schaffen. Ein gutes Gedächtnis hilft, Zusammenhänge rasch zu entschlüsseln und nutzbringend in eigene Ideen einzubringen. Hier wird Menschenkenntnis geübt. Man ist witzig und schlagfertig und möchte geistige Unabhängigkeit bewahren. Zusammenarbeit wird großgeschrieben. Geduld ist freilich nicht die stärkste Seite derer, die Merkur im Wassermann stehen haben.

Merkur in den Fischen verleiht lebhafte Phantasie, die sich in gefühlsbetontem Denken niederschlägt. Die Umwelt findet Menschen, die Merkur in den Fischen haben, sehr sympathisch, weil sie ihr Streben eher in die ideelle Richtung lenken. Sie haben eine künstlerische Ader. Bei schlechter Aspektierung neigen sie freilich zu Überempfindlichkeit, grübeln zuviel und lassen sich leicht von anderen täuschen.

Die Venus im Horoskop symbolisiert das »kleine Glück«

Der Planet Venus; Holzschnitt von Hans Sebald Beham, um 1535. Über dem Arm der Göttin der Schönheit sieht man das Venus-Zeichen und auf den Rädern des Wagens das Stier- und Waage-Zeichen, in denen der Planet Venus herrscht

Die Venus überstrahlt zur Zeit ihrer größten Helligkeit alle Planeten und Fixsterne (außer Sonne und Mond). Ähnlich dem Merkur pendelt sie um die Sonne, wenn auch harmonischer, kreisförmiger. Sie wird als Abendstern und als Morgenstern sichtbar. Im Orient und in den Mittelmeerländern kann man sie sogar bei Tag am Himmel beobachten. Die Morgen- und Abendsternphasen dauern jeweils etwa ein Dreivierteljahr. Der Planet entfernt sich, von der Erde aus gesehen, höchstens um 47 Grad von der Sonne, die er in 224,7 Tagen einmal umrundet.

Dieser Planet, der den Namen der Liebesgöttin trägt, ist glücksbringend

Astrologisch ist die Venus, wie die gleichnamige römische Göttin, das Leitbild für Liebe, Sexualität, Harmonie und Schönheit. Die Venus gilt im Horoskop als glücksbringend. Sie symbolisiert das »kleine Glück«, das weniger vom Erfolgsstreben diktiert wird, als vielmehr von ethischen Grundsätzen. Sie ist wie der Mond betont weiblich. Darum offenbart sie im Horoskop des Mannes eher das Ziel seiner erotischen oder sexuellen Wünsche, bei der Frau mehr die Liebe.

Menschen, die, astrologisch gesehen, eine gute Venus haben, streben ein harmonisches Zusammenleben an. Sie genießen das Dasein und sind allen schönen Dingen zugetan. Sinnenfreude verleiht Venus in ihrem Taghaus vor allem dem Waage-Zeichen, Schönheitssinn im Nachthaus dem Stier-Zeichen.

Venus im Widder symbolisiert die heftigen, überschäumenden Gefühle im intimen Bereich. Es ist noch Liebe auf den ersten Blick im Spiele. Man ergibt sich einer fast hemmungslosen Sinnenfreude und wird selbst aktiv, wenn man eine Frau ist. Venus in einem so marsbetonten Zeichen fördert die Angriffslust, aber auch den gesellschaftlichen Schwung. Man entscheidet sich oft vorschnell, was dann den Grund für manche Trennungstendenzen bei schlechten Aspekten liefert.

Venus im Stier verleiht Schönheitssinn und eine Begabung für Kunst und Mode. In dieser Verbindung ist man musikalisch und sorgt für eine gepflegte Häuslichkeit, in der Gäste gern gesehen sind. Man liebt die Sinnenfreude, den Luxus und die Bequemlichkeit und ist absolut treu, wenn der Partner nicht enttäuscht. Leider ist der Hang zu allem Schönen manchmal mit hemmungsloser Verschwendungssucht gleichzusetzen.

Schönheitssinn weckt die Venus im Stier

Venus in den Zwillingen stellt das eigene Erleben in den Vordergrund, in vielen Fällen auch den Egoismus. Man verschenkt seine Gunst mal hier und mal da, was eine Partnerschaft immer etwas unsicher erscheinen läßt. Hier heiratet man früh, ist dann aber nicht sehr treu, zumal man sehr kontaktfreudig ist und schnell Bekanntschaften schließt. Man ist nett und höflich, aber in der Liebe ein wenig labil und im Beruf berechnend.

Venus im Krebs verlangt nach harmonischem Zusammenleben, das sehr gefühlsbetont verläuft. Man legt mehr Wert auf das Glück im kleinen. Hier und da bricht Sentimentalität durch und eine Sensibilität, die möglicherweise die Gefühle des Partners in Frage stellt. Die Phantasie beflügelt zu künstlerischen Werken, die Kochkunst eingeschlossen.

Löwen läßt sie leidenschaftlich werden

Venus im Löwen fördert der Liebe Leidenschaft zutage. In sexuellen Dingen kennt man keine Hemmungen, ist sehr selbstbewußt und trotzdem höflich und freundlich. Man liebt aber auch die Show, gibt sich großzügig und ist allen schönen Dingen gegenüber aufgeschlossen. Der Partner gilt als schöner Edelstein, mit dem man sich schmücken kann. Trotzdem ist man in den intimen Stunden sehr gefühlvoll und nur für die Liebe da. Negativ könnte eine zu große Freude am Genuß vermerkt werden.

Venus in der Jungfrau steht für die Moral im Gefühlssektor. Man ist dadurch ein wenig gehemmt, hemmt aber auch den Partner, an den man oft einen zu kritischen Maßstab anlegt. Man wirkt eher kühl als herzlich und hingebungsvoll. Möglicherweise schwelen im tiefsten Innern Minderwertigkeitsgefühle, die sich nach außen als aufgesetzte Forschheit tarnen. Man zeigt viel Mitgefühl und geht oft in der Sorge um andere mehr auf als in der alles vergessenden Liebe.

Zärtlich und sinnenfroh macht Venus die Waage

Venus in der Waage steht für die Sinnenfreude. Man gibt sich hin, wenn man liebt, und freut sich des Lebens. In dieser Verbindung ist man ein Lebenskünstler und hat eine Begabung für alles Schöne auf der Welt. Man ist sehr musikalisch und kann beim Anhören schöner Musik alles um sich her vergessen. Wer die Venus in der Waage besitzt, der ist beliebt. Der schätzt modische Kleidung und gilt deshalb manchmal als eitel. In der Ehe sucht man Kameradschaft und zärtliche Zuneigung, auch noch nach der silbernen Hochzeit.

Venus im Skorpion ist ein Zeichen für Sinnlichkeit. Man vergißt sich selbst, wenn man liebt: Sex ist eine Lebensnotwendigkeit! Man kann sich nur schwer beherrschen. Das Taktgefühl ist meist nicht hoch entwickelt. Man nimmt sich und seine

Gefühle zu ernst, um auch noch Verständnis für die Gefühle anderer aufbringen zu können.

Venus im Schützen ist charakteristisch für den geselligen Typ, der viel Auslauf braucht. Gefühle spricht man gern aus, zerredet sie dann aber manchmal. In Liebesdingen ist man oft unentschieden und heiratet möglicherweise früh. Es kann aber passieren, daß man danach noch mehrmals in den »sauren Apfel« beißt. Man handelt unüberlegt, weil man bei jedem Flirt schon glaubt, es sei die große Liebe. In dieser Verbindung ist häufig Verschwendungssucht festzustellen, wenn ein negativer Aspekt hinzukommt.

Der Schütze wird gesellig und schnell verliebt

Venus im Steinbock kennt noch die Treue, die ernsthafte Beziehung zu einem Menschen, den man liebt. Oft gerät man hier an einen älteren Partner, der schon seine Erfahrungen gemacht hat und nun endlich in einem herzlichen Verhältnis Ruhe sucht. Man kann in dieser Verbindung auch ohne Trauschein zusammenleben. Negativ könnte höchstens die Eifersucht vermerkt werden, die regelrecht krank macht.

Venus im Wassermann bringt Freundschaften ins Spiel, die die Liebe ersetzen können. Man ist charmant und jederzeit kontaktbereit. Recht eigenwillige Auffassungen hat man über Sex und Liebe, die man dem eigenen Bedürfnis nach Freiheit und Ungebundenheit anpassen möchte. Die Lust am Abenteuer überwiegt, weshalb man sich nicht gern festlegt. Manche Anstandsregel hält man für überholte Moral. Geistige Anregung erscheint wichtiger als liebevolle Anlehnung. Man hat Geschmack und künstlerischen Sachverstand. Erst in späteren Jahren ist man treu und kann sich dann auch in einer Ehe sehr wohlfühlen – vor allem, wenn man einen verständnisvollen Partner zur Seite hat.

Charmant, aber eigenwillig zeigt sich der Wassermann

Venus in den Fischen sorgt für starke Gefühlsaufwallungen. Man ist hingebungsvoll und der großen, alles vergessenden Liebe fähig, gerät jedoch manchmal an den falschen Partner und macht dann so seine Erfahrungen. Hier kann alles Gute in einem einzigen Menschen beschlossen sein, der sich aufopfert und hilfsbereit sein Letztes hergeben würde. Häufig wird man in dieser Verbindung Knecht seiner Triebe und seines empfindlichen Gemüts. Und man wird dann oft genug enttäuscht, so daß man schnell den Schlußstrich unter eine solche Beziehung ziehen möchte.

Der Mars im Horoskop steuert Tatkraft bei

Der Planet Mars; Holzschnitt von Hans Sebald Beham, um 1535. Vor dem Schild des römischen Kriegsgottes sehen wir das Horoskopzeichen des Planeten Mars und auf den Rädern die Tierkreiszeichen Widder und Skorpion, in denen Mars regiert

Der Mars ist der vierte Planet unseres Sonnensystems. Er läuft in einer ellipsenförmigen Bahn etwa 687 Tage um die Sonne. Dadurch ändert sich sein Abstand von der Erde, der zwischen 55 und 377 Millionen Kilometern liegt. Am besten ist der rötlich schimmernde Planet von der Erde aus zur Zeit der Opposition sichtbar, das heißt, wenn sich Sonne und Mars gerade gegenüberstehen.

Unter dem Einfluß des roten Planeten entwikkeln Menschen Willenskraft, Mut und Erfolgsstreben – aber auch viele negative Charaktermerkmale wie Unbeherrschtheit und Skrupellosigkeit

Astrologisch steht der Mars für Tatkraft, Durchsetzungsvermögen, Wille und kämpferisches Machtstreben. Er wird als der männliche Gegenspieler der Venus geschildert, der Tugenden ins Gegenteil verkehren kann. Er fördert die Konfliktbereitschaft. Positiv zu vermerken sind Aktivität, Mut und Erfolgsstreben, die Mars im Gefolge hat. Er ist gewissermaßen der Motor für Menschen, die kraftvoll auf ihr Ziel zusteuern.

Aber er ist auch der »Übeltäter« unter den Planeten, der die Schwächen eines sonst charakterstarken Menschen aufzeigt, die in einem fast blinden Vorwärtsstürmen und in einer vor Kraftproben nicht zurückschreckenden Mentalität liegen.

Der Mars kann das Ich in seiner schäbigsten Form verkörpern. Er stachelt den Ehrgeiz an, der sich mit starken Ellenbogen gegen alles durchsetzen will. Nicht umsonst ist der römische Kriegsgott sein Namensgeber. Der Mars steht in seinem Taghaus im Widder, im Nachthaus im Skorpion.

Mars im Widder läßt die typisch »marsischen« Eigenschaften in Erscheinung treten. Hier sieht man unerschrocken der Unbill des Lebens entgegen und meistert sie mit kämpferischen Mitteln. Tatkräftig setzt man sich durch und versucht, selbst den besten Freund auf dem Weg nach oben zu überrunden. Der Ehrgeiz ist hemmungslos, genauso die Ungeduld, mit der man das Leben zu meistern sucht. Die Vitalität sorgt für gesunde Nerven, da man sich immer ein Ventil sucht, um sich abzureagieren. Das sieht dann so aus, als ob man reizbar und leicht aufbrausend ist. In Wirklichkeit handelt es sich um die Abreaktion des eigenen Temperaments. Man streite nie mit einem Menschen, der Mars im Widder stehen hat; wenn er rot sieht, kann er alle Anstandsregeln verletzen. Übrigens verleiht Mars im Widder in der Liebe eine enorme Triebkraft.

Im Widder stachelt Mars den Ehrgeiz an

Mars im Stier sorgt dafür, daß Energien bevorzugt im finanziellen Bereich eingesetzt werden. Hier kann man nicht nachgeben, verfolgt beharrlich seine Ziele und verteidigt stur die eigene Meinung. Pläne werden sorgfältig erstellt und geduldig ausgeführt. In dieser Verbindung wird die ungestüme Kraft des Mars wohl von der Venus gebremst. In der Triebsphäre kann man jedenfalls mehr Sinnenfreude als rücksichtslose Durchsetzung eigener sexueller Wünsche feststellen.

Mars macht Zwillinge eifersüchtig, aber nur bis zum neuen Partner, der sich meist schnell findet

Mars in den Zwillingen sorgt für geistige Beweglichkeit, die sich in raschen, beruflichen Wechseln niederschlagen kann, zumal sich hier vielseitige Interessen ballen. Mit spitzer Zunge sucht man Widersacher aus dem Wege zu räumen. Schwächen eines Gegenspielers werden sofort ausgenützt und an die große Glocke gehängt. In dieser Verbindung ist man von sinnlicher Sexualität, die sich ein weites Betätigungsfeld wünscht.

Mars im Krebs fördert zwar den Willen, lenkt ihn aber mehr in den Gefühlsbereich. Nur unbewußt wird man Mitmenschen Schaden zufügen. Wer Mars im Krebs stehen hat, ist unruhig und ein wenig ungeduldig. Er engagiert sich schnell, springt aber ebenso rasch wieder ab. Schönster Zug in dieser Verbindung: Man versucht die Schwachen vor den Mächtigen zu schützen und lehnt sich gegen jeden Zwang auf.

Die große Liebesfähigkeit des Löwen kann unter Marseinfluß in despotisches Sexgebaren umchlagen

Mars im Löwen verleiht absoluten Führungsanspruch. Der Stolz ist durch nichts zu brechen. Man setzt die meist sehr durchdachten eigenen Pläne in die Tat um, koste es, was es wolle. Widerspruch läßt hart bis zur Ungerechtigkeit reagieren. Im zwischenmenschlichen Bereich ist man leidenschaftlicher Liebe fähig. Bei entsprechenden anderen Aspekten kann der Stolz in Eitelkeit und Rechthaberei umschlagen.

Mars in der Jungfrau bremst Energien, die sich um jeden Preis kraftvoll durchsetzen wollen, durch einen scharfen Intellekt. Man überlegt mehr und handelt nach Plan. Man arbeitet hart, um sich einen Platz an der Sonne zu erobern. Die intellektuelle Überlegenheit kann sich bei Aspektverletzungen in sture Besserwisserei verwandeln. Im intimen Bereich reagiert man in dieser Verbindung meist kühl oder sogar abweisend.

Für die Umwelt schwierig: die Mars-Launen der Waage

Mars in der Waage vermittelt großen Ehrgeiz, der aber leider erlahmt, sobald Schwierigkeiten auftauchen, die nur in geduldiger Kleinarbeit zu beseitigen sind. Man wird schließlich auf Umwegen sein Ziel erreichen: die Unabhängigkeit. In der Liebe ist man leidenschaftlich und kann sich schnell für einen Partner entscheiden. So ganz treu ist man aber nicht. Bei schlechten Aspekten treten üble Launen zutage.

Mars im Skorpion verleiht eine überwältigende Triebintensität, die den Gefühlen etwas Absolutes gibt. Hier wird ein Partner als unverkäufliches Eigentum vereinnahmt. Im Berufsleben kann man übereilt und sogar recht überheblich handeln. Man ist sehr oft ein schlechter Verlierer. Wenn der Stolz verletzt wird, schreit das nach Rache. Es sind die lauten Typen, die den Mars im Skorpion stehen haben.

Mars im Schützen verhilft zur Verwirklichung von Idealen. Man ist von allem begeistert, das der Gerechtigkeit dient, zugleich ist man sehr sozial. Den Willen zur Wahrheit wird man bis zur Selbstzerfleischung verfolgen. Man setzt sich in jeder Weise hervorragend für eigene und fremde Belange ein, verliert aber oft mittendrin die Lust. In Diskussionen wird man überzeugen. Bei Aspektverletzungen kommt allerdings unüberlegtes Handeln besonders häufig vor, das dann angestrebte Ziele nicht erreichen läßt.

Er steigert die Wahrheitsliebe des Schützen bis ins Extreme

Mars im Steinbock bedeutet Zähigkeit und Ausdauer bis zum Letzten. Man setzt seine Kräfte nur ein, wenn man weiß, daß das Ziel diesen Einsatz auch lohnt. Mit großer Geduld steuert man es an. Nur bei einer Aspektverletzung wird man durch Selbstüberschätzung Schaden nehmen. Um ans große Geld zu kommen, ist meist jedes Mittel recht. Möglicherweise ist aber Geiz im Spiele, der Ärger schaffen wird.

Mars im Wassermann bringt den Willen zur absoluten Freiheit zum Durchbruch. Man will völlig Neues schaffen und kommt dabei zu überragenden Ergebnissen. Diese läßt man allerdings von anderen auswerten, weil man schon wieder ein anderes Ziel angepeilt hat. Man wird die Umwelt durch Argumente zu überzeugen wissen. Bei Aspektverletzungen steigert man sich in eine Art »Revoluzzertum« hinein. Außerdem kommen abnorme Sexwünsche auf.

Auf sexuelle Abwege führt Mars den Wassermann

Mars in den Fischen liegt zwischen Gefühl und Willen. Man setzt sich vehement für andere ein und vergißt dabei manchmal das berufliche Fortkommen. Die eigene Meinung wird nur sehr versteckt vorgetragen, weshalb man in den Augen der Mitmenschen manchmal als heimtückisch gilt. Im zwischenmenschlichen Bereich ist man leicht zu verletzen und sucht dann abrupt das Weite. Man kommt dem, der diese Verbindung im Horoskop hat, selten ganz auf die Schliche. Er liebt die Heimlichkeit auch in der Partnerschaft.

Jupiter im Horoskop bedeutet Lebensfreude

Der Planet Jupiter; Holzschnitt von Hans Sebald Beham, um 1535. Über der Schale, die der mildtätige Gott Jupiter einem Bettler reicht, sieht man das Horoskopzeichen des Planeten und auf den Rädern des Wagens die Tierkreiszeichen Fische und Schütze, in denen der Planet Jupiter herrscht

Der gelblich-weiß strahlende Jupiter ist der weitaus größte und massereichste Planet unseres Sonnensystems. Sein Äquatordurchmesser beträgt 143 640 Kilometer (im Vergleich dazu der Durchmesser der Erde: 12 757 Kilometer). In 11 Jahren und 315 Tagen umläuft er die Sonne. Zwölf Monde begleiten ihn auf seiner Umlaufbahn, die er in teilweise symmetrischen Schleifen vollführt.

Nach dem Göttervater der antiken Mythologie benannt, verleiht der Jupiter Glück, Lebensfreude und Menschenfreundlichkeit

In der Astrologie symbolisiert der Planet Jupiter das Glück im weitesten Sinne. Er ist der große Wohltäter, der Weisheit, Religiosität und Ideale, jedoch auch Ruhm und Reichtum vermittelt.

Im Horoskop steht Jupiter für den Optimismus, die Lebensfreude des Individuums, dem er freilich bei schlechter Aspektierung manchen Nackenschlag versetzen kann. Er deutet auch das humanitäre Ziel an, die Pflichterfüllung anderen gegenüber, das Gesetz, dem man sich unterwerfen soll. Er verleiht Persönlichkeit, im negativen Sinn freilich auch Hochmut und Großspurigkeit.

Ein Jupiter in guter Position wird nach altem astrologischen Glauben Reichtum vermitteln können. Trotzdem bleibt man sozial. Unter Jupiter ist man eben großzügig und menschenfreundlich. Verwandte Kräfte findet er in seinem Taghaus im Tierkreiszeichen Schütze, im Nachthaus in den Fischen.

Jupiter im Widder steuert neben Tatkraft auch hohe Ideale bei. Hier reagiert man trotz allem Zielstreben gerecht und sozial. Die Energie wird manchmal »verpulvert«, weil man zu ungeduldig ist. Meist aber reicht die schöpferische Kraft, um Großes zu schaffen. Für eine gute Sache in Politik, Wissenschaft oder Weltanschauung ist man bereit zu kämpfen. Bei schlechter aspektiertem Jupiter kommt manchmal die Neigung zu fanatischem Einsatzwillen hinzu, der übers Ziel hinausschießt. Auch Glücksspieler haben hier und da einen »guten« Jupiter im Widder.

Jupiter im Stier sorgt für Mäßigung. Hier wird nichts übertrieben. Man ist großmütig und sozial eingestellt, solange man selbst reich genug ist. Die eigene Sicherheit geht halt vor. Mancher, der den Jupiter im Stier stehen hat, ist künstlerisch veranlagt. Bei einem schlechter gestellten Jupiter neigt man aber zu übermäßiger Genußsucht und kann dann sogar das Geld zum Fenster hinauswerfen.

Jupiter in den Zwillingen gibt Lebensfreude und Forscherdrang. Hier werden geistige Probleme mit der linken Hand gemeistert, man ist aufnahmefähig für alles, was den eigenen Horizont erweitert, zum Beispiel für Reisen in die weite Welt. Bei Aspektverletzungen wirkt man oft ruhelos und gibt sich hemmungslos den vermeintlichen Freuden dieser Welt hin.

Jupiter weckt im Krebs die Hilfsbereitschaft

Jupiter im Krebs verleiht die Gabe, Menschen in allen Lebenslagen zu helfen. Man ist beliebt, wird allerdings gern ausgenutzt. Man vermittelt ein Gefühl der Geborgenheit, das rechtzeitig auch materiell abgesichert wird. In dieser Verbindung sind romantische Schwärmer ebenso zu Hause wie gute Geschäftsleute, die durch eine hervorragende Kalkulation preiswerte Angebote machen. Ein wenig Vorsicht müßte man unterm Jupiter im Krebs bei den leiblichen Genüssen walten lassen.

Jupiter im Löwen erhöht die Stellung in der Gesellschaft. Man sonnt sich in der Bewunderung durch andere und erzielt auch durch ein gutes Verhältnis zum Geld hohe Gewinne, die man gern großzügig unters Volk streut. Das führt manchmal zu Größenwahn oder zu übermäßigem Genuß und zu Vergnügungen, die von den sonst so hohen Zielen ablenken können.

Bei schlechter Aspektierung macht er Jungfrauen geizig

Jupiter in der Jungfrau läßt trotz vorbildlicher Geisteshaltung Hemmungen erkennen. Man schafft lieber im stillen Kämmerlein und hängt Erfolge selten an die große Glocke. Geld wird zur eigenen Sicherheit auf die hohe Kante gelegt, das könnte bei schlechter Aspektierung zu Geiz führen. Wer den Jupiter in der Jungfrau hat, wird sehr methodisch arbeiten und Schülern viel beibringen können.

Jupiter in der Waage führt zu hohem Kunstsinn und verfeinertem Lebensstil. Man ist diplomatisch und versucht, gerecht zu urteilen. In den zwischenmenschlichen Beziehungen zeichnet man sich durch Charme und Liebenswürdigkeit aus. In dieser Verbindung ist man überall gern gesehen. In schlechteren Aspektierungen deutet sich ein Hang zum Leichtsinn und zum Verschleudern dessen an, was eigentlich Gewinn bringen müßte. Das macht der Spieltrieb, der unterm Jupiter in der Waage zur Leidenschaft wird.

Jupiter im Skorpion steigert manche gute Anlage ins Übermäßige. Man ist sehr selbstbewußt und leidenschaftlich darum bemüht, beruflich wie privat zum Ziele zu kommen. Mit besonderem Ehrgeiz geht man an alles heran, was Erfolg bringen kann. Man erweist anderen gern Gefälligkeiten, wenn man dabei selbst gewinnt. Auf der anderen Seite hilft man jedoch selbstlos den sozial Schwachen. Ein schlechter Zug: Man will um jeden Preis recht haben!

Jupiter im Schützen stützt den freien Geist, die nahezu philosophische Gelassenheit und das absolute Verlangen nach Ungebundenheit. In jeder Weise stärkt Jupiter seinen Schützlingen den Rücken, sorgt für viel Harmonie im zwischenmenschlichen Bereich, die nur gestört wird durch das Streben nach absoluter Freiheit. Man ist reiselustig und findet immer wieder Gelegenheit, aus dem bürgerlichen Alltag auszubrechen. Dies schlägt sich dann in einem recht wechselvollen Leben nieder, in dem freilich viele Erfolge aneinandergereiht werden können. Man hilft den sozial Schwachen manchmal so, daß man selbst finanziell in Engpässe gerät.

Ein Spekulant wird der Steinbock unter Jupiters Einfluß nicht

Jupiter im Steinbock führt zu großer Genauigkeit. Ehrgeizig und geradlinig verfolgt man sein Ziel, an dessen Ende der Erfolg schon eingeplant ist. Man kommt in alle möglichen Positionen und läßt sich gern feiern. Nur wenn es ums Geld geht, kann man recht zugeknöpft sein. Man konzentriert sich auf das Wesentliche und scheut das Risiko.

Jupiter im Wassermann läßt gewissermaßen für die klassenlose Gesellschaft eintreten. Man interessiert sich für alles, was diesem Ziel näherbringen kann. Auf seinem Weg zu Amt und Würden findet man einige Gönner. Man ist absolut tolerant. Wenn man eine Sache für gut hält, setzt man sich in dieser Verbindung bis zum Letzten dafür ein. Das kann bei entsprechenden Nebenaspekten auch eine revolutionäre Idee sein, mit der man die Gesellschaft umkrempeln will.

Jupiter in den Fischen schürft tief im seelischen Bereich. Unbewußt tut man hier das Richtige und erkennt messerscharf zukünftige Möglichkeiten. Jupiter sorgt in seinem zweiten Domizil für soziales Engagement und selbstlose Hilfe. Menschen, die solche Verbindung in ihrem Horoskop stehen haben, sind hellseherisch begabt. Ihre Menschenkenntnis ist verblüffend. Auch bei Jupiter in den Fischen ist Genußsucht angezeigt, die sich in großer Körperfülle niederschlagen kann.

Verleiht Jupiter Fischen das zweite Gesicht?

Der Saturn im Horoskop: die Macht der Finsternis

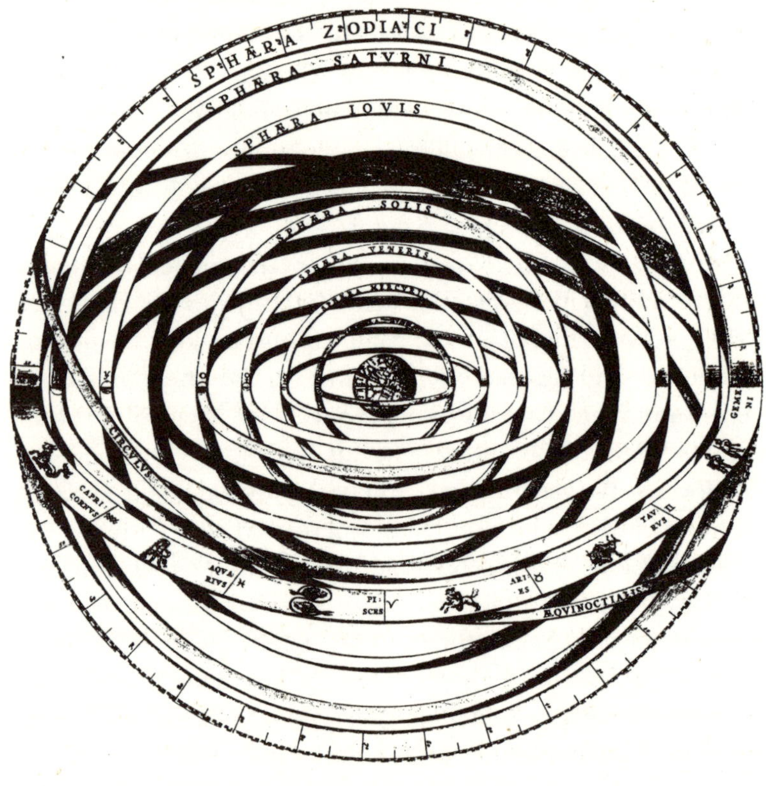

Der Planet Saturn war das äußerste Gestirn (»Sphära Satvrni«) im ptolemäischen Universum, das wir hier auf einer mittelalterlichen Darstellung sehen. Die Planeten Uranus, Neptun und Pluto waren vor zweitausend Jahren noch nicht entdeckt

Der von einem freischwebenden System flacher Kreisringe umgebene Saturn ist nach Jupiter der zweitgrößte Planet in unserem Sonnensystem. Er ist stärker abgeplattet als Jupiter und hat von allen Planeten die geringste Dichte. Die Sonne, von der er im Mittel etwa 1480 Millionen Kilometer entfernt ist, umkreist er einmal in 29½ Jahren.

Astrologisch steht der Saturn für »das große Unglück«, das der Menschheit widerfahren kann. Da gibt es Trennungen und

Hemmungen, Widerstände und Verluste, Schwierigkeiten und Verzögerungen. Er ist im übertragenen Sinne der Gegenspieler der Sonne und bringt Einsamkeit und Kälte ins Leben, die Macht der Finsternis.

Gegenspieler der Sonne, Unglücksbote, Finsterling ist der Saturn. Erst im Alter zeigt er sich den Menschen freundlicher

Aber er läßt auch durch mannigfaltige Bewährungsproben den Menschen reifen. Und darum ist er wohl derjenige, der im Alter Stütze und Halt gibt. Er sorgt für Beharrlichkeit und Gründlichkeit im Leben. Er hilft Erfolge abzusichern und gibt einen unerschütterlichen festen Standpunkt, freilich sorgt er für ein Zusammenhalten des Besitzes, der zu Geiz ausarten kann. Saturn steht in seinem Taghaus im Tierkreiszeichen Wassermann, im Nachthaus im Steinbock.

Saturn im Widder wirkt nicht fördernd auf die Verträglichkeit im zwischenmenschlichen Bereich. Hier ist man widerborstig und macht allen, die sich widersetzen, das Leben schwer. Das eigene Ich steht im Vordergrund. Man versucht, seinen Ehrgeiz zu versachlichen, verrennt sich aber immer wieder eigensinnig. Vielseitig begabt, drängt man in Führungspositionen und will dann den Despoten spielen.

Saturn im Stier sorgt für eine langsame, stetige Aufwärtstendenz. Hier geht man beharrlich aufs Ziel los. Man hat Geduld und liebt das Praktische, auch wenn Arbeiten nur gemächlich vorankommen. Fast ängstlich bemüht man sich, sein Geld zusammenzuhalten und es nur sicher anzulegen. Hier versetzt der Wille Berge. Trotzdem kommt man meist nicht aus der eigenen Enge heraus und leidet dann unter Lebensangst.

Im Stier fördert Saturn die Lebensangst

Saturn in den Zwillingen macht ernst, manchmal sogar schwermütig. Man möchte um jeden Preis Kontakte schaffen, um aus der beengenden Einsamkeit des eigenen Ichs herauszukommen. Man arbeitet konzentriert, um die Sorgen zu vergessen, die einem das Leben bereitet. Ein durchaus wacher Geist versucht, jede Einzelheit auf dem Schicksalsweg festzuhalten, weshalb mancher Literat den Saturn in den Zwillingen stehen hat. Auch hier besteht manchmal die Angst vor dem Morgen.

Saturn im Krebs kann Neurosen hervorrufen, weil sich immer wieder Hemmendes entgegenstellt. Deshalb ist man beizeiten auf die Absicherung des Vermögens bedacht, spart, wo es nur geht, und verliert dabei manchmal das Ziel aus den Augen. Seelischer Tiefgang herrscht vor, der aber leicht zu einer Abkapselung führt und sich in peinigender Härte gegenüber anderen und sich selbst niederschlägt. Man hängt an überkommenen Vorstellungen und ist eigentlich nie ganz zufrieden.

Der königliche Löwe wird unter Saturneinfluß leicht zum Diktator

Saturn im Löwen dämmt die königlichen Gefühle ein und verkehrt sie in Pflichten. In dieser Verbindung werden oft hohe Stellungen erreicht. Bei Aspektverletzung neigt man zu recht diktatorischen Anordnungen. Das eigene Ich will befehlen. Wem das nicht paßt, der wird aus dem Wege geräumt. Oft übertreibt man aber die Hauptrolle, die man spielt, ist hart gegen sich selbst und mimt den Gestreßten.

Saturn in der Jungfrau bewirkt, daß man sich gern in Dinge verbohrt, die harte Arbeit verlangen, die den Verstand herausfordern. Und dann grübelt man, bis man die Lösung gefunden hat. Hier ist man kritisch und von einem Ordnungssinn, der pedantisch wirkt. Die Gefühle gehen kaum tief, enden höchstens in melancholischer Stimmung.

Saturn in der Waage läßt die Verpflichtungen erkennen, die man im Leben erfüllen muß. Man ist stets mit Ernst und Einsatz bei der Sache, urteilt gerecht und zielsicher. Oft ist man künstlerisch veranlagt, verschenkt aber eher seine Werke, als daß man sie gewinnbringend an den Mann brächte. In der Liebe ist man hingebungsvoll. Die Gefühle gründen tief, schwinden jedoch schnell dahin, wenn sie keinen Widerhall finden.

Tüftler und Melancholiker fördert der Saturn in Skorpionen zutage

Saturn im Skorpion verhilft zu Durchsetzungskraft im Geschäftsleben. Man ist hartnäckig und will sich stets im rechten Licht betrachtet sehen. Mit kämpferischen Mitteln wird man sein Ziel zu erreichen suchen und dabei jeden vernichten, der sich in den Weg stellt. Bevor es zum Eklat kommt, weiß man aber meistens zu überzeugen, daß das, was man will, richtig ist. In dieser Verbindung sind die Tüftler zu Hause, die mit technischem Geschick Höchstleistungen erbringen, aber auch die melancholischen Typen, die über des Lebens Ernst zuviel grübeln.

Saturn im Schützen steht für Gerechtigkeit und Wahrheit. Man schöpft aus dem Glauben und versucht, andere ebenso davon zu überzeugen. Man philosophiert gern und hält sich an die Moral, die man sich selbst zimmert. In dieser Verbindung hat man etwas zu sagen und wird darum auch nicht vor verantwortungsvollen Ämtern und Positionen zurückscheuen. Man ist stets auf seinen guten Ruf bedacht und hütet sich ängstlich davor, Zielscheibe heftiger Kritik zu werden.

Saturn im Steinbock läßt Selbstbeherrschung üben. Das mühevolle Streben nach einem Platz an der Sonne macht leider manchmal krank. Aber man beißt sich durch. Saturn sorgt in seinem eigenen Zeichen dafür, daß man mit beiden Beinen fest auf der Erde steht. Man arbeitet sehr viel, aber nicht sehr schnell, dafür um so gründlicher. Faulenzer werden in dieser Verbindung verachtet. Hier ist man oft zu scheu, um in der Liebe letzte Erfüllung zu finden.

Zum Weltverbesserer macht Saturn den Wassermann

Saturn im Wassermann bewirkt, daß man die Welt verbessern möchte. Man will den Geheimnissen auf die Spur kommen, auch im Bereich der Grenzwissenschaften. Erstaunlich ist die Menschenkenntnis, die zu höheren Positionen befähigt. Man ist human und hilfsbereit. Bei schlechten Nebenaspekten wandelt sich der Menschenfreund in ein Individuum, das seine Mitmenschen recht kräftig übers Ohr hauen kann.

Saturn in den Fischen läßt zu viel grübeln über die ach, so böse Welt. Bei seelischem Tiefgang mündet solche Eigenschaft in eine Melancholie, die alles schwarz in schwarz malt. Man liebt dann die Einsamkeit, aus der man böse Blicke in die Umwelt schießt. Wer den Saturn in den Fischen stehen hat, braucht einen Menschen an seiner Seite, der behutsam das zarte Seelchen in Watte packt und dessen Träume auch mal in die Tat umsetzen will.

Die transsaturnischen Planeten im Horoskop

Der antiken Astrologie waren sie unbekannt: die transsaturnischen Planeten Uranus, Neptun und Pluto

Die symbolische Betrachtung der Planeten in unserem Sonnensystem bildet die Grundlage für ein astrologisches Deutungssystem. Zu den bisher besprochenen kommen nun die transsaturnischen Planeten, die von den Sterndeutern des Altertums noch nicht entdeckt waren, aber nach Meinung moderner Astrologen unser Schicksalsbild abrunden können.

Nicht viel Glück unterm Uranus

Da ist zunächst der Uranus, der nach Größe und Aufbau zu den großen Planeten, wie Jupiter und Saturn gehört. Er wurde erst mit Hilfe des Teleskops 1781 entdeckt, ist von grünlicher bis bläulicher Färbung und kann nur mit einem guten Fernglas am Himmel beobachtet werden. Seine Erdentferung schwankt zwischen 2600 und 3150 Millionen Kilometern. Für das Durchlaufen eines Tierkreiszeichens benötigt er sieben Jahre.

In der Astrologie werden die schicksalskräftigen Entsprechungen von Uranuswirkungen noch heute scharf diskutiert. Man ist sich aber einig, daß sie nicht viel Glück bringen können. Unvorhergesehene Ereignisse und Spannungen werden dem Einfluß des Planeten zugeschrieben. Trotzdem scheint auch eine durch nichts zu hemmende Energie von ihm abzustrahlen, die dafür sorgt, daß sich Neuerungen durchsetzen. Seine verwandte Kraft findet Uranus im Tierkreiszeichen Wassermann.

Uranus im Widder läßt eigene Ideen bis an die Grenze des Möglichen durchsetzen. Wie der Blitz fährt man auf jeden nieder, der sich einem entgegenstellt; man scheut vor keiner Gewaltanwendung zurück. In blindem Eifer kann man freilich auch viele Fehler machen.

Uranus im Stier verhilft durch kaum alltägliche Spekulationen zu finanziellem Zugewinn. Auch im Berufsleben kann man mit neuen Methoden allerhand erreichen. Aber leider urteilt man oft vorschnell, und das kann viele Fehler hervorrufen.

Uranus in den Zwillingen läßt Sprunghaftigkeit vermuten. Mit originellen Ideen überrascht man die Umwelt, setzt sich mit rednerischem Talent und rascher Auffassungsgabe durch, macht aber manches durch ein unruhiges Wesen zunichte.

Selbst von nahestehenden Personen löst sich der Krebs leicht unter Uranuseinfluß

Uranus im Krebs verleiht Einfallsreichtum, der zu künstlerischer Schöpferkraft befähigt. Leider ist man ein wenig wankelmütig und kann sich schlecht konzentrieren. Man liebt den Wechsel, oft auch die Loslösung von engen Bindungen.

Uranus im Löwen gibt schnellen Entschlüssen den Vorrang, die manchmal etwas abenteuerlich geraten. Persönlicher Mut bringt scheinbar Aussichtsloses doch noch zu Ende. Negativ: zügelloses Verhalten und Verschwendungssucht.

Uranus in der Jungfrau wirkt erschwerend auf die Zusammenarbeit mit anderen. Hier kommt man mit neuen Arbeitsmethoden und großer Geschicklichkeit voran, nervt aber mit allzu kritischer Haltung und taktlosem Benehmen.

Abweichungen vom Herkömmlichen passieren der Waage

Uranus in der Waage läßt großes Einfühlungsvermögen in künstlerische oder handwerkliche Berufe erahnen. Man geht im zwischenmenschlichen Bereich neue Wege; es kann zu Anpassungsschwierigkeiten und Überreizbarkeit kommen.

Uranus im Skorpion kann in allen Lebensbereichen zu Überreaktionen verführen. Mit scharfem Verstand und viel Leidenschaft setzt man sich kämpferisch für neue Ideale ein. Rücksicht nimmt man weder auf sich, noch auf andere.

Uranus im Schützen läßt überraschende Kehrtwendungen im Leben zu. Man wechselt Ideale und auch Weltanschauungen wie das Hemd und plant Revolutionäres. Spontan hilft man anderen. Die eigene Meinung wird fanatisch verfochten.

Uranus im Steinbock macht aus seinem Schützling einen Gipfelstürmer, der auch im Zickzackkurs zum Ziel gelangt. Der Charakter ist unbeugsam. Nur mangelnde Konzentrationsfähigkeit kann Schwierigkeiten bewirken.

Uranus im Wassermann fördert in jeder Weise fortschrittliche Bestrebungen. Der wache Geist setzt auch gegen größte Widerstände Neuerungen durch. Die Gegner einer konservativen Grundhaltung haben revolutionäre Ideen.

Rätselhafte Erfolge für den Fische-Menschen

Uranus in den Fischen läßt aus dem Unbewußten ungeahnte Kräfte schöpfen. Hier hofft man auf plötzliche Erfolge, die einem ohne Dazutun in den Schoß fallen. Man schwelgt in Träumen und fühlt sich von anderen oft unverstanden.

Neptun beflügelt die Phantasie

Auch durchs Fernrohr nur als mattes, bläuliches Licht zu erkennen: der Neptun

Der Planet Neptun wurde erst 1846 von dem Berliner Astronomen Galle entdeckt, nachdem man seine Bahn aus den Störungen der Uranusbahn vorausberechnet hatte. Neptun läuft in einem mittleren Abstand von 4494 Millionen Kilometern in 164,8 Jahren einmal um die Sonne. Für das Durchlaufen eines einzigen Tierkreiszeichens benötigt er 13,75 Jahre, wobei er ähnliche Schleifen wie Jupiter und Saturn bildet.

Astrologische Fachkreise sind sich in den Entsprechungen nicht ganz einig. Man glaubt aber allgemein, daß sein Einfluß die Aufnahmebereitschaft eines Menschen steigert, ebenso seine Beeinflußbarkeit. »Neptunische« Eigenschaften werden vor allem dem Tierkreiszeichen Fische zugeschrieben.

Neptun im Widder setzt Überempfindlichkeit in Reaktionen um, die träumerische Phantasien Wirklichkeit werden lassen können. Leider gerät man aber zu leicht in undurchsichtige Situationen, in denen sich der Instinkt abnutzen kann.

Neptun im Stier spielt Stimmungen hoch, die sowohl künstlerische Empfindungen, als auch Geschmacklosigkeiten hervorrufen können. Man hat viel Sinn für günstige Gelegenheiten, kann sie aber mangels Ausdauer oft nicht ausschöpfen.

Neptun in den Zwillingen läßt die Antenne für geistige Bestrebungen ausfahren. Man fühlt sich mit viel Phantasie ein. Eine natürliche Lebensweise wird bevorzugt. Negativ sind ein schwaches Gedächtnis und große Nervosität.

Neptun im Krebs läßt sehr tief schürfen, was aber auch manche Enttäuschung nach sich ziehen kann. Man fühlt sich oft unverstanden, opfert sich trotzdem gern für andere auf. Seelische Einfühlsamkeit kann hier auch zu schwermütigem Verhalten führen.

Neptun macht den Löwen leichtsinnig

Neptun im Löwen verführt zu überschäumender Begeisterungsfähigkeit, die natürlich auch ihre Schwächen hat, weil sie Wunschdenken in die falsche Richtung lenken kann. Man hat viel Sinn für Kunst und alles Schöne, trägt aber oft zu dicke Farben auf.

Neptun in der Jungfrau hat wirre Pläne im Gefolge, die von lohnenderen Zielen ablenken können. Hier wird ein manchmal schwieriger Menschentyp geschildert, dem große Heilkräfte nachgesagt werden, aber auch empfindliches Reagieren auf eigene Krankheitssymptome.

Neptun in der Waage verweist auf hohe Ideale in der Liebe und im Zusammenleben mit anderen Menschen. Leider verliert man dadurch leicht die Balance. Ein etwas unsicher wirkender Typ, der sich in Empfindungen ausleben kann.

Neptun im Skorpion fördert den eigenen Instinkt. Man kann die Schwächen anderer leicht durchschauen und sie für sich ausnützen. Wenn man eigene Schwächen erkennt, kann das zu Depressionen führen, weil man sie nicht wahrhaben will.

Neptun im Schützen läßt ein starkes Ahnungsvermögen erkennen. Man ist geistig beweglich, aber auch recht kritiklos gegenüber der Umwelt. Man gaukelt sich Ideale vor.

Neptun im Steinbock setzt innere Kräfte frei, die einen Hang zum Übersinnlichen oder zu tiefer Religiosität erkennen lassen. Man strebt Lebensziele auf dem geraden Weg an, um sie dann notfalls auch auf krummer Tour zu erreichen.

Neptun im Wassermann läßt Edelmut erkennen, eine Hinwendung zu sozialen Zielen. Wenn man diese nicht erreichen kann, setzt man raffinierte Taktiken ein, die von außen her als betrügerische Machenschaften gesehen werden könnten. Man läßt sich auch leicht beeinflussen.

Leicht manipulierbar: Wassermänner unter Neptun-Einfluß

Neptun in den Fischen setzt Träume manchmal in Wirklichkeit um. Hier schürft man seelisch sehr tief. Die pessimistische Grundhaltung läßt Selbsttäuschungen zu. Größte Zurückhaltung in den zwischenmenschlichen Beziehungen.

Pluto fördert den Fanatismus

Der Planet Pluto wurde erst 1930 aufgrund von Rechnungen über die Störungen der Umlaufbahnen von Uranus und Neptun entdeckt. Seine mittlere Entfernung von der Sonne beträgt 5910 Millionen Kilometer, seine Umlaufzeit 248 Jahre.

Pluto im Horoskop soll magische Anziehungskraft verleihen, aber auch zu Fanatismus tendieren lassen

Die astrologischen Forschungen brachten, bisher noch gravierender als beim Neptun, nur sehr vage Erkenntnisse, weshalb hier auch nicht von seinen Entsprechungen in den zwölf Tierkreiszeichen die Rede sein wird. Die meisten Astrologen stimmen jedoch darin überein, daß Pluto für den Machtwillen und die rücksichtslose Durchführung desselben steht.

Seine verwandte Kraft findet Pluto im Zeichen Skorpion, das durch ihn über verfeinerte Sinne und einen suggestiven Einfluß auf die Umwelt verfügen soll.

Der Aszendent im Tierkreis verändert das Charakterbild

Der Aszendent ist im Horoskop einer der wichtigsten Punkte. Auf unserem Horoskopschema sehen wir ihn als Punkt, der im Osten des Tierkreises aufgeht, und der mit dem westlichsten Punkt, dem Deszendenten, die Horizontalachse des Horoskops bildet. In unserem Schema ist Süden oben, weil dort ja in unseren Breiten die Sonne am höchsten steht

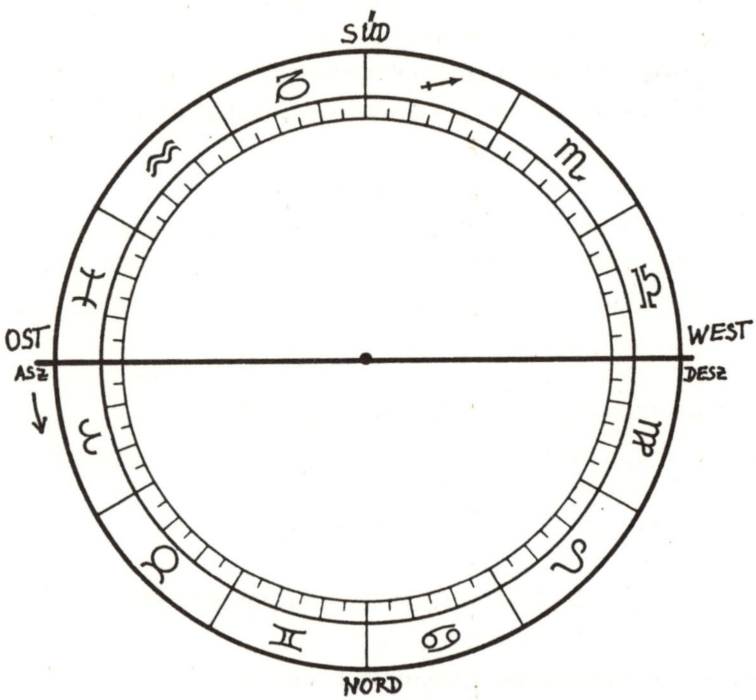

Einer der wichtigsten Punkte im Tierkreis bei der Erstellung eines Horoskops ist der Aszendent, jenes Zeichen, das in der Minute der Geburt gerade am östlichen Horizont aufgeht. Der Aszendent strahlt gewissermaßen Kräfte aus, die sich mit dem Tierkreiszeichen eines Menschen verbinden. Durch ihn kann zum Beispiel das Charakterbild eines Menschen um Nuancen, manchmal aber so sehr verändert werden, daß das Geburts-Tierkreiszeichen regelrecht in den Schatten gestellt wird. Er kann unser Schicksal in positiv und negativ beeinflussen.

So berechnen Sie Ihren Aszendenten

Neben Ihrem Geburtsdatum, der Geburtsminute und dem Geburtsort ist es zunächst erforderlich, daß Sie auch die genaue Ortszeit Ihrer Geburt kennen. In Tabelle 1 finden Sie daher die für Ihren Geburtsort zutreffende Zeitkorrektur. Sollten Sie Ihren Geburtsort nicht unter den angegebenen Städten vorfinden, dann nehmen Sie die Korrektur für die Ihrem Geburtsort nächstgelegene Stadt vor. Bei dem Vorzeichen Plus (+) müssen Sie die Minutenzahl zu Ihrer Geburtszeit hinzuzählen, entsprechend bei dem Vorzeichen Minus (–) die angegebene Minutenzahl abziehen.

Von entscheidender Bedeutung: die Geburtsminute

Eine weitere Korrektur Ihrer Geburtszeit müssen Sie vornehmen, wenn Sie an einem Tag geboren wurden, an dem die Sommerzeit galt. In Deutschland gab es in folgenden Zeitabschnitten Sommerzeiten:

1. April 1940, 2 h bis 2. November 1942, 3 h
29. März 1943, 2 h bis 4. Oktober 1943, 3 h
3. April 1944, 2 h bis 2. Oktober 1944, 3 h
2. April 1945, 2 h bis 16. September 1945, 2 h
14. April 1946, 2 h bis 7. Oktober 1946, 3 h
(11. Mai 1946, 3 h bis 29. Juni 1946, 3 h doppelte Sommerzeit!)
6. April 1947, 3 h bis 5. Oktober 1947, 3 h
18. April 1948, 2 h bis 3. Oktober 1948, 3 h
10. April 1949, 2 h bis 2. Oktober 1949, 3 h
Zusätzlich gab es in Berlin und in der Ostzone doppelte Sommerzeit vom 24. Mai 1945,2 h bis 24. September 1945, 3 h, und vom 24. September 1945, 3 h bis 18. November 1945, 3 h, einfache Sommerzeit; 1949 begann dort die Sommerzeit am 10. April, 3 h.

Österreich:
1940 bis 1944 gleiche Sommerzeit wie Deutschland; 2. April 1945, 2 h bis 18. November 1945, 3 h; 1946 bis 1948 gleiche Sommerzeit.

Schweiz:
5. Mai 1941, 2 h bis 6. Oktober 1941, 0 h
4. Mai 1942, 2 h bis 5. Oktober 1942, 0 h.

Seit 1980 gelten in Deutschland, Österreich und der Schweiz folgende Sommerzeiten:

6. 4. 1980, 2 h bis 28. 09. 1980, 3 h	30. 3. 1997, 2 h bis 26. 10. 1997, 3 h
29. 3. 1981, 2 h bis 27. 09. 1981, 3 h	29. 3. 1998, 2 h bis 25. 10. 1998, 3 h
28. 3. 1982, 2 h bis 26. 09. 1982, 3 h	28. 3. 1999, 2 h bis 31. 10. 1999, 3 h
27. 3. 1983, 2 h bis 25. 09. 1983, 3 h	26. 3. 2000, 2 h bis 29. 10. 2000, 3 h
25. 3. 1984, 2 h bis 30. 09. 1984, 3 h	25. 3. 2001, 2 h bis 28. 10. 2001, 3 h
31. 3. 1985, 2 h bis 29. 09. 1985, 3 h	31. 3. 2002, 2 h bis 27. 10. 2002, 3 h
30. 3. 1986, 2 h bis 28. 09, 1986, 3 h	30. 3. 2003, 2 h bis 26. 10. 2003, 3 h
29. 3. 1987, 2 h bis 27. 09. 1987, 3 h	28. 3. 2004, 2 h bis 31. 10. 2004, 3 h
27. 3. 1988, 2 h bis 25. 09. 1988, 3 h	27. 3. 2005, 2 h bis 30. 10. 2005, 3 h
26. 3. 1989, 2 h bis 24. 09. 1989, 3 h	26. 3. 2006, 2 h bis 29. 10. 2006, 3 h
25. 3. 1990, 2 h bis 30. 09. 1990, 3 h	25. 3. 2007, 2 h bis 28. 10. 2007, 3 h
31. 3. 1991, 2 h bis 29. 09. 1991, 3 h	30. 3. 2008, 2 h bis 26. 10. 2008, 3 h
29. 3. 1992, 2 h bis 27. 09. 1992, 3 h	29. 3. 2009, 2 h bis 25. 10. 2009, 3 h
28. 3. 1993, 2 h bis 26. 09. 1993, 3 h	28. 3. 2010, 2 h bis 31. 10. 2010, 3 h
27. 3. 1994, 2 h bis 25. 09. 1994, 3 h	27. 3. 2011, 2 h bis 30. 10. 2011, 3 h
26. 3. 1995, 2 h bis 24. 09. 1995, 3 h	25. 3. 2012, 2 h bis 28. 10. 2012, 3 h
31. 3. 1996, 2 h bis 27. 10. 1996, 3 h	31. 3. 2013, 2 h bis 27. 10. 2013, 3 h

Sollte Ihr Geburtstag unter eine dieser Zeiten fallen, so müssen Sie eine Stunde von Ihrer Geburtszeit abziehen, bei doppelter Sommerzeit zwei Stunden.

Beim Berechnen darf man nicht von der Sommerzeit ausgehen

Nun kennen Sie die Ortszeit Ihrer Geburt. Als nächstes müssen Sie in der Sternzeittabelle die für Ihren Geburtstermin angegebene Sternzeit heraussuchen. Die Sternzeit am 15. Mai beträgt zum Beispiel 15.30 Uhr. Jetzt brauchen Sie nur noch die errechnete Ortszeit und die gefundene Sternzeit zu addieren. Die gefundene Zeit müssen Sie jetzt noch in Tabelle 3 unter der für Ihren Geburtsort in Tabelle 1 angegebenen Breitengradzahl nachschauen, und damit haben Sie Ihr Aszendenten-Zeichen gefunden.

Tabelle 1 zur Berechnung der Ortszeit

Aachen (51°)	–36 Min.	Klagenfurt (47°)	– 3 Min.
Augsburg (48°)	–16 Min.	Koblenz (50°)	–26 Min.
Baden-Baden (49°)	–27 Min.	Köln (51°)	–32 Min.
Bamberg (50°)	–16 Min.	Königsberg (55°)	+22 Min.
Basel (48°)	–30 Min.	Konstanz (48°)	–23 Min.
Berlin (53°)	– 6 Min.	Lausanne (46°)	–33 Min.
Bern (47°)	–29 Min.	Leipzig (51°)	–10 Min.
Bielefeld (52°)	–26 Min.	Lienz (47°)	– 9 Min.
Bonn (51°)	–31 Min.	Lindau (47°)	–21 Min.
Braunschweig (52°)	–18 Min.	Linz/Donau (48°)	– 3 Min.
Bregenz (47°)	–21 Min.	Lübeck (54°)	–17 Min.
Bremen (53°)	–25 Min.	Luxemburg (50°)	–35 Min.
Breslau (51°)	+ 8 Min.	Luzern (47°)	–27 Min.
Chemnitz (51°)	– 8 Min.	Magdeburg (52°)	–13 Min.
Danzig (54°)	+15 Min.	Mainz (50°)	–27 Min.
Donaueschingen (48°)	–26 Min.	Mannheim (49°)	–26 Min.
Dortmund (52°)	–30 Min.	München (48°)	–14 Min.
Dresden (51°)	– 5 Min.	Münster (52°)	–30 Min.
Düsseldorf (51°)	–33 Min.	Nürnberg (49°)	–16 Min.
Duisburg (51°)	–33 Min.	Oldenburg (53°)	–27 Min.
Emmerich (52°)	–35 Min.	Osnabrück (52°)	–28 Min.
Essen (51°)	–32 Min.	Passau (49°)	– 6 Min.
Flensburg (55°)	–22 Min.	Regensburg (49°)	–12 Min.
Frankfurt/Main (50°)	–25 Min.	Rostock (54°)	–12 Min.
Freiburg (48°)	–29 Min.	Saarbrücken (49°)	–32 Min.
Garmisch (47°)	–16 Min.	Salzburg (48°)	– 8 Min.
Genf (46°)	–35 Min.	St. Gallen (47°)	–22 Min.
Göttingen (51°)	–20 Min.	Straßburg (49°)	–29 Min.
Graz (47°)	+ 2 Min.	Stuttgart (49°)	–23 Min.
Halle (52°)	–12 Min.	Trier (50°)	–33 Min.
Hamburg (54°)	–20 Min.	Tübingen (49°)	–24 Min.
Hannover (52°)	–21 Min.	Ulm (48°)	–20 Min.
Heidelberg (49°)	–25 Min.	Villach (47°)	– 4 Min.
Hof (50°)	–12 Min.	Weimar (51°)	–15 Min.
Innsbruck (47°)	–14 Min.	Westerland/Sylt (55°)	–27 Min.
Jena (51°)	–14 Min.	Wien (48°)	+ 6 Min.
Kaiserslautern (49°)	–29 Min.	Wiesbaden (50°)	–27 Min.
Karlsruhe (49°)	–26 Min.	Würzburg (50°)	–20 Min.
Kassel (51°)	–22 Min.	Wuppertal (51°)	–31 Min.
Kiel (54°)	–20 Min.	Zürich (47°)	–26 Min.

Tabelle 2: Sternzeit

Tag	*Jan. Uhrzeit*	*Feb. Uhrzeit*	*März Uhrzeit*	*April Uhrzeit*	*Mai Uhrzeit*	*Juni Uhrzeit*
1	6.37	8.40	10.34	12.36	14.35	16.37
2	6.41	8.44	10.38	12.40	14.38	16.41
3	6.45	8.48	10.42	12.44	14.42	16.45
4	6.49	8.52	10.46	12.48	14.46	16.49
5	6.53	8.55	10.50	12.52	14.50	16.52
6	6.57	8.59	10.54	12.56	14.54	16.56
7	7.01	9.03	10.58	13.00	14.58	17.00
8	7.05	9.07	11.02	13.04	15.02	17.04
9	7.09	9.11	11.06	13.08	15.06	17.08
10	7.13	9.15	11.10	13.12	15.10	17.12
11	7.17	9.19	11.13	13.16	15.14	17.16
12	7.21	9.23	11.17	13.20	15.18	17.20
13	7.25	9.27	11.21	13.24	15.22	17.24
14	7.29	9.31	11.25	13.27	15.26	17.28
15	7.33	9.35	11.29	13.31	15.30	17.32
16	7.37	9.39	11.33	13.35	15.34	17.36
17	7.41	9.43	11.37	13.39	15.38	17.40
18	7.45	9.47	11.41	13.43	15.42	17.44
19	7.48	9.51	11.45	13.47	15.45	17.48
20	7.52	9.55	11.49	13.51	15.49	17.52
21	7.56	9.59	11.53	13.55	15.53	17.56
22	8.00	10.02	11.57	13.59	15.57	18.00
23	8.04	10.06	12.01	14.03	16.01	18.03
24	8.08	10.10	12.05	14.07	16.05	18.07
25	8.12	10.14	12.09	14.11	16.09	18.11
26	8.16	10.18	12.13	14.15	16.13	18.15
27	8.20	10.22	12.17	14.19	16.17	18.19
28	8.24	10.26	12.20	14.23	16.21	18.23
29	8.28	10.30	12.24	14.27	16.25	18.27
30	8.32		12.28	14.31	16.29	18.31
31	8.36		12.32		16.33	

Tag	*Juli Uhrzeit*	*Aug. Uhrzeit*	*Sept. Uhrzeit*	*Okt. Uhrzeit*	*Nov. Uhrzeit*	*Dez. Uhrzeit*
1	18.35	20.37	22.39	0.38	2.40	4.38
2	18.39	20.41	22.43	0.42	2.44	4.42
3	18.43	20.45	22.47	0.46	2.48	4.46
4	18.47	20.49	22.51	0.50	2.52	4.50
5	18.51	20.53	22.55	0.54	2.56	4.54
6	18.55	20.57	22.59	0.57	3.00	4.58
7	18.59	21.01	23.03	1.01	3.04	5.02
8	19.03	21.05	23.07	1.05	3.08	5.06
9	19.07	21.09	23.11	1.09	3.11	5.10
10	19.10	21.13	23.15	1.13	3.15	5.14
11	19.14	21.17	23.19	1.17	3.19	5.18
12	19.18	21.21	23.23	1.21	3.23	5.22
13	19.22	21.25	23.27	1.25	3.27	5.26
14	19.26	21.29	23.31	1.29	3.31	5.29
15	19.30	21.32	23.35	1.33	3.35	5.33
16	19.34	21.36	23.39	1.37	3.39	5.37
17	19.38	21.40	23.43	1.41	3.43	5.41
18	19.42	21.44	23.46	1.45	3.47	5.45
19	19.46	21.48	23.50	1.49	3.51	5.49
20	19.50	21.52	23.54	1.53	3.55	5.53
21	19.54	21.56	23.58	1.57	3.59	5.57
22	19.58	22.00	0.02	2.01	4.03	6.01
23	20.02	22.04	0.06	2.04	4.07	6.05
24	20.06	22.08	0.10	2.08	4.11	6.09
25	20.10	22.12	0.14	2.12	4.15	6.13
26	20.14	22.16	0.18	2.16	4.19	6.17
27	20.18	22.20	0.22	2.20	4.22	6.21
28	20.21	22.24	0.26	2.24	4.26	6.25
29	20.25	22.28	0.30	2.28	4.30	6.29
30	20.29	22.32	0.34	2.32	4.34	6.33
31	20.33	22.36		2.36		6.36

Tabelle 3: Hier finden Sie Ihren Aszendenten

	47° *Uhrzeit*	*48°* *Uhrzeit*	*49°* *Uhrzeit*
Löwe	0.36– 3.18	0.34– 3.16	0.31– 3.14
Jungfrau	3.19– 6.00	3.17– 6.00	3.15– 6.00
Waage	6.01– 8.41	6.01– 8.43	6.01– 8.45
Skorpion	8.42–11.23	8.44–11.27	8.46–11.31
Schütze	11.24–13.50	11.28–13.55	11.32–14.00
Steinbock	13.51–15.41	13.56–15.45	14.01–15.48
Wassermann	15.42–16.58	15.46–17.00	15.49–17.02
Fische	16.59–18.00	17.01–18.00	17.03–18.00
Widder	18.01–19.01	18.01–18.59	18.01–18.57
Stier	19.02–20.19	19.00–20.15	18.58–20.11
Zwillinge	20.20–22.10	20.16–22.05	20.12–22.00
Krebs	22.11– 0.35	22.06– 0.33	22.01– 0.33
	50° *Uhrzeit*	*51°* *Uhrzeit*	*52°* *Uhrzeit*
Löwe	0.26– 3.12	0.21– 3.10	0.16– 3.08
Jungfrau	3.13– 6.00	3.11– 6.00	3.09– 6.00
Waage	6.01– 8.47	6.01– 8.49	6.01– 8.52
Skorpion	8.48–11.35	8.50–11.39	8.53–11.43
Schütze	11.36–14.05	11.40–14.10	11.44–14.15
Steinbock	14.06–15.52	14.11–15.56	14.16–16.01
Wassermann	15.53–17.04	15.57–17.06	16.02–17.09
Fische	17.05–18.00	17.07–18.00	17.10–18.00
Widder	18.01–18.55	18.01–18.53	18.01–18.51
Stier	18.56–20.07	18.54–20.03	18.52–19.59
Zwillinge	20.08–21.55	20.04–21.51	20.00–21.45
Krebs	21.56– 0.25	21.52– 0.20	21.46– 0.15

	53° *Uhrzeit*	54° *Uhrzeit*	55° *Uhrzeit*
Löwe	0.13– 3.06	0.08– 3.04	0.05– 3.01
Jungfrau	3.07– 6.00	3.05– 6.00	3.02– 5.56
Waage	6.01– 8.54	6.01– 8.56	5.57– 8.54
Skorpion	8.55–11.47	8.57–11.52	8.55–11.49
Schütze	11.48–14.20	11.53–14.26	11.50–14.22
Steinbock	14.21–16.06	14.27–16.10	14.23–16.07
Wassermann	16.07–17.11	16.11–17.14	16.08–17.10
Fische	17.12–18.00	17.15–18.00	17.11–18.00
Widder	18.01–18.49	18.01–18.46	18.01–18.44
Stier	18.50–19.55	18.47–19.50	18.45–19.47
Zwillinge	19.56–21.39	19.51–21.33	19.48–21.30
Krebs	21.40– 0.12	21.34– 0.07	21.31– 0.04

Hier nun noch ein Rechenbeispiel, das Ihnen das Errechnen Ihres Aszendenten verdeutlichen soll:

Bitte beachten Sie: Wenn die errechnete Sternzeit über 24 Stunden hinausgeht, ziehen Sie davon wieder 24 Stunden ab! Beispiel: Sie haben 37 Uhr 25 errechnet, minus 24 Stunden, und Ihre richtige Sternzeit lautet 13 Uhr 25.

Geburt 28. November 1940 um 5 Uhr 51 in Berlin

1. Geburtszeit	5 Uhr 51
2. Ortszeit: Korrektur für den Geburtsort Berlin (Tabelle 1)	– 6
	5 Uhr 45
Da am 28. November 1940 Sommerzeit war, ziehen wir eine Stunde ab	– 1 Uhr 00
	4 Uhr 45
3. Die Sternzeit des 28. November wird zur erhaltenen Ortszeit addiert (Tabelle 2)	+ 4 Uhr 26
Das ergibt die eigentliche Sternzeit	9 Uhr 11

4. Der Aszendent für 9 Uhr 11 bei einem Breitengrad von 53° für Berlin ist nach Tabelle 3 Skorpion.

Aszendenten des Tierkreiszeichens Widder

Aszendent Widder verstärkt die Durchsetzungskraft des im Widder-Zeichen Geborenen, macht realistischer, aber auch aggressiver. Nach außen schreckt man vor nichts zurück, im positiven wie im negativen Sinne. Im zwischenmenschlichen Bereich will man um jeden Preis das Sagen haben.

Aszendent Stier bewirkt im Widder-Zeichen ein mehr sanguinisches Temperament. Man ist zwar langsamer, dafür aber um so gründlicher. Alle Anstrengungen werden beharrlich bis zum Ziel durchgeführt. Der Widder Aszendent Stier ist weniger herrschsüchtig, und bei aller Freigebigkeit sparsamer. Man gibt auch nach, wenn man einsieht, daß man falsch liegt.

Verführt zur Ziellosigkeit: Zwillinge als Aszendent des Widders

Aszendent Zwillinge erzeugt Launen bei dem sonst so geradlinigen Widder, der vor lauter Neugier nun auch einmal nach rechts und links schaut. In dieser Verbindung ist der Eigensinn mit etwas Gutmütigkeit gepaart. Die Vernunft wird eher als die Kraft obsiegen. Begeisterungsfähigkeit und Einfallsreichtum werten die etwas nüchterne Widder-Natur auf.

Aszendent Krebs läßt den Widder oft an sich selbst zweifeln. Er tritt zwar sicher und weltgewandt auf, ist aber innerlich ein wenig zerrissen. Auch Launen kommen ins Spiel, man will alles besser wissen. Der Widder Aszendent Krebs ist leicht verletzt, kann aber wie der Elefant im Porzellanladen auftreten. Gute Stimmung wird plötzlich tiefster Niedergeschlagenheit weichen. Man fühlt sich anderen überlegen, ist es aber nicht.

Aszendent Löwe läßt den Widder zum Energiebündel werden, das sein Ziel mit letzter Konsequenz verfolgt. Aber Aszendent Löwe verführt auch zur Eitelkeit. Mit ihm wird der Widder oft zum Salonlöwen, der über gute Freunde Karriere macht. Sein Ehrgefühl ist überspitzt; wer ihn nicht mag, bekommt dies zu spüren. Trotzdem ist er großzügig und hilfsbereit.

Seine Brutalität macht dem Widder Aszendent Jungfrau ein schlechtes Gewissen

Aszendent Jungfrau setzt sich im Widder durch: Des Widders Ideale werden ins Materialistische übersetzt. Man hat Disziplin, drängt nicht mehr ganz so stürmisch vorwärts, sondern bedenkt vorher seine Schritte. Auf der anderen Seite kann ein Widder Aszendent Jungfrau alles brutal beiseite räumen, was sich ihm in den Weg stellt.

Aszendent Waage bremst des Widders Machthunger, bewirkt jedoch eine gewisse innere Zerrissenheit. Man liebt die Harmonie und ergreift die Initiative, wenn es darum geht, anderen Menschen aus der Patsche zu helfen. Hier herrscht Freundlichkeit, was nicht daran hindert, andere diplomatisch umzustimmen. Künstlerische Begabung wird genutzt, um Kunst so teuer wie möglich an den Mann zu bringen.

Willensstärke und Arbeitskraft: der Widder Aszendent Skorpion

Aszendent Skorpion verstärkt beim gewiß nicht zimperlichen Widder den Hang zum Despoten. Hier wird hart und unumstößlich entschieden, schroff kritisiert und mit letzter Energie alles vorangetrieben, was dem eigenen Ich Nutzen bringen kann. In der Liebe ist man leidenschaftlich.

Aszendent Schütze schwächt die allzu feurige Energie etwas ab. Dafür ist der Widder Aszendent Schütze meistens ein sehr redefreudiges Individuum, das viele Freunde findet. Er ist beweglich und versucht, sich auf langen Reisen weiterzubilden. Wortgefechte sind ihm lieber als tätliche Auseinandersetzungen. Mit geistigen Mitteln versucht man oft sehr demagogisch die Mitmenschen zu leiten und zu lenken.

Aszendent Steinbock macht den Widder wortkarg. Aber das Schweigen hat System: Man kann ihm nicht so recht trauen. Hier verfolgt man fanatisch ein einmal als richtig erkanntes Ziel. Nur im Innern zeigt sich oft Unsicherheit.

Nur auf flüchtige Eroberungen aus ist der Widder Aszendent Wassermann

Aszendent Wassermann weckt die Streitlust im Widder, aber er stützt auch seine Ideale. Rücksichtslos will man alles durchsetzen, wenn es nur Erfolg bringt. Man strebt nach absoluter Unabhängigkeit. Aus dieser Verbindung kommen die Erfinder, aber auch die großen Schwindler, die in der Liebe das Blaue vom Himmel versprechen können.

Aszendent Fische läßt den Widder die eigenen Fähigkeiten in rosarotem Licht sehen. Das kann zu Überheblichkeit und zu falschen Schlüssen führen, aber auch zu Niedergeschlagenheit und zu Depressionen. Widder Aszendent Fische wird mehr das Wir statt das Ich herausstellen. Seine Hilfsbereitschaft wird sich vor allem auf wirtschaftlich Schwache erstrecken.

Aszendenten des Tierkreiszeichens Stier

Aszendent Widder läßt den Stier herrschsüchtig erscheinen, weil er seinen Worten und Taten mehr Nachdruck verleiht. Das Temperament ist überschäumend, aber es wird manchmal über das gesteckte Ziel hinausschießen. Das beim Stier sonst so gute Beharrungsvermögen wird vom Aszendenten Widder leicht aufgeweicht. Man ist nicht sehr herzlich und ohne Skrupel, wenn es um den materiellen Erfolg geht.

Seine Sturheit kann verletzen: Stier Aszendent Stier

Aszendent Stier verstärkt den Eigenwillen, aber auch die Einfühlsamkeit in fremde Probleme. Mit Bedacht wird an die Dinge herangegangen. Was einmal als richtig erkannt wird, das verteidigt man stur, bis man sich durchsetzt, und man setzt sich mit Halsstarrigkeit durch. Hier wird aber auch im privaten Bereich materielle Sicherheit versprochen.

Aszendent Zwillinge macht den Stier unsicher. Er kann nicht mehr so recht entscheiden, wie er sich verhalten soll. Das hemmt auch bei der Verfolgung materieller Ziele. Hier ist man nicht immer verträglich und hat oft recht skurrile Einfälle. Große Zurückhaltung wird in den zwischenmenschlichen Beziehungen geübt. Man ist kritisch und auch mißtrauisch.

Echte Liebe kann den Geiz des Stier Aszendent Krebs aufheben

Aszendent Krebs wird bei Stier-Frauen die Mütterlichkeit überbetonen. Ansonsten macht der Stier Aszendent Krebs oft krankhaft geizig. Jeden Pfennig dreht man zehnmal herum, bevor man ihn ausgibt. In dieser Verbindung ist man ebenfalls mißtrauisch. Aber wenn man zu jemandem Zuneigung gefaßt hat kann man für ihn das Letzte hergeben.

Aszendent Löwe stempelt den Stier zum Gönner. Man wird zwar weiterhin auf der Jagd nach dem Mammon sein, aber das Geld auch leichter unter die Leute bringen. Der Stier Aszendent Löwe ist beliebt bei den Mitmenschen; denn er ist freundlich und zuvorkommend. Man wird beim anderen Geschlecht große Erfolge erringen können.

Aszendent Jungfrau verleiht dem Stier ein scharfes Urteilsvermögen. In diesen beiden Erdzeichen ist man praktisch veranlagt und findet in unermüdlicher Arbeit ein Ideal. Die ständige Lust zu kritisieren, macht den Stier Aszendent Jungfrau bei Mitmenschen nicht sehr beliebt. Schwierig gestalten sich oft die Beziehungen zum anderen Geschlecht.

Liebenswert, aber leichtsinnig durch die Waage

Aszendent Waage macht den Stier liebenswert, aber auch ein wenig untüchtig dem harten Leben gegenüber. Das kommt von der Venus, die Beherrscherin beider Zeichen ist. Der Stier Aszendent Waage ist friedfertig und strebt nach perfekter Lebensharmonie. Die Durchsetzungskraft ist nicht sehr groß, und manchmal bricht sogar ein Hang zu Leichtsinn durch.

Aszendent Skorpion läßt die Leidenschaft im Stier überkochen. Er bewirkt viel Sinnlichkeit, die Lust, in freier Wildbahn zu jagen. In dieser Verbindung kann man besonders hartnäckig sein. Die rafferische Sparsamkeit wird von den Mitmenschen mehr als übergroßer Geiz empfunden. Man ist streitsüchtig; wer sich mit einem Stier Aszendent Skorpion anlegt, zieht meist den kürzeren.

Aszendent Schütze könnte den Stier zum Leichtsinn verführen, wenn es so etwas beim Stier überhaupt geben kann. Jedenfalls wird hier häufig die Stellung gewechselt, weil mal dieses und mal jenes nicht paßt. Bester Zug: Man ist gutmütig und sinnlich, das Temperament schäumt manchmal über. Leider läßt man sich im Stier Aszendent Schütze zu sehr gehen.

Aszendent Steinbock gibt dem Stier Kraft, jeden Widerstand zu brechen, der sich auf dem Weg zu Wohlstand und Reichtum entgegenstellen sollte. Er läßt ihn stur seine Ziele verfolgen, ohne Rücksicht auf empfindsame Mitmenschen. Als Stier Aszendent Steinbock kann man steinalt werden. Wenn man sein materielles Ziel erreicht hat, wird man wohltätig sein.

Armut möchte er lindern, der Stier Aszendent Steinbock

Aszendent Wassermann bringt im Stier die soziale Ader zum Klingen. Er bemüht sich sehr um die Mitmenschen und deren Wohlergehen. In dieser Verbindung klettert man trotz dieses karitativen Denkens auf der Erfolgsleiter schnell nach oben, da man sich nicht ablenken läßt. Der Stier Aszendent Wassermann ist nicht unbedingt beliebt, aber man verehrt ihn.

Aszendent Fische heizt schon die vorhandene Eßlust des Stiers an, was sich, wenn er nicht aus Vernunftgründen zurücksteckt, auf seine Linie auswirken kann. Der Stier Aszendent Fische ist auf jeden Fall sinnenfroh und in Gesellschaften wegen seines urigen Humors willkommen. Aber man ist hier und da ein rechter Egoist, der anderen ihre Erfolge neidet.

Aszendenten des Tierkreiszeichens Zwillinge

Aszendent Widder nimmt dem Zwilling etwas von seiner Wankelmütigkeit. Man wird kämpferischer; seine Waffe ist der wache Geist, der überall die Türen öffnet, die zur Karriere und damit nach oben führen. Der Zwilling Aszendent Widder scheut auch nicht vor Intrigen zurück. Für das Leben zu zweit bleibt kaum Zeit, um so mehr aber für Gesellschaften, in denen man einflußreiche Leute kennenlernen kann.

Aszendent Stier läßt die geistigen Fähigkeiten der Zwillinge ausschließlich für das Erreichen materieller Ziele verwenden. Zwillinge Aszendent Stier sind sehr egozentrisch veranlagt. Sie sind realistisch denkende Menschen, die ganz der Gegenwart leben, aber geschickt für die Sicherung der Zukunft sorgen.

Doppelte Doppelnatur: Zwilling Aszendent Zwillinge

Aszendent Zwillinge betont die Doppelnatur des Zeichens. Man ist hier mal überforsch, dann zurückhaltend, zeigt sich kühl und förmlich, wenig später herzlich und zuvorkommend. Hartem Erfolgsstreben steht die Bereitschaft gegenüber, mit den Mitmenschen stets gut auszukommen.

Aszendent Krebs macht Zwillinge recht wetterwendisch. Die Phantasie schlägt Purzelbäume. Freunde haben Zwillinge Aszendent Krebs wenige, weil sie jeden, der sie eben noch als umgänglichen Zeitgenossen kennengelernt hat, im nächsten Moment vor den Kopf stoßen können.

Aszendent Löwe verleiht den sprühenden Ideen der Zwillinge große Durchsetzungskraft. Zwillinge Aszendent Löwe werden im Gesellschaftsleben eine große Rolle spielen. Ihre geistige Beweglichkeit läßt sie auf der Erfolgsleiter schnell nach oben klettern. Sie sollten nur dann heiraten, wenn der Partner gewillt ist, ihren Führungsanspruch anzuerkennen.

Aszendent Jungfrau fördert die Merkur-Eigenschaften der Zwillinge in finanzieller, aber auch ideeller Hinsicht. Hier ist man von erstaunlicher Grundsatztreue. Zwillinge Aszendent Jungfrau sind sehr beliebt, weil sie sich ihren Mitmenschen als charmante Zeitgenossen darstellen, wobei sie fast unmerklich in allen Fragen ihre eigene Meinung durchsetzen können. Die Eifersucht macht sie allerdings manchmal kopfscheu.

Jungfrau als Aszendent verstärkt die positiven Seiten des Zwillings

Aszendent Waage macht den Zwilling sehr beweglich und aufgeschlossen für Meinungen seiner Umwelt, die er dann zum eigenen Nutzen verarbeitet. Zwillinge Aszendent Waage werden den Lebenskampf erfolgreich bestehen können, weil sie alle harten Auseinandersetzungen geschickt umgehen und nur da ihre geistigen Fähigkeiten einsetzen, wo es sich lohnt.

Aszendent Skorpion schwächt die Nervenstränge des Zwillings. Hier will man sich in alle Dinge einmischen und erhält deshalb manchen Nasenstüber des Schicksals. Zwillinge Aszendent Skorpion sind hartnäckig, über eisernem Willen peilen sie den Erfolg an. Man will um jeden Preis unabhängig sein, so daß man manchmal in der Ferne sein Glück suchen will.

Aszendent Schütze gibt dem Zwilling noch mehr Beweglichkeit, die er vor allem zur Anpassung an plötzlich sich ändernde Lebensverhältnisse verwendet. Er macht oft mehr von sich her, als in Wirklichkeit in ihm steckt, wechselt seine Meinungen und bleibt nur ungern bei einer bestimmten Sache.

Aszendent Steinbock festigt den Charakter des sonst etwas unruhigen Zwillings. Er katapultiert diesen von Erfolg zu Erfolg. Freilich können Zwillinge Aszendent Steinbock die gewaltigen Anstrengungen gesundheitlich oft nicht verkraften. In der Liebe neigt man hier zu häufigem Wechsel.

Die Partnerwahl fällt ihm nicht leicht

Aszendent Wassermann bringt dem Zwilling zur geistigen Beweglichkeit die festigende Logik. Zwillinge Aszendent Wassermann eignen sich vor allem für wissenschaftliche Berufe. Sie beobachten scharf, suchen sich aber oft Freunde und Partner aus konträren Bildungsschichten. Die empfindsame Natur kann leicht verletzt werden, doch sie werden nie Gleiches mit Gleichem vergelten: Man hat noch Ideale.

Aszendent Fische fördert nicht unbedingt die Entschlußfreudigkeit des Zwillings, dessen Bestreben nach Harmonie und Frieden aber gefestigt erscheint. Zwillinge Aszendent Fische geben ihr Geld leicht aus. Deshalb erreichen sie oft nicht den materiellen Wohlstand, den sie, von ihren geistigen Fähigkeiten her, spielend gewinnen könnten.

Eine leichtsinnige Ader durch den Aszendenten Fische

Aszendenten des Tierkreiszeichens Krebs

Aszendent Widder kann den sonst so ruhigen Krebs zu einem zornigen Zeitgenossen machen, der im Traditionellen und Herkömmlichen sein Heil sucht. Launen vermiesen das Zusammenleben mit der Umwelt. Er ist überaus empfindlich, wenn die eigene Person angetastet wird.

Aszendent Stier fördert die konservative Haltung des Krebses, der in der materiellen Sicherung das oberste Gebot sieht. Der Krebs Aszendent Stier ist leicht diktatorisch veranlagt. Das kann ein friedvolles Zusammenleben stören und das Gegenteil von dem bewirken, was der Krebs Aszendent Stier eigentlich erreichen will.

Er schreibt der Familie vor, was sie zu tun oder zu lassen hat: Krebs Aszendent Stier

Aszendent Zwillinge läßt den Krebs unselbständig und wankelmütig erscheinen. Der Krebs Aszendent Zwillinge hat zwar viele geistige Interessen, setzt sie aber nicht immer da ein, wo es nötig wäre. So werden oft kühnste Träume zunichte. Daß dies nicht gerade den Erfolg fördert, liegt auf der Hand, zumal man oft auch im beständigen Wechsel sein Heil sucht.

Aszendent Krebs sorgt im eigenen Zeichen für viel seelischen Tiefgang. Man umsorgt den Partner und die engsten Familienangehörigen, ist fleißig und mitfühlend. Der Krebs Aszendent Krebs wird oft zum Spielball seiner Launen und reagiert aus geringstem Anlaß sehr empfindlich. Trotzdem ist man in dieser Verbindung anschmiegsam und auch bedingt treu.

Rückzug von der bösen Welt aus Überempfindlichkeit

Aszendent Löwe verführt den Krebs zu einer Haltung, die ihm einfach nicht steht, und nur zu oft heißt es in dieser Verbindung: Hochmut kommt vor dem Fall. Der Krebs Aszendent Löwe macht mit verhängnisvollen Entschlüssen manchen Erfolg zunichte. Man will nicht zurückstecken und verbaut sich mangels Einsicht viele Chancen.

Aszendent Jungfrau veranlaßt den Krebs manchmal zu einem Rückzug von der Umwelt, die er eigentlich lebensnotwendig braucht. Einsiedler wurden unter Krebs Aszendent Jungfrau geboren. Diese Menschen reagieren überempfindlich und schrecken vor allem zurück, was eine schnelle Entscheidung verlangt. Manchmal erfüllt sich allerdings doch der Traum von einem glücklichen, geordneten Familienleben.

Sinn für Häuslichkeit verleiht der Aszendent Waage dem Krebs

Aszendent Waage heitert den Krebs sichtlich auf, der dem Gesellschaftsleben in dieser Verbindung die besten Seiten abgewinnen kann. Krebse Aszendent Waage können sich nur schwer entscheiden, was ihrer Karriere nicht unbedingt förderlich ist. Es sind fröhliche Menschen, die mit ihren Gefühlen aber nicht zu tief schürfen. Ihre Launen verfliegen schnell, aber sie verlieren auch rasch die Geduld.

Aszendent Skorpion beflügelt die Phantasie des Krebses, aber auch seine Neigung, der Umwelt durch ständig wechselnde Launen und Stimmungen Rätsel aufzugeben. Der Krebs Aszendent Skorpion strebt nach einer gesicherten Stellung, aus der er aber immer wieder liebend gern ausbrechen möchte, weil er einen unstillbaren Drang nach der weiten Ferne hat.

Aszendent Schütze macht den naturliebenden Krebs besonders reise- und wanderlustig. Das wird auch die etwas depressive Anlage des Krebses Aszendent Schütze zurückdrängen, der ein reiner Empfindungsmensch ist. Man ist mit jedermann gut Freund, wird aber oft von den Mitmenschen enttäuscht.

Aszendent Steinbock läßt den Krebs zwischen Verstand und Gefühl pendeln. Das wirkt sich meist auf die zwischenmenschlichen Beziehungen negativ aus. Der Krebs Aszendent Steinbock ist überaus mißtrauisch, was ihn oft zu einem harten Menschen werden läßt, der nur noch seinen eigenen egoistischen Plänen anhängt. Man kann sich zwar zärtlich hingeben, doch durch krankhafte Eifersucht wird manches zerstört.

Aszendent Wassermann führt den Krebs in eine Traumwelt: Da ist vieles aus Wolkenkuckucksheim geholt, was der sonst so sensible Krebs mehr aus dem Gefühlsmäßigen schöpft. Man ist ein pflichtbewußter Arbeiter, man bringt es aber nicht unbedingt weit. In harmonischem Familienleben findet man am ehesten den Ausgleich zu dem, was die böse Welt einem antut.

Aszendent Fische fördert die herzliche Art des Krebses, mit der dieser seinen Mitmenschen begegnet. Der Krebs Aszendent Fische ist leicht beeinflußbar – zum Guten, wie auch zum Bösen. Seine Ideale sieht man in einer gesicherten Existenz und friedlicher Koexistenz. Für die berufliche Laufbahn braucht man Gönner, da man sich allein schlecht durchsetzt.

Aszendenten des Tierkreiszeichens Löwe

Aszendent Widder schenkt dem Löwen noch mehr Durchsetzungskraft, die ihn vor allem im Berufsleben weit nach vorne bringen wird. Der Löwe Aszendent Widder wird auch im gesellschaftlichen Leben glänzen können. Obwohl er alles rücksichtslos aus dem Wege räumt, was sich seinem Vorwärtsdrang entgegenstellt, ist er im engen privaten Kreis sehr großherzig.

Aszendent Stier verleiht dem Löwen ein gefälliges Wesen, das bei allem Streben nach materiellen Gütern im Grunde sehr großzügig bleibt. Der Löwe Aszendent Stier ist sehr widerstandsfähig und wenig anfällig gegen Krankheiten. Er kann Menschen ohne festen Willen nicht ausstehen.

Arbeitsame Menschen zählt er gern zu seinen Freunden, der Löwe Aszendent Stier

Aszendent Zwillinge treibt den Löwen zu ruhelosem Wirken an. Mal tendiert er zu hohen Idealen, dann wieder verwirft er alles, was ihm noch kurz zuvor erstrebenswert erschien. Der Löwe Aszendent Zwillinge reist viel in der Weltgeschichte herum, aber es ist möglich, daß ihm manchmal das Reisegeld ausgeht. Der ruhelose Geist findet jedoch immer wieder die Tür, die ihm für eine neue Karriere offengehalten wird.

Aszendent Krebs bedenkt den Löwen mit einem unwahrscheinlichen Gedächtnis, das er auch zur Verfolgung seiner hochgesteckten Ziele einsetzt, die er fast immer erreicht. Manchmal machen dem Löwen Aszendent Krebs die eigenen Launen mehr zu schaffen, als ihm lieb ist. Hier ist man nur streng gegen andere und wickelt sein Ich lieber in Watte.

Wer einem Löwen mit diesem Aszendenten widerspricht, lernt seinen Hochmut kennen

Aszendent Löwe verleiht eine imponierende Persönlichkeit, die freilich recht autoritär und würdevoll wirkt. Man liebt Prachtentfaltung und ist sehr sinnenfroh. Der Löwe Aszendent Löwe ist besonders freigebig und gerecht gegen jedermann. Er neigt zu Abenteuern auch in der Liebe.

Aszendent Jungfrau kann den Löwen zum Hypochonder stempeln, der sich bei geringstem Widerstand gegen das eigene Fortkommen in die Krankheit flüchtet. Das Ich ist überbetont. Der Löwe Aszendent Jungfrau schiebt gern andere vor, wenn es gilt, einen Karren aus dem Dreck zu ziehen. Später bemüht man sich dann, selbst als der Wagemutige zu gelten.

Aszendent Waage bringt dem Löwen zur Durchsetzungskraft die geistige Beweglichkeit, durch die er in höchste Stellungen gelangen kann. Der Löwe Aszendent Waage hat sehr viel Sinn für Gerechtigkeit, ist hilfsbereit und Vorkämpfer für den sozialen Fortschritt. Oft hat man in dieser Verbindung künstlerische Talente.

Aszendent Skorpion hilft dem Löwen, manche Skrupel zu überwinden. Er stärkt das Selbstbewußtsein und verhindert das Abgleiten in charakterliche Schwächen. Das läßt den Löwen Aszendent Skorpion nach außen als eisenharten Menschen erscheinen. Tatsächlich ist in dieser Verbindung jedes Mittel recht, um sich gegenüber der Umwelt durchzusetzen: Man scheut keinen Streit, wenn man dadurch etwas erreicht.

Durchsetzungsvermögen in Übermaß verleiht der Aszendent Skorpion

Aszendent Schütze steigert des Löwen Abenteuerlust. Er verführt aber auch zu einem sinnenfrohen Lebenswandel, der in häufiger Veränderung Abwechslung sucht. Der Löwe Aszendent Schütze kann, wenn sich seine idealistische Veranlagung durchsetzt, durch solch zweifelhaften Lebensgenuß auch gesundheitlichen Schaden nehmen. Dabei vermögen ihn seine Geistesanlagen zu beflügeln, wirklich Großes zu schaffen.

Aszendent Steinbock drängt die Charakteranlagen des Löwen auf ein sinnvolles Maß zurück: Der Löwe Aszendent Steinbock ist nicht unbedingt großzügig, auch wenn er sehr karitativ handeln kann, um sich damit ins rechte Licht zu setzen. Man fühlt sich gescheiter als seine Mitmenschen, ist aber nicht hochmütig. Oft macht man deshalb Karriere. Erstaunlich ist, daß man in der Ehe oder einem festen Verhältnis regelrecht kuscht, obwohl man nach außen so selbstsicher auftritt.

Aszendent Wassermann impft dem Löwen soziales Empfinden ein. Plötzlich ist diesem die eigene Person nicht mehr das Wichtigste. Das wird den Löwen Aszendent Wassermann im Lebenskampf manchmal etwas zurückwerfen. Ideen fliegen ihm massenweise zu, aber da man sich immer wieder neuen zuwenden möchte, kann man seine besten Pläne oft nicht in die Tat umsetzen.

Aszendent Fische läßt den Löwen an der Oberfläche schwimmen. Der Löwe Aszendent Fische ist verschwenderisch, wenn es darum geht, das eigene Licht leuchten zu lassen. Diese überschwengliche Großzügigkeit birgt Pleiten in sich. Man neigt auch zum Glücksspiel. Vor allem möchte man vor den Mitmenschen als der Größte erscheinen.

Aszendenten des Tierkreiszeichens Jungfrau

Ein ständiges Hin und Her beschert der Widder-Aszendent der Jungfrau

Aszendent Widder bringt die Leidenschaft ins Tierkreiszeichen Jungfrau. Aber man ist sichtlich gehemmt, kann sich nie voll austoben. Die Jungfrau Aszendent Widder wagt manchmal etwas, um im nächsten Augenblick erschreckt festzustellen, daß sie vielleicht zu weit gegangen sein könnte. Man zieht sich dann scheu zurück, um bald erneut vorzupreschen.

Aszendent Stier bremst die Kritiklust der Jungfrau, stärkt jedoch gleichzeitig das Verlangen nach sozialer Besserstellung. Die Jungfrau Aszendent Stier ist ein Spargenie, das sich manchen Lebensgenuß verkneift, um noch ein paar Mark mehr auf die hohe Kante legen zu können.

Aszendent Zwillinge läßt die Jungfrau meist mehreres auf einmal tun, mit anderen Worten: Hier marschiert man auf verschiedenen Straßen einem Ziel entgegen. Erstaunlich ist nur, daß die Jungfrau Aszendent Zwillinge diese viele Arbeit tatsächlich schafft, allerdings kann dadurch ihre Gesundheit Schaden nehmen. Man beurteilt die Mitmenschen unerbittlich scharf, legt aber auch an sich selbst einen hohen Maßstab an.

Aszendent Krebs beschränkt das Streben der Jungfrau mehr auf die eigenen vier Wände. In dieser Verbindung ist die Familie wichtiger als alles andere. Die Jungfrau Aszendent Krebs ist oft kleinlich. Die Grundtendenz des an sich guten Charakters wird von Minderwertigkeitskomplexen überschattet.

Aszendent Löwe kann die Jungfrau zum rechten Egoisten umformen. Man wird nur noch dem Hilfe geben, von dem man eine Gegenleistung erwarten kann. »Eine Hand wäscht die andere«, heißt die Moral der Jungfrau Aszendent Löwe, die äußerst selbstsicher wirkt und der man auch so leicht nichts vormachen kann. Sie kann übrigens ein guter Partner sein.

Aszendent Jungfrau schafft geordnete Verhältnisse in seinem eigenen Haus. Man ist bei der Jungfrau Aszendent Jungfrau sehr zurückhaltend und beobachtet lieber aus sicherer Entfernung, als sich hautnah mit den Dingen zu identifizieren. Man ist gebildet und hat gute Umgangsformen. Man ist etwas umständlich und pedantisch auf Ordnung bedacht. Gegen manchen Mitmenschen ist man voreingenommen.

Im Zwischenmenschlichen Bereich wirkt diese Jungfrau leicht unterkühlt

Aszendent Waage schwächt den sowieso nicht starken Willen der Jungfrau noch mehr. Oft ist in dieser Verbindung regelrechte Lebensangst vorhanden. Dabei ist die Jungfrau Aszendent Waage überaus gutmütig und feinfühlig. Hemmungen bewirken, daß man sich im Lebenskampf trotz hoher geistiger Anlagen nicht so recht durchzusetzen vermag.

Aszendent Skorpion läßt die Jungfrau zum eiskalten Rechner werden, der sich nur jemandem anschließt, wenn dieser ihm nützlich ist. Die Kritiklust bekommen alle zu spüren. Die Jungfrau Aszendent Skorpion verwendet ihre vorzüglichen Geistesgaben auch, um andere zu demütigen. Man spricht viel von Vernunft und meint meist nur den eigenen Vorteil.

Aszendent Schütze sorgt für Eigenschaften, die die Jungfrau sichtlich in Verlegenheit bringen. Die sonst so Bedächtige wird in diesem Fall mit einer »Temperamentsspritze« auf Hochtouren gebracht. Aber das tut ihr nicht immer gut, denn leicht schießt man über das Ziel hinaus. Die Jungfrau Aszendent Schütze sollte sich einen Lebenspartner suchen, der einiges Vermögen mitbringt – sicher ist sicher!

Bedenkt nicht immer die Folgen ihres Tuns: die Jungfrau unterm Einfluß des Schützen

Aszendent Steinbock stachelt den Ehrgeiz der Jungfrau an. Zwar ist die Jungfrau Aszendent Steinbock in jungen Jahren durchaus bereit, ihren notleidenden Mitmenschen zu helfen, doch mit der Zeit, wenn sich ihr Reichtum über Sparbücher und Wertpapiere vermehrt hat, wird sie immer egoistischer. Man ist hart zur Umwelt, aber genauso hart auch gegen sich selbst. Dadurch versäumt man freilich manche Freuden.

Aszendent Wassermann läßt die Jungfrau sich in alles Erdenkliche einmischen: So neugierig wie in dieser Verbindung ist man sonst kaum. Die Neugier läßt aber auch manches entdecken, was anderen verborgen bleibt. So kommt die Jungfrau Aszendent Wassermann dann meist auf den sogenannten grünen Zweig, von dem sie die Früchte des Lebens ernten kann.

Aszendent Fische heizt das praktische Talent der Jungfrau an, fördert aber auch deren karitatives Denken. Die Jungfrau Aszendent Fische kann sehr mitfühlend sein, was sie als Partner erscheinen läßt, dem das Wohl der Familie über alles geht. Nur im Arbeitsleben setzt man sich nicht immer durch.

Aszendenten des Tierkreiszeichens Waage

Aszendent Widder spornt die sonst so friedliebende Waage zu erhöhter Opposition an: Das konträre Zeichen zur Waage mischt hier einen Charakter, der viele typische Venus-Eigenschaften negiert. Für die Waage Aszendent Widder ist die Umwelt mit bösartigen Leuten durchsetzt, die es zu bekämpfen gilt. In dieses Bild wird oft auch der Lebenspartner einbezogen.

Der Aszendent Widder macht die sonst so harmonische Waage eifersüchtig und mißtrauisch

Aszendent Stier gibt der Waage einen Schuß Hartnäckigkeit, verstärkt aber zugleich ihren Sinn für alles Schöne. Die Waage mit Aszendent Stier eckt oft an, obwohl sie manches nicht so meint, wie sie es ausspricht. Das macht lethargisch. Auch die Gesundheit leidet unter den von ihr aus gesehen ungerechten Reaktionen der Mitmenschen.

Aszendent Zwillinge beschwingt die Waage zu immer neuen Taten. Der Waage Aszendent Zwillinge geht nie die Lust aus, neue Pläne zu schmieden und in die Wirklichkeit umzusetzen. Man redet viel, aber was man sagt, hat Hand und Fuß. Man hat so ein sonniges Gemüt, das auch aufs Privatleben ausstrahlt.

Aszendent Krebs schwächt sichtlich die Willensstärke der Waage; er läßt oft unbeherrscht und launenhaft sein. Dabei könnte die Waage Aszendent Krebs das beste Tierkreiszeichen sein: Man hat viel Verständnis für Mitmenschen, viel Mitleid für die Unterdrückten und übt auch viel tätige Nächstenliebe.

Bringt die Waage ins Gleichgewicht: der Löwe

Aszendent Löwe hilft der Waage kräftig: Hier stabilisiert man sich zu voller Schönheit und Größe. Die Waage Aszendent Löwe ist jedermann sympathisch und weiß sich zu benehmen (Waage-Mensch Freiherr von Knigge wird den Löwen im Aszendenten gehabt haben). Man ist charmant und wird seinen Weg machen, an dessen Rand man viele Gönner finden wird.

Aszendent Jungfrau gleicht das etwas unstete Waage-Wesen aus. Die Waage mit Aszendent Jungfrau ist betont friedliebend. Man redet nicht viel, dafür läßt man lieber die guten Taten wirken. Nur wenige können sich Freund einer Waage Aszendent Jungfrau nennen; denn Freundschaft ist für diese das höchste Gut, das man nicht an jeden X-Beliebigen verschenkt.

Aszendent Waage bewirkt das Streben nach Harmonie und Gerechtigkeit. Als Waage Aszendent Waage ist man gefühlsbetont, hat beste Umgangsformen und wirkt auf die Umwelt lebhaft und anlehnungsbedürftig. Eine gewisse Abneigung gegen schwere, vor allem aber schmutzige Arbeit läßt eitel erscheinen. Man leistet trotzdem viel.

Aszendent Skorpion bestärkt die Waage in ihrem Wunsch nach Harmonie und Friedfertigkeit. Aber hier und da merkt man doch den Stachel, den der Aszendent dem Waage-Zeichen beimischt: Die Waage Aszendent Skorpion kann sehr unbeherrscht sein und die Mitmenschen mit allzu deftigen Wahrheiten brüskieren. Nur ein Partner, der volles Verständnis auch für die Schattenseiten hat, sollte sich mit ihr verbünden.

Willensschwäche durch den Schütze-Aszendenten

Aszendent Schütze macht die Waage besonders sympathisch. Die höfliche Zuvorkommenheit läßt viele Freunde finden. Das schafft der Waage Aszendent Schütze auch Gönner, die den beruflichen Weg planieren. In den intimen Beziehungen kann man sich nur schwer für einen Partner entscheiden: Der Wille ist nicht sonderlich stark, man kann nur schwer nein, noch viel schwerer jedoch ja sagen.

Aszendent Steinbock poliert den Glauben der Waage auf, daß sich mit ihr so leicht niemand vergleichen kann. Der Berufserfolg scheint der Waage Aszendent Steinbock recht zu geben. Aber das Leben kennt auch zwischenmenschliche Beziehungen, in denen andere Maßstäbe gelten als im Beruf. Und hier könnte sich mancher als Versager erweisen.

Aszendent Wassermann fördert die Opferbereitschaft der Waage, ihre Menschlichkeit und Güte. Aber auch die Wankelmütigkeit kommt mit ins Spiel, das dann mit einer Niederlage enden kann. Mancher Mitmensch mag es übrigens nicht, wenn ihm die Waage Aszendent Wassermann die Freundschaft geradezu aufdrängen will.

Aszendent Fische verleiht der Waage Redetalent, wobei die Debatte freilich oft unkontrolliert geführt wird. Die Waage mit Aszendent Fische strebt nach Harmonie, aber es könnte leicht sein, daß man die schönsten Gefühle zerredet. Trotz der vielen Widersprüche, die das Wesen der Waage Aszendent Fische aufweist, bleibt man in dieser Verbindung treu und anhänglich.

Aszendenten des Tierkreiszeichens Skorpion

Einen geduldigen Partner braucht der Skorpion Aszendent Widder an seiner Seite

Aszendent Widder unterstützt den Kampfgeist des Skorpions, der manchmal mit elementarer Wucht zum Ausbruch kommt und alles niederwalzen kann, was sich ihm entgegenstellt. Der Skorpion Aszendent Widder ist sinnenfroh, wobei die Leidenschaft manche Leiden schafft. Und die Genußsucht kann gesundheitlich schaden.

Aszendent Stier macht den Skorpion häuslicher, der unter diesem Aszendenten trotzdem nicht seine sprichwörtliche Angriffslust verliert. Das macht das Zusammenleben etwas schwierig. Der Skorpion Aszendent Stier wird es beruflich sehr weit bringen, und das mag ihn befriedigen.

Aszendent Zwillinge läßt den Skorpion unentschlossen werden, er gibt ihm eine leichte Neigung zu Größenwahn mit. Dabei ist der Skorpion Aszendent Zwillinge meist mit besonderen Geistesgaben ausgestattet, die er manchmal in Berufen einsetzt, die nicht unbedingt als bürgerlich gelten.

Aszendent Krebs bremst den allzu forschen Skorpion ein wenig ab, der sich nun auch Gedanken um seine Mitmenschen macht und versucht, den eigentümlichen Angriffswillen zu unterdrücken, der in jedem Skorpion zu stecken scheint. Der Aszendent Krebs ist gewissermaßen die Schatulle, in der der Skorpion seinen Giftstachel verschließen kann.

Aszendent Löwe läßt den Skorpion unnahbar erscheinen. Das gibt ihm das Flair des Unbesiegbaren. Nur die Menschen, die einen Skorpion Aszendent Löwe lieben, wissen, wieviel vulkanische Leidenschaften hinter dieser doch nur gespielten Unnahbarkeit stecken. Man kennt in dieser Verbindung nur einen Berufsweg: den zum Erfolg!

Aszendent Jungfrau bringt Unruhe in das Leben des sowieso schon unruhigen Skorpions, der sich im Lebenskampf in solcher Verbindung nicht durch Angriffslust, sondern mehr mit schlauer List durchsetzt. Der Skorpion Aszendent Jungfrau gehört oft zu den fanatischen Verfechtern revolutionärer Bewegungen. Seine Meinung will man jedem aufzwingen.

Aszendent Waage macht den Skorpion zum Charmeur, der sich durch diplomatisches Verhalten auszeichnet, und dem man die geistige Befähigung für Ämter und Würden nicht absprechen kann. Der Skorpion Aszendent Waage ist ein liebenswerter Mensch, wenn er sich seiner moralischen Verpflichtung gegenüber seinen Mitmenschen bewußt ist – wehe aber, wenn sich diese Charakteranlage ins Gegenteil verkehrt!

Aszendent Skorpion bewirkt Angriffslust. Das kämpferische Wesen ist beim Skorpion Aszendent Skorpion sichtlich überbetont. Man entschließt sich in dieser eindeutigen Verbindung sehr schnell, vergißt aber im Übereifer die sonst stets angestrebte Vorsicht. Jähzorn und fanatischer Gerechtigkeitssinn lassen die Umwelt leicht erschauern.

Trotz seines ausgeprägten Machtinstinkts heiter und zufrieden: Skorpion Aszendent Schütze

Aszendent Schütze läßt beim Skorpion die Kassen klingeln, nur weiß mancher nicht, woher das viele Geld kommen mag, das sich da so plötzlich anhäuft. Dem Skorpion Aszendent Schütze ist jedes Mittel recht, um zu Macht und Reichtum zu gelangen. Und deshalb heiratet man oft auch Partner, die eine Mitgift in die Ehe einbringen.

Aszendent Steinbock verstärkt den anspruchsvollen Willen des Skorpions und dessen Streben nach autoritärer Machtentfaltung. Trotzdem mischt der Aszendent dem Skorpion auch eine Portion Opferbereitschaft und Verantwortungsbewußtsein bei, so daß sich manches mildert, was sonst in Lebenshärte Ausdruck findet. Man opfert dem Beruf die größte Zeit des Lebens, und so kommt meist das Privatleben zu kurz.

Aszendent Wassermann idealisiert manche Eigenschaft des Skorpions: Die Hartnäckigkeit zeigt sich im sozialen Bereich, und die Leidenschaft führt zu freiheitlichem Denken. Der Skorpion Aszendent Wassermann eckt mit diesen Idealen trotzdem bei der Umwelt an, weil er einen Ausschließlichkeitsanspruch stellt.

Aszendent Fische läßt den sonst so schweigsamen Skorpion Reden halten, die allerdings etwas angriffslustig vorgetragen werden. Der Skorpion Aszendent Fische ist sympathisch und verdient das Vertrauen, das man ihm im Beruf und auch privat entgegenbringt. Wenn nur nicht die innere Unruhe den guten Eindruck, den eigentlich jeder von ihm hat, verwischt.

Aszendenten des Tierkreiszeichens Schütze

Aszendent Widder hindert den Höhenflug des Schützen in keiner Weise. Er setzt sogar noch ein paar Ausrufezeichen dahinter. Der Schütze Aszendent Widder ist oft sehr gläubig und sogar bereit, sich für seinen Glauben zu opfern. Man liebt die Gerechtigkeit und fühlt sich am ehesten in einer großen Gemeinschaft wohl.

In dieser Verbindung sind Entwicklungshelfer zu Hause: Schütze Aszendent Widder

Aszendent Stier bringt sehr viel Glück ins Schütze-Zeichen, aber damit allein wird der freiheitstrunkene Schütze noch nicht häuslich. Im Gegenteil; er versucht über das Gefühl, die Mitmenschen in seinen Bann zu schlagen, um sie für seine Zwecke auszunutzen. Manche Schützen Aszendent Stier sind sehr naturverbunden, andere »wildern« in fremden Jagdrevieren.

Aszendent Zwillinge fördert die schöpferischen Elemente, aus denen der Schütze seine Kraft bezieht. Der Schütze Aszendent Zwillinge hat hervorragende Geistesanlagen, die ihm für die Karriere nützlich sein können. Da er aber auch oft unentschlossen ist, bleibt er möglicherweise auf halbem Wege stehen. Wegen seines reizenden Wesens findet er viele Freunde.

Glänzt als Redner vor einem begeisterten Publikum

Aszendent Krebs wirkt hemmend auf die schlechteren Eigenschaften des Schützen. So erscheint der Charakter seltsam gezügelt. Manche halten den Schützen Aszendent Krebs deswegen für entschlußlos, andere sehen ihn dagegen als verantwortungsbewußt. Jedenfalls dämmt der Krebs des Schützen Reiselust ein und münzt sie in Wanderlust und Naturverbundenheit um. Er lehrt ihn, den Beredten, das Schweigen.

Aszendent Löwe öffnet dem Schützen die feinste Gesellschaft und funktioniert ihn trotzdem nicht zum Salonlöwen um. Der Schütze Aszendent Löwe ist sehr angesehen und lernt schon in jungen Jahren das Befehlen. Man strahlt in dieser Verbindung so viel Herzenswärme aus, daß jeder des Schützen Aszendent Löwe Freund sein möchte.

Aszendent Jungfrau sorgt beim Schützen für ein gutes Gewissen. Rechtschaffenheit und Anständigkeit sind oberstes Gebot. Er hat sehr moralische Grundsätze, die sich auch auf Familie oder Kollegenschaft übertragen werden. Harmonie herrscht im Privatleben vor.

Aszendent Waage lehrt den Schützen, daß er den Mitmenschen höflich und freundlich gegenübertreten muß, um sie für sich zu begeistern. So findet er viele Freunde, denen er seine Hilfe angedeihen läßt, wenn sie einmal in Not geraten. Der Schütze Aszendent Waage ist ein Vorkämpfer der Humanität.

Aszendent Skorpion bringt beim Schützen die Leidenschaft ins Spiel, die sich in einem grenzenlosen Willen nach Freiheit und Unabhängigkeit äußert. Trotzdem ist der Schütze Aszendent Skorpion ein perfekter Gastgeber, der andere an einem Leben im Luxus teilhaben läßt. Bis es aber zu solch prächtigem Lebensstil kommt, muß manche Klippe umschifft werden.

Mit Hartnäckigkeit kommt er zum Luxusleben

Aszendent Schütze fördert die hohen Ideale und den Wunsch nach sozialer Gerechtigkeit. Der Schütze Aszendent Schütze ist lebhaft und begeisterungsfähig, sportlich und naturliebend. Sein Wunsch nach Geselligkeit läßt ihn nach außen streben. Man sucht auf abenteuerliche Weise, die Welt zu erobern. Man will etwas gelten, ist freilich auch sentimental.

Aszendent Steinbock macht den Schützen ehrgeizig. Reisen dienen ihm nur als Mittel zum Zweck, Beziehungen anzuknüpfen oder den eigenen Horizont zu erweitern. Dem Schützen Aszendent Steinbock gelingt ein schneller Aufstieg in die höheren Etagen des Wohlstandes. Es sollte nur niemand wagen, sein privates Leben zu erforschen, er würde seinen Haß zu spüren bekommen; mancher hat etwas zu verbergen!

Aszendent Wassermann setzt den Schützen zielbewußt auf die hohen Ideale der Humanität an. Der Schütze Aszendent Wassermann bringt es oft zu Ruhm und Ansehen, aber seine gefüllte Brieftasche ist meist rasch leer. Die reizende Art, allen Mitmenschen wie alten Freunden gegenüberzutreten, macht ihn sehr beliebt. Nur schade, daß man manchmal zu fanatisch humanitäre Pläne durchsetzen will.

Dieser Schütze opfert den letzten Groschen für soziale Zwecke

Aszendent Fische garantiert dem Schützen gesellschaftlichen und sozialen Aufstieg, zumal in beiden Zeichen Jupiter den Mäzen spielt. Der Schütze Aszendent Fische ist anpassungsfähig und erreicht oft mit Leichtigkeit, was anderen nur über gewaltige Kraftanstrengungen gelingt. Man hat hochtrabende Pläne, die man aber nie ganz ausführen wird. Es genügt meist schon ein gutbezahlter Job.

Aszendenten des Tierkreiszeichens Steinbock

Aszendent Widder taut die unterschwelligen Gefühle des Steinbocks auf, aber es gelingt ihm nicht, allzu große Leidenschaft zu wecken. Der Steinbock Aszendent Widder treibt seine beruflichen Pläne mit Macht voran. Meist erreicht man eine gut dotierte Stellung, so daß man Kapital für das hohe Ideal, armen Menschen zu helfen, ansammeln kann.

Aszendent Stier läßt den Steinbock an einer einmal gefaßten Meinung auch dann festhalten, wenn er nicht mehr ganz von ihr überzeugt ist. Der Steinbock Aszendent Stier bewegt sich meist langsam und träge, aber das täuscht: In dieser Verbindung ist man zu großen Arbeitsleistungen fähig. Am liebsten legt man sich labile Freunde zu, die man beherrschen kann.

Kompromisse sind ihm verhaßt, Arbeit nicht: So zeigt sich der Steinbock unter dem Einfluß des Stiers

Aszendent Zwillinge stellt den Steinbock an eine Klagemauer: Er ist enttäuscht darüber, wie übel ihm das Leben oft mitspielt. Seine Melancholie paßt freilich nicht zu dem ernsten Bemühen um eine Karriere, die ihn von allen Sorgen befreit. Sie macht manchmal auch einem eiskalten Denken Platz, das sich dann nur noch auf egoistische Ziele konzentriert.

Aszendent Krebs bringt den Steinbock in einen Zwiespalt: Soll er nun lachen oder weinen? Und das wühlt seine Gefühlswelt auf. Der Steinbock Aszendent Krebs ist oft seiner selbst nicht sicher; denn seine Launen bringen trübe Stimmungen mit, die zu Arbeitsunlust und Niedergeschlagenheit führen können. Am Ende beißt man sich immer wieder durch, was nicht hindert, düster in die Zukunft zu schauen.

Aszendent Löwe lehrt den Steinbock stolz den Kopf zu heben und wie ein königliches Wesen um sich zu schauen: Seht her, ich bin's! Der Steinbock Aszendent Löwe fühlt sich über seine Mitmenschen erhaben, oft sogar aus gutem Grund: Er arbeitet mehr und besser. Seine Zeitgenossen verkennen ihn leider.

Aszendent Jungfrau sichert das vom Steinbock Erreichte ab und drängt auf eine fortschrittliche Entwicklung. Der Steinbock Aszendent Jungfrau ist meist sehr gescheit. Er hat vor allem ein gutes Verhältnis zum Geld und weiß, wie man es anlegen muß, um es zu verdoppeln. Seine Disziplin ist vorbildlich.

Aszendent Waage bringt ein bißchen Familienfreundlichkeit ins triste Arbeitsleben eines Steinbocks, was nicht besagen will, daß der Schlendrian einkehrt. Im Gegenteil: Der Steinbock Aszendent Waage wird mehr wagen, weil er einen Schuß Leichtsinn abbekommen hat; er wird aber auch mehr wägen, und das wird manchmal hochfliegende Pläne platzen lassen.

Aszendent Skorpion zwingt den Steinbock oft in die Isolation. Das liegt an der Hartnäckigkeit, mit der ein Steinbock Aszendent Skorpion seine Ziele verfolgt, und an seinem unbändigen Arbeitseifer sowie an seinem nie erlahmenden Ehrgeiz. Das schafft ihm natürlich keine Freunde. Und so bleibt er oft sein ganzes Leben lang allein, zu keinem Kompromiß.

Zweifel nagen am Steinbock, wenn sein Aszendent der Schütze ist

Aszendent Schütze bringt Unruhe ins Steinbock-Herz. Der Steinbock Aszendent Schütze ist sich seiner selbst nicht ganz sicher. Man unternimmt zwar gewaltige Kraftanstrengungen, gerät aber immer wieder ins Stocken. Trotzdem kommt man später zu einem ansehnlichen Bankkonto. Nur in der Liebe bleibt mancher Steinbock Aszendent Schütze allein.

Aszendent Steinbock läßt recht eigenwillige Entschlüsse zu. Der Steinbock Aszendent Steinbock ist die Selbstbeherrschung in Person, konzentriert sich auf das Wesentliche und wird mit aller Zähigkeit seine Karriere zimmern. In den zwischenmenschlichen Beziehungen macht sich oft übergroße Schüchternheit breit: Man kann sich nicht entscheiden und dreht und wendet sich, bis man doch in die Falle tappt.

Sein Ehepartner hat es gut, sollte aber eigenes Geld haben

Aszendent Wassermann deckt manche Schwächen beim Steinbock auf, aber er versteckt diese hinter einem bewußt selbstsicheren Wesen. Der Steinbock Aszendent Wassermann ist oft ein wenig haltlos, ihm gelingt durch eigene Initiative nicht sehr viel. Auch wenn er sich noch so konzentriert, wird er nicht sehr erfolgreich sein. Man sollte hier auf eine Erbschaft hoffen oder auf einen gutgestellten Ehepartner.

Aszendent Fische legt dem eifrigen Steinbock nicht zu überspringende Hindernisse in den Weg. Doch mit Schläue umgeht sie der Steinbock Aszendent Fische: Das ist zwar der langwierigste Weg, der führt aber auch zum Ziel. Man fällt oft auf falsche Freunde herein, sucht aber immer wieder neue. Denn hier herrscht das zarte Gefühl der Fische vor.

Aszendenten des Tierkreiszeichens Wassermann

Aszendent Widder verführt den Wassermann zu immer wieder neuen, hochtrabenden Ideen, die aber nur selten in die Tat umgesetzt werden. Oft ist das Glück auf der Seite des Wassermanns Aszendent Widder: Man wird in Stellungen aufsteigen, die man aufgrund seines Wissens eigentlich nicht besetzen könnte. Man beginnt viel und leistet daher wenig.

Schwierige Probleme machen den Wassermann Aszendent Stier oft etwas hilflos

Aszendent Stier hindert den Wassermann etwas daran, seine Fähigkeiten gezielt einzusetzen. Der Wassermann Aszendent Stier ist sehr beliebt, weil er hart erarbeitetes Geld auch mal unters Volk streut. Man ist hier nicht leichtsinnig, eher wohltätig – ein geselliger Typ, der überall Freunde findet.

Aszendent Zwillinge sorgt für den scharfen Verstand des Wassermanns, der von Erfolg zu Erfolg marschieren wird. Hier wird nichts mit dem Ellbogen gemacht, sondern alles nur mit dem Intellekt. Der Wassermann Aszendent Zwillinge ist bei seinen Mitmenschen beliebt, er findet trotz harter Anstrengungen immer noch Zeit für Geselligkeit und Familienleben.

Aszendent Krebs dämpft etwas die weltoffene Art des Wassermanns, aber er verleiht viel Sinn für ein gutes Familienleben. Der Wassermann Aszendent Krebs hat tiefschürfende Gedanken, die ihn auch für Okkultes aufnahmebereit machen. Manchmal sondert man sich ab und beginnt zu träumen, wie schön die Welt sein könnte, wenn sie sich auf hohe Ideale besänne. Verständlich, daß man nicht allzu erfolgreich ist.

Im Kampf gegen die kapitalistische Welt steht der Wassermann mit Aszendent Löwe

Aszendent Löwe sorgt dafür, daß manches Ideal des Wassermanns in die Tat umgesetzt wird; er stellt ihn an die vorderste Front im Kampf um die soziale Gerechtigkeit. Der Wassermann Aszendent Löwe fühlt sich in der Rolle des Vorkämpfers einer sozialen Gesellschaft wohl.

Aszendent Jungfrau macht den Wassermann gesundheitlich etwas anfällig, weshalb man zu Diät und naturgemäßen Heilverfahren neigt. Oft ist aber ein Wassermann Aszendent Jungfrau widerstandsfähiger, als er sich selbst suggeriert und wird ein hohes Alter erreichen. Bei aller Neugier ist man überaus feinfühlig und verständnisvoll.

Aszendent Waage verzettelt oft die auf Erfolg gerichtete Leistung des Wassermanns, wodurch sich leicht Mißerfolg einstellen kann. Natürlich hat auch der Wassermann Aszendent

Waage hohe Ideale, aber er streut diese zu wahllos unters Volk. Man will eben alle Menschen glücklich machen.

Ein Praktiker mit kühlem Kopf wird der Wassermann unter Skorpioneinfluß

Aszendent Skorpion treibt den Wassermann zu immer neuen Taten an, wobei er es nicht an einem Quentchen Rücksichtslosigkeit fehlen läßt. Der Wassermann Aszendent Skorpion wird sich durchsetzen, aber da er trotz großer Erfolge im Lebenskampf menschlich bleibt, wird er selbst von seinen Gegnern geschätzt.

Aszendent Schütze betont des Wassermanns Hang zu freiheitlicher Entfaltungsmöglichkeit der Persönlichkeit. Das kann sich einmal in einer überschäumenden Lebensfreude ausdrükken, zum anderen aber auch in praktischer Nächstenliebe. Der Wassermann Aszendent Schütze gibt nicht viel auf die Meinung anderer. Er beharrt lieber auf der eigenen.

Aszendent Steinbock sorgt dafür, daß der Wassermann zum nüchternen Tatsachenmenschen wird; er schenkt Konzentration und Beharrlichkeit im Verfolgen der eigenen, für die Menschheit nützlichen Pläne. Der Wassermann Aszendent Steinbock ist in Gelehrtenstuben ebenso zu finden wie im Sozialamt. Für ihn ist wichtig, einer guten Sache zu dienen.

Können launisch sein: Wassermänner mit Aszendent Wassermann

Aszendent Wassermann läßt den Wassermann vor eigenen Ideen nur so übersprudeln. Man will in dieser Verbindung das Neue um jeden Preis durchsetzen. Der Wassermann Aszendent Wassermann paßt sich wechselnden Umständen schnell an, hat aber keine große Ausdauer. Bei negativen Aspekten kann die Zielsicherheit leiden.

Aszendent Fische drückt etwas die Leistungskurve des Wassermanns nach unten, dafür unterstützt er aber nachhaltig die Hilfsbereitschaft und das karitative Sendungsbewußtsein. Der Wassermann Aszendent Fische möchte die ganze Welt umarmen. Er kann nicht glauben, daß es schlechte Menschen gibt. Diesen Glauben behält er selbst dann noch bei, wenn er von sogenannten besten Freunden enttäuscht wurde.

Aszendenten des Tierkreiszeichens Fische

Aszendent Widder könnte den Fische-Typ entschlossener machen, aber immer wieder werden sich Perioden des Zauderns einstellen, in denen alle guten Vorsätze über den Haufen geworfen werden. Die Energie wird dadurch verschwendet,

das Ziel kaum erreicht. Fische Aszendent Widder sind sehr sozial eingestellt. Durch ein gutes Familienleben können sie so gestärkt werden, daß sie doch noch beruflichen Erfolg haben.
Aszendent Stier unterstützt noch die labilen Züge der Fische. Man traut sich wenig zu und vertraut anderen zuviel. Fische Aszendent Stier sind die Güte in Person, aber es fehlt ihnen an Ehrgeiz, den man nun einmal braucht, um sich im Leben durchzusetzen. Sie wissen zwar den Wert des Geldes zu schätzen, aber für das Sparbuch wird ihnen oft nichts übrig bleiben.
Aszendent Zwillinge fördert die sentimentalen Regungen eines Fische-Typs, sorgt aber auch dafür, daß er leicht von seinen Mitmenschen – im guten wie im schlechten Sinne – zu beeinflussen ist. In der Liebe verleiht der Aszendent den Fischen Flügel. Man sieht diese fliegenden Fische über Teichen von Blüte zu Blüte springen, bis ein Raubvogel auf sie niederstößt und all ihre Träume zerstört.
Aszendent Krebs kann den Fischen zusätzliche Träume schenken, neue Energien legt er nicht frei. Fische Aszendent Krebs setzen sich nicht durch, obwohl sie den besten Willen zu perfekter Leistung haben. Sie haben ihre Ideale, die sie jedoch nach und nach opfern müssen, weil keine Geschäfte gemacht, geschweige denn Gewinne erzielt werden können.
Aszendent Löwe schenkt den Fischen zum Gefühl die Geduld, zu den Idealen die Kraft, diese auch durchzusetzen. Fische Aszendent Löwe werden es im Leben zu etwas bringen, auch wenn ihre Mittel von ihren Gegnern manchmal als unfair bezeichnet werden. Sie peilen den Erfolg an, sind aber oft zu bequem, letzte Möglichkeiten auszuschöpfen.

Um ganz nach vorne zu kommen, oft zu bequem: Fische Aszendent Löwe

Aszendent Jungfrau impft den Fischen etwas Verantwortungsgefühl gemixt mit einer Portion Lebensernst ein. Das räumt manche Schwierigkeiten aus dem Weg. Fische Aszendent Jungfrau sind ernster als ihre Geschwister mit anderen Aszendenten, allerdings nehmen sie manches Problem auch zu ernst. Sie werden nicht unbedingt Spitzenpositionen besetzen.
Aszendent Waage erhebt das Zögern zur Lebensdoktrin der Fische. Niemand ist so wenig entschlußfreudig wie diese Fische Aszendent Waage, niemand kann aber auch diesen Charakterzug so charmant verschleiern wie sie. Diese Leute sind sehr wenig von sich selbst überzeugt, aber durch ihr reiches Gemüt finden sie in der Liebe manches, was ihnen im Beruf fehlt.

Aszendent Skorpion streicht den Fischen zwei Drittel des Gefühls weg und gibt dafür die gleiche Menge Durchsetzungskraft. Daher findet man in den höchsten Stellungen Fische Aszendent Skorpion, die sich rücksichtslos den Weg nach oben bahnen konnten. Sie machen nicht viele Worte: Das Schweigen ist ihre Waffe, dadurch lassen sie sogar den redseligsten Menschen verstummen. Erstaunlich, daß sie zum Ausgleich für die Turbulenzen im Beruf ein ruhiges Familienleben führen.

Prophetisch und abenteuerlustig macht der Schütze den Fische-Menschen

Aszendent Schütze verstärkt die Jupiter-Eigenschaften der Fische: Man möchte Großes erreichen, seine Ideale in die Tat umsetzen. Manchen Fischen Aszendent Schütze ist die Gabe der Prophetie gegeben, andere sind Universalgenies. Auch die Abenteuerlust wird unter diesem Aszendenten gefördert – nur gut, daß die Fische auf diesem Gebiet dann bremsen. In dieser Verbindung liebt man die langatmigen Debatten, die zum Schluß in Monologen enden.

Aszendent Steinbock läßt die Fische nicht in »trüben Tümpeln« versauern, er bringt ihnen die Erkenntnis, daß Arbeit die einzige Möglichkeit ist, sein Leistungsvermögen zu zeigen. Fische Aszendent Steinbock sind ernste Charaktere, die sich für alles aufgeschlossen zeigen, was der Menschheit dient. Sie sind Idealisten, die meinen, was sie sagen.

Bringt Genies hervor: der Fische-Aszendent Wassermann

Aszendent Wassermann verstärkt die guten Grundsätze der Fische, ihr Mitgefühl und ihre Toleranz. Fische Aszendent Wassermann fühlen sich nur in der Gemeinschaft wohl, für die sie auch ihre ganze Arbeitskraft einsetzen. Sie sind meist sehr intelligent (viele Genies wurden unter dieser Verbindung geboren) und haben ein Herz für alle Mitmenschen, die sozial schwächer gestellt sind als sie selbst.

Aszendent Fische bringt im eigenen Haus einen eigenartigen Typ heraus, der sichtlich gehemmt erscheint. Man verhält sich ausgesprochen passiv und neigt manchmal sogar zu Depressionen. Ein Übermaß an Gefühl hindert die Fische Aszendent Fische oft nicht, ängstlich vor Entscheidungen zurückzuschrecken. So wird man einsam bleiben, wenn man nicht von einem stärkeren Partner mitgezogen wird.

Das Medium Coeli oder die Himmelsmitte

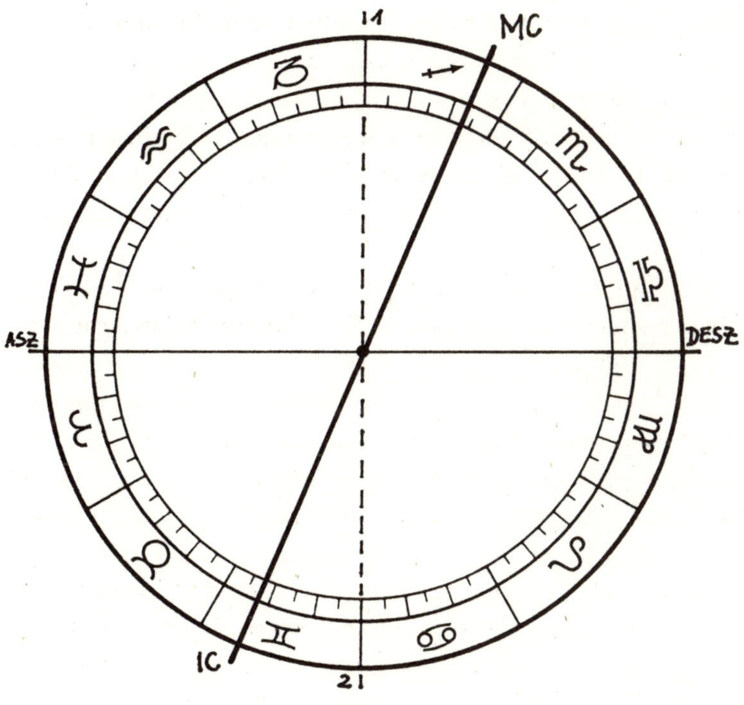

Das Medium Coeli (MC) ist, vom Standort des Betrachters auf der Erde aus gesehen, um die Mittagszeit der höchste Punkt am Himmelsgewölbe. Er bildet mit dem Imum Coeli (IC), der Himmelstiefe, die Vertikalachse des Horoskops, die in unseren Breiten gegen die senkrecht auf der Horizontalachse stehende Pol-Linie (1 nach 2) etwas geneigt ist

Von vielen Astrologen wird das Medium Coeli (abgekürzt MC) als der zweitwichtigste Punkt nach dem Aszendenten genannt. Es ist der höchste Punkt am Himmelsgewölbe über dem Beobachterort auf der Erde. Zur Mittagszeit liegt er zum Beispiel im Zenit über unserem Geburtsort auf einem Großkreis (Mittagskreis oder astronomisch Meridian genannt), der durch den Himmelspol und eben diesen Zenit hindurchgeht. Das Medium Coeli ist also der Scheitelpunkt am Himmelsgewölbe senkrecht über uns.

Bei der Erstellung eines Geburtshoroskops kommt es also auf den Längen- und den Breitengrad des Geburtsortes an, damit das Medium Coeli auf dem Meridian, der den Tierkreis oder die Ekliptik schneidet, zur Geburtszeit festgelegt werden kann. Den entgegengesetzten Punkt zum MC nennt man das Imum Coeli (abgekürzt IC) oder die Himmelstiefe (Nadir).

Verantwortlich für Ichbewußtsein, Individualität und Zielsetzungen des Menschen ist astrologisch das Medium Coeli

MC und IC sind durch eine Linie verbunden, die durch den Mittelpunkt der Erde, also auch der Ekliptik, hindurchgeht und die Vertikalachse des Horoskops ist. Die Horizontalachse läuft durch Aszendent und Deszendent.

Astrologisch deutet das Medium Coeli die Individualität des Menschen, sein Ichbewußtsein, aber auch sein Lebensziel an. Das sieht dann in den einzelnen Tierkreiszeichen so aus:

Das Medium Coeli im Widder zeigt die Zielstrebigkeit an, mit der man sich im Leben durchsetzt, die freilich auf fanatischem Ehrgeiz gründet. Man glaubt, daß einem alles gelingen kann, ist aber manchmal etwas voreilig in seinen Entschlüssen.

Das Medium Coeli im Stier verleiht die Ausdauer, um langsam, aber sicher an ein erstrebenswertes Ziel zu gelangen. Man denkt sehr realitätsbezogen, ist vielleicht gerade deshalb oft mißtrauisch und skeptisch. Man strebt nach Sicherheit.

Das Medium Coeli in den Zwillingen zersplittert oft die Zielstrebigkeit, weil man zuviel auf einmal erreichen will. Man setzt sich deshalb trotz hoher Geistesgaben nicht immer durch, weil man gewissermaßen an der Oberfläche bleibt und nicht sehr tief schürft.

Das Medium Coeli im Krebs läßt ein ewiges Streben nach Selbständigkeit und den Versuch, das eigene Ich durchzusetzen, erkennen. Da gibt es dann ein ständiges Auf und Ab weil man auf Umwelteinflüsse allzu empfindlich reagiert.

Es macht den Löwen zum Mittelpunktmenschen

Das Medium Coeli im Löwen deutet stets darauf hin, daß man sich rücksichtslos in den Vordergrund spielen wird. Man strebt nach Reichtum und Einfluß und stellt einen unverrückbaren Machtanspruch. Trotz Großzügigkeit gegenüber den Mitmenschen scheint manchmal der pure Egoismus durch.

Das Medium Coeli in der Jungfrau verrät Gewissenhaftigkeit in der Durchsetzung eines Lebensziels, aber auch eine recht pingelige Genauigkeit, die leicht zur Verzettelung der Kräfte führen kann. Man ist überdies in manchen Dingen kleinlich und reagiert überempfindlich.

Das Medium Coeli in der Waage schreibt Zusammenarbeit groß. Man sucht dank geschliffener Umgangsformen die Protektion eines Gönners, um sich so über andere zu erheben. Man strebt nach materieller Unabhängigkeit und Harmonie.
Das Medium Coeli im Skorpion läßt alles aus eigener Kraft entstehen, wobei materielles Denken in den Vordergrund rückt. Man arrangiert sich mit anderen nur, wenn man nicht weiterzukommen scheint. Ansonsten ist man oft rücksichtslos.
Das Medium Coeli im Schützen verführt dazu, daß man um jeden Preis Ansehen erlangen will. Man hat durchdachte Pläne und hochfliegende Ziele. Und damit bringt man es weit, auch wenn eine gewisse Unbeständigkeit nicht zu leugnen ist. Trotz egoistischer Einstellung findet man viele Freunde.
Das Medium Coeli im Steinbock sorgt für jede Menge Aufstiegsmöglichkeiten, die allerdings immer finanziell abgesichert werden. Viel Selbstvertrauen ist hier mit Fleiß und Ausdauer gepaart. Obwohl man eine gepflegte Häuslichkeit liebt, wird man vielleicht einsam bleiben.

Den Steinbock läßt es auf der Karriereleiter nach oben klettern

Das Medium Coeli im Wassermann läßt vieles beginnen, aber manches erst gar nicht ausführen. Man ist für Neuerungen jeder Art, zersplittert jedoch die Kräfte. Zusammenarbeit ist erstrebenswert, wenn man selbst das Sagen hat.
Das Medium Coeli in den Fischen verführt manchmal zu einer Wartestellung. Man liebt den Genuß, nicht immer harte Arbeit. Oft läßt man sich in die falsche Richtung beeinflussen und denkt dann allein über die Unbill des Lebens nach.

Die Mondknoten

Zwei weitere wichtige Schnittpunkte auf der Ekliptik seien hier nur kurz erwähnt: Der aufsteigende und der absteigende Mondknoten, auch Drachenpunkte genannt. Es sind Knotenpunkte der Mondbahn, die sich mit der Ekliptik schneidet.

Astrologisch werden sie von alters her als sehr wirkungsvoll angesehen. Sie sollen über die Anpassungsfähigkeit des Menschen, sein Streben nach Verbindungen und Geselligkeit aussagen, aber – beim absteigenden Mondknoten – auch über das Gegenteil. Verbindet man die beiden Mondknoten im Horoskop, dann ist beim aufsteigenden von erfüllten Wünschen, beim absteigenden von nicht erfüllten die Rede.

Die Aspekte sind Winkel des Schicksals

Eine besonders hübsche Darstellung unseres Planetensystems auf einem Holzschnitt, Ende des 15. Jahrhunderts

Aspekte – das sagten wir schon in dem Kapitel, in dem wir das Horoskop erklärten – sind bestimmte Stellungen von Sonne, Mond, Planeten, Aszendent und Medium Coeli im Tierkreis, aus denen der Astrologe Aussagen über Schicksal und Charakter eines Menschen herauslesen kann. Wir wollen uns hier auf die wichtigsten, aussagekräftigsten Aspekte beschränken.

Man mißt sie in Winkeln, weshalb auch von Winkelbeziehungen die Rede ist. Die Gestirne bilden nämlich, von der Erde aus gesehen, bestimmte Winkel zueinander, die in Grad, Minuten und sogar Sekunden ausgerechnet werden können, wenn man Ephemeriden als Hilfsmittel zur Verfügung hat. Man kann in freilich zeitraubender Arbeit die Gestirnsstände auch selbst ausrechnen, aber das zu erklären, führt hier zu weit.

Die Winkel haben oft eine stärkere, dann aber auch wieder eine schwächere astrologische Wirkung. Der engste Winkel wirkt zugleich am nachhaltigsten. Es ist die Konjunktion, bei der zwei Gestirne besonders nahe beieinander stehen, am besten in einem Winkel nahe null oder 360 Grad. Zunächst sollen aber die Aspekte und ihre Wirkung vorgestellt werden:

Konjunktion	um 0 und 360 Grad	günstig und ungünstig
Sextil	um 60 und 300 Grad	günstig
Quadrat	um 90 und 270 Grad	ungünstig
Trigon	um 120 und 240 Grad	besonders günstig
Opposition	um 180 Grad	ungünstig

Die Konjunktion ist nicht immer günstig

Zwei Planeten rücken zusammen: zur Konjunktion

In der Astrologie betrachtet man alles vom irdischen Blickwinkel aus. So scheint es manchmal, als ob zwei Planeten am Himmel eng beieinander stehen, sich sogar zu überlappen scheinen, die aber in Wirklichkeit viele Millionen Kilometer voneinander entfernt sind. Für uns auf der Erde sieht das wie eine einzige Lichtquelle aus, und der Astrologe deutet diese Konjunktion, wie er es nennt, bei harmonisierenden Planeten günstig, bei weniger harmonisierenden ungünstig. Auf jeden Fall machen Planeten, die zwischen 0 und etwa 10 Grad, von der Erde aus gesehen, beieinander stehen, eine deutliche Aussage im Horoskop, wie wir gleich sehen werden.

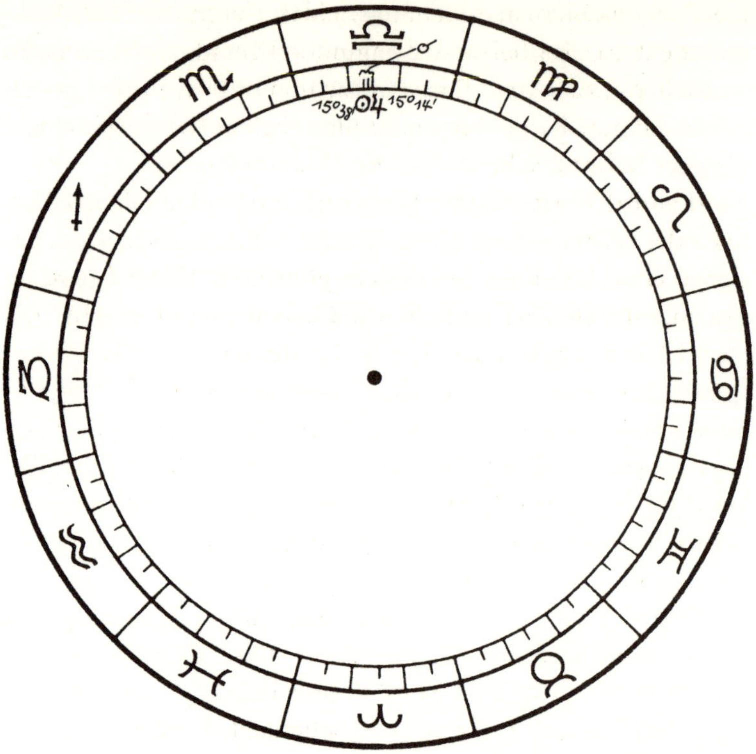

Sonne Konjunktion Jupiter im Tierkreiszeichen Waage: Hier vermutet der Astrologe einen unverbesserlichen Optimisten, der Hervorragendes leistet, ohne sich zu überanstrengen. Der Erfolg wird nie mit Ellenbogen erkämpft, sondern eher mit diplomatischem Feingefühl erstrebt

Die Konjunktionen, die wir hier im einzelnen aufführen, müssen anschließend mit den Aussagen kombiniert werden, die wir unter Sonne, Mond, Planeten, Aszendenten und Medium Coeli in ihren Beziehungen zu den Tierkreiszeichen gebracht haben. In Fällen von mehreren Konjunktionen in einem Horoskop muß man diese auch kombinieren, wobei sich die Wirkungen oft verstärken, manchmal jedoch gegeneinander abschwächen werden.

Konjunktionen mit der Sonne

Sonne und Mond wirken sich auf den zwischenmenschlichen Bereich günstig aus, da die Sonne als rein männlich, der Mond als rein weiblich gelten. Die Konjunktion deutet auf ein glückliches Zusammenleben in der Ehe oder in einem eheähnlichen Verhältnis hin. Es ist allerdings wichtig, in welchem Tierkreiszeichen die Konjunktion stattfindet, um daraus eine gute oder eine etwas abschwächende Deutung abzulesen. Jedenfalls kann ein Tierkreiszeichen, in dem die beiden Hauptlichter schlechter aspektiert sind, bei einer Konjunktion gerade in der Liebe zu seelischen Konflikten führen. Harmonische Konstellationen lassen auf gute Beziehungen im öffentlichen Leben schließen, weniger harmonische auf innere Unzufriedenheit.

Sonne und Merkur lassen Geist und Verstand nur dann Überragendes leisten, wenn sie sich nicht näher als etwa vier bis sieben Grad kommen. Bei diesem günstigen Abstand wird jedes angestrebte Ziel erreicht, die Gedankenkraft erhöht, und durch Umsichtigkeit werden in Geldgeschäften alle Widerstände aus dem Weg geräumt. Kommen aber Merkur und Sonne näher an die Null-Grad-Grenze heran, ist das Denken eher subjektiv gefärbt, das Ziel verschwommen und die Tatkraft durch übergroße Hemmungen eingeschränkt.

Sonne und Venus betonen die körperliche Liebe. Hier ist man sensibel für alles Schöne. Viele feinsinnige Künstler und Schriftsteller haben diese Konjunktion in ihrem Horoskop. Der musikalische Typ herrscht vor (denn »Böse Menschen haben keine Lieder!«). Man ist gesellig und liebt die Natur. Leider kann, falls negative Deutungsmöglichkeiten hinzukommen, ein zu hoher Lebensgenuß nachteilige Folgen haben.

Sonne und Mars lassen große Krafteinsätze erwarten, die aber oft gesundheitliche Nachteile bringen. Man setzt sich zwar durch und verschafft sich überall Geltung, ist jedoch recht voreilig in seinen Entschlüssen und rennt dann fast blind in Gefahrenzonen. Erfolge im Beruf werden durch nie nachlassende Tatkraft beschleunigt, bringen nur so viel Aufregung mit sich, daß sich die Managerkrankheit einstellen könnte. Zumindest aber fördern nervöse Überreizungen die Lust am Streiten um jeden Preis. Hier kann auch bei entsprechenden anderen Konstellationen übertriebener Ehrgeiz und ein zum letzten entschlossenes Kämpfertum beobachtet werden.

Diese Konjunktion fördert Tatkraft und Energie, dadurch aber auch die Neigung zu streßbedingten Herz-Kreislauf-Störungen

Sonne und Jupiter deuten auf gute Gesundheit und Aufstieg im Leben hin. Hier sind die Optimisten zu Hause, die ohne Überlastung Hervorragendes leisten werden, die sich Autorität verschaffen, ohne eigentlich autoritär zu sein. Diese Konjunktion weist auf große Erfolge in finanzieller, aber auch geistiger Hinsicht hin. Der gesunde Menschenverstand behält stets die Oberhand. Jahrelanges Wohlleben könnte allerdings doch noch zu Krankheiten führen.

Sonne und Saturn sind zwei konträre Planeten, die, liegen sie nahe beieinander, nicht viel Gutes versprechen. Jedenfalls scheint man gehemmt zu sein, schließt sich innerlich gegenüber der Umwelt ab und zählt zu den Pessimisten, die sich nur mühsam den Weg zum Erfolg bahnen können. Man verläßt sich nur auf sich selbst und traut selbst den besten Freunden nicht über den Weg. Diese Konjunktion deutet auch auf eine schwache körperliche Konstitution hin.

Sonne und Uranus fördern fortschrittliches Denken, das manchmal aber zu eigensinnig vorgetragen wird. Man liebt die Freiheit und hat revolutionäre Ideen. Plötzliche Veränderungen sind möglich, auch schnelle Trennungen von Liebgewordenem. Eine gewisse Originalität und geistige Beweglichkeit sind vorhanden. Man hat Talent für technische, manchmal sogar künstlerische Berufe. Viele Aufregungen führen zu Nervenschäden und Herzrhythmusstörungen.

Bei zusätzlichen schlechten Aspekten werden unter der Sonne-Neptun-Konjunktion stehende Menschen leicht in Skandale verwickelt

Sonne und Neptun vertragen sich nur, wenn sie in entsprechend günstigen Tierkreiszeichen in Konjunktion stehen. Dann ist eine rege Phantasie und innere Sensibilität festzustellen, die leicht in andere Menschen einfühlen läßt. Meist aber werden enge Beziehungen zum anderen Geschlecht verhindert, man läßt sich zu leicht beeinflussen und kämpft dann möglicherweise auf der falschen Seite. Launen sind die Folge, hinter denen die eigene Schwäche steht. Hier wird oft ein labiler Menschentyp geschildert.

Sonne und Pluto sollen das Streben nach absoluter Macht fördern, aber auch in Krisen führen, aus denen man kaum herauskommen kann. Der Aufstieg im Leben ist möglich, wird jedoch manchmal durch gefährliche Unternehmungen verbaut.

Sonne und Aszendent zeigen die Art an, wie man sich gegenüber der Öffentlichkeit verhält, den geistigen Standort des Individuums. Dieses will sich Anerkennung verschaffen, eckt aber an, wenn eine zusätzliche kritische Aspektierung dazukommt, und sucht Streit mit seinen Mitmenschen.

Sonne und Medium Coeli lassen das Lebensziel und die Persönlichkeit erkennen. Sie stellen gewissermaßen das eigene Ich und seine Entfaltung in der Umwelt dar. Sie deuten auch an, welche Erfolgschancen möglicherweise gegeben sind, und wie zielstrebig man ist. Das kann natürlich bei negativ gestellten anderen Aspekten eventuell ins Gegenteil umschlagen.

Konjunktionen mit dem Mond

Mond und Merkur stellen gefühlsbetontes Denken in den Vordergrund. Man ist gewandt und hat viel Verständnis für die Mitmenschen. Auf Reisen sucht man sich zu bilden. Man urteilt mit Bedacht stets gerecht und ist ein Sprachtalent. Nur in schlechten Aspekten kann eine Neigung zu Schwätzerei auftreten, die die Kritik sonst wohlmeinender Menschen erregt.

Schlechte Aspekte fördern hier rechte Klatschbasen

Mond und Venus schenken viel Gemüt und Hingabe an einen Menschen, den man liebt. Hier offenbaren sich tiefe Gefühle, durch die eine Sehnsucht nach Zärtlichkeit und Harmonie entsteht. Diese Konjunktion deutet auch die heitere Lebensart, das Streben nach fast künstlerischer Vollendung an. Sie sagt ebenso etwas über den glücklichen Verlauf einer Ehe und über die Familie aus. Bei Überwiegen schlechter Aspektierungen werden ernste Konflikte im zwischenmenschlichen Bereich nicht ausgeschlossen.

Mond und Mars stehen sich immer kritisch gegenüber. Trotzdem lassen sie viele gute Seiten eines Menschen in Erscheinung treten, wie Tatkraft, ein vom Gefühl gelenkter Wille und ein offenes Wesen, das keiner Lüge fähig erscheint. Aber da ist auch von seelischen Spannungen die Rede, von allzu großer Freimütigkeit, die Mitmenschen instinktlos beleidigen kann.

Positives oder negatives Urteil ist von anderen Aspekten abhängig

Mond und Jupiter schildern ein Individuum, das stets hilfsbereit und freundlich seinen Mitmenschen gegenübertritt. Trotzdem ist es sehr erfolgreich und hat besonderes Glück in materiellen Dingen. Das kann auch das Glück im Spiel sein. In einer schlechten Aspektierung deutet diese Konjunktion jedoch Verschwendungssucht, Spielleidenschaft bis zum Bankrott und Sorglosigkeit in allen Lebenslagen an. Im allgemeinen werden die guten Aussagen überwiegen, die auf einen Menschen schließen lassen, der mit viel Gefühl ausgestattet ist.

Mond und Saturn können auf die etwas sparsame Lebensführung eines Menschen hinweisen. Hier hat man seine Gefühle unter Kontrolle, ist besonnen und hält das sauer verdiente Geld zusammen. Gewissenhaft wird man seine Arbeit tun, aber nicht allzu freundlich den Mitmenschen gegenübertreten. Die Grundhaltung ist eher konservativ. Wenn man sich nicht auf Ererbtes stützen kann, wird man nur mühselig vorankommen. Bei zusätzlich schlechteren Konstellationen wirkt man gehemmt, und fühlt sich minderwertig.

Mond und Saturn in Konjunktion fördern eine konservative Grundhaltung

Führt zum Streben nach dem Außergewöhnlichen: Die Mond-Uranus-Konjunktion

Mond und Uranus sind nicht die beste Konjunktion. Hier treten Spannungen im Gefühlsleben, starke innere Erregbarkeit und Trennungstendenzen zutage, die etwas Endgültiges bewirken. Man ist oft so von sich überzeugt, daß man keinen anderen neben sich gelten lassen möchte. Trotz hoher Geistesgaben ist der Erfolg im bürgerlichen Leben kaum sicher. Man strebt zu sehr nach Zielen, die konträr denen der Gesellschaft sind. Hier wird manches übertrieben, und der Eigenwille ist so kraß, daß er fanatisch erscheint.

Mond und Neptun schildern sensible Naturen, die aus dem Unbewußten Kräfte hervorspielen, die auf mediale Fähigkeiten hindeuten. Hier wird in einer Traumwelt gelebt, die auf einsame oder doch zumindestens unbefriedigte Menschen hinweist. Auf der einen Seite sind sie äußerst feinfühlig und warmherzig, auf der anderen etwas haltlos und unzufrieden.

Mond und Pluto schürfen tief in Gefühlen, die aber seelische Erschütterungen offenbaren. Man schwankt viel im Leben, ist oft sentimental, im nächsten Augenblick aber schon von fanatischer Härte. Depressionen sind hier angezeigt, wenn schlechtere Aspektierungen hinzukommen. Rücksichtnahme auf andere Menschen gibt es kaum, was sich in der Liebe als allzu große Triebhaftigkeit bemerkbar machen kann.

Mond und Aszendent sagen etwas über das persönliche Verhältnis zu der Umwelt und das Harmoniestreben im zwischenmenschlichen Bereich aus. Bei nicht so guten weiteren Konstellationen kann sich der Charakter unangenehm verändern: man reagiert überempfindlich und ist schnell verärgert.

Bei Frauen stärken Mond und Medium Coeli die Mütterlichkeit

Mond und Medium Coeli sind auf seelische Bindungen konzentriert. Hier ist bei weiblichen Wesen große Mütterlichkeit festzustellen, insgesamt eine starke Hinneigung zur Familie. Man ist sehr gemütvoll, läßt sich jedoch auch leicht beeinflussen und kann dadurch möglicherweise Schaden nehmen.

Konjunktionen mit dem Merkur

Merkur und Venus verkünden ausgesprochenen Schönheitssinn, der künstlerische und schriftstellerische Erfolge erahnen läßt. Man liebt die Heiterkeit im Erdenleben und empfindet tief in der Liebe. Gefühlsüberhang hemmt manchmal das Fortkommen, man neigt auch zum Luxusleben.

Merkur und Mars tragen viel Überzeugungskraft in heiße Diskussionen. Man ist schlagfertig und auch recht angriffslustig. In dieser Konjunktion entschließt man sich schnell, was manchmal freilich gleichbedeutend mit voreilig ist. Eigene Gedanken werden in Pläne und danach in erfolgreiche Unternehmungen umgesetzt. Man beharrt eigensinnig auf seinem vermeintlichen Recht. Leider ist die Lust am Streiten so stark entwickelt, daß daraus auch Schaden entstehen kann.

Merkur und Jupiter fördern die Intelligenz. Man ist gutmütig und läßt auch die Meinung anderer gelten. Diese Konjunktion haben manchmal Forscher und Wissenschaftler in ihrem Horoskop. Man interessiert sich für viele Wissensgebiete, schließt sich aber oft in seine Studierstube ein und zieht sich zu sehr von den Mitmenschen zurück. Auch königliche Kaufleute kommen hier vor. Schlecht aspektiert könnte manches ins Negative umschlagen. Dann ist man der zerstreute, unachtsame Professor oder der Marktschreier, der die Kunden blufft.

Eine Konjunktion für Handel und Wissenschaft: Merkur und Jupiter

Merkur und Saturn fördern das logische Denken, die Konzentration auf wissenschaftlichem Gebiet. Viele Mathematikgenies haben diese Konjunktion in ihrem Horoskop, ebenso Philosophen. Mit Ausdauer knobelt man so lange, bis man ein Problem gelöst hat. Nur langsam wird man sein Lebensziel erreichen, weil man oft zu gründlich ist. Mit anderen Konstellationen bestückt kann das Horoskop auf eine schwierige Jugend und auf einen recht mühevollen Lebensweg hinweisen. Man ist in diesem Fall sichtlich gehemmt und beargwöhnt jeden.

Schlechte Aspekte fördern hier mangelndes Selbstvertrauen, Verschlossenheit, selbst Sprachschwierigkeiten

Merkur und Uranus stehen in Horoskopen von scharfsinnigen Leuten, die ihre Mitmenschen durch gute Argumente zu überzeugen wissen. Auch in dieser Konjunktion ist der mathematische Verstand sehr ausgebildet, man neigt vor allem zu technischen Berufen. Auf jeden Fall ist man geistig sehr beweglich. Man will unabhängig sein und selbständig für sich entscheiden. Leider wird man aus schlechteren Nebenaspekten hier und da eine übermäßige Nervosität herauslesen können.

Merkur und Neptun führen zu Illusionen, die auf Phantasie schließen lassen. Aber es bleibt vieles im unklaren, was von einem durchaus wachen Geist angeregt wurde. In schlechteren Konstellationen ist von geistiger und seelischer Verworrenheit die Rede, die einen labilen Menschentyp zeichnet. Man täuscht sich oft selbst, und dann sind die hohen Ideale beim Teufel.

Persönlicher Kontakt ist bei dieser Konjunktion wichtig

Der Wunsch nach dem sinnlichen Abenteuer um jeden Preis führt hier leicht zu Untreue

Ganz große berufliche Erfolge bleiben in dieser Konjunktion oft aus

Merkur und Pluto lassen bei allen guten geistigen Gaben, die durchaus vorhanden sein können, doch viel Negatives erahnen. Man überschätzt oft die eigene Kraft und kann nicht abwarten. Man ist leicht beeinflußbar, kann aber auch gut überzeugen. Bei einem guten Merkur hat man viel Talent zum Schreiben und Reden, man kritisiert scharf, aber gerecht.

Merkur und Aszendent lassen in allen Lebenslagen den persönlichen Kontakt suchen. Man hat stets den Wunsch, mit seinen Mitmenschen gut auszukommen, mit ihnen zu reden und ihnen, wenn es geht, zu helfen. Freilich kann die Gesprächsbereitschaft auch in Geschwätzigkeit umschlagen.

Merkur und Medium Coeli sorgen dafür, daß man sich eine eigene Meinung bilden und über Selbsterkenntnis zu klaren Vorstellungen über das eigentliche Lebensziel gelangen kann. Man handelt nur dann, wenn man erkannt hat, daß das auch etwas bringt. Leider ist man oft nicht selbstkritisch genug.

Konjunktionen mit der Venus

Venus und Mars lassen auf leidenschaftliche Liebesfähigkeit schließen, die sich in überschäumenden Gefühlen niederschlägt. Schon früh wird man sich mit den intimen Dingen beschäftigen und zum Ziele kommen wollen. Aber man neigt auch zu Übertreibungen und ist möglicherweise unbefriedigt, wenn der Partner nicht so will, wie man selbst möchte. Von Zärtlichkeit ist in dieser Konjunktion kaum die Rede.

Venus und Jupiter künden von Liebesglück und reichem Intimleben, in dem man herzlich einander zugetan ist. Leicht verliebt man sich und möchte dann alles in gesetzlich sanktionierte Bahnen lenken. Das Streben nach Harmonie bestimmt auch den Alltag. Wer diese Konjunktion in seinem Horoskop stehen hat, ist allseits beliebt. Allerdings könnte es bei Aspektverletzungen durchaus zu Konfliktsituationen kommen.

Venus und Saturn stellen das eben über die Konjunktion Venus und Jupiter Gesagte fast auf den Kopf. Man hat sichtliche Hemmungen im zwischenmenschlichen Bereich und wird wegen allzugroßer Zurückhaltung als kalter Typ gelten. Bindungen werden oft mit sehr viel älteren Partnern angestrebt. Eifersucht ist stets im Spiel. Im beruflichen Bereich wird viel Pflichtgefühl festgestellt.

Venus und Uranus bringen im Gefühlsleben Spannungen, die zu einer Übererregbarkeit führen können. Man sucht das Abenteuer, auch wenn man dadurch des Partners Zuneigung mit Untreue belohnen muß. Man bleibt jedoch wählerisch.
Venus und Neptun lassen in der Liebe sehr sensibel reagieren. Man hat viel Phantasie und Schönheitssinn und interessiert sich meist auch für Kunst und Musik. In seinen Träumen ist man glücklich, was aber auf sehr wenig Eigenwillen im Alltagsleben schließen läßt. Und so wird man oft enttäuscht und bringt es auch im Beruf nicht unbedingt sehr weit.
Venus und Pluto verweisen auf ein übersteigertes Triebleben, das mit Wollust einhergeht. Aber hier kennt man auch noch die Liebe auf den ersten Blick, die in einer festen Verbindung enden kann. Es wird eine hohe Potenz nachgesagt.
Venus und Aszendent weisen auf eine Persönlichkeit hin, die auf Harmonie Wert legt. Man schätzt den freundschaftlichen Umgang und ein Liebesleben, das viel Zärtlichkeit verlangt. Man hat einen guten Geschmack, den man durchaus in künstlerische Tätigkeiten umsetzen könnte.

Nur bei Aspektverletzungen kommt es hier zu Geschmacksverirrungen

Venus und Medium Coeli zeichnen einen liebevollen Menschen, der sich betont zärtlich hingeben kann. Hier wird tief empfunden, was Eifersucht oder Eigenliebe nicht ausschließt.

Konjunktionen mit dem Mars

Mars und Jupiter versprechen Erfolg auf vielen Gebieten. Bei allem Harmoniestreben setzt sich doch ein eiserner Wille durch. Man sehnt sich nach Unabhängigkeit, die man meist auch erreicht. Trotz großer Energieverschwendung findet man immer wieder Zeit für intime Stunden, in denen man alles um sich herum vergessen und rundum glücklich sein kann. So wird der »Lebensakku« kurz, aber wirkungsvoll aufgeladen. Erfolgreiche Unternehmer finden diese Konjunktion manchmal in ihrem Horoskop. Gegen eine Einschränkung der persönlichen Freiheit lehnt man sich unter Mars und Jupiter auf.
Mars und Saturn gelten im allgemeinen als niederschmetternd. Hier wird sogar von kritischer Lebensbedrohung gesprochen, die durch ein allzu gewalttätiges Vorgehen hervorgerufen wird. Trotz unmäßiger Energie kommt es zu hohem Kräfteverschleiß und teilweise auch seelischen Spannungen,

die im intimen Bereich Hemmungen hervorrufen können. Mit der Zeit wird man hart im Nehmen, aber auch im Austeilen!

Mars und Uranus lehnen sich entschlossen gegen jeden Freiheitsentzug auf. Man will unabhängig sein um jeden Preis und kann hartnäckig auf der eigenen Meinung beharren, wenn man sie einmal als richtig erkannt hat. Viel Mut und große Kraftanstrengung, zu der auch schwächlich gebaute Leute fähig sind, können schier unmöglich Erscheinendes möglich machen. Die übertrieben große Wahrheitsliebe kann im zwischenmenschlichen Bereich zu herben Konflikten führen. Unfallgefahr und Neigung zu Nervenkrankheiten sind zu beobachten.

In manchen Konstellationen kann die Mars-Uranus-Konjunktion auf Ortswechsel hindeuten

Mars und Neptun spielen manche Leidenschaft hoch, die zur Sucht werden kann. Es kommt auf die geistige Willenskraft an, ob man sie beherrscht oder ihr unterliegt. Leider ist die Energie bei dieser Konjunktion nicht sehr stark, weshalb auch leicht Minderwertigkeitsgefühle aufkommen könnten. Der Ehrgeiz, hochfliegende eigene Pläne oder Ideen in die Wirklichkeit zu übertragen, ist vorhanden. Es fragt sich nur, ob die Durchsetzungskraft auch groß genug ist.

Mars und Pluto verhelfen zu einer Kraft, die Ziele brutal durchsetzen will. Man hat viel Selbstvertrauen und schafft mit Gewalt Erfolge. Ein kritischer Aspekt.

Mars und Aszendent begünstigen die Schaffenskraft. Man will jedem den eigenen Willen aufzwingen. Wer nicht pariert, wird bis zum letzten bekämpft und muß am Ende kuschen. Mit anderen Worten: Hier sind die rechten Streithansel zu Hause.

Mars und Medium Coeli bringen eine Konzentration auf das eigene Ich mit sich, das mit Umsicht und Tatkraft ein lohnendes Ziel ansteuert. Man ist selbständig in seinen Entschlüssen und läßt sich so leicht von niemandem dreinreden. Sehr energisch wird der berufliche Aufstieg geplant.

Hier bleibt es nicht bei Luftschlössern, auch wenn Voreiligkeit manch guten Plan vermasselt

Konjunktionen mit dem Jupiter

Jupiter und Saturn schüren eine gewisse Unzufriedenheit mit sich selbst und seinem Schicksal. Der Weg zum Aufstieg ist manchmal mit schwer zu überwindenden Hindernissen verbaut. Das kann seelische Spannungen hervorrufen und das Selbstvertrauen mindern. Nur mit großer Geduld kann man es bei solcher Konjunktion doch noch zu etwas bringen.

Jupiter und Uranus zwingen zur Auflehnung gegen jede Gewalt (damit kann auch die väterliche Gewalt gemeint sein). Man ist rastlos in der Durchsetzung geistvoller Ideen. Es gibt viele innere Spannungen, die sich meistens durch plötzliche Schicksalswendungen positiv auflösen. Man will früh selbständig sein, vertritt aber oft zu subjektive Anschauungen. Neuerungen werden mit Weitblick erkannt und bis zum Erfolg durchgefochten. In dieser Konjunktion gibt es oft glückliche Zufälle. Man ist Optimist.

Jupiter und Neptun finden sich bei idealistischen Typen, die auch sehr gefühlvoll sein können. Man ist hilfsbereit und großzügig. Man sucht den Erfolg und erreicht ihn, wenn günstige Konstellationen hilfreich zur Seite stehen. Im anderen Fall wird man zum haltlosen Spekulanten, der nur auf das Glück vertraut.

Jupiter und Pluto verführen zu Spekulantentum, das meist nur Verluste einbringt. Nur bei günstigen anderen Aspekten können sich Glücksfälle und Erfolge einstellen.

Jupiter und Aszendent lassen auf einen Menschen schließen, der mit viel Taktgefühl und noch mehr Harmonieverständnis durchs Leben geht. Man paßt sich leicht gegebenen Umständen an und wird über gute Kontakte Erfolge erzielen, die geschäftliche Vorteile nach sich ziehen. Bei dieser Konjunktion kann man auch auf eine gute Heirat hoffen.

Ganz selten trüben Hochmut oder Verschwendungssucht das sympathische Bild des Menschen unter dieser Konjunktion

Jupiter und Medium Coeli legen den Erfolg schon in die Wiege. Man ist ein unverbesserlicher Optimist, der nicht nur ein Ziel ansteuert, sondern es auch erreicht.

Konjunktionen mit dem Saturn

Saturn und Uranus lassen egoistische Ziele verfolgen. Der Wille kann Berge versetzen, aber manchmal in Gewalttätigkeit ausarten. Das führt zu Konflikten, die nur schwer zu bewältigen sind. Man ist mehr als eigenwillig und sieht jeder Gefahr mutig ins Auge. Um jeden Preis will man sein Schicksal zwingen.

Saturn und Neptun haben große Hilfsbereitschaft im Gefolge. Für Hilfsbedürftige wird das letzte Hemd geopfert, obwohl man mit sich selbst meist genug zu tun hat. Man nimmt sich und seine Arbeit sehr wichtig, geht aber zu langsam vor, um schnell Erfolg zu haben. Oft ist man überaus begabt.

Saturn und Pluto fügen zur Ausdauer die Zähigkeit hinzu, mit der man selbst Schwerstarbeit mit Erfolg beenden wird. Man neigt zu Gewalttätigkeiten, die einem keine Freunde einbringen. Man hat durchaus das Zeug zum Wissenschaftler. Man spricht hier jedoch auch von einem Katastrophenaspekt.
Saturn und Aszendent schildern eine etwas gehemmte Persönlichkeit, die schon früh traurige Erfahrungen machen muß. Oft wird man hier unter Armut und Einsamkeit leiden.

Günstige Aspekte können hier die Minderwertigkeitsgefühle aufheben

Saturn und Medium Coeli hemmen jeden in seiner Entwicklung. Man ist mehr mit sich selbst beschäftigt und vergißt dann den Einsatz, der einen im Leben voranbringt. Man ist auch stets ein wenig mutlos und hat Minderwertigkeitskomplexe.

Konjunktionen mit dem Uranus

Uranus und Pluto sind ein Trennungsaspekt. Man ist zwar sehr schaffensfreudig, wird aber immer wieder in kritische Situationen gebracht.
Uranus und Aszendent bringen Unruhe in den Tierkreis. Man hat technische Begabung und versucht mit ihrer Hilfe, die Umwelt zu revolutionieren.
Uranus und Medium Coeli lassen ein Ziel mit sehr viel Durchsetzungskraft verfolgen. Man ist umsichtig und erreicht über mannigfaltige Wechsel oft ein hohes Berufsziel. Meist will man aber alles aus sich allein heraus schaffen und steht dann bei einem Mißerfolg vor dem Nichts. Aber immer wieder beginnt man von neuem.

Konjunktionen mit dem Neptun

Neptun und Pluto haben etwas mit dem Übersinnlichen zu tun. Man hat seltsame Vorahnungen und eine besonders rege Phantasie. Man kann sich sehr auf sich und sein Unbewußtes konzentrieren, zieht daraus die Kraft für den Lebenskampf.
Neptun und Aszendent lassen einen leicht zu beeinflussenden Menschen erkennen, der sehr sensibel auf seine Umwelt reagiert und sich oft von stärkeren Typen »unterbuttern« läßt.
Neptun und Medium Coeli verraten die Ziellosigkeit des eigenen Ichs. Oft drischt man Phrasen, um mitreden zu können. Man ist nicht sehr selbstbewußt.

Das Sextil bessert schlechte Aspekte auf

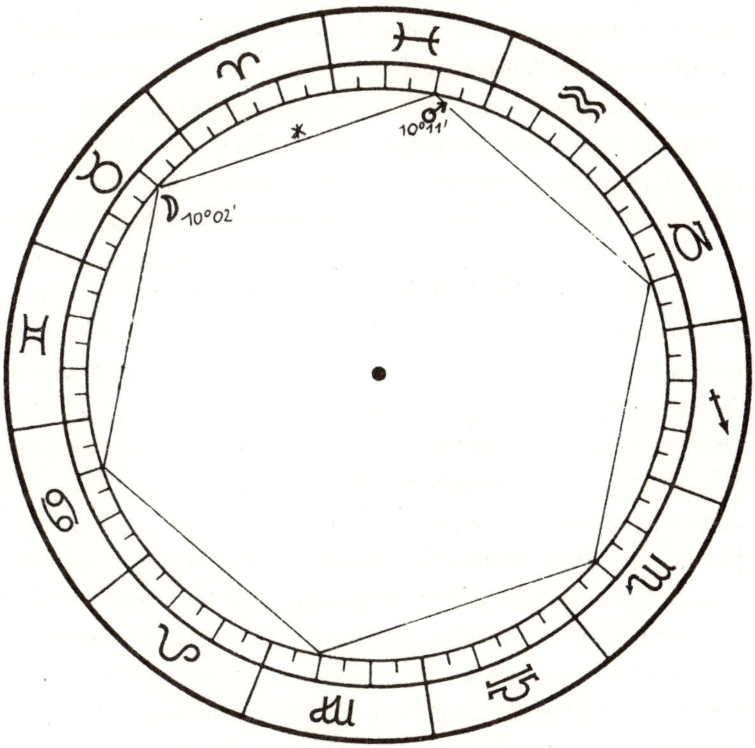

Zu den günstigen Aspekten im Horoskop zählt das Sextil, das einen Winkel von 60 oder 300 Grad bildet, aber auch noch wirksam ist, wenn es etwa 6 Grad mehr oder weniger aufweist. Es bessert auf jeden Fall schlechte Aspekte auf, wenn auch manchmal nur minimal.

Mond Sextil Mars in den Tierkreiszeichen Stier und Fische: Dieses Sextil in den weiblichen Zeichen Stier und Fische deutet auf viel Begabung und Neigung zu einem glücklichen Familienleben hin. Mond im Stier spiegelt eine gewisse konservative Haltung und ein Streben nach Kunst und Wissenschaft wider. Mars in den Fischen bringt zum Gefühl auch ein wenig Willenskraft, die allerdings in diesem Sextil kaum überragendes Draufgängertum beschert

Sextile mit der Sonne

Sonne und Mond lassen in solcher Winkelstellung gutes Verständnis im zwischenmenschlichen Bereich, vor allem in der Ehe erwarten. Auch im Freundeskreis ist man sehr beliebt und fühlt sich unter netten Menschen besonders wohl. Konflikte können leicht gemeistert und Krankheiten schnell überwunden werden. Man macht aus dem Gefühl heraus das richtige, wobei der Wille zu einem Leben voller Harmonie Gefahren, die durch andere Aspekte bedingt sind, abblocken kann.

Sonne und Mars lassen auch schwere Schicksalsschläge überwinden. Mit eisernem Willen wird man in die oberen Etagen des Lebens aufsteigen wollen, wobei auch viel »Köpfchen« eingesetzt wird. Probleme gibt es kaum, und wenn sie auftauchen, werden sie mit viel Tatkraft aus dem Wege geräumt. Man kann zu den Mächtigen im Tierkreis zählen, wenn man dieses Sextil im Horoskop stehen hat, zumal man auch viele Freunde und Gönner finden wird.

Keine Arbeit ist einem in dieser Verbindung zuviel – Hauptsache: sie führt zum Erfolg

Sonne und Jupiter verstärken eine optimistische Grundhaltung. Man entzückt die Mitmenschen durch seine geistvolle Art, durch übergroße Freundlichkeit und durch eine Hilfsbereitschaft, die von Herzen kommt. Meistens kann man sich diese auch leisten, denn so ganz unten bleibt keiner hängen, der die Sonne im Sextil zu Jupiter stehen hat. Im Kreise seiner Lieben fühlt man sich glücklich. Man ist sehr wissensdurstig und versucht, sich auf Reisen zu bilden.

Sonne und Saturn lassen Gefahren scheuen. Man ist vorsichtig und umgeht lieber Hindernisse, als daß man über sie ins Stolpern gerät. Die Geduld wird nur noch von dem Ehrgeiz übertroffen, es zu etwas zu bringen. Praxis wird hier mehr geschätzt als Theorie. Man arbeitet sich mit eiserner Disziplin nach oben und versteht sich als Vorbild der anderen, die nur zu geringerer Leistung fähig sind. Daß man da sehr bald auch in einem Chefstuhl sitzen kann, ist nur eine Frage der Zeit. Größter Vorteil: Man geht nüchtern Probleme an und löst sie mit Sachverstand. Dieses Sextil verspricht auch große Widerstandsfähigkeit gegen Krankheiten.

Mit Vorsicht, aber voller Ehrgeiz in den Chefsessel

Sonne und Uranus lenken geistige Interessen in den richtigen Kanal. Man entpuppt sich als Menschenfreund, der Vertrauen verdient. Und über diesen Weg erreicht man viel – auch auf dem recht glatten politischen Parkett. So leicht wirft denjenigen, der dieses Sextil im Horoskop hat, nichts um. Man kann sich in die schwierigste Materie einfühlen und läßt sich bei möglichen Rückschlägen kaum schocken. Das deutet auf einen festen Charakter hin, der zugleich aufgeschlossen ist für die Probleme der Mitmenschen. Man findet viele Freunde.

Sonne und Neptun verleihen Phantasie und künstlerische Beweglichkeit. Man hat durchaus eine gute Einstellung zu Geld und festen Werten. Wichtiger erscheint aber immer der menschliche Kontakt, der sich über Klassen und soziale Schranken hinwegsetzt.

Sonne und Pluto zeigen einen Menschen, der fast hypnotische Wirkung auf seine Umwelt hat. Mit viel Energie geht man das Wagnis Leben an und findet im Unbewußten Kräfte, die dabei helfen.

Sonne und Assendent bewirken Harmonie in allen Lebenslagen. Mit viel Willenskraft werden die hohen geistigen Fähigkeiten eingesetzt. Der Erfolg kann da eigentlich nicht ausbleiben, zumal man von allen Seiten wegen seines sonnigen Wesens Unterstützung bekommt. In dieser Verbindung ist das Glück im zwischenmenschlichen Bereich.

Sonne und Medium Coeli führen zu hochtrabenden Plänen, die auch verwirklicht werden können. Das eigene Ich ist nicht so wichtig wie das Wir, was den Berufserfolg absichern wird. Man produziert Ideen am laufenden Band und setzt sich über Hindernisse temperamentvoll hinweg. Die Familie ist der Hort, in dem man sich immer wieder regenerieren kann.

Vor mißgünstigen Kollegen ist man hier geschützt

Sextile mit dem Mond

Mond und Merkur zeichnen einen ausgeglichenen Menschen, der seinen Verstand nur da einsetzt, wo er keine Gefühle verletzt. Bei allem gesunden Geschäftsgeist hat man viel übrig für Leute, denen es nicht so gut geht. Manche, die Merkur im Sextil zum Mond stehen haben, sind rechte Gesundheitsfanatiker, sprechen auf Biokost oder auf Gymnastik. Man ist verträglich und hat viel Lebensfreude.

Mond und Venus versprechen im intimen Bereich viel Gefühl und Anpassungsfähigkeit. Selbst Launen eines Partners nimmt man als selbstverständlich hin und versucht sie durch Freundlichkeit und Entgegenkommen zu mildern. Das läßt eine gute Ehe erwarten. Mit viel Gefühl ist man auch im Berufsleben bei der Sache, weshalb künstlerische oder freie Berufe eher angestrebt werden, weil man sich dann kreativer ausleben kann. Überdies ist man sehr kontaktfreudig und findet leicht Gönner. Man hat viele gute Freunde, für die man durchs Feuer geht.

Die Kreativität, die Mond und Venus verleihen, will umgesetzt werden

Mond und Mars lassen viel Sinn für Familie und ein gepflegtes Zuhause erwarten. Man ist zwar kein Draufgänger, setzt aber seine Energien kräftig ein, um für sich und die Familie eine sichere Grundlage zu bekommen. Man arbeitet, um zu leben.
Mond und Jupiter fördern jegliche Begabung. Dieses Sextil verspricht Glück und Zufriedenheit im privaten Bereich. Hier kommt die Heiterkeit von innen. Man gibt sich herzlich und gefühlvoll, vergißt nie den Nächsten und seine Probleme und unterstützt ihn mit Rat und Tat. Trotz solcher vom Gemüt her bedingten Anlagen entwickelt man guten Geschäftssinn und bringt es zu Geld und Ansehen.

Zufriedenheit mit dem, was man hat, ist hier ein Grundzug

Mond und Saturn sorgen für Ordnung und Harmonie. Man wird es im Beruf nicht unbedingt weit bringen, ist aber sparsam genug, um sich beizeiten ein kleines Vermögen anlegen zu können. Übermäßige Durchsetzungskraft ist kaum vorhanden. Oft ist man ein wenig melancholisch und wirkt gedrückt und niedergeschlagen. Aber dieser Wesenszug macht auch sympathisch: Eine Schwäche muß man ja schließlich haben.
Mond und Uranus bringen jede Menge Gefühl ins Leben, ohne daß man deswegen zu Depressionen neigt. Nein, hier ist ein Menschentyp, der Erfahrungen aus der Vergangenheit in die Zukunft überträgt und sie als etwas völlig Neues verkauft. Die Anziehungskraft beim anderen Geschlecht ist groß, manchmal jedoch nicht auf einen einzigen Menschen konzentriert. Schwächen der Mitmenschen werden oft in den eigenen Vorteil umgemünzt, ohne daß das krumm genommen wird.

Die Sorge ums Wohl der Familie kommt unter Mond und Neptun nicht zu kurz

Mond und Neptun verleihen ihrem Schützling die Gabe, sich in schwierigste Dinge einzufühlen. Vielfach wird auch Sinn für grenzwissenschaftliche Themen vorhergesagt. Das Unbewußte tritt zutage und spielt über tiefschürfende Gefühle bei jeder wichtigen Entscheidung mit. Trotzdem ist man in der Lage, beruflich mitzuhalten und sich finanziell abzusichern.
Mond und Pluto lassen im beruflichen und im privaten Bereich kaum Zweifel darüber aufkommen, daß man sich durchsetzen wird. Natürlich macht's da nicht der Wille allein, sondern auch die Intuition.

Mond und Assendent machen einen selbstbewußten Menschen, der seine Gefühle in Kanäle leiten kann, wo sie gebraucht werden: In einer glücklichen Ehe zum Beispiel oder in einer Hilfsorganisation für unterentwickelte Länder.

Mond und Medium Coeli sorgen für Zuverlässigkeit. Man ist ein treuer Partner, der gemütvoll und zärtlich ist, und ein guter Kollege, der zwar nicht um Positionen zu kämpfen versteht, sich jedoch durch sein entgegenkommendes Wesen und durch seine Zuverlässigkeit auch in der Chefetage beliebt macht.

Sextile mit dem Merkur

Merkur und Venus sorgen dafür, daß sich Verstand und Anmut paaren können. Man ist für alles Schöne begeisterungsfähig und möchte gern künstlerisch tätig werden. Die Musikalität ist erstaunlich, ein angenehmes Wesen sorgt dafür, daß man auch sonst Ehre einlegt. Trotz romantischer Ader wird man auf finanziellem Gebiet nicht zu kurz kommen.

Merkur und Mars geben Elan, um Großes zu schaffen. Tatkraft und Verstand wirken zusammen auf das eine Ziel hin, es zu etwas zu bringen. Da ist kein Zaudern und nichts wird auf die lange Bank geschoben: Man will in die gehobene Etage des Lebens und packt auch schwierige Probleme mit einer Leichtigkeit an, die bewundernswert ist.

Schade, wenn hier Konstellationen mitspielen, die solche Anlagen verkümmern lassen

Merkur und Jupiter sind für den Intellekt verantwortlich. Man erreicht über geistvolles Reden und Schreiben das meiste. Gute Lehrer oder Schriftsteller haben möglicherweise dieses Sextil in ihrem Horoskop. Mancher strebt hier in die Ferne, um hinzuzulernen und die schöne weite Welt zu erkunden. Man ist ein unverbesserlicher Optimist, der nie aufgibt.

Merkur und Saturn lassen bei allen Handlungen nicht das Quentchen Vorsicht außer acht, das man braucht, um rechtzeitig die Klippen zu erkennen, die das Schicksal in den Weg stellt. Der Verstand ist zielgerichtet, tendiert vor allem dazu, Begabungen auszubauen in einem meist technischen oder wissenschaftlichen Beruf, wobei theoretisches Wissen gut in die Praxis umgesetzt werden kann. Der zwischenmenschliche Bereich wird allerdings zu kurz kommen, weil man einfach keine Zeit für Vergnügungen findet.

Merkur und Uranus haben keine Probleme miteinander, was sich auf den einfühlenden Verstand ihrer Schützlinge auswirkt. Man tendiert zu Neuerungen auf allen Gebieten und ist nebenbei ein rechter »Spökenkieker«. Man will schon früh unabhängig sein und arbeitet eifrig, um die Ziele bald zu erreichen.

Merkur und Neptun wirken beherrschend auf die unbewußten Denkvorgänge, die sich in phantasievollen Gesprächen beleben. Man sieht die Welt anders als ein »normaler« Mensch, schaut gewissermaßen hinter die Kulissen und zieht versteckte Schönheit ans Tageslicht. Man liebt eher den kleinen Kreis als die große Öffentlichkeit. Trotzdem hat man eine durchaus gesunde Einstellung zu Geld und festen Werten.

Merkur und Pluto fördern viel Originalität zutage, die umweltfreundlich dargebracht wird. Man wird selbst gegen große Widerstände etwas erreichen, weil man über den sogenannten sechsten Sinn verfügt oder doch ein Hintertürchen kennt.

Merkur und Aszendent bewirken das Streben nach geistiger Harmonie. Aber auch in punkto Geldverdienen kommt man nicht zu kurz. Hier ist ein scharfer Verstand, der Tabus beiseite räumen kann.

Selbst gelegentliches Streben nach draußen stört den Familienfrieden nicht

Merkur und Medium Coeli sorgen für gute Kontakte im Arbeitsbereich, die man einfach braucht, wenn man weiterkommen will als die breite Masse. Man findet viele Freunde auf geistiger Ebene und läßt auch diese zu Wort kommen. Menschen, die das Medium Coeli im Sextil zum Merkur stehen haben, sind der Familie sehr verbunden.

Sextile mit der Venus

Venus und Mars deuten immer auf Harmonie hin, wenn sie im Sextil zueinander stehen. Im intimen Bereich gibt es kaum Schwierigkeiten: Der eine liefert das Feuer, der andere das Gefühl. Man findet leicht Gönner, die den beruflichen Weg ebnen. Man hat handwerkliches Geschick, das sogar künstlerische Talente zutage fördert. Man ist großzügig und besitzt einen Freundeskreis, dem man seine ganz persönliche Note aufzwingt. Viel Naturliebe ist bei dieser Konstellation zu beobachten; sportliche Betätigung wird groß geschrieben.

Hier muß stets der Rubel rollen

Venus und Jupiter bringen Saiten zum Klingen, die auf hohe Begabung im künstlerischen Bereich, in Technik und Wissenschaft schließen lassen. Auch in »normalen« bürgerlichen Berufen bleibt der Erfolg kaum aus. Die Kasse wird klingeln, man wird sie freilich immer wieder leeren, um sich und anderen eine Freude zu bereiten. Bei diesem Sextil ist eine betonte Glückstendenz zu verzeichnen.

Venus und Saturn lassen den Ernst des Lebens durchscheinen, aber die Lebensfreude bejahen. Ehen unter diesem Sextil sind begünstigt. Man ist gebildet, wobei sowohl die wissenschaftlich untermauerte als auch die Herzensbildung gemeint ist. Am liebsten lebt man zurückgezogen, hat jedoch viele gesellschaftliche Verpflichtungen. Man ist sparsam, verschenkt aber an den, den man liebt, sein ganzes Vermögen.

Venus und Uranus sind für das Neue. Zunächst wird es über Liebesbindungen gesucht, die sich in Frühehen manifestieren. Dann kommen die Neuerungen im beruflichen Bereich, die man mit Leichtigkeit durchführt, weshalb man nie ganz unten auf der Erfolgsleiter stehen bleibt. Man muß jedoch den Beruf gefunden haben, der zu einem paßt.

Voraussetzung für den Erfolg durch Venus und Uranus ist der Spaß am Beruf

Venus und Neptun entwickeln Phantasie, die sich in einem gepflegten Heim ausdrückt. In dieser Verbindung ist man sehr fürsorglich, hat aber kein großes Durchsetzungsvermögen. Man versteht dies aber mit viel Charme und Harmoniegefühl auszugleichen. Man arbeitet am liebsten in einem Team.

Venus und Pluto werfen konservative Vorstellungen von der Liebe über den Haufen. Lockere Bindungen werden bevorzugt, wobei der Trauschein nachgereicht wird, wenn sich die Beziehung bewährt hat. Trotzdem ist man glücklich, auch im Beruf, wenn man den richtigen gefunden hat.

Venus und Aszendent glänzen durch Harmonie in allen Lebenslagen. Man zeigt viel Taktgefühl und darüber hinaus diplomatisches Geschick, wobei eine gewisse Schlitzohrigkeit nicht zu leugnen ist. Ehen, die unter diesem Sextil gestiftet werden, halten auch noch im Altenheim. Man ist sehr beliebt.

Gönner ebnen den Weg zum Erfolg

Venus und Medium Coeli betonen die Harmonie und die liebevolle Zuneigung zum Partner. Man schmückt sein Heim und pflegt ein Familienleben, das jedem Freiheiten genug gibt. Beruflich wird man seine Ziele spielend erreichen.

Sextile mit dem Mars

Mars und Jupiter geben den Optimisten recht, die behaupten, daß Klagen alles nur schlimmer mache. Man setzt sich tatkräftig ein und erreicht den Erfolg. In diesem Sextil zeigen sich Menschenfreunde, die in rastlosem Einsatz anderen helfen, wenn diese in Not sind.

Mars und Saturn bremsen ein wenig die Stürmer und Dränger, die immer gleich mit der Tür ins Haus fallen wollen. Hier heißt es eher: Eile mit Weile!

Mars und Uranus lassen die Nerven vibrieren, zerreißen sie jedoch nicht. Man ist ständig auf dem Sprung in immer höhere Positionen und gleicht charakterliche Schwächen mit einem starken Willen aus.

In dieser Konstellation finden sich keine leichten Opfer für Gauner und Betrüger

Mars und Neptun bewirken einen gesunden Geist in einem gesunden Körper: Man ist viel unterwegs, um sich fit zu halten. Man hält sich im beruflichen Bereich manchmal zurück, um dann umso kräftiger nachhaken zu können. Mitmenschen, die im Trüben fischen wollen, kommen hier an den Falschen.

Mars und Pluto fördern Energiebündel, die sich mit viel Mut durchzusetzen verstehen. Sie schöpfen aus dem Unbewußten Kräfte und schockieren damit mögliche Gegner.

Mars und Assendent funktionieren das schmalste »Handtuch« in einen ganzen Kerl um. Man verschafft sich Respekt, könnte nur wegen allzu offener Art anecken.

Mars und Medium Coeli lassen auf zwei Schienen fahren und gerade deswegen Ziele leicht erreichen. Im privaten Bereich ist man häuslich und hält die eigene Familie hoch, im Beruf bleibt man stets am Ball und sticht die Konkurrenz aus.

Sextile mit dem Jupiter

Jupiter und Saturn sorgen für vorsichtigen Optimismus. Da muß erst alles stimmen, bevor man Erfolge bejubelt. Weitblick ist gefragt. In der Einstellung zum Leben wird die gesunde Mitte angestrebt. Das Glück gehört dem Tüchtigen, der es sich selbst erarbeitet. Gute Aussichten für Ehepartner.

Jupiter und Uranus helfen Neuerungen mit viel Geschick durchzusetzen. Begünstigt sind bei diesem Sextil Erfinder und Forscher, die in die Zukunft denken. Im zwischenmenschlichen Bereich hat man eigentlich nur Freunde.

Menschheitsumarmungen führen manchmal in die Sackgasse

Jupiter und Neptun verführen zu dem Schluß, daß alle Menschen Brüder sind. Man möchte gewissermaßen die Welt umarmen, was dann in Sackgassen führt, wenn man an einen falschen »Bruder« gerät. Mit viel Phantasie und noch mehr Optimismus strampelt man sich immer wieder frei, ohne freilich ans ganz große Geld zu gelangen.

Jupiter und Pluto stehen für tiefschürfende Einfühlung in weltanschauliche Themen. Man versucht ein wenig zu fanatisch, alle Menschen vom eigenen Glauben zu überzeugen.
Jupiter und Aszendent stellen das Ich in den Vordergrund, das ohne großen Egoismus mit Hilfe seiner Mitmenschen dahin gelangt, wo es nach Bildung und Wissen auch hingehört: an die Spitze! Man ist sehr kooperativ und läßt nach vorbildlichem eigenen Einsatz auch mal andere für sich arbeiten. Man wird wegen allseitiger Beliebtheit in höchste Ämter gehievt und kann bei schlechteren Konstellationen immer wieder auf sein nahezu sprichwörtliches Glück vertrauen. Intime Bindungen sind bei diesem Sextil sehr begünstigt.
Jupiter und Medium Coeli lassen auf zwei Hochzeiten tanzen: Im Beruf ist man sehr aktiv und bringt es schnell zu Ehren, in der Familie findet man den Freizeitausgleich. In beiden Bereichen geht es hoch her.

Hier lassen sich Familie und Beruf gut vereinbaren

Sextile mit dem Saturn

Saturn und Uranus bewirken, daß Schwierigkeiten frühzeitig aus dem Wege geräumt werden. Man bedenkt sehr viel und setzt den Hebel nur da an, wo es Erfolg verspricht. So bleibt genügend Zeit, sich mit seinen Hobbys zu beschäftigen, die meist im populärwissenschaftlich-technischen Bereich liegen. Dank guter mathematischer Begabung wird man sich auch finanziell hocharbeiten können. Wegen zugkräftiger neuer Ideen kann man sich sogar als Politiker einen Namen machen.
Saturn und Neptun sind für die praktische Umsetzung hochfliegender Pläne in die Alltagswirklichkeit. Man bringt es darum im Beruf weiter als andere. Trotzdem gebraucht man die Ellenbogen nicht, sondern hilft eher anderen, damit auch sie es schaffen. Man taktiert oft nur aus dem Hintergrund.

Die Kunst, hochfliegende Pläne auch umzusetzen, unterstützen Saturn und Neptun

Saturn und Pluto machen sich nichts aus Besserwissern, bei ihnen ist die von innen kommende Klugheit gefragt. Hier ist zwar viel Ehrgeiz vorhanden, er wird nur in Kanäle gelenkt, die vom Alltäglichen abweichen.
Saturn und Aszendent stehen für Verantwortungsbewußtsein in jeder Lage. Mit Ernst und großer Sachlichkeit wird an einer Karriere gebaut, die menschlich bleiben läßt. Diszipliniert tut man seine Pflicht und ist die Zuverlässigkeit in Person.

Saturn und Medium Coeli lassen immer eine gute berufliche Position erwarten. Man wird das karge Privatleben kaum als Nebensache betrachten, weil man hieraus die Kraft schöpft, im öffentlichen Leben zu bestehen.

Sextile mit dem Uranus

Uranus und Neptun unterstützen ideelle Unternehmungen, die nur wenig oder gar kein Geld einbringen. Man ist in gleichgesinnten Kreisen glücklich. Im geistig-künstlerischen Bereich wird man im Zusammenspiel mit anderen seinen Weg machen.
Uranus und Pluto erweitern den geistigen Horizont. Gescheite Leute haben dieses Sextil im Horoskop. Hier entdeckt man Neuerungen, die zukunftsweisend sind.
Uranus und Asszendent geben all jenen eine Chance, die nicht im Traditionellen verharren wollen. Man ist für den Fortschritt, der die Gesellschaft revolutioniert. Es ist das Außergewöhnliche, das in der Umwelt Furore macht. Trotz antikonservativer Haltung nach außen strebt man oft eine recht »altertümliche« Ehe an.

Geborene Diplomaten im Berufs- wie im Privatleben bringt diese Konstellation hervor

Uranus und Medium Coeli bringen die Koexistenz ins Spiel. Man verträgt sich mit den Mitmenschen und erlangt ihr Vertrauen so sehr, daß man ihr Sprecher wird. Einer politischen Karriere steht eigentlich nichts im Wege. Man führt meist auch ein vorbildliches Familienleben.

Sextile mit dem Neptun

Neptun und Pluto wirken sich eher global als auf den einzelnen Menschen aus.
Neptun und Asszendent verursachen in jeder Weise Empfindlichkeit im zwischenmenschlichen Bereich. Da ist körperliche Liebe nur eine Funktion, um ein bißchen Freude ins Zusammenleben zu bringen. Das Ich wird auf ein Wir umgepolt. Verständlich, daß solch ein Typ viele Freunde findet.
Neptun und Medium Coeli wirken auf das Unbewußte, das nach außen drängt. Man ist ein Meister in der feinfühligen Behandlung von Menschen und kann darum im Beruf wie im öffentlichen Leben ausgleichen. In der knapp bemessenen Zeit, die für die Familie bleibt, ist man recht glücklich.

Das Quadrat – der Winkel des Verdrusses

In alten astrologischen Schriften wird der Quadrataspekt, die 90-Grad-Stellung im Horoskop, Winkel des Verdrusses genannt. Tatsächlich ergeben sich Deutungen, die dem Individuum einiges Kopfzerbrechen bereiten werden. Überall zeigen sich Widerstände, die sich bei entsprechenden anderen negativen Konstellationen manchmal katastrophal auswirken können. Eine Quadratur beweist den alten Spruch, daß das Leben ein Kampf sei. Es kommt hier aber immer auf die Gesamttendenz eines Horoskops an, wie eine Quadratstellung zu bewerten ist. Die äußerste Wirkungsweise eines Quadrats ist auf einen Winkel von 84 bis 96 Grad beschränkt, nimmt aber, von 90 Grad aus gesehen, doch sichtlich ab.

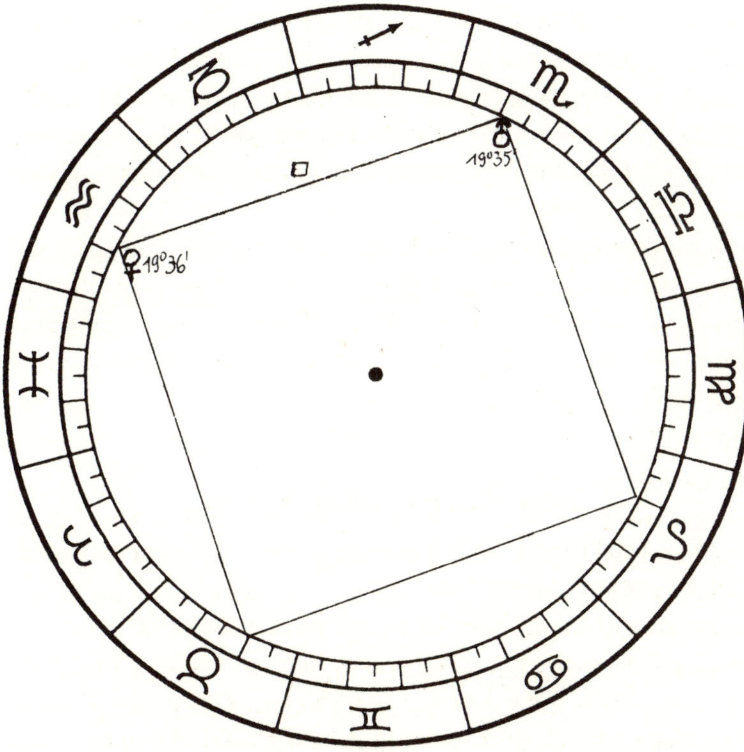

Venus Quadrat Uranus in den Tierkreiszeichen Wassermann und Skorpion: Es ist daraus eine labile Grundtendenz abzuleiten, die aber durch Uranus im Skorpion nicht mehr so deutlich zu spüren ist, da hier eine kämpferische Leidenschaft durchscheint. Venus im Wassermann bringt Freundschaften ins Spiel, die Liebe ersetzen könnten, in diesem Quadrat aber nicht mit vernünftigen Maßstäben zu messen sind: Man wird Freunde und Partner öfters wechseln! Das Quadrat steht übrigens in einem Viereck der festen Zeichen

Quadrate mit der Sonne

Sonne und Mond führen zu einem Zwiespalt zwischen Gefühl und Wollen. Das bringt Unsicherheit in fast allen Lebensbereichen und hemmt die persönliche Entwicklung. Die Disharmonie schleicht sich sogar in intime Partnerschaften ein. Unstetigkeit ist das Vorzeichen dieser Quadratur.

Im zwischenmenschlichen Bereich: Ärger wegen großen Jähzorns

Sonne und Mars lassen rangehen wie die Feuerwehr, aber wenn man endlich am Schauplatz angelangt ist, wird – um im Bild zu bleiben – das Haus längst bis auf die Grundmauern abgebrannt sein. Nur äußerste Disziplin könnte bewirken, daß das kämpferische Element nicht zur Selbstzerfleischung führt.

Sonne und Jupiter zeigen einen egoistischen Menschen, der bei seiner Selbstdarstellung stark übertreibt und sich auf eine recht unverschämte Art in den Vordergrund schieben will. Immer wieder will man gegen den Strom schwimmen. Das bringt Feinde, die jede Aufwärtstendenz im Keime ersticken werden.

Bei vielen Liebesbeziehungen ist hier die Trennung vorprogrammiert

Sonne und Saturn treiben einen Keil in Beziehungen. Schon als junger Mensch wird man in eine Antistellung zu Vater und Mutter gelangen. Man will auf eigenen Füßen stehen, obwohl man die sanfte Führungshand benötigt. Man arbeitet hart und kämpft gegen Hindernisse an, die sich in den Weg stellen. Immer wieder erleidet man Rückschläge, auch gesundheitliche.

Sonne und Uranus lassen den Charakter in allen möglichen Farben schillern. Immer wieder spielen eigene Launen Streiche, die sich auf die Arbeitsmoral negativ auswirken. Viel beginnt man, es hapert nur an der Durchführung. Man will frei sein, ohne sich so recht lösen zu können.

Träume werden so selten Wirklichkeit

Sonne und Neptun spielen Emotionen hoch, die intime Beziehungen ins schiefe Licht rücken. Man ist ein wenig wirklichkeitsfremd und täuscht sich selbst etwas vor, was nicht vorhanden ist. Man bleibt im Wunschdenken stecken.

Sonne und Pluto bewirken, daß man jedem den eigenen Willen aufzwingen möchte. Man strebt an, andere zu beherrschen, ohne dabei auf Gefühle Rücksicht zu nehmen. Man ist in den zwischenmenschlichen Beziehungen oft zu angriffslustig.

Sonne und Aszendent lassen die Persönlichkeit manchmal erstarren. Man gibt sich nicht so, wie man in Wirklichkeit ist. Das Harmoniegefühl scheint gestört, man ist sich seiner selbst nicht sicher. Da braucht man schon mehr als verständnisvolle Partner.

Sonne und Medium Coeli zeigen eine Kontrastellung auf, die dazu führt, daß man sich mit allem anlegt, Autorität ausstrahlt. Man kann nie den untersten Weg gehen und muß es dann doch: Wer sich stets mit jedem anlegt, was wird nicht unbedingt gefördert. Wer aber weiterkommen will, braucht Gönner.

Quadrate mit dem Mond

Mond und Merkur fördern den etwas verklemmten Typen, der mehr in der Vergangenheit lebt, als an die Zukunft zu denken. Man findet nicht viel Kontakt, obwohl man stets hilfsbereit ist. Hier wird viel zerredet, wobei der Verstand im Abseits steht.

Mond und Venus lassen auf einer Welle von Gefühlen schwimmen, die sich mehrere Kanäle suchen. Das heißt: Man ist nicht unbedingt treu. Und das führt zu Schwierigkeiten in der Familie und kostet Geld, das dann mehr als knapp wird. Auch im Beruf setzt man sich nur schwer durch.

Mond und Mars zeichnen einen schwierigen Menschen, der sich gern von den anderen absondert. Man strebt nach Unabhängigkeit, geht dann aber zu forsch vor. Übrigens steht diese Quadratur für Meinungsverschiedenheiten im engsten Familienkreis und für Krankheiten.

Mond und Jupiter lassen in dieser Quadratur Eltern ihre Kinder verziehen, die sich dann wundern, wieso das Kind nicht widerstandsfähig gegenüber der Umwelt ist. Probleme mit sich selbst wirken sich hemmend auf eine Karriere aus.

Mond und Saturn schwächen die Energie oft entscheidend. Man rennt manchmal, ohne groß zu denken, einfach ins Unglück. Wenn nicht erreicht wird, was man eigentlich wollte, kann man sehr mißmutig sein. Minderwertigkeitskomplexe hemmen die Einstellung zum anderen Geschlecht.

Depressionen sind nicht selten bei Mond und Saturn

Mond und Uranus stören durch Querschläge nachhaltig eine reiche Begabung. Ohne Grund tanzt man aus der Reihe. Man sucht in ewigem Wechsel das Neue. Unter dieser Quadratur können Ehen durch Einwirkung von außen unglücklich enden.

Mond und Neptun lassen Phantasie mit Phantasterei verwechseln. Da ist man himmelhochjauchzend und kurz darauf schon zu Tode betrübt. Man wird von allerlei Leuten und Gefühlen vereinnahmt und dadurch leicht hörig. Bruder Luftikus hat diese Quadratur im Horoskop.

Mond und Pluto strahlen Emotionen aus, die unsicher machen. Man will vieles erzwingen und erreicht dann wenig. Hier ist auch Ärger im engsten Familienkreis angezeigt.

Mond und Aszendent setzen Gefühle frei, die das Individuum manchmal in Tränen zerfließen lassen. Da ist nicht viel Halt, aber sehr viel Handlungsunfähigkeit im Spiel.

Mond und Medium Coeli werfen jede Menge Probleme auf, die eine recht niedrige Berufskurve zeichnen und auch im privaten Bereich nicht sehr nützlich sind. Das eigene Ich ist gehemmt und wirkt unsicher.

Quadrate mit dem Merkur

Mancher mit dieser Quadratur im Horoskop hat schwache Nerven

Merkur und Mars wirken irritierend. Da ist einmal ein recht überzeugender Verstand, zum anderen viel Kraft, um sich durchzusetzen. Und dann wird bei solcher Quadratur beides verspielt durch voreilige Entschlüsse und durch manchen Streit um des Kaisers Bart. Man zeigt der Umwelt immer seine schlechten Seiten und verfälscht oft die guten.

Merkur und Jupiter bringen es mit sich, daß schöne Eigenschaften und gute Ideen nicht zum Einsatz kommen. Diese Quadratur findet sich häufig bei hervorragenden Rednern, die leider zu oft am Wesentlichen vorbeireden. Der Aspekt warnt vor allzu schnellen Vertragsabschlüssen.

Merkur und Saturn verhindern in dieser Quadratur ein schnelles Vorwärtsdrängen. Man fühlt sich beengt, kann sich und seine Ideen nicht ausreichend artikulieren. Das führt dann zu Pessimismus, der auch das Familienleben erschwert.

Merkur und Uranus haben eine übergroße Nervosität im Gefolge. Geistige Anlagen werden nicht genutzt oder zu vorschnell eingesetzt. Man hat eine vorgefaßte Meinung, die kaum Freunde macht.

Hier neigen Menschen oft dazu, voreilige Schlüsse zu ziehen

Merkur und Neptun zeichnen einen Menschen, der in Träumen Halt sucht, der an alles glaubt, was man ihm erzählt. Man neigt zu subjektivem Denken und ist selbst gegenüber Menschen, die man liebt, nicht bereit, Farbe zu bekennen.

Merkur und Pluto steuern berechnendes Denken und eine absolute Wahrheitsliebe bei, die leider verletzend wirkt. Kraft und Verstand werden manchmal für zerstörerische Zwecke mißbraucht.

Merkur und Aszendent führen in dieser Quadratur zu einer unklaren Haltung gegenüber seinen Mitmenschen. Man legt sich einfach nicht fest, wirkt unsicher. Das läßt auch auf Schwierigkeiten schließen, den richtigen Partner zu finden.
Merkur und Medium Coeli bringen viel Schwierigkeiten im Berufsleben. Man kann sich nicht so geben, wie man es eigentlich will. Deshalb ist der Erfolg zweifelhaft. Dies gilt auch für die Beziehungen zum anderen Geschlecht.

Quadrate mit der Venus

Venus und Mars spielen sich gewissermaßen gegeneinander aus, bilden zwei Seelen: Die eine übt sich in willensbetonter Tatkraft, die andere in hochherrschaftlichen Emotionen.

Man liebt die groben Umgangsformen und verstrickt sich in Leidenschaften, die Leiden schaffen.
Venus und Jupiter fördern eitle Wesen, die nur sich selbst lieben, auch wenn sie einem anderen Liebe schwören. Gefühle werden nur vorgetäuscht. Freude an übermäßigem Genuß schadet der Gesundheit. Man ist unzuverlässig, auch im Beruf.
Venus und Saturn schüchtern in dieser Quadratur ihre Schützlinge ein. Man hängt schwermütigen Gedanken nach und wirkt gehemmt. Man wünscht sich einen jüngeren Partner und ist schnell enttäuscht. Dieser Aspekt läßt finanzielle Schwierigkeiten erahnen, die zum Bankrott führen könnten.
Venus und Uranus zeugen von labilen Typen, die sich oft selbst nicht leiden können. Und das merkt man in der Öffentlichkeit. Vernunft ist kaum im Spiel, wenn es ums Gefühl geht. Man ist wenig treu.

Diese Quadratur zählt zu den Scheidungsaspekten

Venus und Neptun bewirken schwache Nerven. Man läßt sich zu leicht von Gefühlen treiben und hat dann Probleme im Intimbereich. Das Geld wird nicht zusammengehalten und im Beruf fehlt es an Disziplin.
Venus und Pluto stellen das Glück in der Liebe in Frage, weil es betont auf sexuellem Gebiet gesucht wird. Eine Verbindung unter dieser Quadratur ist zumindest gefährdet.
Venus und Aszendent zeichnen die Schwierigkeit auf, sich selbst zur Geltung bringen zu können. Man setzt sich in der Gesellschaft nicht durch. Im Zusammenleben mit dem Partner kann es wegen Kleinigkeiten zu Streit kommen.

Venus und Medium Coeli stehen konträr zueinander. Das läßt Kontrastellungen im Beruf erahnen. Durch zu große Emotionalität kann man sich dann vieles verscherzen. Auch im privaten Bereich stehen die Gefühle im Widerstreit.

Quadrate mit dem Mars

Selbst gegen den Menschen, den man liebt, lehnt man sich auf

Mars und Jupiter führen zur Auflehnung gegen jeden Zwang. In dieser Quadratur drückt sich das in starker Erregbarkeit und heftigem Widerspruch aus. Man schießt oft weit über das Ziel hinaus. Die Nerven werden nicht geschont und Launen hochgespielt, die andere zurückschrecken lassen.

Mars und Saturn bewirken, daß Widerspruch schlecht vertragen wird. Man ist gewalttätig, wenn auf die sanfte Tour das Ziel nicht erreicht wird. Man wagt zuviel, was leicht zu Unfällen führen kann. Und man ist zu egoistisch, weshalb es der Partner besonders schwer hat.

Mars und Uranus zeigen einen eigensinnigen Typ, der sich gern mit jedem anlegen möchte und deshalb im Beruf nur wenige Gönner findet. Man will alles aus eigener Kraft erreichen. Der Wille kann Berge versetzen, was aber ernste Gefahren für die Gesundheit nach sich ziehen kann. Eine gewisse Kälte ist in den zwischenmenschlichen Beziehungen festzustellen.

Ihre Skrupellosigkeit macht Menschen dieser Konstellation nicht gerade beliebt

Mars und Neptun treiben seltsames Wunschdenken aus dem Unbewußten an die Oberfläche. Das kann zu sexuellen Handlungen, die vom Gewohnten abweichen, oder zu nervösen Verkrampfungen führen. Im Beruf werden Mittel angewendet, die nicht immer ehrenhaft erscheinen.

Mars und Pluto lassen aufs Ganze gehen. Das bringt übergroße Gefahren, auch für Leib und Leben, mit sich. Man ist zu mutiger Tat bereit, ohne Rücksicht auf eigene Verluste.

Mars und Aszendent schüren die Angriffslust. Dadurch eckt man in der Gesellschaft und im intimen Bereich an. Man ist kaum wohlgelitten, auch wenn das Beste angestrebt wird.

Mars und Medium Coeli haben keinen guten Einfluß auf den Charakter. Man gräbt anderen gern eine Grube, wenn es dem eigenen beruflichen Fortkommen dient. Freunde hat man wenige. Und auch diese sind oftmals schockiert von der großen Streitlust. Gesetze werden mißachtet, weil man sich nicht unter Zwang setzen lassen will. Das öffnet die Tür für Probleme.

Quadrate mit dem Jupiter

Jupiter und Saturn verschaffen viele Enttäuschungen. Man arbeitet rastlos, wird aber nicht so recht anerkannt und bekommt wegen mangelnder Erfolgserlebnisse Depressionen. Man ist unpünktlich und wenig zuverlässig.

Jupiter und Uranus lassen sich gegen jede Art vermeintlicher Freiheitsbeschränkungen auflehnen. Man ist unbeständig immer wieder auf Neuerungen aus, hat aber kaum Phantasie, um sie selbst zu schaffen. Große Schwierigkeiten gibt es bei Kontakten mit älteren Familienangehörigen.

Häufig sind hier Berufswechsel zu verzeichnen

Jupiter und Neptun verführen zu dem Bau barocker Luftschlösser, die sich dann als Baracken erweisen, durch die an allen Ecken der Wind pfeift. Man neigt zu Übertreibungen und hört sich gern reden, was nach Klatschsucht klingt. Gefahren für die Gesundheit liegen in übermäßiger Genußsucht.

Jupiter und Pluto wirken sich negativ auf die Einbeziehung ins normale Gesellschaftsleben aus. Man will im Beruf und auch im Privatbereich jeden beherrschen. Diese Quadratur zeigt auch Gefahren durch schwere Krankheiten an.

Jupiter und Aszendent lassen Verzettelungen der eigenen Persönlichkeit zu. Man ist im sozialen Umfeld nicht sehr beweglich und redet gern am eigentlichen Thema vorbei. Man ist manchmal ungeschickt im Beruf, weil man sich zuviel vornimmt. Und das färbt auch auf die intimen Beziehungen ab.

Jupiter und Medium Coeli versprechen mehr, als sie halten können. Der berufliche Erfolg wird erträumt, aber nicht erreicht. Man will mehr scheinen als man ist.

Quadrate mit dem Saturn

Saturn und Uranus machen sehr egoistisch. Heftige Gefühle und ebensolche Launen herrschen vor. Leicht legt man sich mit den besten Freunden an und zieht fast immer den kürzeren. Takt ist hier eine schwache Seite. Das schlägt sich auch in beruflichen und privaten Beziehungen negativ nieder.

Die Ungeduld dieser Egoisten kann sogar ernsthafte Gefahren heraufbeschwören

Saturn und Neptun bringen Skandale mit sich und lassen falsche Freunde zu. Hier wird Mißtrauen gesät und Haß geerntet. Keine gute Konstellation; sie kann sogar krank machen.

Saturn und Pluto veranlassen nichts Gutes. Da ist von zermürbenden Kämpfen ebenso die Rede wie von selbstverschuldeten Krankheiten. Man verrennt sich in eine Sache und wird zum Spielball der Menschen, die das Böse wollen.

Saturn und Aszendent bewirken eine innere Kälte, die zu keiner Freundschaft befähigt. Man lebt zurückgezogen, weil man sich oft selbst nicht leiden kann. Die Arbeit wird verbissen verrichtet, für Kollegen ist kaum ein offenes Ohr vorhanden.

Saturn und Medium Coeli hemmen den Berufserfolg, obwohl hart und gewissenhaft gearbeitet wird. Das häusliche Glück ist eingeschränkt. Man läßt sich leicht unterdrücken.

Quadrate mit dem Uranus

Uranus und Neptun bedeuten strapazierte Nerven. Man ist unruhig und läßt sich leicht beeinflussen. In der Familie werden Spannungen hochstilisiert, so daß Trennungen möglich sind.

Uranus und Pluto führen zu einer geschwächten Psyche

Uranus und Pluto führen ebenfalls zu strapazierten Nerven. Man strengt sich im Beruf so sehr an, daß der Körper darunter leidet. Radikale Ansichten werden bis zum Exzeß verfochten.

Uranus und Aszendent lassen nach unbeschränkter Freiheit streben. Das stellt Ehen von vornherein in Frage. Man eckt auch in der Öffentlichkeit mit revolutionären Ideen leicht an.

Uranus und Medium Coeli erzeugen Haß auf jede Art von Routine. Man will das Neue und rebelliert gegen das Alte. Das sind auch die Eltern, von denen man sich bald loslösen will.

Quadrate mit dem Neptun

Neptun und Pluto lassen gegen die bestehende Gesellschaftsordnung revoltieren. Man opfert sich sogar auf für dieses Ziel. Möglicherweise wird man jedoch Opfer von Demagogen, die den Fanatismus auf ihre eigenen dunklen Ziele umpolen.

Neptun und Aszendent fördern subjektive Betrachtungsweisen. Man ist in eine Traumwelt versponnen, die sich in Haltlosigkeit und trüben Gedanken offenbart. Hier wird ein unzuverlässiger Typ geschildert, der es in Beruf und Privatleben sehr schwer hat, wenn nicht günstige Aspekte hinzukommen.

Neptun und Medium Coeli steuern das Lebensschiff auf charakterliche Untiefen zu. Man versucht durch unorthodoxe Verfahrensweisen im Beruf weiterzukommen, scheitert aber oft wegen großer Unzuverlässigkeit. In der Familie ist es ähnlich.

Das Trigon bringt das große Glück

Einer der spannungsärmsten Aspekte im Tierkreis ist das Trigon, eine Winkelverbindung am Himmelsgewölbe von 120 oder 240 Grad, die von Astrologen übereinstimmend als günstige Konstellation bezeichnet wird, die viel Glück verspricht. Man braucht sich nie zu überanstrengen, weil einem manches von selbst zufällt. Mehrere Trigone in einem Horoskop deuten auf mangelnde Durchsetzungskraft hin. Allerdings kommt es beim Trigon auch auf die Gestirne an, mit denen man es zu tun hat. Meistens aber löst es ungünstigere Konstellationen in einem Horoskop auf und bringt eher die Sonnenseite des Lebens zum Tragen. Es wirkt doppelt so stark wie die schon besprochenen Sextilaspekte.

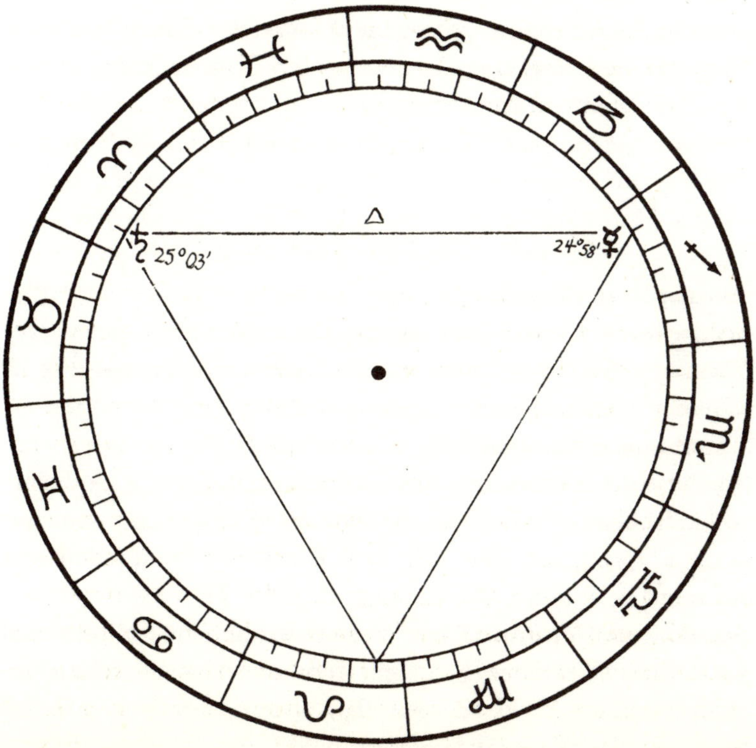

Merkur Trigon Saturn in den Tierkreiszeichen Schütze und Widder, die zu den Feuerzeichen gehören: In diesem Trigon ist Köpfchen gefragt. Der nüchterne Menschenverstand wird vor allem durch Saturn im Widder bewiesen. Aber es scheint auch eine Widerborstigkeit durch, die das Leben schwer machen kann. Der Merkur im Schützen läßt zwar freimütiger sein, kann jedoch den Saturn nicht hemmen, der für einsame Entschlüsse von fast diktatorischem Gehabe steht

Trigone mit der Sonne

Man plant die Zukunft und nimmt seine Chancen stets wahr

Hier sind Menschenfreunde am Werk

Berufliche Energie wird bei Sonne und Aszendent sinnvoll eingesetzt

Sonne und Mond zeigen die innere Harmonie ihres Schützlings auf, der zu starken Energieleistungen, aber auch zu hohen Gefühlen befähigt ist. Man ist widerstandsfähig gegen Krankheiten und läßt sich nie aus dem Gleichgewicht bringen. Trotz sicherer Karriere ist die Familie der Hort, wo man glücklich ist.

Sonne und Mars verbünden sich zu gesundem Ehrgeiz. Man strebt nach oben und erreicht oft in jungen Jahren schon Positionen, um die man beneidet wird. In der Natur und im Sport wird der Ausgleich für ein arbeitsreiches Leben gefunden.

Sonne und Jupiter lassen vor Optimismus und Lebensfreude strotzen. Man schenkt und erhält Vertrauen und steigt die Karriereleiter leicht empor. Die innere Zufriedenheit strahlt auf die Partnerschaft aus. Manchmal steht das Glück zur Seite und bringt überraschenden Zugewinn.

Sonne und Saturn verhelfen dazu, daß Theorie in praktische Arbeit umgesetzt wird. Man kommt mit Ernst zur Sache und erreicht viel, weil man sich auf das Wesentliche konzentrieren kann. Dieser Aspekt deutet auch auf ein hohes Alter hin.

Sonne und Uranus schenken geistige Beweglichkeit und persönliche Ausstrahlung. Man ist für Neuerungen und Reformen und setzt diese auch gegen große Widerstände durch, weil bessere Argumente vorherrschen.

Sonne und Neptun lassen in die schwierigsten Probleme einführen. Oft äußert sich eine Begabung auf künstlerischem Gebiet. Manchmal aber sind hier auch Manager am Werk, die die Wirtschaft ankurbeln können. Man bringt viel Gefühl in die intimen Beziehungen mit.

Sonne und Pluto befähigen zu überragendem Konzentrationsvermögen, das manchmal übernatürliche Kräfte durchscheinen läßt. In vielen Berufen werden hohe Leistungen erbracht und schon bald läßt sich ein Chefstuhl anvisieren.

Sonne und Aszendent führen zu einer Bejahung des blutvollen Lebens. Man ist ein zuverlässiger Partner und wird mit seinem Optimismus eine Ehe beleben. Man vertraut im Beruf auf seine geistigen Fähigkeiten.

Sonne und Medium Coeli haben einen positiven Einfluß auf das berufliche Streben. In welchem Bereich man auch tätig ist, ob in der freien Wirtschaft, in öffentlichen Ämtern oder in der Politik – man wird zur Spitze drängen.

Trigone mit dem Mond

Mond und Merkur verleihen einen scharfen Verstand und ein phänomenales Gedächtnis. Die Vernunft wird durch untrügliche Gefühle gestützt. Man schätzt das Zusammenleben mit anderen Menschen und hat viel Glück im Arbeitsbereich. Obwohl kein Kostverächter, liebt man gesunde Naturkost.

Mond und Venus sorgen für die sogenannten weiblichen Fähigkeiten. Man ist sehr sozial eingestellt. Ein kleiner Kreis von netten Freunden wird mehr geschätzt als laute Gesellschaften. Man ist zu inniger Zuwendung an den Partner fähig.

Mond und Mars bewirken die Kraft, die aus dem Unbewußten kommt. Man hat ein Herz für andere, ist großzügig, familiär und gefühlsbetont. Mit großer Tatkraft wird der vorgegebene Weg gegangen, zumal man bis ins hohe Alter gesund bleibt.

Glück, Gewinne oder beruflicher Erfolg mehren das Konto

Mond und Jupiter begründen die herzliche Art, mit der jeder, der dieses Trigon in seinem Horoskop hat, seinem Mitmenschen gegenübertritt. Man fühlt sich in der Familie glücklich und bleibt nie lange arm.

Mond und Saturn verleihen Widerstandskraft, auch wenn es noch so arg kommen mag. Man hat viel Talent für Geschäfte, die Geld bringen, das meist wieder nutzbringend angelegt wird. In der Familie sorgt man bei aller Herzlichkeit für Zucht und Ordnung.

Mond und Uranus unterstützen das Neue. Man arbeitet sehr kreativ und ist erfinderisch. Pläne, einmal gefaßt, werden mit letzter Energie durchgesetzt. Und das bringt dann auch immer etwas ein. Oft sind hellseherische Fähigkeiten zu beobachten.

Mond und Neptun sorgen für Ideenreichtum und viel Phantasie. Auch hier zeigen sich manchmal hellseherische Fähigkeiten. Man kann manchen Traum Wirklichkeit werden lassen.

Mond und Pluto verstärken das Gefühl. Trotzdem kennt man keine Hemmungen, seine geistigen und praktischen Anlagen zum Broterwerb einzusetzen. Man hat einen starken Willen.

Mond und Aszendent schildern einen sensiblen Menschen, der seine Gefühle meist in eine gute Partnerschaft einbringt. Trotzdem wird man es auch im Beruf zu etwas bringen.

Mond und Medium Coeli haben einen positiven Einfluß auf den beruflichen Bereich. Der Schützling erntet viel Sympathie im Betrieb und erreicht schnell eine Vertrauensstellung. Das läßt ihn auch die Familie absichern.

Trigone mit dem Merkur

Leistung und Persönlichkeit führen zum Wohlstand

In neuen Medien ist man mit Merkur und Uranus erfolgreich

Merkur und Mars machen den Erfolg leicht erreichbar. Man setzt sich durch mit viel Willenskraft und noch mehr Verstand. Das macht zum kraftvollen Politiker, zum erfindungsreichen Techniker und zum Beamten mit Herz. Ideale sind vorhanden, aber auch eine Menge Ehrgeiz.

Merkur und Jupiter fördern den logischen Verstand und die Toleranz gegenüber jedermann. In allen Berufen, die geistige Beweglichkeit und große Einfühlungsgabe verlangen, wird Überragendes geleistet. Man ist belesen und bildet sich gern weiter, liebt das gepflegte Heim und ist Optimist.

Merkur und Saturn lassen mit Köpfchen arbeiten und stets mit Ernst bei der Sache sein. Neben handwerklichem Geschick ist auch eine Ader für wissenschaftliche Berufe vorhanden, die den nüchternen Menschenverstand fordern. Weil man schwierige Sachen gut und verständlich erklären kann, eignet man sich auch für den Lehrberuf.

Merkur und Uranus unterstützen in diesem Trigon einen fortschrittlichen Geist, der sich in neue Materien mit Leichtigkeit einarbeitet. Als Menschenfreund tendiert man oft nicht zu einer festen Partnerschaft, weil man sich zu sehr gebunden fühlt und soziale Ideen kaum verwirklichen kann.

Merkur und Neptun begünstigen den sechsten Sinn, die Einfühlung in eine ferne Welt, aus der geheimnisvolle Signale auf uns zukommen. Die Phantasie beflügelt zu schöpferischem Geist. Autoren, aber auch Musiker und bildende Künstler könnten diesen Aspekt im Horoskop haben. Mit großer Einfühlsamkeit reagiert man im intimen Bereich. Der Erfolg ist eigentlich in allen Lebenslagen mit viel Geldzuwachs gesichert.

Merkur und Pluto bewirken die Konzentration auf Dinge, die oft erst noch erfunden werden müssen. Hier findet man Forscher, die Zukünftiges in die Gegenwart umsetzen können.

Merkur und Aszendent haben eine positive Wirkung auf Börsenspekulationen. Man hat einen Draht für finanzielle Transaktionen. Bei einem Ehepartner mit diesem Trigon geht der Gesprächsstoff auch nach der silbernen Hochzeit nicht aus.

Merkur und Medium Coeli künden berufliche Großerfolge an, bei denen die Kasse nur so klingeln wird. Man ist sehr wissensdurstig. Ein Harmoniegefühl, das eine glückliche Ehe und gute Freunde erwarten läßt, stellt sich ein.

Trigone mit der Venus

Venus und Mars verschaffen Glück in der Liebe, und zwar in allen möglichen Spielarten. Durch eine gute berufliche Position wird dieses Glück im kleinen meist in einem staatlich sanktionierten Verhältnis abgesichert. Man läßt sich auch noch Zeit für seine vielen Hobbys und ist mit sich und der Welt zufrieden.

Venus und Jupiter versprechen eine optimistische Lebensführung, oft in großem Stil. Künstlerische Interessen werden zuweilen in einem entsprechenden Beruf in klingende Münze umgesetzt. Durch eine soziale Komponente im Charakter sind auch medizinische Berufe günstig. Die überschäumende Lebensfreude geht hier und da, je älter man wird, in reine Genußfreude über, die dann möglicherweise Probleme bringt.

Venus und Saturn verleihen Begabungen auf Gebieten, die mit Form und Raum zu tun haben. Man hat eine gute Beziehung zum Geld und so viel Sachverstand, daß man besondere Glücksmomente im Leben eigentlich nicht braucht. Man strebt eine Ehe an, die auf verläßlicher Partnerschaft beruht.

Venus und Uranus lassen auf Glücksgewinne hoffen, mit denen der Sinn nach einem fröhlichen Zusammenleben mit dem Partner untermauert werden kann. Man schafft es aber auch ohne das, weil man sich in schwierige technische Zusammenhänge leicht einfinden und auch geschäftstüchtig sein kann.

Venus und Neptun können sogar Genies aus dem Nichts zaubern. Aber deren Genialität wird sich meist in ungewöhnlichen Fächern austoben. Man hegt romantische Gefühle und findet oft die Frau (oder den Mann) seiner Träume.

Sie machen fast alles möglich: Venus und Neptun

Venus und Pluto verleihen viel Gefühl. Man hat bei diesem Trigon eine starke Triebkraft, ist aber trotzdem zu einer einzigen Partnerschaft fähig. Man ist sehr realitätsbezogen und kommt darum in praktischen Berufen eher zum Erfolg.

Venus und Asszendent verleihen Anmut und Charme. Man weiß sich zu benehmen, und das bringt im beruflichen wie auch im privaten Bereich Vorteile. Es wird einem wahrscheinlich nie schlecht gehen, da teilweise mit sehr raffinierten Mitteln gearbeitet wird. Man ist beliebt und rundum zufrieden.

Venus und Medium Coeli bringen auf eine kaum alltägliche Weise Berufserfolge. Weil man so nett und zuvorkommend ist, bleibt eine Förderung nicht aus. Trotz beruflicher Anstrengungen wird ein Heim für eine glückliche Familie geschaffen.

Trigone mit dem Mars

Mars und Jupiter geben die notwendigen Kräfte, jedes angestrebte Ziel zu erreichen. Man ist mit viel Begeisterung bei der Sache und hat auch ein Herz für seine Mitmenschen, denen mit Rat und Tat geholfen wird, wenn man erst mal oben ist.

Politiker mit kühlem Verstand sind in dieser Konstellation zu finden

Mars und Saturn lassen zwar bedachtsam vorgehen, aber jeden Gipfel erstürmen. Man kann rechnen und kommt daher zu Geld. Man kann sich in Wort und Schrift gut verständlich machen und wird es in entsprechenden Berufen zu etwas bringen. Man will auf jeden Fall Verantwortung tragen, vergißt darüber aber vielleicht, daß es außer dem Beruf auch noch andere erstrebenswerte Dinge auf dieser Welt gibt.

Mars und Uranus bewirken die freimütige Äußerung von Gefühlen. Man ist absolut wahrheitsliebend und sagt jedem, der es wissen will, seine ehrliche Meinung. Ehrgeiz ist genug vorhanden, um mit guter Arbeit viel Geld zu verdienen, das man dann vielleicht auf abenteuerlichen Reisen wieder ausgibt.

Hier kann man sich gut auf Kommendes einstellen

Mars und Neptun verleihen einen empfindsamen Draht für alles, was aus dem Unbewußten ins Bewußtsein gelangt. Man ahnt mit fast hellseherischer Kraft zukünftige Ereignisse voraus. Man hat eine gute Menschenkenntnis und wird sich kaum an einen Partner binden, der es nicht ehrlich meint.

Mars und Pluto geben Kraft für den unermüdlichen Kampf um Gerechtigkeit. Alle Willenskraft wird eingesetzt, um hohe Ziele zu erreichen. Die Gesundheit ist sehr stabil.

Mars und Asszendent mischen zu körperlichen Kräften auch geistige Energie. Man setzt sich für Sachen ein, die schon verloren schienen, und reißt sie aus dem Feuer.

Mars und Medium Coeli verhelfen zu einer steilen Karriere, die durch nichts gehemmt wird. Man ist ein Ausbund an Tüchtigkeit und kann mit hohem Arbeitseinsatz alles erreichen. Man schafft der Familie ein Heim, hat aber nicht viel Zeit.

Trigone mit dem Jupiter

Schützlinge von Jupiter und Saturn machen Karriere

Jupiter und Saturn sorgen dafür, daß ihre Schützlinge leitende Stellungen bekommen, sogar in höchste Staatsämter aufsteigen. Man will Verantwortung tragen und ist redlich bemüht, ihr gerecht zu werden. Mit viel Ernst ist man bei der Sache, urteilt scharf, bleibt aber immer fair.

Jupiter und Uranus verhelfen zu Wohlstand, wenn es nicht anders geht, auch über ein Erbe oder einen Lottogewinn. Dabei ist ihr Schützling durchaus fähig, selbst viel zu verdienen; denn eigentlich ist er ja zum Chef geboren. Manchmal sucht er Abenteuer, weil er die Freiheit liebt.

Jupiter und Neptun sorgen dafür, daß man in allen Lebenslagen großzügig und hilfsbereit ist. Mancher hat bei diesem Trigon eine Neigung zur Schauspielkunst, ein anderer steht lieber vor einer Klasse und paukt Vokabeln. Auch in den Heilberufen gibt es viele, die dieses Trigon im Horoskop stehen haben.

Jupiter und Pluto verschaffen große Konzentrationskraft und die Gabe, in sich hineinzuhorchen und daraus Schlüsse fürs Leben zu ziehen.

Jupiter und Aszendent verleihen Begeisterungsfähigkeit und einen schier grenzenlosen Optimismus. Man bekommt bei diesem Trigon wahrscheinlich eine gut bezahlte Vertrauensstellung. Auch ein Gewinn durch einen besonderen Glücksumstand ist nicht ausgeschlossen. Man ist ein guter Freund und wird sich in der Ehe bewähren.

Jupiter und Medium Coeli schenken ihrem Schützling in jedem Beruf Erfolg und ein gutes Salär, das ihn unabhängig macht.

Trigone mit dem Saturn

Saturn und Uranus künden von Schöpferkraft und Einfallsreichtum. Man ist wissenschaftlich interessiert und für alles Neue oder auch Geheimnisvolle aufgeschlossen. Die Zusammenarbeit mit tüchtigen Leuten wird als Lebensziel gesehen.

In der Konstellation von Saturn und Neptun werden die Geheimnisse unserer Zeit entschlüsselt

Saturn und Neptun verleihen die Fähigkeit, Geheimnisse aufzudecken. Hier löst man die Rätsel unserer Zeit. Man besitzt Ausdauer und kann sich auf das Wesentliche konzentrieren.

Saturn und Pluto lassen schicksalhafte Ereignisse erwarten. Dank eines großen Weitblicks und durch eine starke Willenskraft wird jedes gesteckte Ziel erreicht.

Saturn und Aszendent bewirken bei ihren Schützlingen eine konservative Haltung. Man ist übervorsichtig und weiß warum: Das Leben stellt Fallen auf, in die man nicht gerne tappt. So kommt man langsam, aber stetig ans Ziel seiner Wünsche, auch wenn Eheglück manchmal versagt bleibt.

Saturn und Medium Coeli wirken stabilisierend auf ehrgeizige Leute und verschaffen ihnen Ruhm und Ansehen. Sie setzen aber davor den Schweiß. Man muß schon hart arbeiten und Einsatz zeigen. Wer so schafft, verdient Vertrauen und wird von Mal zu Mal immer wieder eine Etage höher steigen.

Trigone mit dem Uranus

Uranus und Neptun geben ihren Schützlingen hellseherische Kräfte. Hier werden mediale Fähigkeiten zum täglichen Broterwerb eingesetzt. Man weiß mehr als die anderen und versucht Zukünftiges zu beeinflussen.

Uranus und Pluto begünstigen Reformbestrebungen. Man versucht, Neuerungen durchzusetzen und den Fortschritt zu bewirken. Revolutionäre Ideen sind vorhanden.

Willensstärke paart sich mit Einfühlungsvermögen bei Uranus und Aszendent

Uranus und Asszendent geben zur Willensstärke eine ganze Portion Einfühlsamkeit. Man wird auf seinem Weg nach oben jede Menge Unterstützung von Kollegen und Gönnern erhalten und die schwersten Aufgaben mit Leichtigkeit lösen.

Uranus und Medium Coeli sichern den beruflichen Erfolg. Dieses Trigon haben viele berühmte Leute in ihrem Horoskop. Man kann sich in schwierigste Zusammenhänge eindenken.

Trigone mit dem Neptun

Neptun und Pluto verleihen die Gabe des theoretischen Denkens. Man wird also in allen Berufen, wo dieses gefragt ist, gut vorankommen.

Neptun und Asszendent geben die Ausdauer, auch verborgene oder geheimnisvolle Dinge zu enträtseln. Man erfaßt leicht und kann beinahe hellseherisch in die Zukunft schauen. Man hat Ausstrahlung und ist überall sehr beliebt. In der Ehe wird man sein Glück machen.

Neptun und Medium Coeli sorgen dafür, daß man die Kraft hat, alle Probleme zu lösen. Man findet viel Anerkennung im öffentlichen Leben und in der Familie Glück.

Die Opposition erzeugt immer Spannungen

Ein spannungsreicher Aspekt im Horoskop ist die Opposition. Wie der Name sagt, steht sie in Gegnerschaft zu Aussagen anderer Aspekte. Hier wird Spannung erzeugt, was aber nicht unbedingt negativ zu sehen ist. Da ist viel von Kämpfen gegen sich selbst, gegen die eigene Natur, die Rede. Man spannt alle seine Kräfte an, steht in Opposition zu normalen Verhältnissen. Das ist es wohl, was bei diesem 180-Grad-Aspekt angedeutet werden soll.

Möglicherweise wird eine Charakterschwäche oder ein Krisenzustand aufgezeigt, und es gilt, dagegen anzukämpfen. Es ist auch ein Hinweis darauf, daß man vielleicht durch besonders gute Aspekte in anderen Teilen des Horoskops übermütig, eitel

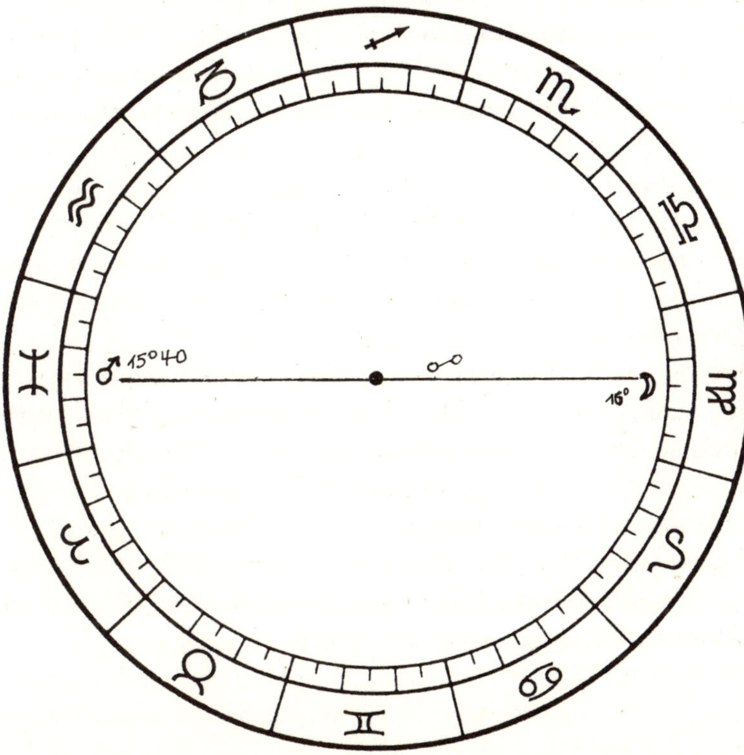

Mond Opposition Mars in den Zeichen Jungfrau und Fische: Bei solcher Oppositionsstellung wird viel gestritten und (wegen Jungfrau und Fischen) auch viel gelitten. Mond in der Jungfrau führt zu Minderwertigkeitskomplexen, die auch nicht durch Mars in den Fischen verkleinert werden können. Denn die Willensstärke wird durch Gefühle geschwächt. Der »Streitaspekt« Mond Opposition Mars kann jedenfalls nicht ausgebügelt werden, zumal er in weiblichen Tierkreiszeichen steht

und hochnäsig werden könnte. So gesehen, ist die Opposition auch ein Aspekt, der Spannungen lösen kann. Er setzt Warnzeichen, damit man immer wieder zu sich selbst und seinen inneren Werten zurückfindet. Wer zwei oder mehr Oppositionen in seinem Horoskop stehen hat, muß deshalb kein Verbrecher sein. Er muß nur schwer kämpfen, um mögliche Untiefen seines Charakters und seiner ererbten Anlagen auszugleichen, damit seine Umwelt sich das richtige Bild von ihm machen kann.

Oppositionen zur Sonne

Auf Probleme im persönlichen Bereich deutet die Opposition von Sonne und Mond

Sonne und Mond deuten oft Spannungen im ganz persönlichen Bereich an, die durchaus krank machen können. Das sind manchmal Sorgen, wie man die Familie finanziell gut über die Runden bringen kann. Das sind möglicherweise Konflikte mit dem Partner, Mißverständnisse vielleicht nur, die aus dem Weg geräumt werden müssen. Oder Probleme mit den Kindern, den Eltern, den Geschwistern, zu denen man »in Opposition« steht.

Sonne und Mars bringen Streitpunkte zutage, die auf jeden Fall ausgefochten werden. Man ergreift die falsche Partei und beharrt starrköpfig auf seinem Standpunkt. Im privaten Bereich könnte dieser Aspekt grundlose Eifersucht vermuten lassen.

Sonne und Jupiter fördern die Neigung, daß man sich die falschen Bezugspersonen aussucht und dadurch wider besseres Wissen auf die falsche Bahn gerät. Oder man will andere von sich und seiner Meinung fanatisch überzeugen. Dieser Aspekt deutet ein wenig auf Großmannssucht hin.

Die Kontaktarmut steht hier auch der Partnersuche im Weg

Sonne und Saturn lassen eine gewisse Kälte vermuten, mit der man seinen Mitmenschen gegenübertritt. Man hat wohl auch nicht genug Selbstvertrauen, um ein Problem eigenständig zu lösen. Man ist nicht besonders kontaktfähig.

Sonne und Uranus bewirken Streitlust. Man geht gern mit dem Kopf durch die Wand, wobei man sich Beulen holt. Der eigene Standpunkt wird oft wider alle Vernunft vertreten. Man diskutiert hitzig und setzt sich dabei leicht ins Unrecht.

Sonne und Neptun deuten auf Vorurteile hin. Man ist gegen jeden noch so netten Menschen eingenommen, schwimmt in Gefühlen, kann sie aber nie richtig anbringen. Manchmal wird man sogar Opfer seiner eigenen schlechten Gedanken.

Sonne und Pluto bewirken, wenn sie in Opposition zueinander stehen, daß man alles erzwingen will. Man ist scharf in seinen Äußerungen, um die Umwelt zu schockieren, um seinen Partner unter Druck zu setzen.

Oppositionen zum Mond

Mond und Merkur führen dazu, daß man sich selbst und anderen auf die Nerven geht. Man versucht, seine Gefühle anderen aufzuzwingen. Man neigt zu Verschwendungssucht, wodurch oftmals der Haussegen schief hängt.

Mond und Venus machen mißtrauisch, selbst gegen den liebenden Partner, den man beargwöhnt und kritisiert, wo es nur geht. Es können aber auch äußere Einflüsse sein, die einen bedrücken: Jemand will sich in die Partnerschaft einmischen.

Mond und Mars sind in einem »Streit«-Aspekt verbunden, der kleinste Anlässe zu Haupt- und Staatsaktionen aufbauschen läßt. Meist ist es der Krach in der häuslichen Sphäre: Streit wegen der Kinder, des zu geringen Haushaltsgeldes oder der angeblichen Verschwendungssucht des Partners.

Steht Mars in Opposition zum Mond, ist immer wieder die Finanzlage unklar

Mond und Jupiter bringen Mißtrauen ins Spiel. Man glaubt, daß man immer wieder von den Mitmenschen getäuscht wird. Im Familienkreis meckert man gerne. Dabei hat man mit sich selbst genug zu tun. Man neigt zu übermäßigem Genuß.

Mond und Saturn lassen oft den richtigen Halt vermissen. Man klammert sich an Traditionen, statt Neues zu erstreben. Man gibt sich in Gesellschaften steif und gelangweilt und schützt andere Pflichten vor, wenn man mal von gutmeinenden Zeitgenossen »gestellt« wird. Man hat auch im Beruf Probleme.

Mond und Uranus bewirken Launen, die jede Stimmung vermiesen können. Man ist leicht begeistert, doch diese Begeisterung hält nie lange an. Das kann in den zwischenmenschlichen Beziehungen Ärger geben: Man zeigt sich zu flatterhaft.

Mond und Neptun haben eine gewisse Labilität zur Folge. Hier ist es durchaus möglich, daß man einer Sucht verfällt. Man führt manche inneren Kämpfe, weil man im Widerstreit zum eigenen Unbewußten steht.

Mond und Pluto bringen Aggressivität und Launen mit sich, die zu Konflikten mit der Familie führen können, der man seinen Willen aufzwingen will. Es gibt auch Krach ums Geld.

Oppositionen zum Merkur

Merkur und Mars führen ebenfalls zu Geldstreitigkeiten. Mit scharfen Verstandeswaffen kämpft man gegen alles, das sich einem vermeintlich in den Weg stellt. Man kritisiert die kleinste Unebenheit im Charakter des Partners und mißachtet dann sogar dessen tiefe Gefühle.

Großzügiges Übersehen der eigenen Fehler läßt sich hier konstatieren

Merkur und Jupiter lassen zwar oft das Beste wollen, was sich dann aber häufig ins Gegenteil verkehrt. Man macht Versprechungen, obwohl man genau weiß, daß man diese nicht einhalten kann. Man fühlt sich über jeden erhaben und sieht die eigenen großen Fehler nicht.

Merkur und Saturn bilden eine Opposition, die zu einer ständigen Abwehrhaltung sogar gegenüber dem Nächsten führt. Überall vermutet man Intrigen. Das Mißtrauen sitzt oft so tief, daß es sich gegen einen selbst kehrt. Und dann versucht man, den Kummer zu ertränken ...

Der eigene Starrsinn kostet Nerven und Freunde

Merkur und Uranus müssen schon durch andere Aspekte neutralisiert werden, damit der Eindruck verwischt wird, man sei ein »sturer Hund«. Jedenfalls löst diese Opposition einen durch nichts zu überzeugenden Starrsinn aus.

Merkur und Neptun verleihen Scharfsinnigkeit. Man wird jeden Gegner gleich durchschauen und ihn mattsetzen können. Oft errät man auch die geheimsten Gedanken eines Partners. Das gibt Mißstimmungen, weil man möglicherweise vergißt, sich auszusprechen.

Neugierde, wie sie Merkur und Pluto fördert, hat oft unerfreuliche Folgen

Merkur und Pluto fördern die Neugierde im beruflichen, aber auch im ganz privaten Bereich. Im Arbeitsbereich mag das vielleicht angehen, weil man manches dabei herausfinden wird, was das eigene Wissen erweitert. Privat kann das jedoch zu Mißtrauen führen.

Oppositionen zur Venus

Venus und Mars wirken sich mit ihrer Oppositionsstellung in den zwischenmenschlichen Beziehungen negativ aus. Man ist zu empfindlich, fordert vom Partner die ausgefallensten Sexpraktiken oder läßt als der passive Teil alles über sich ergehen. Man bekommt häufig Streit wegen des Geldes und bauscht im Beruf manches auf, was man lieber unter den Teppich kehren sollte. Diese Opposition ist ein Trennungsaspekt.

Venus und Jupiter zeugen von jenen Menschen, die wegen ihrer übergroßen und doch nicht ernstgemeinten Freundlichkeit jedem auf den Wecker gehen können. Man ist eitel und genußsüchtig, wenn man diese Opposition in seinem Horoskop hat, kämpft aber mit Macht dagegen an. Dann ist man Diätfanatiker und verordnet sich immer wieder Schlankheitskuren. In einer Partnerschaft spielt man Liebe oft nur vor und denkt eigentlich an Befriedigung der eigenen Gelüste.

Venus und Saturn bringen in ihrer Oppositionsstellung nur Arbeit und Sorgen. In der Liebe hat man Kummer und fragt sich, ob der Partner es auch wirklich ernst meint. Im Beruf befürchtet man, daß man den dort gestellten Anforderungen nicht gerecht werden könnte. Und das liebe Geld kommt auch nicht so ein, wie man sich das wünscht. Hier braucht es starker anderer Aspekte, um das Rückgrat zu stärken.

Venus und Uranus lassen in den trüben Tümpeln widersprechender Gefühle waten. Man ist nicht unbedingt treu, schiebt aber immer anderen die Schuld zu, wenn's mal wieder schief geht. Man will frei sein in seinen Entscheidungen und legt sich darum oft mit denen an, die es gut mit einem meinen.

Venus und Neptun führen zu einem Wunschdenken, das sich in Launen und Stimmungen niederschlägt, die einem die anderen übelnehmen. Man schirmt sich und den jeweiligen Partner von der Öffentlichkeit ab und treibt's insgeheim möglicherweise mit einem anderen. Das Geld fließt einem durch die Finger. Es besteht die Gefahr, daß man einer Sucht verfällt.

Von Venus und Neptun verursachte Stimmungsschwankungen ärgern die Mitmenschen

Venus und Pluto sorgen für leidenschaftliche Gefühle. Man kann der Knecht sexueller Ausschweifungen werden.

Oppositionen zum Mars

Mars und Jupiter machen leicht zum Verschwender. Man ist ein großer Egoist, der die Gabe hat, viele Freundschaften zu schließen und sie dann für sich auszunutzen. Auch in dieser Opposition ist ein Widerstreit der Gefühle zu beobachten: Auf der einen Seite bringt man das Geld unter die Leute, um zu glänzen, auf der anderen ist man geizig und gönnt selbst seinem Nächsten nichts.

Mars und Saturn lassen Erziehungsschwächen im Elternhaus erkennen. Man gibt sich so, wie man dort behandelt wurde. Bei harten Eltern wird man später seiner Umgebung um jeden Preis den eigenen Willen aufzwingen wollen. Wurde man verzogen, macht sich auch dies bemerkbar. Charakterlich scheint man nicht sehr gefestigt zu sein.

Mars und Uranus stehen für eine gewisse Unmäßigkeit. Man übertreibt bei der Arbeit, aber auch in der Liebe. Dadurch kann man dann beim Partner auf Abneigung stoßen. Das macht schlechte Laune und gibt Anlaß für manchen Streit, bei dem man mit Beleidigungen übelster Art kaum spart.

Steht Neptun in Opposition zum Mars, verletzt man leicht die Gefühle anderer

Mars und Neptun erzeugen unbewußte Aggressionen. Man will liebevoll sein und zerstört dann mit zu heftigem Draufgängertum die Stimmung. Dadurch können leicht die tiefsten Gefühle verletzt werden. Man strebt ein bißchen nach außen, und das kann im Berufsleben Verdruß bringen.

Mars und Pluto stehen für Begierde und Verstand. Man will mit Macht jeden unterdrücken, der eine andere Meinung hat. Es kann sogar vorkommen, daß jemand, der diese Opposition im Horoskop hat, mit äußerster Brutalität gegen vermeintliche persönliche Feinde vorgeht.

Oppositionen zum Jupiter

Jupiter und Saturn lassen die Lage oft zu ernst erscheinen. Meist hat man einige Schwierigkeiten, mit seiner Arbeit fertig zu werden, weil man sich immer mehr als nötig vornimmt. Man hat auch keine guten Beziehungen zu seiner Umwelt, was Freundschaften erschwert und intime Partnerschaften manchmal ausschließt. Die Pflicht geht hier vor, darüber wird das pulsierende Leben vergessen.

Unter Jupiter und Uranus ist man stets dem Neuen zugetan

Jupiter und Uranus machen abenteuerlustig. Man will immer wieder Neues erleben, wechselt dann oft den Beruf und den Partner. Erst wenn man sich den Wind hat richtig um die Nase wehen lassen, wird man seßhafter.

Jupiter und Neptun bewirken, daß man das Blaue vom Himmel verspricht – erfüllt wird kaum etwas. Man äußert ehrliche Gefühle und ist dann nicht bereit, dafür einzustehen. Auch im Beruf erscheint man ein wenig labil.

Jupiter und Pluto stehen für Geld und feste Werte, für Ruhm und Ehren. Aber es ist möglich, daß man durch übersteigerten Hochmut die schönsten Anlagen zerstört.

Oppositionen zum Saturn

Saturn und Uranus führen dazu, daß man für sich selbst beansprucht, was man einem anderen strikt verwehrt. Man arbeitet viel, um schnell weiterzukommen, will aber mit keinem die Früchte dieser Arbeit teilen. Das heißt: Man ist geizig auch im privaten Bereich.

Saturn und Neptun verstärken die Lebensangst. Man flüchtet sich aus der Verantwortung und täuscht Krankheiten vor, die dann eines Tages tatsächlich eintreffen. Man ist mißtrauisch gegen jedermann.

Saturn und Pluto könnten für manchen Unglück bedeuten, wenn er nicht noch widerstandsfähige Aspekte in seinem Horoskop stehen hat. Da ist immer wieder unterschwellig Angst vorhanden, ob man auch wirklich den Lebenskampf bestehen kann.

Eine unterschwellige Angst vor dem Leben macht sich hier bemerkbar

Oppositionen zum Uranus

Uranus und Neptun machen rastlos. Man entscheidet sich manchmal für eine den eigenen Grundsätzen konträr stehende Meinung oder Partei. Die Gefühle stehen immer ein wenig im Widerspruch.

Uranus und Pluto bewirken Fanatismus. Man hat seine Ideale, will sie aber um jeden Preis auch anderen Menschen aufzwingen. Man ist radikal in seinen Ansichten und verschafft sich damit unnötig Feinde, obwohl man eigentlich immer nur das Beste will.

Opposition zum Neptun

Neptun und Pluto lassen den Menschen zwischen Gefühl und Willen schwanken. Man kämpft manchmal für ideelle Ziele, die nie erreicht werden. Im intimen Bereich kann es zu Konflikten kommen, wenn der Partner ausgefallene Wünsche nicht erfüllen will oder kann.

Die astrologischen Symbole

Planetenzeichen				*Aspektzeichen*	
Sonne	☉	Jupiter	♃	Konjunktion	☌
Mond	☽	Saturn	♄	Sextil	⚹
Merkur	☿	Uranus	⛢	Quadrat	□
Venus	♀	Neptun	♆	Trigon	△
Mars	♂	Pluto	♇	Opposition	☍

Die Sonne durchläuft das Tierkreiszeichen:

♈ Widder		vom 21. März bis 20. April
♉ Stier		vom 21. April bis 20. Mai
♊ Zwillinge		vom 21. Mai bis 21. Juni
♋ Krebs		vom 22. Juni bis 22. Juli
♌ Löwe		vom 23. Juli bis 23. August
♍ Jungfrau		vom 24. August bis 23. September
♎ Waage		vom 24. September bis 23. Oktober
♏ Skorpion		vom 24. Oktober bis 22. November
♐ Schütze		vom 23. November bis 21. Dezember
♑ Steinbock		vom 22. Dezember bis 20. Januar
♒ Wassermann		vom 21. Januar bis 19. Februar
♓ Fische		vom 20. Februar bis 20. März

Teil 2

Chinesische Astrologie

Welches Tier bin ich?

Chronologische Zusammenstellung der Geburtsjahre zur Auffindung des eigenen chinesischen Tierzeichens

Ratte	5.2.1924–24.1.1925	24.1.1936–10.2.1937	10.2.1948–28.1.1949	28.1.1960–14.2.1961
Büffel	25.1.1925–12.2.1926	11.2.1937–30.1.1938	29.1.1949–16.2.1950	15.2.1961– 4.2.1962
Tiger	13.2.1926– 1.2.1927	31.1.1938–18.2.1939	17.2.1950– 5.2.1951	5.2.1962–24.1.1963
Hase	2.2.1927–22.1.1928	19.2.1939– 7.2.1940	6.2.1951–26.1.1952	25.1.1963–12.2.1964
Drache	23.1.1928– 9.2.1929	8.2.1940–26.1.1941	27.2.1952–13.2.1953	13.2.1964– 1.2.1965
Schlange	10.2.1929–29.1.1930	27.1.1941–14.2.1942	14.2.1953– 2.2.1954	2.2.1965–20.1.1966
Pferd	30.1.1930–16.2.1931	15.2.1942– 4.2.1943	3.2.1954–23.1.1955	21.1.1966– 8.2.1967
Ziege	17.2.1931– 5.2.1932	5.2.1943–24.1.1944	24.1.1955–11.2.1956	9.2.1967–29.1.1968
Affe	6.2.1932–25.1.1933	25.1.1944–12.2.1945	12.2.1956–30.1.1957	30.1.1968–16.2.1969
Hahn	26.1.1933–13.2.1934	13.2.1945– 1.2.1946	31.1.1957–17.2.1958	17.2.1969– 5.2.1970
Hund	14.2.1934– 3.2.1935	2.2.1946–21.1.1947	18.2.1958– 7.2.1959	6.2.1970–26.1.1971
Schwein	4.2.1935–23.1.1936	22.1.1947– 9.2.1948	8.2.1959–27.1.1960	27.1.1971–14.2.1972

Ratte	15.2.1972– 2.2.1973	2.2.1984–19.2.1985	19.2.1996– 6.2.1997	7.2-2008–25.1-2009
Büffel	3.2.1973–22.1.1974	20.2.1985– 8.2.1986	7.2.1997–27.1.1998	26.1.2009–23.2.2010
Tiger	23.1.1974–10.2.1975	9.2.1986–28.1.1987	28.1.1998–15.2.1999	24.1.2010– 2.2.2011
Hase	11.2.1975–30.1.1976	29.1.1987–16.2.1988	16.2.1999– 4.2.2000	3.2.2011–22.1.2012
Drache	31.1.1976–17.2.1977	17.2.1988– 5.2.1989	5.2.2000–23.1.2001	23.1.2012– 9.2.2013
Schlange	18.2.1977– 6.2.1978	6.2.1989–26.1.1990	24.1.2001–11.2.2002	10.2.2013–30.1.2014
Pferd	7.2.1978–27.1.1979	27.1.1990–14.2.1991	12.2.2002–31.1.2003	31.1.2014–18.2.2015
Ziege	28.1.1979–15.2.1980	15.2.1991– 3.2.1992	1.2.2003–21.1.2004	19.2.2015– 7.2.2016
Affe	16.2.1980– 4.2.1981	4.2.1992–22.1.1993	22.1.2004– 8.2.2005	8.2.2016–27.1.2017
Hahn	5.2.1981–24.1.1982	23.1.1993– 9.2.1994	9.2.2005–28.1.2006	28.1.2017–15.2.2018
Hund	25.1.1982–12.2.1983	10.2.1994–30.1.1995	29.1.2006–17.2.2007	16.2.2018– 4.2.2019
Schwein	13.2.1983– 1.2.1984	31.1.1995–18.2.1996	18.2.2007– 6.2.2008	5.2.2019–24.1.2020

Wie die Chinesen Horoskope stellen

兎

In umfangreichen Büchern der Chinesen ist noch heute nachzulesen, was ihre Vorfahren schon vor mehr als fünftausend Jahren erforschten: Den Werdegang des einzelnen im Leben, seine Stärken und Schwächen, kurz – sein Horoskop. Die Astrologen und Wahrsager des Reiches der Mitte rechneten in

Im Gegensatz zur abendländischen Astrologie bestimmen in China fünf Wesensmerkmale ein Horoskop

Mondjahren, und so kommt es auch, daß der chinesische Kalender nicht wie bei uns am 1. Januar beginnt, sondern in der Zeit zwischen Ende Januar und Mitte Februar und daher ein Tierkreiszeichen z. B. vom 15. 2. bis zum 2. oder 4. 2. des darauffolgenden Jahres herrscht.

Auch die Deutungselemente sind in China anders. In der abendländischen Astrologie bemüht der Sterndeuter neben den zwölf Tierkreiszeichen auch die Planeten, zu denen Sonne und Mond zählen, um mit deren Konstellationen ein vollständiges Horoskop zu erstellen.

Bei den Chinesen gibt es gleich fünf Wesensmerkmale, die für die genaue Deutung eines Horoskops wichtig sind:

1. ***die zwölf Tierzeichen***
2. ***die Doppelstunden des Tages***
3. ***Yin und Yang***
4. ***die fünf Elemente***
5. ***die Jahreszeiten***

Beginnen wir mit den zwölf Tierzeichen, die in der chinesischen Astrologie zwölf Jahren den Namen geben. Nach der Legende soll Buddha eines schönen Tages alle Tiere zu sich gerufen haben. Leider seien nur zwölf seinem Ruf gleich gefolgt: zuerst die Ratte, dann der Büffel, der Tiger, der Hase, der Drache, die Schlange, das Pferd, die Ziege, der Affe, der Hahn, der Hund und zuletzt das Schwein. Um diese folgsamen Tiere

龍

auszuzeichnen, habe er jedem ein Jahr geschenkt, das es mit seinen Charakteristika ausstatten konnte. Und so sei es zu dem zwölfjährigen Rhythmus in der chinesischen Astrologie gekommen.

Aus den ursprünglich 27 Mondzeichen und 36 Tierzeichen wurden mit der Anpassung an das abendländische Sonnenjahr die 12 Tierzeichen

Die wunderschöne Buddha-Legende ist nicht ganz wahr. Denn in der altchinesischen Astrologie gab es zunächst 27 Bilder des sogenannten Mondkreises, die wiederum aus den 36 Bildern der Sternenheerführer entstanden sind. Diese militärisch angehauchten Astrochefs hatten je ein Tier zur freien Verfügung, aus dessen Verhalten auf den Charakter eines Menschen geschlossen werden konnte.

Erst mit der Anpassung des Mondjahres an das abendländische Sonnenjahr entwickelten sich aus den 27 Mondzeichen und den 36 Tierzeichen der Sternenheerführer die zwölf Tierzeichen, die noch heute gültig sind.

Wahrsagekunst auf den Seidenstraßen

Die chinesischen Wissenschaftler kannten schon früh die Astrologie der Chaldäer und Babylonier, auch die Wahrsagekunst der Ägypter. Über die sogenannten Seidenstraßen trieben chinesische Kaufleute einen regen Handel mit den vorderasiatischen und ägyptischen Händlern und lernten nebenbei die astrologischen Erkenntnisse in den von ihnen bereisten westlichen Ländern kennen. Sie gaben sie ihren eigenen Forschern und Wissenschaftlern weiter.

Die Zahl 12 muß ihnen dabei durchaus plausibel erschienen sein, so daß sie die Zahl in ihre eigenen Berechnungen einbrachten – einziger Unterschied: Sie folgten letztendlich der Buddha-Legende und gaben jedem von zwölf aufeinanderfolgenden Mondjahren den Namen eines Tierzeichens, während in der abendländischen Astrologie seit den alten Griechen der Zwölf-Monats-Rhythmus die Sterndeutung beherrscht.

蛇

Nach chinesischer Auffassung haben alle Menschen eine charakterliche Bindung an ihren Geburtsjahrgang. Schon die Wahrsager und Sterndeuter im alten Reich der Mitte waren sich sicher, daß alle zwölf Jahre ein ähnlicher Menschentyp geboren wird. Und wie sie ihre Meinung begründeten, erfahren Sie auf den folgenden Seiten.

Die Doppelstunden der Geburt

Natürlich ließen die chinesischen Astrologen die Tierzeichen nicht als einziges Merkmal zu. Sie zogen noch weitere Elemente in ihre Berechnungen ein. Ähnlich dem Aszendenten der abendländischen Astrologie, also jener Planet, der in der Geburtsstunde eines jeden Menschen am östlichen Himmel aufgeht, erforschten die Chinesen, daß die Doppelstunde der Geburt jedes einzelnen Menschen für eine genauere Charakteristik des Individuums wichtig sei.

Die Doppelstunden der Geburt sind für eine genauere Charakteristik des einzelnen wichtig

Jede dieser zwölf Doppelstunden eines Tages ist wieder einem Tierbild zugeordnet, und das sieht dann im einzelnen so aus: Es herrschen

von 23.00 bis 0.59 Uhr die Ratte
von 1.00 bis 2.59 Uhr der Büffel
von 3.00 bis 4.59 Uhr der Tiger
von 5.00 bis 6.59 Uhr der Hase
von 7.00 bis 8.59 Uhr der Drache
von 9.00 bis 10.59 Uhr die Schlange
von 11.00 bis 12.59 Uhr das Pferd
von 13.00 bis 14.59 Uhr die Ziege
von 15.00 bis 16.59 Uhr der Affe
von 17.00 bis 18.59 Uhr der Hahn
von 19.00 bis 20.59 Uhr der Hund
von 21.00 bis 22.59 Uhr das Schwein

Wer also am 24. Dezember 1963, morgens um 10.45 Uhr geboren wurde, hat nach chinesischer Ansicht die Charakteranlagen eines Hasen, jedoch ebenso – wenn auch sehr abgeschwächt – die einer Schlange. Der Leser dieses Buches sollte also, falls diese Daten auf ihn zutreffen, zunächst das über das Tierzeichen Hase Gesagte durchgehen, dann das Kapitel über das Zeichen der Schlange lesen und die beiden Charakteristiken so miteinander vermischen, bis sich nach seiner Meinung das für ihn zutreffende, genaue Bild ergibt.

Chinesische Tierkreiszeichen und westliche Sternzeichen können miteinander kombiniert werden

Man kann dieses Spiel mit den eigenen Charaktermerkmalen noch verfeinern, wenn man die abendländische Astrologie ebenfalls zu Rate zieht. Um beim Beispiel zu bleiben: Wer am 24. Dezember das Licht der Welt erblickte, ist nach dem chinesischen Horoskop ein Hase, im westlichen Tierkreis ein Steinbockgeborener, und hat auch die Charaktermerkmale mitbekommen, die einen Steinbock-Menschen bestimmen. Wir schildern daher jeweils nach der Beschreibung eines chinesischen Tierzeichens und des dafür berechneten Horoskops die Charakteristiken der dazu passenden zwölf Mischzeichen aus chinesischer und abendländischer Sicht.

Das Dunkle und das Helle

In der chinesischen Philosophie, aber vor allem auch in der Astrologie werden seit dem fünften Jahrhundert vor Christi Geburt auch das Yin und das Yang eingebracht. Man schrieb dem Yin (das Dunkle) das Weibliche, die Nachgiebigkeit, die Erde zu, die in China wohl als das Jammertal galt, aus dem man am Lebensende endlich befreit werden konnte.

Dem Yang (das Helle) entsprach das Männliche, die Stärke, der Himmel. Alle Wesenheiten wurden einem von beiden zugeordnet. Seit der Sung-Dynastie (etwa im elften Jahrhundert vor unserer Zeitrechnung), in der die Chinesen weit vor Gutenberg die Buchdruckerkunst erfanden und in Literatur und Kunst eine hohe Blütezeit erlebten, werden Yin und Yang in einer symbolischen Darstellung gezeigt, die zum Beispiel heute noch in der Fahne von Südkorea zu sehen ist.

Yin und Yang sind die ständig rotierenden Kräfte im Leben eines jeden Menschen. Sie beeinflussen sein Glück, seine Gesundheit und seinen Erfolg. Und wenn die beiden Urkräfte auch in verschiedenen Tierzeichen Kraftpole bilden, so hat doch jeder in solchen Zeichen Geborene immer auch ein bißchen von dem anderen Pol in sich.

Zu Yin tendieren mehr die Menschen aus den Zeichen Ratte, Büffel, Hase, Hund und Schwein, zu Yang die aus den Zeichen Tiger, Drache, Schlange, Pferd, Ziege und Hahn, und der Mensch aus dem Affe-Zeichen tendiert entweder zu Yin oder zu Yang.

Die Urkräfte Ying und Yang sind in den einzelnen Tierkreiszeichen unterschiedlich stark ausgeprägt

Zu Yin tendierende Menschentypen sind im allgemeinen von recht stabiler Gesundheit. Sie sind ruhig und in Maßen selbstbewußt. Oft haben sie Angst, daß sie ihre Lebenskraft vergeuden könnten, weshalb sie stets egoistisch darauf bedacht sind, für sich das Beste herauszuholen.

Yang-Typen sind nicht ganz so stabil, aber geben sich gegen jedermann freundlich und hilfsbereit. Sie wollen unabhängig entscheiden und durchsetzen können, was sie einmal geplant haben.

Die Wirkung der fünf Elemente

Während in der abendländischen Astrologie von den vier Elementen Wasser, Feuer, Erde und Luft gesprochen wird, gibt es im Chinesischen gleich fünf Elemente: Wasser, Feuer, Holz, Metall und Erde. Diese werden im Sechzig-Jahres-Rhythmus gleichen Tierzeichen zugeordnet. Im abendländischen Kalender werden sie am besten in dieser Reihenfolge untergebracht:

Wenn die letzte Ziffer der Jahreszahl eine 1 oder 6 ist, beherrscht das Element Wasser die in diesen Jahren Geborenen.

Die Endziffern 2 und 7 lassen auf das Feuer schließen, die 3 und die 8 auf das Holz, die 4 und die 9 auf das Metall und die 5 und die 0 auf die Erde.

Das Element Wasser läßt uns vom Glück und der Liebe träumen und schenkt uns schöne Stunden. Es steht aber auch für den Hang zu Illusionen und für wenig Realitätssinn.

Das Element Feuer schildert einen feurigen Typ, der mit viel Kraft seine Karriere ansteuert. Er neigt zu Arroganz und dazu, Menschen sogar zu unterdrücken.

In der chinesischen Astrologie müssen nicht vier, sondern fünf Grundelemente berücksichtigt werden

Das Element Holz läßt einen friedliebenden Menschen erkennen, der allen Mitmenschen wohl will, aber manchmal gerade darum scheitert. Denn der gute Wille allein reicht nicht immer aus, um zum Ziel zu gelangen, das man sich gesetzt hat.

Das Element Metall steht für Härte und Risikofreude. Man will das Beste und verteidigt jeden, der in Gefahr kommt, am Leben zu scheitern.

Das Element Erde läßt stets hohe Ideale ansteuern. Die in einem Jahr der Erde Geborenen sind selbstbewußt und redlich. Auf der anderen Seite können sie stur auf ihrem eigenen Standpunkt beharren, ihre Meinung durchsetzen wollen und anderer Meinung unterdrücken.

Wie man sieht, lassen sich auch die fünf Elemente in ein astrologisches Charakterbild einbauen, und damit das eigene Horoskop um Nuancen verfeinern.

Jahreszeitliche Verschiebungen

Auch die Jahreszeiten haben in der chinesischen Astrologie ihre Bedeutung. Wer im Frühling geboren wurde, ist ein anderer Mensch als der, der im Winter das Licht der Welt erblickte. Die Frühlingstypen sind aufgeschlossener und entschieden selbstbewußter als die Wintertypen. Sie sprechen eher auf die schönen Dinge des Lebens an.

蛇

Wer im Sommer Geburtstag hat, ist ein sonniger Typ, voller Wärme. Oft handelt es sich um die sogenannten Lichtgestalten, die anderen zum Vorbild werden. Und die im Herbst Geborenen sind reifer als alle anderen, aber auch mehr in sich gekehrt. Sie planen viel, werden jedoch des öfteren ihre Pläne nicht durchführen können, weil mangelnde Willensstärke sie an der praktischen Durchführung der gefaßten Entschlüsse hindert. Auch neigen sie dazu, zu viele Wenn und Aber zu entwickeln.

Die Jahreszeit, in der ein Mensch geboren wird, nimmt Einfluß auf sein Temperament

Wir sehen also, daß auch die Jahreszeiten Einfluß auf das Horoskop nehmen können. Jedoch sollte man nie das Sprichwort der Chinesen unterschätzen, daß jeder einzelne seines Glückes Schmied sei.

Wir folgen in unserem Buch streng den Namen des Tierkreises der Buddha-Legende. In Südostasien können sie durchaus auch andere Namen haben. So wird zum Beispiel aus der Ratte eine Maus, aus dem Hasen eine Katze oder aus dem Schwein ein Wildschwein. An den geschilderten Charaktereigenschaften und Horoskopdeutungen ändern sie jedoch nichts.

Die listenreiche, charmante Ratte

Das erste Zeichen in der chinesischen Astrologie ist die Ratte. Die Menschen, die diesem Zeichen angehören, sind schlaue, aber auch sehr angriffslustige Typen. Die Geburtsjahre für „Ratten“ sind folgende:

5. 2. 1924 – 24. 1. 1925
24. 1. 1936 – 10. 2. 1937
10. 2. 1948 – 28. 1. 1949
28. 1. 1960 – 14. 2. 1961
15. 2. 1972 – 2. 2. 1973
2. 2. 1984 – 19. 2. 1985
19. 2. 1996 – 6. 2. 1997
7. 2. 2008 – 25. 1. 2009

Der Ratte-Geborene setzt sich immer durch

Ein Ratte-Mensch setzt sich am Ende immer durch, auch wenn seine Gegner schon glauben, ihn in die Knie gezwungen zu haben. Er ist wie ein Stehaufmännchen, das stets wieder auf die Füße kommt.

Bei Vorgesetzten sind Ratten als zuverlässige und fleißige Mitarbeiter geschätzt. Wer ihrem steten Vorwärtsdrang im Wege steht, bekommt – ohne es vielleicht selber zu merken – ihre Ellenbogen zu spüren. Ihr sanfter Augenaufschlag ist ein Warnsignal: Vorsicht, Attacke folgt sogleich! Ihr charmantes Lächeln bezwingt auch den hartnäckigsten Widersacher. Man kann diesen Typen eigentlich nicht böse sein, auch wenn man von ihnen zuweilen übers Ohr gehauen wird.

Die Jagd nach dem Profit

Der Wahlspruch der Ratten heißt: alles oder nichts. Sie sind stets auf der Jagd nach dem Profit und können dabei möglicherweise ihr Geld vorschnell in Geschäfte stecken, die sich aber dann als Flops erweisen. Enttäuschungen lassen die Ratten jedoch nicht verzweifeln: Sie wagen immer wieder von neuem den Kampf, um schließlich doch zu gewinnen, denn sie glauben an ihren Erfolg.

Ratten wollen Karriere machen. Deshalb findet man sie oft in Berufen wie Kaufmann, Banker oder Politiker, aber auch zuweilen als schlitzohrige Vertreter. Sie sind allerdings auch mit weniger zufrieden, vorausgesetzt, das Geld stimmt. Ihre künstlerische Begabung verwirklichen die Ratte-Geborenen in ihren Hobbys, die sie aber nur dann zu ihrer Erwerbsquelle machen, wenn sie ihnen Erfolg und Ansehen verspricht. Zu Geld gekommene Ratten neigen gern zu Verschwendung oder großzügigem Mäzenatentum.

Im Sommer geborene Ratten können ihre Talente besonders gut zur Geltung bringen

Bei allen Ratte-Geborenen gibt es zwei wesentliche Unterscheidungsmerkmale: Im Sommer geborene Ratten finden alles im Überfluß und können ihre Talente besser zur Geltung bringen als ihre winterlichen Geschwister. Sie können ihren Charme spielen lassen in der wohligen Gewißheit, daß man sie gewähren läßt, wenn es einmal hart auf hart kommt. Nach außen hin erscheinen sie für jedermann liebenswert, obwohl sie mit ihrem Ehrgeiz, alles erreichen zu wollen, oft über die Stränge schlagen.

Der im Winter geborene Ratten-Typ hat stete Angst ums tägliche Brot. Er kann nie genug kriegen, was sich bei einigen auch auf die Figur niederschlägt. Trotzdem scheinen die Winterratten widerstandsfähiger zu sein als ihre sommerlichen Geschwister, die des öfteren dem sogenannten süßen Leben Tribut zollen müssen. Doch wenn sie auf ihre Gesundheit achten, werden Ratte-Menschen oft sehr alt. Beide Typen lieben den Luxus und streben ihr Leben lang danach, ihn sich leisten zu können.

Die Ratte-Frau

Keine andere Frau ist so leidenschaftlich wie die im Zeichen der Ratte geborene. Sie macht schon früh Bekanntschaft mit dem anderen Geschlecht und verliebt sich oft auf der Suche nach dem idealen Partner. In der Liebe geht sie gern aufs Ganze, wird aber nur zu oft enttäuscht.

Die Ratte-Frau will den Mann fürs Leben mit Haut und Haaren und ganz für sich allein besitzen. Andere Frauen, die ihm schöne Augen machen, verfolgt sie mit ihrer Eifersucht. Männer, die es auf die hübsche, meist auch elegant gekleidete Eva aus dem Ratte-Zeichen abgesehen haben, sind klug beraten, wenn sie ihr so oft wie möglich Treue schwören und auch halten.

Die Ratte-Frau ist die Leidenschaftlichste von allen

Wer sich von der Ratte-Frau an die Kette legen läßt, hat bei ihr den Himmel auf Erden. Aber er muß Potenz beweisen, schlappe Männlein haben bei ihr schon nach der ersten Liebesnacht verspielt.

Viele Ratte-Frauen heiraten früh. Ihr charmantes Wesen überzeugt jeden Mann. Wer sie einmal für sich gewonnen hat, sollte auf seine Ratte-Frau gut aufpassen, denn viele andere Bewerber stehen bei ihr Schlange. Für den Mann macht sich ein schneller Entschluß zur Heirat einer Ratte-Frau bezahlt: Er hat eine Prachtfrau an seiner Seite, die aber nicht nur das Haus in Ordnung hält. Lieber ist ihr eine gut dotierte Arbeit außerhalb der eigenen vier Wände. Schließlich hat auch sie den Ehrgeiz, Karriere zu machen, Geld zu verdienen, um sich den Luxus leisten zu können, der mit dem Gehalt des Mannes allein vielleicht nicht zu erreichen wäre. Denn auch ein gesunder Egoismus gehört zu ihren starken Seiten.

Der Ratte-Mann

Der Ratte-Mann ist ein Genießer, nicht nur, was ein gutes Essen betrifft, sondern auch als Liebhaber schöner Frauen. Wie seine Tierkreis-Schwester verliebt er sich schnell, läßt aber seine wachen Augen weiter in die Gegend schweifen: Man kann ja nicht wissen, ob an der nächsten Ecke bereits eine andere Hübsche steht, die ihm noch besser gefällt.

Er will Erfahrung sammeln – koste es, was es wolle. Seine Großzügigkeit schindet Eindruck, noch mehr sein angeborener Sex-Appeal. Leider verlöscht die Glut nur zu rasch, wenn er von heute auf morgen aus dem Dunstkreis der Schönen verschwindet. Ratte-Männer sind nicht immer treu, selbst wenn sie die Liebste dies glauben machten.

Trotz zeitweise ausschweifenden Lebens findet jedoch jeder Ratte-Mann eines Tages die Frau, mit der er sein Leben teilen möchte, und die er von sich und seiner Liebe überzeugen kann. Nachdem er sich vor der Ehe „ausgetobt" hat, wird er ein treuer Ehemann, der sich in einem gemütlichen Heim gern von seiner Geliebten verwöhnen läßt.

Die Ehefrau eines Ratte-Mannes wird verwöhnt wie keine andere, aber sie wird sich daran gewöhnen müssen, daß sie zeitweilig allein zu Hause sitzt, wenn ihr Ratte-Gemahl wieder einmal auf der Jagd nach Geld und Ansehen ist oder mit anderen Menschen seine Erfolge feiert. Das tut er ja nur für seine Familie. Ach ja: Seine Kinder liebt er sehr, sieht sie aber wegen allzu großer Arbeitsüberlastung oft nur am Wochenende. Dann ist er jedoch der beste Vater, den es gibt.

Ratte-Mann und Ratte-Frau

Ratte-Mann und Ratte-Frau: Gemeinsam zum Erfolg

Sollte ein Ratte-Mann zufällig an eine Tierkreis-Schwester gelangen, muß er sich in seiner Lebensweise einschränken, denn das Heimchen am Herd wird diese nie spielen. Zwar ist die Ratte-Frau absolut treu, doch sie will wie er hinaus ins Leben, mit anderen Menschen zusammenkommen und von ihnen geschätzt werden.

In diesem Sinne wird eine Ratte-Frau auch ihre Kinder erziehen: zu selbständigen und erfolgreichen Menschen, die sich im Leben durchsetzen können.

Bei allem, was hier vielleicht negativ über Ratte-Menschen gesagt wurde, sollte man aber feststellen, daß dieser sonnige Tierkreis-Typ immer nur das Beste will. Leider kann er nicht alles gleich in die Tat umsetzen, was er sich in seinen Träumen wünscht.

Irgendwann aber wird er sich diese vielleicht erfüllen, wenn ihm das Leben Zeit läßt. Und dann kann er der Mann sein, der hinter dem warmen Ofen sitzt und aus liebgewordenen Büchern seinen Lieben vorliest. Und sie kann die Frau sein, die ihren Liebsten ein gemütliches Zuhause schafft und ihnen allen ihre Lieblingsgerichte kocht. Bis dieser Zustand eintrifft, kann es allerdings sehr lange dauern, wenn überhaupt. Denn sicher ist es nie, ob der Ratte-Mensch nach einem langen Arbeitsleben nicht doch lieber das Leben genießt und „die Sau rausläßt". Für viele Rattegeborene bedeutet der Ruhestand nämlich eher ein „Unruhestand".

Das Horoskop für die Ratten

Eine lange Sturm- und Drangzeit sorgt für Abwechslung

Welches Schicksal wird ein Mensch, der in einem Ratte-Jahr geboren wurde, nach dem chinesischen Horoskop haben? Im allgemeinen wird er in der Jugendzeit an der Seite einsichtiger Eltern ein beschauliches Leben führen können. Aber schon als Teenager dringen die Unruhe und Angriffslust an die Oberfläche. Die Mädchen werden rasch flügge, und die Jungen büffeln in Schule, Lehre oder Universität, um schnell die Karriereleiter erklimmen zu können. Die Ratte-Frau heiratet oft früh, für den Ratte-Mann werden die zwanziger und dreißiger Jahre seines Lebens in einem beständigen Auf und Ab verlaufen, wobei er es jedoch schafft, immer wieder Tritt zu fassen und zielsicher nach vorne zu schauen. Oft erst im Alter von vierzig Jahren haben die Ratten ihre Sturm- und Drangzeit hinter sich. Und danach könnten sie sich auf ihren Lorbeeren ausruhen. Aber welche Ratte tut das schon?

Im Jahr der Ratte (1996 und 2008)

haben die meisten Ratten das Glück auf ihrer Seite. Sie können im Beruf viel erreichen. Der Erfolg ist ihnen sicher, wenn sie allzugroße Wagnisse vermeiden. Wenn sie sich auf ihren Verstand verlassen, wird er ihnen sagen, wie sie alles zu einem guten Ende bringen können. Ein Superjahr auch in finanzieller Hinsicht!

Im Jahr des Büffels (1997 und 2009)

haben die Ratten meist nicht die rechte Lust, etwas Neues zu beginnen. Eigentlich möchten sie sich auf die faule Haut legen, um den lieben Gott – wie man so sagt – einen guten Mann sein zu lassen. Viele unter ihnen vertrauen auf das, was sie im Jahr zuvor erreicht haben. Aber ob das genügt?

Im Jahr des Tigers (1998 und 2010)

setzt sich für manche Ratten der Trend des Vorjahres fort. Sie wollen zwar das Beste, haben auch den Mut, etwas Neues zu beginnen, aber der Erfolg stellt sich in diesem Jahr nur nach harter Arbeit ein. Viel Arbeit steht bevor. Doch die Arrivierten unter ihnen brauchen keine Angst zu haben. Wenn sie vorsichtig taktieren, gelingt alles.

Im Jahr des Hasen (1999 und 2011)

hellt sich manches auf, was vorher noch im argen lag. Trotzdem sollte in einigen Fällen weise Zurückhaltung oberstes Gebot sein. Allzu kühne Pläne sind nicht gefragt. Um das Jahr erfolgreich zu bestehen, sollten Ratten auf Nummer Sicher gehen. In der Liebe läuft dagegen kaum etwas zuwider. Das Glück winkt.

Im Jahr des Drachen (2000 und 2012)

dreht sich das Glücksrad für die Ratten in beruflicher und finanzieller Hinsicht wieder in vollem Schwunge. Da sie im allgemeinen sehr gescheit sind, werden sie sicherlich – durch die Vorjahre gewarnt – jetzt etwas für magere Zeiten zurücklegen und nicht auf faule Tricks schlechter Freunde hereinfallen.

Im Jahr der Schlange (2001 und 2013)

Das Jahr der Schlange birgt Gefahren

laufen die Ratten Gefahr, durch allzu viel Übermut Fehler zu machen. Ihr Verstand ist wieder besonders gefragt, wenn es darum geht, Neues in die Reihe zu bringen. Vor allem sollten sie finanziell nichts wagen, was nicht zuvor gut durchgerechnet wurde. Am besten „schlängelt" man sich geschickt durchs Jahr und vermeidet alles, was den Unmut der Umwelt hervorrufen könnte.

Im Jahr des Pferdes (2002 und 2014)

sollten Ratten dafür sorgen, die richtigen Bundesgenossen an der Seite zu haben, also Leute, die sich gut mit Pferden (astrologisch) verstehen. Das haben sie auch nötig; denn allzu forsch dürfen sie in diesem Jahr nicht vorgehen, sonst könnte das Folgen haben und auf die nächsten guten Jahre nachteilig wirken.

Im Jahr der Ziege (2003 und 2015)

geht es für mutige Ratten aufwärts. Sie können wieder etwas wagen, und selbst die bisher zögerlichen unter ihnen haben plötzlich nicht nur in der Liebe Oberwasser, sondern auch im Beruf. Ihre Karriere macht einen Sprung nach vorn. Auch Geld geht wieder genügend ein, das in gute Anlagen gesteckt werden kann. Nur leichtsinnig dürfen die Ratten nicht werden.

Im Jahr des Affen (2004 und 2016)

Glück pur im Jahr des Affen

haben die Ratten das Glück der Tüchtigen. Was sie auch beginnen, es wird gelingen. Sie können den Grundstein für weitere erfolgreiche Jahre legen. Es lacht die Sonne der Liebe und des Glücks zu zweit. Die Anstrengungen der Vorjahre sind vergessen. Auch weniger begabte Ratten schaffen jetzt vorzügliche Ergebnisse.

Im Jahr des Hahns (2005 und 2017)

sollten erst einmal die Erfolge des Vorjahres abgesichert werden, damit sie nicht ins Gegenteil verkehrt werden können. Nun heißt es abwarten. Da bleibt Zeit für die schönen Dinge des Lebens. Ratten können häusliches Glück genießen. Wenn sie dennoch fremdgehen, sollten sie aber vorsichtig sein: Man könnte sie bei Seitensprüngen ertappen.

Im Jahr des Hundes (2006 und 2018)

sollten Ratten das Tempo im Beruf steigern, weil sie hervorragende Angebote bekommen, die sie zu ihrem eigenen Vorteil nützen können. Das bedeutet für sie zwar Arbeit und nochmals Arbeit, aber der Erfolg scheint ihnen sicher. Leider müssen sie darum in anderen Bereichen – wie zum Beispiel in der Liebe – etwas kürzer treten.

Im Jahr des Schweines (2007 und 2019)

werden die Ratten endlich genießen können, was sie bisher erreicht und angesammelt haben. Sie können jetzt im Lebenskampf eine Pause einlegen, ohne dabei den Erfolg zu schmälern, den ihnen ein fettes Jahr zuvor bescherte. Jetzt heißt es: Ruhe ist die erste Bürgerpflicht! Und das ist gut; denn viel zu wagen, wäre im Augenblick verkehrt.

Die Ratten vom Widder bis zu den Fischen

Wir haben gerade gelesen, was die im Jahr der Ratte Geborenen auszeichnet. Nun wollen wir das chinesische Tierzeichen der Ratte mit den zwölf abendländischen Tierkreiszeichen vom Widder bis zu den Fischen zusammenbringen, um so das Charakterbild jedes einzelnen zu verfeinern.

Widder-Ratten (21. März bis 20. April)

Um es gleich vorweg zu sagen: Widder-Ratten wollen immer Spitzenreiter sein. Ein tristes Eremitenleben ist absolut nichts für sie. Sie lieben Geselligkeit und Betriebsamkeit in allen Lebensbereichen.

Gleichzeitig Ratte und Widder – das sorgt für besondere Betriebsamkeit

Sie sind sehr zielstrebig und hartnäckig. Was Widder-Ratten einmal entschieden haben, das werden sie durchsetzen. Wenn's mit Gewalt nicht geht, dann eben mit listiger Schläue. Sie taktieren gekonnt, verlieren aber zuweilen das Maß. Kommt man ihnen auf die Schliche, werden sie Mittel und Wege finden, charmant zu vertuschen, was sie ins schiefe Licht brachte. Am Ende ist dann wohl der andere schuld.

Widder-Ratten sind die geborenen Manager, die mit hohem Einsatz spielen, aber schon im vorhinein wissen, daß sie gewinnen werden. Ihre Angriffslust, die keine Ränke scheut, verwirrt jeden Gegner so, daß er den entscheidenden

Fehler begeht, der den Widder-Ratten die Trümpfe in die Hand gibt.

Schönster Zug der Widder-Ratten: Wen sie einmal ins Herz geschlossen haben, der kann auf ihre Hilfe rechnen, wann immer er sie benötigt – außer eine solche Hilfeleistung würde der Widder-Ratte schaden. Ein bißchen Egoismus sollte schon sein!

Widder-Ratten gehen niemals unter. Sie werden nimmer müde, für sich, aber auch für gute Freunde den Platz an der Sonne zu suchen. Nur hat das seine Grenzen: Für andere kennen Widder-Ratten schließlich Maß und Ziel, für sich selbst beanspruchen sie eher ein Übermaß, das sie sich auch meist sichern können. Ihre Energie ist das Kapital, aus dem sie die Tausendmarkscheine zaubern, die sie für ein Dasein in Luxus und Lebensfreude brauchen.

Stier-Ratten (21. April bis 20. Mai)

Das ist schon eine seltsame Mischung: Über des Stieres sturem Beharren und der Ratte Angriffslust hängt die Natur den Deckmantel einer stets zur Schau getragenen Friedfertigkeit, gepaart mit einem liebenswürdigen Wesen, das freilich auch Launen kennt.

Stier-Ratten sind geschäftstüchtig und finden immer einen Ausweg

Stier-Ratten wirft so leicht nichts um. Sie finden selbst in prekären Situationen einen Ausweg. Das schätzen an ihnen vor allem Vorgesetzte oder Geschäftspartner sehr.

Die Familie geht den Stier-Ratten über alles. Sie wird überhäuft mit teuren Geschenken und mit einer Fürsorge, die manches Familienmitglied auf die Dauer als übertrieben, wenn nicht gar als lästig empfinden könnte. Nur zeige man das den Stier-Ratten nie; denn bei ihnen schlägt familiärer Ärger grundsätzlich auf den Magen.

Außerhalb des Familienkreises gelten Stier-Ratten als geschäftstüchtig. Da drehen sie den Pfennig zehnmal um. Aber was ihnen oft als Geiz ausgelegt wird, ist in Wirklichkeit nichts anderes als Teil jenes beharrlichen Strebens nach Geld und festen Werten, die man zum eigenen und zum Nutzen der Familie anlegen kann.

Frauen aus diesem Mischtyp heiraten meist früh und bemuttern ihren Partner auch dann noch, wenn sie längst eingesehen haben, daß er eigentlich doch nicht der Rechte war. Männer angeln sich manchmal die nächstbeste Hübsche und bewachen sie von da an eifersüchtig ein Leben lang.

Nach den Flitterwochen macht sich bei den Stier-Ratten meist eine gewisse Bequemlichkeit breit – man ist versorgt, mehr will man nicht. Ob das aber dem Partner reicht? Die Stier-Ratte fragt nicht danach; sie ist glücklich und setzt Speck an. Kugelrunde Stier-Ratten sind ein Beweis für Zufriedenheit mit sich und den Seinen.

Zwillinge-Ratten (21. Mai bis 21. Juni)

Zwillinge-Ratten sind Individualisten vom Scheitel bis zur Sohle. Sie lassen keinen Widerspruch gelten, sondern zerpflükken ihn meist schon im Ansatz mit sanfter Wortgewalt. Und wenn sie sehen, daß mit Behutsamkeit nichts zu machen ist, kommt ihnen auch schon mal jenes berühmte Götz-Zitat über die Lippen.

Freunde wissen solche Entgleisungen zu entschuldigen; sie kennen die dünnen Nervenstränge der Zwillinge-Ratten und versuchen erst gar nicht, sie zu überspannen.

Zwillinge-Ratten lassen sich von der Vernunft leiten – auch in der Liebe

Auf dem Weg nach oben scheinen sie jedoch Nerven aus Stahl zu haben. Ihre Intelligenz ebnet ihnen die steilsten Pfade. Und schließlich sind sie in der Chef-Etage angelangt und lassen sich nicht mehr verdrängen, sofern sie nicht selbst plötzlich die Wanderlust packt zu einem noch besser dotierten Job.

Das ist das Unstete im Charakter der Zwillinge-Ratten, das sich auch in der Intimsphäre spiegelt: Zur Liebe auf den ersten Blick ist man zu kritisch. Der Intellekt rät eher zu dem berühmten Bratkartoffelverhältnis, durch das man versorgt ist. Von der Liebe allein kann man schließlich nicht leben; der Partner sollte schon etwas mitbringen in die Ehe, mit der man die eigene finanzielle Basis verbreitern kann.

Zwillinge-Ratten halten viel vom Geld. Sie werden es freigebig hinauswerfen, wenn sie sich damit ins rechte Licht setzen können. Bequemlichkeit schätzen sie über alles, und wenn man ihnen viel Spielraum läßt, sind sie treu.

Männer dieses Ratten-Mischtyps erreichen im Durchschnitt meist nicht ganz die hohe Scheidungsquote anderer Zwillinge. Frauen aus dem Zwillinge-Ratten-Bereich werden sogar an der Seite eines verständnisvollen Ehepartners ausgesprochen häuslich; sie brauchen nur neben dem Wirtschaftssalär genügend Taschengeld.

Krebs-Ratten (22. Juni bis 22. Juli)

Man schätzt sie wegen ihres Sachverstandes; denn Krebs-Ratten wählen grundsätzlich nur den Beruf, den sie auch ausfüllen können. Angeber sind ihnen ein Greuel. Und da es soviel Angabe in dieser falschen Welt gibt, ziehen sie sich meist zurück und beobachten ihre Mitmenschen kritisch. Das macht sie überlegen, aber nicht unbedingt beliebt.

An sich selbst können Krebs-Ratten Kritik wenig vertragen. Sie sind von der Richtigkeit ihrer Pläne und Entschlüsse überzeugt – wer braucht da Kritik? Diese Meinung tragen sie nach außen selbstbewußt zur Schau, aber im stillen Kämmerlein überdenken sie selbstkritisch für sich, ob sie nicht doch etwas falsch gemacht haben könnten. Wer diesen Mischtyp „falsch" behandelt, lernt seine Angriffslust kennen. Dann schlägt er zurück und trifft nicht selten die Schwachstellen des Gegners. Bester Zug der Krebs-Ratten: Sie wollen nicht unbedingt Spitzenreiter sein. Ihnen reicht das, was man zum Leben braucht.

Der Krebs-Aspekt verleiht den Ratten Bescheidenheit

In der Liebe sind Krebs-Ratten wählerisch. Sie prüfen lang, bevor sie sich binden. Zur Not lebt man zusammen ohne standesamtlich verbriefte Rechte, die im Falle einer Scheidung teuer zu stehen kämen. Haben sie sich aber einmal zu einer festen Bindung entschlossen, werden sie häuslich und bleiben treu.

Frauen dieses Typs wollen bemuttern und reiben sich ganz im Dienst für ihre Lieben auf. Schade, wenn Männer nicht merken, wieviel zusätzliche Streicheleinheiten als Lohn für ihre guten Taten gerade eine Krebs-Ratte-Frau braucht.

Männer aus dem Krebs-Ratte-Zeichen sind da anders. Sie gehen ihren eigenen Weg, sind beständig auf der Suche nach der großen Liebe und werden im Ehealltag dann oft desillusioniert. So leben sie neben der, die sie erwählten, manchmal recht gleichgültig, erfüllen ihre ehelichen Pflichten, fühlen sich aber möglicherweise unzufrieden und unglücklich.

Es sind die Träume, die den Krebs-Ratten das Leben vergällen können.

Löwe-Ratten (23. Juli bis 23. August)

Sie tragen den Kopf höher als andere; das könnte sie in den Augen kleinlicher Spießbürger arrogant erscheinen lassen. Löwe-Ratten sind eben Persönlichkeiten von hoher Intelligenz und wahrhaft königlicher Haltung. Verständlich also, wenn sie auf das Fußvolk hinunterblicken, das ihnen – meinen sie – besser huldigen sollte.

Natürlich werden die Löwe-Ratten Karriere machen. Sie müssen allerdings aufpassen, daß sie nicht manchmal übers Ziel hinausschießen. Das kann zu saftigen Einbrüchen in der Karrierekurve führen.

Löwe-Ratten neigen dazu, übers Ziel hinauszuschießen

Lange freilich bleibt keine Löwe-Ratte unten. Sie rappelt sich immer wieder auf, und mit der Summe der Erfahrungen steigt das Einkommen. Wer sie weglobte, möchte sie plötzlich wiederhaben und macht verlockende Angebote, die am Stolz der Löwe-Ratte scheitern.

Das Geld muß dieser Sternenmischling stets unter die Leute bringen. Von Geiz ist da nicht die Spur. Verständlich, daß solch königliche Ratte viele Anbeter hat, die sich um ihre Gunst und um ihr Herz bemühen.

Männer dieses Typs können sich oft nicht für die Eine entscheiden, sie lieben alle Frauen, ob blond oder braun. Hier und da gehen sie aber schlauen Mädchen in die Falle. Und dann sind sie gefangen. So eingesperrt, beginnen sie wie echte Löwen zu brüllen oder suchen wie die Ratten ein Loch in der Wand, durch das sie entschlüpfen können.

Die Löwe-Ratte-Dame bindet sich schon früh, angelt sich meist den, der ihr ein Maximum an Luxus bieten kann. Und wenn der Erwählte auf die Dauer diesen Luxus nicht halten kann, arbeitet sie mit. Und möglicherweise verdient sie dann mehr als er.

Jungfrau-Ratten (24. August bis 23. September)

Schick geht für die Jungfrau-Ratten die Welt zugrunde. Dezente Eleganz ist aber auch so ziemlich das einzige, was sie sich an Luxus leisten. Ansonsten wird der Pfennig umgedreht, das Geld gehortet, aufs Sparkonto gebracht oder in Aktien oder andere Anlagemöglichkeiten gesteckt.

Hier zählt jeder Pfennig: Jungfrau-Ratten sind Finanzgenies

Jungfrau-Ratten sind Finanzgenies. Sie ahnen die gute Gelegenheit und nützen sie. Schon manche Jungfrau-Ratte rettete einen fast bankrotten Betrieb vor dem Ruin. Man sieht, diese Typen haben Erfolg im Beruf. Sie denken und lenken aber meist aus der zweiten Reihe und lassen anderen das Sagen, wenn diese nur tun, was die Jungfrau-Ratten wollen.

Der Umgang mit Jungfrau-Ratten ist oft schwierig. Werden sie angegriffen, schlagen sie sofort zurück. Und dann setzt es Verluste bei den anderen. Eigene Verluste beklagen diese Ratte-Mischlinge kaum; sehen sie sich in einer Sackgasse, kriechen sie zu Kreuze oder spielen die Unschuldigen.

Jungfrau-Ratten beißen sich durch. Im Beruf, aber auch in den Beziehungen zum anderen Geschlecht. Männer dieses Typs schauen sich das Opfer ihrer gezügelten Leidenschaft lange Zeit in Ruhe an, wägen ab, ziehen Bilanz. Die Liebe ist für sie das Geschäft ihres Lebens. Und außerdem will man ja gerade da nicht die Katze im Sack kaufen.

Frauen aus diesem Mischzeichen suchen länger als manche ihrer Geschlechtsgenossinnen nach dem einen, der sie glücklich machen könnte. Sie sind gute Mütter, die ihren Haushalt vorbildlich und sparsam führen.

Jungfrau-Ratten sind sicherlich liebenswerte Sternenmischlinge. Wenn nur nicht ihre geradezu penetrante Ordnungsliebe wäre! Das kleinste Stäubchen kann sie stören, und über die geringste Ausgabe führen sie Buch. Man könnte sie kleinlich nennen. Nur wer sie liebt, weiß, daß das nicht stimmt.

Waage-Ratten (24. September bis 23. Oktober)

Der Waage-Einfluß sorgt für Sehnsucht nach Harmonie

Waage-Ratten sind für Harmonie in allen Lebenslagen. Nichts ist ihnen verhaßter als Zank und Streit. Sie wären die geborenen Juristen und Lehrer, wenn es sie nicht mehr zu künstlerischen und handwerklichen Berufen hinzöge. Sie haben Geschmack und lieben den Luxus als Ausdruck einer für sie passenden Lebensart.

Waage-Ratten sind nicht unbedingt die Fleißigsten im Lande. Sie tun lieber nur das Notwendigste. Man hat ja Zeit, und morgen ist schließlich auch noch ein Tag. Chefs mögen über diese nonchalante Art klagen, entlassen werden sie ihre

Waage-Ratte kaum. Sie wissen: Das Betriebsklima würde darunter leiden; denn Waage-Ratten sind allseits beliebt, und man hört gern auf ihren Rat.

Einige von ihnen wurden übrigens selbst vorbildliche Chefs mit dem Wahlspruch: Leben und leben lassen! Sie lieben das Dasein, in dem sie umschwärmter Mittelpunkt sein können. Den meisten von ihnen gelingt das mit Charme und der ihnen eigenen Liebenswürdigkeit.

Die Männer dieses Typs pendeln in den zwischenmenschlichen Beziehungen hin und her, bis sie schließlich doch von der Richtigen heimgeführt werden.

In leuchtenden Farben preisen Männer die Vorzüge der Waage-Ratte-Frau. Sie umschwirren sie wie Motten das Licht.

Skorpion-Ratten (24. Oktober bis 22. November)

Kämpferisch und lebensfroh: Skorpion-Ratten

Skorpion-Ratten sind Kämpfertypen, die alles beiseite räumen, was sich ihrem Vorwärtsdrang entgegenstellt. Sie beißen sich durch um jeden Preis und setzen dabei auch den Giftstachel ein, der jeden Gegner zwar nicht tötet, doch zumindest lähmt.

So gefährlich sind die Skorpion-Ratten auch nicht immer. Sie können sich sehr wohl anpassen und im Strom mitschwimmen. Sie sind gewöhnt, streng nach Vorschrift zu arbeiten. Zu mehr haben sie oft auch keine Lust.

Sie lieben die Wahrheit über alles. Unaufrichtigkeit ärgert sie. Sie nehmen aber auch so leicht nichts krumm. Man sollte nur nicht zu sehr übertreiben und Falsches über sie aussagen. Dann stellen sie sich bockig oder gehen gleich zum Gegenangriff über, der dann so aussehen kann wie oben beschrieben. Leicht hat's keiner mit den Skorpion-Ratten.

Diese Sternenmischlinge lieben deftige Tafelgenüsse über alles. Sie suchen auch die Kumpanei, die Stammtischrunde, in der deftige Witze erzählt werden.

Skorpion-Ratte-Männer suchen sich ihre Freundinnen recht zufällig aus. Es ist dabei kein Wunder, wenn sie die Lämmchen unter ihnen besonders schätzen. Gegensätze ziehen sich ja an. In der Jugend sind diese Männer die reinsten Don Juans. Aber das gibt sich mit zunehmendem Alter. Dann bauen sich diese Skorpion-Ratten ein Haus und holen sich jene heim, die sie zärtlich umsorgt.

Frauen aus diesem Mischzeichen sind besonders in jungen Jahren Männer betörende Wesen. Doch gezielt suchen sie ihren Favoriten aus der Menge. Und hat er erst ja gesagt, übernimmt sie die Leitung.

Fazit: Eine Skorpion-Ratte kennt keine Mitbestimmung.

Schütze-Ratten (23. November bis 21. Dezember)

Man muß es ihnen lassen: Schütze-Ratten sind Menschen, die sich immer und überall ins rechte Licht setzen. Und wohl darum klettern sie bald ein um die andere Sprosse auf der Erfolgsleiter höher. Und wenn's nicht im Guten geht, dann nehmen sie auch mal die Ellenbogen.

Freunde schätzen die Kameradschaft der Schütze-Ratten und merken dabei nicht, daß sie weidlich ausgenutzt werden. Freundschaft hin, Freundschaft her – man will ja schließlich auch seinen eigenen Vorteil wahren.

Schütze-Ratten wissen ihren Vorteil zu wahren

Ehepartner von Schütze-Ratten haben es nicht leicht. Vor allem die Männer aus diesem Mischzeichen gehen gern einmal alleine aus, suchen sich draußen im geselligen Leben vom Ehealltag zu entspannen. Aber Vorsicht: Sie sind Meister im Vertuschen von Seitensprüngen.

Frauen dieses Typs sind häuslicher, wenn sie einmal im Ehehafen eingelaufen sind. Freilich dauert der Weg dorthin bei ihnen etwas länger. Denn sie wägen genau ab. Der eine wäre es geworden, wenn er zum Geld mehr Herz mitgebracht hätte, der andere wurde es nicht, weil Herz allein die Familie nicht ernähren kann.

Schütze-Ratten – Frau wie Mann – nehmen ihren Beruf sehr ernst. Sie werden schnell die Chefs finden, die sie fördern, und Kollegen, die für sie durchs Feuer gehen. Einziger Nachteil: Die Schütze-Ratte hält es in jüngeren Jahren nie lange an einem Platz. Sie läßt sich wegloben in die nächsthöhere Position oder macht sich mit großem Erfolg selbständig.

Guter Rat zum Schluß: Man lege sich nie mit Schütze-Ratten an. Sie werden gewinnen – nicht mit roher Gewalt, sondern mit der ihnen eigenen Beredtsamkeit, mit Argumenten, die selbst dann noch überzeugend wirken, wenn sie an der Wahrheit ein wenig vorbeigehen.

鼠

Steinbock-Ratten (22. Dezember bis 20. Januar)

Die im Zeichen Steinbock geborenen Ratten machen sich das Leben nicht leicht. Stets wollen sie aus allem das beste herausholen und merken dann zum eigenen Verdruß, daß manches im Leben Halbheit ist und bleiben wird. Aber sie geben nie auf. Immer und immer wieder versuchen sie, die Welt in ihrem Sinne zu verbessern.

Perfektionismus ist die Stärke, aber auch die Gefahr der Steinbock-Ratten

Viele Steinbock-Ratten bleiben darum Einzelgänger, die nicht nach rechts und nicht nach links blicken. Sie fressen manches in sich hinein, zahlen es aber irgendwann heim, wenn ihnen Unbill widerfuhr.

Vor allem Frauen dieses Typs klammern sich oft zu sehr am Beruf fest, der ihnen über alles geht. Sie möchten zwar perfekte Hausfrau und Mutter werden, aber nur in einer Art Nebenbeschäftigung.

Männer unter dem Steinbock-Ratte-Zeichen lassen sich nur schwer in die Ehefalle locken. Zunächst haben sie wohl mit sich selbst und ihrem Beruf zu tun: Man will ja schließlich nicht mit leeren Händen in das Ehewagnis schliddern! Haben sie sich dann zur Familiengründung entschlossen, ist es oft schwer, die Richtige zu finden.

Wassermann-Ratten (21. Januar bis 19. Februar)

Stets unzufrieden mit ihrer Umgebung und sich selbst, suchen Wassermann-Ratten das Neue, das noch nie Dagewesene. Finden sie es im eigenen Heimatland nicht, gehen sie in die Fremde, werden Weltenbummler.

Fernweh und Freiheitsliebe prägen die Wassermann-Ratten

Im Charakter der Wassermann-Ratten ist etwas Unstetes. Die innere Unruhe triumphiert wider bessere Vernunft. Als Angestellte oder Arbeiter fühlen sie sich nicht wohl. Ein freier Beruf, in dem sie sich durchboxen müssen, liegt ihnen eher.

Das Abenteuer zählt in der Liebe mehr als eine feste Bindung. Der Wassermann-Ratte-Mann zum Beispiel mag die und jene, läßt aber einer jeden ihre persönliche Freiheit. Wenn er heiratet, gilt für ihn der Ehevertrag mit der Klausel „Seitensprung erlaubt" für beide Teile.

Ganz anders die Wassermann-Ratte-Frau; sie kennt die Eifersucht, die sich oft grundlos ihr Opfer sucht. Sie will den Mann ihrer Wahl für sich allein. Sie bindet sich meist früh, weil sie fürchtet, daß der nächste schlechter sein könnte als der jetzige. So kann es zu mancher Enttäuschung kommen, aus der Scheidungsanwälte Profit schlagen können.

Mit zunehmendem Alter werden auch Wassermann-Ratten beiderlei Geschlechts vernünftiger. Und dann haben sie es meist zu etwas gebracht. Ihre Lebenserfahrung, in heißen Abenteuern erworben, bringt am Ende immer etwas ein.

Fische-Ratten (20. Februar bis 20. März)

Fische-Ratten haben viele Freunde, die von ihnen manchmal weidlich ausgenutzt werden. Sie vergessen jedoch keinen, der einmal gut zu ihnen war. Sehr zielbewußt sind sie nicht zu nennen, weil sie meist zu viele Ziele im Auge haben. Nur gut, daß Fische-Ratten sich rechtzeitig anpassen können, sonst kämen sie wohl nie auf einen grünen Zweig.

Bei zuviel Zielen verliert man den Überblick

Die Frauen dieses Typs sind sanfte und fröhliche Wesen, denen der Schalk im Nacken sitzt. Bei Männern sind sie deshalb sehr geschätzt. Sie selbst brauchen den Mann, der sie auf Händen trägt, ihnen aber auch tröstend zur Seite steht, wenn sie das große Heulen bekommen. Fische-Ratte-Frauen möchten gerne beschützt werden.

Männer dieses Typs heiraten oft ihre erste Liebe. Sie sind anhänglich und treu, selbst wenn sie später mal bemerken, daß eine andere vielleicht besser gewesen wäre. Und sie träumen weiter vom großen Glück, das ihnen doch noch zufallen könnte.

Was Fische-Ratten brauchen, ist sehr viel Liebe und Aufmunterung im Lebensalltag. Bescheiden, wie sie im Grunde sind, werden sie sich am Ende mit dem kleinen Glück daheim zufrieden geben.

Der bescheidene, arbeitsame Büffel

Das zweite Zeichen in der chinesischen Astrologie ist der Büffel. Die Menschen, die diesem Zeichen angehören, sind bescheidene, arbeitsame Typen. Sie haben in den folgenden Jahren des chinesischen Kalenders Geburtstag:

25. 1. 1925 – 12. 2. 1926
11. 2. 1937 – 30. 1. 1938
29. 1. 1949 – 16. 2. 1950
15. 2. 1961 – 4. 2. 1962
3. 2. 1973 – 22. 1. 1974
20. 2. 1985 – 8. 2. 1986
7. 2. 1997 – 27. 1. 1998
26. 1. 2009 – 23. 2. 2010

Der menschenfreundliche, ruhige Büffel-Typ könnte jedermanns Freund sein, wenn dahinter nicht der Choleriker stekken würde, der jeden auf die Hörner nimmt, der ihn reizt oder ihm Hindernisse in den Weg legt. Doch zählen wir erst einmal seine guten Eigenschaften auf:

Hinter der bescheidenen Fassade lauert ein Choleriker

Von der bescheidenen Art sprachen wir schon, mit der er den Leuten gegenübertritt. Der Büffel ist sanft und in Maßen auch geduldig, kann zuhören und hat immer gute Ratschläge parat. Er ist für den geraden Weg und macht nie mit, wenn jemand auf krummen Touren zum Ziel gelangen möchte. Dieser Typ ist arbeitsam und will unbedingt Karriere machen. Hinter seinem Wesen steckt die geballte Kraft eines starken Willens, selbst wenn er im Tun und Denken etwas behäbiger erscheint als jene forschen Typen, die sich in allen Lebenslagen gern in den Mittelpunkt spielen.

So weit – so gut, wäre da nicht der dunkle Punkt in seiner Nachtseele, der ihn zu gegebener Zeit überkochen läßt: Wer den Büffel reizt, lernt jene andere Seite seines Ichs kennen. Auf den stürzt er sich wutschnaubend und macht ihn nieder. Er will sich – koste es, was es wolle – Respekt verschaffen. Beweist man diesem Büffel, daß er in einem bestimmten Fall Unrecht hatte, wird er cholerisch auf der eigenen, vorgefaßten Meinung beharren und jeden, der ihn eines Besseren belehren will, anfauchen. Er ist ein Meister im sturen Beharren – im guten, wie auch im weniger guten Sinn.

Sein Lebensziel: Karrieremachen

Der Büffel will nun einmal nach oben. Schon Büffel-Kinder lernen fleißig, weil sie wissen, daß ihnen das Gelernte in ihrem Streben nach einem Leben in Glanz und Gloria später einmal helfen kann. Als Erwachsener heißt sein Lebensziel Karrieremachen. Für dieses Ziel „büffelte" er schon strebsam in der Schule und in den weiterbildenden Institutionen. Das Ziel vor Augen, kennt er nur das Eine: Sich weiterzubilden und vorwärtszukommen. Ein Streber ist er deshalb noch lange nicht.

Der Büffel vertraut stets auf seinen Willen und seine Arbeitskraft. Seine Kollegen mögen seine fröhliche Art, mit der er jeden gewinnen kann, auch die Leute, die – noch! – über ihm stehen. Er nimmt alle für sich ein und wird sogar von denen hochgelobt, die vermeinen, sie seien genau so tüchtig wie er. Sie neiden ihm möglicherweise nicht einmal, daß er auf dem Weg nach oben Tricks anwendet, die jeden Chef verzaubern.

Mit sanfter Gewalt setzt sich der Büffel überall durch

Büffel wollen mitentscheiden können in ihrem Job, mit sanfter Gewalt die Leute zum Gehorchen bringen. Sie haben das Zeug dazu, Überragendes zu leisten – auf beinahe jedem Gebiet. Frauen und Männer aus dem zweiten Zeichen der chinesischen Astrologie sind die geborenen Mediziner, Juristen und Architekten, aber auch als Handwerker und Kunstgewerbler können sie ihre Talente voll ausschöpfen. Sie lieben aber auch das Bodenständige, die Arbeit an der frischen Luft, auf dem Bauernhof oder als Heger und Jäger im Wald und auf der Heide.

Ruhig und beharrlich gehen sie ihren Weg, sie setzen sich ein, wollen dafür aber auch übertariflich bezahlt sein. Sie wissen um den Wert und die Macht des Geldes, sind sparsam und greifen das Ersparte nur dann an, wenn es sich für sie lohnt. Das hat nichts mit Geiz zu tun, eher mit jener Vorsicht, die den Weg nach oben weist.

Großzügigkeit glauben sich Büffel nur dann leisten zu können, wenn sie es zu einem stattlichen Bankkonto gebracht haben oder durch besondere Glücksumstände zu Geld und Wohlstand gekommen sind. Freilich werden sie sich dann erst einmal selber versorgen – ein wenig Egoismus schadet dem Ansehen nicht.

Büffel wollen Verantwortung tragen für sich selbst, aber auch für andere, die freilich vorsichtig sein sollten: Der Büffel mag keinen Widerspruch!

Wenn der Büffel sein Herz verliert

Verliebte Büffel gehen aufs Ganze und wollen festhalten, was sie einmal erobert haben

Früher oder später lernen die Büffel die Liebe kennen. Und da sie nichts Halbes machen, sind sie auch auf dem zwischenmenschlichen Gebiet mit ganzem Herzen dabei. Wen sie lieben, den fangen sie mit ihrem fröhlichen Wesen ein, bis er sich nichts anderes wünscht, als an des Büffels Seite glücklich zu werden.

Und dann erst merken die Umworbenen, daß ihre Büffel-Liebhaber auch andere Eigenschaften haben, die sie vorher noch nicht kannten: Büffel schätzen den, den sie heiraten, als ihren ureigensten Besitz. Nicht, daß sie eifersüchtig wären: Das haben sie gar nicht nötig! Aber wer da glaubt, in ihren Lebensbereich eindringen zu wollen, dem werden sie ihre spitzen Büffelhörner zeigen – das mag fürs erste genügen. Der Widersacher wird sich von dannen trollen und der Kraft des Stärkeren weichen. Denn die Mischlinge aus dem Büffelzeichen können sehr jähzornig werden, was ihnen keine Freunde schafft.

In einem festen Verhältnis ist der Büffel die Sanftheit in Person. Frauen aus diesem Zeichen können die besten Hausfrauen und Mütter sein, wenn der Ehemann und die lieben Kleinen nur das tun, was die Büffelin für richtig hält. Wer ihr die Freiheit läßt, zu Hause zu schalten und zu walten, wie es ihr beliebt, hat den Himmel auf Erden.

牛

Er sichert den Wohlstand der Familie

Beschützend und autoritär: die zwei Seiten des Büffel-Familienvaters

Es gibt kaum einen gütigeren Familienvater als den Büffel-Mann. Er sorgt für den Wohlstand der Familie und überhäuft alle mit viel Liebe und ab und zu auch mal mit kleinen Aufmerksamkeiten. Nur in einem versteht er keinen Spaß: Er will stets die letzte Entscheidung haben. Das könnte ihn in den Augen kritischer Zeitgenossen als Tyrannen erscheinen lassen, der er aber nicht ist. Wie kann auch ein so sanfter Typ in den Verdacht kommen, alle und jeden unterdrücken zu wollen?

Zu Hause spielt der Büffel-Mann den Patriarchen, weil dieser Titel – meint er – ihm zusteht. Dabei gehen ihm Gemütlichkeit und eine häusliche Atmosphäre über alles, so daß man ihn auch stolz mit Pantoffeln durch die Wohnung laufen sieht. Er weiß ja: ein Pantoffelheld wird er deshalb noch lange nicht.

Fazit: Büffel-Geborene können Spaß vertragen und lachen gern. Sie sind treu und verlangen darum von ihren Partnern ebenso Treue. Sie sorgen dafür, daß für alle Eventualitäten und Notfälle immer ein Notgroschen in der Haushaltskasse bleibt und sich nach Möglichkeit in ein stattliches Guthaben bei der Bank umwandeln läßt.

Büffel gehen gern zur Sache

Büffel-Menschen haben viel für den Sex übrig. Ihre sanfte und behutsame Art geht jedem Partner unter die Haut. Bei langen Vorspielen halten sie sich aber nie auf – sie wollen schnell zur Sache kommen.

Die Frauen aus diesem Zeichen sind sinnlicher als die Männer. Doch wer ihnen mit seltsamen Praktiken kommt, hat keine Chance. Sie sind nicht prüde, halten aber nichts von Akrobatik im Bett.

Auch die Büffel-Männer schätzen mehr das Traditionelle, das ihrer Bequemlichkeit entgegenkommt. Sie sind zwar gefühlvoll, aber oft so ungeschickt dabei, daß ihre Partnerin das nicht gleich merkt und eher andere Vorstellungen von Sex und Liebe hat als der Büffel-Mann. Sie mag sich trösten: Mit der Zeit wird auch er geschickter und zärtlicher beim Liebesspiel.

Ein Büffel-Mensch lernt gern das, was ihm im Leben nützt. Mit der Zeit wird er auch gern einmal in einer Sache nachgeben, auf die er sonst sein Leben lang gebaut hat.

Guter Rat an alle Partner der Büffel-Menschen: Man sollte sie gewähren lassen; denn im Grunde genommen meinen es die im zweiten Zeichen der chinesischen Astrologie Geborenen mit allen ihren Mitmenschen gut. Wer mit ihnen lacht, hat schon gewonnen und kann sich manches erlauben, was die Büffel sonst vielleicht nicht gutheißen würden.

Mit Humor kann man manch einen Büffel um den Finger wickeln

Den Büffel-Damen oder -Herren aber sei der Rat gegeben, sich etwas mehr zurückzuhalten, auch wenn es nicht nach ihrem Willen geht. Sie sollten ihr fröhliches Gemüt den Zorn überspielen lassen, den sie oft aus recht fadenscheinigem Grund gerade an denen auslassen, die sie lieben.

Sie sollten öfter mal abschalten, ihre Freizeit und ihre Ferien an der Seite ihres Partners oder der ganzen Familie genießen. Sie sollten ihren sportlichen und/oder künstlerischen Hobbys nachgehen und darüber einmal mehr vergessen, daß Karrieremachen nicht der Weisheit letzter Schluß ist.

Das Horoskop für die Büffel

Früh übt sich, was ein Büffel werden will. Die im zweiten Abschnitt der chinesischen Astrologie Geborenen wissen schon sehr früh, daß man strebsam sein muß, um später etwas werden zu können. Sie wollen sich ihr Leben nach eigenem Willen einrichten und in späteren Jahren ein geruhsames Dasein führen. Rückschläge sind nur möglich, wenn die Büffel-Menschen die eigene Bequemlichkeit vergessen. Sie sollten stets an sich arbeiten und Streß in ihrem Leben bei allem verständlichen Eifer und Karriere-Bewußtsein nie aufkommen lassen. Nur so kommen sie gesund und ohne Schwierigkeiten über die Runden und können am Ende zu den Methusalems des chinesischen Mondtierkreises werden.

Lesen Sie jetzt aber, was das chinesische Horoskop für die Büffel-Frauen und -Männer in den nächsten Jahren vorsieht.

Im Jahr der Ratte (1996, 2008)

können elanvolle Büffel viel erreichen. Ihre Finanzen werden sie mit einigem Gespür vermehren und viel Neues zuwegebringen. Ein paar unter ihnen haben sogar Glück im Spiel, sollten aber allzu hohe Einsätze vermeiden. In der Liebe werden sie zum Zuge kommen. Wer dann noch keinen Partner hat, macht des öfteren erfreuliche Bekanntschaften. Auch da ist Glück im Spiel.

Im Jahr des Büffels (1997, 2009)

Ihr eigenes Jahr ist den Büffeln hold und belohnt ihre Strebsamkeit

hält die Glückssträhne an. Sie werden viel Erfolg haben, sich manches anschaffen, was ihnen bisher gefehlt hatte. Wenn sie jetzt bauen wollen, ist die Zeit dafür günstig. Bei allem, was das Jahr an Gutem verspricht, sollten Büffel-Menschen auch an eine Vorsorge für schlechtere Zeiten denken. Aber das fällt den ja sonst sparsamen sicherlich nicht allzu schwer.

Im Jahr des Tigers (1998, 2010)

hat der Büffel nicht unbedingt Hoffnung auf das große Los. Er kann dann nur auf das Glück des Tüchtigen hoffen, der sich in die Arbeit hineinhängt und noch eine Menge zuwegebringt. Leider macht er sich oft selbst das Leben schwer, weil er aus geringsten Anlässen zornig auf seine Umwelt reagiert. Und wenn er darüber nachdenkt, kann er sich vielleicht selbst nicht mehr leiden.

Im Jahr des Hasen (1999, 2011)

legt sich die im Jahr zuvor oft gezeigte nervöse Anspannung, weil der Büffel an sich selbst gearbeitet hat, um es nicht mit jedem zu verderben. Er schwenkt wieder auf Erfolgskurs um und hat auch im Privatleben schöne Stunden.

Im Jahr des Drachen (2000, 2012)

macht das Familienleben weiter Spaß. Und die Arbeit auch. Nur sollten die Büffel aus bestimmten Vorfällen die Lehre ziehen, daß Schweigen oft besser ist als unnützes Reden. Wer von ihnen gute Freunde hat, sollte sich nicht unbedingt nur auf diese verlassen: Es kann zu gewissen Stimmungsumschwüngen kommen.

Im Jahr der Schlange (2001, 2013)

kann es einige Turbulenzen im privaten Bereich geben. Da Büffel im allgemeinen recht klug taktieren, sollten sie öfter mal einlenken und sich eher auf die Partnerschaft konzentrieren. Mit der ihnen eigenen Fröhlichkeit in allen Lebenslagen kommen sie auf jeden Fall weiter.

Im Jahr des Pferdes (2002, 2014)

kommt im Familienkreis alles wieder in Ordnung, weil sich die Büffel auf sich selbst und ihre Stärken besinnen. Außerdem können sie mit einer Förderung im Berufsleben rechnen. Einige Wünsche gehen in Erfüllung, und in der Kasse kann es klingeln. Und das bereitet den sparsamen Büffeln ja immer Freude.

Im Jahr der Ziege (2003, 2015)

kommt ein kleiner Knacks in die zwischenmenschlichen Beziehungen. Die Büffel sind manchmal zu aufbrausend und selbst ihren Lieben gegenüber reagieren sie oft unwirsch. Da sie klug und auch durchaus einsichtig sind, werden sie alles wieder ins Lot bringen. Sie haben wirklich keinen Grund, Launen zu zeigen.

Im Jahr des Affen (2004, 2016)

kostet die Büffel ruheloses Taktieren Nerven. Warum jagen sie dem großen, unerreichbaren Glück hinterher, statt das kleine, erreichbare beim Schopfe zu fassen? Die Lage ist nicht so schlecht, wie sie sich diese ausmalen. Jetzt sollten die Büffel endlich einmal ausgiebig Urlaub machen und mit ihren Lieben die schönen Tage genießen.

„Reif für die Insel" im Jahr des Affen

Im Jahr des Hahns (2005, 2017)

können Büffel endlich bisherige Schwierigkeiten abbauen und sich auf eine schönere Zeit freuen. Da sie sehr strebsam sind, werden sie sich nicht ärgern, daß es für sie ein sehr arbeitsreiches Jahr werden wird. Sie langen zu und stehen auf einmal wieder auf dem Höhepunkt ihres Könnens. Auch in der Liebe wird's gut!

Im Jahr des Hundes (2006, 2018)

kann es zu Depressionen kommen, die aber völlig grundlos sind. Außerdem sollte sich jeder Büffel schämen, plötzlich unter die Schwarzmaler gegangen zu sein. So schlimm kann es gar nicht werden, weil sie schon längst vorgesorgt haben durch ihre Arbeit im vergangenen Jahr.

Im Jahr des Schweines (2007, 2019)

Unaufhaltsamer Aufwärtstrend im Jahr des Schweines

müßte der Büffel fünf Hände haben, um alles bewerkstelligen zu können, was sich in diesem Jahr anbietet. Froh und heiter geht es auch im Familienkreis zu. Büffel können sich glücklich schätzen, wenn sie jemanden an ihrer Seite haben, der sie versteht und ihnen über alles hinweghilft, was sie bedrückt. Auf jeden Fall wird es in diesem Jahr mächtig aufwärts gehen.

Die Büffel vom Widder bis zu den Fischen

Auch unter den Büffel-Geborenen gibt es unterschiedlich ausgeprägte Typen. Und spannend wird das Tierkreiszeichen, wenn wir es mit dem westlichen Tierkreis vereinen. Mit Hilfe der abendländischen Tierkreiszeichen vom Widder bis zu den Fischen sollen nachfolgend die Charaktermerkmale des Büffel-Typs noch verfeinert werden.

Widder-Büffel (21. März bis 20. April)

Mischt man die Anlagen des chinesischen Büffels mit denen des abendländischen Widders, kann man in etwa dieses feststellen:

Widder-Büffel dulden keinen Widerspruch

So ganz leicht ist mit den Widder-Büffeln nicht auszukommen, es sei denn, man ordnet sich ihnen bedingungslos unter. Hinter jedem, der ihnen zu widersprechen wagt, wittern sie einen potentiellen Gegner, den es auszuschalten gilt.

Widder-Büffel sind Menschen mit Willenskraft, die ihnen manchmal freilich auch Unannehmlichkeiten verschafft. Oft triumphiert da der Wille über die bessere Einsicht, und die Kontrolle geht flöten, was ihnen im Berufsleben so manchen Minuspunkt einbringen kann. Das ist nicht immer so. Wenn Widder-Büffel zum Beispiel der Ehrgeiz packt, werden sie den Willen in jenen richtigen Kanal leiten, der sie intuitiv zum Erfolg führt.

Widder-Büffel müssen gestreichelt werden. Das haben die Gefährten von Frauen dieses Typs längst erkannt. Dann räkeln sie sich wohlig und erfüllen alle Wünsche, und wenn sie der eigenen Natur zuwiderliefen.

Männer und Frauen unter dem Widder-Büffel-Zeichen sind nicht unbedingt häuslich zu nennen. Doch für ihre Kinder gehen sie durchs Feuer.

Stier-Büffel (21. April bis 20. Mai)

Der Einfluß des Stier-Sternzeichens verleiht dem Büffel Sanftheit

Unter den Büffeln ist jener im Stier-Zeichen geborene der sanfteste. Keiner Fliege kann er etwas zuleide tun, es sei denn, sie tanzt ihm auf der Nase herum.

Stier-Büffel haben viel Familiensinn. Sie sind zärtlich zu ihren Lieben und schaffen eigentlich nur, um deren Wohlstand zu sichern. Über Ehrgeiz und Durchsetzungskraft kommen sie im Beruf weiter, aber es macht ihnen nichts aus, wenn sie ein Leben lang im letzten Glied stehen müssen – Hauptsache die Stellung ist sicher!

Männer unter dem Mischzeichen sind zärtliche Partner, die ihre Freundin oder Frau aber leider zu oft als eigenen, unveräußerlichen Besitz betrachten. Wehe, da käme ein Rivale in die Quere! Der bekäme das andere Gesicht des Stier-Büffels zu sehen, und es flögen die Fetzen.

Frauen aus diesem Zeichen sind gute Hausfrauen und Mütter. Möglich, daß bei der Fürsorge für die ganze Familie der Mann manchmal zu kurz kommt. Sie lieben ihn deshalb nicht weniger. Außerdem brauchen sie zum Liebesspiel mehr Zeit als andere, weshalb verständlich ist, daß ihnen die plumpe Art eiliger Verehrer ein Greuel ist.

Man sieht schon: Stier-Büffel beiderlei Geschlechts sind in den zwischenmenschlichen Beziehungen recht angenehm und verträglich. Sie brauchen viel Spielraum, dann fressen sie dem, den sie lieben, aus der Hand. Nur reizen sollte man sie nicht. In solchem Fall lernt man ihre andere, weniger liebenswerte Seite kennen.

Fazit: Stier-Büffel sind selbstlos, höflich und zuvorkommend. Man kann mit ihnen in Frieden leben, wenn man tut, was sie wollen. Zum Geld haben sie eine gesunde Einstellung. Nur in der Liebe bräuchten sie hier und da eine Prise Pfeffer.

Zwillinge-Büffel (21. Mai bis 21. Juni)

Unter Büffeln stellt man sich gemeinhin etwas Schwerfälliges vor. Gepaart mit dem Zwillinge-Typ dreht sich das Bild beinahe ins Gegenteil. Dieser Typ ist ein fröhlicher Mensch, mit dem man gut auskommen kann.

Durch den Zwilling-Aspekt wird selbst ein Büffel wendig und geschickt

Zwillinge-Büffel werden auch mal auf Ernst umschalten und ihre Denkerstirn in Falten legen, hinter der brauchbare Gedanken und Pläne geboren werden. Das nützt dem beruflichen Fortkommen, zumal es nicht beim jeweiligen Denkvorgang bleibt, sondern das Erdachte mit einer guten Portion Durchsetzungskraft in die Tat umgesetzt wird.

Sie rücken stets die eigene Meinung ins rechte Licht und lancieren das, was andere meinen und denken, geschickt ins Abseits. Ist es da nicht verständlich, wenn Zwillinge-Büffel eines Tages den Rahm des Erfolges abschöpfen können, während sich ihre nicht so wendigen Kollegen mit Magermilch begnügen müssen?

Diese freundlichen Zeitgenossen wissen ebenso im Privatleben zu überzeugen. Sind sie männlichen Geschlechts, werden sie lange suchen nach dem Schatz mit reicher Mitgift, den man auch lieben kann. Das Warten macht sich meist bezahlt, und die Ehe hält für ein langes Leben zu zweit vor.

Frauen aus diesem Mischzeichen flirten für ihr Leben gern, so daß sich alle Männer um die reizenden Persönchen reißen. Zwillinge-Büffel-Mädchen vergeben sich dabei nichts und suchen sich aus der reichen Auswahl der Verehrer zielsicher den mit den besten Referenzen heraus.

Diesen Mischtypen beiderlei Geschlechts fliegt aber auch leider so manches zu, was sich am Ende als lockerer Vogel erweist. Nur gut, daß sie Schicksalsschläge mit viel Humor verdauen und darüber kaum ihre Standfestigkeit einbüßen.

Krebs-Büffel (22. Juni bis 22. Juli)

Langsam und gründlich: der Krebs-Büffel

Das Lieblingsplätzchen eines Krebs-Büffels ist die lauschige Kaminecke bei schummriger Beleuchtung und dezenter Musik. Da kann er träumen und über alles Mögliche und manches Unmögliche nachsinnen. Auf einen grünen Zweig kommt er bei solcher Geisteshaltung allerdings kaum. Gut, daß die Kaminecken in modernen Wohnungen nicht allzu häufig anzutreffen sind, sonst würde der Krebs-Büffel darüber vergessen, daß Romantik hierzulande manchmal teuer bezahlt werden muß.

Im Berufsleben schätzt man ihn sehr! Zwar denkt er oft langsamer als andere, dafür aber um so gründlicher. Kein Chef, der solchen Sicherheitsdenker nicht langfristig binden wollte!

Krebs-Büffel müßten jedoch jemanden haben, der sie managt, der ihnen Mut macht zum Opponieren gegen schandbare Ausnutzung menschlicher, das heißt ihrer Arbeitskraft. Leider aber wittern vor allem die Männer dieses Zeichens hinter guten Ratschlägen Bevormundung, und die können sie nicht ausstehen.

Von daher kommt es auch, daß sie sehr lange wägen, ehe sie sich auf das Abenteuer Ehe einlassen. Dressierte Männer mögen sie nicht. Erfahrene Evas-Töchter stimmen darum in eine Ehe auf Probe ein. Die gibt dem Krebs-Büffel den Schein von Freiheit. Am Ende ist dieser nette Partner doch gefangen.

Weibliche Krebs-Büffel sind sehr liebenswerte Geschöpfe, sensibel und einfühlsam. Ein schiefes Wort genügt, um sie zu kränken. Daher brauchen sie verständnisvolle Partner an ihrer Seite. Der Erfolg ist eine Lebensgefährtin, die solche Rücksichtnahme doppelt und dreifach mit Liebe lohnt.

Löwe-Büffel (23. Juli bis 23. August)

Vom Löwen die Majestät und vom Büffel die Sturheit – gegen die kommt niemand an

Machen wir uns nichts vor: Löwe-Büffel sind uns in allerlei Dingen überlegen. Sie schaffen viel und erreichen noch mehr. Man lasse sie wühlen. Das Geschäft wird den Nutzen davon haben. Am besten werden sie Manager. Ihre unkonventionelle Art, mit der sie schier Unmögliches möglich machen, ist bekannt. Leistung im Beruf wird bei ihnen großgeschrieben. Am liebsten lassen sie jedoch andere für sich arbeiten.

Großzügigkeit in Liebesdingen ist Sache der Löwe-Büffel. Vor allem die Männer dieses Mischtyps wissen immer wieder neue Geschenküberraschungen für ihre Liebsten daheim. Einziges Gegengeschenk ist die Erwartung, daß die ihm Angetraute ein ganzes Leben lang vor dem Büffel aus königlichem Geblüt kuscht und ihm huldigt. Ist das nicht ihre Sache, dann kann sie es mit dem Zusammenraufen versuchen. Männliche Büffel-Löwen lieben diese nichtolympische Sportart über die Maßen.

Frauen aus diesem Zeichen sind richtige Damen. Man erweise ihnen Reverenz und schmücke sie mit glitzernden Brillanten! Solche Goldstücke wollen edel gefaßt sein. Ein Mann, dem das zu teuer kommt, sollte sich besser von dannen schleichen. Ein Trost für ihn: Wen die Löwe-Büffel-Frau innig liebt, den wird sie zu halten versuchen, auch wenn er ihr keine Pretiosen verehren kann. Sie ist der Typ, der mitarbeitet, um Wohlstand zu erreichen. Möglich, daß dabei die Kinder zu kurz kommen.

Löwe-Büffel – Mann wie Frau – sind fröhliche Leute, solange sich niemand über sie lustig macht. Sie treiben mit anderen gern ihr Spiel, doch wehe, andere würden sie necken! So etwas verletzt ihren Stolz und macht sie rasend. Zum Glück nur ist ihr Zorn schnell verraucht, wenn man ihnen das Köpfchen krault und ihnen zu Willen ist.

Jungfrau-Büffel (24. August bis 23. September)

Jungfrau-Büffel machen sich das Leben oft unnötig schwer. Etwas einmal als richtig Erkanntes wollen sie um jeden Preis durchfechten, selbst wenn sie dabei Schiffbruch erleiden. Das Mißtrauen gegenüber sich selbst und ihren Mitmenschen beherrscht den Charakter, macht Jungfrau-Büffel zurückhaltend und in sich gekehrt.

Doch muß auch betont werden: Mindestens zu achtzig Prozent macht sich das sture Beharren der Jungfrau-Büffel bezahlt. So ganz falsch liegen diese oft verkannten Genies nie, auch wenn der Zweifel an der eigenen Person noch so bohrend ist. Sie sind die geborenen Buchhalter, weil sie selbst dem elektronisch gesteuerten Computer mißtrauen. Ihr Beharrungsvermögen macht sie zum exzellenten Politiker, der sein Schweigen nur bricht, wenn er etwas Vernünftiges zu sagen hat.

Allzuviel Mißtrauen lähmt den Jungfrau-Büffel

Man bringt es weit in diesem Zeichen, sei es als Mann oder als Frau. Nur im intimen Bereich hapert es des öfteren an der Kontaktfreudigkeit. Und nur darum finden Jungfrau-Büffel oft erst spät, wonach ihnen ein Leben lang gelüstet: ein gemütliches Zuhause.

Dabei könnte sich jede Frau glücklich schätzen, einen Jungfrau-Büffel-Mann zu kennen. Er ist nicht kleinlich, auch wenn er das Geld gern zusammenhält. Bei diesem Mann kann man noch nach der Silbernen Hochzeit auf den wöchentlichen Blumenstrauß hoffen. Nur stört ihn manchmal ein Stäubchen auf dem Schrank. Und solch kleiner Anlaß kann dann oft der Grund für einen handfesten Krach sein.

Die Frau dieses Zeichens ist eigentlich anschmiegsam, doch wird sie sich anfangs eher zurückhaltend zeigen. Man sollte ihr Vertrauen zu gewinnen suchen, dann taut sie auf.

Niemand ist schlecht beraten, wenn er seinem Büffel-Jungfrau-Schatz die Finanzen anvertraut. Er wird das Geld verdoppeln. Wie Jungfrau-Büffel das machen, bleibt ihr Geheimnis.

Waage-Büffel (24. September bis 23. Oktober)

Wo Waage-Büffel auftreten, hinterlassen sie einen nachhaltigen Eindruck. Sie haben Verständnis für ihre Mitmenschen, ekken aber ausgerechnet damit manchmal an, daß sie sich ungefragt in viele Dinge einmischen und Ratschläge geben, nach denen nicht verlangt wurde. Soviel Unverständnis über den wahren Grund ihrer Einmischung müßte die Waage-Büffel eigentlich in die Einsiedelei treiben. Ihr geselliger Sinn bewahrt sie jedoch vor solch trister Behausung.

Sie beraten für ihr Leben gern – aber manchmal leider auch ungefragt

Als Beruf sollten sich Waage-Büffel am besten jenen aussuchen, der ihr Beratergeschick zum Tragen bringt. Im Grunde genommen ist jedoch auch jeder andere Beruf für sie geeignet, der Zusammenarbeit garantiert. Ein bißchen mehr Durchsetzungsvermögen könnte dabei nichts schaden. Schon mancher Waage-Büffel wurde ausgenutzt, ohne daß er es selbst merkte.

Im intimen Bereich suchen sich diese Sternenmischlinge ein warmes Plätzchen, an dem es sich gut schmusen läßt. Finden sie derer zwei, ist das angenehm, aber Geheimhaltung wird oberstes Gebot.

Trotzdem: Waage-Büffel-Männer sind verläßliche Partner, wenn sie das bekommen, was sie eigentlich von zweien verlangen könnten. Gescheite Frauen bringen das fertig.

Die Waage-Büffel-Frau ist eine Eva mit allen Attributen holder Weiblichkeit. Auch kleidet sie sich mit Raffinesse. Sie ist eine bravouröse Köchin, und im Haushalt hält sie es mit der Gleichberechtigung, was das Putzen und Aufräumen angeht.

Skorpion-Büffel (24. Oktober bis 22. November)

Wehrt sich seiner Haut: der Skorpion-Büffel

Die Hörner zum Kampf gesenkt, den Giftstachel zum Einstich bereit – so stellen sich manche Skorpion-Büffel dar. Aber keine Angst! Zunächst wollen sie nur ihre Umwelt erschrecken. Die so zur Schau gestellte Angriffsbereitschaft ist in Wirklichkeit ein Friedensangebot: Tust du mir nichts, tu ich dir auch nichts! Skorpion-Büffel werden sogar als hilfsbereite Kollegen und als sozial eingestellte Chefs geschätzt. Ihr Eigensinn hat schon manchem Betrieb aus der Patsche geholfen, ihre überzeugte Standhaftigkeit gab anderen den Halt, eine Notlage glücklich zu überstehen.

Privat finden sie oft nicht den rechten Anschluß. Nicht, daß sie kontaktarm wären! Nein, bei aller Freundlichkeit, mit der Skorpion-Büffel ihren Mitmenschen begegnen, spüren diese wohl, daß in der Nachtseele des Sternenmischlings manches kocht und brodelt.

Menschen, die einen Skorpion-Büffel zum Freund haben, wissen freilich, daß er auch dann noch zu ihnen steht, wenn sie von anderen verfemt werden. Das ist wohl die schönste Seite des Eigensinns eines Skorpion-Büffel-Typs.

Der Mann aus diesem Mischzeichen lernt früh die Liebe kennen und kommt auf den Geschmack. So macht er einschlägige Erfahrungen. Am Ende nimmt er sich jedoch die Frau, von der er glaubt, daß sie seinen Kindern eine gute Mutter ist. Die Liebe, meint er, komme dann schon von selbst. Aber ob das für jede Frau erstrebenswert ist?

Weibliche Skorpion-Büffel reagieren anders. Für sie ist die Liebe Selbstzweck. Sie können Männer verhexen, aber kurz vor der Bettkante so tun, als sei nichts gewesen. Haben sie den Richtigen gefunden, sind sie treu, bis sie ein neues Opfer gefunden haben.

Schütze-Büffel (23. November bis 21. Dezember)

Schütze-Büffel zeigen Einsatz

Hier sind alle Büffel-Tugenden, gemixt mit dem umgänglichen Wesen des Schützen, vereinigt. Schütze-Büffel arbeiten gern und viel, wenn sie ein Ziel vor Augen haben. Sie wollen mit Liebe und Elan bei der Sache sein. Daß sie dabei ein um das andere Mal ihren Einsatz übertreiben, erklärt sich aus ihrem Eifer, voranzukommen.

Künstlerische Berufe werden von ihnen bevorzugt, aber sie packen auch dort an, wo Kraft und Mut verlangt werden. Als Unternehmer werden sie einen hohen Einsatz wagen und – wenn's nottut – selbst zugreifen. Mitbestimmung ist für sie kein leeres Schlagwort, sie wird von ihnen praktiziert.

Daß solch umgänglicher Typ viele Freunde hat, ist verständlich. Er schart sie um sich und ist stets der Mittelpunkt. Bloß schade, daß die Freunde so oft wechseln, weil es den Schütze-Büffel immer wieder in neue Kreise zieht, wo er dazu neigt, alte Freunde leider glatt zu vergessen.

In der Liebe ist der Mann aus diesem Zeichen ein Alleskönner. Und wenn er liebt, ist es immer gleich die große Liebe. Das läppert sich mit der Zeit zusammen. Die Frauen, die er verlassen hat, trauern ihm nach und wären bereit, jederzeit wieder mit ihm anzubandeln. Am Ende wird er regelrecht eingefangen und muß sein Jawort geben. Liebende Frauen glauben an seine Treue, aber besser tun sie daran, ihren Schütze-Büffel mit verläßlicheren Mitteln zu fesseln, sonst kommt er ihnen doch abhanden.

Die Schütze-Büffel-Frauen sind liebenswerte Personen. Sie bereiten dem Mann ihrer Wahl den Himmel auf Erden. Nur langweilig darf es für sie nicht werden, sonst gehen sie eigene Wege und werden nicht mehr gesehen.

Steinbock-Büffel (22. Dezember bis 20. Januar)

Der Steinbock-Einfluß macht allzu ernsthaft

Wenn man wissen will, wie ernst das Leben eigentlich ist, sollte man den Steinbock-Büffel fragen. Der nimmt's allzu tragisch, kennt keinen Müßiggang und macht auf ungemütlich. Arbeitgeber schätzen sich glücklich, solch ernsthaftes Arbeitstier zu haben. Nichtsnutzige Hobbys sind ihm verhaßt, überschäumende Vergnügungen ein Greuel.

Frauen dieses Typs sind besser dran als die Männer aus solchem Zeichen. Sie können, je nachdem, ob sie sich für Beruf oder Familie entscheiden, exzellente Hausfrauen und Mütter sein, die sich für Mann und Familie aufopfern. Für die Steinbock-Büffelin ist dann die Ehe nur ein Arbeitsplatzwechsel.

Leider kommt bei verheirateten Steinbock-Büffeln das Eheleben oft zu kurz. In der Liebe sind sie auch eher zurückhaltend. Weil sie meist Vernunftehen schließen, kommt es aber unter diesem Mischzeichen kaum zu Scheidungen. Am besten, man heiratet jemanden, der ebenso ernsthaft über das Leben nachdenkt wie der Steinbock-Büffel. Aber wo findet man solchen Gleichgesinnten schon?

Steinbock-Büffel-Männer haben es schwerer. Die meisten retten sich in ein Patriarchentum, das Emanzipation nicht zuläßt. Frauen müssen den unbequemen Ehemann schon sehr lieben, wenn sie sich in ein solch veraltetes System pressen lassen.

Schönster Zug am Steinbock-Büffel: Er ist trotz aller Sparsamkeit sehr freigebig, unterstützt wohltätige Organisationen, ebenso wie in Not geratene Freunde. Und seine Kinder liebt er am allermeisten.

Wassermann-Büffel (21. Januar bis 19. Februar)

Beichtvater und Liebeskünstler: der Wassermann-Büffel

Kaum einer unter dem Sternenhimmel ist so tolerant wie der Wassermann-Büffel. Er scheint zum Beichtvater geboren zu sein. Seine Verständigungsbereitschaft kommt von innen; Äußerlichkeiten liegen ihm nicht.

Als Partner ist er liebenswert. Wassermann-Büffel-Männer verstehen etwas von der Liebe. Wer ihnen in die Hände fällt, läßt sich gern mit Haut und Haaren nehmen.

In einer Ehe kommt es zu einer Aufgabenteilung: Der Wassermann-Büffel schafft an, die Ehefrau gibt ihr Bestes, um ihn zufriedenzustellen. Die Freiheit, die er braucht, nimmt er sich. Seine Frau sollte mehr die innere Freiheit üben. In den häuslichen Debatten zeigt er sich als Meister – keiner kann da behaupten, seine Frau habe nichts zu sagen!

Recht lebenslustig ist die Wassermann-Büffel-Frau. Wen sie liebt, den bewacht sie eifersüchtig. Trotzdem läßt sie dem Mann in der Ehe viel Spielraum. Sie gönnt ihm den Stammtisch und auch den Kleingärtnerverein. Nur: Gegessen wird zu Hause!

Wassermann-Büffel, gleich welchen Geschlechts sind reizende Wesen, die mit Elan auf ein einmal gestecktes Ziel zugehen. Sie überspielen mit Leichtigkeit und Charme etwaige Konkurrenten und erreichen im Leben eigentlich alles, was sie sich wünschen, sehr schnell. Trotz Häuslichkeit und Anhänglichkeit an die eigene Familie neigen sie aber manchmal dazu, aus einer festen Gemeinschaft auszubrechen. Dann packt sie bei aller büffelhafter Gelassenheit die Abenteuerlust des Wassermanns. Wie gut, daß sie die eigene Vernunft meist im entscheidenden Augenblick zurückhält.

Fische-Büffel (20. Februar bis 20. März)

Den Fische-Büffeln sitzt der Schalk im Nacken, aber es ist durchaus möglich, daß andere ihre Späße nicht so recht verstehen. Aber das begreifen Fische-Büffel nicht. Man reize diese Sternenmischlinge nie, ihr Fell ist dünnhäutiger als das ihrer Artgenossen. Sie schnappen leicht ein, und dann hängt der Haussegen schief, und es ist dicke Luft, unter Umständen tagelang. Sie schmollen, weil sie eigentlich nur das Beste wollten. Wenn die Mitmenschen das nicht begreifen, sollen sie sich zum Teufel scheren – basta!

Im Beruf sind die Fische-Büffel gute Arbeiter, sie nehmen ihre Aufgabe ernst. Sie würden auf Anweisung alles tun, aber sie hassen den, der willenlos anschafft. Um ein Höchstmaß an Leistung aus ihnen herauszuholen, muß man sie schon bitten. Auf dieser Ebene sind sie ansprechbar.

Im Umgang mit Fische-Büffeln braucht man Fingerspitzengefühl

Frauen aus dem Fische-Büffel-Zeichen sind besonders empfindsam. Man respektiere ihre zarten Gefühle ebenso wie ihre sporadischen Zornesausbrüche, die meist in tränenreichen Anklagen gegen die böse Umwelt enden. Man muß diese Frauen inklusive ihrer Tränenflut einfach lieben, zeige aber ihnen gegenüber niemals Mitleid.

Männer dieses Mischtyps weinen nicht. Sie spielen eher den Überlegenen, nur wenn der heilige Zorn durchbricht, ist die Überlegenheit beim Teufel. Trotzdem können sie fürsorgliche Familienväter und rührende Ehemänner sein.

Männer wie Frauen aus dem Fische-Büffel-Zeichen haben zum Geld die durchaus realistische Einstellung, daß der Rubel rollen muß. Gegenüber denen, die sie lieben, sind sie großzügig. Für sich selbst brauchen sie nicht allzu viel, höchstens mal ein Fläschchen Wein, in dem sie dann auch mal ihren Kummer ertränken.

Der wagemutige, tüchtige Tiger

Das dritte Zeichen im chinesischen Mondtierkreis und in der chinesischen Astrologie ist der Tiger. Die Menschen, die diesem Zeichen angehören sind recht tüchtige und wagemutige Typen. Sie haben in den folgenden Jahren des chinesischen Kalenders Geburtstag:

13. 2. 1926 – 1. 2. 1927
31. 1. 1938 – 18. 2. 1939
17. 2. 1950 – 5. 2. 1951
5. 2. 1962 – 24. 1. 1963
23. 1. 1974 – 10. 2. 1975
9. 2. 1986 – 28. 1. 1987
28. 1. 1998 – 15. 2. 1999
24. 1. 2010 – 2. 2. 2011

Tiger-Geborene erkämpfen sich ihr Glück

Wie sein Namensvetter aus dem Tierreich zieht sich der Tiger-Mensch oft zurück vom lauten Getöse dieser Welt und besinnt sich auf sich selbst. Aber dann stürzt er sich mit wilder Kraft ins volle Leben und beweist seine Jagdlust auf lockende Ziele.

Tiger-Menschen sind kämpferische Typen, die vor nichts zurückschrecken. Man achtet sie und hütet sich, sie zu necken. Ein chinesisches Sprichwort besagt: „Tiger streichelt man nicht!" Das trifft allerdings nur auf den vierbeinigen Dschungelfürsten zu. Die menschlichen Tiger lassen sich durchaus mal streicheln. Und dann schnurren sie wie ein braves Kätzchen und räkeln sich wohlig in ihren Sesseln.

Im harten Arbeitskampf reagieren Tiger-Menschen ganz anders. Sie gehen stur auf das von ihnen angepeilte Ziel zu und werden es erreichen – zur Not mit brachialer Gewalt. Kampf ist ihr Lebenselixier, aber es ist möglich, daß sie gar nicht erst zu kämpfen brauchen, weil man ihnen das Feld freiwillig überläßt, auf dem sie sich dann nach Herzenslust austoben können.

Wenn Tiger freilich allzu verwegen vorgehen und weder nach links noch nach rechts schauen, werden sie leicht angreifbar: Wie die Dschungeltiere sind sie im ungestümen Vorwärtsdrang durch Flankenangriffe am ehesten zu verwunden. Erst nachdem sie sich im Leben einige Blessuren geholt haben, taktieren sie klüger und tappen nicht so leicht in eine Falle, die ihnen mißgünstige Menschen vielleicht stellen wollen.

Natürlich werden die Tiger von vielen bewundert, weil sie sich immer tüchtig ins Zeug legen und meistens auch ihren Konkurrenten geistig überlegen sind. Sie sind Persönlichkeiten, die an die Spitze drängen. Sie treten herrisch auf, aber arrogant sind sie deswegen noch lange nicht.

Tiger, auf zum Streite!

Sie streiten für ihr Leben gern. Revolutionäre Ideen akzeptieren sie, wenn sie Hand und Fuß haben. Für eine gute Sache gehen sie durchs Feuer. Das war schon in der Schule so; wenn Lehrer allzu diktatorisch den Lehrstoff durchpauken wollten, opponierten die Tiger. Sie waren nicht unbedingt die besten Schüler, eher Saisonarbeiter, die sich erst im letzten Drittel des Schuljahres anstrengen, wenn es um die Versetzung geht.

Tiger muß man motivieren. Für eine Sache, von der sie überzeugt sind, gehen sie durchs Feuer

Nach der Schulzeit stürzen sich viele Tiger richtig ins Leben. Ihr Sinn für praxisnahe Beschäftigung überwiegt dann die bisherige legere Einstellung. Plötzlich werden die jungen Mädchen und Buben eifrig und drängen in die Berufe, in denen es etwas zu erleben gilt. Die meisten von ihnen wollen forschen, kämpfen und entwickeln.

Diese Einstellung läßt Tiger-Geborene beiderlei Geschlechts in technischen und wissenschaftlichen Berufen Überragendes leisten, als Rennfahrer und Artisten begeistern sie ihre Fans. Viele angriffsfreudige Politiker und streitbare Verfechterinnen der Emanzipation wurden in einem Tiger-Jahr geboren. Da sie davon überzeugt sind, daß sie, wenn sie nur wollten, alles erreichen können, findet man einige unter ihnen auch als Manager großer Industrie-Unternehmen.

Nahezu überall schlägt den Tigern Beifall entgegen. Das macht sie eitel. Viele unter ihnen werden sich gern nach der neuesten Mode kleiden, andere kaufen sich, wenn sie das erste Geld verdienen, auf dem Gebrauchtwagenmarkt einen schikken Wagen. Der Tiger will bewundert werden!

Doch solche Äußerlichkeiten nutzen sich mit der Zeit ab und werden gerade für Tiger langweilig. Plötzlich ist Kampf angesagt gegen alles, was es zu bekämpfen gilt. Ein Tiger ist in seinem Innersten Revolutionär, der die Welt verbessern will. Er streitet für ein besseres Dasein gegen alles, was der Ungerechtigkeit Tür und Tor öffnet. Viele jubeln ihm zu.

Man mag diesen Menschen aus dem Tiger-Zeichen verzeihen, wenn sie ihre revolutionären Ideen mit den Jahren aufgeben und im Strom der Zeit mitschwimmen. Deshalb werden sie charakterlich nicht schwächer. Als Vorgesetzte sind sie durchaus für soziale Gerechtigkeit. Sie sind vorbildliche Vorgesetzte, die alles für ihre Mitarbeiter tun.

Die Treue der Tiger

Ob Tiger-Menschen treu sein können, kann man mit einem J-ein beantworten. Im Beruf – ja, da bleibt er wohl seinen Grundsätzen in den meisten Fällen treu, aber in den zwischenmenschlichen Beziehungen schwankt er hin und her. Da ist bei den Männern und Frauen dieses Zeichens nur zu oft der Wechsel angesagt.

In der Liebe neigen Tiger zu Wankelmut

Eine alte chinesische Weisheit besagt, daß es bei Tigern vor allem darauf ankommt, zu welcher Tageszeit sie geboren wurden. Kinder der Nacht, heißt es, seien ausgeglichener und fröhlicher als ihre Brüder und Schwestern, die um Mittag herum das Licht der Welt erblickten. Diese seien unruhiger und wankelmütiger. Kinder der Nacht wissen um ihre Macht, sie haben mehr Erfolg, weil sie sich nahezu unbemerkt an die Objekte heranschleichen, auf die sie es abgesehen haben.

Männer unterm Tiger-Zeichen, ob sie nun um Mittag oder in der Nacht geboren wurden, gehen gern auf die Jagd nach dem anderen Geschlecht. Und sie geben nicht auf, bis sie von einer Angebeteten erhört werden.

So ganz einfach machen es sich die Tiger-Männer natürlich dabei nicht. Sie wissen schon in jungen Jahren, wie man den Frauen imponieren kann. Sie können recht charmant und geistreich debattieren und sich so ins rechte Licht setzen. Das macht die Frauen neugierig. Man kommt sich näher und hält wochenlang Händchen, bis dem Tiger das Händchenhalten auf die Dauer zu langweilig wird.

Der Tiger-Mann

Tiger-Ehepartner brauchen viel persönliche Freiheit, sonst brechen sie aus jeder Bindung aus

Ein Tiger-Mann hat immer zwei Eisen im Feuer. Und doch wird es ihn nach ein paar Liebeleien erwischen, und er wird mit seiner Liebsten vor den Traualtar treten. Dann ist es mit seiner Umtriebigkeit vorbei. Das denkt wenigstens seine Frau, nicht wissend um das geheime Leben des Tigers in den Dschungeln des Lebens.

So ganz sicher sollte sich keine Frau sein, wenn sie ihren Tiger an die Leine genommen hat. Er ist nun einmal schneller als sie und wird zu gegebener Zeit entweichen. Da ist es verständlich, daß einige Tiger-Ehen vor dem Scheidungsrichter landen.

Das braucht nicht zu sein. Tiger-Männer sind gar nicht so schlechte Ehemänner, wenn man sie zu Hause schalten und walten läßt, wie es ihnen beliebt. Der Tiger-Mann mag die Frau, die eine eigene Meinung hat, mit der sich der alte Revolutionär zu einer Interessengemeinschaft verbünden kann. Am finanziellen Wohlstand wird es da nicht fehlen: Tiger heiraten meistens erst, wenn sie im Beruf genügend Geld verdienen.

Die Tiger-Frau

Schon in der Kindheit stolperte das Tiger-Mädchen über alles, was ihr in den Weg kam. Mit dem Erwachsenwerden zog es sich die Stöckelschuhe an, die ein paar Zentimeter größer machen. Man sollte zu ihr aufblicken. Leider sind hochhackige Schuhe am Anfang noch eine recht wackelige Angelegenheit. Nur zu leicht fallen sie ausgerechnet dem ersten besten Verehrer in die Arme und haben ihn von da an lebenslang am Hals.

Oft aber „stolpern" die Tiger-Frauen auch regelrecht von einem Liebesabenteuer in das nächste. Manche heiraten früher als ihre Tierzeichenbrüder und wissen dann leider bald, daß Liebe auch unglücklich machen kann. Einige Tigerinnen werden erst in der Mitte ihres Lebens glücklich, andere finden sich mit dem ab, den sie haben, und die, welche ganz gescheit sein wollen, bleiben ledig.

Tiger-Frauen können jeden Mann glücklich machen, wenn sie wollen. Einzige Voraussetzung: Der Mann muß ihnen genügend Freiheit lassen und mit ihnen an einem Strang ziehen.

Was Ehemänner von Tigerinnen an diesen besonders schätzen, ist deren Temperament und ihre Fröhlichkeit. Müde Männer mag keine Tiger-Frau! Das sollten sich ihre Liebhaber merken, wenn sie einer Tigerin einen Antrag machen.

Denken sollte ihre Stärke sein

Tiger-Menschen sind, wie gesagt, nicht nur tüchtige, sondern auch recht wagemutige Leute. Oft rennen sie allerdings blindlings in ihr Unheil. Sie leben zu risikoreich und könnten doch von ihrer Intelligenz her alle Gefahren umgehen. Wenn sie nur das ein oder andere Mal ausgiebiger nachdenken würden.

Sein Leichtsinn und sein Temperament bringen den Tiger nicht selten in Gefahr

Die meisten dieser so heißspornigen Menschen aus dem Tiger-Zeichen werden trotz hoher Intelligenz erst mit zunehmendem Alter „klug". Dann aber haben die meisten die schönste Zeit ihres Lebens vor sich. So ganz zur Ruhe setzen werden sie sich nie.

Das Horoskop für die Tiger

Die meisten unterm Tiger-Zeichen Geborenen kommen nach ihrer Jugendzeit erstmal ein wenig ins Schleudern, weil sie das Leben zu temperamentvoll angehen wollen. Kampf heißt dann ihre Devise, obwohl kluges Taktieren nützlicher für sie wäre. Manches Abenteuer führt nicht auf den Weg, den sie eigentlich gehen möchten.

Doch der Jugend Torheit verschwindet schnell, wenn Tiger merken, daß sie damit nicht weiterkommen. Schließlich findet jeder von diesen forschen Leuten, daß man sich auch anpassen muß. Ihre sprichwörtliche Klugheit sagt ihnen ja, wie sie es im Leben zu etwas bringen können. Und darauf sollten sie ein Leben lang vertrauen.

虎

Lesen Sie jetzt aber, was das chinesische Horoskop den Tiger-Frauen und Tiger-Männern in den nächsten Jahren zugedacht hat.

Im Jahr der Ratte (1996, 2008)

stehen die Finanzen für die Tiger nicht allzu gut. Vielleicht müssen sie auf Erspartes zurückgreifen, um über die Runden zu kommen. Was jedoch Tigern in diesem Jahr besonders an die Nerven geht, ist die Tatsache, daß kaum etwas „los" ist, wo doch diese temperamentvollen Menschen etwas erleben möchten. Wer also auf Abenteuer aus ist, sollte sich in diesem Jahr ein wenig zurückhalten.

Im Jahr des Büffels (1997, 2009)

wird vorsichtiges Taktieren besser sein als heftiges Reagieren. Tiger möchten sich in solchem Jahr lieber zeitweilig verstekken. Da das unvernünftig wäre, sollten sie sich mit Leuten zusammentun, die ihr Handwerk verstehen. Wer da zu stolz ist, sich unter die Arme greifen zu lassen, würde sich selber am meisten schaden. Bald kommen wieder bessere Zeiten.

Im Jahr des Tigers (1998, 2010)

Ihr eigenes Jahr verspricht den Tigern all die Abenteuer, die sie sich immer schon gewünscht haben

sind die besseren Zeiten schon angebrochen. Wer unter den Tigern Abenteuer erleben will, sollte jetzt den Termin dafür aussuchen. Das Glück ist auf der Seite dieses Tierzeichens, wenn die Tiger bereit sind, die Dinge nicht kopflos anzugehen. Das gilt im privaten wie im beruflichen Bereich.

Im Jahr des Hasen (1999, 2011)

hat der Tiger eine gute Zeit. Er lernt viele neue Leute kennen, darunter so manchen, der ihm auf seinem weiteren Lebensweg nützlich sein könnte. Darunter kann sich durchaus auch das sogenannte große Glück in der Liebe befinden. Die Finanzen werden in diesem Jahr aufgefrischt werden. Dies kann sowohl einen Gewinn im Spiel bedeuten, als auch eine großzügige Gehaltserhöhung.

Im Jahr des Drachen (2000, 2012)

können sich die meisten Tiger nicht über Langweiligkeit im Alltag beklagen. Es geht turbulent zu. Trotzdem kann der Tiger sein Schäfchen ins trockene bringen, denn die gute Zeit hält noch eine ganze Weile an. Nur vor allzu rasanten Abenteuern wird gewarnt und an die Vernunft der Tiger appelliert.

Im Jahr der Schlange (2001, 2013)

macht der Leichtsinn des Tigers möglicherweise Überstunden. Er neigt dazu, sich an Dinge heranzumachen, denen er nicht immer gewachsen ist. Dann macht der Tiger den Kampf zum Gebot der Stunde. Nicht selten sind das einfach Streitereien um des Kaisers Bart. Vorsicht ist auch im zwischenmenschlichen Bereich geboten.

Vorsicht im Jahr der Schlange! Der Übermut des Tigers könnte bestraft werden

Im Jahr des Pferdes (2002, 2014)

legt sich das Tohuwabohu des vergangenen Jahres und macht einer Phase ruhigen Einsteigens in neue Lebensbereiche Platz. Es ist ein Jahr der Wende, in dem sich Tiger-Typen besonders gut zurechtfinden werden. Trotzdem werden sie nur mit eisernem Willen vorankommen, aber an diesem mangelt's ihnen ja niemals.

Im Jahr der Ziege (2003, 2015)

kann es zu einem Wirrwarr der Gefühle kommen, wenn der Tiger im zwischenmenschlichen Bereich zuviel wagt. Im Beruf scheint ein Wechsel angesagt zu sein, von dem Tiger zwar sehr angetan sind, der aber mit gebotener Vorsicht angegangen werden sollte. In finanzieller Hinsicht sollte man nicht zuviel wagen.

Im Jahr des Affen (2004, 2016)

kann der Tiger große Sprünge machen, die ihn von Erfolg zu Erfolg führen werden. Trotzdem sollte er sich vor den Fallgruben hüten, die sich dabei vor ihm auftun könnten. Lustig geht's im Familien- und Freundeskreis zu. Eine neue Bekanntschaft hinterläßt einen tiefen Eindruck. Für den ungebundenen Tiger kann es die große Liebe, für den gebundenen die große Versuchung sein.

Im Jahr des Hahns (2005, 2017)

sind Hemmnisse im Getriebe. Mancher Tiger scheuert sich wund. Die Umwelt macht zu schaffen, und Eifersucht kann eine bisher gute Beziehung trüben. Den Kampfgeist sollten Tiger auf Sparflamme schalten, weil sie sich damit von allen Seiten Feindseligkeiten einheimsen werden. Am besten übersteht man alles mit Humor.

Im Jahr des Hundes (2006, 2018)

Das Jahr des Hundes lockt mit Liebesglück

kann sich der Tiger aus der Umklammerung befreien. Selbst im finanziellen Bereich sind Erfolge angesagt. Die Sonne der Liebe lacht vom Himmel und läßt schöne Stunden der Zweisamkeit erhoffen. Was sich jetzt anbahnt, könnte zu einem fröhlichen Dasein führen. Im Beruf geht's bald nach oben.

Im Jahr des Schweines (2007, 2019)

ist vor allem im Privatleben eine Hoch-Zeit (oder Hochzeit?) angesagt. In der Liebe ist jedenfalls alles im Lot. Auch die Finanzen stabilisieren sich, so daß Anschaffungen getätigt werden können, nach denen das Tiger-Herz schon lange begehrt. Er könnte das Jahr sogar umtaufen in „Jahr des Glücksschweines".

Der Tiger vom Widder bis zu den Fischen

Wenn wir nun in den westlichen Tierkreis wechseln und beide Deutungsweisen in Bezug auf den Tiger zusammenführen, stellen wir fest, daß sich die charakterlichen Anlagen des Tigers gegenüber denen der abendländischen Tierkreiszeichen verschieben bzw. das ein oder andere typische Tiger-Merkmal gehemmt oder verstärkt wird.

Widder-Tiger (21. März bis 20. April)

Widder-Tiger sind rasant, elegant und schier unaufhaltsam. Sie sind aber auch, weil zu laut, für viele ein Ärgernis. Widder-Tiger stürmen und drängen. Sie kennen nur das Vorwärts und schauen nie zurück. Das macht sie für Flankenangriffe noch verwundbarer als andere Tiger-Geborene.

Widder-Tiger scheinen unaufhaltsam, sind aber verwundbarer, als man denkt

Im Berufsleben haben sie es verständlicherweise mit so manchem Gegner zu tun, den sie mit der ihnen eigenen forschen Art niederkämpfen werden. Nur an wenigen beißen sie sich die Zähne aus, den meisten sind sie überlegen. Widder-Tiger sind alles andere als Mimosen. Selbst Rückschläge können sie verkraften. Das härtet sie ab und bringt sie mit der Zeit Stufe um Stufe auf der Erfolgsleiter höher. Man sollte versuchen, ihr Freund zu werden, als Gegner hat man nämlich nichts zu lachen.

Für die weiblichen Widder-Tiger gilt: Sie arbeiten mit und helfen, wo es geht. In der Ehe bestehen sie auf ihrem Mitspracherecht. Wenn sie endlich den gefunden haben, der ihnen imponiert, bleiben sie ihm treu. Aber er muß schon überzeugende Argumente haben und ein zärtlicher Liebhaber sein, damit sie es auch bleiben.

Die Männer dieses Mischtyps sind, so kämpferisch sie sich sonst geben, daheim die zärtlichsten Partner. Um des lieben Friedens willen geben diese forschen Burschen zu Hause auch mal klein bei, was sonst gegen ihre Ehre wäre. In dieser Hinsicht kann sich keine Frau einen besseren Ehemann wünschen als einen Widder-Tiger.

虎

Stier-Tiger (21. April bis 21. Mai)

Gute Kameraden mit einem Händchen fürs Geld: Stier-Tiger

Die Stier-Tiger sind gute Kameraden, die mit einfühlsamem Mitgefühl jedem aus der Patsche helfen. Sie verlangen keinen Dank. Hilfsbereitschaft ist für sie die größte Selbstverständlichkeit der Welt.

Am meisten leisten Stier-Tiger in Berufen, die mit Finanzen zu tun haben. Hier entwickeln sie das Gespür, wie man Geld gut anlegen und vermehren kann. Ihr Rat allein ist schon so gut wie eine Kapitalanlage. Dafür sind ihnen Dank und Freundschaft aller sicher.

Nun denke man aber nur ja nicht, dieser Sternenmischling sei ein Geizkragen! Nein, er läßt andere an seinem Reichtum teilhaben. Am liebsten macht er teure Geschenke. Das sieht so aus, als wolle er protzen; wer ihn aber richtig kennt, weiß, daß seine Freigebigkeit aus übervollem Herzen kommt.

Männer dieses Zeichens haben viel für gescheite Frauen übrig, von denen sie noch lernen können. Sie sind gewillt, die Frau auf Händen zu tragen und sie in Samt und Seide zu kleiden. Nur ausführen werden sie sie nicht allzu oft wegen der gierigen Blicke der anderen Männer.

Stier-Tiger-Frauen besitzen ebenfalls eine Portion Eifersucht, aber sie vertuschen sie geschickter. Überdies glauben sie zu wissen, daß ihr Mann keine andere mehr möchte. Stier-Tiger-Frauen sind halt von sich und ihren Werten überzeugt. Einziges Manko: Sie sind sehr leicht eingeschnappt. Man gehe also behutsam mit ihnen um.

Zwillinge-Tiger (21. Mai – 21. Juni)

Mit Vehemenz stürzen sich Zwillinge-Tiger ins volle Menschenleben und erreichen mit Wagemut, der an Waghalsigkeit grenzt, oft Spitzenkarrieren. Ihre Intelligenz ist besonders hoch entwickelt, weshalb man ihnen nicht so leicht beikommen kann, zumal noch eine gute Portion Rücksichtslosigkeit hinzukommt. Sie leisten in jedem Beruf Überdurchschnittliches. Obwohl sie arbeiten können wie kein Zweiter, lassen sie es gern andere für sich tun.

In Gesellschaften wirft man bewundernde Blicke auf die Zwillinge-Tiger, die auch in der Liebe buchstäbliches Glück haben. Männer dieses Zeichens sind die reinsten Casanovas und Herzensbrecher. Bei soviel überschäumendem Temperament und Liebesbereitschaft nimmt es nicht wunder, daß bei diesen Stern-Typen die Scheidungsquote die höchste von allen Sternmixturen ist. Wer den Zwillinge-Tiger halten könnte, wäre eine Frau seines Intelligenzgrades oder eine mit sehr viel Geld. Am besten, sie bringt beides mit.

Auch die Zwillinge-Tiger-Frau wird umschwärmt von Playboys jedweder Schattierung. Sie spielt mit ihnen, nimmt sich schließlich doch einen Herrn Marke Gentleman, den sie herzeigen kann. Er sollte ihr die Langeweile vertreiben. Kann er das nicht, sucht sie sich außerhalb Ersatz; denn auch bei diesen Frauen wird schnell geschieden.

Zwillinge-Tiger muß man bewundern. Ihr bester Zug ist vor allem ihre Toleranz, die eben auch von den Mitmenschen gefordert ist.

Krebs-Tiger (22. Juni bis 22. Juli)

Der Krebs-Tiger macht aus allem ein Geheimnis – sogar aus seiner Liebe

Die unter dem Krebs-Zeichen geborenen Tiger sind so, wie sie ein chinesisches Sprichwort sieht: Sie schleichen sich ein und wollen nicht gesehen werden. Krebs-Tiger haben viele Geheimnisse. Selbst der Partner, den sie lieben, weiß oft nicht, woran er mit ihnen ist. Und dann kann der Krebs-Tiger plötzlich mit der Klage herausplatzen, wie wenig er doch eigentlich verstanden wird. Verstehe einer Leute, die stets und ständig mit ihrer Meinung hinter dem Berge halten! Krebs-Tiger sind deshalb die geborenen Geheimnisträger.

Das kommt ihnen in jedem Beruf zunutze, zumal sie nebenbei ebenfalls Überdurchschnittliches leisten. Übrigens haben sie als Chefs stets eine gute Hand bei der Auswahl ihrer Mitarbeiter. Letztgültige Entscheidungen behalten sie sich in jedem Fall vor. Krebs-Tiger haben ein gesundes Mißtrauen gegenüber jedermann.

Wir deuteten es schon an, daß ihre Partner es manchmal schwer haben. Dabei sind die Krebs-Tiger von allen ihren Artgenossen die häuslichsten. Man kann sie am leichtesten zähmen, wobei man sich nur vor ihren scharfen Krallen und spitzen Zähnen hüten sollte.

Der männliche Krebs-Tiger liebt das gepflegte Heim, wie er es vielleicht schon von seiner Mutter kennt. Die Ehefrau, die

Unannehmlichkeiten ersparen will, schaut sich bei der Schwiegermutter ein paar Kniffe ab und bringt ihrem Krebs-Tiger am Abend die vorgewärmten Pantoffeln. Dann schnurrt er wohlig und fühlt sich wie bei Muttern daheim.

Die Krebs-Tiger-Frau hat mehr Temperament als ihr männlicher Artgenosse. Sie ist lustig und gescheit, was sie aber nicht daran hindert, schon bei der ersten intimen Bindung an die große Liebe zu glauben. So schliddert sie im Nu in den Bund fürs Leben und macht vielleicht ihre erste traurige Erfahrung.

Löwe-Tiger (23. Juli bis 23. August)

Der Löwe-Einfluß kann den Tiger zur Überheblichkeit verleiten

Sie tragen ihren Kopf höher als andere, die Königstiger aus dem Löwe-Zeichen. Sie wissen um ihre Würde, die sie sogar Selbstkritik wider besseres Wissen verabscheuen läßt. Ihre letzte Habe können sie als milde Gabe unters Volk streuen, wenn es ihnen nur huldigt.

Wer sie treffen will, verletze ihren königlichen Stolz. Sie werden aufbrüllen, daß die Wände wackeln, was ihnen jedoch die Blöße gibt: Wer schreit, hat Unrecht! Erkennen Löwe-Tiger, daß sie jemandem unterlegen sind, haben diejenigen in ihm einen Todfeind mehr, der sie nun mit allen ihm zur Verfügung stehenden Mitteln verfolgen wird. Katzenhaft werden sie sich anschleichen und – irgendwann – zuschlagen.

Man fasse diese Sternenmischlinge auch im Berufsleben mit den berühmten Glacéhandschuhen an. Als Kollegen sind sie freundlich, wenn man ihnen die Achtung entgegenbringt, die ihnen gebührt. Leistungen anderer spornen sie zu noch besseren Leistungen an. Da sie sich und ihr Können vorzüglich verkaufen können, werden sie bald alle anderen Leistungsträger überflügelt haben.

Der männliche Löwe-Tiger sucht sich für die blauen Stunden am Kamin eine zarte Gespielin, die ihm lächelnd zu Willen ist. Er staffiert sie – so er kann – mit Gold und Geschmeide aus und führt sie in die Gesellschaft als seine Königin ein, die man bewundern muß, weil sie ihn, den Einzigartigen, bekam.

Löwe-Tiger-Frauen angeln sich meistens den Mann, der ihre königliche Haltung durch teure Kleider und wertvollen Schmuck ergänzt. Wie es das Schicksal aber will, fallen sie auch mal auf einen armen Schlucker herein, der ihnen außer viel

Liebe sonst fast nichts bieten kann. Den staffieren sie aus eigenen Mitteln aus, und bald wird er ihrer würdig. An der Seite einer solch herrlichen Löwe-Tiger-Frau muß man ja zu etwas kommen!

Jungfrau-Tiger (24. August bis 23. September)

Rohe Gewalt ist nicht das Geschäft der Jungfrau-Tiger. Sie arbeiten lieber mit Köpfchen. Und darum bringen sie es auch von allen Tigern am weitesten. Viele von ihnen finden sich in Chefetagen wieder. Damit ist der Berufsweg des Jungfrau-Tigers vorgezeichnet: Er wird nicht unten bleiben!

Die wenigen unter diesem Mischzeichen, die der Karriere hinterherhinken, sind meist jene, die von übelwollenden Menschen lahmgeschossen wurden oder über irgendeinen wunden Punkt stolperten.

Die Mehrzahl der Jungfrau-Tiger erlangt durch überragendes Können erste Positionen. Diese Typen haben es nicht nötig, die Ellenbogen einzusetzen. Gegner spielen sie leicht an die Wand, weil sie gescheit und besonnen sind. Ihre Tüchtigkeit rücken sie selbst ins rechte Licht. Referenzen brauchen sie nicht. Nur in der Liebe ist ihr Vorwärtsdrang gehemmt. Das Jungfräuliche überdeckt da oft das tigerhaft Zupackende.

Der kluge Jungfrau-Tiger bringt es weit, ist aber nicht leicht zu erobern

Davon abgesehen sind Jungfrau-Tiger reizende Partner, die ihrer Liebsten jeden Wunsch von den Augen ablesen. Langt das Geld dazu nicht, pumpt man sich's trotz jungfäulichem Sinn für Sparsamkeit. Großzügig geht die Welt zugrunde! Gewiß ist nur: Der Jungfrau-Tiger bringt am Ende alles wieder doppelt und dreifach herein. Im übrigen kommen Scheidungen unter diesem Zeichen sehr selten vor, nicht zuletzt, weil sie zu teuer sind.

Jungfrau-Tiger-Frauen sind nicht leicht zu erobern. Glaubt man, sie gefangen zu haben, entwischen sie bei Nacht und Nebel und werden nicht mehr gesehen. Sie sind scheuen Rehen vergleichbar, die vor jedem Fremden flüchten, wo sie nur können.

Einmal unter die Haube gekommen, tut die Jungfrau-Tiger-Frau für den Mann und die Kinder alles; für die Kinder sogar noch ein bißchen mehr. Wenn das dem Mann genügt …

虎

Waage-Tiger (24. September bis 23. Oktober)

Man sieht den Waage-Tiger gern auf Partys und feuchtfröhlichen Gesellschaften. Er ist charmant und freundlich, ein umgänglicher Mensch, der – wie es scheint – keinem etwas zuleide tun kann.

Und andererseits kann plötzlich des Tigers Streitlust durchbrechen. Der Waage-Tiger fällt von einem Extrem ins andere. Und das wird ihm dann möglicherweise übel genommen. Oft kommt sich so der Waage-Tiger ungerecht behandelt vor.

Im Waage-Tiger stoßen Extreme aufeinander. Die Mischung ist nicht selten explosiv

Das drückt im Beruf seine Leistung, macht ihn vielleicht tatsächlich etwas unsicher und erschüttert insgeheim den Glauben an die eigene Tüchtigkeit. Manchmal gibt er sich einen Ruck und zeigt plötzlich Rückgrat. Richtig, denn nur so kann er zu etwas kommen!

Waage-Tiger haben eine Menge Hobbys. Sie sind künstlerisch begabt und staffieren die eigene Wohnung mit selbstgemalten Bildern aus. Kritik wollen sie dazu aber nicht hören. Besonders Kritik vom eigenen Partner treibt die Waage-Tiger auf die Palme, von der sie nur schwer herunterzulocken sind.

Waage-Tiger-Frauen sind meist auffallende Geschöpfe, nach denen Männer die Köpfe drehen. Sie beißen aber wohl nur da an, wo neben Liebe auch ein wenig Geld oder zumindestens ein akademischer Titel vorhanden ist. In der Ehe sind sie Schmusekätzchen, die die Liebeskunst als Hobby betreiben, wobei heißblütige Ehemänner voll auf ihre Kosten kommen. Als Gegengabe ist die Waage-Tiger-Frau einem schicken Kleid oder teurem Schmuck nicht abgeneigt.

Skorpion-Tiger (24. Oktober bis 22. November)

Wenn es nicht nach dem Willen der Skorpion-Tiger geht, stellen sie sich quer und erreichen auf Nebenwegen meist doch das Ziel, das sie sich gesteckt haben. Sie wildern gern in fremden Revieren. Wer sie aber einmal als Freund gewonnen hat, der kann auf ihre Unterstützung zählen.

Skorpion-Tiger sind oft etwas schwerfällig. Sie verbergen Nicht-Wollen oder Nicht-Können hinter lustigen Sprüchen, die vom eigentlichen Geschehen ablenken sollen. Im Beruf suchen sie die Umwege. Sie lassen gern andere für sich schaffen, schmücken sich jedoch zur Not mit deren Federn. Wenn sie sehen, daß sie nicht weiterkommen können, arbeiten sie streng nach Vorschrift oder wechseln die Stellung.

Im zwischenmenschlichen Bereich sind Skorpion-Tiger nicht leicht zu nehmen. Ihre Liebe ist fordernd und so manche Geliebte mußte sich mit einer Liebesnacht begnügen. Er sucht stets neuen Anschluß, bis er endlich die Frau gefunden zu haben glaubt, mit der er sein Nest bauen kann. Diskussionen sind für ihn überflüssig: Er ist der Herr im Hause, dem man sich zu fügen hat. Das Wort Emanzipation ist diesem selbsternannten Patriarchen unbekannt.

Die Skorpion-Tiger-Frau reizt die Männer so und so. Zunächst mit ihren augenscheinlichen Reizen, dann mit jener liebenswürdigen Dickköpfigkeit, die Männer auf hundertachtzig treibt. Wen sie liebt, den versorgt sie gut mit allem, was sein Herz und Magen begehren, weil sie um die Liebe weiß, die durch den Magen geht. Sie will den ganzen Kerl, der sie ständig aufs Neue zu zähmen versucht. So ganz wird das freilich keinem gelingen.

Schütze-Tiger (23. November bis 21. Dezember)

Keiner hält den Schütze-Tiger! Die Abenteuerlust ist beiden Zeichen gemein

Glaube nur ja niemand, er könne einen Schütze-Tiger einfangen und in einen Käfig sperren. Diese Sternenmischlinge lieben ihre Freiheit und hassen jedweden Zwang. Wo sie beengt werden, brechen sie aus und suchen das Weite.

Schütze-Tiger bringen es im Beruf sehr weit. Sie setzen sich mit ruhiger, aber eindringlicher Stimme durch. Ihre Redekunst überzeugt. Sie arbeiten konzentriert und rund um die Uhr, wenn für sie etwas auf dem Spiel steht.

Männliche Schütze-Tiger sind nicht leicht in staatlich beglaubigte Verhältnisse zu bringen. Die Ehe ist für sie eine Institution, der man nur gezwungenermaßen beitritt. Am liebsten würden sie ein Leben lang in freier Liebe leben, mit einer Geliebten zur Rechten, mit einer anderen zur Linken und mit ein paar Gespielinnen da und dort.

Schütze-Tiger-Frauen kennen keine Langweiler. Sie wissen ihre Männer so zu nehmen, daß an ihrer Seite aus dem müde-

虎

sten mit der Zeit ein zu allem bereiter Casanova wird. Sie sind forsch und fröhlich, und ihre Fröhlichkeit steckt an. Da Schütze-Tiger-Frauen überdies meist gut gebaut sind, fehlt es ihnen nicht an Verehrern. Auf den ersten fallen sie herein, den zweiten behandeln sie mit Vorsicht, der dritte erst führt sie zum Altar.

Steinbock-Tiger (22. Dezember bis 20. Januar)

Zum Kampfgeist des Tigers gesellen sich Zähigkeit und Ausdauer: Die Steinbock-Tiger wissen was sie wollen

Zähe und ausdauernde Kämpfertypen wie die Steinbock-Tiger geben so leicht nicht auf. Wenn sie sich in eine Sache verbissen haben, wird sie so oder so erledigt. Da sie außerdem lange überlegen bevor sie handeln, kann man ihnen so leicht nicht beikommen. Ihre Argumente sind durchdacht. Nur Vernunftgründe können sie einmal umstimmen. Schnelle Arbeiter sind die Steinbock-Tiger nicht. Ihre Gründlichkeit macht jedoch alles wieder wett.

Diese Sternenmischlinge sind wahrhaftig keine Wechselbälge. Sie haben ihr eigenes Köpfchen: Wer sie nicht haben will, der soll's eben mit anderen versuchen! So kommen die Steinbock-Tiger wider Willen zu einschlägigen Erfahrungen. Und die zahlen sich später auch auf dem Gehaltskonto aus. Mit dem Geld haben's die Steinbock-Tiger. Oft scheint es sogar, als ob sich alles, was sie in die Hand nehmen, mit der Zeit in klingende Münze umsetzen ließe. Sie vertrauen jedoch kaum auf trügerisches Glück.

Wen die Steinbock-Tiger einmal in ihr Herz geschlossen haben, zu dem halten sie auch in schweren Zeiten. Der Mann aus diesem Mischzeichen findet nicht unbedingt seine große Liebe; ihm ist die Frau, die zum Wohlstand der Familie beitragen kann, lieber als die süße Maid für Bettgeschichten. So erscheint er als nüchterner Ehemann, der Nützliches über Ideelles stellt. Wer ihn richtig kennt, weiß um seine behutsame Zärtlichkeit, um seine Treue.

Auch die Steinbock-Tiger-Frau ist kein Männer verschlingernder Vamp. Sie möchte von dem Mann, den sie liebt, respektiert und geachtet werden. Ihre Kinder haben es gut bei ihr, auch wenn sie zeitweilig wegen harter Berufspflichten fern von zu Hause ist.

Wassermann-Tiger (21. Januar bis 19. Februar)

Weltverbesserer wurden unter dem Wassermann-Tiger-Zeichen geboren. Es sind hilfsbereite Menschen, die das letzte Hemd weggeben können. Sie träumen von Gesellschaften, in denen alle Menschen gleich sind. – Es müßte nur ein Wassermann-Tiger an der Spitze stehen.

Und damit haben wir den Ehrgeiz dieser Typen angesprochen, der sie immer vorne mitmischen läßt. Tatsächlich bringen sie es im allgemeinen sehr weit. Tausend Pläne schwirren durch ihre hellen Köpfe. Sie schreien nach Verwirklichung. Verständlich, daß sich bald schon jemand findet, der diese Fundgrube ausschöpft. Um seinen beruflichen Werdegang braucht sich niemand in diesem Mischzeichen Kummer zu machen.

Der Wassermann-Tiger tut sich etwas schwer, die Richtige zu finden

Wo es manchmal hapert, das sind ausgerechnet die zwischenmenschlichen Beziehungen. Der männliche Wassermann-Tiger zum Beispiel hat seine Sturm- und Drangjahre oft bis ins fünfte Lebensjahrzehnt hinein. Doch glaubt er erst, die richtige gefunden zu haben, wird er alle anderen Liebschaften vergessen. Es muß eine sein, die ihm in jeder Weise ebenbürtig ist und ihm auch mal „Kontra“ gibt. Der Wassermann-Tiger kann es vertragen.

Wassermann-Tiger-Frauen lieben heiß und innig. Sie suchen das Abenteuer. Langweilige Männer sind ihnen verhaßt, aber es ist möglich, daß sie sich aus lauter Widerspruchsgeist eines Tages einen solchen Langweiler angeln und mit ihm aufs Standesamt gehen. Die Umerziehung beginnt gleich nach der Trauung. Ein zünftiger Ehekrach reinigt die Atmosphäre. Er wird bei Wassermann-Tiger-Frauen bühnenreif abrollen. In Wirklichkeit jedoch brauchen sie nur die anschließenden Versöhnungsszenen. Sie happy-enden doch so gern...

Fische-Tiger (20. Februar bis 20. März)

Fische-Tiger wollen immer Spaß am Leben haben; triste Weltanschauungen gehen ihnen an die Nieren. Ehrgeiz kennen sie nur den einen, spielend die Welt zu erobern. Während andere schuften und sich abrackern, betrachten diese Typen die Arbeitsstätte als einen Spielsalon mit feststehenden Regeln. Mit

虎

ihrem sprichwörtlichen Glück überflügeln sie dabei die Konkurrenten. Ihr sonniges Wesen macht ihnen Freunde gerade auch bei denen, die das Sagen haben.

Erobern sich ihr Glück spielerisch: Fische-Tiger

Fische-Tiger lachen gern. Sie sind in jeder Gesellschaft beliebt, halten in jeder Stammtischrunde mit, trinken alle unter den Tisch und singen, wenn es sein muß, zum Abschluß noch ein zünftiges Liedchen.

Mit viel Gefühl sind sie in der Liebe bei der Sache. Sie binden sich schnell. Es kann gutgehen: Fische-Tiger haben Glück in der Liebe. Es kann aber auch schiefgehen. Und dann ertränken sie ihren Schmerz in Alkohol.

Fische-Tiger-Frauen sind in der Ehe die besten Kameradinnen, die Freud und Leid mittragen. Wenn ihrem Liebsten übel mitgespielt wird, sind auch sie tagelang niedergeschlagen. Bei soviel Mitgefühl müßte er eigentlich seine Fische-Tiger-Frau auf Händen tragen. Wenn sie sich nur nicht wie eine Klette an ihn hängen würde, so daß ihm nur wenig Freiraum bleibt.

Männliche Fische-Tiger sind nicht ganz so besitzergreifend. Sie haben in der Ehe jedoch Ideale, die von weniger einfühlsamen Frauen oft mit Füßen getreten werden. Das läßt sie schier verzweifeln. Und nur darum suchen sie manchmal außer Haus nach dem weiblichen Wesen, das sie versteht. Fische-Tiger-Männer werden nur dann zu Seitenspringern, wenn sie wirklich unzufrieden sind.

Der geduldige, hilfsbereite Hase

Das vierte Zeichen in der chinesischen Astrologie ist der Hase. Die Menschen, die diesem Tierzeichen angehören, sind geduldige und stets hilfsbereite Typen. Sie haben in den folgenden Jahren des chinesischen Kalenders Geburtstag:

2. 2. 1927 – 22. 1. 1928
19. 2. 1939 – 7. 2. 1940
6. 2. 1951 – 26. 1. 1952
25. 1. 1963 – 12. 2. 1964
11. 2. 1975 – 30. 1. 1976
29. 1. 1987 – 16. 2. 1988
16. 2. 1999 – 4. 2. 2000
3. 2. 2011 – 22. 1. 2012

Kaum ist der im Tierzeichen Hase geborene Mensch auf der Welt, hat er so seine Probleme. Zwar läßt sich das Hase-Kind geduldig stillen, aber allzu viel nimmt es von dem lebenswichtigen Saft aus der Mutterbrust nicht auf. Das bringt seine Mutter oft zur Verzweiflung.

Das Hase-Kind hat trotz aller Sanftmut seinen eigenen Kopf

Später verweigert das Hase-Kind auch das Fläschchen. Den süßen Brei, den man ihm reicht, spuckt es aus, lutscht aber gern an einer sauren Gurke, die es vom Elterntisch grapschte. Glaube nun ja keiner, dieses Kind sei widerborstig. Im Gegenteil: Es ist sanftmütig und lieb, hat jedoch – wie es scheint – Charakter! Was es nicht mag, das mag es eben nicht.

Wenn noch ein paar Jahre vorübergehen, entpuppt sich das Hase-Kind – als folgsames, liebes Kind, das der Mutter gern zur Hand geht. In der Schule ist es still, aber hellwach, wenn es darauf ankommt, den Mitschülern und Mitschülerinnen zu beweisen, daß ihm das Lernen Spaß macht. Und so bringt es gute Zeugnisse mit, vor allem eine Eins im Betragen und in Fleiß.

Ob auch die anderen Noten gut sind, hängt davon ab, ob die Lehrer in den Schulstunden verständlich den Lehrstoff erklären können. Dann begreift der Hase sehr schnell. Im Sportunterricht scheint er nicht der Allerschnellste zu sein.

Kaum erwachsen, haben die Hasen ihre Probleme. Sie können zwar anderen guten Rat geben, wie deren Schwierigkeiten zu lösen wären, aber gegenüber ihren eigenen sind sie oft ratlos. Und dann gehen sie in sich und heulen möglicherweise drauflos.

Waghalsige Unternehmungen sind nicht ihre Sache

Sie haben auch ein Hasenherz oder – wie man so sagt – Angst vor der eigenen Courage. Obwohl sie meistens überdurchschnittlich begabt sind, trauen sie sich vielfach das nicht zu, zu dem sie eigentlich fähig sind.

Hase-Geborene sind die gutmütigsten Leute, wenn es darauf ankommt, anderer Leid zu lindern. Sie pflegen gern die Kranken und trösten die Verzweifelten. Das macht sie fähig für soziale Berufe. Wenn sie selbst einmal krank sind, hilft kaum einer, weil dann die oft an sich selbst zweifelnden Hasen recht schwierige Kranke sind, die sich einfach nicht helfen lassen wollen. Sie haben eben immer mal hier ein Problemchen und da ein Problemchen, die so undurchsichtig sind, daß manch einer nicht daran glauben will, was ihm da der Hasenfuß unter Tränen berichtet.

Wortgewandt in allen Lebenslagen

Im Familienkreis oder unter Freunden ist der Hase-Mensch als rechter Unterhaltungskünstler bekannt. Er erzählt gern von diesem und jenem. Ein echter Dialog will da nicht aufkommen, weil des Hasen Redseligkeit einfach nicht aufhören will. Und man läßt den so liebenswerten reden. Schließlich hat Hand und Fuß, was er zu berichten weiß.

Ihre Beredtsamkeit macht sie im Berufsleben zu vorzüglichen Leuten in allen Sparten der Rechtswissenschaft, im Bankfach und sogar im diplomatischen Dienst. Hasen sind nicht die schnellsten bei der Arbeit, aber sie wissen sich einzusetzen, wenn es um etwas geht. Man findet sie auch als feinnervige Künstler auf der Theaterbühne, weil sie sich leicht in die Rollen anderer versetzen können, und als Journalisten, die nicht eher ruhen, bis in kniffligen Fällen ihre Recherchen zum Ziele führten. Und auch als Unternehmer haben sie Aussicht auf Erfolg, wenn sie nur nicht ihr zages Hasenherz hätten, das immer wieder gegen eigene Entscheidungen aufbegehren würde.

Die Hase-Frau

Die Hase-Frau ist bereit, sich für ihre Familie aufzuopfern – aber dazu drängen darf man sie nicht

Die weiblichen Hase-Typen dieses Tierzeichens haben noch einen weiteren Beruf: Sie sind die geborenen Hausfrauen. Hase-Frauen werden ihre besondere Eignung bestreiten, weil sie diese meist unbezahlte Tätigkeit hassen, obwohl sie Meisterinnen der Kochkunst, der Kinderbetreuung und der Heimgestaltung sind. Im geheimen werden sie zugeben müssen, daß sie ihre Familie gern perfekt betreuen und sich in einem Full-time-Job für jeden einzelnen aufopfern.

Bei solch guter Anlage gerät die Hase-Frau leicht an einen Mann, der sich als Patriarch gebärdet und in der Ehe gern den Pascha spielen möchte. Gegen die Rolle als Heimchen am Herd begehrt die Hase-Frau jedoch ganz energisch auf. Sie will auch in einem festen Verhältnis ihren Freiraum haben für Weiterbildung, Theater- und Konzertbesuche oder um daheim in ihrer karg bemessenen Freizeit mal ein gutes Buch zu lesen.

Wer das nicht versteht, dem wird sie beweisen, wozu die Hase-Frau fähig ist! Denn diese so zurückhaltene Frau kann sehr wohl auf eigenen Füßen stehen und auch in einem sogenannten Männer-Beruf Erfolge erzielen. Hausarbeit will sie nicht als ihre Hauptbeschäftigung ansehen. Sie kann auch sehr gut ohne Mann und Familie auskommen, bürgerlichen Vorurteilen zum Trotz.

Was diese doch so geduldige Häsin eigentlich braucht? Einen Mann, der mit ihr die Probleme bespricht, die sich in ihrem Leben anhäufen, ein Heim, in dem sie sich wohlfühlen kann und ein kleiner Garten hinterm Haus, in dem sie es blühen und wachsen lassen kann; denn sie liebt Blumen über alles.

Der Hase-Mann

Zwar schätzen auch Hase-Männer ein gemütliches Heim, aber sie werden trotz aller Vorzüge, die solch Heim bietet, nicht immer darin seßhaft. Das hat nichts mit dem unruhigen Hasenblut zu tun. Nein, diese im allgemeinen so ruhigen und

兔

Der Eigensinn des Hase-Mannes kann ernsthafte Beziehungskrisen heraufbeschwören

hilfsbereiten Typen können in einem festen Verhältnis Kleinigkeiten so aufbauschen und auf ihrer eigenen Meinung beharren, daß manche Partnerin es nicht mit ihnen aushält.

Und so kommt es im sonst so friedlichen Hasen-Haus zum ersten großen Krach. Folgt bald darauf der zweite, sucht der Hase das Weite, enttäuscht von der Partnerin, die es immer wieder krachen läßt, nicht bedenkend, daß er den Grund des Streits geliefert hatte.

Das Seltsame in solchem Falle: Trotz großer Meinungsunterschiede bleibt der entfleuchte Hase weiterhin gut Freund mit der Alleingelassenen und sucht sich erst nach einiger Zeit wieder eine andere, die Verständnis für seine Marotten hat.

Was wir gerade schilderten, ist nicht unbedingt symptomatisch für ein Hase-Verhältnis. Denn der Hase-Mann ist eigentlich ein verständiger Zeitgenosse, der nur hier und da mal wider die Vernunft handelt. Eine kluge Ehefrau sollte lernen, ihn zu nehmen wie er ist.

Er will in einer intakten Familie gehegt und gepflegt werden. Gefühl ist bei diesem eigentlich so herzigen Typ alles. Das werden auch seine Kinder spüren, die er heiß und innig liebt und mit denen er spielt und herumtollt, als sei er selber noch ein Kind.

Wenn das Familienleben oder auch die lockeren Verhältnisse im Freundeskreis nicht stimmen, ergreifen diese Leute das Hasenpanier und sie flüchten sich in eine Scheinwelt, in der oft der Alkohol ihr Tröster ist.

Tränen brechen den Widerstand

Hasen kennen kein Karrierestreben. Sie tun ihre Pflicht und über diesen Weg kommen sie nach oben, ohne die Ellenbogen eingesetzt zu haben. Mancher hält sie für Pedanten oder gar für erzkonservative Leute ohne revolutionäre Ideen. Was weiß denn schon ein Außenstehender, wie es bei diesen Hasen im Inneren aussieht?

Ihre Durchsetzungskraft ist nicht allzu groß. Sie wird zu gewissen Zeiten nur mit Hilfe eindeutiger Tricks und manchmal auch mit einem unschuldigen Augenaufschlag gefördert. Und im übrigen: Selbst bedrängte Hasen finden stets noch den Ausweg aus einer scheinbar ausweglosen Situation.

Sie sind sehr gutmütig. Auf der anderen Seite können sie auch ganz schön stur sein. Was sie wollen, das setzen sie durch. Frauen aus diesem Tierzeichen helfen gern etwas mit ein paar Tränen nach und brechen damit den Widerstand Andersdenkender im Nu.

Man sollte diese so liebenswerten Menschen nie enttäuschen, sondern ihnen helfen, wo immer es geht. Weil sie ein weiches Herz haben, geben sie sich manchmal härter, als sie in Wirklichkeit sind. Wer das versteht, kann sie für sich gewinnen und auf ewig gut Freund mit ihnen sein.

Das Horoskop für die Hasen

Die Sentimentalität vieler Hasen läßt sie in den Augen anderer Menschen als verweichlichte Naturen erscheinen. Schon als Kinder wurden sie von stärkeren Altersgenossen nicht für voll genommen. Das setzt sich im Erwachsenendasein dann manchmal fort. So ein Hase hat's in seinem ganzen Leben nicht leicht.

Sie setzen ganz auf Gefühl – und haben damit Erfolg

Im Endeffekt setzen sich jedoch diese so sentimentalen Typen immer wieder durch und übertrumpfen selbst die vermeintlich Stärkeren. Auch für die Finanzen haben sie ein Gespür, das ihnen oft einen Vorteil verschafft.

Lesen Sie aber jetzt, was das chinesische Horoskop den Hase-Frauen und Hase-Männern in den nächsten Jahren zugedacht hat.

Im Jahr der Ratte (1996, 2008)

müssen sich die Hasen auf neue Wege besinnen, vielleicht auch finanzielle Rücklagen angreifen, um sicher über die Runden zu gelangen. Gegner werden nicht mit launischen Allüren besiegt, sondern nur mit Hilfe großen Einsatzes, zu dem die Hasen in diesem sonst nicht allzu guten Jahr fähig sind. Wem da das Hasenherz in die Hose rutscht, hat es schwer.

兔

Im Jahr des Büffels (1997, 2009)

können die Hasen vom Regen in die Traufe kommen, wenn sie in manchen Dingen wankelmütig reagieren. Ihr Verstand ist in diesem Jahr besonders gefragt. Vor allem sollten sie nicht blindlings gegen vermeintliche Widerstände anrennen. Mit Besonnenheit und Fleiß kommen sie auf jeden Fall weiter als im Kampf gegen Windmühlenflügel.

Im Jahr des Tigers (1998, 2010)

wollen manche Hasen sich verändern. Ob das im Beruf, in den zwischenmenschlichen Beziehungen oder auf dem Wohnungssektor ist, bleibt dahingestellt. Es wird also auf jedem Gebiet ein unruhiges Jahr für die Hasen werden. Nur in gewissen finanziellen Dingen werden sie spürbare Erleichterungen erleben.

Im Jahr des Hasen (1999, 2011)

kann der Hase-Mensch es sich gut gehen lassen, weil jetzt sein Leben in eine ruhigere Phase eintritt. Turbulenzen, die noch in den Vorjahren für Kopfschmerzen sorgten, haben sich gelegt, und es herrschen laue Lüftchen vor. Im zwischenmenschlichen Bereich bahnt sich Erfreuliches an, und die Finanzen stabilisieren sich zusehends. Die Hasen kommen auf ihre Kosten und können Vorräte anlegen.

Im Jahr des Drachen (2000, 2012)

Im Jahr des Drachen drohen dem sanften Hasen Unruhe und allerlei Turbulenzen

will der Hase weiter genießen, was ihm im Vorjahr an Gutem beschert wurde. Doch ruhigen Alltag, nach dem er sich zeit seines Lebens sehnt, findet er nicht. Immer und immer wieder wird der Hase von einem Trubel um ihn herum gestört, so daß er von Mal zu Mal aus der Haut fahren möchte. Bald sieht er ein, daß das nichts nützt.

Im Jahr der Schlange (2001, 2013)

klingt die Hektik ab, in die man zuvor den Hase-Menschen stürzen wollte. Er läßt es wieder ruhiger angehen und wird sich an den schönen Dingen des Lebens erfreuen. Und er findet nur Erholung in den eigenen vier Wänden, die ihm im Jahr zuvor auf den Kopf zu fallen drohten. Auch in der Arbeit findet der Hase in diesem Jahr Befriedigung.

Im Jahr des Pferdes (2002, 2014)

Das Pferdejahr bringt Erfolg und Liebesglück

sind Prüfungen angesagt, die aber ohne große Anstrengung bestanden werden. Das Jahr wird ganz nach seinen Wünschen verlaufen, wenn sich der Hase-Mensch mit Elan an die Arbeit macht und auch auf anderen Gebieten auftrumpfen kann. So verschafft er sich nicht nur Vorteile auf dem finanziellen Sektor. Privat lacht die Liebe.

Im Jahr der Ziege (2003, 2015)

geht es weiter aufwärts für den Hasen. Er kann sich einiges leisten und im zwischenmenschlichen Bereich noch bestehende Irritationen aus der Welt schaffen. So kann es trotz mancher Unruhen doch zu einem glücklichen Jahr in allen Bereichen werden, wenn der Hase bei der Stange bleibt und in der eigenen Familie das Glück sucht.

Im Jahr des Affen (2004, 2016)

wird der Hase-Mensch zufrieden auf die eigene Leistung zurückblicken und das Leben genießen können. Seine Launen scheinen verflogen und einer inneren Fröhlichkeit gewichen zu sein, die ansteckend auf seine Umwelt wirkt. Er braucht sich nicht mehr über Vergangenes zu erregen, sondern kann ganz getrost der Zukunft entgegensehen.

Im Jahr des Hahns (2005, 2017)

müssen sich die Hasen im Kampf bewähren, um die angestrebten Ziele ansteuern zu können. Da sie Streit und Zank scheuen, kommen sie ein um das andere Mal in Verlegenheit, die ihnen das Leben zur Qual macht. Wie gut, wenn sie dann Partner an ihrer Seite haben, die fest zu ihnen halten und sich schützend vor sie stellen. Trotzdem: Kein gutes Jahr für die Hasen.

Im Jahr des Hundes (2006, 2018)

weicht die Kampfzeit einer ruhigeren Lebensphase. Die Hase-Menschen atmen erleichtert auf und gehen mehr aus sich heraus. Im Finanziellen können sie mehr wagen, sollten aber klug taktieren, um nicht ins Fettnäpfchen zu treten. Ganz privat scheint alles im Lot zu sein.

Im Jahr des Schweines (2007, 2019)

kann mancher Gewinn eingestrichen werden. Das bisherige Auf und Ab ist vergessen. Die Verhältnisse stabilisieren sich zusehends. Auch im privaten Bereich macht sich Entspannung breit. Hasen dürfen die Liebe genießen und ihr Geld für Nützliches ausgeben, einiges sollten sie jedoch auch für später zurücklegen.

Die Hasen vom Widder bis zu den Fischen

Schon in den Doppelstunden ihres Geburtstags gibt es zwölf verschiedene Mischtypen der Hase-Geborenen. Nehmen wir jetzt noch die abendländischen Tierkreiszeichen hinzu, so ergeben sich schon 144 verschiedene Hasentypen. Diese Zeichen vom Widder bis zu den Fischen wollen wir nachstehend einmal mit dem chinesischen Hase-Zeichen mischen und die so erhaltenen zwölf Mischtypen vorstellen.

Widder-Hasen (21. März bis 21. April)

Der Widder-Einfluß verleiht dem Hasenherzen Mut

Obwohl Widder-Hasen sich nach außen hin sehr sittsam geben, sind sie nicht so ganz ohne. Sie kennen keine Angst, weisen keinen ab, der mit ihnen streiten will. Am Ende ziehen selbst die scheinbar Kräftigeren den kürzeren, und die Widder-Hasen triumphieren.

Diese Hasen haben sich meist in der Gewalt. Sie können mit sanften Worten überzeugen, wobei sie bei Gelegenheit Wahrheit mit Dichtung vermischen – Hauptsache, es wird ihnen geglaubt. Bei solcher Wortgewandtheit wundert es nicht, daß sich die Widder-Hasen auch im Beruf schnell nach oben arbeiten. Und das ist das Seltene an dem Widder mit dem Hasenherz: Er setzt sich durch mit allen Kniffen und Mitteln, niemand jedoch nimmt's ihm eigentlich übel.

Um Unannehmlichkeiten aus dem Wege zu gehen, schlagen sie lieber mal einen Haken und ändern scheinbar die Gesinnung. Bei Gelegenheit zahlen sie aber erlittene Unbill zurück; sie vergessen nichts.

Partnerinnen schwärmen von den männlichen Widder-Hasen, die so zärtlich und anpassungsfähig sind. Sie wissen aber auch um deren Zorn, der so schnell nicht verraucht, was sich bei den sonst Redseligen in tagelangem düsterem Schweigen ausdrücken kann. In der Ehe reinigen solche Kräche bekanntlich die Luft.

Weibliche Widder-Hasen sind charmant. An ihrer Seite kann sich der Ehemann wie im Paradies fühlen, in dem sie freilich zeitweise durch Abwesenheit glänzt. Widder-Hase-Frauen genügt die triste Hausarbeit nicht, sie wollen auch „draußen im feindlichen Leben" mitmischen. Ihre Kinder kommen dabei nie zu kurz – im Wechsel mit dem Ehemann wird die Aufsichtszeit geteilt.

Stier-Hasen (21. April bis 20. Mai)

Stier-Hasen dulden kein Unrecht

Ihr herzliches Wesen macht die Stier-Hasen zu jedermanns Freund. Sie sind gute Gastgeber und verläßliche Partner. Ihre Hilfsbereitschaft kennt keine Grenzen; besonders den sozialen Randgruppen sind sie zugetan und stellen sich schützend vor sie. Ungerechtigkeiten können sie nicht vertragen.

Stier-Hasen wären am besten in Berufen untergebracht, in denen ihre soziale Einstellung und ihre erzieherischen Fähigkeiten eingesetzt werden können. Daß sie dann doch einen anderen Beruf wählen, beruht auf ihrem Dickschädel und auf ihrem Widerspruchsgeist. Trotzdem: Auch wenn Stier-Hasen dazu neigen, stur auf ihrem Standpunkt zu beharren, fehlt es ihnen nicht an Einsichtsfähigkeit.

Keine Chance für Paschas! In der Ehe zählen Kameradschaft und Gleichberechtigung

Männer aus diesem Mischzeichen suchen nicht allzu lange nach der großen Liebe. Hauptsache, sie finden eine gute Kameradin, mit der es sich in Frieden leben läßt, und die vor allem anderen gut zuhören kann. In der Ehe ist dem Stier-Hasen nichts zuviel, der gemeinsame Abwasch nicht und nicht das Kinderwagenschieben.

Stier-Hase-Frauen suchen länger nach dem Mustergatten. Nicht immer finden sie dann den Einzigartigen, der sie auf Händen trägt. Wie er ausschaut, ist der Stier-Hase-Frau so ziemlich egal – Hauptsache, er hat Herz und kann gut schmusen. Und wenn er nicht gar so intelligent ist – kein Problem –, dann ergänzt man sich halt um so besser, frei nach dem Motto: Gegensätze ziehen sich an.

Ein bißchen Eigenleben brauchen die Stier-Hasen allesamt. Trotz ihrer Beredtsamkeit können sie Geheimnisse ganz gut für sich behalten, was sie manchmal in den falschen Verdacht bringt, sie seien nicht ganz ehrlich.

Zwillinge-Hasen (21. Mai bis 21. Juni)

Auf Anhieb sollte man Zwillinge-Hasen nicht alles glauben. Ihre Fabulierkunst schlägt sämtliche Rekorde. Man muß ihnen freilich zugute halten, daß sie selbst wider besseres Wissen meist glauben, was sie erzählen. Münchhausen hätte ihr Lehrer sein können.

Nichts gegen die Zwillinge-Hasen! Sie sind zuverlässige Arbeiter und bringen Schwung in jeden Betrieb. Auf geistigem Gebiet sind sie den Kollegen vielfach überlegen.

Chefs unter diesem Mischzeichen sind berückende Vorgesetzte, die einem das Blaue vom Himmel versprechen können. Man sollte ihnen stets nur die Hälfte glauben. In ihrer überschwenglichen Art schießen die Zwillinge-Hasen eben gern übers Ziel hinaus.

Sprühend vor Phantasie, aber leider nicht ganz leicht zu halten: Zwillinge-Hasen

Wenn diese Mischtypen lieben, bringen sie Unruhe ins Haus. Sie sind exzellente Liebhaber, aber sie suchen nebenbei gern auch andere Futterstellen auf. Ihr ausgeprägter Sinn fürs Materielle läßt sie in der Liebe sogar über einiges hinwegsehen. Ein gemachtes Bett ist schließlich nicht zu verachten.

Die männlichen Zwillinge-Hasen gehören zu jenen wetterwendischen Sternenmischlingen, die sich mit den Jahren mehrmals binden können. Eine Ehe mit ihnen steht jedenfalls immer etwas auf der Kippe. Am liebsten hätten sie eine Frau, die gern selbsterfundene Märchen hört und bedingungslos glaubt.

Weibliche Zwillinge-Hasen flirten gern, drücken sich aber ebenso gern vor der Verantwortung. Ein Mann, der solche Häsin einfing, hat eine Perle im Haus. Aber Vorsicht: Zwillinge-Hase-Frauen machen sich nicht gern die Pfoten schmutzig.

Krebs-Hasen (22. Juni bis 22. Juli)

Der Krebs-Hase hat die Ruhe weg. Nur nicht hetzen

Die Arbeit haben die Krebs-Hasen nicht unbedingt erfunden. Am liebsten wären sie als Pensionär geboren und kassierten jeden Monat das, was man zum Leben braucht. Da das nicht geht, schlängeln sie sich so durch und freuen sich kurz nach dem Urlaub schon wieder auf den nächsten. Der Mittagsschlaf ist ihre Lieblingsbeschäftigung. Man kann ja auch so schön dabei träumen.

Im Beruf zählt nicht unbedingt ihr Einsatzwille, mehr die elegante Art, mit der sie Kunden begegnen und für die Firma einnehmen können. Darum schätzt man sie, selbst wenn sie von Überstunden ganz und gar nichts halten. Und so kommen sie trotzdem in jene Stellungen, in denen sie andere für sich schaffen lassen können.

Krebs-Hase-Frauen sind liebevolle Geschöpfe mit einem großen, weichen Herzen. Sie setzen gerne Tränen als Mittel zur Durchsetzung ihres Willens ein. Und welcher liebende Mann wäre nicht gern ihnen zu Willen, die so anschmiegsam und zärtlich sein können? Fühlen sich weibliche Krebs-Hasen in einer Ehe unverstanden, suchen sie manchmal das Weite.

Die männlichen Krebs-Hasen suchen verhältnismäßig lange nach der Traumfrau und versuchen's auch schon mal mit einer Ehe auf Probe. Sie schwärmen eben von der Frau ihrer Träume und finden sich doch immer nur in der Realität wieder. Manches Verhältnis geht darum kaputt. Der Krebs-Hase wird sich nie eingestehen, daß er an der jeweiligen Trennung zu einem guten Teil mit schuld war. Ist er fest gebunden, geht ihm übrigens die Ruhe über alles. Und dann ist er auch treu.

Man muß die Krebs-Hasen insgesamt mit all ihren guten und den wenigen schlechten Seiten lieben. Bei ihnen ist alles vom Gefühl geleitet. Man achte darauf, diese sensiblen Charakterpflänzchen nicht zu zerstören.

Löwe-Hasen (23. Juli bis 23. August)

Es nagt der Zweifel an den Löwe-Hasen, ob sie forsch durchs Leben schreiten sollen wie jener edle König der Tiere oder sittsam und bescheiden wie ein hoppelnder Hase. In diesem Zwiespalt stehen sie ihr ganzes Leben lang.

Löwe-Hasen sind beliebt. Man sucht ihren Rat, den sie freimütig jedem geben. Nur für ihre eigenen Probleme haben sie oft keine Lösung.

Im Berufsleben drängen diese königlichen Hasen nach oben, da sie jedoch niemandem etwas zuleide tun wollen, setzen sie sich nicht ganz so hemdsärmelig durch wie ihre Löwe-Geschwister anderer Sternenkonstellationen. Sie gönnen auch anderen den Platz an der Sonne.

Zwischen Löwenmut und Hasenfurcht: In dieser Brust schlagen zwei Herzen

Löwe-Hasen haben ein gutes Gespür für Geld und finanzielle Anlagen. Wenn sie die Großzügigkeit packt, können sie auch alles Hab und Gut zum Fenster hinauswerfen. Wer meint, da wolle ein Löwe Eindruck schinden, der hat sich an dem Hasen vertan. Löwe-Hasen haben ein mildtätiges Herz, sie schenken gern und nicht, um sich ins rechte Licht zu setzen.

Diese Sternenmischlinge lieben heiß und innig. Wer es richtig anstellt, dem verfallen sie mit Haut und Haaren. Das kann bei pathologischen Fällen bis zur Hörigkeit führen. Vor allem die weiblichen Löwe-Hasen nehmen die Liebe sehr ernst. Sie kritisieren den Mann ihres Herzens nie, finden alles gut und schön, was er auch unternimmt. Selbst emanzipierte Löwe-Hase-Frauen kriechen da zuweilen zu Kreuze und schwören ihrem Stolz ab.

Die Männer aus diesem Mischzeichen sind in der Ehe häuslich. Sie kehren nie den Pascha heraus, sondern den hilfsbereiten Partner, der seiner Frau alles von den Augen abliest. Von raffiniert schmeichelnden Partnerinnen werden solch liebenswerte Ehemänner bis aufs Blut ausgesaugt. Und wenn die Liebe im Spiel ist, merken diese es gar nicht.

Jungfrau-Hasen (24. August bis 23. September)

Da jagen rechte Angsthasen durchs Leben. Ständig suchen sie Schutz und merken nicht, daß sie damit den Mitmenschen lästig fallen. Jungfrau-Hasen denken viel und lange, bevor sie sich entscheiden oder gar handeln. Sie taktieren übervorsichtig und entschließen sich nur mit vielen Wenn und Aber. Trotzdem zwingen sie einiges unter ihren Willen. Ihr wacher Geist läßt die Gegner reihenweise abblitzen. Ihr Finanzgenie macht aus einem Fünfmarkstück schnell einen Tausender.

Im Beruf bleiben sie oft nur zweite Wahl, weil sie den Posten an der Spitze einem anderen überlassen, der dann die Verantwortung auch für das trägt, was die Jungfrau-Hasen in seinem Namen entscheiden. Haben sie sich einmal zur Führerschaft durchgerungen, dulden sie keinen Widerspruch. Wer wollte wohl jemandem widersprechen, der seine geistige Überlegenheit so deutlich spüren läßt wie der Jungfrau-Hase?

Die Liebe findet bei diesem Mischzeichen etwas unterkühlt statt. Auch in den zwischenmenschlichen Beziehungen denkt der Jungfrau-Hase zuviel, wo schneller Entschluß und schnelles Handeln das Lebensglück sichern könnten. Männliche Jungfrau-Hasen stehen darum wohl erst spät vor dem Traualtar. Was sie bis dahin gefunden haben, könnte eine reiche Witwe sein oder eine jugendliche Schönheit. Diese Sternenmischlinge schätzen nämlich beides: finanzielle Sicherheit und künstlerische Schönheit.

Wenn sie doch nur nicht soviel nachdenken würden! Jungfrau-Hasen wirken in der Liebe manchmal etwas unterkühlt

Weibliche Jungfrau-Hasen sind recht attraktiv anzuschauen. Nur anfassen darf man sie nicht. Sie sind die Kräutchen „Rührmichnichtan" unter dem Sternenhimmel. Obwohl sie Streicheleinheiten wie jeder andere Mensch benötigen, schämen sie sich, das dem Partner einzugestehen. Bei ihnen finden Männer das große Glück, die nicht nur Süßholz raspeln können, sondern wissen, was sie wollen.

Waage-Hasen (24. September bis 23. Oktober)

Wenn man dem Waage-Hasen auf die Schliche kommt, ist er der Erfinder wunderschöner Ausreden. Überall sieht man diese sonnigen Typen gern. Sie sind sanftmütig und höflich

兎

Ihr ungebremster Redeschwall und ihr sonniges Gemüt öffnet ihnen alle Türen

und wahre Lebenskünstler. In Gesellschaften treten sie als witzige Alleinunterhalter auf. Sie müßten sich nur rarer machen, um auf die Dauer nicht zu langweilen.

Im Beruf sind diese Typen diplomatisch und geschickt, wenn es darauf ankommt, die eigene Leistung ins rechte Licht zu rücken. Auch hier tun sie manchmal zuviel, und dann stößt's den anderen auf. Mit ihrem Redeschwall könnten sie Super-Vertreter sein. Wer hört jedoch schon lange hin, wenn immer nur einer spricht?

Auf dem Sektor zwischenmenschlicher Beziehungen fällt ihnen mit ihrem Elan und ihrer vorpreschenden Art alles leicht. Bereits in jungen Jahren glauben sie den Partner fürs Leben gefunden zu haben, bis sich ein besserer einstellt, der einem vermeintlich noch besseren weicht.

Männliche Waage-Hasen heiraten aus Liebe. Sie sind die Kuschelbären, die jede Frau vor dem Einschlafen kräftig ans Herz drücken möchte. Doch die Liebe allein macht nicht glücklich – der Waage-Hase sorgt auch fürs leibliche Wohl (er ist oft ein exzellenter Koch!) und für die Groschen in der Not. Er ist ein engagierter Familienvater.

Die Frauen aus diesem Mischzeichen halten ebenfalls ihr Geld zusammen (selbst wenn vieles für den Friseur, Kleider und Kosmetik draufgeht) und erziehen die Kinder zu braven Erdenbürgern. Sie lieben heiß, geraten aber rein zufällig an Männer, die zu wenig Zeit für sie haben. Und da ist die Bruchstelle in der Ehe einer Waage-Hase-Frau gelegt.

Skorpion-Hasen (24. Oktober bis 22. November)

Man sieht dem Skorpion-Hasen das Energiebündel nicht an. Äußerlich gibt er sich ruhig und gelassen, und das ist es gerade, was seinen Erfolg ausmacht. Skorpion-Hasen dulden keinen Widerspruch. Wo er sich wider Erwarten regt, schlagen sie zu. Sie können herrisch sein, ohne aus der Haut zu fahren. Sie sind schwierige Kollegen, wenn es jedoch darauf ankommt, sind sie hilfsbereiter als alle die anderen, die freundlich tun, es aber anders meinen.

In den Chefetagen sind diese Sternenmischlinge gefürchtet, weil sie dort frischen Wind hineinbringen, wenn sie erstmal dort angelangt sind. Sie mögen keine Speichellecker. Ehrliche und offene Typen bringen es bei ihnen weiter, weil sie die Wahrheit lieben und nichts als die Wahrheit.

Die männlichen Skorpion-Hasen wollen auch im intimen Bereich das Sagen haben. In der Familie geben sie sich streng, aber gerecht. Die Liebe ist für sie mehr nehmen, denn geben, womit einiger Konfliktstoff vorgegeben ist.

Der weibliche Skorpion-Hase zieht die Männerwelt in seinen Bann. Er verhext sie und kassiert dann ab. Dem Zauber dieser Frau erliegt jeder. Stolz kann nur der sein, den sie sich ganz privat angelt und nicht mehr vom Haken läßt.

Wer eine Dame dieses Zeichens ehelicht, muß mit dem Jawort jeglichen anderen Freundinnen abschwören. Er wird vereinnahmt als lebendes Gut. Wehe, er schliche mal auf Abwegen!

Skorpion-Hasen, Frau wie Mann, haben das gewisse Etwas, das jeden anzieht. Für manche ist es der Speck in der Mausefalle, die kurz vor dem Genuß zuschnappt.

Schütze-Hasen (23. November bis 21. Dezember)

Schütze-Hasen treffen immer ins Schwarze: Im Beruf sind sie Aufsteiger, in der Liebe Herzensbrecher

Den Schütze-Hasen fällt das Glück von ganz allein in den Schoß. Was sie anfassen, bringt etwas ein. Ihre lässig-charmante Art, angereichert mit einer Prise Sarkasmus, kommt an. Erfolge werden mit der Zeit nicht ausbleiben, selbst wenn sie sich nicht wie Berserker in die Arbeit stürzen. Ihre Mittel sind sicheres Auftreten und eine nonchalante Eleganz, die sie in die höchsten Stellen hievt. Bleibt mal ein Schütze-Hase auf der Karriereleiter unten, muß er schon etwas besonders Schlimmes angestellt haben.

Diese Sternenmischlinge legen ihr Wissen richtig an und ebenso ihr Geld, da sie für finanzielle Dinge eine Begabung haben. Klappt's mal nicht so mit den Finanzen oder im Beruf, machen sie sich nichts draus. Das Leben geht weiter, und sie sind um eine Erfahrung reicher.

Männer aus diesem Mischzeichen spielen bei den Frauen gerne den Don Juan und Herzensbrecher. Ein festes Verhältnis gehen sie oft erst in späten Jahren ein. Sie sind nur schwer von ihren Junggesellenallüren abzubringen. Die Frau, die mit einem Schütze-Hasen den Bund fürs Leben schließt, hat es nicht leicht.

Weibliche Schütze-Hasen stehen ihren männlichen Artgenossen in punkto Freiheitsdrang wenig nach. Wo sie sind, kann keine Langeweile aufkommen.

Fassen wir zusammen: Schütze-Hasen sind glückliche Menschen, die sich ungern in Schablonen pressen lassen. Sie haben Humor und Verstand, der nur leider in der Liebe zeitweilig aussetzt.

Steinbock-Hasen (22. Dezember bis 20. Januar)

Der arbeitssame Steinbock-Hase nimmt alles ganz genau unter die Lupe

Mit den Steinbock-Hasen lernen wir arbeitsame und gründliche Menschen kennen, die sich so leicht kein X für ein U vormachen lassen. Sie haben nur wenige auserwählte Freunde. Ihr Charme ist etwas zurückhaltend.

Steinbock-Hasen können sich in eine Angelegenheit, die ihnen wichtig erscheint, verbeißen. Und für sie ist stets das wichtig, was sie gerade anpacken. Über der Arbeit können sie alles vergessen, sogar das erste Rendezvous. Geselligkeit lieben die Steinbock-Hasen weniger, am liebsten werkeln sie allein zu Hause. Nur wenigen Menschen gestatten sie Einblick in ihr Innerstes.

Man sollte ihnen viel Lob spenden, um sie bei guter Laune zu halten. Gar zu leicht sind sie gekränkt. Dann fressen sie den Kummer in sich hinein, und wenn sie ihn herauslassen, dann auf recht unfeine Art.

Sie stellen hohe Ansprüche an sich und andere. Und manchmal verfallen sie in tiefe Melancholie, dann nämlich, wenn ihnen plötzlich bewußt wird, daß Arbeit nicht das ganze Leben ist.

Für die Steinbock-Hasen ist die Liebe die ernsteste Sache der Welt, für einige Partner zu ernst: Sie steigen aus. Andere jedoch versuchen es mit dem Steinbock-Hasen, und bereuen es nicht.

Männliche Steinbock-Hasen sind in der Ehe die zuverlässigsten Partner. Nur hier offenbaren sie sich ganz. Und das will etwas heißen. Sie denken schon früh an die Zukunft ihrer Kinder und sorgen vor, damit ihnen der Start ins Leben leicht fällt.

Sie sorgen verantwortungsvoll für ihre Familie. Für viele ihrer Partnerinnen bleibt dabei nur noch wenig zu tun übrig, was einigen nicht gefällt. Frauen aus diesem Mischzeichen schmeißen in der Ehe den Laden. Viele sogar neben der Berufstätigkeit. Sie lassen es an nichts fehlen.

Wassermann-Hasen (21. Januar bis 19. Februar)

Wassermann-Hasen sind sehr egozentrisch, obwohl sie anderen gegenüber stets ein offenes Herz und eine offene Hand haben. Doch man sollte diese Großzügigkeit gebührend würdigen, wie schnell fühlt sich sonst der Wassermann-Hase unverstanden. Wassermann-Hasen hassen nichts mehr als Zank und Streit, wobei sie allerdings leider oft vergessen, daß sie vielfach selbst den Anlaß dazu gegeben haben.

Diese Sternenmischlinge lieben den Wechsel, eine gute Voraussetzung für Erfolg im Berufsleben. Da sie tüchtige Arbeiter sind, läßt kein Arbeitgeber sie gern ziehen. Mehrfach hochgelobt kehren sie möglicherweise in den Betrieb zurück, in dem sie sich die ersten Sporen verdienten, um dort dann eine der Chefetagen zu besetzen.

Kein Hase ist so lebenslustig wie der unterm Wassermann Geborene. Es zieht ihn förmlich hinaus in die weite Welt, wo er wißbegierig alles in sich aufnimmt, was für mehrere Bände Memoiren reichen könnte. Des Herumreisens müde, kehrt er heim und baut sich ein Haus oder mietet sich eine große Wohnung mit Platz für eine ganze Familie.

Diese Mischung bringt Unruhe in den Hasencharakter: Es dauert lange, bis der richtige Platz im Leben gefunden ist

Frauen aus diesem Mischtyp gelten in jungen Jahren als sprunghaft. Das macht ihr unruhiges Blut. Sie können sich schwer entscheiden, am ehesten noch im Beruf. Privat schleichen sie gern um den heißen Brei herum, verlieben sich mal hier und mal dort. Und dann stehen sie plötzlich in hellen Flammen: Es ist meist die große Liebe, wenn Wassermann-Hase-Frauen heiraten. Sie stürzen sich förmlich in das Abenteuer Ehe und sind von nun an nur noch für „ihn" da, als Ehefrau und Geliebte.

Auch die Männer aus diesem Mischzeichen heiraten nur aus Liebe. Sie versuchen, brave Hausväter zu werden. Nur manchmal macht der feurige Wassermann dem braven Hasen einen Strich durch die Rechnung. Verstehen Sie nun, warum man manchem Wassermann-Hasen nicht über den Weg trauen darf?

Fische-Hasen (20. Februar bis 20. März)

Sie lieben die Geselligkeit unter Freunden mehr als das Alleinsein zu Hause. Bei Fische-Hasen spielt immer etwas Angst mit, sie könnten den Anschluß verpassen. Man mag sie überall gut leiden und empfiehlt sie gern weiter. Fische-Hasen brauchen Protektion. Das ist auch im Beruf so. Gar zu leicht könnte bei ihnen der Eindruck entstehen, sie seien lasch. Tatsächlich fehlt es ihnen an Durchsetzungsvermögen. Man muß sie anfeuern, antreiben, hofieren, dann riskieren sie sogar mal etwas und – haben Erfolg.

Will immer hofiert werden: der Fische-Hase

Im privaten Bereich stehen Fische-Hasen gern im Mittelpunkt. Man liebt sich, aber man neckt sich auch. Doch das mögen sie nicht leiden. Gar so schwierig sind sie trotzdem nicht. Wer sie einfing, wird das bestätigen. Sie sind so reizend und so einfühlsam, so lieb und nett, daß es keine Klagen zu geben bräuchte. Wen sie verlassen, der ist selber schuld – sagt der Fische-Hase.

Was die Partnerinnen der männlichen Fische-Hasen anzieht, ist deren ruhiges Wesen, ihr geduldiges Abwarten, ihre freundliche Hilfsbereitschaft. In der Ehe entpuppen sich einige von ihnen dann anders: Sie sind unentschlossen und halten mit ihrer wahren Meinung hinterm Berge. Gott sei Dank handelt es sich hier nur um einzelne Vertreter dieses Typs.

Weibliche Fische-Hasen sind leichter zu halten als ihre männlichen Genossen, wenn sie nur genügend umworben werden. Sie sind ja so sensibel, was sie in einer Ehe nicht daran hindert, mit der Zeit die Oberhand zu gewinnen. Und siehe da: Männer lassen sich die sanfte Diktatur ihrer Fische-Hase-Frau gern gefallen.

Der hochbegabte, liebenswerte Drache

In der Mythologie ist der Drache ein echsenartiges, vielfach geflügeltes Fabeltier, das feuerspeiend gegen alles vorgeht, was sich ihm in der Weg stellt, und sich mit sagenhaften Helden wilde Kämpfe liefert. Seine Darstellung geht wohl auf die Riesensaurier zurück, wie sie in der Urzeit gelebt haben.

Drachen sind Glücksbringer; das färbt auch auf die Menschen dieses Tierkreiszeichens ab

In unseren Breiten gelten Drachen noch heute als furchterregende Tiere. Ganz anders in China: Dort ist der Drache ein wohltätiger Glücksbringer. Für die Menschen, die in den folgenden Jahren des Drache geboren werden oder wurden, trifft dies sicherlich auch zu.

23. 1. 1928 – 9. 2. 1929
8. 2. 1940 – 26. 1. 1941
27. 2. 1952 – 13. 2. 1953
13. 2. 1964 – 1. 2. 1965
31. 1. 1976 – 17. 2. 1977
17. 2. 1988 – 5. 2. 1989
5. 2. 2000 – 23. 1. 2001
23. 1. 2012 – 9. 2. 2013

Drache-Typen sind in des Wortes wahrster Bedeutung fabelhafte Wesen. Jedermann ist ihnen zugetan, aber so recht verstehen kann sie keiner. Sie haben das Glück des Tüchtigen.

Kinder, die in einem Jahr des Drachen geboren werden, sind oft Frühentwickler. In der Schule kommen sie gut zurecht. Aber sie brauchen ein intaktes Elternhaus, um wirklich glücklich zu sein. Später dann braucht der Drache Lehrer, die ihm zugetan sind, oder Meister, die ihn fördern.

Was Drache-Menschen besonders schaden kann, sind die eigenen Unachtsamkeiten, die ihren Weg zum Erfolg verlangsamen. Im allgemeinen sind sie geistig hochbegabt und lie-

龍

benswert – rechte Siegertypen mit nur kleinen Fehlern, die jedoch, wenn sie sich summieren, zu einem Fiasko führen können. Zwar wird es ihnen meist nie ganz schlecht gehen, aber nach einigen Rückschlägen sollten sie doch recht vorsichtig taktieren.

Harte Arbeit führt sie ans Ziel

Das macht sie schließlich zu harten Arbeitern, die sich nicht unbedingt auf das sprichwörtliche Glück des Drachen verlassen. Und diese Einstellung führt ans erstrebenswerte Ziel. Meist sind sie sehr intelligent und haben auf technischem Gebiet patentwürdige Einfälle. Man kann sie aber in jedem Beruf als tüchtige Leute gebrauchen.

Intelligenz und Einsatzbereitschaft bringen sie voran – manchmal leider auf Kosten der Kollegen

Nimmermüde ist der Einsatzwille dieser Drachen. Sie können einen Betrieb modernisieren. Leider sind sie nicht unbedingt die besten Freunde der Kollegen. Weil sie rational denken, rationalisieren sie auch gern. Und das kostet möglicherweise Arbeitsplätze. So haben die Vorzüge der Drachen ihre Vor- und Nachteile.

Zu diesen gehört auch ein ganz bestimmter Charakterzug: Sie wollen sich einfach nicht unterordnen! Drache-Menschen sind der Auffassung, daß alles, was sie tun, richtig ist. Wer sie belehren möchte, bräuchte schon gute Argumente, sie zu überzeugen, daß auch die Meinung anderer richtig sein kann.

Genug der etwas negativen Züge, die in dem bisher Gesagten anklingen! Natürlich ist der Drache-Typ bewundernswert. Er hat unter seinen Mitmenschen viele Fans, denen es nichts ausmacht, daß er ihnen geistig turmhoch überlegen ist. Und die Fans werden es bestätigen: Dieser Mensch aus dem fünften chinesischen Tierzeichen gehört nicht in ein Großraumbüro oder ans Fließband, sondern möglichst bald in den Chefsessel!

Glücklich in freien Berufen

Und wenn auch ein ganzer Jahrgang nicht schafft, was Fans sich wünschen, so sieht man viele Drachen in den Parlamenten in vorderster Reihe. Sie wollen stets mitbestimmen, als Hinterbänkler würden sie versauern.

Diese witzigen und geistvollen Geschöpfe sind künstlerisch begabt, aber ebenso in der Welt der Geschäftsleute zu finden. Glücklich werden sie am ehesten in freien Berufen, zumal sie am liebsten für sich allein schaffen. Das trifft auch auf die Frauen aus dem Drache-Zeichen zu, die, wie man so sagt, ihren „Mann" stehen. Viele dieser Drache-Frauen dringen in höchste Gesellschaftskreise vor und sind oft in gehobenen beruflichen Positionen zu finden oder als Inhaberin einer eigenen Firma.

Mit eisernem Willen schafft sich der Drache-Mensch sein Reich, in dem er allein regieren kann. Leider ist er nicht unbedingt der Typ, der sein sauer verdientes Geld dann auch zusammenhält. Als Kaufmann läßt er es arbeiten, steckt es möglicherweise in wenig überschaubare Geschäfte, die am Ende nicht halten, was sie versprachen. Oder er kauft teure Geschenke für seine Lieben, aber ebenso für Leute, die ihm aus eigennützigen Gründen huldigen.

Doch trotz seiner Arbeitswut wird dieser Mensch kaum alles schaffen können, was er sich in seinen kühnen Träumen vorgenommen hat. Er braucht Mitarbeiter und Berater, die ihm helfen und seinen Tatendrang in die richtigen Kanäle lenken. Diese Berater sollte er sich allerdings ganz genau ansehen. Schließlich gibt es viele unter ihnen, die aus Unwissenheit oder Unkenntnis heraus falsche Ratschläge geben, die ins Negative verkehren können, was so positiv begann.

Die Leiden eines Ungestümen

Enttäuschungen schlagen dem an sich mit einer guten Gesundheit ausgestatteten Drachen auf den Magen, auch sein ungestümes Wesen kann ihm so manche Krankheit oder Verletzung einbringen. Zwar kämpft er tapfer gegen jedes Leiden an, ob er damit Erfolg hat, mag jedoch sein Hausarzt entscheiden.

Mit seinem Drachentemperament stolpert er in so manches Fettnäpfchen

Seine ungestüme Art hat auch noch anderes zur Folge: Er eckt manchmal mit Äußerungen an, die gar nicht so ernst gemeint waren. Das heißt, nur zu oft will man ihn falsch verstehen. Dabei möchte er ja stets nur das Beste. Wenn er sieht, wie seine Mitmenschen darauf reagieren, schüttelt er den Kopf ob soviel Unverstand und versteht die Welt nicht mehr. Man ersieht daraus, daß es Drachen manchmal recht schwer haben, ihre ehrliche Meinung jedem verständlich zu machen.

Drache-Menschen haben im allgemeinen beste charakterliche Eigenschaften. Sie funken jedoch auf einer Wellenlänge, die nicht von jedermann empfangen werden kann. Und das ist das Dilemma, in dem der so rational denkende Drache steckt.

Der Drache-Mann

Im Land der Liebe tummelt sich mancher Drache als Siegertyp auf der Jagd nach dem großen Glück. Partnerinnen fliegen ihm zu, weil er das gewisse Etwas besitzt, das ihn als Partner begehrenswert macht. Dabei sind die Drachen durchaus keine Sexprotze.

Neugierig und sprunghaft wie er ist, geht der Drache-Mann so mancher Frau wieder durch

Vor allem die Männer aus dem Drache-Zeichen sind keine Kostverächter, was das andere Geschlecht betrifft, doch allzu schnell ist ihr Appetit gestillt, und die Frau wird für ihn uninteressant. Und wieder ist es nichts geworden mit der großen Liebe. Enttäuscht sind darum die Drache-Typen noch lange nicht. Ihr Verstand sagt ihnen, was sie falsch gemacht haben könnten und was sie beim nächsten Mal anders tun müßten, um endlich die richtige Frau und mit ihr die große, alles vergessende Liebe kennenzulernen, vorausgesetzt, sie wollen es auch. Denn im Grund sind Drache-Männer die geborenen Junggesellen, die sich aber gern jemand Liebes suchen, um nicht ganz allein zu sein. Aber ohne Anspruch oder Garantie auf Treue. Daß bei seinen Vorstellungen das Glück auch im Wechsel liegt, ist für ihn durchaus verständlich. Da ist er Egoist und wird es bleiben.

Kluge Frauen schenken ihm nicht gleich am ersten Tag, nach dem der Drache verlangt. Sie flirten mit ihm, das macht ihm Spaß. Sie reden nicht von Liebe und schon gar nicht vom Zusammenziehen. Besser machen sie sich rar.

Der neugierige Drache, der alles rational und wissenschaftlich ergründen will, grübelt darüber nach, wie man solch widerspenstige Frau für sich gewinnen könnte. Und schon sitzt er trotz aller Klugheit in der Falle und schwört womöglich sogar seinen Junggesellenallüren ab.

Die Drache-Frau

Die Frauen aus dem Drache-Zeichen reagieren in den intimen Dingen des Lebens ähnlich wie ihre männlichen Sternenbrüder. Sie sind bei den Männern sehr begehrt und flirten für ihr Leben gern. Eifersüchteleien kennen diese Frauen nicht. Und wenn es doch einmal Ärger gibt, steht der nächste Verehrer schon vor der Tür.

Schillernd und begehrt: Die Drache-Frau steht ihrem Sternenbruder in nichts nach

Wenn die Drache-Frau ihr Liebesopfer erjagt hat, wird sie es zunächst vor der Umwelt verstecken wollen. Sie hat gern ein süßes Geheimnis, heimliche Liebe, von der niemand etwas weiß. Wenn das Verhältnis schließlich entdeckt wird, hat sie vielleicht schon ein anderes. Drache-Frauen sind nicht unbedingt treu.

Wer sie enttäuscht, mag von dannen ziehen. Es bleibt eine kaum Enttäuschte zurück. Liebeskummer kennt die Drache-Frau kaum. Für sie sind Affären mit Männern nicht zuletzt Lehrstücke, aus denen man Schlüsse ziehen kann für weitere Liebesabenteuer.

Mancher mag diese Charaktereinstellung oberflächlich nennen. Am Ende wird die Drache-Frau doch glücklich mit einem Mann, der das Unergründliche in ihrer Seele erforscht und darin erkennt, auf was es dieser Frau ankommt: Ein Mann, der ihr gewachsen ist.

Geistesblitze, auf die der Donner folgt

Die Chinesen haben recht: Drachen sind keine furchterregenden Wesen, sondern liebenswerte Geschöpfe mit einigen Makken, die man übersehen mag. Sie wollen nach einem reichen Arbeitstag eigentlich nur ein bißchen glücklich sein. Sie verstehen eine Partnerschaft als Kampfgemeinschaft, in der man hier und da mal streiten muß, um sich in Liebe wiederzufinden. Das reinigt die Atmosphäre.

In einer Drachebeziehung gehört Streit dazu: Er reinigt die Atmosphäre

Wenn der Lebensgefährte eines Drache-Menschen dessen Geistesblitzen auch mal ein Donnerwetter entgegensetzt und ihm den eigenen Standpunkt klarmacht, ist die Frau oder der Mann aus dem Drache-Zeichen überzeugt, die richtige Wahl getroffen zu haben.

龍

Das Horoskop für die Drachen

Aus dem bisher Gesagten mag man erkennen, daß der Drache ein glücklicher Typ ist. Nur fällt ihm das Glück nicht einfach in den Schoß. Oft muß er es sich hart erkämpfen. Wenn er keine zu hohen Ansprüche an das Leben stellt, wird er um so mehr überrascht sein, wenn alles zu seinen Gunsten verläuft.

Vor allem nach dem vierzigsten Lebensjahr können Drachen das verfestigen und genießen, was sie in den Jahren zuvor mit Erfolg erarbeiteten. Sie sollten rechtzeitig vorsorgen, um im Alter nicht mit leeren Händen dazustehen. Das ist kein Problem; schließlich haben Sie ja genug Grips, um das Leben erfolgreich zu meistern.

Lesen Sie aber jetzt, was das chinesische Horoskop den Drache-Frauen und Drache-Männern in den nächsten Jahren zugedacht hat.

Im Jahr der Ratte (1996, 2008)

sind die Drachen in der glücklichen Lage, ihre Finanzen aufzufrischen und nebenbei einiges Geld sicher anzulegen. Im Beruf sind sie erfolgreich, wenn sie nicht allzu egoistisch handeln, sondern auch anderen Vorteile zugestehen. Die zwischenmenschlichen Beziehungen werden hier und da von Wirbelstürmen heimgesucht, die sich aber schnell legen und dann lacht das Liebesglück wieder. Also kein so ganz schlechtes Jahr.

Im Jahr des Büffels (1997, 2009)

Das Büffeljahr droht mit Kampf und Unruhe

werden die Drache-Menschen um ihren weiteren Wohlstand kämpfen müssen. Nichts geht mehr, wenn sie sich hängen lassen. Im familiären Bereich kommt Unruhe auf. Noch nicht gebundene Drachen sollten sich endlich entscheiden oder klar sagen, was sie eigentlich wollen. Miesmacher wollen schaden, werden jedoch das Nachsehen haben, wenn der Drache den Verstand einsetzt.

Im Jahr des Tigers (1998, 2010)

kann den Drachen beinahe alles gelingen. Freilich müssen sie hart arbeiten, um den Rahm von der Erfolgssuppe abschöpfen zu können. Von allein fällt ihnen nichts in den Schoß. Das gilt auch für den Liebessektor, wo sich jetzt mancher Widerstand ankündigt, der aber erfolgreich niedergekämpft werden kann.

Im Jahr des Hasen (1999, 2011)

ist risikoreiches Taktieren nicht der Weisheit letzter Schluß. Zum Glück gibt es immer wieder Leute, die sich restlos einsetzen, um den Drache-Menschen das Leben zu erleichtern. Das trifft im Beruf wie im Liebesleben zu. Es gibt in diesem Jahr viele glückliche Stunden, in denen die Drachen das Leben genießen können.

Im Jahr des Drachen (2000, 2012)

preschen die Drachen auf allen Ebenen vor. Das Glück umschmeichelt sie. Der Erfolg ist ihnen sicher. Diese Sternentypen können viele Erfolge feiern. Das verführt sie leider an manchen Tagen zu leichtsinnigem Handeln. Hier sollte der Verstand des Drachen einsetzen und rechtzeitig gegensteuern, dann wird sein Jahr von allen anderen Jahren das wahrhaft glücklichste.

In seinem eigenen Jahr ist der Drache wirklich nicht zu halten: Es gelingt ihm alles

Im Jahr der Schlange (2001, 2013)

neigt der Drache wohl dazu, seine Mitmenschen ein bißchen zu unterschätzen. Das läßt ihn arrogant erscheinen, obwohl dieser Wesenszug gar nicht zu ihm paßt. Trotzdem hat das Jahr viele gute Seiten. Die Drachen haben erneut das Glück auf ihrer Seite und werden daraus auch manchen Nutzen ziehen können. Nur Mut!

Im Jahr des Pferdes (2002, 2014)

galoppiert der Drache allen voran. Freilich sind einige Hindernisse in den Weg gestellt, die übersprungen werden müssen. Die klugen Drachen werden sie einfach umgehen, wenn sie sich zu hoch türmen. Denn Umwege sollte man im Jahr des Pferdes immer mal wieder machen, um heil über die Runden zu kommen.

Im Jahr der Ziege (2003, 2015)

Das Jahr der Ziege bringt Ernüchterung. Im Sturm ist da nichts einzunehmen

merken die Drache-Menschen, daß das Alte, Bewährte ihnen mehr nutzt als das Neue, das letzte Sicherheit nicht garantiert. Sie kommen im allgemeinen nicht gut voran, bleiben an vielen Hindernissen hängen, die ihnen Neider in den Weg legen. Da ist es das Beste, ein wenig zurückzustecken und auf ein neues Jahr zu hoffen, das weniger ermüdet als dieses nicht sehr gute.

Im Jahr des Affen (2004, 2016)

sollten die Drachen humorvoll auf manches reagieren, was witzig gemeint, aber übel getan wird. Mit anderen Worten: Man spielt ihnen manchen Streich, will sich sogar lustig über sie machen. Wenn der Drache Spaß versteht, nimmt er allem die Spitze. Ansonsten verläuft das Jahr mit wenigen Abstrichen ganz gut.

Im Jahr des Hahns (2005, 2017)

haben die Drachen wieder bessere Karten. Auf vielen Gebieten steht ihnen erneut das Glück zur Seite, das sie aber nicht überstrapazieren sollten, weil immer noch einige Widrigkeiten ihren Weg kreuzen könnten. Wenn sie das rechte Maß in allen Dingen finden, kann selbst der heftigste Widersacher ihnen keinen Schaden zufügen.

Im Jahr des Hundes (2006, 2018)

lacht für die Drachen die Sonne. Sie können jetzt in allen Lebensbereichen einiges riskieren, aufs Ganze gehen und ihr sprichwörtliches Glück versuchen. Im Beruf sind sie erfolgreich, in der Liebe nicht minder. Und sie können sogar ein Spiel wagen, das sie bei maßvollem Einsatz gewinnen werden.

Im Jahr des Schweins (2007, 2019)

wird sich jeder mutige Einsatz lohnen. Drachen haben buchstäblich „Schwein". Wieder ist das Glück auf ihrer Seite. Jetzt sollten sie das bisher Erreichte ausbauen. Wer in fröhlicher Partnerschaft zusammenlebt und mutig ist, hört in diesem guten Jahr vielleicht die Hochzeitsglocken läuten.

Die Drachen vom Widder bis zu den Fischen

Wie in den vorhergegangenen Kapiteln nehmen wir zu dem chinesischen Zeichen Drache nun wieder die abendländischen Tierkreiszeichen vom Widder bis zu den Fischen und vermischen sie. Und das ergibt folgende Charakterbilder:

Widder-Drachen (21. März bis 20. April)

Widder-Einfluß nimmt auch noch die letzten Hemmungen: Vorsicht vor allzu großer Tollkühnheit

„Auf in den Kampf!" Das ist die Parole der feurigen Widder-Drachen, die jeden feindlichen Torero auf die Hörner nehmen, wenn er nicht gleich schon vor ihrem blitzenden Blick zurückschreckt und seinen Degen im Futteral läßt. Dieses stets schnurstracks aufs Ziel Drauflosstürmen macht die Widder-Drachen blind vor den drohenden Gefahren, vor den Lanzen der Picadores, die von links und rechts oder gar von hinten Wunden schlagen können.

Gerade im Berufsleben machen es sich die begabten Widder-Drachen oft unnötig schwer. Zu selbstbewußt steuern sie die nächsthöhere Position an, die sie für sich angemessen halten. Und dann werden sie von mickrigen Konkurrenten überflügelt, die sie in ihrem steten Vorwärtsdrang gar nicht bemerkt haben.

Wie gut, daß ein echter Widder-Drache nie im Leben aufgibt, daß er immer neu nach vorn stürmt und nach einigen Blessuren schließlich doch das erreicht, was er will.

龍

Das Beste an der Frau aus diesem Zeichen: Sie schenkt sich dem, den sie liebt, und verspeist ihn nachher mit Haut und Haaren. Männer von Widder-Drache-Frauen sind von ihrem Temperament verzaubert, von ihren Liebeskünsten hingerissen. Diese liebenswerten Frauen ordnen sich sogar scheinbar unter und tun in Wirklichkeit doch nur, was ihnen gefällt.

Männliche Widder-Drachen lassen sich gern verwöhnen, werden aber durch ein Übermaß an Liebe eher abgeschreckt. Sie wollen ehrliche Verhältnisse mit beiderseitigem Mitspracherecht. Ihr Feuer verpufft sehr schnell; kluge Frauen entfachen es immer und immer wieder und haben dann einen potenten Gefährten, der treu zu ihnen steht.

Stier-Drachen (21. April bis 20. Mai)

Stier-Drachen sind am ehesten zu zähmen, was nicht heißen soll, daß sie auch kuschen würden.

Stier-Drachen sind die geborenen Handwerker: Man muß sie tüfteln lassen

Sie haben viel handwerkliches Geschick, basteln gern und wären die geborenen Erfinder, wenn man ihnen mehr Zeit und Geld für ihre aufwendigen Hobbys ließe. Leider wählen sie oft den falschen Beruf, in dem ihre Künste nutzlos sind. Daß sie sich dann doch durchsetzen, kommt von ihrem sagenhaften Verhältnis zu allen finanziellen Dingen.

Komischerweise setzt ihr Verstand in den zwischenmenschlichen Beziehungen vielfach aus. Hier spricht das Herz, das sich geschickt der Kontrollfunktion des Gehirns entzieht. Stier-Drachen sind feurige Liebhaber, die nur zu leicht das Opfer der ersten Liebe werden, die sich in einigen Fällen aber als Seifenblase erweist. Doch Stier-Drachen lassen nicht locker.

Vor allem die Männer aus diesem Mischzeichen gehen ungestüm auf das Ziel ihrer Zuneigung zu. Sie schmeicheln und streicheln oder versuchen es mit zarter Gewalt. Da sie das Fach Liebe ebenfalls erfolgreich als Hobby betreiben, kommen sie gut bei der Frau ihres Herzens an. So heiraten sie oft früh und werden Väter, die ihre Kinder abgöttisch lieben. Das Wort Scheidung kennen die Stier-Drachen nicht.

Die weiblichen Stier-Drachen tun geheimnisvoller als ihre Sternenbrüder. Sie schweben meist in einsamer Höhe über dem Geschehen. Liebhaber müssen zu ihnen aufblicken. Stier-

Drache-Frauen steigen nie hinab, sie ziehen zu sich empor. Solches Gebaren mag mancher zunächst als Arroganz auslegen, es ist aber nur Vorsicht, auch ganz gewiß den Richtigen zu erwischen, den sie mit niemandem teilen möchten.

Zwillinge-Drachen (21. Mai bis 21. Juni)

Zwillinge-Drachen lachen gern über sich und andere. Der Schalk sitzt ihnen im Nacken. Sie sind tolerant, aber nicht sehr zuverlässig. Zu wichtigen Verabredungen können sie lächelnd zu spät kommen. Termine sind für sie keine Dinge, an die man sich unbedingt halten muß.

Schon früh suchen sie eigene Wege. Sie wenden sich nach rechts und wenden sich nach links. Irgendwo finden sie immer ein Unterkommen. Viele Zwillinge-Drachen erlernen mit den Jahren mehrere Berufe. In jedem leisten sie etwas, dank der ihnen eigenen Intelligenz. Da sie das ewig Neue reizt, springen sie plötzlich ab, lernen um und halten die nun erwählte Beschäftigung für den Traumjob, bis auch hier wieder das Interesse abflaut. In späteren Jahren bewundert man die Vielseitigkeit dieser Sternenmischlinge, die aus den Wander- und Lehrjahren stammt.

Meinungen wechseln sie wie das Hemd, Freundschaften von Zeit zu Zeit. Trotzdem bleiben sie glücklich, weil sie die seltene Gabe haben, sich schnell und gründlich umzustellen.

Die schalkhaften Zwillinge-Drachen wollen auch in der Liebe nicht alles so ernst nehmen

Frauen aus diesem Mischtyp binden sich leicht an den Mann, der zu jedem Scherz aufgelegt ist. Wenn sie merken, daß das Leben mit ihm auch ernste Seiten hat, sind sie enttäuscht. War's eine Ehe auf Probe, zieht die Zwillinge-Drache-Dame aus und überläßt ihm den Hausstand. Gab's auf dem Standesamt Brief und Siegel, gönnt sie dem Scheidungsanwalt ein fürstliches Honorar.

Männliche Zwillinge-Drachen haben es leichter. Sie spielen den Playboy, der mal hier und mal da das Spielchen mit einer Schönen wagt. Sie vergeben sich nichts, bleiben stets Herren der Situation und büxen einfach aus, wenn es zu brenzlig wird. Man trauert dem Zwillinge-Drachen lange nach, vielleicht wäre er ja doch der ideale Ehemann geworden.

Krebs-Drachen (22. Juni bis 22. Juli)

Bis Krebs-Drachen endlich ein Ziel erreichen, haben sie vorher lange abgewägt und darüber nachgedacht, Pläne geschmiedet und mit Bedacht und Vernunft gehandelt. Ihre ureigenste Traumwelt jedoch bleibt anderen verschlossen. Ihr widmen sie sich in den wenigen Stunden, die sie am Tag für sich allein beanspruchen.

Der zögernde Krebs besänftigt den wilden Drachen und läßt ihn manchmal sogar zu einem Träumer werden

Dabei hat alles, was sie anfangen, Hand und Fuß, weil das Ungestüme des Drachen durch den zögernden Krebs ausgeglichen wird. Um ihren Berufsweg braucht sich niemand ernstlich Sorgen zu machen. Krebs-Drachen durchschauen schnell ungünstige Angebote und verwerfen sie im Nu. Sie suchen die Sicherheit und sind bereit, hart dafür zu arbeiten.

In der Liebe schaffen sich männliche Krebs-Drachen erst im Geiste das Traumbild einer Frau, und dann beginnen sie zu suchen. Die erste hatte die schönen, gütigen Augen, die zweite die ideale Figur, die dritte war sexy. Um wirklich das Ideal zu finden, müßte sich der Krebs-Drache einen Harem zulegen. Da das in unseren Breiten nicht geht, sucht er vor der Ehe ausgiebig nach der richtigen, um sich am Ende eine zu nehmen, die ihm vor allem vernünftige Ansichten über getrennte Schlafzimmer und genügend Eigenleben in holder Zweisamkeit mitzubringen scheint. Sie bekommt dafür einen Mann, der in der Familie aufgeht und großzügig für sie sorgt.

Liebeskummer ist auch weiblichen Krebs-Drachen unbekannt. Die Krebs-Drache-Frau bringt den Haushalt auf Vordermann, arbeitet nebenbei noch gelegentlich mit und hält das gemeinsame Konto auf stattlicher Höhe. Sie ist nicht knauserig, dreht aber jeden Pfennig zehnmal um. Sie bleibt selbst für den langjährigen Ehemann eine rätselhafte Frau voller Hingabe, aber auch voller Launen.

Löwe-Drachen (23. Juli bis 23. August)

Schon der Löwe ist unter einem Feuerzeichen geboren, nun kommt der feurige Drache hinzu. Das ergibt, man ahnt es, einen tätigen Vulkan. Löwe-Drachen wollen unabhängig sein. Sie suchen den Beruf, der sie freimacht von lästiger Zeiteinteilung. Sie wollen anordnen können, wo das nicht geht, wenigstens ein Mitspracherecht haben.

Im Pläneschmieden sind sie Meister, jedoch setzen sie Geplantes auch in die Tat um. Manches geschieht nach dem Dampfwalzensystem: Alles, was sich entgegenstellt, wird niedergewalzt! Oft geschieht's durch die Hintertür. Solch königlicher Drache duldet keinen Widerspruch, doch gibt er die Ideen anderer auch schon mal als eigene aus, wenn sie wirklich gut sind.

Dem Löwe-Drache-Mann ist niemand gewachsen. Die Schönen des Landes scharwenzeln um ihn herum und huldigen ihm. Er verschenkt seine Gunst an diesen und jenen weiblichen Fan. Wen er heiratet, den zieht er zu sich empor. Löwe-Drachen sind die aufmerksamsten Ehemänner, die niemals die Blumen zum Hochzeitstag vergessen. Und nebenbei beweisen sie ihren Liebsten täglich, wie dankbar sie dem Schicksal doch sein müßten, solch einen Gemahl bekommen zu haben.

Löwe-Drachen sind die reinsten Vulkane: Bei einem Ausbruch kann man nur in Deckung gehen

Weibliche Löwe-Drachen sind echte Herrscherinnen vom Scheitel bis zur Sohle. Leichtsinnige Liebesabenteuer sind ihnen verhaßt. Sie flirten gern auf höherer geistiger Ebene; bloßes Süßholzraspeln ist unter ihrer Würde. Sex ist für sie eine der selbstverständlichsten Sachen der Welt. Ein langes Vorspiel kann ihnen ein kurzes Lusterlebnis durchaus ersetzen. In der Ehe sind solche Löwe-Drache-Damen ihrem Gatten hoheitsvoll zugetan. Es soll sogar vorgekommen sein, daß sie vor lauter Liebe ihm gegenüber ihren Stolz vergessen.

Jungfrau-Drachen (24. August bis 23. September)

Jungfrau-Drachen speien nur heiße Luft, zum Feuer langt's bei ihnen nie ganz. Sie sind die Drachen mit kühlem Kopf. Dennoch halten sie sich nie lange bei der Theorie auf; ihr Metier ist die praktische Durchführung ihrer exakten durchdachten Pläne.

Der Erfolg kann bei soviel Willenskraft kaum ausbleiben. Sachlichkeit ist bei den Jungfrau-Drachen oberstes Gebot. Sie mögen nicht die verspielten Menschen, die Unbequemes gern auf morgen verschieben. Widersacher nehmen sie kampfbereit an, zur Not werden diese aus dem Weg geräumt. In der Wahl ihrer Mittel sind Jungfrau-Drachen, wenn sie in die Enge getrieben wurden, nicht gerade zimperlich.

龍

Diese Sternenmischlinge haben den siebten Sinn für Geldanlagen und Finanzierungsgeschäfte. Geiz kennen sie nicht, nur Sparsamkeit, die den eigenen Wohlstand vermehren soll.

Bei soviel Geschäftssinn kommt manchmal die Liebe zu kurz. Die Zeit fehlt für zarte Techtelmechtel, zumindest bei den männlichen Jungfrau-Drachen. Und deshalb gehen sie eines Tages kurzentschlossen aufs Ganze, sprechen die Erstbeste an, die ihnen gefällt, und lassen von nun an nicht mehr locker. Meist haben diese männlichen Sternenmischlinge Erfolg. Und Glück dazu! Selten treffen Jungfrau-Drache-Männer die falsche Wahl.

Die Frauen aus diesem Mischzeichen sind ähnlich veranlagt. Sie vergessen in der Liebe nicht den geschäftlichen Teil und wünschen sich gewisse Sicherheiten fürs gemeinsame Leben. Was der Herzensmann dafür bekommt, ist eine treue, verantwortungsvolle Partnerin, die ihm das Leben erleichtert, wo immer es geht.

Waage-Drachen (24. September bis 23. Oktober)

Man umwirbt die Waage-Drachen sehr. Viele ihrer Fans wissen nicht, daß sich hinter ihrer Intelligenz eine gehörige Portion Unsicherheit verbirgt. Waage-Drachen sind stets in der Angst befangen, daß man sie nicht ernst nehmen könnte, daß ihre Reden als billiges Wortgeklingel empfunden würden.

Minderwertigkeitsgefühle machen dem sensiblen Waage-Drachen zu schaffen

Sie wollen glänzen, sich hervortun um jeden Preis, aber ihr ungerechtfertigtes Minderwertigkeitsgefühl kann sie mitten im schönsten Satz unterbrechen und den Faden verlieren lassen. Es sind oft sensible Künstlernaturen, die uns als Waage-Drachen entgegentreten, die immer alles sehr gut machen möchten und dann doch leicht versagen, weil das Ziel zu hoch gesteckt ist.

Waage-Drache-Männer sind keine Frauenhelden. Sie haben jedoch die natürliche Begabung, anziehend auf das weibliche Geschlecht zu wirken. Gerade deswegen werden sie oft verführt. Wenn Ehemänner aus diesem Mischzeichen Seitensprünge begehen, hört ihre Ehefrau oft diese Ausrede: Nicht er war daran schuld, sondern die Frau, die ihn, den höflichen Gentleman, vom rechten Weg fortlockte.

Weibliche Waage-Drachen schmücken sich gern. Ständig umweht sie der Hauch ihres Lieblingsparfüms. Ihre Ausstrahlung betört. Wenn ihr ein Mann gefällt, fackelt die Waage-Drache-Frau nicht lange. Und nur zu gern ist man bereit, ihren Lockungen zu erliegen. Nach der Sturm- und Drang-Zeit findet sie schließlich den Mann fürs Leben. Er wird sie verwöhnen und noch mehr von ihr verwöhnt werden.

Skorpion-Drachen (24. Oktober bis 22. November)

Vorsicht! Treten sie nie einem Skorpion-Drachen zu nahe. Sie könnten sich verbrennen. Er speit Feuer und geht jeden an, der sich ihm entgegenstellt. Im Beruf sind diese Skorpion-Drachen schnell als Dauerrenner und Dauerbrenner verschrien. Wenn sie sich einmal in etwas verbissen haben, kommen sie selten davon los. Für die Firma tun sie einiges: Sie erkämpfen zum Beispiel günstige Konditionen, aber fürs Frisieren der Steuererklärung sind sie kaum geeignet. Dagegen spricht ihre unbedingte Ehrlichkeit. Oft ist ihr Blick getrübt, wenn sie sich zu sehr in einer bestimmten Sache engagieren und darüber manches andere Wichtige vergessen.

Bei diesem Sternenmischling paart sich unbedingte Ehrlichkeit mit cholerischem Temperament. Besser, man hat mit ihm nur im Guten zu tun

In der Liebe sind Skorpion-Drachen keine Kostverächter. Sie können sich nur schwer entscheiden. Mancher, der sie schon erobert zu haben glaubte, wurde mit einem handfesten Krach vergrault. Nur, weil der Skorpion-Drache sich vor der Entscheidung fürchtete.

Mit der Zeit kommen die Männer aus dem Mischzeichen zu ihren einschlägigen Erfahrungen in der Liebe. Als Ehemänner sind sie treu. Sie setzen sich für die Familie ein, sind ihre Beschützer. Allerdings brauchen ihre Ehefrauen gute Nerven und einiges Geschick, um mit ihnen auszukommen. Wenn ein Skorpion-Drache anfängt zu toben, weil er sich selbst nicht mehr leiden kann, ist er auf die mütterliche sanfte Tour wieder zu beruhigen. Das mag er.

Feuriges Temperament kann man den Skorpion-Drache-Frauen bescheinigen. Wenn sie einmal den Mann fürs Leben gefunden haben, wollen sie ihn ganz für sich allein besitzen. Verständlich, wenn der eine oder andere nichts von Liebesghettos hält und frühzeitig entflieht.

Schütze-Drachen (23. November bis 21. Dezember)

Schütze-Drachen erstreben des Lebens Schokoladenseite, auf die sie auch meist gelangen. Ihr Schliff und ihr gesellschaftlich sicheres Auftreten verschaffen ihnen im Beruf Bewunderung. Man gönnt ihnen den Aufstieg, selbst wenn sie kräftig nachgeholfen und mit Brachialgewalt Nebenbuhler aus dem Weg geräumt haben.

Schütze-Drachen sind nicht leicht einzufangen. Sie wollen selbst die Jäger sein

Im Zusammenleben sind Schütze-Drachen erträglich und umgänglich. Von festen Bindungen halten sie freilich nicht viel. Männer aus diesem Mischzeichen probieren diese Lebensanschauung der freien Liebe bis zum Exzeß oder bis zum ersten Kind, das dann einen Vater haben muß. Ein bißchen vom Junggesellendasein bleibt an diesem Schütze-Drachen immer hängen. Seinen Verein gibt er nicht auf und seine Stammtischabende erst recht nicht. Hier und da gibt er sogar seine Freundinnen nicht auf, wenn er glaubt, eigentlich die Falsche geheiratet zu haben.

Weibliche Schütze-Drachen lieben die Freiheit genauso sehr wie ihre Sternenbrüder. Für Abenteuer sind sie immer bereit. Wenn sie den Richtigen finden, sind sie ehrgeizig genug, ihm eine Partnerin zu werden, um die ihn jeder beneidet. Da sie gern über alles mögliche plaudern, sollte er jedoch gut zuhören können.

Schütze-Drachen beiderlei Geschlechts meistern ihr Leben mit jenem Enthusiasmus und Optimismus, der andere ansteckt. Es sind Menschen, denen man kaum böse sein kann, sonnige Typen, die jedermanns Hochachtung verdienen.

Steinbock-Drachen (22. Dezember bis 20. Januar)

Niemand braucht mehr Liebe als die Steinbock-Drachen. Es ist jedoch möglich, daß sie diese nicht danken, weil sie auf dem Weg zum Glück vergeßlich werden. Sie sind bei ihrer Arbeit in ihrem Element. Keine Überstunde ist ihnen zuviel, wenn sie gut bezahlt wird und ein bißchen Anerkennung einbringt. Chefs mögen diese fleißigen Arbeiter, die Kollegen achten sie wegen ihrer Hilfsbereitschaft, die von den Steinbock-Drachen auf Gegenseitigkeit verstanden wird.

Sie sind sehr modebewußt, verstecken sich aber gern hinter dezenten Farben. Nach außen hin wirken sie eher bescheiden.

Steinbock-Drachen zögern leider, wenn sie handeln müßten. Ihnen ist der berühmte Spatz lieber als die Taube auf dem Dach. Was mancher bei ihnen für Betriebstreue hält, ist in Wirklichkeit nichts anderes als ein ausgeprägtes Sicherheitsbedürfnis. Auf die gute Meinung ihrer Mitmenschen legen sie großen Wert. Dem Klatsch sind sie nicht abgeneigt, doch hören sie lieber zu, als selber etwas dazu beizutragen.

Die Steinbock-Drache-Frauen haben es manchmal schwer in der Liebe. Grund dafür ist ihr Sicherheitsdenken. Sie bleiben auch als Ehefrau berufstätig. Zärtlichkeiten, die sie verschenken, scheinen oft nicht von Herzen zu kommen. Bei diesen Damen wissen Männer manchmal nicht, woran sie sind. Und gerade das macht die weiblichen Steinbock-Drachen für viele so anziehend.

Männer aus diesem Mischzeichen können nicht unbedingt Kritik vertragen. Sie lieben die gepflegte Häuslichkeit. Ihre Liebe geht durch den Magen, eheliche Pflichtübungen gehen kaum über das übliche Maß hinaus. Nur ab und zu einmal bricht das Feuer des Drachen durch.

Was Steinbock-Drachen beiderlei Geschlechts vor allem brauchen, ist Vertrauen und sehr viel Verständnis für ihre aufgewühlte Seele, in der so manches kocht und brodelt.

Wassermann-Drachen (21. Januar bis 19. Februar)

Klug, mutig und abenteuerlustig – auf den Wassermann-Drachen warten große Aufgaben

Wassermann-Drachen denken messerscharf. Ihr Verstand ist mit Vernunft gepaart. Sie haken dort ein, wo es sich für sie lohnt. Gern stellen sie sich schützend vor die Kleinen und legen sich mit den Großen an. Ihr Rat ist gesucht. Und mit der Zeit merken auch jene, denen die Wassermann-Drachen ein Dorn im Auge sind, daß man soviel Wissen nicht brach liegen lassen darf. So arrangiert man sich, und der Wassermann-Drache fällt die Treppe hinauf. Nicht, daß er nun seinen bisherigen Schützlingen die Freundschaft aufkündigt. Die Distanz wird nur erweitert, weil er es zu etwas gebracht hat.

Wassermann-Drachen lieben das Abenteuer. Sie reisen gern und viel, um ihren Horizont zu erweitern. Schon mancher

龍

aus diesem Mischzeichen blieb in fernen Ländern hängen, weil er über die Liebe zu Land und Leuten dort seine Bestimmung und vielleicht auch etwas fürs Herz gefunden hat.

In der Ehe sind Wassermann-Drache-Männer nicht unbedingt die besten. Ihr Sinn steht nach Gesellschaften, nach abendlichem Plausch in rosa Salons mit schummerigem Licht. Die Frau mag derweil die Kinder hüten.

Weibliche Wassermann-Drachen sind hilfsbereit und von Natur aus fröhlich. An ihrer Seite läßt es sich leben. Mickrige Männlein werden von ihnen zu wahren Helden umfunktioniert oder als ungeeignet entlassen.

Fische-Drachen (20. Februar bis 20. März)

Die unbestrittenen Glückspilze unter den Drachen: Die Kombination mit dem Fische-Sternzeichen verleiht großes Talent in der Liebe

Das verstandesmäßig Erarbeitete setzen Fische-Drachen in die Tat um. Sie haben einen Hang zu künstlerisch-handwerklichen Berufen, in denen sie auch schnell Mäzene finden, die sie fördern. Denn Fische-Drachen haben oft „sagenhaftes" Glück.

Wenn's mal nicht so recht weiterzugehen droht, dauert es nicht lange, und sie haben die Situation – dank ihres Glücks – gemeistert. Die Fische-Drachen sind auch intelligent genug, die Stellung zu festigen, die ihnen Fortuna beschert.

Den Sonnyboys unter den Fische-Drachen gelingt in der Liebe nahezu alles. Ihr feuriger Blick allein fängt schon die Mädchen ein, die sich beizeiten um solchen Liebhaber bewerben. Ein Fische-Drache-Mann könnte an jedem Finger zehn haben, wenn ihm das nicht zu anstrengend wäre. So nimmt er sich im allgemeinen die Lustigste von allen und lebt mit ihr hernach wie im Märchen. Welche Frau wollte einen solchen Ehemann betrügen? Er hat beinahe alles, was sie sich wünschen kann: ein großes Herz, ein reizendes Wesen, gute Manieren und Gönner, die jederzeit für ihn einstehen. Er nimmt seine Partnerin überall mit hin, und selbst an seinem Männerstammtisch darf sie dabeisein, wenn sie will.

Fische-Drache-Frauen scheinen den Sex erfunden zu haben. Feurige Liebesbereitschaft ist bei ihnen gepaart mit romantischen Gefühlen. Die Sache hat nur einen einzigen Haken: Fische-Drache-Frauen sind sehr wählerisch. Sie verschenken ihre Gunst nur an denjenigen, der das, was sie zu bieten haben, auch zu schätzen weiß – in jeder Hinsicht.

Die hartnäckige, kluge Schlange

Das sechste Tierzeichen in der chinesischen Astrologie wird Schlange genannt. Die Schlange spielt in der Religionsgeschichte vieler Völker eine Rolle. Und im alten Reich der Mitte wurde sie bereits vor Jahrtausenden göttlich verehrt. Als der Buddhismus hier seinen Anfang nahm, konnten sich die Weisen und Astrologen auf die Legende berufen, in der von Buddha berichtet wird, daß er einer treuen Schlange alle zwölf Jahre ein ganzes Jahr geschenkt haben soll.

Die Schlange spielt in der Religionsgeschichte vieler Völker eine große Rolle

Seitdem sind die Eigenschaften der Menschen, die in einem Jahr der Schlange geboren werden, klar umrissen. Sicher sind sie oft listig wie das sich schlängelnde Tier, hartnäckig und klug. Und das sind die Jahre, in denen Schlange-Eigenschaften zum Tragen kommen:

10. 2. 1929 – 29. 1. 1930
27. 1. 1941 – 14. 2. 1942
14. 2. 1953 – 2. 2. 1954
2. 2. 1965 – 20. 1. 1966
18. 2. 1977 – 6. 2. 1978
6. 2. 1989 – 26. 1. 1990
24. 1. 2001 – 11. 2. 2002
10. 2. 2013 – 30. 1. 2014

Schlange-Menschen sind die nettesten, freundlichsten Menschen, wenn man ihnen mit gleicher Freundlichkeit entgegenkommt. Werden sie jedoch angegriffen, schlagen sie zurück – nicht heute, nicht morgen, sondern irgendwann einmal.

Diese Menschen sind schlau auf den eigenen Vorteil bedacht. Daß man ihnen vorwirft, sie arbeiteten dabei mit üblen Tricks, ist nur mangelndes Verständnis derer, die selbst nicht so vorgehen können wie die Schlange-Typen.

蛇

Kein sechster Sinn

Manchen Leuten, die unter dem Schlange-Zeichen geboren wurden, sagt man den sechsten Sinn für zukunftsträchtige Dinge nach. Mit untrügerischer Sicherheit könnten sie das, was in nächster Zeit passieren würde, erahnen. Das brachte diesen „Zukunftssehern“ bei ihren Gegnern einen schlechten Ruf ein.

Schlange-Geborene haben oft einen besseren „Durchblick“ als andere

Es steht unumstößlich fest, daß solche Vermutungen total fehl am Platze sind. Kein Mensch, auch keiner, der im sechsten chinesischen Tierzeichen geboren wurde, kann die Zukunft vorhersagen. Und diese Leute haben auch nicht den „bösen Blick“; sie schauen nur in vielen Dingen besser durch als ihre Mitmenschen.

Schon als Kinder waren sie manchem anderen Kind voraus. Sie strengten sich an, wenn es auf etwas ankam. Das brachte diese Schlange-Kinder bei Lehrern in den Ruf, sie seien rechte Saisonarbeiter, obwohl solche Einschätzung völlig absurd ist. Man kann es nämlich auch ganz anders sehen: Diese im allgemeinen doch einigermaßen begabten Kinder schaffen lediglich Gutes, wenn sie ein Ziel vor Augen haben.

So ist das auch später, wenn die Jugendlichen zum Erwachsenen herangewachsen sind. Dann sind diese nicht immer die fleißigsten Arbeiter, aber die hartnäckigsten, wenn sie eine Zielvorstellung haben, was für sie am nützlichsten sein könnte. Und nur auf diesem Wege machen schlaue Schlangen Karriere und überflügeln jene, die allein durch Fleiß vorwärtskommen wollen.

Für handwerkliche Berufe, bei denen man sich die Finger schmutzig machen könnte, eignen sich die Schlange-Geborenen nicht. Und deshalb sind sie eher dort vertreten, wo ihr Rat gefragt ist, etwa als Pädagoge und Hochschullehrer, als Psychologe, Psychiater oder als Beamter mit Publikumsverkehr.

Sie kämpfen als Anwalt vor Gericht mit Leidenschaft für ihre Mandanten und pauken vielleicht auch mal jenen heraus, der das nach Lage der Dinge nicht unbedingt verdient hätte. Das Glück steht ihnen nun mal zur Seite.

Es sei nicht verschwiegen, daß einige aus dem Schlangezeichen rechte Glücksritter sind und als Kartenschläger, Hellseher oder ebenso mal als Astrologen das Schicksal zu ergründen versuchen. Ihre schauspielerische Begabung könnte auf der Bühne zu Beifallsstürmen hinreißen.

Die Schlange-Frau

Im zwischenmenschlichen Bereich kann man eine typische Schlangeneigenschaft entdecken: ihre großartige Verführungskunst. Vor allem die Frauen aus diesem Tierzeichen gehen in den zwischenmenschlichen Beziehungen äußerst geschickt zu Werke. Für manche von ihnen ist die Liebe ein Spiel, bei dem sie sich viel Zeit nehmen, um endlich zu gewinnen.

Schlange-Frauen wissen, wie man sich einen reichen Mann angelt

Sie kennen sich aus mit den Tricks, mit denen sich schöne Frauen reiche Männer angeln, wobei sie ganz genau wissen, daß man schon gut aussehen muß, um beim Angeln erfolgreich zu sein. Sie kleiden sich möglichst nach der neuesten Mode und das vorteilhafteste Make up. So bringen die Listenreichen sich an den Mann ihrer Träume.

Nicht jede Schlange-Frau findet jedoch ihren Traummann. Sie nimmt schließlich auch mit einem nicht so betuchten Menschen vorlieb, der ihr Freiräume läßt und großzügig ist.

Ist der Mann ihres Herzens eifersüchtig, wird sie mit Unverstand reagieren. Wehe aber, er gäbe ihr Grund zur Eifersucht! Diese leicht herrische Frau vereinnahmt den Herrn, den sie einmal heiratet, als ihr unveräußerliches Eigentum. Seitensprünge sind ihm nicht erlaubt, über solche seiner Frau sollte er hinwegsehen. Verschweigen wir es nicht, daß die meisten Schlange-Frauen gerne Hausfrauen und liebevolle Mütter werden, die treu zu ihrer Familie halten.

Der Schlange-Mann

Die Männer aus dem Schlange-Zeichen gehören zu jenen Typen, die nach Möglichkeit, kaum flügge geworden, gleich ihre Traumfrau finden wollen. Sie gehören zu den verliebten Leuten, die sich stets auf einen einzigen Menschen konzentrieren, mit dem sie Tisch und Bett teilen werden bis an ihr seliges Ende. Nur enttäuschte Männer aus diesem Zeichen sieht man hier und da mal als Playboy enden.

Die meisten Schlange-Männer werden die besten Kameraden ihrer Frauen, die verständlichsten Väter für ihre Kinder. Aber welcher Mann ist ohne Fehl und Tadel? Nun, dieser Schlange-Typ gesteht sogar seine Fehler gern ein. Man möge ihm verzeihen! Nur wenn es darauf ankommt, anderer Fehler zu vergeben, ist er nicht ganz so großzügig.

Geld macht sie glücklich

Lockere Sprüche mögen die Schlangen nicht. Trotzdem haben sie viel Humor, wenn er nicht unbedingt auf ihre Kosten geht. Sie lieben auch Geld und können gar nicht genug davon bekommen. Leichtsinnige Typen unter ihnen beginnen zu spielen. Dabei ist ihr Einsatz zunächst gering. Das Glück steht ihnen zur Seite. Wenn es jedoch überstrapaziert wird, geht ihnen eine Menge verloren.

Da die Schlange-Geborenen aber im allgemeinen recht vernünftige Leute sind, versuchen die meisten von ihnen, die Finanzen auf andere Art und Weise in Ordnung zu bringen. Und es gelingt ihnen. Wer da glaubt, Schlangen würden leben wie Gott in Frankreich, der kennt sie nicht. Wenn sie viel haben, beginnen sie zu sparen und sammeln mehr und mehr Kapital an. Geizig sind sie nicht; denn sie würden den letzten Pfennig ausgeben, um anderen helfen zu können. Das sind die zwei Seiten in ihrem schillernden Charakter.

Das Glück steht den Schlange-Geborenen immer im rechten Moment zur Seite

Das Glück steht den Schlange-Menschen immer wieder im rechten Augenblick zur Seite. Wenn die Not am größten ist, erben sie möglicherweise von der ledig gebliebenen Großtante. Oder sie spekulieren an der Börse und haben den todsicheren Tip, wie man das Angelegte sicher vermehren kann.

Das Heim der Schlangen

Unter den Brücken von Paris könnte keine Schlange glücklich werden. Sie braucht ein eigenes Heim, ein Nest für die ganze Familie. Es wird, so die Geldmittel vorhanden sind, luxuriös ausgestattet werden, sind die Mittel knapper, begnügt man sich auch mit weniger.

Schlange-Menschen, die ein Leben lang arm bleiben, sollte es eigentlich nicht geben. Kommt das doch einmal vor, nimmt das die Schlange nicht krumm und tröstet sich mit ihren Luftschlössern, die sie in ihren Träumen baut. Und das ist der beste Charakterzug dieser Schlangen: Sie sind zufrieden mit dem, was sie haben. Wie es das Schicksal jedoch will, werden eines Tages ihre Träume wahr. Es wird zwar kein Schloß sein, ein kleines Haus im Grünen mit genügend Platz für die Familie langt ja schon. Es ist die Hoffnung aufs große Glück, die diese Schlangen glücklich macht.

Schlangen beiderlei Geschlechts sind gut zu haben. Sie sind ruhig und selbstbewußt. Leider aber ebenso temperamentvoll in Dingen, die ihnen übel aufstoßen. Sie können von einer Stunde auf die andere hochgehen, alles mißverstehen und hartnäckig beim Thema bleiben, wenn es von anderen längst als nicht ganz richtig abgehakt wurde.

Guter Zug solcher Schlangen: Sie werden schnell vergessen, wenn die Leute, die sie mit überzogener Strenge malträtierten, ebenso vergessen können, wie sich der Schlange-Mensch mal daneben benahm. Schließlich möchte er immer gut Freund mit aller Welt sein …

Das Horoskop für die Schlangen

In der zweiten Lebenshälfte kann eine kritische Phase eintreten

Bis zum vierzigsten Lebensjahr reichen die Lehr- und Wanderjahre der im Tierzeichen Schlange Geborenen. Wenn sie sich bis dahin ein eigenes Reich geschafft haben, können sie zufrieden sein. Leider aber kommt erst in der zweiten Lebenshälfte für viele eine kritische Lebensphase, in der sie unter Umständen noch einmal mit schwierigen Zeiten rechnen müssen. Glück ist nun mal ein trügerischer Gast.

In Zeiten wirtschaftlichen Umschwungs fällt es manchen dieser doch so klugen Leute schwer, ihr trickreiches Spiel um günstige Gelegenheiten erfolgreich zu spielen. Diese etwas traurig stimmenden Zeitläufe müssen überstanden werden. Denn eins ist sicher: den meisten wird es gelingen, die Krisen zu überwinden und wieder in alter Frische weiterzumachen.

Das werden wir möglicherweise aus den nächsten Zeilen erfahren, die das chinesische Horoskop der Schlangen für die nächsten Jahre schildern.

蛇

Mit einer gehörigen Portion Selbstbewußtsein geht's voran

Im Jahr der Ratte (1996, 2008)

werden Störungen ausgeschaltet. Trotz widriger Umstände geht es aufwärts. Freilich gehört eine ganze Portion Selbstbewußtsein dazu, das Leben in die richtige Bahn zu lenken. Im Beruf gibt es zwar manche Irritationen, aber im Endeffekt springt doch allerhand dabei heraus. In den zwischenmenschlichen Beziehungen werden wohl die Weichen zum großen Glück gestellt werden.

Im Jahr des Büffels (1997, 2009)

können die Finanzen überstrapaziert werden. Bei manchen Schlangen ist bedingungslose Sparsamkeit angesagt. Am liebsten wollte mancher unter ihnen vor der Unruhe, die allüberall in diesem Jahr zu herrschen scheint, in die Fremde fliehen, statt geduldig auf bessere Zeiten zu warten. Leider ist Geduld nicht unbedingt die Stärke der Schlangen. Mit Hartnäckigkeit geht's.

Im Jahr des Tigers (1998, 2010)

werden viele Schlangen vergessen müssen, was sie im Vorjahr verstimmt hat. Sie können manche Vorteile für sich verbuchen, sollten jedoch nicht unbedingt dabei anecken, weil sie sich sonst im übertragenen Sinn blutige Nasen holen könnten. Im allgemeinen wird es ein einigermaßen gutes Jahr mit wenigen Höhepunkten.

Im Jahr des Hasen (1999, 2011)

kann auf fast allen Lebensgebieten gefeiert werden. Im Beruf werden Schlangen bei kaum allzu großem Einsatz eine Menge erreichen. Und in der Liebe lernen sie gar manches kennen, was ihnen zuvor nicht geboten wurde. Kleinere Rückschläge sind zu verkraften, fallen jedoch nicht allzusehr ins Gewicht.

Im Jahr des Drachen (2000, 2012)

haben die Schlangen gut lachen. Die sich schon im Jahr zuvor ankündigende Erfolgswelle kann jetzt ausgebaut werden. Die Finanzen lassen sich festigen. Im Beruf steht für viele ein Aufstieg bevor, zumindestens jedoch ein neuer, besserer Arbeitsplatz. Auch in den zwischenmenschlichen Beziehungen wendet sich das meiste zum besten. Die Liebe lacht.

Im Jahr der Schlange (2001, 2013)

geht es weiter aufwärts. Viele aus dem Schlange-Zeichen werden den Gipfel des Erfolgs ersteigen und mit Zufriedenheit auf das Erreichte zurückblicken können. Was sie auch beginnen, es wird gelingen, wenn sie sich ein bißchen vor Neidern in Acht nehmen. Ganz privat lacht das Glück der Liebe.

Im Jahr der Schlange erreichen die Schlangen den Gipfel des Erfolgs

Im Jahr des Pferdes (2002, 2014)

setzt es einige Nackenschläge, die aber mit der Schlange eigenem Geschick verhindert werden können. Wer jetzt zuviel will, könnte leicht das Nachsehen haben. Im privaten Bereich können Affären einigen Tumult verursachen. Vorsicht vor falschen Freunden.

Im Jahr der Ziege (2003, 2015)

sollten sich allzu freizügige Schlangen auf den Beruf konzentrieren, weil dort böswillige Konkurrenten etwas bewirken wollen, was Schaden anrichten könnte. Guter Rat in allen Lebenslagen: Mit Ruhe kommt die Schlange sehr viel weiter als mit nervöser Anspannung. Das gilt auch für die Liebe.

Im Jahr des Affen (2004, 2016)

krempeln viele Schlangen ihr Leben total um, weil sie einen neuen, gangbaren Weg gefunden zu haben glauben, der ihnen Sicherheit in allen Lebenslagen garantieren soll. Die hohe Anstrengung könnte aber die Schlangen im ganz privaten Bereich launisch reagieren lassen. Dabei könnte es doch so lustig werden.

Im Jahr des Hahns (2005, 2017)

ist übergroßer Fleiß angesagt, um den Lebensstandard zu halten. Mit sehr viel mehr Hartnäckigkeit als in den Jahren zuvor sollten sich die Schlangen an die Arbeit machen und sich nicht auf die faule Haut legen. Träumereien vom großen Glück gehen in diesem etwas turbulenten Jahr kaum in Erfüllung, und auch im Privatleben sollte man keine üble Laune zeigen.

Im Jahr des Hundes (2006, 2018)

Weltverbesserungspläne führen nicht weit

machen kleinere Streitigkeiten möglicherweise das Leben schwer. Kluge Schlangen geben ihre Weltverbesserungspläne lieber gleich auf und sorgen besser für eine gute Atmosphäre im eigenen Heim. Hier könnte in diesem Jahr einiges in Unordnung geraten, wenn man nicht aufpaßt.

Im Jahr des Schweins (2007, 2019)

ballt sich noch einiger Ärger mehr zusammen. Aber die Schlangen sind jetzt Kummer gewöhnt und wissen, wie sie sich ihrer Umwelt gegenüber präsentieren müssen, um gut über die Runden zu kommen. Sie sind bekanntlich klug genug, Fehler auch bei sich selbst zu suchen und auszumerzen.

Die Schlangen vom Widder bis zu den Fischen

Es ist ein interessantes Spiel, die chinesischen Tierzeichen mit den abendländischen Tierkreiszeichen zu vermischen. Heraus kommen Charakterbilder, die in zwölf verschiedenen Variationen gezeichnet werden und Merkmale aus dem östlichen wie dem westlichen Tierkreis enthalten.

Widder-Schlangen (21. März bis 20. April)

Wenn sich der Widder Angriffslust mit dem eher bedächtigen Einfühlungsvermögen der Schlangen paart, kommt ein Sternenmischling heraus, der mal hüh und mal hott sagt. Die meisten Widder-Schlangen stürzen sich mit Elan ins volle Menschenleben, weil Angriff die beste Verteidigung sein soll. Leider müssen sie dann oft erkennen, daß Bedächtigkeit und kluges Taktieren nützlicher gewesen wären.

Ein Glück, daß der mit der Zeit nachzulassen drohende Eifer des Widders durch der Schlange Durchhaltekraft aufrechterhalten wird, sonst käme man kaum je zu höheren Positionen. Manchen Streich spielt diesen Mischlingen ihr heftiges Temperament. Zu leicht sehen sie rot und rennen blind drauflos.

Die männlichen Widder-Schlangen sind Charmeure mit dem Herz auf dem rechten Fleck. Und deshalb fallen so viele auf sie herein. In der Ehe entpuppen sie sich manchmal anders. Dort ist ihr Charme wie ein zerstäubendes Parfüm – er verfliegt sehr schnell. Bei diesen Mischtypen wird man's merken, wenn sie knurrend und murrend frühmorgens aufstehen, die Zeitung vor sich am Kaffeetisch aufbauen und dem Eheweib erst wieder zu Gesicht kommen, wenn sie sich an der Tür mit flüchtigem Kuß verabschieden. Nur die besonders gut Verheirateten unter ihnen machen diesen Zauber nicht mit, sind freundlich, obwohl sie in der Nacht vielleicht nicht allzu gut geschlafen haben, und heitern ihrerseits die schlechtgelaunte Ehefrau auf.

Widder-Schlangen können ganz schön launisch sein

Auch Widder-Schlange-Frauen haben ihre Launen. Wer sie jedoch zart behandelt, lernt sie von ihrer Zuckerseite kennen, als Geschöpf mit Hingabe und viel Sex. Auch sie haben das Herz auf dem rechten Fleck, und manchmal sogar auf der Zunge.

Stier-Schlangen (21. April bis 20. Mai)

Das Temperament der Stier-Schlangen schlägt Purzelbäume. Wo andere geduldig warten, stoßen sie mit Vehemenz zu. Im Beruf haben sie große Chancen, zumal zur Leistung eine Menge Glück kommt, auf das sie sich freilich nicht allein verlassen sollten. Ihr Schwung reißt andere mit, womit sie ihre Führernatur exzellent beweisen. Geldverdienen gehört zu ihren Hobbys.

Die Liebe ist für Stier-Schlangen immer besitzergreifend. Mit der Zeit weicht sie kameradschaftlichem Zusammenleben, wobei die Schwächen des Partners verständnisvoll übersehen werden, solange er treu bleibt.

Die Männer aus diesem Mischzeichen spielen vor der Ehe gern den Playboy, der sie aber nie und nimmer sind. Bei der ersten oder zweiten Freundin wird aus dem Spiel meist gleich Ernst: Es wird geheiratet!

Die weiblichen Schlangen im Stier-Zeichen zieren sich lang. Sie wollen sich nichts vergeben. Schließlich verführen sie irgendeinen, der ihnen gefällt. Möglicherweise verkuppeln sie ihn kurz darauf an die beste Freundin, weil er nur der Zweitbeste war. Den Besten haben sie dabei schon im Auge.

In der Ehe werden Stier-Schlangen immer glücklich. Männer und Frauen aus diesem Zeichen wollen es gar nicht anders. Man lebt mit ihnen gut zusammen und setzt mit der Zeit vielleicht Speck an. Stier-Schlangen neigen im Alter sehr oft zur Fülle.

Schlangen sind nicht falsch, nur ein bißchen unberechenbar

Kraftvoll, aber ehrlich, treten diese Sternenmischlinge ihren Mitmenschen gegenüber, womit sie einmal mehr beweisen, daß Schlangen nicht falsch, höchstens mal ein wenig unberechenbar sind.

Zwillinge-Schlangen (21. Mai bis 21. Juni)

Zwillinge-Schlangen denken messerscharf – an den eigenen Vorteil. Sie sind die egozentrischsten unter allen 144 in diesem Buch beschriebenen Mischtypen. Dabei schauen sie immer drein, als könnten sie kein Wässerchen trüben. Ihre zur Schau gestellte Sittsamkeit und Bescheidenheit schindet Eindruck.

Man kann es den Zwillinge-Schlangen kaum recht machen. Immer wollen sie mehr, als sie geboten bekommen. Erfolge nehmen sie als die größte Selbstverständlichkeit hin; es müssen sich neue, noch größere einstellen. Sie sind nie zufrieden. Tatsächlich sind diese Mischlinge nur darum so erfolgreich, weil der Zwillinge Wankelmut von der Schlange Hartnäckigkeit übertönt wird.

Alles, was Zwillinge-Schlangen unternehmen, wird mit überzeugendem Charme dargeboten. Sie sind die großen Verführer im Tierkreis. Die erste Frau ist für einen Mann aus diesem Mischzeichen höchstens ein Flirt, eine Liaison, die ihn in die Liebe einführt. Die zweite vertieft seine Erfahrung. Ab der dritten könnte er ernst machen. Bei jeder war er Hahn im Korb. Da solche Mischtypen von der Schlange viel Familienfreundlichkeit mitbringen, gepaart mit der Zwillinge Freiheitsdrang, geht's mit ihnen nach der Hochzeit ganz gut.

Das kann man ebenso den Frauen aus diesem Mischzeichen nachsagen. Sie sind nur noch anspruchsvoller als ihre Sternenbrüder und lieben es, verwöhnt zu werden.

Krebs-Schlangen (22. Juni bis 22. Juli)

Schutzpatron der Krebs-Schlangen ist der Mond. Er allein soll schuld sein an ihrem träumerischen Blick. Wenn man sie schlafen ließe bei vollem Gehalt und freier Logis, würden sie nicht nein sagen. Da solche Angebote selten sind, nehmen sie andere an, die ihnen viel Freizeit lassen.

Krebs-Schlangen sind tolerant, verträglich und in Maßen schlagfertig. Man muß sie mögen und fördert sie, damit sie es auch mal zu etwas bringen. Später wird man den Verdacht nicht los, daß sie es nur darauf anlegen, das Hascherl zu spielen, um ohne Mühe ein Treppchen höher zu steigen.

Mit dieser Masche haben die Krebs-Schlangen ebenso in den intimen Beziehungen Erfolg. Das Wort „Masche" könnte falsch verstanden werden; stellen wir also gleich richtig, daß es kaum jemand mit der Liebe ernster nimmt als die Krebs-Schlange. Sie ist hingebungsvoll wie sonst keiner.

Krebs-Schlange-Frauen sind gerne Hausfrau und Mutter

Die Frauen aus diesem Mischzeichen heiraten früh. Sie verführen ihre Partner mit sanftem Augenaufschlag und schüchternem Gehabe. Da muß er ja weich werden! Viele Frauen aus diesem Zeichen geben den Beruf zugunsten der Tätigkeit als Hausfrau auf. Sie kochen perfekt und sind den Kindern eine verständnisvolle Mutter. Von Zeit zu Zeit fühlen sie sich von ihrem Ehemann unverstanden, und der Gatte muß bereuen, selbst wenn er sich unschuldig fühlt.

Krebs-Schlange-Männer haben ein ähnliches Verhältnis zu Familie und Ehe. Sie heiraten aus dem Wunsch heraus, nicht länger allein zu sein. Leider wird man aus diesen Männern nie so ganz schlau. Dieses Geheimnisvolle reizt manche ihrer Partnerinnen, es mit ihnen zu versuchen.

Löwe-Schlangen (23. Juli bis 23. August)

Die Löwen lieben das Tempo, und die Schlangen setzen es durch

Löwe-Schlangen setzen so ziemlich alles durch, was sie sich vorgenommen haben. Ihre unbändige Kraft treibt sie von einer Höchstleistung zur anderen. Nach einer kurzen Entspannungsphase gehen sie wieder mit Volldampf voran. Sie lieben das Tempo. Ihr scharfer Verstand bringt sie weiter als ihr handwerkliches Können; schlangenhaftes Glück hilft mit, ebenso der sprichwörtliche Löwenmut.

Mit ihrer überlegten Handlungsweise schaffen Löwe-Schlangen es, in fast allen Lebenslagen das Richtige zu tun. Bewunderung nehmen sie mit gespielter Bescheidenheit entgegen. Sie wissen sehr wohl, welche Prachtstücke sie sind. Sie finden viele Freunde. Nur, wenn es ums Geld geht, zögern sie eine Weile. Das bewirkt der Schlangeneinfluß, der den oft zu großzügigen Löwen bremst.

Männer aus diesem Mischzeichen erobern auf rasante Art die Frauen. Sie liegen ihnen zu Füßen und sind zu vielem bereit, um einen dieser königlichen Glückspilze zu bekommen. In der Ehe entpuppt sich freilich mancher aus diesem Zeichen als rechter Familiendespot, der nur seine eigene Meinung gelten läßt. Daß sich Frauen die Diktatur dieser Sternenmischlinge nur zu gern gefallen lassen, mag die niedrige Prozentzahl in der Scheidungsstatistik beweisen.

Eine der herrlichsten Frauen unter dem Tierkreis ist die Löwe-Schlange-Frau. Sie hat den Esprit einer lebenslustigen Französin, gepaart mit dem Auftreten einer Grande dame aus erstem Hause.

Die Löwe-Schlange-Frau: eine Grande dame aus erstem Hause

Sie kann sich den Partner aus einer großen Zahl von Bewerbern aussuchen. Der Erwählte wird an ihrer Seite glücklich werden. Sie bietet ihm nicht nur erotische Vergnügungen, sondern ebenso große Gesellschaften, bei denen auch ein wenig von ihrem Glanz auf ihn abfällt. Wer solch eine Frau heiratet, ist ein gemachter Mann, auch wenn er keinen roten Heller besitzt. Die schlangenhafte Löwin wird ihn schon managen, bis er es zu was gebracht hat.

Jungfrau-Schlangen (24. August bis 23. September)

Jungfrau-Schlangen streben nach totaler Sicherheit. Sie wagen nicht allzu viel. Trotzdem sind sie nicht die schlechtesten Arbeiter; sie wollen den Kern erfassen, bevor sie den weiteren Kurs bestimmen. Ihr Zögern zahlt sich aus. Diese Mischtypen haben ihre Launen und sind nicht so leicht zufriedenzustellen. Das macht sie nicht unbedingt zu den besten Kollegen und schon gar nicht zu den beliebtesten Vorgesetzten.

Jungfrau-Schlangen sind in jeder Beziehung wählerisch

Wählerisch sind Jungfrau-Schlangen auch im zwischenmenschlichen Bereich. Da wird geprüft und getestet, ob denn das „Objekt der Begierde“ für die dauerhafte Bindung geschaffen ist. Verständlich, wenn das mancher Testperson zu pingelig erscheint und sie sich schnell anderweitig orientiert, wo nicht so viel nach Vorleben und familiären Verhältnissen gefragt wird.

Vor allem Jungfrau-Schlange-Männer haben es schwer, in den Stand der Ehe zu treten. Zunächst haben sie ihren Beruf, der sie über Gebühr in Anspruch nimmt, dann aber auch ihre Zweifel, die selbst noch bei himmelhochjauchzender Liebe bohrend an ihnen nagen. Das mag sie bei mancher Schönen gefühlskalt erscheinen lassen. Daß sie es nicht sind, beweisen die vielen glücklichen Ehefrauen, denen Jungfrau-Schlange-Männer den Himmel auf Erden bereiten. Wenn sie sich nämlich einmal für die Ehe entschieden haben, werden aus den Sprunghaften die treusten Ehemänner.

Frauen aus diesem Mischzeichen sind ähnlich veranlagt wie ihre Sternenbrüder. Auch sie prüfen, bevor sie sich ewig binden. Da sie gut aussehen, haben sie stets genügend Heiratskandidaten zur Hand, selbst wenn sich die Jungfrau-Schlange-Frauen gern noch eine Weile zieren, so daß ihnen Prüderie nachgesagt wird. Wer eine von ihnen heiratet, weiß jedoch bald, wie schnell selbst Eisberge dahinschmelzen können.

Waage-Schlangen (24. September bis 23. Oktober)

Wer eine Waage-Schlange nicht mag, ist selbst daran schuld. Diese Schlangen im Waage-Zeichen schlagen alle in ihren Bann. Nur wird manch einer das Gefühl nicht los, sie meinten

蛇

es in ihrer Überschwenglichkeit nicht allzu ehrlich. Dabei sind sie doch so heitere Wesen, die fröhlich in den Tag hinein leben. Was sie mit Können nicht erreichen, das schaffen sie mit Charme. So ist ihrem beruflichen Fortkommen eigentlich keine Grenze gesetzt, zumal sie nicht nur beim Chef, sondern auch bei den Kollegen beliebt sind.

Waage-Schlange-Männer können sich vor Bewerberinnen um ihre Gunst oft nicht retten. Sie spielen lange mit der Liebe, es ist jedoch möglich, daß sie auf die erstbeste hereinfallen, weil sie ihnen schöne Augen macht. Diese Sternenmischlinge haben den Willen, gute Ehemänner zu sein. Leider reicht ihr Charme für viele. Und so werden sie vielleicht auf Abwege gelangen. Dann können sie nur hoffen, eine verständnisvolle Ehefrau zu haben.

Wer das Herz einer Waage-Schlange erobert hat, kann stolz sein

Die Frauen aus diesem Mischzeichen sind reizende Evas-Töchter, die die Kunst der Verführung perfekt beherrschen. Wer das Herz einer Waage-Schlange erobert hat, kann stolz sein, über einige Dutzend ihrer Anbeter triumphiert zu haben. In einer Ehe lernt er sie von jener Seite kennen, die sogar harte Burschen in den siebten Himmel versetzt.

Alle Waage-Schlangen, Frauen wie Männer, haben den Wunsch nach Harmonie. Krach können sie nicht ausstehen. Viele Künstler wurden unter diesem Zeichen geboren. Arbeit ist nicht gerade ihre Stärke. Sie bauen mehr auf das Glück, das ihnen immer wieder zufällt. Sie wagen oft ein Spiel, verlieren aber nicht gern. Beim Mogeln werden sie selten erwischt. Das kommt daher, daß sie zu geschickt für ihre Mitspieler sind.

Der Charakter der Waage-Schlangen schillert in vielen Farben. Wie gut, wenn ihre Partner Farbenfrohes lieben!

Skorpion-Schlangen (24. Oktober bis 22. November)

Selbstbewußtsein und Selbstbeherrschung sind bei den Skorpion-Schlangen gepaart mit viel Selbstkritik. Sie suchen nie bei anderen zuerst den Fehler, sondern forschen zuvor bei sich nach. Ihre absolute Wahrheitsliebe wird nur etwas abgeschwächt durch den Willen, sich bedingungslos im Leben durchzusetzen. Und das kann man eben manchmal nur durch kleine Notlügen. Da Skorpion-Schlangen mit einem wachen

Verstand ausgestattet sind, haben sie es im Beruf nicht allzu schwer. Man kommt ihnen nicht so leicht bei. Gezieltes Schaffen ist bei ihnen der halbe Erfolg.

In der Liebe können sie mit Ernst zur Sache kommen. Sie verführen über geistreiche Gespräche, die endlich in die Zielansprache münden. Da die meisten Partner ausgedehnte Vorspiele lieben, ist für Skorpion-Schlangen das Ziel stets in Reichweite.

Skorpion-Schlange-Männer sind Ehemuffel, doch lassen sie sich auch gerne umstimmen

Männer aus diesem Mischzeichen halten nicht viel von der Ehe. Wenn sie sich schließlich doch zum Gang aufs Standesamt aufraffen, fassen die meisten den heimlichen Entschluß, daß die Ehe kinderlos bleiben sollte. Kinderliebe Frauen machen ihnen einen Strich durch die Rechnung. So werden selbst Skorpion-Schlange-Männer Familienväter und beileibe nicht die schlechtesten.

Frauen aus diesen Mischzeichen lassen sich vor allem von solchen Männern einfangen, an deren Seite der Gesprächsstoff nie ausgeht. Sie wollen an allem Anteil haben, was den Mann bewegt, und gleichzeitig auch von sich selbst erzählen. Trister Ehealltag ist nichts für sie.

Schütze-Schlangen (23. November bis 21. Dezember)

Schütze-Schlangen sind sehr beliebt, was sie nicht hindert, Nebenbuhler mit nicht sehr feinen Mitteln aus dem Weg zu räumen. Sie setzen gern die Ellenbogen kräftig ein. Schließlich wollen sie schon in jungen Jahren zu den Bessergestellten zählen. Ihr Ehrgeiz schafft mit der Zeit alle Hürden und erreicht jedes Ziel.

Ihr Ehrgeiz schafft mit der Zeit alles

Im Sport werden sie Meister, in der Industrie Manager und in der Politik vielleicht sogar Minister. Wenn sie einigermaßen Geld verdienen, geben sie sich auch mit weniger zufrieden. Zum Geld haben sie übrigens das beste Verhältnis: Bevor sie ihr eigenes ausgeben, lassen sie andere zahlen.

Obwohl Schütze-Schlangen ein gepflegtes Zuhause schätzen, trifft man sie dort nicht oft an. Ihr unruhiges Blut treibt sie hinaus. Solche erfolgsverwöhnten Leute kommen auch in der Liebe auf ihre Kosten. Gar nicht so wenige unter ihnen machen eine reiche Heirat.

Der Schütze-Schlange-Mann liebt die Unabhängigkeit; die Ehe erscheint ihm als Zwangsjacke, die man nur überstreift, wenn es sich wirklich lohnt. Und dann muß er soviel Platz in diesem Kleidungsstück haben, daß er sich frei darin bewegen kann. Manche Ehefrauen schwören, er sei der beste Ehemann unter der Sonne. Nur der aus dem Zeichen Schütze-Schlange kann sagen, ob das wirklich stimmt.

Bei der Frau aus diesem Mischzeichen klimpert es immer – hier ein Goldreif, dort ein Paar Ohrringe und eine Kette. Sie tragen diese Wertanlagen stets bei sich.

Männer fallen gern auf solche Frauen herein. Sie brauchen sich auch nicht zu beklagen: Schütze-Schlange-Frauen sind ideale Partnerinnen, nur ab und zu verlangen sie nach einem neuen Liebesbeweis.

Steinbock-Schlangen (22. Dezember bis 20. Januar)

Von allen Schlangen sind die aus dem Steinbock die hartnäkkigsten, wenn es gilt, ein Ziel zu erreichen. Sie sind mit nichts zufrieden. Lob ist für sie überflüssig, weil sie selbst wissen, was sie können. Tadel spornt ihren Ehrgeiz nur um so mehr an, um es denen zu zeigen, die schlecht von ihnen sprachen.

Wer sie engagiert, hat sich nicht vergriffen. Die Intelligenz der Steinbock-Schlangen treibt immer in die Richtung, die stimmt. Sie verfolgen diese mit sturer Beharrlichkeit. Niemand kann sie von einem einmal eingeschlagenen Weg ablenken. Steinbock-Schlangen verlieren erst dann die Nerven, wenn sie in eine Sackgasse geraten. Aber das ist selten. Ihre Vorausberechnungen stimmen im allgemeinen bis auf die letzte Stelle hinter dem Komma.

Selbst in der Liebe sind sie berechnend

Selbst in der Liebe sind Steinbock-Schlangen berechnend. Wen sie lieben, den wollen sie besitzen. Eifersucht ist ihre Schwäche. Der Mann aus diesem Mischzeichen kann der großzügigste Vater sein, der seine Kinder aufs Beste ausstaffiert, wobei freilich ein bißchen Eigenliebe mitspielt. Und seine Frau hat ebenfalls nicht zu klagen – außer, daß sie sich selbst harmlose Flirts nicht erlauben darf. Daß sich ihr Holder in dieser Hinsicht kaum Beschränkungen auferlegt, darf sie nicht stören.

Die Steinbock-Schlange-Frau kann ihre Liebe nicht so zeigen, wie es sich mancher in sie verliebte Mann wünschen möchte. Sie ist nicht scheu, nur ein wenig eckig. In einer Ehe gibt sie ihre Reserviertheit in gewissen Graden auf. Sie wird die Kameradin des Mannes, die beim Geldverdienen mithilft, wenn seine Einkünfte nicht ausreichen.

Wassermann-Schlangen (21. Januar bis 19. Februar)

Wassermann-Schlangen haben ausnahmsweise doch einen sechsten Sinn

Wassermann-Schlangen haben den sechsten Sinn. Sie können gezielt in die Zukunft schauen. Meistens sehen sie etwas schwärzer, als es in Wirklichkeit eintreffen wird. Ihre Warnungen sollte man trotzdem nicht in den Wind schlagen; es ist immer etwas Wahres dran. Im Beruf haben sie oft skurrile Einfälle, die sie von der übrigen Mannschaft absetzen. Die Ideen sprudeln nur so aus ihnen heraus.

In den zwischenmenschlichen Beziehungen erscheinen Wassermann-Schlangen zunächst etwas flatterhaft. Sie können sich nie entscheiden, aber überzeugend Süßholz raspeln und kurz darauf schon die Vergeßlichen spielen. Vor allem die Männer aus diesem Mischzeichen sind darin Klasse.

Diese Herren mit dem großen Herzen geraten oft an eine sich mädchenhaft weich gebärdende Frau. Gar nicht so wenige Schlange-Wassermänner spielen den Herrn im Haus und tun dann doch, was die Frau sich nachdrücklich wünscht.

Die Frauen aus diesem Zeichen haben viel Gefühl, aber ihre Annäherungen an das andere Geschlecht erfolgen nur sehr vorsichtig. Zu leicht, glauben sie, könne man sich etwas vergeben. Flirts sind sie nicht abgeneigt. Wenn es jedoch bei ihnen gefunkt hat, ist für sie Schluß mit allem, was vorher war. Eine Wassermann-Schlange-Frau liebt intensiver als ihr Sternenbruder.

Wassermann-Schlangen sind unberechenbar. Sie verwirren ihre Umwelt gern und schlagen dann Kapital daraus. Manches Rätsel, das sie aufgeben, bleibt ungelöst. Nur in einem kann man hundertprozentig auf sie zählen: Sie helfen selbstlos jedem, der ohne eigene Schuld in Not geraten ist.

Fische-Schlangen (20. Februar bis 20. März)

Es sind die verspieltesten Schlangen, die im Fische-Zeichen geboren wurden. Wenn sie den Beruf nach ihren Wünschen planen, erreichen sie viel. Leistungen anderer erkennen sie neidlos an, richten sich nach ihnen aus und überflügeln dann doch die Konkurrenten durch nimmer müden Einsatz.

Mit viel Gefühl sind sie in der Liebe bei der Sache. Sie erscheinen zunächst schüchtern und scheu, so als ob sie geangelt werden müßten. In Wirklichkeit wählen sie sorgsam aus und verstecken sich nur hinter der Schüchternheit.

Wenn man sie an der Ehre packt, bekommt man auch ihr Bestes

Fische-Schlange-Männer muß man stets an der Ehre pakken, um das Beste aus ihnen herauszuholen. So ist das auch im zwischenmenschlichen Bereich. Man muß sie von Zeit zu Zeit allein lassen, damit sie ihren Akku aufladen können und das nächste Beisammensein um so schöner wird. In der Ehe stehen sie allemal ihren Mann, zumal wenn sie den Beruf ergreifen konnten, den sie sich wünschten. Ein Fische-Schlange-Mann hat Nerven, und geht etwas im Beruf verquer, läßt er es gern an denen aus, die ihn lieben.

Die Frauen aus diesem Mischzeichen haben ihre Launen. Sie sind die nettesten Geschöpfe, die man sich denken kann. Kriecht ihnen aber die berühmte Laus über die Leber, können sie von einem Augenblick auf den anderen garstig und bösartig werden. Ehemänner solch exzentrischer Frauen wären gut beraten, verständnisvoll über diesen Zug in der Fische-Schlange-Seele hinwegzusehen. Im Grund genommen haben sie eine der wunderbarsten Frauen aus dem Tierkreis geheiratet.

Das freiheitsliebende, ungestüme Pferd

Nach der Legende folgte das Pferd dem Ruf Buddhas und trabte als siebtes Tier bei dem Religionsstifter an, um von ihm als folgsames Lebewesen ein Jahr im chinesischen Kalender geschenkt zu bekommen. Seitdem forschen die Weisen und Astrologen im Reich der Mitte, welche Wesenszüge die Menschen haben, die in einem Jahr des Pferdes, also im siebten Tierzeichen des chinesischen Mondjahres, geboren wurden.

Sie stellten fest, daß diese Menschen freiheitsliebende, aber auch sehr ungestüme Typen sind. Ihre Geburtstage liegen in folgenden chinesischen Mondjahren:

30. 1. 1930 – 16. 2. 1931
15. 2. 1942 – 4. 2. 1943
3. 2. 1954 – 23. 1. 1955
21. 1. 1966 – 8. 2. 1967
7. 2. 1978 – 27. 1. 1979
27. 1. 1990 – 14. 2. 1991
12. 2. 2002 – 31. 1. 2003
31. 1. 2014 – 18. 2. 2015

Schon die „kleinen" Pferde sind temperamentvoll und ungeduldig

Kinder, die in einem Jahr des Pferdes geboren werden, sind schon als Babys temperamentvoll und voller Ungeduld. Wenn ihnen irgend etwas nicht paßt, können sie dem Kindermädchen die Milchflasche aus der Hand schlagen. Passiert ihnen das später einmal, werden sie das Scherbengericht, das man daraus macht, nicht verstehen und auf das Sprichwort verweisen, daß Scherben Glück bringen.

Natürlich liegen sie mit solchem Argument ein bißchen falsch, denn „Glück und Glas, wie leicht bricht das" heißt es in einem anderen Sprichwort. Und auch später werden die Pferd-Geborenen nicht immer die besseren Argumente haben.

Pferd-Kinder mucken gegen alles auf, was sie nach ihrer Meinung in ihrer Bewegungsfreiheit einengen könnte. Und dann sind sie in der Lage, nicht nur Vater und Mutter Widerworte, sondern selbst dem strengsten Lehrer eine patzige Antwort zu geben. Klug ist so etwas sicher nicht immer, aber es beweist, daß solch Pferd-Kind sich vor niemandem fürchtet.

Angst haben die Menschen aus diesem Tierzeichen auch als Erwachsene nicht. Sie werden im Gegenteil im Galopp jede Hürde nehmen wollen, die ihnen in den Weg gestellt wird. Daß man sich bei soviel Ungestüm leicht auch einmal Vergaloppieren kann, spornt sie nur an, ein andermal mit noch mehr Konzentration ins Rennen zu gehen.

Ungeduld ist ihre Schwäche

Pferd-Geborene sind freundlich und humorvoll, sie sind jedermann zugetan, der ohne Falsch auf sie zukommt. Mitmenschen, die hintenherum Böses über sie oder andere sagen, mögen sie nicht. Pferd-Typen sind offen und ehrlich, es kann jedoch geschehen, daß während einer hitzigen Diskussion der „Gaul" mit ihnen durchgeht und sie den Wahrheitsbezug ihrer Worte verlieren. Man sollte ihnen solchen Wesenszug nicht zu sehr ankreiden. In ihrer Ungeduld, zu allem und jedem etwas beizutragen, schießen sie manchmal über das Ziel hinaus.

Pferd-Menschen sind im allgemeinen sehr redegewandt. Sie sitzen im Parlament kaum auf den Hinterbänken. Und als Straßenverkäufer schaffen sie es, billige Ware mit schmückenden Worten zu Überpreisen an die Leute zu bringen.

Pferd-Geborene wollen sich um jeden Preis bemerkbar machen, manchmal allzu laut

Bei manchen Leuten aus dem siebten Zeichen der chinesischen Astrologie kommt die Beredtsamkeit in überlauter Phonstärke daher. Man sollte das diesen Typen nicht verübeln. Schließlich wollen sie sich um jeden Preis bemerkbar machen, um zu zeigen, daß sie durchaus mitsprechen können. Dieser Zug in des Pferdes Charakter kommt bei den meisten Angehörigen dieses Zeichens allerdings kaum zum Tragen.

Wenn es nach Buddhas Pferd gegangen wäre, hätte es sich sicher als erstes gemeldet, wenn nicht einige andere Tiere schneller gewesen wären. Vielleicht kommt daher der Charakterzug einiger Pferd-Geborenen, sich – wenn's geht – überall vorzudrängen, um das Beste für sich herauszuholen.

In ihrem Drang nach absoluter Freiheit unterläuft diesen Menschen mancher Fehler, der sie in den Augen nicht ganz wohlmeinender Mitmenschen zu Egoisten macht, zumal sie dabei auch recht strebsam ihren eigenen Vorteil suchen.

Kann man da verstehen, wenn die Angehörigen dieses Tierzeichens am liebsten nicht mit denen in einem Büro zusammensitzen oder an einer Werkbank stehen wollen, die sie kritisieren? Und vielleicht deshalb sind Pferde-Menschen gern im Beruf auf sich selbst gestellt – als freischaffender Künstler oder Journalist, als Arzt oder Entwicklungshelfer, als Wissenschaftler oder Raumfahrer, als Vorarbeiter oder Handwerksmeister, als Börsenfachmann oder als Politiker. Wobei wir erwähnen möchten, daß Pferd-Frauen in denselben Berufen zu finden sind wie ihre männlichen Sternenbrüder. Auch sie wollen unabhängig von jeglicher Bevormundung sein.

Sie finden sich überall zurecht

Das Selbstbewußtsein der Pferd-Typen ist kaum zu übertreffen. Sie wissen, was sie leisten können. Selbst nicht ganz so intelligente Leute aus diesem Zeichen fühlen sich daher manchen Mitmenschen überlegen. Aber diese Art ist unter den Pferden nicht allzu oft anzutreffen.

Pferd-Typen sind selbstbewußt und freiheitsliebend – sogar in Sachen Geld

Nicht alle Pferd-Typen machen aus dem Geld etwas, das sie in hartem Arbeitseinsatz verdienen. Sie wissen zwar, wie nützlich Bankkonten sein können, nehmen sich jedoch die Freiheit, den Verdienst wieder eilig unter die Leute zu bringen. Sie verreisen gern und wollen Abenteuer in fremden Ländern erleben. Und das kostet manchmal mehr, als ihr Geldbeutel hergibt. So mancher aus diesem Zeichen muß schon mal einen Kredit aufnehmen, um sich seine Hobbys leisten zu können. Man sieht ihn dann auf Partys und solchen Gesellschaften glänzen, auf denen er sich in den Vordergrund drängen kann. Denn in den eigenen vier Wänden hält es die wenigsten Pferde. Sie wollen hinaus in die freie Wildbahn, wo sie sich mit Gleichgesinnten tummeln können.

Alle Pferd-Menschen achten auf ihr Aussehen. Die Männer kleiden sich oft nach der letzten Mode unter dem Motto: Schick geht die Welt zugrunde! Und die Frauen aus diesem Zeichen achten auf ihre Figur, um stets Haltung zu bewahren.

Der Pferd-Mann

In den zwischenmenschlichen Beziehungen läuft bei den Pferden nicht immer alles so, wie sie es sich vielleicht wünschen. Lieben ist für sie eine Leidenschaft, die leider manchmal Leiden schafft. Sie verlieben sich schnell, doch ihre sprichwörtliche Ungeduld läßt sie ein um das andere Mal verzagen. Sie können mitten in der romantischsten Liebesszene in Taktlosigkeit verfallen und den oder die Partnerin dermaßen damit kränken, daß er oder sie zerknirscht von dannen zieht und nie wieder auftaucht.

Solches Verhalten müßten die Pferd-Geborenen eigentlich verstehen, zumal sie selbst leicht einschnappen, wenn andere ihnen eine Untugend vorwerfen. Sie foppen gern ihre Mitmenschen und machen über sie Späße, wenn sie aber selber Ziel solcher Späße sind, kann man sie als humorlose und mißgelaunte Typen kennenlernen.

Um einen Pferd-Mann einzufangen, bedarf es schon einiger Tricks. Eine kluge Frau kennt sich aus

Man hat es mit den Pferden nicht ganz leicht. Vor allem die Männer aus diesem Zeichen gehen forsch zu Werke, wenn sie eine Frau für sich eingenommen haben, die bereit ist, es mit ihnen zu wagen. Sie müßte mindestens Psychologie studiert haben, um alle Untiefen in des Pferdes Seele aufspüren und verstehen zu können.

Der Pferd-Mann will stets der dominierende Teil sein, wenn er ein Verhältnis beginnt. Er ist in jedem Fall zunächst leidenschaftlich verliebt in die Frau, die sich mit ihm einläßt. Sie wäre klug beraten, wenn sie mit gleicher Leidenschaft seine Liebe erwidern würde. Ihre Streichelkünste geben den Ausschlag, wie lange das Verhältnis anhält.

In der Ehe sind Pferd-Männer leicht zu behandeln, wenn man ihnen stets zu Willen ist und dann doch das tut, was man selber will. Jetzt wissen Sie, warum die meisten aus diesem Zeichen recht kluge Frauen haben.

Die Pferd-Frau

Pferd-Frauen wollen auch in einem festen Verhältnis noch freien Auslauf haben. Sie haben viel Feuer, das schnell entfacht wird, aber genauso schnell auch wieder verglüht. Am ehesten hält sie der Mann, der im Leben schon einige Erfahrung gesammelt und eine sichere Position erreicht hat.

Schon als junges Mädchen schwärmt manche Pferd-Geborene für reife Männer, von denen sie noch etwas lernen kann. Unerfahrene Jünglinge sind weniger gefragt. Mit denen kann sie scherzen und auch mal flirten. Von Liebe wird da kaum geredet.

Von Natur aus ist jede Pferd-Dame wählerisch. Und mit der Zeit versammelt sie eine ganze Schar von reifen Männern um sich, die sie irgendwann einmal für die einzig Richtigen hielt. Ab ihrem vierten Lebensjahrzehnt umgibt sie sich gern mit jüngeren Vertretern des männlichen Geschlechts.

Im allgemeinen jedoch brauchen Pferd-Frauen nie lange nach dem Mann suchen, den sie heiraten. Er muß ihre launischen Einfälle verstehen und sie gerade dann streicheln, wenn sie von üblen Launen befallen wird. Er sollte sie zum Lachen bringen, dann ist der Ehe Glück beschieden.

Ganz so schlimm sind die Pferd-Menschen ja nicht, wie es vielleicht hier erscheinen mag. Sie sind leidenschaftlich verliebt, wenn sie glauben, den richtigen Partner gefunden zu haben. Wenn er mit gleicher Leidenschaft antwortet, werden diese so ungestümen Leute aus dem Pferd-Zeichen schnell gezähmt. Wer sie nimmt, wie sie sind, mit dem werden sie ihr Leben lang glücklich sein.

Noch ein Wort über das Feuerpferd

Oftmals gehen Pferde in ihrer Argumentation über das erträgliche Maß hinaus. Meist tragen sie daran eigentlich keine Schuld. Zu leicht lassen sie sich herausfordern und dann schlagen sie aus. Man sollte also vorsichtig mit ihnen umgehen, um nicht getroffen zu werden.

Alle 60 Jahre werden Feuerpferde geboren. Sie sind noch forscher als alle anderen

Alle sechzig Jahre werden Feuerpferde geboren. Das war zuletzt im Jahr 1966 der Fall. Diese Superpferde sind forscher als alle anderen. Wer sich mit ihnen anlegt, wird meist das Nachsehen haben. Sie sind erfolgreicher als ihre Brüder und Schwestern, die in anderen Jahren des Pferdes geboren wurden. Leider tritt bei diesen so Erfolgreichen auch all das intensiver zutage, was hier als negative Seiten der Pferd-Menschen beschrieben wurde. Man mag sich trösten: Erst die Kinder, die 2026, im Jahr des Pferdes, geboren werden, sind wieder Feuerpferde.

Das Horoskop für die Pferde

Sie fühlen sich am wohlsten in Berufen, in denen sie selbständig arbeiten können

Pferde-Menschen möchten eigentlich ihr Horoskop selbst bestimmen. Da das nicht geht, wollen sie möglichst ihr Leben so einrichten, daß sie allem Widrigen rechtzeitig trotzen können. Sie fühlen sich in einer großen Gruppe nicht unbedingt wohl, weshalb sie schon früh selbständig werden, um auf eigenen Beinen zu stehen und frei und unabhängig zu sein. In einem Beruf, in dem sie nur Anordnungen anderer folgen müssen, fühlen sie sich nicht wohl.

Was den Menschen aus dem siebten chinesischen Tierzeichen in den nächsten Jahren astrologisch geschehen kann, beschreibt nachstehend das „ewige" chinesische Horoskop.

Im Jahr der Ratte (1996, 2008)

haben die Pferd-Menschen noch aus dem Vorjahr Vorteile im Berufsleben. Die günstigen Aspekte halten dort an, auch das Finanzielle ist ganz gut bestrahlt. Wer freilich zuviel wagt, kann manches, was ihm zufiel, wieder verspielen. Durch eigenen Unverstand kann sich in der Privatsphäre einiges zum Schlechten wenden. Wer rechtzeitig gegensteuert, erreicht jedoch sein Ziel.

Im Jahr des Büffels (1997, 2009)

gibt es noch manchen Ärger. Pferd-Menschen dürfen in ihrem Tatendrang nicht zu weit gehen. Gerade in den zwischenmenschlichen Beziehungen kann sich manches durch eigene Schuld eintrüben. Günstiger bestrahlt sind die Finanzen, wenn man sie sicher anlegt und nicht risikoreich spekuliert. Im Arbeitsbereich kommen die Pferde nur zu Erfolgen, wenn sie sich restlos einsetzen.

Im Jahr des Tigers (1998, 2010)

läuft in manchen Sektoren alles noch nicht so rund, wie man sich das erhofft. Wer sich verliebt, sollte sich zusammennehmen, damit nicht unerwartet Trennungen ins Haus stehen, die nur schwer zu verkraften wären. Auf jeden Fall ist im Jahr des Tigers Vorsicht geboten. Man kann nur hoffen, daß die nächsten Mondjahre Besseres bescheren.

Im Jahr des Hasen (1999, 2011)

strengen sich die Pferd-Menschen besonders an. Das kann in regelrechte Arbeitswut ausarten. Auch im Privaten stabilisiert sich die Lage. Man ist Hahn im Korb (oder Henne im Nest). Leider besteht bei manchen große Lust, ein Abenteuer zu wagen; das würde der Partnerschaft nicht guttun.

Im Jahr des Drachen (2000, 2012)

machen sich recht günstige Tendenzen bemerkbar. Pferd-Typen werden aufatmen und mit viel Liebe in den zwischenmenschlichen Beziehungen rechnen können. Neue Freundschaften sind begünstigt. Trotzdem sollte auch an den Beruf und ans Geldverdienen gedacht werden.

Im Jahr der Schlange (2001, 2013)

steht die Liebe für die Pferd-Geborenen besonders hoch im Kurs. Einige aus dem siebten Zeichen können sich auf eine engere Bindung an einen Menschen freuen, der schon immer Ziel ihrer Sehnsüchte war. Aber es heißt hier, achtgeben: Eifersucht ist mit im Spiel!

Im Jahr des Pferdes (2002, 2014)

Ihr eigenes Jahr beschert den Pferden nicht das große Glück

werden manche Pferd-Typen verärgert sein. Ausgerechnet ihr eigenes Jahr beschert ihnen nicht nur Glück. Es liegt jedoch meist an ihnen selbst, wenn etwas schiefläuft. Oft ist man sich selbst nicht grün, macht Fehler und findet überall ein Haar in der Suppe. Mit etwas Geduld läßt sich mehr erreichen.

Im Jahr der Ziege (2003, 2015)

kann manches, was im Vorjahr schief lief, geradegerückt werden. Pferde haben ein lohnendes Ziel vor Augen und können es im Galopp nehmen. Auch in der Liebe klärt sich manches, was bisher im Argen lag. Wer sich gegen schlechte Tendenzen absichert, wird in den nächsten Jahren reiche Ernte halten.

Im Jahr des Affen (2004, 2016)

hält das Hoch an. Am liebsten möchten sich viele Pferd-Typen ins nächste Abenteuer stürzen und die weite Welt bereisen. Wenn das nicht geht, werden sie auch Freude am Leben daheim haben. Wo sie sich sehen lassen, sind sie willkommen. Es geht im Beruf aufwärts. Da kann man nur fröhliches Schaffen wünschen. Im Privatleben richtet sich so ziemlich alles fast von allein.

Im Jahr des Hahns (2005, 2017)

hält die Lebensfreude an. Das Hoch aus dem Vorjahr weitet sich aus. Jetzt können Pferd-Typen an ihre Karriere denken. Es sieht sogar nach einem Geldzuwachs aus, der manche Sorgen vertreiben wird. Reiselustige Leute aus dem siebten Zeichen werden öfter verreisen können als in den Jahren zuvor. Mancher macht dann in der Ferne sein Glück.

Im Jahr des Hundes (2006, 2018)

lacht noch immer die Sonne für die Pferde, die sich nun mächtig ins Zeug legen können. Nur in den zwischenmenschlichen Beziehungen trübt sich einiges ein, weil manche dem Partner zu egozentrisch gegenübertreten. Da könnte etwas in die Brüche gehen, was in den glücklichen Jahren zuvor noch fest zusammenhielt.

Im Jahr des Schweines (2007, 2019)

Vorsicht in Geldangelegenheiten. Familie und Freunde sind auch noch da

werden die Finanzen aufgebessert. Auf dem Geldsektor glückt den Pferden jetzt besonders viel. Das hat jedoch Nachteile, weil auf der Jagd nach dem großen Glück die besten Freunde und die Familie vergessen werden könnten. Wer sich gewisse Beschränkungen im Geldausgeben auferlegt, kommt besser ans Ziel.

Die Pferde vom Widder bis zu den Fischen

Weil wir wissen, daß Pferd nicht gleich Pferd ist, wollen wir auch dieses chinesische Tierzeichen mit den zwölf abendländischen Tierkreiszeichen mixen, um zwölf mehr oder weniger unterschiedliche Pferd-Typen zu erhalten. Aber Achtung! Das chinesische Jahr beginnt oft mitten in einem Tierkreiszeichen, möglicherweise ist also ein Wassermann-Geborener noch im Jahr der Schlange und ein Jahr später bereits im Jahr der Ziege einzuordnen. Und das sind die Charaktermerkmale, die sich aus den zwölf Mischzeichen des Pferd-Typs ergeben:

Widder-Pferde (21. März bis 20. April)

Widder-Pferde haben oft die besseren Argumente

Die Widder-Pferd-Menschen sind Kämpfertypen vom Scheitel bis zur Sohle. Der Galopp ist ihre bevorzugte Gangart, die ja leider auch das Vergaloppieren einschließt. Sie sind unermüdlich und wollen um jeden Preis ihren Weg machen. Das eigene Ich lieben sie über alles, schließen darin jedoch ebenso den ein, der ihnen nahesteht.

Widder-Pferde haben stets hervorragende Argumente. Alles ist bei ihnen gut durchdacht und vorausschauend geplant. Spüren sie nur den geringsten Widerstand, versuchen sie, mit gewaltiger Stimme zu überzeugen. Und hinterher wundern sie sich, wenn ihr so exzellenter Plan unter dem sprichwörtlichen Motto abgelehnt wird: Wer schreit, hat unrecht!

Männer aus diesem Mischzeichen heiraten oft früh. Wenn ihnen eine Frau gefällt, suchen sie nicht erst nach anderen, sondern machen ihr gleich einen Antrag. Bei solch stürmischer Werbung sagt kaum eine Frau nein.

Ungestüm sind auch die Frauen aus diesem Mischzeichen. Sie müssen von dem Mann, dem sie ihre Gunst schenken, im Sturm genommen werden. Sie wollen mitgerissen und in der Ehe täglich neu erobert werden.

Fazit: Widder-Pferde lachen gern. Für sie ist die Welt ein wieherndes Vergnügen, das man bis zum letzten Atemzug genießen muß.

Stier-Pferde (21. April bis 20. Mai)

Seltsam gezügelt ist das Temperament der Stier-Pferde. Ihre Abenteuerlust hält sich in Grenzen. Dafür sind sie Finanzgenies. Die Goldfinger aus dem Stier-Pferd-Zeichen sind bei einer solchen Veranlagung in jedem Betrieb als Finanzberater begehrt, aber auch in anderen Berufen können sie mit ihrem Weitblick Karriere machen.

Stier-Pferde sind absolute Finanzgenies

Daß sie mit ihrem Finanzverstand mit der Zeit für sich ein beträchtliches Geldpolster zurücklegen können, steht nahezu außer Zweifel. Viele Stier-Pferde werden früh selbständig auch auf beruflicher Ebene. Von Bankrotteuren in diesem Zeichen hört man kaum.

In der Liebe gehen die Stier-Pferde aufs Ganze. Sie wägen nicht viel ab, wagen um so mehr. Haben sie einmal jemanden ins Herz geschlossen, werden sie ihn mit ihrer Neigung verfolgen, selbst wenn sie bereits ein paar Absagen erhalten haben. Bei solcher Einstellung tun sich vor allem die männlichen Stier-Pferde etwas schwer. Reicht man ihnen den kleinen Finger, nehmen sie die ganze Hand. Den harmlosesten Flirt verstehen sie als Eingeständnis tiefster Zuneigung. Liebelei ist bei ihnen gleich große Liebe. Da bleiben Enttäuschungen nicht aus. Wenn einige Frauen wüßten, welch edles Geschöpf ihnen da durch die Lappen ging!

Frauen aus diesem Mischzeichen sind ähnlich liebebedürftig. Sie lassen es in einer Partnerschaft dem Mann an nichts fehlen. Im Erstberuf sind sie geschickte Hausfrauen, dem zweiten, erlernten gehen sie nur nach, um sich ihrer Umwelt emanzipiert darzustellen. Dieses Nebeneinander schaffen sie mit Leichtigkeit; Liebe und Freizeit kommen dabei trotzdem nicht zu kurz.

Zwillinge-Pferde (21. Mai bis 21. Juni)

Zwillinge-Pferde scheuen manchmal vor den Hindernissen, die man vor ihnen aufbaut. Auf Umwegen gelangen sie dann trotzdem zum Ziel. Stillstand bedeutet für sie Rückschritt. Ihr unruhiges Blut treibt sie stets nach vorn, peitscht sie zu immer neuen Einsätzen, bei denen sie sich selbst und ihrer Umwelt beweisen können, welch einmalige Exemplare sie in Wirklichkeit sind.

Diese Sternenmischlinge haben Köpfchen. Sie sind dank ihrer zahlreichen Begabungen für viele Berufe geeignet. Selbst als Künstler leisten sie Überdurchschnittliches. Sie managen sich selbst. Leider sind sie etwas wankelmütig, orientieren sich zu schnell um. Sie beginnen immer wieder von neuem und setzen sich schließlich durch – zur Not auf Kosten anderer. Der steilen Karriere der Zwillinge-Pferde steht eigentlich nichts wirklich im Weg.

Zum Geld drängt, am Geld hängt bei den Zwillinge-Pferden alles. Sie erscheinen anderen als sparsam, können aber für sich selbst und ihre Lieben das Geld zum Fenster hinauswerfen, wenn es sein muß. Nur gut, daß der Kreis ihrer „Lieben" weitgefaßt ist und auch der Mitarbeiter dazugehört, der ihnen zu Diensten ist.

Männliche Zwillinge-Pferde sind geschickte Liebhaber. Ihr Charme überzeugt. Sie verkehren in den besten Kreisen, wo sie auch meist die Frau fürs Leben finden. Sie muß vielen Ansprüchen gerecht werden. Was sie in die Ehe mitbringt, nimmt man freundlich entgegen und vereinnahmt es auf dem eigenen Konto.

Gar so berechnend sind weibliche Zwillinge-Pferde nicht. Sie würden ohne Liebe an sich selbst verzweifeln. Aus dem Mann ihrer Wahl wissen sie etwas zu machen.

Krebs-Pferde (22. Juni bis 22. Juli)

Solche Pferde muß man lieben! Die unter dem Zeichen Krebs Geborenen haben mehr Gefühl als die anderen, sind auch nicht so polternd in ihrer Art. Sie haben Sinn für feste Werte und bringen es darum zu einigem Wohlstand.

Wißbegierde und Sicherheitsstreben zeichnen Krebs-Pferde aus

Krebs-Pferde sind sehr wißbegierig und streben nach Sicherheit. Schon in jungen Jahren planen sie ihre Zukunft genau. An dem einmal erwählten Beruf halten sie fest, selbst wenn sie erkennen, daß ein anderer ihnen besser liegen würde. Um des lieben Geldes willen ist diesen eifrigen Menschen kein Arbeitstag zu lang.

Krebs-Pferde haben viele Freunde, die sie aber vergessen können, wenn ihnen die große Liebe begegnet. Und das geschieht im Laufe der Zeit gleich mehrere Male. Da sie sehr vorsichtig sind, prüfen sie lange.

Vor allem die Männer aus diesem Zeichen sind sehr vergeßlich und oft ungeschickt. Ein schiefes Wort kann sie ihrer Geliebten lebenslänglich entfremden. Liebe ist für sie ein Test, bei dem die anderen bestehen müssen. Krebs-Pferde kennen die Partnerschaft auf Probe. Und weil's so schön war, probieren sie es gleich wieder. Irgendwann bleiben sie hängen und werden aufs Standesamt geführt. Schlechte Ehemänner sind sie nicht, wenn man sie ab und an zu Denkpausen allein läßt.

Die Frauen aus dem Krebs-Pferd-Zeichen sind ähnlich veranlagt. In ihren romantischen Träumen gibt es noch den Märchenprinzen, der sie eines Tages heimführt. Heiraten werden sie schließlich den, der für ihre Launen Verständnis aufbringt. Sie sind treu und verwöhnen den Göttergatten nach allen Regeln der Kunst. Aber in ihrem Innersten bleiben sie vorsichtig und manchmal mißtrauisch. Man muß sie liebkosen und ihnen gut zureden, sonst entlaufen sie womöglich auf Nimmerwiedersehen.

Löwe-Pferde (23. Juli bis 23. August)

Man kusche am besten gleich und lege sich mit den Löwe-Pferden nie an. Sie lieben den Kampf und werden als Sieger hervorgehen. Das Zusammenleben mit solch zweifach königlichen Geschöpfen ist nicht ganz leicht.

Auch Zornesausbrüche sind bei den Löwe-Pferden königlich

Ihre berufliche Laufbahn ist vorgezeichnet. Sie wissen mehr als andere und nützen das weidlich aus. Berufe, in denen sie unter Zwang stehen, sind für sie nichts. Löwe-Pferde müssen ihre Freiheit haben, dann entwickeln sie sich besser.

Wenn diesen Sternenmischlingen etwas gegen den Strich geht, fahren sie leicht aus der Haut. Das ist ein Warnzeichen für ihre Mitmenschen, schnell das Weite zu suchen. Auch der Zornesausbruch ist bei den Löwe-Pferden königlich, da rette sich, wer kann.

Bis zu einem gewissen Grade kann man ihnen schmeicheln; Übertreibungen werden sie merken und darüber verstimmt sein. Bringt man ihnen Achtung und ehrliche Bewunderung entgegen, schließen sie einen in ihr Löwenherz. Löwe-Pferde verlieben sich gern. Haben sie aber einmal richtig Feuer gefangen, können sie alle kleinen Flirts und Liebeleien vergessen.

Frauen aus diesem Mischzeichen sind sehr wählerisch. Der Mann, der diese königliche Frau erobert hat, kann stolz auf sich sein. Freilich wird er seine Wahlgeschenke machen müssen, vielleicht sogar dem abschwören, was ihm bis dahin lieb und teuer war. Er bekommt dafür die liebste und gescheiteste Partnerin, die man sich denken kann.

Die männlichen Löwe-Pferde sind leidenschaftlich bei der Sache, wenn es um die Liebe geht. Sie haben mehrere Eisen im Feuer, können aber die treuesten Ehemänner sein, wenn ihnen die teure Gattin Reverenz erweist und zu ihnen aufblickt.

Jungfrau-Pferde (24. August bis 23. September)

Jungfrau-Pferde sind beliebt, weil sie jede Situation mit Humor meistern können. Sie sind hilfsbereit und in jeder Weise zuvorkommend. Nur wenn sie mit dem falschen Bein zuerst aus dem Bett gestiegen sind, zeigen sie auch mal Launen.

Haben sie sich vorgenommen, ein Ziel zu erreichen, werden sie selbst jene mal reinlegen, die glaubten, ihre besten Freunde zu sein. Jungfrau-Pferde denken sich nichts dabei. Wenn man sie stellt, finden sie glaubhafte Entschuldigungen. Um eine Antwort sind sie nie verlegen.

Mit Humor erobern Jungfrau-Pferd-Männer Frauen

Was die Jungfrau-Pferde neben ihrem Verstandesapparat noch beherrschen, ist die Liebe. Sie sind keine Sex-Kanonen, aber liebevoll zärtliche Gespielen. So etwas wünschen sich viele für ihre sogenannten schwachen Stunden.

Männliche Jungfrau-Pferde erobern mit Verstand. Sie traben an ihre Auserwählte heran und sagen charmant ihr Sprüchlein auf. Ihr Humor trägt einiges dazu bei, daß die Schönen schwach werden. Doch das Jungfrau-Pferd ist weit davon entfernt, dies auszunutzen und sich mit mehreren Frauen zu umgeben. Erstens kommt ihn das auf die Dauer zu teuer, und zweitens haben Jungfrau-Pferde bei all ihren anderweitigen Aufgaben nur wenig Zeit für die Liebe.

Anders sind die Frauen aus diesem Mischzeichen. Sie halten viel von zärtlichen Vorspielen. Im Grunde sind sie unverbindlicher als andere Pferde-Damen. Was ihnen jedoch als Kälte ausgelegt werden könnte, ist nur damenhaftes Zieren. Wer sie näher kennt, dem offenbaren sie ihr wirkliches Wesen.

馬

Auch Jungfrau-Pferde lieben im Grunde das Abenteuer. Mut dazu haben sie, es zu bestehen. Wenn sie nur nicht so bequem wären, und die Abenteuer lieber auf der heimischen Bildröhre erleben.

Waage-Pferde (24. September bis 23. Oktober)

Einfühlsam und charmant sind die Waage-Pferde. Was sie sich einmal in den Kopf gesetzt haben, führen sie durch. Sie sind sehr anpassungsfähig, was sie in den Geruch der Falschheit bringen könnte. Ihre Forschheit wird durch eine unbedingte Friedensliebe gebremst.

Waage-Pferde sehen mit sicherem Blick, wo ihr Vorteil liegt. Sie werden ihn wahren, wenn sich keine unübersehbaren Schwierigkeiten entgegenstellen, vor denen vorsichtig taktierende Waage-Pferde allemal zurückschrecken. Alles, was ihnen lästig werden könnte, streifen sie ab. Sie hassen Streit und Zank, obwohl sie gegebenenfalls kräftig mitmischen können, auch wenn sie dabei den kürzeren ziehen sollten.

Mit ihrer Intuition und Menschenkenntnis eignen sich Waage-Pferde für viele Berufe

Am besten können sie einen künstlerischen Beruf ergreifen, weil der ihrer Intuition entgegenkäme, für einen Empfangschef hätten sie erstklassige Manieren, für einen Makler die rechte Menschenkenntnis. Berufe, in denen man sich die Finger schmutzig macht, lieben sie nicht.

Frauen aus dem Pferd-Waage-Zeichen putzen sich gern heraus. Wo die Natur zu blaß wirkt, helfen sie nach. Sie wollen dem Mann gefallen, den sie sich ausgesucht haben. Eine Waage-Pferd-Frau liebt den Luxus. In einer Partnerschaft ist ein Mann gut beraten, ihr nachzugeben. Im Beruf mag er das Sagen haben, ganz privat bestimmt sie!

Die männlichen Waage-Pferde heiraten am besten ein Luxusweib, das mit ihnen auf Partys und Gesellschaften Schritt halten kann. Da solche Frauen oft schwer zu finden sind, geraten die Waage-Pferde-Männer oft an die Frauen, die mit Kichern und Getue Fehlendes ersetzen wollen. Gerade der Wählerischste von allen fällt auf so etwas herein.

Skorpion-Pferde (24. Oktober bis 22. November)

Skorpion-Pferde können eine Idee leidenschaftlich vertreten, in die sie sich verrannt haben. Es geht etwas von ihnen aus, das mitreißt. Und schlägt etwas fehl, für das man eingetreten ist, werden die Skorpion-Pferde genügend Gründe dafür finden – nur den einen nicht, daß es wohl an der eigenen Verbohrtheit gelegen haben könnte.

Dabei sind Skorpion-Pferde äußerlich sehr beherrscht, kühl und überlegen. Niemand würde den Hitzkopf erkennen, den sie zeitweilig spielen. Sie finden Förderung im Beruf und im Privatleben. Man mag sie.

In der Liebe können diese Sternenmischlinge blindlings ins Verderben rennen, wenn sie an die falsche Frau geraten. Hier ist das Beharrliche des Skorpions mit der ungestümen Wildheit des Pferdes gepaart. Reinfälle können da nicht ausbleiben.

So klug und beherrscht männliche Skorpion-Pferde wirken – in der Liebe sind sie zuweilen wilde Hengste. Sie fragen nicht nach Bildung, nicht nach Stand und Vorleben – für sie gilt einzig und allein die Tatsache, daß sie ihre Liebste von nun an nur für sich haben. Mit anderen Worten: Der Skorpion-Pferd-Mann spielt gern Schicksal. Manchmal gelingt es ihm jedoch nur schlecht, und er findet sich in einer unglücklichen Partnerschaft wieder. Nur schwer will er diese Tatsache wahrhaben. Sein Dickkopf kehrt sich auch gegen die eigene Person.

Sein Dickkopf kann sich auch schon mal gegen ihn selbst richten

Leidenschaftlich wie ihr Sternenbruder ist die Skorpion-Pferd-Frau. Wenn sie liebt, ist aber auch Eifersucht im Spiel. Vorurteile kennt sie nicht. Sie würde ein Leben lang mit einem verheirateten Mann zusammenleben, wenn er ihre Liebe leidenschaftlich erwidert und ihr scheinbar treu bleibt. Der Trauschein ist für sie ein Blatt Papier. Wem's gefällt, der soll es ausfüllen!

Schütze-Pferde (23. November bis 21. Dezember)

An Ausdauer steht den Schütze-Pferden niemand nach. Sie arbeiten fleißiger als ihre Konkurrenten und stehen meist auch früher als diese auf. In der Verfolgung eines Zieles stellen sie ihre Hartnäckigkeit unter Beweis. Aufhalten kann sie niemand.

Im Beruf lassen sie sich auf nichts ein, was ihren Vorwärtsdrang hemmen könnte. Sie sind gute Kollegen, solange ihnen niemand im Wege steht.

Diese Sternenmischlinge sehnen sich nach Unabhängigkeit, nach einem eigenen Geschäft oder wenigstens nach einem Beruf, der ihnen viele Freiheiten läßt. Meistens erreichen sie das angestrebte Ziel.

Schütze-Pferde sind sehr impulsiv. Sie sagen, was sie denken sarkastischer, als sie es meinen. Ihre Partner müssen sich daran erstmal genauso gewöhnen wie an das hitzige Temperament, das sie ins Liebesgefecht werfen.

Männliche Schütze-Pferde sind Entdeckertypen. Ihre Liebesabenteuer kennen keine Grenzen. Wenn ihnen eine Frau gefällt, setzen sie ihre ganze Überredungskunst ein und haben Erfolg bald bei dieser, bald bei jener. So stürzen sie oft von einer Romanze in die andere. Vor der Ehe scheuen sie zurück. Dabei wären sie recht passable Ehemänner.

Kurz vor der Hochzeit hat schon manche Schütze-Pferd-Frau Schluß mit dem Auserwählten gemacht, weil sie doch vor der eigenen Courage zurückschreckte. Schütze-Pferd-Frauen scheren sich nicht um Vorurteile. Für sie ist nur die eigene Meinung wichtig. Haben sie endlich den Mann fürs Leben gefunden, gilt für sie nur das eine: ihn glücklich zu machen.

Steinbock-Pferde (22. Dezember bis 20. Januar)

Oberste Gebote der Steinbock-Pferde: Pflichterfüllung und Sachlichkeit

Von allen Pferden haben es die aus dem Steinbock-Zeichen am schwersten. Das macht ihre sagenhafte Gründlichkeit. Um zu beweisen, wieviel sie leisten können, lassen sie meist noch zusätzliche Hindernisse vor sich aufbauen. Daß da Stürze auf die Dauer nicht ausbleiben können, ist verständlich.

Pflichterfüllung ist ihr oberstes Gebot. Sie bleiben sachlich, solange der Gegner es ebenfalls ist, und funken dazwischen, wenn sie Verrat wittern. Steinbock-Pferde-Menschen haben den Mut, „heiße Eisen" anzufassen, selbst wenn sie sich dabei die Finger verbrennen.

Gut für diese Sternenmischlinge ist es, wenn sie einen Partner finden, der treu zu ihnen hält, falls sie einmal zur Talfahrt ansetzen. Sie brauchen den Halt, selbst wenn sie glauben, alles allein machen zu können. Nur sollte sich der Partner immer im Hintergrund halten.

Männliche Steinbock-Pferde sind durchaus für die Liebe zu haben. Da ihre Zeit knapp bemessen ist, langt's meist nur für die erste Jugendliebe, an die man sich bereits gewöhnt hat. Die Ehe verläuft meist in Toleranz und gegenseitigem Akzeptieren. Nur in seinen Kram dreinreden sollte die Frau dem Steinbock-Pferd nie.

Erfolgsabhängig ist auch die Frau aus dem Steinbock-Pferd-Zeichen. Sie schuftet in ihrem Beruf und fordert gleiches Gehalt für gleiche Leistung. Für die Liebe hat sie ebenso wenig Zeit wie ihr Sternenbruder, was sie aber nicht daran hindert, auf diesem Sektor Überstunden zu machen. Ihr Temperament ist gezügelt, bei dem Richtigen jedoch bricht es mit Vehemenz hervor. Und dann drängt sie auf Heirat und hat von nun an einen zweiten Beruf.

Wassermann-Pferde (21. Januar bis 19. Februar)

Auf der Rennbahn des Lebens kommen Wassermann-Pferde glänzend voran. Sie sind Stürmer und Dränger und scheuen vor den höchsten Hindernissen nicht zurück. Ihre Sprungkraft kann sie in die Chefetagen katapultieren. Ihr Egoismus ist sehr ausgeprägt, was ihnen viele Sympathien verscherzen kann.

Wassermann-Pferde nutzen jede Chance. Sie sind startbereit, wenn die anderen noch schlafen. Sie fordern zum Kampf heraus, wohl wissend, daß sie am Ende siegen werden. Manchmal jedoch schießen sie übers Ziel hinaus. Denn wer soviel Erfolg gewöhnt ist wie das Wassermann-Pferd, wird leicht unvorsichtig und macht Fehler.

Die Männer dieses Zeichens suchen eine Frau, die ihnen auch mal kontra gibt

Die Männer aus diesem Mischzeichen halten Frauen zunächst für „Versuchsobjekte". Sie studieren, wie weit man gehen darf, und gehen darüber hinaus. Am Ende tun sie so, als sei nichts gewesen. Wassermann-Pferd-Männer lassen sich nicht so leicht einfangen, schon gar nicht von heiratswütigen Frauen, die sich versorgt sehen wollen. Was sie lieben, ist die Frau, die ihnen ebenbürtig ist, die ihnen auch mal kontra gibt.

Wassermann-Pferd-Frauen sind Individualistinnen. Sie sind tolerant und auch ein wenig sprunghaft. Sie flirten gern, das macht der Schuß Leichtsinn, den sie vom Pferd her im Blute haben. Aber man kommt schwer von ihnen los – die Eifersucht stammt vom Wassermann. In der Ehe mit diesem Sternenmischling kriselt es immer ein bißchen. Hier kann ein Krach helfen, die Atmosphäre zu reinigen.

Verraten wir noch zum Schluß, daß zwei Seelen in den Wassermann-Pferden um die Vorherrschaft kämpfen. Die eine will der Menschheit tiefste Geheimnisse erforschen, die andere bleibt an der Oberfläche.

Fische-Pferde (20. Februar bis 20. März)

Fische-Pferde träumen von den Abenteuern, die andere Pferde erleben. Sie haben soviel Phantasie, daß ein Schriftsteller jahrelang davon profitieren könnte. Bevor sie etwas beginnen, bedenken sie die Folgen. Das hat seine Vorteile, verlangsamt aber den geraden Weg zum Erfolg. Sie streben nach Sicherheit im Beruf. Verträge mit kurzer Laufzeit nehmen sie im allgemeinen nicht an.

Von allen Pferden haben die unter dem Fische-Zeichen geborenen die meisten Hemmungen, die sie manchmal durch eine etwas zu forsche Art auszugleichen versuchen. Im Grunde genommen sind die aus dem Fische-Zeichen aber die liebenswertesten unter den Pferden. Sie haben Herz und sie haben Gefühl. Sie können keiner Fliege etwas zuleide tun. Doch sie haben natürlich auch Launen, wie alle anderen Menschen auch.

Ihre Zärtlichkeit kommt von Herzen

Männliche Fische-Pferde sind für die Liebe geboren. Sie überzeugen mit ihrem Charme, und ihre Zärtlichkeit kommt von innen. Da ist nichts Forderndes, nur hingebungsvoller Eros. Das wirkt verspielt, ist jedoch bei jeder Frau ernst gemeint. Fische-Pferde sind nun mal so. Die meisten von ihnen heiraten früh und sind dann entsetzt, wenn in der Ehe Liebe und Glück nicht lange anhalten.

Weibliche Fische-Pferde wickeln die Männer mit Sanftmut ein und führen sie zum Traualtar. Die Ehe hält bei ihnen eher als bei ihren Sternenbrüdern, weil sie es gut verstehen, ihre weiblichen Waffen einzusetzen. Wir meinen das Tränenkrüglein, das jede Fische-Pferd-Frau in die Ehe mitbringt. Als Evas-Tochter weiß sie es raffiniert einzusetzen.

Die unbekümmerte, anhängliche Ziege

Wenn man an das Meckern einer Ziege denkt, möchte man meinen, daß die Leute, die im achten Tierzeichen des chinesischen Kalenders geboren wurden, recht unsympathisch sind. Ihr Wappentier ist ja seit Buddhas Zeiten die Ziege. Wie sieht das aber in Wirklichkeit aus? Nun, die Ziege-Typen sind nach außen hin recht unbekümmert und anhänglich, nur in ihrer Nachtseele haben sie etwas von dem Wesen auf vier Beinen: Sie meckern gern. Allerdings hat ihre Angewohnheit, an allem und jedem etwas zu kritisieren, in den meisten Fällen Hand und Fuß.

Und das sind die chinesischen Mondjahre, in denen die menschlichen Ziegen geboren wurden oder werden:

17. 2. 1931 – 5. 2. 1932
5. 2. 1943 – 24. 1. 1944
24. 1. 1955 – 11. 2. 1956
9. 2. 1967 – 29. 1. 1968
28. 1. 1979 – 15. 2. 1980
15. 2. 1991 – 3. 2. 1992
1. 2. 2003 – 21. 1. 2004
19. 2. 2015 – 7. 2. 2016

Ihr weiches Herz kennt weder Zank noch Streit

Schon als Kinder sind die im Ziege-Zeichen geborenen Menschen rechte Sensibelchen, die mit viel Gefühl ausgestattet sind. In der Schule lernen sie brav und fleißig. Sie haben nur wenige gute Freunde, sind jedoch bei ihren Schulkameraden und Schulkameradinnen sehr beliebt. Streber sind sie eigentlich nicht.

Sie hängen an der Mutter Rockzipfel. Und ihr weiches Herz kennt weder Zank noch Streit. Geschwister versorgt dieses Seelchen mit tätiger Liebe, wenn da nicht der in ihnen brodelnde, eben erwähnte Wesenszug wäre. Diese Ziegen mäkeln, wenn sie die Laune packt, an allem herum und sind weder mit sich, noch mit den anderen zufrieden.

Wie gut, daß diese Charakterunebenheit bei den meisten Ziegen in ihrem Leben nur selten zum Durchbruch kommt, denn sie wissen, daß man damit anecken kann. Eigentlich tritt dieser Zug auch nur zutage, wenn man eine Ziege falsch behandelt.

Ziegen setzen sich durch

Obwohl alle Ziege-Geborenen viel Gefühl in die Waagschale des Lebens werfen, sollte niemand annehmen, daß sie kein Durchstehvermögen haben. Wenn sie es für angebracht halten, setzen sie sich durch und beweisen ihrer Umwelt, daß man mit ihnen zu rechnen hat.

Ehrgeiz und Durchhaltevermögen zeichnen Ziege-Geborene aus

Wenn Ziegen der Ehrgeiz packt, sind sie ihren Konkurrenten meist überlegen. Sie tüfteln aus, was andere vollenden. Als Mitarbeiter sind sie Gold wert. Leider, muß man sagen, sind diese Leute aus dem achten Tierzeichen oft zu einfühlsam. Wo andere die Ellenbogen einsetzen, schalten sie eher einen Gang zurück. Nur deshalb landen so wenige von ihnen auf einem Chefsessel.

Ziege-Menschen werden trotzdem glücklich, wenn sie in einem Beruf arbeiten können, der ihnen liegt. Als Handwerker z. B. leisten sie gute Arbeit und halten Termine pünktlich ein. Sie sitzen auch in Ingenieurs- und Planungsbüros, weil sie logisch denken und dementsprechend handeln können. Als Beamte werden sie im Publikumsverkehr manchmal ausgenutzt, weil ihre Kunden gleich merken, welch weiches Herz diese Menschen doch haben.

Als freischaffende Künstler oder Literaten setzen sie ihr Gefühl ein, das bei Autoren aus dem Ziege-Zeichen in feinnervigen Geschichten zum Ausdruck kommt, wobei sie gern Autobiographisches mit einfließen lassen.

Mit Mut bestehen sie ebenso in vielen anderen Berufen den harten Arbeitskampf. Nichts wird ihnen zuviel. Sie sind die treuesten Mitarbeiter, wenn man sie nur selbständig arbeiten und ihnen genügend Pausen läßt, falls ihnen danach ist. Ziege-Menschen wissen, daß sie sehr launisch sein können; sie sind jedoch vernünftig genug, diese Launen vor anderen zu verstekken. Wenn sie sich selbst nicht mehr leiden können, nehmen sie sich darum frei und denken daheim über die ach, so böse Welt nach, die nicht verstehen will, daß man auch nur ein Mensch ist.

Vieles zögern sie hinaus

Ein weiterer dunkler Punkt in ihrem Charakter, der die, mit denen sie zu tun haben, manchmal aus der Haut fahren läßt: Ziegen zögern schon mal etwas länger hinaus, obwohl es eigentlich gleich erledigt werden müßte. Sie können sich schwer entscheiden und lassen vieles so lange liegen, bis es sich entweder von selbst erledigt hat oder aber nicht mehr nützlich ist.

Ziegen können sich nur schwer entscheiden. Sie warten, bis sich die Dinge von selbst erledigen

So etwa ist es auch in den zwischenmenschlichen Beziehungen. Da wird manch einer vertröstet, der in die Ziege heiß verliebt ist und den sie auch selber mag. Vor allem die Frauen aus dem achten chinesischen Tierzeichen lassen gern den Mann zappeln, den sie zu lieben glauben. Sie deuten zwar an, wie sehr sie den Partner schätzen, sind jedoch zunächst kaum zu einem Jawort bereit.

Am besten sind noch die Männer dran, die eine Ziege-Frau im Fluge erobern und keine Widerworte von ihr dulden. Wenn sie zärtlich genug sind und überdies sehr viel Verständnis für das in der Seele ihrer Ziege Brodelnde aufbringen, werden auch die sonst so unentschlossenen Ziegen weich. Diese Frauen heiraten auch mal früh und werden glücklich.

Die Ziege-Frau

Gefühl ist bei ihr alles, aber sie verlangt auch viel Gefühl von dem Mann, den sie liebt. Man sollte ihr entgegenkommen und mit ihr ein gepflegtes Heim schaffen. Einem Mann, der den Hochzeitstag vergißt, kann solche Ziege eine ganze Weile schweigend die Hölle heiß machen. Wichtig ist auch zu erwähnen, daß sie Blumen liebt. Wer ihr jede Woche einen blühenden Strauß mit nach Hause bringt, dem wird sie manche Untugend verzeihen, die er an sich hat.

Gut betuchte Ehemänner von einer Ziege-Frau werden ihr ein Heim nach ihren Wünschen einrichten oder ein Haus mit

羊

einem blühenden Garten besorgen, in dem sie sich wohlfühlen und ihre Launen pflegen kann, die ab und an sprießen mögen.

Ziege-Frauen sind perfekte Hausfrauen, aber sie werden gern in ihrem erlernten Beruf weiterarbeiten wollen. Diese Frauen sind jedoch auch bereit, wenn Kinder da sind, eine Weile aus dem Berufsleben auszuscheiden und die Familie zu versorgen.

Noch sind hier nicht alle guten Seiten dieser Frauen aus dem achten chinesischen Tierzeichen geschildert: So sind sie zum Beispiel sparsam und wachen aufmerksam über die gemeinsame Haushaltskasse. Sie sind entschieden dagegen, Kredite aufzunehmen, die monatlich Löcher in das Budget reißen und am Ende eher Sorgen denn Vorteile bringen. Für sich selbst brauchen sie am allerwenigsten. Es ist jedoch möglich, daß sie an dem Mann Kritik üben, der solchen Wesenszug nicht gebührend anerkennt.

Der Ziege-Mann

Genau wie die Frauen aus diesem Tierzeichen sind Ziege-Männer erst einmal Pessimisten. Das Leben, meinen die meisten von ihnen, sei schwer und brächte nicht allzuviel Gutes. Natürlich hoffen sie stets auf Verbesserung ihrer speziellen Lage. Sie spielen im Lotto, um bei jeder Glückszahlen-Auslosung festzustellen, daß es wieder einmal nichts gewesen ist mit dem Millionengewinn.

Sie umgeben sich mit einem Panzer aus Vorurteilen

Mit anderen Worten: Ihr Optimismus beschränkt sich auf ihre Träume vom großen Glück. Ziege-Männer können sich oft verlieben. Und auch da hoffen sie jedesmal, endlich die Richtige gefunden zu haben. Doch immer wieder finden sie etwas, was sie davon überzeugt, daß es eine andere Frau sein müsse, der sie ihr Herz schenken. Sie umgeben sich gewissermaßen mit einem Panzer aus Vorurteilen.

Es muß schon jemand Besonderes sein, der diesen Panzer knackt, eine Frau, die sich in die Psyche dieses so kritisch denkenden Mannes einfühlen kann, die ihm Mut macht und ihn anspornt, schneller zu denken und zu handeln. Ziege-Männer sind noch leichter als ihre Sternenschwestern zu verletzen. Man müßte sie zeitweilig in Watte packen und ihre wild wuchernden Launen einfach übersehen.

Erfahrene Frauen setzen sich über die mangelnde Entschlußkraft dieser Männer in den zwischenmenschlichen Beziehungen einfach hinweg und stellen sie auch zuweilen vor vollendete Tatsachen. Freilich braucht das eine Menge Fingerspitzengefühl, sonst steht ein Krach ins Haus, daß die Wände wackeln.

Partnerinnen eines Ziege-Mannes finden sich auf einer Achterbahn der Gefühle wieder

Viele Ziege-Männer sind schwierige Typen, denen man nahezu nichts recht machen kann. Ihre Stimmungen schwanken von Mal zu Mal. Es ist ein ewiges Auf und Ab, so daß sich manche Partnerin eines Ziege-Mannes auf einer Achterbahn der Gefühle wiederfindet.

Noch eine weitere Eigenschaft zeichnet Ziege-Männer vor anderen Tierkreis-Typen aus: Sie glauben, daß sie ihr Herz nur einmal verlieren können – an die Frau, die sie schließlich heiraten und die ihnen auch mal gründlich die Meinung sagen kann.

Wenn Ziege-Männer meinen, endlich die Frau fürs Leben gefunden zu haben, sind sie gewillt, ihr für immer und ewig die Treue zu halten. Und dann können sie endlich lernen, das Leben so zu nehmen, wie es wirklich ist. Die sonst doch so verschlossen Wirkenden können einer Frau zuliebe all ihre „dunklen" Gedanken aufgeben und mit ihr geheime Wünsche Wirklichkeit werden lassen.

Die ewig falsch Verstandenen

Stellen wir am Ende dieser Charakteristik über die Frauen und Männer aus dem Ziege-Zeichen fest, daß diese Typen leider nur zu oft falsch verstanden werden. Man sollte nie den Stab über die so anhänglichen Typen brechen und ebenso verstehen, wenn sie mal ihrer Kritiksucht freien Lauf lassen. Sie meinen es ja gar nicht so, wie sie es manchmal etwas gedankenlos dahersagen.

Und man sollte ruhig einmal bedenken, daß sie mit ihren Kritiken auch richtig liegen können. Es ist nur nicht immer die feine diplomatische Art, mit der sie ihre Meinung vortragen. Sie sind halt ehrlich, und Ehrlichkeit kann, wie wir wissen, leicht anecken.

Das Horoskop für die Ziegen

Menschen, die in einem Jahr der Ziege geboren sind, lassen sich nicht auf eine bestimmte Linie in ihrem Leben festlegen. Sie wollen immer vor sich selbst bestehen können und ecken gerade darum des öfteren an. In der Jugend sind sie noch die lieben netten Typen, die jeder mag. Mit zunehmender Lebenserfahrung überdenken sie vieles zu lange und werden von Leuten abgehängt, die kaum so klug sind und so fortschrittlich denken wie die Ziegen.

Gerade in den Aufbaujahren bringen sie oft Unruhe ins Dasein. Selbst wenn sie viel erreicht haben, wollen sie immer noch mehr. Später dann lachen sie über sich selbst und ihre kleinen Torheiten, mit denen sie sich das Leben schwergemacht haben.

Schauen wir uns jetzt aber mal an, was den Menschen aus dem achten chinesischen Tierzeichen in den nächsten Jahren astrologisch geboten wird.

Im Jahr der Ratte (1996, 2008)

finden zwar einige Ziege-Menschen den Partner fürs Leben, die meisten aus diesem Tierzeichen aber werden depressiv auf einige Geschehnisse reagieren. Das drückt auf ihre Arbeitslust und läßt sie privat melancholisch werden. Pessimismus macht sich breit, wo eigentlich Optimismus angesagt wäre. Vielleicht wird's ja doch ein ganz gutes Jahr.

Im Jahr des Büffels (1997, 2009)

Jetzt heißt es: auf die eigene Tüchtigkeit besinnen

wird die Arbeit wieder Spaß machen. Viele Ziege-Typen können für später feste Werte schaffen und eigentlich ganz glücklich sein. Wenn sie nicht wieder in den alten Fehler verfallen, alles schwarz zu malen, werden sie sogar Freunde finden, die ihnen helfen, vorwärtszukommen. Die Ziege-Menschen sollten sich im Büffel-Jahr stets auf ihre eigene Tüchtigkeit besinnen.

Im Jahr des Tigers (1998, 2010)

sollten sich gerade die Ziegen davor hüten, alles zu engstirnig zu sehen. Wer zuviel Kritik übt, kann von anderen leicht schief angesehen werden. Und gerade in diesem Jahr brauchen einige Ziege-Geborenen Unterstützung für wichtige Vorhaben. Sie sollten ihre Launen vergessen und im Privatleben mit mehr Gefühl agieren. Viel Liebe ist gefragt.

Im Jahr des Hasen (1999, 2011)

ist alles wieder im Lot. Ziegen werden umsorgt und verwöhnt. Möglicherweise lacht auch die große Liebe. Eigentlich brauchen sich die Ziege-Typen keine Sorgen zu machen, wenn da nicht dieses ewig Verneinende in ihrem Innersten wäre. Dabei könnten sie recht hoffnungsvoll in die Zukunft schauen.

Im Jahr des Drachen (2000, 2012)

Im privaten Bereich stehen freudige Ereignisse ins Haus

hält trotz gegenteiliger Meinung mancher Ziege-Leute die gute Zeit aus dem Vorjahr an. Im Beruf kommen die Ziegen mehr und mehr zurecht und haben immer wieder Erfolgserlebnisse. Im privaten Bereich sind freudige Ereignisse angesagt, und der Liebeshimmel ist nahezu wolkenfrei.

Im Jahr der Schlange (2001, 2013)

wird den Ziege-Leuten allerhand geboten, das sich im Beruf nutzbringend anwenden läßt. Auch die Finanzen können aufgestockt werden. Im eigenen Heim sind Veränderungen möglich. Vielleicht kann eine neue Wohnung bezogen werden, oder der Nachwuchs meldet sich mit Neuigkeiten, die fröhlich stimmen.

Im Jahr des Pferdes (2002, 2014)

werden die Ziegen endlich Glück haben. Wenn sie ein Spiel wagen, könnten sie es gewinnen. Vorsichtig sollten sie nur mit allzu hohen Einsätzen sein. Schlechte Laune wird allenthalben unter den Tisch gekehrt. Privat werden Mißverständnisse geklärt. Es herrscht eine gute Stimmung im Haus der Ziege.

Im Jahr der Ziege (2003, 2015)

sind die Ziege-Menschen wunschlos glücklich. Sie erreichen auf vielen Gebieten das, was sie sich vorgenommen haben. Das soll sie aber nicht übermütig machen; denn auf der anderen Seite könnten unüberlegte Handlungen das gute Bild, das dieses Jahr der Ziege zeichnet, verzerren. Vorsicht ist geboten!

Im Jahr des Affen (2004, 2016)

sieht alles wieder nach großen Erfolgen für die Ziegen aus, wenn sie die Warnungen aus dem Vorjahr ernstgenommen haben. Sie werden sich eine Menge leisten und manches für schlechtere Zeiten zurücklegen können. Der Aufwärtstrend trägt auch dazu bei, daß es im Privatleben kaum kriselt.

Im Jahr des Hahns (2005, 2017)

tragen manche Ziegen Filzpantoffeln, weil sie sich von den guten Zeiten zuvor ein wenig entspannen möchten. Für sie heißt es: Wer rastet, der rostet, und Stillstand ist Rückschritt! Anders gesagt: Ziegen sollten nicht locker lassen, um auf der bisherigen Erfolgswelle im Beruf und privat weiterzuschwimmen.

Im Jahr des Hundes (2006, 2018)

Den Letzten beißen die Hunde. Deshalb aufgepaßt und schnell handeln

macht sich Lethargie breit. Gute Vorsätze können nicht in die Wirklichkeit übertragen werden. Ziege-Menschen brocken sich manches in die eigene Suppe und müssen es bis zum letzten Schluck auslöffeln. Wenn sie nicht schnell genug handeln, heißt es in diesem Jahr für sie: Den Letzten beißen die Hunde! Sie sollten besser die Vorletzten sein.

Im Jahr des Schweines (2007, 2019)

beherrscht Unlust das Geschehen. Ziegen bemühen sich nicht allzu sehr, im Beruf weiterzukommen. Am liebsten würden sie das Jahr verschlafen. Besser wäre, sie würden sich wieder aufrappeln und gegen die schlechte Stimmung und ihre damit verbundenen Launen ankämpfen, um wenigstens privat zu bestehen. Es bringt nichts, um den heißen Brei herumzulaufen.

Die Ziegen vom Widder bis zu den Fischen

Wie die Doppelstunde der Geburt Charakter, Aussehen oder Lebensweg eines im Jahr der Ziege Geborenen nach der astrologischen Weisheit der Chinesen um Nuancen verändern kann, so steht es auch mit den abendländischen Tierkreiszeichen. Auch ihr Einfluß verändert die Ziege-Menschen und ihren Charakter mehr oder weniger markant. Bringen wir fernöstliche und westliche Astrologie zusammen, erhalten wir zwölf Typen, die einander ähnlich und doch wieder so unterschiedlich sind, daß der Charakter des Ziege-Geborenen zwar noch als Leitmotiv herauszulesen ist, aber eben auch Anlagen zu erkennen sind, die zu dem jeweiligen Tierkreiszeichen vom Widder bis zu den Fischen gehören.

Widder-Ziegen (21. März bis 20. April)

Widder-Ziegen sind schon rechte „Gewitterziegen". Es blitzt und donnert bei ihnen, und bei den anderen schlägt's ein. Dabei können sie so nett und liebenswürdig sein, daß man ihnen kaum etwas Arges zutrauen möchte. Vom Widder haben sie das Hitzige, von der Ziege das kritisch Abwägende. Zwei unterschiedliche Temperamente kämpfen in der Widder-Ziege-Brust stets um die Vorherrschaft.

Die forsche Widder-Art wird durch das kluge Überlegen der Ziege gebremst

Oft wird die forsche Art des Widders durch das kluge Überlegen der Ziege gebremst. Das läßt nur das Beste für das berufliche Fortkommen erhoffen. Tatsächlich bringt der kritische Sachverstand der Widder-Ziegen manches zuwege, von dem andere nur träumen können.

Im zwischenmenschlichen Bereich finden diese Sternenmischlinge vielfach nicht den rechten Anschluß. Hier brechen Launen durch, die von einem cholerischen Temperament herrühren. Aber allzu schlimm sind die Widder-Ziegen wiederum nicht.

Die Frau aus diesem Mischzeichen ist sogar ein echtes „Klasseweib", das für seine jeweiligen Männer, wenn es denn sein muß, durchs Feuer geht. Lebenslang verpflichtet sich die

Widder-Ziege freilich erst nach ausgedehnter Probezeit. Hat sie dann den passenden Partner für eine Ehe gefunden, kann eigentlich nichts mehr schiefgehen.

Widder-Ziege-Männer haben es schwer, weil sie gar zu gern den Pascha spielen. Sie brauchen eine energische Ehehälfte, die ihnen mit der Taktik der kleinen Schritte die schlechten Allüren allmählich austreibt. Wenn das klappt, sind Widder-Ziege-Ehemänner ganz passable Partner, mit denen sich's gut durchs Leben und Gottes freie Natur wandern läßt.

Stier-Ziegen (21. April bis 20. Mai)

Am liebsten lägen Stier-Ziegen auf der faulen Haut und sonnten sich angesichts vollbrachter Leistungen. Leider wird man zum Rentner nicht geboren, sondern muß sich das Ruhegeld erst in mehr als vier Jahrzehnten erarbeiten. Stier-Ziegen schaffen das dann leicht, wenn sie jemanden haben, der ihnen ein bißchen Mut macht, der sie fördert und lenkt. Der Einsatzwille, den sie vom Stier mitbringen, ist ja mit der ziegenhaften Zurückhaltung gepaart. Die Ideen sprudeln meist so aus ihnen heraus, bloß mit der Verwirklichung lassen sie sich Zeit. Hier sollte man den Hebel ansetzen und die Stier-Ziegen anspornen – es wäre nicht nur zu deren Bestem.

Stier-Ziege-Männer spielen gern den Hausmann und lassen ihre Frau das Geld verdienen

Als anhängliche Partner sind sie sehr geschätzt. Stier-Ziege-Männer lassen sich gern verwöhnen. Sie sind häuslich und friedlich, wollen aber auch in einer engen Verbindung manchmal ihre Ruhe haben. Gar nicht so wenige Männer aus diesem Mischzeichen mögen mit dem Gedanken spielen, sich als Hausmann zu verpflichten, während die Ehefrau die Brötchen verdient. Für die Familie ist den Stier-Ziegen kein Einsatz zu hoch. Geht es um das Wohl ihrer Lieben, machen sie sogar Überstunden. Woraus man ersehen kann, daß diese Sternenmischlinge nur eine Aufgabe erhalten müssen, um Höchstleistungen zu vollbringen.

Allen Stier-Ziege-Frauen werden gute bis überragende hausfrauliche Qualitäten nachgesagt. Zeitweilig sprudeln sie über vor Frohsinn. Nur manchmal bricht der Ziege Kritiklust durch und der Haussegen hängt schief. Man sollte ihr zuhören und den Zerknirschten spielen, dann wird sie vielleicht wieder umgänglich.

Zwillinge-Ziegen (21. Mai bis 21. Juni)

Die Intelligenz ist bei allen Zwillinge-Ziegen überdurchschnittlich entwickelt. Sie treibt nur manchmal in die falsche Richtung, weil die Ziegen hüh und die Zwillinge hott sagen. Das sind die zwei Seelen, die in ihrer Brust wohnen; die eine will sich von der anderen trennen, und heraus kommt eine Unentschlossenheit, die unter Umständen der beruflichen Laufbahn abträglich ist. Bezwingen die Zwillinge-Ziegen ihre Wankelmütigkeit, ist jedoch ihr Höhenflug nicht mehr aufzuhalten.

Männer aus diesem Mischzeichen sind Gentlemen vom Scheitel bis zur Sohle und Schmeichler dazu. Ihre humorige Art bringt die Frauen zum Lachen. Solch lustige Vögel finden leicht ein Nest, das mit Luxus und Liebe ausgestattet ist. Zwillinge-Ziege-Männer verlieben sich schnell. Man sollte nur achtgeben, daß man sie nicht zu rasch verliert.

Männer mögen Frauen aus diesem Mischzeichen auf Anhieb. Diese fröhlichen Menschen wissen immer neue Mittel, ihre Freunde zu fesseln. Von Zeit zu Zeit brauchen sie freilich Ruhepausen – die Liebe strengt an. Man gönne sie ihnen. Denn gerade in diesen Pausen finden Zwillinge-Ziege-Frauen den Mann fürs Leben und lassen womöglich einen enttäuschten Liebhaber zurück.

Natürlich machen Zwillinge-Ziegen vor lauter Übermut manches falsch. Sie kosten jeden, der sie liebt, eine Menge Nerven. Geduld ist nicht ihre stärkste Seite. Aber die Schatten in ihrer Seele überwiegen nicht. Diese Sternenmischlinge arbeiten stets an sich, um ihrem Ruf gerecht zu werden, man könne prächtig mit ihnen auskommen.

Krebs-Ziegen (22. Juni bis 22. Juli)

Der kleinste Vorwurf kann Krebs-Ziegen umwerfen. Sie nehmen alles viel zu persönlich. Ihre trüben Gedanken, denen sie zeitweilig nachhängen, sollten sie besser verscheuchen. Pessimismus schadet dem guten Gesamtbild.

Krebs-Ziegen sind andern gegenüber sehr kritisch, können aber selbst nicht den kleinsten Vorwurf vertragen

Krebs-Ziegen kennen viele Wenn und Aber. Mit ihrer Entschlußkraft ist es nicht zum Besten bestellt. Auch sehen sie vieles zu kritisch. Im Beruf bringt das nicht immer Vorteile mit sich, zumal sich niemand gern kritisieren läßt, und sei die Kritik noch so berechtigt, die Krebs-Ziegen freimütig äußern.

In der Liebe sind diese Sternenmischlinge stets bei der Sache. Sie brauchen ein gepflegtes Heim, noch mehr die gleichberechtigte Partnerschaft. Sie würden wie ein Primelchen eingehen, wenn zur Liebe nicht auch die gegenseitige Achtung käme. Krebs-Ziegen binden sich nur auf freiwilliger Basis.

Das sollten Frauen von Männern dieses Tierzeichens bedenken, ehe sie sich mit ihnen einlassen, sonst stehen sie möglicherweise schon kurz nach der Hochzeit vor den Scherben ihrer Ehe. Krebs-Ziege-Männer brauchen mehr Pflege als andere Ehemänner, dafür geben sie auch mehr Liebe.

Die Frauen aus diesem Zeichen sind noch liebenswerter als ihre Sternenbrüder. Sie stellen ein enges Verhältnis oft in Zweifel, was aber nicht ausschließt, daß sie über die goldene Hochzeit hinaus treu daran festhalten. Und nicht erst bei solch seltenem Jubiläum stellen ihre Ehemänner fest, daß sie sich glücklich schätzen können, solch liebenswerte Krebs-Ziege für sich gefunden zu haben.

Löwe-Ziegen (23. Juli bis 23. August)

Ihr höchstes Ziel ist es, an die Spitze zu gelangen – dazu gehört Löwenmut

Von allen Ziegen sind die unter dem Löwe-Zeichen geborenen die erfolgreichsten. Sie haben nur das eine Ziel, und das liegt an der Spitze. Ihr egozentrisches Wesen ist oft gespielt. Wer sich da hinter herrschsüchtigem Wesen und aggressivem Tonfall versteckt, ist im Privatleben ein umgänglicher Mensch. Im Beruf muß er seinen Löwenmut beweisen, denn einige Eigenschaften, die von der Ziege herrühren, könnten einer steilen Karriere im Wege stehen.

Sie haben viel Humor, aber man hüte sich, den Leu zu nekken. Spaß können die Löwe-Ziegen viel vertragen, nur wenn's um die eigene Person geht, reagieren sie empfindlich. Diese Sternenmischlinge stecken voller Widersprüche; schlau kann man erst aus ihnen werden, wenn man den sprichwörtlichen Scheffel Salz mit ihnen gegessen hat. Aber dann ist man meist längst als treuer Vasall von ihnen vereinnahmt.

Männer aus diesem Mischzeichen können tiefe Gefühle lange verbergen. Schließlich will man sich nichts vergeben. Sie flirten gern, aber schürfen nicht tief. Was für viele heiratsfähige Damen oberflächliche Konversation ist, gilt für den Löwe-Ziege-Mann als vorausgehender Test. Gerade im belanglosen Gespräch glauben sie, Frauen durchschauen zu können. Meistens haben sie Glück und finden jene, die zu ihnen paßt. Bedingung: Sie muß zu dem Herrlichen ein wenig aufschauen.

Löwe-Ziege-Frauen haben es oft schwerer als andere im Tierkreis. Wenn sie ihr Herz verschenken, vertuschen sie das Gefühl hinter zurückhaltender Gunstbezeugung. Nur der endgültig Erwählte soll sie schwach werden sehen. Löwe-Ziege-Frauen haben ihren Stolz, der zuweilen auch mal falsch sein kann.

Jungfrau-Ziegen (24. August bis 23. September)

Vormachen lassen sich die Jungfrau-Ziegen nichts. Wenn es aber mal nicht so recht klappt, wie sie es gern hätten, neigen sie zur Melancholie. Werden sie enttäuscht, ziehen sie sich schmollend zurück und lassen im stillen Kämmerlein den Kopf hängen. Nach außen merkt man den Jungfrau-Ziegen den Kummer nicht an. So kommt niemand dahinter, welch weiches Herz sie in Wirklichkeit haben.

Um im Lebenskampf zu bestehen, braucht man Beharrungsvermögen und Zuverlässigkeit. Beides wird von der Jungfrau geliefert. Mut gehört nicht dazu, außer Wankelmut, den die Ziege beisteuert. Trotzdem setzen sich die Jungfrau-Ziegen im Beruf in raffinierter Weise durch. Die Arbeit überlassen sie gern den anderen.

Zuverlässigkeit und Beharrungsvermögen liefert die Jungfrau, von der Ziege kommt der Wankelmut

Die Männer aus diesem Zeichen können rücksichtslos sein. In der Liebe sind sie besitzergreifend. Wie gut, daß hier der Ziege einfühlsame Zärtlichkeit dominiert, sonst würde manche Heißgeliebte nach den ersten Tagen schon auf- und davonlaufen. Hat sie sich erstmal an die Jungfrau-Ziege gewöhnt, wird sie gestehen müssen, daß es keinen fürsorglicheren Partner unter dem Sternenzelt gibt.

Wenn Frauen dieses Mischtyps heiraten, bedeutet das für sie auch, ein Opfer zu bringen: ihre Freiheit für die Liebe des Mannes. Gleich nach dem Jawort wird mit der Umerziehung des Göttergatten begonnen. Junggesellen-Allüren werden ausgetrieben, die tätige Hilfe im Haushalt als selbstverständlich angenommen. Im Wirtschaftsbuch wird auch das Taschengeld des Mannes verbucht, denn Jungfrau-Ziegen halten das Geld zusammen. Nur Ehemänner von Jungfrau-Ziege-Frauen wissen, warum sie vor soviel Geschäftstüchtigkeit noch nicht davongelaufen sind. Es ist die andere, die sinnliche Seite, der Jungfrau-Ziegen, die sie hält.

Waage-Ziegen (24. September bis 23. Oktober)

Waage-Ziegen sind keine Kostverächter. Sie genießen die Freuden des Lebens

Waage-Ziegen sind rechte Genießer, die sich in Küche und Keller vortrefflich auskennen, aber auch die anderen Freuden dieser Welt nicht verachten. Ihr Gerechtigkeitssinn läßt sie manchmal Purzelbäume schlagen und weit übers Ziel hinausschießen. Sie sind Tüftler, die aus ihren Hobbys leicht lukrative Berufe machen könnten.

Zum Geld haben sie nicht immer die besten Beziehungen, obwohl sie sich durch allerlei Nebenbeschäftigungen einiges hinzuverdienen; das jedoch geht für die eigenen geheimen Bedürfnisse restlos drauf. Waage-Ziegen kleiden sich gern nach der letzten Mode.

Männer dieses Mischtyps finden immer jemanden, der zu ihnen paßt – am Stammtisch, aber ebenso fürs Herz, das weit und groß ist, und in dem auch zwei auf einmal Platz haben. Ihr Charme ist bezwingend, ihre Notlügen könnten mehrere Bände füllen.

Ihre Ehetauglichkeit beweisen sie an der Seite verständnisvoller Frauen, die ihrem Waage-Ziege-Mann auch mal verzeihen können. Großzügigkeit bringt sie am ehesten von Junggesellenmanieren ab. Für ihre Familie stehen sie übrigens mit allem, was sie haben, ein.

Die Frauen unter den Waage-Ziegen sind sehr direkt, weshalb sie ab und zu einmal anecken. Männer nehmen ihnen das nicht weiter übel. Wenn sie an die vielen anderen Vorzüge denken, möchten sie gleich zum Sturmangriff antreten. Sagen wir es gleich: Ein allzu stürmischer Angriff wird die Festung einer Waage-Ziege kaum besiegen, eher feinsinnige Diskussionen um die Liebe und ums Solala. Dieses Solala läßt sie auch dem Ehemann treu ergeben bleiben.

Skorpion-Ziegen (24. Oktober bis 22. November)

Wer sich den Skorpion-Ziegen entgegenstellt, wird aufgespießt oder mit dem Giftstachel erledigt. Ihre Angriffslust ist kaum zu bremsen. Den Rückzug treten sie höchstens an, um den nächsten Sturmangriff vorzubereiten, der den Gegner überrollen wird. Wer diese Skorpion-Ziegen gelassen und heiter einherschreiten sieht, wird kaum hinter ihnen den tätigen Vulkan vermuten, der Feuer und Lava speihen kann. Man mag sie sogar unter Kollegen recht gern.

Vorsicht vor dem Giftstachel der Skorpion-Ziegen

In mancher Skorpion-Ziege bricht die Angriffslust nie hervor, weil sie in zufriedenstellenden Verhältnissen lebt, weil sie einen Beruf erwählt hat, der ihr liegt und der sie ausfüllt. Denn Enttäuschungen vergißt sie nie. Ihre Begabung läßt sie leicht den einen oder anderen überflügeln. Auf das Glück vertraut sie nicht, eher aufs eigene Können.

Skorpion-Ziege-Männer sind hart im Nehmen. Wird ihre Liebe erwidert, können sie sanft und zärtlich sein, was man diesen nach außen so beherrscht wirkenden Männern auf Anhieb gar nicht zutraut. Diese Sternenmischlinge verlangen von ihren Frauen unbedingte Treue. Netter Zug von ihnen: Sie bleiben in der Ehe, selbst wenn's schwerfällt, stets Kavaliere.

Bei der Skorpion-Ziege-Frau haben klapprige Männlein keine Chance. Sie sucht den Beschützer mit der Figur eines Adonis und dem Wissen eines Nobelpreisträgers. Sie ist sehr anspruchsvoll, gibt sich aber zur Not auch mit weniger zufrieden. Auch sie verlangt von ihrem Partner unbedingte Treue und sie beobachtet ihn mit Argusaugen. Bei allen zärtlichen Gefühlen, die sie zu geben bereit ist, kann ihr Mißtrauen die Partnerschaft belasten.

Schütze-Ziegen (23. November bis 21. Dezember)

Bei den Schütze-Ziegen ist der Vorwärtsgang des Schützen mit dem zeitweiligen Rückwärtsgang der Ziegen gekoppelt. An der motorischen Kraft liegt es kaum, wenn sie manchmal den Mut verlieren. Sie sollten sich möglichst schnell jemanden nehmen, der ihre Gangschaltung in Ordnung bringt, sonst fahren sie noch in den Graben.

羊

Nicht, daß Schütze-Ziegen im Beruf keine Leistung bringen könnten! Sie sind nur in ihrer Entschlußkraft etwas gehemmt, wenn es darauf ankommt, eine sichere Stellung mit niedrigeren Bezügen gegen eine Anstellung auf Probe mit höherem Gehalt einzutauschen. Hier überwiegt leicht die zaudernde Art der Ziege gegenüber dem fröhlichen Wagemut des Schützen. Ein zuverlässiger Partner sollte ihnen den Rücken stärken und ihnen beim Ersteigen der Erfolgsleiter behilflich sein.

Die Männer aus diesem Mischzeichen sind keine Draufgängertypen. Sie wickeln das Ziel ihrer Wünsche mit sanfter Stimme ein und nehmen es als Geschenkpäckchen gleich mit nach Hause. Sie verführen die Frauen, ehe diese das Schütze-Ziege-Spiel durchschauen. Mancher Mann mag da vor Neid erblassen: Wie machen die das bloß?

Die Schütze-Ziege-Frau träumt davon, von einem Kavalier alter Schule auf Händen getragen zu werden

Schütze-Ziege-Männer nehmen sich eine Individualistin, die immer ahnt, wo ihren Mann der Schuh drückt, und rechtzeitig Abhilfe schafft.

Die Frauen aus diesem Zeichen haben viel für Kavaliere alter Schule übrig. Sie wollen auf Händen getragen werden von einem starken Mann. Schütze-Ziege-Frauen sind oft sportliche Typen, die ein Leben lang rank und schlank bleiben und selbst in der besten Ehe keinen Speck ansetzen.

Steinbock-Ziegen (22. Dezember bis 20. Januar)

Mit reger Phantasie meistern Steinbock-Ziegen ihr Leben. Niemand kann besser improvisieren als sie. Überall finden sie den Ausweg, der aus einer vertrackten Lage doch noch zum Erfolg führt. Man sieht schon: Diese Ziegen setzen sich besser durch als andere.

Natürlich sind auch den Steinbock-Ziegen vom Können her Grenzen gesetzt, zumal sie nicht allzu ausdauernd sind. Aber mit ihrer Erfindungsgabe machen sie schließlich alles wieder wett. Ihr Verstand funktioniert computerhaft und setzt dann ein, wenn Schwierigkeiten auftreten könnten.

Im privaten Bereich ist der Beruf für sie tabu. Kaum eine Steinbock-Ziege fachsimpelt noch nach Feierabend. Sie will endlich ihre Ruhe haben und Kraft für den nächsten schweren

Arbeitstag sammeln. Viele Steinbock-Ziegen bilden sich abends zur Entspannung mit Hilfe großer dicker Bücher weiter und haben kaum Zeit für Amüsements. Was heißen will: Die Liebe kommt zu kurz!

Männer aus diesem Zeichen begnügen sich darum oft mit einfachen, natürlichen Frauen, die ihnen lieber sind als Luxusweibchen mit hohen Ansprüchen. Überdies sind sie billiger. Steinbock-Ziegen sehen aufs Geld.

Frauen aus dem Mischzeichen sind anschmiegsam und schon von daher eher zu engeren Kontakten bereit als ihre Sternenbrüder. Sie stellen an die Person ihres zukünftigen Partners auch hohe Anforderungen, die viele Aspiranten nicht erfüllen können. Und darum bleiben Steinbock-Ziege-Frauen auch mal allein.

Wassermann-Ziegen (21. Januar bis 19. Februar)

Wassermann-Ziegen haben viele Geheimnisse, die sie zu den rätselhaften Leuten im Tierkreis zählen lassen. Manch einer möchte meinen, sie hielten stets hinterm Berge, um damit Schwächen zu verdecken, durch die sie in ein schiefes Licht geraten könnten. Die überdurchschnittliche Intelligenz dieser Sternenmixturen gibt in diesem Fall die passende Antwort: Von Schwächen keine Spur, nur ein wenig Labilität vorhanden!

Von Schwächen keine Spur. Nur ein wenig Labilität legen die Wassermann-Ziegen an den Teig

Beruflich brauchen sie sich vor keinem Konkurrenten zu fürchten. Ihr Wissen ist geschult. An Fleiß fehlt es auch nicht. Sie zählen zu den zuverlässigsten Mitarbeitern. An jede Sache gehen sie kritisch heran und prüfen genau, bevor sie sich entscheiden. Das macht sie anderen überlegen. Im Privatleben sind sie ebenfalls sehr kritisch. Jedoch wird hier, was sie für gerechtfertigte Kritik halten, von den anderen oft als üble Meckerei empfunden.

Wassermann-Ziege-Frauen finden jede Menge Partner. Das Geheimnisvolle in ihrem Wesen macht die Männer neugierig. Sie versuchen es zu ergründen und werden noch vor des Rätsels vollständiger Auflösung durch das Jawort verpflichtet. So bleibt das Unergründliche erhalten und bietet ein Leben lang reiche Unterhaltung. Langweilig wird's an der Seite einer Wassermann-Ziege-Frau nie.

Mit Liebenswürdigkeit und Charme gehen Männer dieses Typs auf potentielle Partnerinnen zu. Sie verstehen etwas von der Liebe. Ihre Launen treiben sie jedoch zum Bäumchenwechsle-dich-Spiel. Und ihre Kritiksucht vertreibt ihnen manchmal die Frau fürs Leben. Aber irgendwann bleibt auch der aus dem Wassermann-Ziege-Zeichen hängen: Das Alleinsein liegt ihm nun mal nicht.

Fische-Ziegen (20. Februar bis 20. März)

Fische-Ziegen müssen beizeiten jemanden finden, der ihre Talente in die richtigen Bahnen lenkt, sonst kann es leicht zu einem Fiasko kommen. Nach dem Motto: Himmelhoch jauchzend, zu Tode betrübt. Das dürfte aber nur unmerklich geschehen; denn zu leicht empfinden diese Sternenmischlinge Förderung als Bevormundung, die sie auf den Tod nicht ausstehen können. So ging schon mancher Ziege unterm Fische-Zeichen die größte Chance verloren.

Man sollte nicht so hart mit den Fische-Ziegen verfahren, sondern es geduldig immer wieder mit ihnen versuchen. Beharrlichkeit führt dann doch bei ihnen zum Ziel.

Fische-Ziegen brauchen fröhliche Partner, denn sie neigen gern zum Pessimismus

Viele Fische-Ziegen haben den untrüglichen Blick für die Zukunft und neigen zu Schwarzmalerei, womit sie meist sogar recht haben. Das läßt sie zu Pessimisten werden, wenn sie nicht einen Menschen finden, der sie eine fröhliche Weltanschauung lehrt. So ist es nicht erstaunlich, daß viele Fische-Ziege-Männer Frauen mit ausgeprägtem Einfühlungsvermögen und viel Fingerspitzengefühl finden. Wahrscheinlich kommt das auch ein bißchen von dem unsagbaren Glück, das sie haben. Schon mancher Fische-Ziege-Mann hat neben der richtigen Herzenspartnerin ebenso eine Stange Geld gewonnen, mit der sie es sich zu zweit haben gutgehen lassen.

Gleich zwei Tränenkrüglein braucht die Frau aus diesem Mischzeichen. In das eine vergießt sie bittere Tränen über ihre eigene Unentschlossenheit, in das andere über die verflixten Männer, deren Zudringlichkeit sie sich kaum erwehren kann.

Wen die Fische-Ziege-Frau braucht, ist ein Mann, der sie zärtlich bei der Hand nimmt, in ein festes Verhältnis führt und ein Leben lang für Aufheiterung sorgt. Er wird seinen Entschluß nie bereuen.

Der ideenreiche, fröhliche Affe

Das ist er also, der zu allerlei Späßen aufgelegte Affe. Nichts hat er von dem eitlen Menschen an sich, den man in unseren Breiten als „Affen" bezeichnet. Nein, wer im neunten chinesischen Tierzeichen geboren wurde, ist ein fröhlicher Typ, den eigentlich jeder gern haben müßte. Ihm gehen die Ideen nie aus. Er ist ein nützliches Mitglied der menschlichen Gesellschaft. Leider fehlt den Affe-Typen in ihrem bewegten Leben meist die Zeit, alle ihre vielen Pläne und guten Einfälle auszuführen. Und es mangelt einigen aus dem Affe-Zeichen an dem Konzentrationsvermögen, gleich in die Tat umzusetzen, was sie sich ausgedacht haben.

Spaß muß sein: Affe-Geborene gehen mit viel Schwung durch ein bewegtes Leben

Doch wollen wir zuerst einmal die chinesischen Mondjahre nennen, in denen Affe-Menschen geboren wurden und noch werden:

6. 2. 1932 – 25. 1. 1933
25. 1. 1944 – 12. 2. 1945
12. 2. 1956 – 30. 1. 1957
30. 1. 1968 – 16. 2. 1969
16. 2. 1980 – 4. 2. 1981
4. 2. 1992 – 22. 1. 1993
22. 1. 2004 – 8. 2. 2005
8. 2. 2016 – 27. 1. 2017

Schon als Kinder sind Affe-Menschen fixe Jungen und Mädchen. Sie sind neugierig, wollen hinter alles kommen, was ihnen rätselhaft erscheint. Sie sind sehr wißbegierig und können den Eltern das berühmte Loch in den Bauch fragen. Wer keine Antwort auf die Fragen der kleinen Affen weiß, sinkt in ihrer Achtung. Da ist mancher Vater ganz schön gefordert. Nur die Mutter darf mal was Falsches sagen, das Affe-Kind verzeiht ihr am ehesten, wenn sie einmal etwas nicht weiß. Woraus man ersehen kann, daß ein Affe-Kind recht anhänglich ist und den Vorwurf, es würde an Mutters Rockzipfel hängen, durchaus akzeptiert.

In die Schule gehen Affe-Geborene gern. Die meisten von ihnen sind gute Schüler. Sie saugen den Lehrstoff eifrig in sich auf und brauchen darum zu Hause weniger nachzulernen. Das verführt zu Leichtsinn und könnte sich dann auch mal in schlechteren Noten niederschlagen, weil sich solch junger Affe nicht so recht konzentrieren kann, vor allem, wenn er schon mal wieder an etwas ganz anderes denkt als an langweiligen Lehrstoff.

Auch Mittelmaß führt zum Ziel

Trotzdem werden selbst mittelmäßige Schüler, die in einem Affe-Jahr geboren wurden, später ihren Weg machen, vielleicht sogar besser als jene Typen, die gute Zensuren bekommen haben, aber nicht so durchsetzungsfähig sind wie sie.

Affen sind gescheit. Man macht ihnen so leicht nichts vor. Ihre fröhliche Art kann sie zum Mittelpunkt vieler Partys machen. Sie können jedes Thema anschneiden und mit ihrer Gewitztheit Bewunderung finden. Wer sich mit ihnen in ein Streitgespräch einläßt, sollte beizeiten die Segel streichen: Der Affe ist ihm über.

Diese freundlichen Leute, die in einem Affe-Jahr geboren wurden, sind überall beliebt. Leider werden sie mit der Zeit zu rechten Menschenverächtern, weil sie sich erhaben fühlen über die große Masse der Menschen, die einfach mit der Affen Geistesblitze nicht mitkommen. So können sie zu Egozentrikern werden und sich von den anderen absondern.

Der gewitzte Affe schlägt auch mal krumme Wege ein

Nicht immer arbeiten diese Typen mit den allerfeinsten Methoden, wenn sie einen Vorteil für sich sehen. Sie können im gegebenen Fall ganz schön nachhelfen, und das kann im Einzelfall auch schon mal eine faustdicke Lüge sein, die sie in die Welt setzen, um daraus Nutzen zu ziehen. Wenn es auf dem geraden Weg nicht geht, wird eben manchmal auch der krumme gegangen.

Wenn Affe-Menschen bei einer Unwahrheit ertappt werden, spielen sie meist das Unschuldslamm, drehen alles um und geben als guten Witz aus, was zuvor von ihnen noch ganz ernst gemeint war. Am Ende kann man ihnen nichts mehr nachweisen.

Berufe, die ihnen liegen

Viele Affe-Menschen haben schon ein sprunghaftes Wesen. Es hält sie kaum jemand in einem Beruf, in dem sie ihr Wissen und ihre Ideen nicht nutzbringend anwenden können. Trotzdem sind sie in Zeiten der Not durchaus willens, eine feste Anstellung mit anständigem Salär einem freien Arbeitsverhältnis vorzuziehen. Sie sagen sich eben: Was man hat, das hat man! Und fahren nicht schlecht dabei.

Trotzdem gibt es Berufe, die ihnen wegen ihrer Überredungskraft besonders liegen. Sie wären die besten Verkäufer und Einzelhändler, Zeitschriftenwerber und Marktschreier. Als Politiker schreiben sie Geschichte, als Hochstapler und Heiratsschwindler Geschichten. Als Lehrer begeistern sie Kinder von ihren fortschrittlichen Lehrmethoden und bringen ihnen bei, daß man nicht für die Schule, sondern fürs Leben lernt. Und auf den Brettern, die die Welt bedeuten, machen sie möglicherweise Theatergeschichte.

Was den Beruf angeht, stehen die Frauen aus dem Affe-Zeichen ihren Sternenbrüdern nicht nach. Auch sie setzen sich in jedem Beruf durch, der ihrem Wissen und ihrer Bildung gemäß ist. Sie werden sogar manchen Mann, der wie sie in einem Jahr des Affen geboren wurde, überflügeln, weil sie nicht gar so sprunghaft sind wie dieser.

Die Affen und das Geld

Nichts ist unmöglich! Zur Not wird improvisiert

Man schätzt die weiblichen wie die männlichen Affen in jedem Betrieb. Sie können improvisieren, wo man mit Verstand allein nicht mehr weiterkommt. Sie sind die reinsten Tausendsassas, die mit ihrem Ideenreichtum eine schon fast bankrotte Firma aus den roten Zahlen holen können. Nur schade, daß sie niemand lange halten kann, weil sie schnell gelangweilt sind und wieder etwas anderes erleben möchten. So kommen sie zu den Erfahrungen, die man irgendwann einmal in eine eigene Firma stecken kann.

猴

Leider macht der Affe, wenn es ihm besonders gut geht, leicht Fehler. Er kann sein ganzes Geld einer fixen Idee opfern und dazu noch Schulden machen, um seine Pläne durchzusetzen. Und schon ist der Pleitegeier bei ihm zu Gast und macht ihn um eine weitere Erfahrung reicher.

Vorsicht bei waghalsigen Finanzgeschäften! In Affen-Händen zerrinnt das Geld leider nur zu leicht

Jetzt glaube nur ja niemand, der Affe-Mensch könne nicht mit dem Geld umgehen. Im Gegenteil wird er es zu vermehren suchen, wo er nur kann. Schließlich hat er viele teure Hobbys. Der eine steckt ein Vermögen in Antiquitäten, der andere in Immobilien. Hauptsache: man kann das Geld gut anlegen lassen! Trotz hoher Verstandesgaben wird ein rechter Affe kaum vernünftig. Nur mit zunehmenden Alter wird er vorsichtiger und hält den Daumen aufs Portemonnaie. Aber dann hat er meist schon erreicht, was er immer angestrebt hat, Sicherheit vor jedweder Not.

Der Affe-Mann

Im zwischenmenschlichen Bereich wollen Affe-Männer vor allem Erfahrung sammeln. Viele von ihnen hassen ein geordnetes Familienleben. Dabei achten sie ein Leben lang die Familie, aus der sie stammen. Sie hängen sich nur das Mäntelchen um, das ihnen bei gewissen Frauen den Anschein gibt, man könne sie auf den eigenen Kurs einschwören.

So erobern sie manche Fee, die sich als Hexe gebärdet, um diesem so ungebundenen Mann zu gefallen. Und er zieht mit ihnen zusammen und bleibt doch Junggeselle. Affe-Männer heiraten oft spät, weil sie sich sagen, daß ihnen vielleicht doch noch etwas Besseres als die Hexenfee über den Weg laufen könnte.

Flirt, ja! Treue ... mal sehen. Die meisten Affen binden sich erst spät

Diese fröhlichen Mannsbilder flirten für ihr Leben gern. Sie finden immer wieder eine Frau, die mit ihnen spielen möchte. Sie können sogar mit ihr verheiratet und doch so frei wie ein Vogel sein. Affe-Mann wie Affe-Frau drücken sich gern vor der Verantwortung, die eine Ehe nun einmal mit sich bringt. Treue ist nicht die stärkste Seite dieser so lebenslustigen Typen.

Die Affe-Frau

Und damit sind wir bei den Frauen aus diesem Tierzeichen. Die verlieben sich oft, verloben sich auch mal, aber mit der Hochzeit lassen sie sich wie ihre Sternenbrüder Zeit. Ihre Leidenschaft hält meist nicht lange vor. Sie sind leicht entflammt für diesen und jenen, sehen jedoch dann den nächsten, der ihnen noch besser gefällt.

Im Gegensatz zu den meisten Männern aus diesem Zeichen können die Frauen auch schon mal in jungen Jahren den Bund fürs Leben eingehen und sich mit der Zeit auch daran gewöhnen, ihrem Mann treu zu sein. Sie sorgen gern für den Gatten und die Familie, und niemand wird hinter der liebevollen Affin die ehedem quecksilbrige Frau vermuten, die sie zuvor war.

Ausnahmen bestätigen aber auch hier die Regel. Affe-Frauen tendieren wie ihre Sternenbrüder eher zu einem Leben in lustiger Ungebundenheit. Die oft so Oberflächlichen wollen sich nichts vergeben bei ihren Liebhabern und fallen dann doch auf sie herein.

Affe-Frauen sind liebevolle Mütter, die ihren Kindern viel Freiheit lassen, vielleicht, weil sie selbst sich ein ganzes Leben lang danach sehnten.

Sie verstecken ihr eigenes Ich

Affe-Frauen wie Affe-Männer sind trotz allem, was hier an Negativem über sie geschrieben wurde, keine schlechten Menschen. Sie sind stets zu Späßen aufgelegt, zuweilen verstecken sie eben damit nur ihr eigenes Ich. Wenn sie sich fröhlich und oberflächlich geben, wollen sie von ihrem leicht verletzbaren Inneren ablenken. Wenn es um ihre Ehre geht, haben sie durchaus moralische Grundsätze.

Hinter der lauten, fröhlichen Fassade verstecken sich manchmal viel Sensibilität und Verträumtheit

Sie gehen gern aus, lieben Theater und Musik. Für sie gehört eine schöne, nach ihrem Geschmack ausgestattete Wohnung zur Glückseligkeit, in der sie die laute Welt da draußen vergessen wollen und in der sie sich ihre Träume erfüllen können. Warum sollte man nicht versuchen, mit ihnen zu träumen von einem glücklichen Leben zu zweit?

Affe-Menschen sind gar nicht so schlechte Partner, wie sie sich nach außen hin darstellen. Ihre optimistische Lebensauffassung kann ansteckend wirken. Wer ihnen zugetan ist, wird bestätigen können, daß sie die fröhlichen Typen sind, von denen wir hier geschrieben haben, aber auch feststellen, daß sie bei aller Lebenslust ebenso recht ernsthafte Menschen sein können, mit denen man über alles reden kann.

Das Horoskop für die Affen

Affe-Menschen lieben das Leben. Sie sind – komme, was da wolle – am Ende stets optimistisch. Sie wollen eigentlich gar nicht wissen, was morgen sein wird. Sie leben im Hier und Heute.

In der Mitte des Affe-Lebens gibt's viele Turbulenzen

Chinesische Astrologen haben aufgeschrieben, was ihnen in den einzelnen Mondjahren geschehen könnte, und wir haben diesen „ewigen" Kalender auf abendländische Verhältnisse umgeschrieben. Danach wird viel Unruhe in das dritte und vierte Lebensjahrzehnt der Affe-Menschen getragen. In dieser Zeit könnten sie es sich mit ihren besten Freunden verderben, falls sie nicht einen Partner zur Seite haben, der ihnen hilft, über das Schlimmste hinwegzukommen.

Schauen wir uns einmal die einzelnen zwölf Mondjahre genauer an.

Im Jahr der Ratte (1996, 2008)

spielen die Affe-Menschen ihre Trümpfe aus und überstechen jeden, der ihnen Paroli bietet. Sie werden im Berufsleben weiterkommen und sich eine gute Stellung sichern können, wenn sie nicht zu unstet reagieren. In der Liebe wird es ein Jahr der Freude und des Frohsinns. Festverankerte Affen überlegen sich plötzlich, ob sie heiraten sollen.

Im Jahr des Büffels (1997, 2009)

werden die Affen vorsichtig sein, weil vielleicht das Geld knapp werden könnte. Ansonsten aber halten die günstigen Tendenzen aus dem Vorjahr an. Affen machen manches Schnäppchen und feiern, wo es etwas zu feiern gibt, fröhlich mit. Als Optimisten sagen sie sich, daß die gute Zeit ruhig weiter anhalten könnte. Sie sehen die Gewitterwolken am Horizont nicht.

Im Jahr des Tigers (1998, 2010)

ziehen manche Wölkchen schon am Himmel auf, die sich zu einem Unwetter entladen könnten. Das läßt die Affe-Menschen ruhiger taktieren. Sie sind schlau genug, sich einiger Mitmenschen zu versichern, die ihnen nützen können. Auf diese Weise legen sie wahrscheinlich den Grundstock für zukünftige, bessere Zeiten. Ihr Humor besorgt den Rest.

Im Jahr des Hasen (1999, 2011)

werden sich die Affen wieder fangen und erfolgreiche Unternehmungen starten, die allerhand einbringen sollten. In den zwischenmenschlichen Beziehungen können verliebte Leute aus diesem Tierzeichen vor Freude Purzelbäume schlagen, wenn das ihre Bandscheiben zulassen. Nur wer aus diesem so bewegten Zeichen das Spiel vom Bäumchen-wechsle-dich spielt, hat es schwer.

Im Jahr des Drachen (2000, 2012)

wird die Freiheit mancher Affen eingeschränkt. Einige unter ihnen könnten sogar von einem Partner eingefangen werden, der nicht locker läßt, bis die Heirat perfekt ist. Jedenfalls steht im Horoskop des Drache-Jahres viel von glücklicher Familie. Ob den Affe-Typen die Häuslichkeit wohlschmecken wird, ist fraglich. Schließlich lieben die Affen auch ihre Freiheit.

Schafft es da etwa jemand, den unruhigen Affen einzufangen

Im Jahr der Schlange (2001, 2013)

sucht der Affe-Mensch in den zwischenmenschlichen Beziehungen wieder einmal eher die Gunst der Stunde. Harmlose Flirts sind ihm lieber als himmelhochjauchzende Liebe. Trotzdem wird es ein fröhliches Jahr mit vielen Höhepunkten, möglicherweise auch im Beruf. Eine Wende zu besseren Bezügen und mehr Ansehen kündigt sich an.

Im Jahr des Pferdes (2002, 2014)

verfestigt sich, was im Vorjahr versprochen wurde. Im Beruf haben Affen viel Erfolg und können sich vielleicht auch auf eine günstige Veränderung in ihrem Leben einrichten. Jetzt ist die weitere Zukunft im Gespräch. Das gilt ebenso fürs Privatleben. Man sollte freilich nicht allzu sprunghaft reagieren.

Im Jahr der Ziege (2003, 2015)

Das Jahr der Ziege droht mit Unstimmigkeiten im Freundeskreis

wollen die Affen plötzlich Späße mit ihren Angehörigen treiben, die diesen nicht gefallen könnten. Im Freundeskreis sind deswegen sogar Trennungen angesagt. Mit mehr Diplomatie und ein bißchen Einfühlungsvermögen kommt man sicher weiter. Und es kann doch ein ganz gutes Jahr werden.

Im Jahr des Affen (2004, 2016)

biegt sich fast alles zurecht, was sich im Vorjahr schlecht anließ. Affe-Menschen zeigen Charakter und werden möglicherweise in der Liebe das große Glück finden. Lebensfreude triumphiert über Pessimismus. Wer sich dem Affen anschließt, kann jubeln: Dieser so optimistische Typ bringt Stimmung in den Alltag. Und Glück im Spiel hat er wohl auch.

Im Jahr des Hahns (2005, 2017)

läßt sich manches nicht so lustig an wie im Vorjahr. Die Affen werden trotzdem nicht Trübsal blasen, sondern weiter auf ihrem optimistischen Kurs bleiben. Sie sollten nun etwas Geld beiseite legen, um mögliche Schattenzeiten glücklich überstehen zu können.

Im Jahr des Hundes (2006, 2018)

denkt der Affe nicht an die Wende zum Schlechten. Er will sorglos weiterleben und wie in den Vorjahren genießen, was ihm geboten wird. Die nun aufgetischte Magerkost schlägt kaum auf sein fröhliches Gemüt; denn mit einer Art Galgenhumor sagt er sich: Auf Magerkost habe ich ja gewartet, die macht schlank!

Im Jahr des Hundes ist Magerkost angesagt

Im Jahr des Schweines (2007, 2019)

biegt sich alles scheinbar wieder zurecht. Mit Optimismus blickt der Affe in die Zukunft, die er für sich in rosigem Licht sieht. Er wagt ein Spielchen und hat Glück, das ihm sogar in der Liebe lachen wird. Sorgen schreibt er in den Wind. Ein bißchen Zurückhaltung würde ihm aber gerade jetzt nützen.

Die Affen vom Widder bis zu den Fischen

Das heitere Wesen der Affe-Menschen spiegelt sich auch in den Mischzeichen wider, die sich aus den Mixturen des Affe-Zeichens mit den zwölf westlichen Tierkreiszeichen vom Widder bis zu den Fischen ergeben. Hier werden zwölf Typen geschildert, die sich in der Grundtendenz ähneln, aber doch charakterliche Unterschiede aufweisen. Wie die chinesischen Astrologen durch die Doppelstunde der Geburt, die beiden kosmischen Kräfte Yin und Yang und die fünf Elemente dem Bild eines Affe-Menschen schärfere Konturen geben, so wollen wir auf den nächsten Seiten dasselbe mit Hilfe der abendländischen Zeichen versuchen.

猴

Widder-Affen (21. März bis 20. April)

Widder-Affen müssen oft erkennen, daß sie ihre Kraft umsonst vergeuden. Sie beginnen viel, sind aber nicht sehr ausdauernd. Im Beruf werden sie des öfteren die Stellung wechseln. Lange kann man sie nicht ertragen und lobt sie weg. Auf so raffinierte Weise gelangen Widder-Affen manchmal zur Spitze, von der man sie kaum mehr vertreiben kann.

Ihr Kraftmeiertum läßt sie Freunde um sich scharen, die sich an der Widder-Affen Seite in Sicherheit wiegen. Sie sollten nicht zu sehr auf deren Schutz vertrauen. Bei den Leuten aus diesem Mischzeichen siegt am Ende meist nicht das freundschaftliche Gefühl, sondern die ertragreiche Nützlichkeit.

Ihr sprunghaftes Wesen läßt die Widder-Affen nicht so schnell Wurzeln schlagen. Liebe auf den ersten Blick bedeutet für sie, die Katze im Sack zu kaufen. Bevor sich zum Beispiel die Männer aus diesem Mischzeichen ins Ehejoch begeben, sondieren sie erst. Am Ende nimmt sich der Widder-Affe eine Frau, die von allen Vorzügen etwas hat. Und mit ihr ist er exzellent bedient.

Geselligkeit mögen Widder-Affe-Frauen über alles. Um sie herum muß Betrieb sein, dann fühlen sie sich wohl. Sie bewirten ihre Gäste mit allem, was Küche und Keller zu bieten haben. Müde Männer sind ihnen ein Greuel. Sie sind sexy genug, um jeden Mann zu verführen. Der Gatte mag's bedenken und seine Widder-Affe-Frau täglich neu für sich erobern.

Stier-Affen (21. April bis 20. Mai)

Stier-Affen haben ein „goldenes Händchen“: Sie arbeiten hart und fahren reiche Ernte ein

Sie haben den sechsten Sinn für Geld und materielle Werte. Stier-Affen sind die Goldkinder des Tierkreises, müssen aber sehr viel arbeiten, ehe sie soviel beisammen haben, wie sie es sich wünschen. Im Beruf sind sie Leistungsträger. Hier kommt zu des Stieres Beständigkeit die frisch-fröhliche Art des Affen, der auch mal etwas wagt, um zum Ziel zu gelangen.

Stier-Affen machen sich bei allen Liebkind. Sie sind in jeder Weise zuvorkommend und haben gute Laune. Nur einige wenige ihrer Mitmenschen bekommen Einblick in die dunklen Seiten der Seele der Sternenmischlinge. Nämlich dann, wenn ein Stier-Affe enttäuscht wurde, und es aus ihm mit Naturgewalt hervorbricht. Dann kennen sie sich selbst nicht mehr und können mit ihrem Zorn alles niedermachen, was um sie herum ist. Aber solch wildes Aufbrausen der sonst so Liebenswerten ist selten.

Ihre Spritzigkeit und ihr Humor geben den Ausschlag für ihre Chancen in der Liebe. Nebenbuhler werfen sie spielend aus dem Rennen, womit sich zeigt, daß sie niemanden neben sich dulden. Partnerschaft versteht sich für sie nicht als Dreiecksverhältnis.

Scheidungen gibt es bei Stier-Affe-Männern so gut wie nie. Erstens kommt bei ihrem Charme sowieso keine Frau auf abwegige Gedanken, und zweitens würde ihr der Stier-Affe dazu auch keine Zeit lassen. Selbst nach der Silberhochzeit weiß er noch ein Gesprächsthema, das die Gattin fesselt.

Bei Stier-Affe-Frauen ist es ähnlich. Sie kennen kein Pardon, wenn der Ehemann auf Abwege geraten ist. Er muß zu Kreuze kriechen. Welcher Schändliche kann vergessen, daß er die perfekteste Frau von allen geheiratet hat? Denn sie kann einfach alles, ist Köchin und Haushaltsfinanzminister, Kinderbetreuerin und Teilhaberin im gemeinsamen Geschäft. So eine Prachtfrau kann man einfach nicht betrügen. Überdies kommt sie ja doch jedem auf die Schliche.

Zwillinge-Affen (21. Mai bis 21. Juni)

Die quirligen Zwillinge-Affen führen manch einen an der Nase herum. Und lachen noch darüber

Niemand kann sich so in Szene setzen wie die Zwillinge-Affen. Sie sind die geborenen Schauspieler und versuchen, die Bühne des Lebens für sich allein zu gewinnen. Kaum einer kommt gegen ihren Wortreichtum, gegen ihr elegantes Taktieren an.

Es ist nicht ungewöhnlich, daß Zwillinge-Affen öfter mal die Arbeitsstelle, den Partner und sogar ihre Meinung wechseln. Dabei verstecken sie ihr unruhiges Ich hinter einer geradezu übersprudelnden Fröhlichkeit, die andere anzustecken vermag.

Wer im Beruf ihr Freund wurde, hat nicht viel davon. Denn schon nach dem ersten privaten Treffen zieht der Zwillinge-Affe vielleicht in eine andere Stadt. Kehrt er nach Jahren mal zurück, kennt er den Freund nicht mehr.

Die Männer aus diesem Mischzeichen sind Berufscharmeure. Ihr Lächeln nimmt gefangen. Ihre Versprechungen klingen wie die Märchen aus Tausendundeiner Nacht – gehen aber kaum in Erfüllung. Trotzdem nimmt man einem Zwillinge-Affe-Mann nichts übel und glaubt immer wieder seinen sagenhaften Erzählungen.

Natürlich sind die Frauen aus diesem Mischzeichen ebenso herzerfrischende Typen wie ihre Sternenbrüder. Sie spielen mit ihren Freunden und halten sie, wenn es ernst werden sollte, zum Narren. Solche Frauen kennen sich in romantischen Flirts aus und wissen die Männer an der Nase herumzuführen.

Leicht sind sie nicht einzufangen, die Schönen aus dem Zwillinge-Affe-Zeichen, zu erobern schon gar nicht. Sie geben sich nur dem hin, den sie wirklich lieben. In einer festen Verbindung bleiben sie fröhliche, stets zu Späßen aufgelegte Frauen, an deren Seite auch träge Männer munter bleiben.

Krebs-Affen (22. Juni bis 22. Juli)

Sie sind mit dem ganzen Herzen dabei. Aber ein kleiner Seitenblick aufs Geld ist auch erlaubt

Krebs-Affen finden viele Freunde, weil sie Herz haben und es auch zeigen. Sie werden in jedem Beruf glücklich, als Handwerker genauso wie als Kaufmann, als Arbeiter und als Wissenschaftler. Lieblingsberufe sind immer jene, bei denen das meiste Geld für sie herausspringt.

Ihre Beliebtheit kennt keine Grenzen, weshalb man ihnen hilft, wo es nur geht. Krebs-Affen, die nicht weiter wissen, haben immer einen guten Freund, der für sie einspringt und eine verkorkste Lage richtet. Man neidet diesen sonnigen Typen das Weiterkommen nie.

Als Partner sind Krebs-Affen etwas flatterhaft. Sie können sich nicht entscheiden und drücken sich vor der Verantwortung. Männer aus diesem Mischzeichen verstehen diese Masche besonders gut einzusetzen, wenn sie sich bedrängt fühlen. Ihre langjährigen Freundinnen berichten davon mit leidvoller Miene und bleiben dann doch bei ihnen: Was man hat, das hat man – weiß man, ob je etwas Besseres als der Krebs-Affe nachkommt? Er ist so lustig und kann so schön schmusen. Er poltert auch mal, aber das klingt nur wie vom Brummbär persönlich. Wenn ein Verhältnis auseinandergeht, ist bestimmt nicht der Krebs-Affe-Mann schuld, der so geduldig wie kein anderer ist, bis ihm die vor Ungeduld platzende Freundin schließlich davonlief.

Krebs-Affe-Frauen liegt der Sex im Blut. Sie sind von allen Affe-Geborenen am wenigsten geeignet für Küche und Haushalt. Sie lieben die Freiheit, selbst wenn sie längst eingefangen sind. Hier funkt der Affe dem Krebs gehörig dazwischen und funktioniert romantische Gefühle in sexbetonte Freizügigkeit um. Glücklich, wen solche Krebs-Affe-Frau liebt. An ihrer Seite wird sein Leben zu einem Lust-Spiel, in dem sie Hauptrolle und Regie übernimmt.

Löwe-Affen (23. Juli bis 23. August)

Vor nichts scheuen Löwe-Affen zurück. Sie stürzen sich in jedes Abenteuer und fürchten weder Tod noch Teufel. Angst haben eigentlich nur ihre Freunde, daß sich solch Löwe-Affe vor lauter Wagemut alle Glieder brechen könnte. Sein Streben nach Ruhm und Ansehen macht vor nichts und niemandem halt. Löwe-Affen bieten selbst dem autoritärsten Chef die Stirn. Sie walzen alles nieder, was sich ihnen entgegenstellen möchte.

Der Löwe will alles, aber der Affe verscherzt so manches durch seinen Leichtsinn

Ihrem unaufhaltsamen Aufstieg stünde nichts im Wege, wenn sie bei ihrem rasanten Tempo nicht leicht übersehen würden, daß sie Fehler machen, die sie Kopf und Kragen kosten können. Es ist der Leichtsinn des Affen, der dem königlichen Löwen zuweilen die schönsten Perlen aus der Krone bricht und den Sternenmischling nur allzu menschlich erscheinen läßt.

In der Liebe sind alle Löwe-Affen besitzergreifend. An sie verteilt man keine Körbe, nur wehmütige Abschiedsbriefe auf Büttenpapier. Männer dieses Typs werden bei aller Weltoffenheit brave Ehemänner, selbst wenn sie tagelang auf Abenteuern unterwegs sind. Wer solch einen Mann hat, besitzt ihn nie allein. Löwe-Affe-Männer sind, obwohl sie auch nach der Hochzeit noch sehr umschwärmt werden, durchaus treu, wenn sie Liebe und Treue dafür wiederbekommen und man ihnen nie widerspricht.

Ähnlich ist es bei den Löwe-Affe-Frauen. Vor der Ehe flattern sie von diesem zu jenem, nach der Hochzeit machen sie mit allem, was war, Schluß und hoffen auf den Herrn Gemahl und seinen großen Bekanntenkreis. Sie wollen ja hergezeigt werden und das Leben auch als Ehefrau genießen.

Jungfrau-Affen (24. August bis 23. September)

Aufrichtig und verläßlich – aber leider auch leicht zu kränken: der Jungfrau-Affe

Zuverlässiger als die meisten anderen Affen ist der unterm Jungfrau-Zeichen geborene. Nur ist er mimosenhaft empfindlich und leicht verletzbar. So geartete Menschen sind gesundheitlich nicht besonders widerstandsfähig.

Jungfrau-Affen sind sehr schlagfertig. Obwohl ihr Verstandesapparat gut ausgebildet ist, leisten sie mehr in Berufen, wo man Fingerfertigkeit benötigt. Im Handwerklichen sind sie einsame Spitze. Der Ordnungssinn der Jungfrau bricht auch bei diesem Affen durch. Das wird ihm manchmal den Ruf eines Pedanten einbringen.

Von allen Affe-Typen sind die unter der Jungfrau geborenen am leichtesten zu zähmen. Sie sind sogar sehr häuslich. Die Kaltschnäuzigkeit, die sie im Berufsleben zeigen, ist im engen Freundeskreis wie weggeblasen.

Männer aus dem Jungfrau-Affe-Zeichen geben sich alle Mühe, die feste Freundin oder Gattin zufriedenzustellen. Sie können überschwenglich sein und jeden Tag mit Rosen nach Hause kommen, urplötzlich aber tagelang die beleidigte Leberwurst spielen. So sind sie nun mal.

Frauen aus diesem Mischzeichen haben ähnliche Charaktereigenschaften wie ihre Sternenbrüder, aber noch extremer. Ein falsches Wort, und sie sind auf hundertachtzig! Rücksichtsvolle Männer nehmen das zur Kenntnis. Die Jungfrau-Affe-Frau dankt es ihnen mit aufopferungsvoller Liebe.

Waage-Affen (24. September bis 23. Oktober)

Die fröhlichsten von allen sind die Waage-Affen. Sie haben den Humor für sich gepachtet und können eine Gesellschaft allein unterhalten. Man sieht sie dennoch nur von Zeit zu Zeit gern, als Dauergäste werden sie lästig.

Waage-Affen arbeiten hart, um sich ein luxuriöses Leben leisten zu können. In einer Hütte, durch die der Wind pfeift, würden sie jämmerlich eingehen. Wo sie arbeiten, muß gutes Betriebsklima herrschen, sonst wechseln sie beizeiten.

Sie können so charmant die Unwahrheit sagen, daß man ihnen kaum böse ist. Waage-Affen fabulieren gern; da vermischen sich schon mal Dichtung und Wahrheit. Als Streitschlichter sind sie gesucht. Am liebsten geben sie jedem recht, um es mit keinem zu verderben.

Heiter und großzügig muß der Partner sein, der zu einem Waage-Affen paßt

Waage-Affe-Männer mögen die heitere Partnerin, die auch mal die Fünf gerade sein läßt und die man herzeigen kann, wenn man mit ihr ausgeht. Wenn genügend Geld für die eigenen Bedürfnisse übrig bleibt, kann sich auch die Ehefrau à la mode kleiden. Reicht's nur für den Mann, muß sie sich bescheiden. Aschenbrödel mag zu Hause bleiben und die Erbsen zählen, während ihr Prinz die Welt erobert.

Waage-Affe-Frauen sind teuer, wenn man auf ihre Wünsche nach gehobenem Luxus eingeht. Sie verkümmern an der Seite eines Mannes, der ihnen kaum anderes zu bieten hat als nur seine Liebe. Bei ihnen gehört mehr zur Ehe. Und darum heiraten sie oft nicht auf den ersten Blick, sondern auf den sicheren zweiten. Diese Sternenmischlinge sind anspruchsvoll. Und charmante Eleganz hat nun mal ihren Preis.

Skorpion-Affen (24. Oktober bis 22. November)

Es heißt, man könne Skorpion-Affen nicht über den Weg trauen. Tatsächlich sind sie zielstrebig und ohne jeden Skrupel, wenn es darauf ankommt, mehr zu erreichen als andere. Hinter ihrer Freundlichkeit steckt der abschätzende Blick, der die Mitmenschen testet.

Arbeitsam sind diese Sternenmischlinge immer dann, wenn Müßiggang auffallen würde. Nur so finden sie Förderer, die ihnen den Weg ebnen. Bei den Kollegen treten sie hier und da ins Fettnäpfchen, was ihre Beliebtheit kaum steigert.

Allenthalben werden Skorpion-Affe-Männer als feurige Liebhaber geschätzt. Das Liebesfeuer müßte sie auch zu geschätzten Ehemännern machen. Leider sind sie es nicht in jedem Fall. Es liegt an der Nachtseele des Skorpion-Affe-Mannes, der auf Dauer nie dieselbe Tour reisen kann.

Frauen aus diesem Mischzeichen sind hingebungsvoll. Gezielt suchen sie sich ihre Opfer, die nur zu bereitwillig auf sie eingehen. Aber die weiblichen Sternenmischlinge nehmen es möglicherweise nicht so ernst und gerade wenn es am schönsten zu werden verspricht, springen sie ab.

In der Ehe erlischt schnell, was mit heißer Liebe begonnen hat. Oft sind die Ehemänner der Skorpion-Affe-Frauen daran schuld, weil sie den Herrn mimen und nicht das Spielzeug einer liebenswerten Frau sein wollen. Sie täten besser daran, den Wünschen ihrer Skorpion-Affe-Frau zu willfahren. Manche finden's schön, unter ihrem Pantoffel zu stehen.

Schütze-Affen (23. November bis 21. Dezember)

Zwei freiheitsliebende Zeichen begegnen sich: Schütze und Affe

Schütze-Affen lieben die Freiheit über alles. Arbeitsplätze sind für sie Stellungen, in denen sie sich nicht sehr gebunden fühlen. Am liebsten wären sie selbständig, denn in freien Berufen erzielen sie die höchste Rendite. Ihre Intelligenz befähigt sie aber auch absolut zu Führungsaufgaben, in kleinkarierten Verhältnissen verlieren sie leicht die Lust.

Reisen sind das Hobby aller Schütze-Affen. Wenn sie das Bündel daheim schnüren können, fühlen sie sich wohl. Sie schwärmen nicht nur von Abenteuern, sie erleben sie auch.

Abenteuerlich ist ebenso ihr Liebesleben, wenn sie nicht gleich den Partner finden, der ihre große Liebe ist. Es beginnt mit harmlosen Flirts, geht über handfeste Liebeleien bis kurz vors Standesamt, fängt dann aber wieder von vorne an.

Männer aus diesem Mischzeichen sind flatterhafter als ihre Sternenschwestern. Sie hängen zwar sehr an ihrer Familie, gehen aber auch gerne eigene Wege, wenn sie der Freiheitsdrang packt. So entschlußfreudig sie im Beruf sind, so sehr zögern sie manche Entscheidung im Privatleben hinaus.

Die Schütze-Affe-Frau ist sehr gesellig und hat auch eine Menge Gesprächsstoff auf Lager. Doch mit belanglosem Gerede wird sie nicht nur dem teuren Gatten auf die Nerven gehen. Und dann fühlt sie sich unverstanden, denn die Schütze-Affe-Frau ist immer von sich und ihren Vorzügen überzeugt. Diesen Glauben sollte man ihr lassen und zuhören.

Steinbock-Affen (22. Dezember bis 20. Januar)

Die Gründlichkeit der Steinbock-Affen wird landein, landaus gerühmt. Sie rasen zwar nicht wie Irrwische durchs Leben, sind aber immer noch schnell genug, um Konkurrenten ein Schnippchen zu schlagen. Sie haben einen hintergründigen Humor. Das Leben meistern sie mit viel Ernst und großem Sachverstand. Im Beruf gelingt ihnen sehr viel. Sie stehen früher auf als andere und gehen, wenn sie der Ehrgeiz packt, später heim. Für die Firma tun sie alles, wenn man sie durch Lob anstachelt.

In der Liebe sind die Steinbock-Affen eher gehemmt

Steinbock-Affe-Männer haben es besonders schwer, in Liebesdingen zurechtzukommen. Sie sind bei aller Ausgelassenheit und Fröhlichkeit, die sie gegenüber Frauen zur Schau stellen, oft sehr gehemmt, was sich zu regelrechter Verklemmung ausweiten kann. Wenn man zwei so unterschiedliche Tiere im Wappen trägt, kann man kaum anderes erwarten.

Dabei können gerade die Männer aus diesem Mischzeichen prachtvolle Ehepartner sein. Frauen, die schon vor der Hochzeit genügend Geduld mit ihnen aufgebracht haben, wissen das. Diese Steinbock-Affen sorgen rührend für die Kinder, und selbst die übrigen ehelichen Pflichten erfüllen sie mit großer Begeisterung.

Mut braucht auch die Frau aus diesem Mischzeichen, um über ihre Hemmungen hinwegzukommen, die sie selbst noch in die Ehe mitnimmt. Sie ist mit allem sparsam – mit dem Geld, mit Freundschaftsbezeigungen, vor allem aber mit der Liebe. Tief in ihrem Innersten sitzt viel Gefühl eingekapselt, das sie sich nur für den einen aufhebt, den sie glücklich machen will.

Wassermann-Affen (21. Januar bis 19. Februar)

Leichtsinn ist bei dem Wassermann-Affen die Wurzel allen Übels. Er kann im Leben vieles erreicht haben und doch in einer Momentslaune vieles wieder in Frage stellen. Unruhiges Blut fließt durch seine Adern, das treibt ihn zuweilen zu Unüberlegtheiten, zu Stimmungen, zur totalen Veränderung der augenblicklichen Verhältnisse.

Im Beruf stehen darum Wassermann-Affen immer auf dem Sprung. Wenn man ihnen nicht genügend Freiheiten läßt, werden sie die Firma wechseln, wobei sie sogar Gehaltsminderungen in Kauf nehmen. Man wird schon wieder nach oben kommen. Diese Sternenmischlinge wollen mit dem Kopf durch die Wand. Aber vielfach ist die Wand doch härter als der voluminöse Dickkopf eines Wassermann-Affen.

Wassermann-Affen muß man mühsam erobern. Sie binden sich nicht allzu gern

Männer aus diesem Mischzeichen spielen gern den Playboy, für den jedes Mädchen über achtzehn interessant ist. Dementsprechend oberflächlich gehen sie Beziehungen ein. Der Welt stehen sie dagegen viel zu nüchtern gegenüber. Für die Ehe taugen diese Individualisten nur, wenn man sie davon überzeugen kann, daß Liebe auch zu einem einzigen Menschen genossen werden kann. Ihr Herz ist groß und weit. Da hat auch Treue noch einen Platz.

Solange es geht, wollen Wassermann-Affe-Frauen ebenso wie ihre Sternenbrüder frei bleiben. Flatterhaft sind sie nicht, jedoch sehr lebenslustig. Sie wollen erobert werden: Ein ganzer Kerl ist ihr Traumbild, „Softis" haben da nichts zu suchen.

Fische-Affen (20. Februar bis 20. März)

Fische-Affen bilden sich ihre Wertvorstellungen spielerisch. Das Glück im Spiel zieht sich durch ihr ganzes Leben. Aber sie vertrauen auch auf ihr eigenes Können, das im allgemeinen von keinem unterschätzt werden darf.

Fische-Affen haben im Beruf Erfolg, wenn sie konditionell auf der Höhe sind. Greifen sie zur Flasche (übel bei einigen Fische-Affen!), verspielen sie sich die schönsten Möglichkeiten. Da sie einsichtig sind, kann man sie in den meisten Fällen eines Besseren belehren.

Fische-Affe-Männer sind in vielen Liebesschlachten erprobt, aber wenn sie die eine gefunden haben, steht für alle anderen das Glücksrad bei diesem Mann still. An ihrer Seite erleben Frauen, was Liebe ist. Sie streicheln und schmeicheln am liebsten den ganzen Tag. Und müssen von Zeit zu Zeit daran erinnert werden, daß es auch noch so banale Tätigkeiten wie Arbeiten und Geldverdienen gibt.

Fische-Affe-Frauen sind ebenso lieb und anhänglich wie ihre Sternenbrüder, und haben seelischen Tiefgang. Diese Frauen wissen ganz genau, was sie wollen: Keine Bettgeschichten, sondern einen respektablen Partner. Schon manche von ihnen hat einen wilden Herren zu einem braven Ehemann gemacht.

Der erfolgreiche, stolze Hahn

Sie sind aufgeschlossen für alles Neue, haben ihren eigenen Stil und werden von ihren Mitmenschen bewundert. Das macht die so stolzen Menschen, die im zehnten chinesischen Tierzeichen geboren sind, noch erhabener. Sie setzen auf den Erfolg und glauben im geheimen, daß sie jeden überflügeln können, der sich ihnen in den Weg stellt. Tatsächlich erreichen die Leute, deren Geburtstag in einem Jahr des Hahns liegt, mehr als andere. Und das sind die chinesischen Mondjahre, in denen die Hahn-Menschen geboren wurden und werden:

26. 1. 1933 – 13. 2. 1934
13. 2. 1945 – 1. 2. 1946
31. 1. 1957 – 17. 2. 1958
17. 2. 1969 – 5. 2. 1970
5. 2. 1981 – 24. 1. 1982
23. 1. 1993 – 9. 2. 1994
9. 2. 2005 – 28. 1. 2006
28. 1. 2017 – 15. 2. 2018

Schon als kleines Kind ist der Hahn-Geborene neugierig auf alles, was neu und unentdeckt ist. Diese Neugierde macht das Hahn-Kind anfällig für Verletzungen, weil es bereits im Krabbelalter alles mit den Händen berühren möchte, was ihm noch unbekannt ist. Und da kann es dann leicht an eine elektrische Leitung geraten oder an eine heiße Herdplatte. Oder es purzelt vom Tisch herunter, auf den es im kindlichen Übermut geklettert ist. So macht es schon früh Erfahrungen, aus denen es für spätere Jahre nur lernen kann.

Hahn-Geborene sind nicht unterzukriegen. Sie bewahren Haltung bis zum Schluß

Hahn-Menschen bewahren immer Haltung. Sie sind nicht unterzukriegen, selbst wenn ein Schicksalsschlag sie niederdrückt. Das macht sie erhaben über ihre Mitmenschen, deren

Huldigung ihnen sicher ist, wenn sie endlich ihr Ziel erreicht haben und hoch über allen an der Spitze thronen.

Bis die Hahn-Geborenen da angekommen sind, vergeht schon viel Zeit. Und das liegt an einem Wesenszug der Hähne, der sie charakterlich besonders prägt und für viele um so liebenswerter macht: Sie wollen immer das Beste aus allem herausholen. Mit anderen Worten: Sie machen sich das Leben selbst schwerer, als es eigentlich ist.

Hähne arbeiten hart an sich selbst. Sie meinen, erfolgreich könnten sie nur sein, wenn sie aus allem das Letzte herausholen. Derweil überholen sie möglicherweise die Oberschlauen, die weniger ernsthaft an die Arbeit gehen, sich aber stets ins rechte Licht setzen wollen. Nur darum bleiben Hahn-Menschen auch einmal in niedrigeren Stellungen hängen.

Eigentlich können diese Hähne in jedem Beruf Karriere machen, der auf harter Arbeit gründet. Seltsamerweise drängen sie jedoch auch in jene Berufe, die ihnen Sicherheit bis ins Pensionsalter geben können. Das heißt: sie werden Beamte oder Festangestellte auf Lebenszeit mit gutem Einkommen.

Viele Hahn-Menschen haben eiserne Nerven. Als Chirurgen wären sie ebenso befähigt wie als Krankenpfleger auf Intensivstationen. Sie scheuen keine Gefahren, weshalb sie auch als Rennfahrer oder Artisten Erfolge feiern können. Ihr Mut zum Risiko läßt sie als Börsenmakler und Finanzfachleute die günstigen Momente erkennen, in denen man am besten „cash" machen kann.

Zum Glück gehört auch Geld

Eiserne Sparsamkeit führt direkt zu einem dicken Bankkonto

Zum Geld haben diese in einem Hahn-Jahr Geborenen die gesunde Einstellung, daß man es zu seinem eigenen Glück braucht. So streben sie stets nach ein bißchen Wohlstand. Sie lieben das gepflegte Heim mit schönen Möbeln und wertvollen Teppichen, wollen allerdings alles nur aus eigenem Antrieb schaffen. Sie sind zu stolz, um eine bessere Stellung zu betteln. Nur weil sie höfliche Leute sind, sagen sie einmal danke, was ansonsten in ihrem Wortschatz nicht allzuoft vorkommt.

Viele Hahn-Menschen verfügen mit der Zeit über ein ansehnliches Bankkonto, weil sie eisern sparen. Sie wissen, daß sie nur so das Ziel erreichen können, das sie sich gesetzt haben:

ein wenig Luxus für sich und ihre Lieben. Im allgemeinen sind sie herzensgut und hilfsbereit. An keinem Bettler können sie vorübergehen, ohne ihm etwas zukommen zu lassen.

Sie können ihr letztes Hemd verschenken, wollen aber nach Möglichkeit selbst nichts geschenkt bekommen. Man sollte sie loben, wenn sie es verdient haben. Lob steigert ihren Arbeitseifer. Doch im Grunde wissen sie, was sie wert sind. Und trotzdem fallen diese stolzen Hähne gern auf hinterhältige Schmeichler herein, die ihnen scheinbar huldigen, aber nur das eine wollen, daß sich der Hahn mit vor Stolz geblähtem Kamm blindlings ins Abseits drängen läßt. Und auch darum bringen es manche Hähne nicht allzu weit.

Der Hahn-Mann

Der Hahn-Mann will auch Hahn im Korb sein – besonders in Sachen Liebe

Mit Schmeicheleien und Zärtlichkeiten kriegt man jeden Hahn herum. In der Liebe wollen die Frauen und Männer aus diesem Zeichen auch stets Hahn im Korb sein. Man mag sie, und manch einer schmückt sich mit ihnen; denn einen Hahn kann man, ohne sich zu schämen, beruhigt in aller Öffentlichkeit herzeigen.

Hahn-Männer sind für die Liebe wie geschaffen. Sie bekommen die sprödeste Schöne herum. Ihr Charme reicht für viele. Dieser so männliche Typ fühlt sich in der Gesellschaft hübscher Frauen am wohlsten. Er beargwöhnt jeden anderen Mann als potentiellen Konkurrenten im Liebesgeschäft. Jetzt verstehen Sie, warum Hahn-Geborene nur einige wenige Freunde, dafür jedoch um so mehr Freundinnen haben. Sie lieben den Hahnenkampf und nehmen es mit jedem auf, der ihnen in der Liebe die Suppe versalzen möchte.

Der Hahn-Mann hat Glück in der Liebe. Aber er versteht selbst die lockersten Flirts als ernsthafte Bewerbung um seine Gunst. Frauen, die anders denken, serviert er ab. Hahn-Männer sind auch großzügig gegenüber denen, die sich mit ihnen eingelassen haben. Und so kommen sie zu einschlägigen Lebenserfahrungen. Am Ende werden sie eine Frau heiraten, die sie bis ins hohe Alter hinein liebevoll versorgt und ihnen nachsieht, wenn sie vielleicht einmal auf andere Gedanken kommen und nicht unbedingt treu sind. Mit zunehmendem Alter wird sich dieser mögliche Charakterzug schon geben.

雄

Ihrer Familie wird es trotzdem an nichts fehlen. Ein Hahn-Vater ist meist sehr verständig, wenn seine Kinder mit Anliegen an ihn herantreten. Er wird ihre Wünsche erfüllen, wenn er dazu in der Lage ist. Sie sollten aber bedenken, daß dieser Vater stolz auf sie sein will. Wer da krumme Dinger dreht, hat bei ihm verloren.

Die Hahn-Frau

Sie möchte noch nach Jahren die einzige Geliebte des Mannes sein

Natürlich ist auch die Hahn-Frau für die Liebe. Sie ist nur weniger flatterhaft als ihr Sternenbruder. Stets wird sie einen festen Freund suchen, auf den sie sich verlassen kann. Schließlich können sich Frauen in der Liebe eher etwas vergeben als die Männer.

Diese so kluge Evas-Tochter hat das Herz auf dem rechten Fleck. Sie will noch nach Jahren die einzige Geliebte des Mannes sein, den sie sich aus einer Reihe von Verehrern erwählt hat. Sie ist dafür ihrerseits eine treue Partnerin, wenn auch der Mann an ihrer Seite ihr treu ergeben bleibt. Sie wird alles für ihn tun, ihm sogar, wenn er es möchte, die Füße waschen. Ihre Kinder werden von ihr heißgeliebt. Es ist jedoch möglich, daß sie die Bedürfnisse der Kleinen auch mal zugunsten der Bedürfnisse ihres Partners hintenanstellt, sie dann aber umso zärtlicher umsorgt.

Die Hahn-Geborene ist eine sparsame Hausfrau. Sie hält das Geld zusammen, daß der Ehemann vielleicht sinnlos verpulvern möchte. Solche Sparsamkeit treibt manchmal den Keil in eine sonst gute Beziehung mit einer Hahn-Frau. Es ist der Unverstand der Männer, der eine Ehe mit dieser so stolzen Frau scheitern läßt.

Die Unebenheiten in der Seele

Wer in einem Hahn-Jahr geboren ist, hat viele gute Seiten. Sie überwiegen sicherlich die wenigen Schattenseiten in seiner Seele. Doch wollen wir diese nicht verschweigen, zumal gerade Hahn-Menschen stets an sich arbeiten, um die Unebenheiten in ihrem Charakter zu beseitigen. Man sollte ihnen nur nicht sagen, was einem an ihnen nicht gefällt. Ihr Stolz läßt fremde Einmischung nicht zu.

Natürlich lachen sie gern, zur Not sogar über sich selbst. Wer jedoch über sie lacht, hat bei ihnen verspielt. Bei anderen heißt es für Hähne beiderlei Geschlechts stets: „Krummnehmen gilt nicht“ – sie selbst werden aber alles krummnehmen, was ihren Stolz verletzt.

Die scheinbar immer über allen Dingen stehenden Hähne haben ein etwas eingeengtes Gesichtsfeld. Sie können zum Beispiel niemals verstehen, wenn man ihnen böse ist, weil sie wieder einmal angeeckt sind mit allzu forschen Äußerungen, die sie gar nicht so gemeint haben, wie sie von den lieben Mitmenschen empfunden wurden. Hähne wollen nie beleidigen, sondern nur ihre ehrliche Meinung sagen.

Mit der Zeit werden einige von ihnen vielleicht lernen, daß absolute Ehrlichkeit nicht immer gern gesehen ist. Die meisten aber werden bis ins hohe Alter nicht klug. Und so könnte es passieren, daß sie dann, wenn sie am ehesten Ansprache brauchen, allein gelassen sind.

Träume vom großen Glück

Auch Hahn-Menschen haben ihre Träume. Sie möchten für ihr Leben gern faul sein und nur auf das große Glück vertrauen, das sie in die Lage versetzt, in Luxus und Reichtum zu leben. Trotzdem wäre das gegen ihre Natur! Sie wollen sich alles im Leben selbst erarbeiten, nicht auf andere vertrauen, die ihnen goldene Berge versprechen.

Sein Durchsetzungsvermögen scheitert oft an seinem Stolz

Und jetzt wissen Sie, warum mancher Hahn-Mensch nicht allzu weit auf der Karriereleiter kommt. Vom reinen Arbeitsaufwand wäre er einsame Spitze, aber sein Durchsetzungsvermögen scheitert oft an seinem sprichwörtlichen Stolz: Er nimmt nichts von anderen an und wird nie das Gefühl los, daß Hilfsbereitschaft auch als mildtätige Gabe gesehen werden kann.

Man sollte die Hahn-Menschen träumen lassen. Im Grunde genommen sind sie ja überaus liebenswerte Leute, die nur einige kleine Untugenden haben. Dadurch geraten sie bei manchen in ein schiefes Licht, ohne daß sie das selbst eigentlich wollen.

Wer lange Zeit mit ihnen zusammenlebt, wird bestätigen können, daß Hähne gar nicht so sind, wie mancher Zeitge-

雄

nosse sie sehen möchte. Nur gut, daß sich die Leute aus dem zehnten chinesischen Tierzeichen wenig um die Meinung solcher Menschen kümmern, da sie stets den geraden Weg im Leben gehen wollen. Und der wird in den meisten Fällen am Ende gangbar sein, wenn sie den richtigen Partner gefunden haben.

Das Horoskop für die Hähne

Hahn-Geborene werden erst durch Erfahrung klug – aber dann geht's bergauf

Leider erst durch Erfahrung werden Hahn-Menschen klug. Aber dann können sie auf der Erfolgsleiter auch stetig nach oben steigen. Wenn sie gelernt haben, ihren Stolz auf Dinge zu beschränken, die ihnen Freude bereiten, werden sie sich nicht selbst kaputtmachen, was sie sich mühsam erarbeitet haben. Im allgemeinen ist das Horoskop, das chinesische Astrologen für sie erstellt haben, gar nicht so schlecht, in manchen Jahren sogar sehr gut. Und die sollten die Hähne für sich nutzen.

Wir haben versucht, dieses Horoskop auf die Jetztzeit zu übertragen. Dabei fiel uns auf, daß gerade die Astrologen schon vor zweitausend Jahren eine hohe Meinung von den Hahn-Menschen hatten, auf die diese noch heute stolz sein können.

Schauen wir nun also einmal, was in den nächsten Jahren die Hahn-Menschen für sich zu erwarten haben.

Im Jahr der Ratte (1996, 2008)

werden die Hahn-Menschen gefordert. Vielleicht wird ihnen die Arbeit regelrecht zuviel werden. Da sie jedoch gewohnt sind, korrekte Leistung zu erbringen, könnten sie ins Trudeln kommen und unzufrieden mit sich selbst und ihrer Umwelt sein. Am besten legen sie ihr Geld gut an und spekulieren nicht mit dem, was sie erreichen könnten. Es ist kein allzu gutes Jahr.

Im Jahr des Büffels (1997, 2009)

sind alle Schwierigkeiten wie weggeblasen, die sich möglicherweise in vergangenen Jahren aufgebaut haben. Hahn-Menschen können aufatmen und von neuem beginnen, ihr Leben auf eine gesunde Basis zu stellen. Schon zu Anfang beginnt es mit einem Paukenschlag: Hähne lernen Mitmenschen kennen, die ihnen helfen, voranzukommen. Da heißt es, eigenen Stolz zu überwinden.

Im Jahr des Tigers (1998, 2010)

halten noch eine Weile die guten Aspekte aus dem Vorjahr an. Wer sich rasch ein Schnäppchen sichern will, sollte es eilig tun; denn allzubald kann sich der Wind drehen. Urplötzlich kommt es zu Turbulenzen, die bei Hähnen für Schwindelanfälle sorgen. Das Tiger-Jahr ist für sie nicht unbedingt die Zeit, in der sie ihre Finanzen oder ihr Privatleben ordnen sollten.

Im Jahr des Hasen (1999, 2011)

sind Hahn-Menschen recht mißtrauisch, und glauben kaum an eine Besserung ihrer Verhältnisse. Sie haben noch genug von den Turbulenzen, die im Vorjahr für Unruhe sorgten. Allmählich zeichnet sich aber ab, daß das Hase-Jahr gar nicht so schlecht wird. Wer wagt, kann gewinnen in diesem guten Zeitabschnitt.

Wer im Hasenjahr wagt, kann gewinnen

Im Jahr des Drachen (2000, 2012)

wird sich die Lage zusehends stabilisieren. Wer jetzt an eine feste Verbindung denkt, sollte sie eingehen. Hähne haben in der Liebe Glück. Sie können ab und zu sogar einmal ein Spielchen wagen, weil das Horoskop für einige Hähne gute Gewinnchancen verspricht. Bei allen soll das Konto wachsen, allerdings die Arbeit auch.

Im Jahr der Schlange (2001, 2013)

können Hahn-Menschen stolz auf das bisher Erreichte zurückblicken und froh nach vorne schauen. Der günstige Trend aus dem Vorjahr hält noch eine Weile an. Für viele aus dem Hahn-Zeichen heißt es, das Leben zu genießen. Nur Leichtsinn würde schaden. Gut wäre es, nun Rücklagen für die Zukunft zu bilden.

Im Jahr des Pferdes (2002, 2014)

sollten sich Hähne nicht zu sicher fühlen und vor allem den Kopf nicht zu hoch tragen. Sonst setzt es Nackenschläge, die selbst der Notarzt nicht heilen kann. Plötzlich sind schier unüberwindbare Hindernisse in den Weg gestellt. Wer sich duckt, kann untendurch kriechen. Die Frage ist nur: Sind Hähne dafür zu stolz?

Im Jahr der Ziege (2003, 2015)

können sich die Hahn-Menschen kaum vor einem Übermaß an Arbeit retten, aber es ist möglich, daß die Arbeit oft schlechter als sonst entlohnt wird. Unzufriedenheit nützt ihnen nichts, sie müssen da durch. Das Familienleben gerät in Unordnung, das Gleichgewicht ist gestört. Hähne müssen manches zurückstellen.

Im Jahr des Affen (2004, 2016)

kommt das Glücksrad allmählich wieder in Schwung. Hähne können hoffnungsvoller in die Zukunft sehen, als im Jahr zuvor. Es liegt nun an ihnen, ihre Stellung zu festigen. Vieles wird sich von selbst lösen, wenn die Hähne nicht ausgerechnet in diesem nicht schlechten Jahr zum Durchdrehen neigen würden. Da heißt es: Ruhig bleiben!

Im Jahr des Hahns (2005, 2017)

In ihrem eigenen Jahr laufen die Hähne zu Bestleistungen auf

glättet sich alles wieder. In ihrem eigenen Jahr haben Hähne eine gehörige Portion Glück. Sie können ihre Verhältnisse, die bisher zerrüttet schienen, wieder ordnen. Und im Privatleben wird die Liebe lachen. Das wird die doch so arbeitsamen Hähne zu Höchstleistungen veranlassen. Besser kann's nicht werden!

Im Jahr des Hundes (2006, 2018)

beginnt es bei den Hahn-Geborenen schon wieder zu kriseln. Das Horoskop verzeichnet bei ihnen ein ständiges Auf und Ab. Jetzt machen ihnen, wenn sie im Jahr zuvor das Geld verjubelt haben, die Finanzen Sorgen. Aber sie werden sich – wie immer – leidlich durchwursteln. Durch eigene Schuld läuft privat nicht alles rund.

Im Jahr des Schweins (2007, 2019)

Jetzt heißt es vorsichtig sein und nichts übertreiben

wird in allen Lebensbereichen so manches übertrieben, was besser ganz vorsichtig angegangen werden sollte. In der Liebe neigen die Hähne zu Spielereien, die zwar Abwechslung in den Alltag bringen, nicht aber unbedingt dem häuslichen Frieden dienen. Launen wechseln vielfach mit Depressionen ab, da heißt es: Kopf hoch, Hähne! Schließlich kann es für sie ja nur besser werden.

Die Hähne vom Widder bis zu den Fischen

Wie bei den bisher beschriebenen Tierzeichen geschehen, wollen wir jetzt Ähnliches mit den Hähnen tun und schildern, wie sich das Charakterbild der in einem Hahn-Jahr geborenen Menschen verändern kann, wenn man ihre Charakteranlagen mit den zwölf westlichen Tierkreiszeichen zusammenbringt. Das ergibt dann zwölf Mischtypen der nachfolgend beschriebenen Art.

Widder-Hähne (21. März bis 20. April)

Widder-Hähne haben den Hahnenkampf erfunden. Sie streiten für ihr Leben gern. Man sollte ihnen Beruhigungspillen in Form von Liebe und Güte eingeben. Vielleicht wären sie dann leichter zu haben, könnten sich besser auf ihre Arbeit konzentrieren und mehr erreichen.

Unterm Hahn bekommt der erdverbundene Widder den letzten Schliff, der ihn eigentlich für gute Stellungen prädestiniert. Da wird hart gearbeitet und mancher Kollege aus dem Wege geschubst. Leider stehen Widder-Hähne stets in Opposition zu jedweder Obrigkeit, was ihnen von deren Seite kaum überragende Förderung eintragen wird. Ihr Stolz ist erhaben über Katzbuckeleien. Schmeicheln können sie nicht.

Widder-Hähne sind die geborenen Widerständler. Mit ihnen ist nicht gut Kirschen essen

Selbst im Privatleben tun sich Widder-Hähne manchmal schwer. Sie sind zu impulsiv und reagieren oft unberechenbar. Das erhöht die Gefahr von Zwistigkeiten, die vom handfesten Krach bis zum Streit um des Kaisers Bart reichen können.

Männer aus diesem Mischzeichen machen auf Frauen einen nachhaltigen Eindruck. So manche spröde Schöne ließ sich von ihnen verführen und kam nicht mehr von den Charmebolzen los. Die sonst so harten Widder-Hähne zerfließen wie Butter an der Sonne, wenn sie verliebt sind. In der Ehe dieser so energiegeladenen Männer kracht es naturgemäß häufiger als in anderen festen Verbindungen.

Auch die Frauen dieses Mischtyps sind streitbar. Sie erobern den Mann ihrer Wahl mit viel Gefühl und vielen weiblichen Waffen, denen noch jeder seit Adam verfallen ist. Widder-Hahn-Frauen können sich aufopfern für den, den sie lieben. Nur müde Männer und leichtfertige Playboys haben bei ihnen kaum eine Chance.

Stier-Hähne (21. April bis 20. Mai)

Die unterm Stier geborenen Hähne arbeiten noch mehr als ihre kaum arbeitsscheuen Sternengeschwister. Ihr gleichbleibend freundliches Wesen findet bei Kollegen und Vorgesetzten liebenswerte Beachtung. Man gönnt ihnen den Aufstieg, und nur Miesmacher werfen ihnen Knüppel zwischen die Beine.

Stier-Hähne meistern alles, was zu bewältigen ist, mit ruhiger Gelassenheit. Sie wissen, was sie wert sind, und bestimmen den Preis. Lob allein macht sie nicht glücklich, es muß schon auch in klingender Münze etwas dabei herausspringen. Sie haben eine Ader für finanzielle Geschäfte jeder Art, wobei sie bei anderen gern die Preise drücken.

In der Liebe spielt manchmal ihre Eifersucht mit, weil sie Alleinbesitzrechte am Partner beanspruchen. Man teilt nicht gern, was man für sich allein besitzen möchte. Trotzdem sind die Stier-Hahn-Männer mit am besten von allen Sternenmischlingen für die Ehe geeignet. Sie sind zuverlässige und liebenswerte Partner – Männer, die sich für ihre Familie aufopfern, wenn das von ihnen verlangt wird.

Die Frauen aus diesem Mischzeichen sind nicht so leicht von männlichen Liebesschwüren zu überzeugen. Sie wollen handfeste Beweise in punkto Treue und Referenzen dafür, daß der Bewerber um ihre Gunst auch eine Familie ernähren kann. Wer nur mit den Worten klingelt, hinter denen nichts steht, wird als Flirt abgeschrieben und aussortiert. In diesem Sinne sind Ehen mit Stier-Hahn-Frauen nicht sehr anfällig, zumal die liebevoll-mütterliche Art dieser Sternenmischlinge noch ein übriges dazu beiträgt, daß sich Ehemänner zu Hause pudelwohl fühlen können.

Zwillinge-Hähne (21. Mai bis 21. Juni)

Der Zwillinge-Hähne unruhiger Geist schlägt manchmal seltsame Purzelbäume. Diese Sternenmischlinge brauchen sehr viel Verständnis und noch mehr Bewunderung. Selbst das heißeste Eisen fassen sie an, aber es ist durchaus möglich, daß sie andere sich daran die Finger verbrennen lassen.

Sie sprudeln über vor Ideenreichtum, aber ihr unstetes Wesen verbaut ihnen so manchen Weg

Zwillinge-Hähne können mit feurigen Reden überzeugen, selbst wenn sie mal leeres Stroh dabei dreschen. Tausend Pläne jagen ihnen durch den Kopf. Ihr Ideenreichtum bürgt für Qualität. Nur mit der Ausführung hapert es. Zwillinge-Hähne beginnen viel, beenden jedoch wenig. Kaum haben sie bei dem einen angefangen, verlieren sie die Lust daran und nehmen etwas anderes in Angriff. Es ist das Unstete im Wesen der Zwillinge-Hähne, das ihnen manchen Weg verbaut. Trotzdem ist niemand schlecht beraten, wenn er einen dieser Pläneschmiede für sich engagiert. Man kann ja die Durchführung anderen bewährten Fachkräften überlassen.

Zwillinge-Hahn-Männer sind leicht zu begeistern, zumal sie Sinn für das Schöne und die Schönen haben. Am Ende suchen sie sich dann doch die Partnerin aus, die außer sehr viel Weiblichkeit auch eine gute Portion nützlicher Partnerinnen-

Eigenschaften mitbringt und eine tatkräftige Mithilfe zur Aufbesserung der gemeinsamen Finanzen, von denen der großzügige Zwillinge-Hahn eine Menge für sich braucht.

Stolze Damen wie die Frauen aus dem Mischzeichen beherrschen alle Nuancen des Flirts. Mit Brachialgewalt ist da nichts zu machen, eher mit geschliffenen Wortspielereien. Der Mann ihrer Wahl muß ihnen geistig überlegen sein, darf das aber nie zeigen. Zwillinge-Hahn-Frauen beanspruchen Mitspracherecht in der Ehe, wobei die schwachen Stunden ausgeklammert sind.

Krebs-Hähne (22. Juni bis 22. Juli)

Krebs-Hähne setzen sich im Beruf trotz überragenden Könnens oft nicht durch. Sie sind zu stolz, andere auf ihre Fähigkeiten mit gewandter Wortwahl aufmerksam zu machen. Wer sie nicht haben will, der soll es bleiben lassen. Zurückgestellt zu werden verbiestert sie, und die Kollegen werden es merken. Krebs-Hähne können kühl und verbissen ihre Arbeit erledigen, ohne nur ein einziges privates Wort zu verschwenden. Da sie sich auf das Wesentliche konzentrieren, kommen sie schnell mit der Arbeit voran.

Zwänge sind auch im Privatleben verpönt. Feste Freundschaften, die Ausschließlichkeit beanspruchen, können sie nicht reizen. Krebs-Hähne lassen sich nur an sehr langer Leine führen, wobei sie allerdings stets eine Schere bei sich tragen, um auch diese kappen zu können.

Krebs-Hähne hassen Zwänge jedweder Art. Doch verwöhnen lassen sie sich gern

Krebs-Hahn-Frauen sind rechte Prachtexemplare. Sie ziehen die Männer an wie die Fliegen, aber so mancher zarte Brummer schwirrt vergeblich um sie herum und wird schließlich zerstört am Boden liegen. Es ist der falsche Stolz, der die Damen aus diesem Mischzeichen oft allein bleiben läßt. Dabei wären sie die besten Partnerinnen, weil sie das richtige Gespür für alles haben, was Männer neben Nestwärme und absoluter Treue in einer guten Partnerschaft brauchen.

Bei den Krebs-Hahn-Männern ist das anders. Sie brauchen ganz einfach jemanden, der sie nach einem harten Arbeitstag verwöhnt. Als Kind schon waren sie Mutters Liebling, und in der Ehe suchen sie jene Frau, die es der Mutter gleichtun kann. Zu Hause wollen sie ihre Ruhe haben.

Löwe-Hähne (23. Juli bis 23. August)

Löwe-Hähne tragen den Kopf höher als ihre Mitmenschen. Man muß ihnen Reverenz erweisen, um mit ihnen ins Gespräch zu kommen. Dabei wird man feststellen, daß sie eigentlich gar nicht hochmütig sind, sondern ganz passable Leute, mit denen man die berühmten Pferde stehlen kann. Löwe-Hähne kennen keine Falschheit. Im Beruf beanspruchen sie meist eine führende Position, die ihnen kraft ihrer Energie und ihres Arbeitswillens durchaus zusteht.

Wer es richtig anstellt, kann mit einem Löwe-Hahn Pferde stehlen

Ablenkung verschafft ihnen vor allem die Liebe. Löwe-Hähne können alles um sich herum vergessen, wenn sie den Partner gefunden zu haben glauben, der auf ihre stete Liebesbereitschaft anspricht.

Leider wechselt dieser Partner bei den männlichen Löwe-Hähnen des öfteren; denn sie sind nicht unbedingt treu. Ist das ein Wunder bei soviel Charme? Männer aus diesem Mischzeichen werden in der Liebe oft enttäuscht. Das kommt besonders daher, daß sie zu hohe Ansprüche ans andere Geschlecht stellen. Sie wollen meist mehr, als sie kriegen können. So versuchen sie viel, um möglicherweise bei einer zu landen, die ihnen die schönsten Illusionen raubt. Löwe-Hahn-Männer werden meist von zärtlichen, aber raffinierten Frauen eingefangen, die es faustdick hinter den Ohren haben.

Auch die Frau aus diesem Mischzeichen hat Glück in der Liebe. In der Ehe ist sie stolze Gesellschafterin ihres Mannes, dem sie es an nichts fehlen läßt. Vom leichten Leben in Sachen Liebe ihres Sternenbruders hält sie wenig. Sie würde sich etwas vergeben, wenn sie ihren Gatten betrügen würde. Sollte es trotzdem vorkommen, so ist es nicht ihre Schuld.

Jungfrau-Hähne (24. August bis 23. September)

In realen Werten zu denken, liegt den Jungfrau-Hähnen im Blut. Geld ist für sie etwas, das man horten, aber auch zu gegebener Zeit ausgeben kann, um noch mehr Geld daraus zu machen. Mit nüchternem Sachverstand gehen sie an Probleme heran und finden fast immer die einzig praktische Lösung.

Diese gezielte Vernunftbegabtheit ist Erbgut von der Jungfrau, das zusätzlich durch des Hahns Schönheitssinn und

Arbeitskraft aufgemöbelt wird. Man findet daher Jungfrau-Hähne nicht nur als Finanzberater und kühl rechnende Kaufleute, sondern auch überall dort, wo Kunst und Kunstgewerbe zu Liebhaberpreisen verhökert werden. Da sie das Gespür für alles Lohnende haben, sind sie in jedem Beruf begehrt.

Jungfrau-Hähne sind zuverlässige Freunde und in Grenzen, die meist von der angeborenen Sparsamkeit gesetzt sind, hilfsbereit. Nur hier und da werden sie Launen zeigen, wenn ihre Gutmütigkeit zu sehr strapaziert wird. Männer aus diesem Zeichen sind schnell eingeschnappt, beruhigen sich aber ebenso schnell wieder. Sie sind treue Lebenspartner, finden jedoch nicht immer zum weiblichen Geschlecht den Kontakt, der zu einem festen Verhältnis gehört. Ihre Geschäftigkeit kann manche Partnerin abschrecken, die es gut mit ihnen meint. Sie reden zuviel von Liebe, wo ein Streicheln mit den Augen genügen würde. Der Grund, warum einige Jungfrau-Hähne nicht heiraten, liegt auf der Hand: In der Ehe ist ihr Geld nur noch die Hälfte wert.

Die Frau dieses Mischtyps scheint kühler als andere Frauen zu sein. Sie kehrt im ungeeigneten Augenblick die „Kühle" heraus, wo zärtliche Hingabe viel schöner wäre. Nur der Mann, den sie liebt, weiß um die verhaltene Glut ihrer Gefühle.

Waage-Hähne (24. September bis 23. Oktober)

Waage-Hähne leisten am meisten, wenn ihre diplomatischen Fähigkeiten gefragt sind

Waage-Hähne leisten am meisten in einem Beruf, der ihre diplomatischen Fähigkeiten nutzt. Vielleicht sollten sie etwas mehr Rückgrat zeigen, wenn es darum geht, eigene Pläne durchzusetzen. Nur zu oft lassen sie sich zum Spielball fremder Meinungen machen, die sie dann etwas verwaschen zu ihren eigenen umfunktionieren.

Viele Waage-Hähne sind echte Künstlertypen, die Empfindungen in Wort und Bild umsetzen können. Aber was nützt ihr Ideenreichtum, wenn sie ihn nicht auch auf eine gesunde geschäftliche Basis stellen? Denn Waage-Hähne haben zum Geld nicht gerade das beste Verhältnis, weshalb manche Pleite unter diesem Mischzeichen möglich ist.

Waage-Hahn-Männer finden leicht Anschluß. Sie beherrschen die Kunst des Anbandelns perfekt. Ihre stolze Haltung wird durch das weiche Herz gemildert, in dem meist Platz für mehr als eine schöne Freundin ist. Diese Männer fühlen sich am wohlsten in weiblicher Gesellschaft. Sie werden begünstigt von reichen Witwen, die ihnen neben ihrem Herz auch ihr Vermögen anbieten. Nur weil sie wählerisch sind und gern etwas herzig Junges an ihrer Seite hätten, gehen sie an solch günstigen Gelegenheiten vorbei. Unter dem Waage-Hahn sind nicht die treuesten Ehemänner zu finden, aber die liebsten.

Und lieb sind auch die Frauen aus diesem Zeichen. Sie sind so fröhlich-frisch, daß man sie einfach lieben muß. Waage-Hahn-Frauen schmücken sich gern und schätzen den Duft eines guten Parfüms.

Skorpion-Hähne (24. Oktober bis 22. November)

Hierunter finden sich wahre Könner in Sachen Opportunismus

Skorpion-Hähne können viele Erfolge im Beruf für sich verbuchen. Ihre Anpassungsfähigkeit an wechselnde Verhältnisse läßt sie selbst ihnen weniger gut Gesinnten angenehm erscheinen. Als echte Leistungsträger wird man sie halten und fördern. Fühlen sie sich ungerecht behandelt, nehmen sie kein Blatt vor den Mund.

Für die Wahrheit gehen diese Mischtypen auf die Barrikaden. Sie mögen Falschheit nicht. Unbequemes greifen sie auf, und wenn sie sich selbst in den Finger schneiden. Schon mancher unter ihnen ist durch den eigenen Stachel im nachhinein verwundet worden.

Im zwischenmenschlichen Bereich gehen sie ebenso unbeirrt auf das Ziel ihrer Wünsche zu. Männer aus diesem Zeichen lassen, wenn ihnen eine Frau gefällt, nicht locker, bis sie ihnen verfällt. Sie sind leidenschaftliche Liebhaber.

Skorpion-Hahn-Männer können nicht verzeihen. Wer sie enttäuscht hat, wird selbst nach der Trennung den Giftstachel spüren, der bis in entlegene Weltgegenden gelangt. Dabei ist der Skorpion-Hahn-Mann kein Kind von Traurigkeit. Bevor er sich zum Bund fürs Leben entschließt, probiert er durchaus mal hier und mal dort. Nur wenn er ernst gemacht hat, bleibt er bei dem Versprechen zu immerwährender Treue.

Skorpion-Hahn-Frauen haben dieselben Grundsätze wie ihre Sternenbrüder. An ihnen „verkauft" sich kein Mann. Sie bleiben jugendlich-frisch bis ins hohe Alter. Ihr Sex-Appeal verhext die Männer. Sie haben etwas herzuzeigen – aber das Berühren der Figüren mit den Pfoten ist verboten! Denn sie gehören nur dem Mann, den sie lieben.

Schütze-Hähne (23. November bis 21. Dezember)

Schütze-Hähne wollen die Welt erobern. Sie lieben das Abenteuer und das Reisen. Risiken nehmen sie in Kauf. Ihre Absicherung besteht in einem wachen Geist, der sogar in Sackgassen noch einen Ausweg findet. Schütze-Hähne sind lebhaft und aufgeschlossen für alles Schöne. Sie sind Entdeckertypen, die hinter fast jedes Geheimnis kommen. Obrigkeitsdenken ist ihnen fremd. Sie ducken sich nur, um unter einer verbotenen Tür durchzukriechen.

Sie sind Entdeckertypen, die fast hinter jedes Geheimnis kommen

Die Männer dieses Mischtyps schätzen Liebesromanzen mehr als feste Verhältnisse, in denen sie sich beengt fühlen. Ihr Freiheitsdrang bleibt sogar noch angesichts der großen Liebe lebendig. Trotzdem drängeln sich hübsche Mädchen nach der Schütze-Hähne Liebesgunst. So charmant wie diese sind nicht viele. Haben sie eine Frau mit viel Verständnis für die ganz besonderen Anlagen eines Schütze-Hahns gefunden, werden sie recht passable Ehemänner und Familienväter. So ganz sicher sollte man sich ihrer jedoch nie sein.

Temperamentvoll ist auch die Schütze-Hahn-Frau in Sachen Liebe. Es ist eine Lust, mit ihr zu leben. Sie ist so lieb und sexy, daß man ihr gern zu Willen ist. Schütze-Hahn-Frauen haben einen eigenen Kopf, und setzen ihn durch. Ihre Offenheit ist entwaffnend. Bei soviel Charme werden die Männer schwach.

Steinbock-Hähne (22. Dezember bis 20. Januar)

Aus gutem Grund fühlen sich Steinbock-Hähne ihren Mitmenschen gegenüber überlegen. Sie sind große Finanzgenies und wissen, wie man den Erfolg für sich pachtet. Sie bewahren selbst in Notzeiten Haltung und sorgen dafür, daß sie schnell wieder auf einen grünen Zweig kommen.

Nur ungern lassen sich Steinbock-Hähne in die Karten schauen. Sie sind verschlossener als ihre Hahnengeschwister. Zielsicher visieren sie immer das Richtige an, weil sie auf dem Gebiet, das sie bearbeiten, Fachleute sind. Sie machen immer ihren Weg.

Die Frauen aus diesem Mischzeichen schotten sich von Zeit zu Zeit von ihrer Umwelt ab. Dann wollen sie mit sich selbst ins reine kommen. In der Liebe wagen sie sehr wenig, weil sie stets fürchten, sich etwas zu vergeben. Das läßt sie spröde und kühl erscheinen. Bei dem richtigen Mann jedoch schmelzen sie dahin, was aber auch etwas länger dauern kann.

Steinbock-Hähne haben zwar das Herz am rechten Fleck, aber sie tragen es nie auf der Zunge

Steinbock-Hahn-Frauen sind die verständnisvollsten Partnerinnen und die fürsorglichsten Mütter. Die Familie bedeutet ihnen alles. Nur für sie arbeiten sie in ihrem Beruf weiter und lassen es doch nicht an Fürsorge für ihre Lieben fehlen.

Familienväter seltener Güte sind die Männer aus diesem Mischzeichen. Man sollte ihnen auch dann noch vertrauen, wenn sie tagelang den großen Schweiger spielen. Steinbock-Hahn-Männer tragen ihr Herz nie auf der Zunge. Wer mit ihnen lange Jahre verheiratet ist, weiß das.

Wassermann-Hähne (21. Januar bis 19. Februar)

Wassermann-Hähne legen sich bevorzugt mit Leuten an, die glauben, sie könnten ihnen befehlen. Nur auf freiwilliger Basis tun sie etwas. Da jedoch der Sachverstand der Wassermann-Hähne meist überdurchschnittlich entwickelt ist, braucht man sie und sieht tunlichst darüber hinweg, wenn sie revolutionäre Reden führen.

Die Liebe betrachten die Wassermann-Hähne als freies Feld, auf dem man sich nach Belieben tummeln und austoben kann. Vor allem bei den Männern aus diesem Zeichen kommt es bei der Partnerwahl zu vielen Versuchen. Führt einer zur Heirat, sieht der Wassermann-Hahn seine „Feldarbeit" noch nicht als beendet an. Mit anderen Worten: Er will nicht so recht treu sein. Um der Wahrheit die Ehre zu geben: Solche „Treulosen" sind unter den Wassermann-Hahn-Geborenen in der Minderzahl. Das Gros dieser Mischtypen zählt zu den perfekten Ehemännern, die ihre Frauen auf Händen tragen.

Wassermann-Hahn-Frauen können ihren Stolz vergessen, wenn sie den Richtigen gefunden zu haben glauben. Über Schmeichel- und Streicheleinheiten werden sie zu liebevollen Partnerinnen. Daran ändern selbst jene Gewitter nichts, die in den besten Ehen vorkommen. Wassermann-Hahn-Frauen brauchen sie, weil sie Versöhnungsszenen lieben. Mancher Mann nutzt sich als Blitzableiter weiblicher Launen leider zu leicht ab. Nur so kommt es, daß sich viele Wassermann-Hahn-Frauen unverstanden fühlen.

Fische-Hähne (20. Februar bis 20. März)

Fische-Hähne träumen gern. Sie haben mehr Gefühl als andere Hähne und auch mehr Taktgefühl. Mit Höflichkeit kommen sie weiter als andere mit brutaler Gewalt. Man mag sie in der Firma, man mag sie im Privatleben. In beiden Bereichen bringen sie es mit ihrer charmanten Art und ihrer nie verletzenden Offenheit sehr weit. Obwohl diese Sternenmischlinge aus der Haut fahren, wenn sie eine Ungerechtigkeit wittern, haben sie ganz gute Nerven. Selbst in scheinbar ausweglosen Situationen finden sie sich noch zurecht und kommen heraus.

An ihre Traumfrau legen sie strenge Maßstäbe an

Fische-Hahn-Männer suchen immer die Frau, die hundertprozentig zu ihnen paßt. Sie legen dabei strenge Maßstäbe an und werden darum manchmal bitter enttäuscht. Die Frau ihrer Träume gibt es kaum als Einzelexemplar, man müßte sich schon einen Harem zulegen.

Bis der Fische-Hahn-Mann aus seiner Märchenwelt auf den Teppich zurückgeholt wird, vergeht einige Zeit, die auf dem Konto Erfahrung abgebucht werden kann. Dann wird er meist mit einer Frau glücklich, die in seinem ganz privaten Partnerschaftstest die höchste Punktzahl erhalten hat, wobei Gefühl und Sexappeal höher eingeschätzt wurden als hausfrauliche Eigenschaften.

Auch Fische-Hahn-Frauen träumen gern, am liebsten von dem Märchenprinzen, der sie in sein Schloß entführt. Leider mußten in unserer so nüchternen Zeit Märchenprinzen jenen Erobertypen Platz machen, die auf zarten Gefühlen wie Elefanten im Porzellanladen herumzutrampeln pflegen. Fische-Hahn-Frauen sind leicht zu verletzen. Sie brauchen einen Mann mit viel Verständnis und Gefühl.

Der trotzige, aber treue Hund

Hunde-Menschen wissen sich zu wehren

Im chinesischen Mondjahr des Hundes geborene Menschen sind treu und anhänglich, solange man sie gewähren läßt und ihnen in jeder Weise entgegenkommt. Wird ihnen jedoch vermeintlich Unrecht getan, können sie ganz schön zurückschlagen. Trotzig werden sie auf dem eigenen Standpunkt beharren und keinen Deut zurückstecken. Wer sie anschreit, den übertönen sie noch lauter; denn Hund-Menschen wissen sich zu wehren.

Diese Leute sind, wie man so sagt, mit allen Hunden gehetzt, das heißt, sie wissen sich in allen kritischen Lagen zu helfen. Streitigkeiten gehen sie aber am liebsten aus dem Weg, obwohl sie selbst, wenn es sein muß, einen Streit vom Zaune brechen können.

Hier sind die chinesischen Mondjahre, in denen Hund-Menschen geboren wurden und werden:

14. 2. 1934 – 3. 2. 1935
2. 2. 1946 – 21. 1. 1947
18. 2. 1958 – 7. 2. 1959
6. 2. 1970 – 26. 1. 1971
25. 1. 1982 – 12. 2. 1983
10. 2. 1994 – 30. 1. 1995
29. 1. 2006 – 17. 2. 2007
16. 2. 2018 – 4. 2. 2019

Schon „kleine“ Hunde packt zuweilen die Wut, dann fliegen die Fetzen

Schon als Kind sind die in einem Hund-Jahr Geborenen rechte Sensibelchen. Manchmal weinen sie in sich hinein, und niemand ahnt, was den Kleinen fehlt. Wer von früher Jugend an behutsam mit den Kindern umgeht, wird belohnt: Sie sind die folgsamsten Kinder überhaupt. Nur manchmal packt sie die Wut, und dann fliegen die Fetzen.

犬

Hund-Menschen sind mit viel Phantasie begabt. Sie können Geschichten erfinden, die so übertrieben klingen, daß sie kaum einer glauben mag, obwohl immer ein Körnchen Wahrheit in ihnen stecken kann. Hund-Geborene lügen nicht, sie zeigen lediglich schon in jungen Jahren, was in ihnen steckt und auch, welches ihr Lieblingsberuf ist. Gern wären sie Journalisten oder Schriftsteller, Politiker oder Rechtsanwälte, Lehrer oder Philosophen. Gelingt es ihnen, einen ihrer Traumberufe auszuüben, werden sie – ob Hund-Frau oder Hund-Mann – ein ganzes Leben lang glücklich und zufrieden sein.

Wen Hunde mögen, den mögen sie ein Leben lang

Sie würden nie einem anderen Menschen etwas Schlechtes nachsagen. Denn für sie ist jeder so lange unschuldig, bis er selbst zugibt, silberne Löffel gestohlen zu haben. Und auch dann noch werden sie ihn verteidigen, wenn er zu ihren Freunden gehört. Wen Hunde mögen, den mögen sie ein Leben lang.

Sie können aufs Wort gehorchen

Diese Leute sind eigentlich wie ihre vierbeinigen Tierkreis-Vorbilder: Sie können aufs Wort gehorchen und den anerkennen, der das Sagen hat. Aber sie werden sich trotzdem unsinnigen Befehlen strikt widersetzen, denn im Grunde genommen tun sie doch stets nur das, was sie selbst für richtig halten.

Die astrologischen Hunde finden sich überall zurecht. Sie werden nicht unbedingt eine Spitzenposition im Berufsleben erreichen, weil sie auf dem Weg nach oben aufgehalten werden. Man hievt sie statt dessen in Vertrauensstellungen, in denen sie den Vorgesetzten helfen können, etwa in Jahren der Rezession die Firma vor dem Konkurs zu retten.

Die Leute aus dem Hund-Zeichen haben Organisationstalent. Sie sind in der Lage, auch schwierige Verhältnisse und Chaos wieder in den Griff zu bekommen. Sich selbst jedoch können sie oft überhaupt nicht helfen. Das macht sie nicht selten zu Pessimisten, die trüben Gedanken verfallen und Angst vor dem Weiterkommen haben. Wer dann ein offenes Ohr hat und mit ihnen über ihre Sorgen und Nöte spricht, hat für ewig einen Freund gewonnen.

Sie kriegen auch das Chaos gut in den Griff

Von Zeit zu Zeit brauchen Hund-Menschen das Alleinsein, um sich sammeln zu können. Im stillen Kämmerlein finden sie oft Auswege aus brenzligen Situationen, auf die sonst so schnell niemand kommen würde. Und dann können sie sich vielleicht doch helfen und am eigenen Schopf aus einer Notlage herausziehen, und wenn sie dabei auch Umwege gehen müssen. So ganz unselbständig, wie mancher Zeitgenosse sie sehen mag, sind sie nicht. Was ihre Finanzen freilich angeht, bräuchten sie jemanden, der sie in diesem Bereich vor sich selber schützt: Hund-Menschen sind nicht unbedingt die sparsamen Typen, die das Geld für später auf die hohe Kante legen.

Wie sie zur Familie stehen

In ihrem Elternhaus fühlen sie sich glücklich und zufrieden, aber es ist möglich, daß sie die Familie eines Tages einmal verleugnen. Der Grund ist einleuchtend: Sie möchten vor anderen Leuten nicht als Mensch gelten, der noch als Erwachsener an der Mutter Rockzipfel hängt. Hund-Typen haben Angst davor, als unselbständig angesehen zu werden. Andererseits sind sie so fürsorglich, wenn jemand in der eigenen Familie in Not gerät oder krank wird.

Hund-Geborene haben einen ausgesprochen ausgeprägten Familiensinn

Diese Fürsorge wird später dann oft übertrieben, wenn die Hunde erst ihre eigene Familie gegründet haben. Sie meinen, ihre Kinder seien die untadeligsten auf der Welt. Und sie sind bereit, gegen jeden anzugehen, der dieser Meinung widersprechen möchte.

Doch ehe es zur Familiengründung kommt, müssen die Hund-Menschen erstmal jemanden finden, der es mit ihnen versucht, denn das ist nicht so einfach.

Die Hund-Frau

Die Frauen aus diesem Tierzeichen erscheinen anfangs leicht prüde. Männer, die mit ihnen anbandeln wollen, holen sich möglicherweise einen Korb. In der Liebe gehen Hund-Frauen gern erstmal etwas auf Distanz, obwohl sie durchaus leidenschaftlich lieben können. Hund-Frauen können nicht vor aller Welt zeigen, wen sie lieben. Sie bevorzugen Heimlichkeiten, weil sie nicht wollen, daß jemand etwas von ihren Männerbekanntschaften erfährt. Wenn es zu Intimitäten kommt, werden sie ins Dunkel der Nacht verlegt. Eine Hund-Frau bekennt sich nicht gern zu ihren schwachen Stunden.

犬

Sie kann lange Jahre mit einem Mann zusammenleben, ohne daß es jemand erfährt. Nur wenige Freunde und Freundinnen zieht sie ins Vertrauen. Und sie erwartet auch von dem Mann, den sie liebt, daß er solch heimliches Spielchen mitmacht. Zum Dank verwöhnt sie ihn mit wunderbaren Stunden zu zweit bei Kerzenschein.

Der Hund-Mann

Nicht ganz so scheu im zwischenmenschlichen Bereich sind die Männer aus dem Hund-Zeichen. Sie können sogar ganz schön rangehen, wenn sie einer schönen Frau den Hof machen. Ein falsches Wort jedoch kann sie schon abschrecken, und sie trotten beleidigt davon. Das hat mit Untreue nichts zu tun, eher mit jener Übersensibilität, die manche Hund-Männer an den Tag legen.

Wer sich in solch einen Mann verliebt, sollte ihn an die kurze Leine nehmen und nicht loslassen, bis er sich daran gewöhnt hat, von zarter Hand geführt zu werden. Er wird es danken mit nie endenwollender Zärtlichkeit und Fürsorge. Und in der Liebe wird er beweisen, daß er ein leidenschaftlicher Liebhaber sein kann.

Kalt wie eine Hundeschnauze, aber bei richtiger „Pflege“ zärtlich und fürsorglich

Zwar zeigt er sich nach außen hin kalt wie eine Hundeschnauze. Aber das gibt sich, wenn er die richtige Partnerin gefunden hat. Sie darf ihn auch einmal wider den Strich streicheln und ihm die Wahrheit sagen. Vielleicht nimmt er dies zunächst übel, wenn er jedoch darüber nachdenkt und einsieht, daß die Partnerin Recht hat, wird er ihr für ihre Ehrlichkeit danken und versuchen, ihr den Himmel auf Erden zu bereiten.

Man muß Geduld mit ihnen haben

Wer sich zu Hund-Menschen hingezogen fühlt, muß vor allem Geduld mit ihnen haben. Diese so gutmütigen Typen verarbeiten alles langsamer als andere aus dem Tierkreis. Die Frauen und Männer aus diesem Zeichen sind sehr liebebedürftig, aber sie können das nur schwer zeigen. Deshalb fühlen sie sich ohne Liebe oft hundeelend.

Der beste Zug dieser so introvertierten Typen: Sie sind häuslich und fühlen sich an der Seite eines gutherzigen Partners pudelwohl. Mit ihm werden sie eine Familie gründen und diese weit über die elterliche stellen. Was ein rechter Hund ist, der wird sich niemals in fremde Hütten begeben, um dort seine Leidenschaft zu beweisen.

Was sich Hunde wünschen

Im geheimen wünscht sich jeder, der in einem Hund-Jahr geboren ist, daß er sich nach außen hin freier geben könnte. Es ist die Frage, ob er dann noch so liebenswert wäre. Hunde, die Karriere gemacht haben, werden bestätigen, daß sie sich als Chef eines großen Unternehmens einsamer fühlen als je zuvor. Die Verantwortung drückt sie nieder, denn die nehmen sie ernst.

Gerade Vorgesetzte aus dem Hund-Zeichen sind darum beliebter als die anderen, die nur vorgeben, hinter der Belegschaft zu stehen, aber gleichzeitig darüber nachdenken, wie durch Entlassungen die Firma effektiver werden könnte.

Sie sagen jedem ihre ehrliche Meinung, auch wenn es schwerfällt

Hund-Menschen kennen keine Falschheit. Sie sagen jedem der es wissen will, die ehrliche Meinung, auch wenn sie selbst sie nicht immer vertragen können, und ecken möglicherweise damit an. Das ist aber in den Augen der wenigen echten Freunde, die Hund-Menschen haben mögen, gerade das Liebenswerte an ihnen.

Hunde bellen, aber sie beißen nicht

Das Sprichwort von den Hunden, die bellen, aber nicht beißen, kann man auch auf die Menschen des Tierzeichens anwenden. Diese sind im allgemeinen ruhig und in sich gekehrt. Wer sie jedoch herausfordert, lernt sie auch mal anders kennen. Gegner, die ihnen übelwollen, können sie anschreien, daß die Wände wackeln. Hier gilt nicht das Wort, daß der, welcher schreit, Unrecht habe. Wenn der Hund-Mensch brüllt, hat er dennoch meistens Recht. Er versucht dann nur seine guten Argumente dem Gegner mit Überlautstärke nahezubringen. Wer ihm nicht unter normalen Umständen glauben will, dem muß er es eben deutlicher sagen.

Jeder Hund wird eines Tages aus Erfahrung klug. Er wird sich daran gewöhnen, daß mancher ihm nicht grün ist. Und so

犬

kommt es, daß viele erfahrene Leute, die in einem Jahr des Hundes geboren wurden, zu schweigen lernen, wenn man ihnen nicht zuhören will. Mit zunehmendem Alter werden sie weise und rühren nicht mehr an Dinge, die andere nicht verstehen wollen.

Das Glück suchen sie in den eigenen vier Wänden

Sie ziehen sich gern zurück von der großen lauten Welt und suchen in den eigenen vier Wänden das Glück an der Seite eines Partners und einer intakten Familie, in der auch der pessimistischste Hund ein Optimist zu werden verspricht.

Das Horoskop für die Hunde

Wir wissen nicht, ob ein Hund Buddhas besonderer Liebling war. Aber er hat sicherlich die Treue dieses Tieres geschätzt, das sich trotzig allem erwehrte, was ihn in ein schiefes Licht bringen konnte. Er war nicht der schnellste von den Tieren, die Buddha nach der Legende herbeirief, aber als Elfter bekam er doch sein Jahr.

Leute, die in diesem Mondjahr Geburtstag haben, möchten vor aller Welt bestehen, obwohl sie nicht die Forschesten im Tierkreis sind. In ihrem Horoskop vermerken chinesische Astrologen stets, daß sie nicht die durchsetzungsfähigsten Menschen sind und von daher von stärkeren Typen unterdrückt werden können.

Doch schauen wir uns einmal an, was das sogenannte immerwährende chinesische Horoskop den Hund-Menschen in den nächsten Jahren zu bieten hat:

Im Jahr der Ratte (1996, 2008)

lassen sich viele Hunde hängen. Zu nichts haben sie Lust. Sie fragen nach dem Lebenszweck und vertun wertvolle Zeit. Ihr Pessimismus treibt seltene Blüten, obwohl das Jahr gar nicht so schlecht zu werden verspricht, wie sie es sich in möglicherweise schlaflosen Nächten ausgemalt haben. Hund-Menschen sollten jetzt mutig ihren Karren herumreißen.

Im Jahr des Büffels (1997, 2009)

ist mit Mut und Zielsicherheit ebenfalls einiges zu erreichen. Hunde haben vielleicht aus dem vergangenen Jahr gelernt, daß eine pessimistische Weltanschauung keine Probleme bewältigt. Wenn die Hund-Menschen nun ihre ganze Kraft zusammennehmen, kann eigentlich nichts mehr schiefgehen. Vielleicht ist auch schon der Silberstreif am Horizont zu sehen, der viel Freude bringt.

Im Jahr des Tigers (1998, 2010)

zahlt sich ein mutiges Ankämpfen gegen die eigene Unentschlossenheit aus. Hund-Geborene können aufatmen und in vielen Lebensbereichen Erfolge erzielen. Im Beruf stehen neue Möglichkeiten offen, auch ein bißchen Geld klingelt unvorhergesehen in der Kasse. Wer jetzt eine feste Verbindung im Privatleben anstrebt, findet die besten Voraussetzungen dafür, daß diese hält.

Im Jahr des Hasen (1999, 2011)

sollten strebsame Hund-Typen weiter an ihrem Glück zimmern. Auf jeden Fall wird die gute Phase noch anhalten. Wer einiges Geld angespart hat, könnte sich sogar eine Weile auf seinen Lorbeeren ausruhen. In der Liebe sollten die Hund-Menschen die momentane Hochstimmung genießen und mit dem Partner feiern.

Wer an seiner Glückssträhne festhält, kann sich bald auf den Lorbeeren ausruhen

Im Jahr des Drachen (2000, 2012)

wendet sich möglicherweise das Hoch in ein Tief, das erneut die angeborene pessimistische Grundhaltung der Hunde hervorlockt. Vielleicht sind manche Leute aus diesem Tierzeichen zuvor vom Schicksal zu sehr verwöhnt worden. Dabei haben sie ihren Wohlstand selbst geschaffen.

Im Jahr der Schlange (2001, 2013)

merken Hund-Menschen, daß ihre Ahnungen, es würde für sie schlechter kommen, sie betrogen haben. In mancher Beziehung bringt das Jahr der Schlange sogar einigen Auftrieb, den die Hunde wenigstens registrieren sollten, statt die Köpfe hängen zu lassen. Gut beraten sind sie jetzt damit, sich nun für nicht so gute Jahre Rücklagen zu schaffen.

Im Jahr des Pferdes (2002, 2014)

Miese Stimmung im Privatleben

wird einiges durcheinandergewirbelt. Miese Stimmung könnte sich sogar im Privatleben breitmachen, weil im Beruf manches nicht nach den Wünschen der Hund-Geborenen verläuft. Sie sollten den Grund eher in der eigenen, nicht sehr hohen Leistungsbereitschaft sehen. Jetzt ist in allen Dingen Action gefragt!

Im Jahr der Ziege (2003, 2015)

Aber nicht den Kopf in den Sand stecken

setzt sich der nicht sehr anheimelnde Trend des Vorjahres fort. Hunde möchten am liebsten aus der Haut fahren. Sie fühlen sich jedoch angekettet und das mögen sie gar nicht. Wer jedoch den Kopf in den Sand steckt, wird nie und nimmer das Glück bezwingen können. Mit viel Geduld wird diese Zeit am besten überstanden.

Im Jahr des Affen (2004, 2016)

kann sich der Hund-Mensch freier fühlen. Er arbeitet viel, erreicht jedoch nicht immer das Ziel seiner Wünsche. Ganz privat wird er schöne Stunden verleben, wenn er sich nicht allzu kritisch und nörglerisch seinen Mitmenschen gegenüber gibt. Miesmachen gilt nicht! Man sollte lieber fröhlich in die Zukunft schauen.

Im Jahr des Hahns (2005, 2017)

müssen die Menschen aus dem Hund-Zeichen hart arbeiten, um sicher über die Runden zu kommen. Schwierigkeiten, die sich in den vergangenen Jahren aufgebaut haben, können mit einigem Geschick überwunden werden. Nur keine Angst! Hunde werden Höchstleistungen vollbringen, zumal im Privatleben alles zum Besten bestellt ist, und sie glücklich sind.

Im Jahr des Hundes (2006, 2018)

scheint alles wieder in die Reihe zu kommen. In ihrem eigenen Jahr werden die Hunde sogar viel auf die Haben-Seite bringen können. Sie müßten jedoch, gewarnt durch die Jahre zuvor, einiges auf die Seite legen, statt im Überschwang hart verdientes Geld zum Schornstein hinauszufeuern. Wie es ausschaut, werden sie sich aber einiges zulegen können.

In ihrem eigenen Jahr werden die Hunde viel auf die Haben-Seite bringen

Im Jahr des Schweins (2007, 2019)

sind die Hunde Mittelpunkt der Familie. Alle Launen, die sie vorher manchmal gezeigt haben, scheinen verflogen zu sein. Das Glück wäre vollkommen, wenn sie sich in diesem Jahr darauf besinnen könnten, daß auch wieder härtere Zeiten anbrechen werden. Pessimismus ist trotzdem nicht angesagt. Vorsorgen aber vonnöten.

Die Hunde vom Widder bis zu den Fischen

Wir haben von der oft pessimistischen Grundhaltung der in dem Jahr des Hundes geborenen Menschen gelesen. Jetzt wollen wir das Bild verfeinern, indem wir die chinesischen Tierzeichen mit den abendländischen Tierkreiszeichen vermischen. Zwar bleibt die Grundtendenz in den meisten der zwölf west-

犬

lichen Zeichen bestehen, aber die Mixturen beweisen, daß Hund-Typen trotz einiger Widersprüche auch mal optimistisch ins Leben gehen können.

Wir werden hier mit Hilfe der zwölf abendländischen Zeichen versuchen, die zwölf Mischtypen, die sich daraus ergeben, darzustellen:

Widder-Hunde (20. März bis 20. April)

Widder-Hunde knien sich richtig in die Arbeit hinein. Sie wollen die Stellung, die sie einnehmen, bis ins kleinste Detail ausfüllen. Wenn sie einen kleinen Fehler entdecken, rasten sie nicht eher, bis er aus der Welt geschafft ist. Wenn Widder-Hunde sich in etwas verbissen haben, kommt die ganze übrige Arbeit zu kurz, und sie werden es nicht bemerken.

Sie können ein hartes, aber gerechtes Wort vertragen. Es fällt ihnen nur schwer, eigenes Unrecht einzugestehen. Widder-Hunde kuschen niemals, und sie geben nie und nimmer auf. Kommt es gar zu schlimm, fliehen sie, wenn es sein muß, auch in eine andere Stadt.

Widder-Hunde denken nur in Gut und Böse, das belastet ihr Privatleben

Viele dieser Sternenmischlinge tun sich im Privatleben schwer, weil sie ein Mittelding zwischen Sympathie und Antipathie nicht kennen. Mit anderen Worten: Wen sie nicht leiden können, der mag ihnen die süßesten Bonbons schenken und Beweise freundschaftlicher Zuneigung geben – er wird die vorgefaßte Meinung nicht umstoßen können. Dagegen kann ein treuer Freund beinahe alles anstellen und wird doch immer noch ein gutes Wort des Widder-Hundes hören.

Widder-Hund-Frauen sind anhänglich, jedoch auch besitzergreifend. Ihre mütterliche Art reicht für viele. Wen sie lieben, den betreuen sie mit letzter Hingabe. Schönster Zug: Sie können niemandem wehtun. Treue fordern sie für Treue. Kein Mann ist schlecht beraten, der solch weibliches Musterexemplar als Partnerin hat.

Die Männer aus diesem Mischzeichen haben Familiensinn. Sie benötigen sehr viel Liebe, um den Existenzkampf in der feindlichen Welt da draußen bestehen zu können. Nestwärme ist für sie von klein auf das Wichtigste im Leben. Man sieht es diesen scheinbar so harten Burschen kaum an, wie zartfühlend sie eigentlich sind.

Stier-Hunde (21. April bis 20. Mai)

Fleiß, Ausdauer, Verständigungsbereitschaft und vor allem Treue sind die Tugenden der Stier-Hunde, die es gern allen recht machen wollen. Keine Arbeit ist ihnen zuviel. Sie mögen in manchem langsamer schaffen als die anderen, niemand kommt ihnen jedoch an Ausdauer gleich. Mit Zielstrebigkeit bauen sie an ihrer Karriere und lassen sich kaum davon abbringen. Ist ihnen der Aufstieg verwehrt, suchen sie den Ausgleich in einem vorbildlichen Familienleben.

Stier-Hunde sind gute Kameraden, und sie verlangen dasselbe von anderen

Von Freunden verlangen Stier-Hunde viel, sie sind aber bereit, noch viel mehr dafür zurückzugeben. Sie sind kameradschaftlich, verachten nur jede Art von Kumpanei. Allen Lebensgenüssen sind sie zugetan, was sich in späteren Jahren in einer stattlichen Leibesfülle zeigen könnte.

Die krankhafte Eifersucht macht einer Stier-Hund-Frau an der Seite eines lebenslustigen, flirtbereiten Mannes viel zu schaffen. Sie wird sich nichts anmerken lassen, ihm jedoch zu Hause eine bühnenreife Szene hinlegen, so daß ihm beim nächsten Male der Appetit vergeht. Stier-Hund-Frauen sind fürsorgliche Hausfrauen und Mütter. In der Intimsphäre wirken sie oft leicht unterkühlt. Sie wollen täglich neu erobert werden.

Allzu leidenschaftlich ist auch der Stier-Hund-Mann nicht. Nach des Tages Arbeit will er abends erst mal seine Ruhe haben; allmählich wird er wieder geselliger. Er liest gern gute Bücher. In Dämmerstunden denkt er auch mal an die Liebe.

Zwillinge-Hunde (21. Mai bis 21. Juni)

Die Zwillinge-Hunde stecken voller Widersprüche. Von einer Minute zur anderen können sie sich vom blendenden Gesellschafter in einen grübelnden Nörgler verwandeln. Ihre Meinung ist zwiespältig, Entschlußkraft besitzen sie nur für den nächsten Augenblick. Zu oft bleiben sie dicht vor dem erwünschten Ziel stehen und fixieren ein neues an.

Daß Zwillinge-Hunde trotzdem Erfolg im Beruf und im Leben haben, verdanken sie ihrem Verstand und ihrem Einfühlungsvermögen in schwierigste Materie. Mit Geld gehen sie großzügig um und bringen es unter die Leute. Reichtümer sammeln sie dabei kaum an. Ihre Großzügigkeit triumphiert

犬

über jede Art von übertriebener Sparsamkeit. Trotzdem gibt es unter Zwillinge-Hunden manchen gerissenen Kaufmann, der dank seiner originellen Geschäftsmethoden das Geld nur so scheffelt und dann leicht großzügig sein kann.

Man sagt den Zwillinge-Hunden eine gewisse Kaltschnäuzigkeit nach. In Wirklichkeit sind sie recht gutmütig und in Maßen kameradschaftlich. Sie haben nur wenige echte Freunde.

Wer ein abwechslungsreiches Leben sucht, sollte einen Zwillinge-Hund heiraten

Männer aus diesem Mischzeichen erobern mit ihrer zurückhaltenden Art die Herzen der Mädchen. Sie sind Charmeure, die die Kunst des ausgedehnten Flirtens beherrschen, möglicherweise aber kurz vor Erreichen der Liebesnacht adieu sagen. Gerade diese etwas unterkühlte Art macht manche Frau verrückt nach ihnen. Wer ein abwechslungsreiches Leben liebt, heiratet solchen Herrn.

So wild, wie sich Zwillinge-Hund-Frauen in jungen Jahren gebärden, sind sie in Wirklichkeit nicht. Wenn sie sich erst einmal ausgetobt haben, können sie an der Seite eines verständnisvollen Partners sogar zur Muster-Freundin avancieren.

Krebs-Hunde (22. Juni bis 22. Juli)

Bei Krebs-Hunden wird der Verstand oft vom Gefühl überspielt. Das macht sie im Lebenskampf anfälliger als andere Sternenmischlinge. Bis zu einem gewissen Grade kann man sie ausnutzen; denn sie sind gutherzig und können niemandem ein Leid zufügen. Nur was zuviel ist, ist zuviel: Merken Krebs-Hunde, wie schamlos ihre Umgebung mit ihnen umspringt, ziehen sie sich in ihren ganz privaten Schmollwinkel zurück.

Im Berufsleben geht das nicht. Hier heißt es zur Arbeit erscheinen und gute Miene zum bösen Kollegenspiel machen. Das kostet Nerven, und die sind bei den Krebs-Hunden nicht allzu stark. Und so legt man sich auf die Couch des Psychiaters und läßt sich was verschreiben – bis zum nächstenmal ...

Krebs-Hunde haben, abgesehen von ihren feinfühligen Nerven und ihren sporadisch auftretenden Launen, eigentlich nur gute Eigenschaften. Männer aus diesem Mischzeichen gelten als die besten Ehepartner. Sie turteln noch nach vielen Jahren mit dem Frauchen, dem es gelingt, Gefühl mit gleicher Münze zurückzuzahlen. Krebs-Hund-Männer brauchen eine

Frau, die neben besagtem Gefühl auch eine Menge Aufmunterung für sie bereithält und ihnen Mut macht, wenn's im Beruf mal nicht so läuft, wie es sein sollte.

Frauen aus diesem Mischzeichen sind sehr einfühlsam. Liebe ist für sie gleichbedeutend mit Aufopferung. Männer, die solche Krebs-Hündin geheiratet haben, werden es bestätigen: Mehr Herz hat keine andere Frau.

Löwe-Hunde (23. Juli bis 23. August)

Stets streßgeplagt sind die Löwe-Hunde. Um zu glänzen, laden sie sich einfach zuviel auf und brechen dann gegebenenfalls unter der Last zusammen. Sie wollen mit Macht im Leben vorankommen und denken dabei nicht an ihre zarte Gesundheit, die ihnen so manchen Streich spielen kann.

Trotzdem bleiben Löwe-Hunde immer karrierebewußt. Und sie werden die Erfolgsleiter trotz mancher Rückschläge erklimmen. Gelangen sie auf dem geraden Weg nicht nach oben, wissen sie Schleichwege. Konkurrenten schrecken sie mit gewaltigem Wortschwall ab. Löwe-Hunde bellen mehr als andere Hunde. Doch ihr Gekläffe ist oft nichts anderes als Theaterdonner, der sich aufs hochverehrte, zahlende Publikum entlädt. Nach Aktschluß sollte Beifall von den Rängen prasseln; der Löwe-Hund wird sich huldvoll verbeugen.

Löwe-Hund-Frauen arbeiten kräftig an der Karriere ihres Mannes mit

Wen diese Sternenmischlinge lieben, den lieben sie mit letzter Konsequenz. Frauen aus diesem Zeichen arbeiten kräftig an ihrer eigenen Karriere und an der ihres Mannes mit. Sie legen ihren Kindern schon im Babyalter ein Sparkonto an. Die lieben Kleinen sind für sie die Besten, auch wenn's in der Schule nicht zu Einsern reicht. Der Gatte ist für die Löwe-Hund-Frau die Respektperson, um die sich alles drehen muß. Er ist der absolute Herr im Haus. Wenn er klug ist, tut er das, was ihm seine Löwe-Hund-Frau rät.

Männer aus diesem Mischzeichen spielen oft den wilden Mann, wenn es nicht nach ihrem Willen geht. Sie wollen verwöhnt werden, dann fressen sie einem aus der Hand. Auch sie lieben mit letzter Konsequenz. Man sollte sie nicht enttäuschen. Was sie anzieht, sind die Schmeichelkätzchen, die ihnen sanft um den Bart gehen und mit denen sie sich sehen lassen können. Denn echte Löwe-Hunde geben gern ein wenig an.

Jungfrau-Hunde (24. August bis 23. September)

Pingelig genau sind die Jungfrau-Hunde. Da muß ein Teil exakt neben dem anderen liegen. Wer die von ihnen gewollte Ordnung durchbricht, dem zeigen sie die Zähne. Das erleichtert das Zusammenleben mit ihnen nicht gerade. Jungfrau-Hunde nehmen es mit jedem an Verstand und Arbeitsleistung auf. Wenn sie jemanden zur Seite schubsen wollen, helfen sie hintenherum gern ein wenig nach. Das mag man als Falschheit auslegen oder als Selbstbehauptungswillen.

Jungfrau-Hunde sind lernbegierig und sehr häuslich

Männer aus diesem Mischzeichen spielen bei Frauen immer den Gentleman. Sie wirken distanziert, und gerade das schindet Eindruck. Wer dahinter Schüchternheit vermuten wollte, kennt die Jungfrau-Hunde nicht. Wenn's drauf ankommt, gehen sie ganz schön ran. In der Ehe mit solchem Sternenmischling geht es kaum allzu leidenschaftlich zu. Die Partnerin kann trotzdem auf ihre Kosten kommen, wenn sie mit feurigem Temperament etwas nachhilft.

Die besten Mütter sind die unterm Jungfrau-Hund geborenen. Sie versorgen ihre „Kleinen" selbst dann noch, wenn diese längst eine eigene Familie gegründet haben. Ihre Liebe ist unversiegbar, weshalb sie als Schwiegermütter nicht immer die beste Figur machen. Dem Mann an ihrer Seite fehlt ebenfalls nichts. Er wird wie die Kinder bemuttert. Wer da behauptet, das sei gleichzusetzen mit „unter den Pantoffel gestellt", dem geht die Jungfrau-Hund-Frau an den Kragen.

Waage-Hunde (24. September bis 23. Oktober)

Das friedliche Zuhause ist der Waage-Hunde Welt. Sie kuscheln sich hinter den Ofen und genießen die Geborgenheit, wenn andere auf in den Kampf ziehen. Man muß sie lieben, aber ihren Versprechungen traue man nie. Waage-Hunde können nicht nein sagen.

Berufe, wo sie Leuten etwas beibringen können, sind bevorzugt. Auch ihre Fabulierkunst wäre zu nützen. Als Diplomat und als Hotelportier leisten sie überdurchschnittliches, genauso im Sozialwesen. Waage-Hunde arbeiten hart und ausdauernd. Sie brauchen, um neue Kraft zu tanken, die friedliche

Entspannung daheim. Familienkrach senkt ihre Leistungsfähigkeit. Sie haben keine übermäßig starken Nerven.

Diese Sternenmischlinge bleiben nie lange allein. Für sie steht überall das Körbchen bereit, in dem sie sich wohlfühlen können. Waage-Hund-Männer brauchen die fürsorgliche Frau, die sie mütterlich betreut. Sie sollte auch ein wenig von einer Beichtschwester an sich haben. Denn Waage-Hund-Männer haben zuweilen in einer Ehe etwas zu beichten, das nach großzügiger Verzeihung verlangt.

Anspruchsvoller als ihre Artgenossen sind die Frauen aus diesem Mischzeichen. Sie wollen zum Körbchen gewissermaßen das goldbestickte Kissen, auf dem man zu zweit luxuriös träumen kann. Die Waage-Hund-Frau ist lieb und ständig bereit, dem Mann ihrer Wahl das Leben zu versüßen.

Skorpion-Hunde (24. Oktober bis 22. November)

Der Wille der Skorpion-Hunde kann Berge versetzen. Niemand ist so zäh und ausdauernd, wenn es gilt, etwas mit letzter Konsequenz durchzufechten. Falls man sie oder ihre Lieben angreift, werden sie bissig. Unter ihrem starken Schutz kann sich jeder sicher fühlen.

Sie zählen eher zu den schwierigen Leuten, die um der Wahrheit willen auf die Barrikaden steigen würden. Das kann bedeuten, daß auch Vorgesetzte ihre Wahrheitsliebe zu spüren bekommen. Wenn Skorpion-Hunde selber den Chefstuhl eingenommen haben, dann gewiß nicht durch Katzbuckeln.

Skorpion-Hunde gehören am Arbeitsplatz zu den Schweigsamen. Sie lieben keinen Klatsch

Haben die Männer aus diesem Zeichen erst mal eine potentielle Partnerin gefunden, steuern sie ohne viel Federlesen geradewegs aufs Ziel zu. Liebeserklärungen geraten bei ihnen meist daneben. Interessierte Frauen hören jedoch aus des Skorpion-Hundes Anbandelgestammel oft die ehrliche Meinung heraus. Und die überzeugt mehr als unverbindliches Süßholzraspeln.

Über diesen Weg findet man zu einer Gemeinschaft zusammen, die ein Leben lang halten kann. Mehr wollte dieser Sternenmischling ja auch gar nicht. Er sucht die Partnerin, die mit ihm durch dick und dünn geht. Einen wankelmütigen Charakter mag er nicht.

Viele Skorpion-Hunde-Frauen finden den Mann fürs Leben auf den ersten Blick. Sie sind leidenschaftliche Partnerinnen, die für ihn sogar durchs Feuer gehen würden. Solche Musterfrauen verlangen jedoch zu Recht Gegenwerte, mindestens absolute Treue und ein bißchen Häuslichkeit. Junggesellen-Allüren sollte er am besten gleich an der Pforte zum Standesamt abgeben.

Schütze-Hunde (23. November bis 21. Dezember)

Mit Kraft und Elan schaffen Schütze-Hunde so ziemlich alles. Ihre Spritzigkeit ist bekannt. Wenn es darauf ankommt, rennen sie allen Mitbewerbern davon. Nur manchmal trauen sie sich zuviel zu und machen vor dem Ziel schlapp.

Sie versagen nie. Mit Kraft und Elan schaffen Schütze-Hunde fast alles

Zwang macht sie krank. Ein gutes Wort spornt sie an. Sie sind kameradschaftlich und kollegial bis auf den einen Fall, wenn es um ihre Karriere geht. Schütze-Hunde sagen jedem offen und ehrlich ihre Meinung, selbst wenn diese gar nicht gefragt ist.

Natürlich spielen diese Sternenmischlinge in der Liebe stets die erste Geige. Schütze-Hund-Männer haben Charme für viele. Hier ist jedoch des Schützen Wankelmut durch des Hundes Treue erfreulicherweise gehemmt. Von allen Schützen ist der in einem Hund-Jahr geborene der beste Ehemann. Er wird auch leichter zahm. Nur sollte man ihn nie daheim versauern lassen. Was Schütze-Hund-Männer brauchen, ist eine lebenslustige Gefährtin, die mit ihnen auf jedes Fest geht.

Frauen aus diesem Mischzeichen sind ebenso dem vollen Leben zugewandt und werden an der Seite eines Partners glücklich, der ihre weltoffene Art bejaht. Sie stellen keine allzu hohen Ansprüche an ihn, aber lachen sollte er können.

Steinbock-Hunde (22. Dezember bis 20. Januar)

Zunächst sind Steinbock-Hunde erst einmal Pessimisten. Sie sind verschlossen und in sich gekehrt. Der Ernst des Lebens wird von ihnen zu ernst genommen. Doch man kann sich auf sie verlassen.

Im Beruf übernehmen sich diese Sternenmischlinge nur zu oft. Sie lassen sich jede Menge Arbeit aufpacken und merken zu spät, daß sie es nicht schaffen. Aber da sie anderen nicht über den Weg trauen, hängen sie aus freien Stücken Überstunden an. Aufgaben, mit denen man sie betraut, führen sie mit letzter Konsequenz durch, und wenn für sie dabei ein anschließender Kuraufenthalt wegen körperlicher Überanstrengung herausspringt.

Aus purem Zeitmangel kommen Freizeit und Privatleben zu kurz. Partner finden darum die Steinbock-Hunde oft im engeren Berufsbereich oder über eine Heiratsanzeige. Trotzdem gibt es eine Menge Steinbock-Hunde, die aus Liebe heiraten. Ihre zurückhaltende Art ist beim anderen Geschlecht beliebt. Als Ehemann ist er treu. Er braucht eigentlich eine Frau, die ihn nach des Tages Hast und Mühen aufheitert, die seinem Pessimismus einen um so größeren Optimismus entgegensetzt.

Auch die Frauen aus diesem Mischzeichen wollen aufgeheitert werden. Sie können perfekte Hausfrauen sein, aber jedoch möglicherweise den treuen Gatten mit ihrer übertriebenen Ordnungsliebe aufregen. Man sollte mit der Steinbock-Hund-Frau nie spielen; selbst in der Liebe will die Frau mit dem guten Herzen mit Ernst bei der Sache sein.

Wassermann-Hunde (21. Januar bis 19. Februar)

Wassermann-Hunde sind intelligent. Ihr Rat ist gefragt. Ihre Tatkraft reißt andere mit. Hier paart sich das handwerklich Künstlerische mit dem verstandesmäßig Nützlichen.

Wassermann-Hunde haben große Chancen, ganz nach vorn zu kommen

Selbstverständlich brauchen sie Pausen, in denen sie sich von der Umwelt zurückziehen, um sich „zu sammeln". Es liegt ihnen nicht, ihr Inneres vor anderen auszubreiten, daher machen sie ihre Probleme mit sich selbst aus.

Männer aus diesem Mischzeichen entwickeln im Privatleben Forschernaturen. Sie nehmen die Liebe wissenschaftlich und legen nach Möglichkeit Statistiken über ihre Freundinnen an. Deren gute Eigenschaften werden zusammengetragen und welche die meisten hat, wird in die engere Wahl gezogen. Denn die Idealfrau des Wassermann-Hundes gibt es, wenn überhaupt, nur in einigen wenigen Exemplaren auf dieser Welt.

犬

Vielleicht kann man jetzt verstehen, warum mancher Wassermann-Hund so abfällig über das weibliche Geschlecht spricht und sich selbst für die Krone der Schöpfung hält. Daß es trotzdem viele gute Ehemänner aus diesem Mischzeichen gibt, hat mit der oft späten Einsicht zu tun, daß auch die Wissenschaft Lücken hat und Statistiken auch nicht der Wissenschaft letzter Schluß sind.

Hilfsbereit bis zum äußersten ist die Wassermann-Hund-Frau. Sie opfert sich für ihre Familie auf und will keinen Dank, um danach über die Undankbaren zu lästern. Irgendwie braucht sie von Zeit zu Zeit einen reinigenden Krach, und mit der Versöhnung wird die Liebe aufgefrischt. Sie meint es nie böse, ihr Temperament schießt nur mal übers Ziel hinaus.

Fische-Hunde (20. Februar bis 20. März)

Bevor sich Fische-Hunde streiten, sagen sie lieber zu allem ja und amen. Sie können keiner Fliege etwas zuleide tun. Am liebsten träumen sie in den Tag hinein. Mit ihrer Durchsetzungskraft wäre es nicht weit her, wenn sie nicht soviel Pflichtbewußtsein hätten. Das läßt sie Arbeiten vollenden auch gegen den Widerstand böswilliger Gegner. Da mischen eine ganze Portion Sturheit mit und der Wille nach Sicherheit.

Trotz ihrer Bescheidenheit bringen sie es im Leben oft sehr weit

Männer aus diesem Mischzeichen sind galante Liebhaber, die sich nicht lange bitten lassen, wenn ein roter Mund ihnen lacht. Sie werden treusorgende Ehemänner mit sehr viel Sinn für blaue Stunden. Nur hier und da sind sie mal mürrisch und verschlossen. Dann wälzen sie große Probleme und brauchen Ruhe vom Familienalltag.

Nicht allzu robust sind die Fische-Hund-Frauen. Die kleinste psychische Störung kann sie umwerfen. Sie brauchen den behutsamen Freund, der ihnen die Sorgen tragen hilft. Er sollte auch mit ihnen träumen: Ein bißchen Sentimentalität könnte nicht schaden.

Fische-Hunde reagieren auf Freundlichkeit wachsweich. Kummer macht sie untröstlich und läßt sie im schlimmsten Fall zur Flasche greifen. Sie sind nicht die besten Menschenkenner, weshalb sie immer wieder auf Verführer hereinfallen. Dabei könnten sie die besten unter allen Sternenmischlingen sein, wenn ihre guten Anlagen zum Tragen kommen würden.

Das wahrheitsliebende, abwägende Schwein

Das letzte Zeichen des chinesischen Mondkreises ist das Schwein. Gegenüber den elf anderen werden den Schwein-Geborenen gewisse Vorzüge nachgesagt, zum Beispiel werden sie als besonders liebenswert geschildert, weil sie, bevor sie handeln, erst abwägen, was für sie oder ihre Freunde das Beste sein könnte.

Sie gehen nach dem alten Rechtsgrundsatz vor, daß man im Zweifelsfalle der eigenen Meinung stets auch die vielleicht konträre Ansicht eines anderen gegenüberstellen müsse.

Diese Menschen lieben die Wahrheit über alles, was nicht immer ein Vorzug sein muß, wie wir noch sehen werden. In den folgenden chinesischen Mondjahren wurden und werden Schwein-Typen geboren.

4. 2. 1935 – 23. 1. 1936
22. 1. 1947 – 9. 2. 1948
8. 2. 1959 – 27. 1. 1960
27. 1. 1971 – 14. 2. 1972
13. 2. 1983 – 1. 2. 1984
31. 1. 1995 – 18. 2. 1996
18. 2. 2007 – 6. 2. 2008
5. 2. 2019 – 24. 1. 2020

Schwein-Kinder können sich nie ganz von den Märchen- und Fabelwesen losreißen

Bereits im Kindesalter nehmen die Schweine alles für bare Münze, was man ihnen erzählt. Wenn andere Kinder längst zu einer realistischen Betrachtensweise gekommen sind, glauben die Schwein-Typen noch an Fabel- und Märchengestalten und deren Wirkensweise. Sie fürchten sich vor Schreckensbildern, die vor ihnen aufgebaut werden. Das macht sie in der Schule unsicher. Hier sollten geschickte Pädagogen eingreifen und diesen Kindern die Angst nehmen.

Schwein-Menschen sind von frühester Jugend an gewohnt, den Respektpersonen zu gehorchen. Sie werden stets ihr Pensum herunterarbeiten und sich zu Hause ernsthaft auf Prüfungen vorbereiten. Trotzdem werden sie nicht unbedingt zu den Eifrigsten gezählt werden können.

Warum sich Schweine schämen

Wir sagten es bereits: Schwein-Menschen sind absolute Wahrheitsfanatiker. Sie lügen nicht. Und wenn sie sich einmal gezwungen sehen zu flunkern, werden sie möglicherweise rot bis über die Ohren. Sie schämen sich noch als erfahrener Erwachsener, wenn sie sich längst das Erröten abgewöhnt haben, und fühlen sich unwohl.

Leider ecken die Schwein-Typen immer mal wieder mit der Wahrheit an. Die Menschen wollen belogen werden, besagt ja eine alte Weisheit. Und tatsächlich kann Wahrheit auch verletzen. Darum werden die in einem Schwein-Jahr Geborenen von gewissen Zeitgenossen oft zu den Miesmachern gezählt, die ihre Mitmenschen in einem schlechten Licht erscheinen lassen wollen. Absolute Ehrlichkeit ist, wie man sieht, nicht unbedingt einem friedlichen Zusammenleben förderlich und es gilt abzuwägen, was wichtiger ist: Die Wahrheit zu sagen oder um des lieben Friedens willen zu schweigen.

Schweine wägen stets Vor- und Nachteile gegeneinander ab

Einen anderen guten Charakterzug der Schwein-Menschen haben wir schon angesprochen: Sie wägen Vor- und Nachteile bestimmter Sachlagen stets gegeneinander ab, sofern ihre Wahrheitsliebe das zuläßt. Sie kennen immer wieder ein Für und ein Wider. Auch diese an sich gute Anlage wird von ihren Mitmenschen oft ins Gegenteil verdreht. Aus dem weise abwägenden Typ wird da manchmal der ewig zögernde, der sich vor Unsicherheit nicht zu helfen weiß. Und daraus wird man leicht erkennen, daß es die Schweine meist schwerer haben als die Leute, die in anderen Jahren geboren wurden, weil sie keine Ränke schmieden können.

Die Zuverlässigen in jedem Betrieb

Genug der negativen Ausdeutungen mißgünstiger Zeitgenossen! Folgen wir lieber jenen altchinesischen Weisen, die Men-

schen, die in einem Jahr des Schweins geboren werden, für die besten im ganzen Tierkreis hielten. Tatsache ist, daß diese Typen recht friedliebend sind. Sie können sich stets gegen andere durchsetzen. Aber das schaffen sie nicht mit üblen Tricks, sondern mit den besseren Argumenten und oft auch mit viel Wissen.

Sie können eigentlich in allen Berufen Überragendes leisten, besonders geeignet sind sie als hervorragend diagnostizierender Arzt, als stets genau recherchierender Journalist oder als weise tüftelnder Forscher und Wissenschaftler. Als Handwerker kommt ihnen ihr Pünktlichkeitsstreben zugute und als Sachbearbeiter im Versicherungswesen ihr Gerechtigkeitssinn. In den Beurteilungen ihrer Chefs wird vor allem auf ihre stete Zuverlässigkeit hingewiesen.

Man kennt die Schwein-Menschen auch als sozial denkende Unternehmer und als Gewerkschaftsfunktionäre, die sich mit Energie und besten Argumenten für ihre Kollegen einsetzen.

Die guten Freunde sind rar

Trotz der guten Beurteilungen, die Männer und Frauen aus dem Schwein-Zeichen im Berufsleben erfahren, haben sie privat nur wenige gute Freunde. Nicht umsonst werden sie oft als kontaktarm geschildert. Vielleicht hängt das ein wenig damit zusammen, daß sie und ihr Charakter von frühester Jugend an überkritisch betrachtet werden. Wie wir gesehen haben, werden da selbst beste Anlagen mißverstanden und ins Gegenteil verfälscht.

So kommt es, daß viele der in einem Jahr des Schweins Geborenen vorsichtig taktieren und sich vor der lauten Welt lieber ins stille Kämmerlein zurückziehen und dort ihren Hobbys frönen.

Im Laufe ihres Lebens haben Schweine viel Glück, das sprichwörtliche „Schwein“

Im Laufe ihres Lebens haben übrigens Schweine viele Glücksmomente. Sie haben, wie der Volksmund sagt, „Schwein“ in allen Lebenslagen. Obwohl sie nicht gern das Geld zum Fenster hinauswerfen, haben einige von ihnen mit kleinen Einsätzen in Lotto oder Lotterie schon manchen Glückstreffer erzielt. Sie müssen möglicherweise in späteren Jahren auch zur Erbschaftssteuer veranlagt werden, weil zufäl-

猪

lig irgendein Erblasser, dem sie in seinen letzten Lebensjahren fürsorglich zur Seite standen, sie als Alleinerben eingesetzt hat.

Berechnend sind diese Schweine nie, eher zu gutmütig. Sie helfen jedem selbstlos, der ihrer Hilfe bedarf. Nur zu oft haben sie für solch Verhalten keinen Dank erhalten.

Liebe im Wartestand

Leider zögern Schwein-Menschen vieles hinaus, was eigentlich längst erledigt werden müßte. Auch in der Liebe ist das so: Sie können sich nur schwer entscheiden. Frauen und Männer aus diesem Zeichen sind zärtlich und rücksichtsvoll. Die Partner könnten sich glücklich schätzen, ihre Liebe erobert zu haben. Oft wurde schon vom Standesamt gesprochen, doch dann hat es sich das Schwein noch anders überlegt und einen Beinahe-Partner doch sitzengelassen. Die Liebe dümpelt bei den Schwein-Geborenen gewissermaßen im Wartestand dahin.

Haben sie einmal einen Entschluß gefaßt, ist dieser unumstößlich

Schwein-Menschen fehlt es nicht an Entschlußkraft, aber sie wägen meist zuviel ab, bevor sie sich endgültig entscheiden. Haben sie jedoch einen Entschluß gefaßt, so ist dieser nahezu unumstößlich. Sie werden ihn gegen alle Widerstände durchsetzen wollen. Leider macht dann aber vielleicht – des langen Zögerns überdrüssig – plötzlich der Partner nicht mehr mit. Und so kommen die Schweine auch zu trüben Erfahrungen.

Der Schwein-Mann

Die Männer aus dem Schwein-Zeichen können sich in der Ehe zu rechten Mustergatten entwickeln. Sie sind treu und geben zuweilen dann doch des lieben Friedens willen nach. Ihre Frau wollen sie auf Händen tragen. Die Familie ist für diese Typen das Höchste, was es auf Erden gibt. Streit und Zank macht sie krank. Und daher gehen sie, um die Rechnung des Psychiaters zu sparen, lieber mal den Weg des geringsten Widerstandes.

Auch diese Haltung wird von manchen Partnerinnen nicht immer gelobt. Da könnte im Eheleben ja Langeweile aufkommen. Viele Frauen solch reizender Männer lassen es in der Ehe lieber mal krachen: Gewitter reinigt bekanntlich die Luft! Die Schwein-Männer leiden darunter, und manch einer hat sich dabei vor Zeiten Magengeschwüre geholt.

Viele dieser geplagten Ehemänner suchen bei solcher Sachlage das Weite. Man traf sich hinterher vor dem Scheidungsgericht wieder.

Die Schwein-Frau

Die im Jahr des Schweins Geborenen sind keine Kostverächter. Die Liebe ist für sie ein fröhliches Spiel mit ernstem Hintergrund. Die Frauen aus dem zwölften chinesischen Tierzeichen sind charmant und liebevoll. Sie können gut zuhören, aber ebenso gern von sich selbst erzählen. Der einzige Nachteil: aus der Diskussion wird dann schnell ein Monolog. Manch liebes Plappermäulchen wurde im Schwein-Zeichen geboren.

Schwein-Frauen schmusen gern

Große Leidenschaften entfachen sie nicht, sie schmusen jedoch ganz gern. Nicht immer lieben sie Hausarbeit. Sie schätzen eine gepflegte Unordnung mehr als pingelige Genauigkeit. Unter Freunden geben sie sich leger und aufgeschlossen, in großen Gesellschaften eher zurückhaltend.

Im allgemeinen sind diese Frauen sehr modebewußt, kleiden sich aber eher salopp, weil sie meinen, daß diese Art besser zu ihnen paßt. Schick sehen sie ja auch in ausgefransten Jeans aus.

Schwein-Frauen sind die besten Mütter. Ihre Kinder werden ohne Strenge erzogen, dürfen aber noch längst nicht alles tun, was ihnen beliebt. Auch bei den Schwein-Müttern gilt der Grundsatz: Was zu weit geht, das geht zu weit!

Sie mögen Kompromisse

Schweine lieben das Leben. Dennoch sind große Gesellschaften kaum ihr Fall, eher Plauschstündchen mit den wenigen guten Freunden am heimischen Kamin. Dabei kann es geschehen, daß sie stumm den Gesprächen der anderen lauschen. Wenn sie jedoch Probleme haben, werden sie wach. Dann sprudelt es aus ihnen heraus wie aus einem Wasserfall.

Sie lachen auch schon mal über sich selbst

Schweine lachen gern, zur Not sogar über sich selbst. Das macht sie sympathisch. Im Alter müßten einige von ihnen etwas mehr auf ihr Gewicht achten, denn sie neigen zu Übergewicht. Und sie schauen zeitweise gern tief ins Glas, obwohl sie wissen sollten, daß ein Zuviel für sie schädlich sein kann.

猪

Bei mancherlei Enttäuschungen werden Schweine oft zu rechten Menschenverächtern. Das ist wohl der Grund, warum solche Menschen dann in den zwischenmenschlichen Beziehungen kein Glück haben und im Berufsleben vielleicht sogar ihrer Karriere schaden.

Das Horoskop für die Schweine

Mit Gleichmut ertragen Menschen, die im Jahr des Schweins geboren sind, Glück und Unglück in ihrem Leben. Sie nehmen es stets, wie es kommt. Allzu spannungsreich wird es bei ihnen nie. Sie wollen ihre Ruhe haben und werden doch manches erleben, was sie zutiefst erschüttert. Vor allem zwischen dem dritten und fünften Lebensjahrzehnt haben sie mit Problemen zu kämpfen. Wie gut, daß sie nicht unterzukriegen sind.

Im Alter ziehen viele „Schweine" aufs Land, denn das Leben dort liegt ihnen

Am Ende werden die Leute aus dem zwölften chinesischen Tierzeichen alles meistern, was sich ihnen entgegenstellt. Denn wenn es schwierig wird, sind sie hellwach. Im Alter wird mancher von ihnen sich einen Traum erfüllen können und ins eigene kleine Häuschen aufs Land ziehen, denn das Landleben ist dem Schwein gemäß.

Schwein-Typen, die fest an ihr Glück glauben, sollten jetzt einmal lesen, was das chinesische Horoskop ihnen in den nächsten Jahren zugedacht hat.

Im Jahr der Ratte (1996, 2008)

fühlen sich Schweine rundherum glücklich. Einige von ihnen finden ihre große Liebe, andere stehen beim Partner hoch im Kurs. Alle können sich in diesem Jahr einiges erlauben, weil auch Geldzuwachs angesagt ist. Wer in einem Jahr des Schweins geboren wurde und arm ist, wird sich oft reicher dünken als die, die alles haben.

Im Jahr des Büffels (1997, 2009)

geht das Glück seltsame Wege. Bei den Schweinen bleibt es jedoch meistens nicht hängen. Wie gut, wenn sich diese in den satten Jahren zuvor etwas zurücklegen konnten. Das Büffel-Jahr ist für Schweine ein schwieriges Jahr, weil einfach der Antrieb fehlt, das Schicksal auch mal herauszufordern. Da gilt der Grundsatz: Nicht den Kopf hängen lassen und stets heiter bleiben!

Jetzt nicht den Kopf hängen lassen

Im Jahr des Tigers (1998, 2010)

geht es mit der Leistungskurve auf und ab. Viele Schweine haben nicht die rechte Lust, mehr aus sich zu machen, wenn ein Tief dem anderen folgt. Andere stellen sich entgegen und finden Auswege aus dem Dilemma. Es ist ein wahres Glück, daß Schweine auch mal mit weniger zufrieden sind als sonst üblich.

Im Jahr des Hasen (1999, 2011)

ergreift die ehrlichen Schweine schier die Verzweiflung. Ihre Umwelt will sie einfach nicht verstehen und verdreht ihnen die Wörter im Mund. Obwohl sie Streit nicht mögen, machen sie plötzlich mit, bis die Fetzen fliegen. Nur ganz privat finden sie Ruhe: In der Partnerschaft geht es fröhlich zu. Man liebt sich und lebt gut.

Im Jahr des Drachen (2000, 2012)

kochen die Schweine auch nur mit Wasser. Mancher Ärger steht bevor, und der macht dick! Im Beruf gibt es dagegen einige Lichtblicke. In der Liebe ist man auf Warteposition und schwankt von einem zum anderen. Leute aus dem Jahr des Schweins sollten sich auf sich selbst besinnen. Dann wird's schon werden.

Achtung: Ärger macht dick

Im Jahr der Schlange (2001, 2013)

geht es für die Schwein-Menschen wieder aufwärts. Sie können wieder manchen Gewinn für sich herausschlagen und sind auch im Beruf erfolgreich. Nur in der Liebe läßt sich einiges noch recht zähflüssig an. Wer in einem festen Verhältnis mit einem netten Partner zusammenlebt, den wird's weiter nicht erschüttern.

Im Jahr des Pferdes (2002, 2014)

Wer jetzt kann, sollte sich ein Haus bauen

gibt's eine Menge zu tun, um den Lebensstandard zu sichern. Wer jetzt günstige Konditionen bei der Bank findet, sollte zugreifen und sich ein Haus bauen. Da gehen Schweine ran wie wild und arbeiten wie die Berserker. Leider kommt bei solchem Tun, aber auch bei denen, die nicht zu den Häuslebauern zählen, die Liebe zu kurz. In der Familie ist die Stimmung deshalb eher bedrückend.

Im Jahr der Ziege (2003, 2015)

dauert die triste Stimmung in der Familie nicht mehr länger an. Aus manchen Schweinen werden glückliche Verliebte. Auch finanziell geht es aufwärts. Im Beruf machen die Leute aus dem Jahr des Schweins keine Überstunden mehr, sondern lassen es ruhiger angehen. Trotzdem haben sie mehr Erfolg als je zuvor.

Im Jahr des Affen (2004, 2016)

sind selbst die Schweine ausgelassen wie nie. Im kleinen Kreis finden sie ihr großes Glück. Das Jahr des Affen ist für sie gemacht. Trotzdem sollten sie bedenken, daß man manche Farben einfach wegwischen kann. Vorsicht mit der Figur: Schweine könnten vor lauter Freude Speck ansetzen!

Im Jahr des Hahns (2005, 2017)

haben einige Schweine Glück im Spiel. Wer sich von ihnen nicht darauf verläßt, kann trotzdem hoffen, daß sich seine Finanzen stabilisieren werden. Aber ohne viel Arbeit werden sie kaum etwas erreichen. In den zwischenmenschlichen Beziehungen können neue Bande geknüpft werden. Das sieht sehr hoffnungsvoll aus.

Im Jahr des Hundes (2006, 2018)

wächst das Bankkonto weiter an, ohne daß die Leute aus dem Jahr des Schweins viel dazutun müssen. Am liebsten würden sie sich auf die faule Haut legen und das Leben genießen. Leider gibt es aber noch viel zu tun. Und mancher aus diesem Tierzeichen ist gut damit beraten, sich noch einmal kräftig anzustrengen.

Im Jahr des Schweins (2007, 2019)

ist es endlich soweit: Feste am laufenden Band können gefeiert werden. Das Schicksal meint es gut mit den Schweinen in ihrem eigenen Jahr. Das Glück gießt sein Füllhorn über sie aus. Nur sollten die Leute aus dem Tierzeichen des Schweins bedenken, daß man in guten Jahren mehr für die eigene Sicherheit tun und Rücklagen bilden sollte, um auch in schlechten Jahren gut leben zu können.

Das Glück gießt sein Füllhorn aus über die Schweine

Die Schweine vom Widder bis zu den Fischen

Wir haben nun wieder die abendländische Astrologie zu Rate gezogen und deren zwölf Tierkreiszeichen mit dem jeweils anstehenden chinesischen Tierzeichen vermischt. Das ergibt zwölf Mischzeichen des Schweins vom Widder bis zu den Fischen. Wer also zum Beispiel in der Zeit vom 21. März bis 20. April Geburtstag hat, der kann die auf ihn zutreffende Charakteristik im Mischzeichen Widder-Schweine finden.

Widder-Schweine (21. März bis 20. April)

So leicht lassen sich die Leute, die in diesem Mischzeichen geboren wurden, nicht von einmal als richtig Erkanntem abbringen. Man könnte sie stur nennen, wenn nicht stets die freund-

猪

liche Verpackung hinzukäme. Ein Widder-Schwein verkauft sich mit soviel fröhlicher Herzlichkeit, daß man ihm gern einige Schwachstellen in seinem Charakter nachsieht.

Widder-Schweine sind Lebenskünstler mit dem sechsten Sinn für gute Geschäfte

Widder-Schweine arbeiten ruhig, aber zielstrebig. Sie können, wenn es ums Ganze geht, auch kämpfen. Man mag sie wegen ihrer Gutmütigkeit. Schicksalsschläge nehmen sie gelassen hin. Sie finden immer einen Ausweg aus einer prekären Lage. Und sie haben den sechsten Sinn für gute Geschäfte.

Diese Sternenmischlinge sind auf jeden Fall Lebenskünstler, die auch privat viele Freunde finden. Männer aus dem Widder-Schwein-Zeichen sind in der Liebe Draufgänger, die schon wenige Stunden nach dem Kennenlernen die erste Liebeserklärung machen können. Der Heiratsantrag läßt kaum länger auf sich warten. Weist man sie ab, bleiben sie gut Freund und tun so, als sei nichts gewesen. Widder-Schweine vergessen schnell Unliebsames. In der Ehe sind sie übrigens Mustergatten mit allen Vor- und Nachteilen.

Die Frauen aus diesem Mischzeichen verlieben sich ebenso schnell wie ihre Sternenbrüder. Ihre unbekümmerte Art findet viele Liebhaber, ist jedoch auch für manche Enttäuschung gut. Widder-Schwein-Frauen macht die Liebe manchmal blind. Am Ende stehen sie oft fassungslos vor der Erkenntnis, daß außer Spesen nichts gewesen ist. Aber sie geben nicht auf, bis sie endlich den Mann fürs Leben gefunden haben, dem sie eine nicht eben sparsame, doch treue Ehefrau sein werden.

Stier-Schweine (21. April bis 20. Mai)

Stier-Schweine können handeln, während andere noch beim Planen sind. Sie sprechen nie viel, sie sind Menschen der Tat. Umwege machen sie nicht, sie kennen nur den geraden Weg nach vorn. Leider verfangen sie sich deshalb manchmal in Hindernissen, die neidische Mitmenschen heimtückisch vor ihnen aufgebaut haben. Das läßt sie im Stillen verzweifeln. Aber sie rappeln sich immer wieder auf, um es gerade denen zu zeigen, die ihnen übel mitspielen wollen.

Im Grundzug ihres Charakters sind Stier-Schweine verträglich. Sie sind gute Kollegen und zuverlässige Mitarbeiter. Als Vorgesetzte setzen sie sich durch, hören zuvor jedoch immer auch die Meinung anderer zum Thema.

Männer aus diesem Mischzeichen wollen in einer festen Verbindung stets das Sagen haben. Ein Blick aus ihren treuen Augen genügt, um die Partnerin zu erweichen. Viele Gespräche gibt es in der Ehe mit einem solchen Mann nicht, dafür um so mehr stille Übereinkünfte. Da Stier-Schwein-Männer vorher jedes Wenn und Aber abwägen, geraten sie nur selten an Frauen, die solch patriarchalischem Kurs Paroli bieten. Dabei sind sie herzensgut zu ihren Lieben und lassen es ihnen an nichts fehlen.

Stier-Schwein-Frauen machen sich, wenn sie lieben, das Leben ein wenig schwer. Es nagt so mancher Zweifel an ihnen, ob sie denn klug gewählt haben. So kommt es häufig mal zum Schlußstrich, ehe ein Verhältnis noch richtig begonnen hat. Sie finden jedoch immer wieder einen, mit dem sie es versuchen wollen. Sie bleiben nie ganz allein. Und wenn sie heiraten, wissen sie meistens, daß sie es gut getroffen haben – auch in der Liebe.

Zwillinge-Schweine (21. Mai bis 21. Juni)

Zwillinge-Schweine geben sich ungenierter als andere Schweine. Sie bewegen sich mit diplomatischem Geschick durchs Leben und kommen auch dann wieder auf die Füße, wenn sie unter sich den Boden fast verloren haben. Ein Zwillinge-Schwein ist kaum umzubringen. Es kennt die Tricks, mit denen man Konkurrenten mattsetzen kann, um daraus für sich selbst Nutzen zu ziehen.

Eine reiche Heirat beziehen sie in ihre Pläne mit ein

Irgendwann kommt zum Können dieser Sternenmischlinge die gesunde Portion Glück dazu. Man gewinnt im Spiel oder erbt, und falls das nicht klappt, bleibt immer noch die reiche Heirat, die Zwillinge-Schweine durchaus in ihre Pläne mit einbeziehen.

Männer aus diesem Doppelzeichen können sich nur schwer für eine Frau entscheiden, besonders wenn die Auswahl groß ist. Enttäuschungen halten sich in Grenzen. Selbst eine Scheidung läßt sie nicht verzagen. Im Zwillinge-Schwein-Zeichen bleibt man nie lange allein. Paradox: Unter allen Zwillingen sind die unter dem Schwein geborenen die treuesten Ehemänner, vielleicht weil sie so friedfertig und freundlich sind und niemandem weh tun können.

猪

Zwillinge-Schwein-Frauen nehmen das Leben leicht. Sie beschäftigen sich nicht gern mit weltbewegenden Problemen. Flirt ist für sie ein Unterhaltungsspiel, das sie leidenschaftlich betreiben. Liebe ist für sie das Buch mit sieben Siegeln, das man nur öffnet, wenn's unbedingt sein muß. Diese reizenden Wesen, die so gern lachen, können bloß an der Seite eines fröhlichen Partners glücklich werden. Sie bleiben Kinder mit ihren Kindern, die sie zu toleranten Mitmenschen erziehen.

Krebs-Schweine (22. Juni bis 22. Juli)

Man kann Krebs-Schweine sehr leicht verletzen, weshalb sie sich mehr zurückhalten als ihre vielleicht etwas dickfälligeren Sternengeschwister. Aber sie sind nett und zutraulich und hängen am Leben. Krebs-Schweine arbeiten viel und ausdauernd. Sie streben nach der Position, die ihnen ein Höchstmaß an Sicherheit gewährt. Mehr wollen sie eigentlich nicht. Man kann sich in jeder Weise auf sie verlassen.

Krebs-Schweine lieben den Müßiggang und gute Bücher, die sie in Traumwelten entführen

Neben der Arbeit lieben sie den Müßiggang. Ihre Freizeit kosten sie aus. Sie lesen gern gute Bücher und lassen sich von ihnen in Traumwelten entführen. Jedes Krebs-Schwein braucht am Tag ein paar Minuten der Besinnung auf sich selbst.

Die Männer aus diesem Mischzeichen lassen sich so leicht nichts vormachen. Sie durchschauen jeden auf den ersten Blick. Ihre Menschenkenntnis ist über alle Zweifel erhaben. Doch sind sie auch leicht nachtragend: Wer sie irgendwann einmal, ohne es vielleicht selbst zu wollen, tödlich beleidigt hat, dem verzeihen sie nie.

Es ist schwer, mit diesen Männern klarzukommen. Das wissen die Frauen, die mit ihnen angebandelt haben, ebenso wie die Ehefrauen, die mit ihnen den Schritt ins gemeinsame Leben gewagt haben. Krebs-Schwein-Männer werden oft von Launen gepackt, die sie von einem zum anderen Augenblick ihre Meinung ändern lassen. Schönster Zug an ihnen: Wenn sie ein Unrecht einsehen, gestehen sie es ein und machen alles wieder gut.

Dasselbe ist von der Krebs-Schwein-Frau zu sagen. Ihr Charakter ist jedoch noch weicher und anpassungsfähiger. Sie schenkt ihr Vertrauen jedem, der sie lieb und nett behandelt. Nur zu spät erkennt sie manchmal die wahren Absichten einiger Männer. Gefühl ist bei ihr alles. Man sollte, vor allem als ihr Partner, sorgsam damit umgehen.

Löwe-Schweine (23. Juli bis 23. August)

In allen Lebenslagen finden sich Löwe-Schweine zurecht. Sie scheinen das Glück für sich gepachtet zu haben. Ihrer Karriere steht eigentlich nichts im Wege. Man mag sie. Mit Schwung gehen sie an die Arbeit heran und reißen jeden mit. Sie geben nie auf. Jeder setzt auf sie und ihren Optimismus. Von Vorgesetzten werden ihnen Vertrauensstellungen angeboten. Kollegen schätzen ihren ehemaligen Kollegen auch als Vorgesetzten noch. Es gibt nichts, was Löwe-Schweine nicht werden könnten. Sie leisten überall Überdurchschnittliches.

Der ausgeprägte Egoismus ist gepaart mit Großzügigkeit und Hilfsbereitschaft

Diese Sternenmischlinge sind großzügig und opferbereit. Sie übersehen nicht den Bettler am Wege und schon gar nicht den Freund, der sie braucht. Trotz aller Hilfsbereitschaft sind Löwe-Schweine durchaus auch ausgeprägte Egoisten. Sie sind ebenso genußsüchtig und schießen in dieser Hinsicht gern übers Ziel hinaus.

Beim Flirten sind sie vorsichtig. Nicht, daß sie prüde wären, sie wollen nur keinen Partner an ihrer Seite haben, den man nicht herzeigen kann. Männer aus diesem Zeichen lieben nur elegante Frauen mit Sinn für Ästhetik. Für Löwe-Schweine ist Liebe mit Schönheit verbunden; fehlt es an der äußeren, sollte wenigstens die innere intakt sein. Ohne Gefühl geht aber auch hier nichts. Und darum heiraten Löwe-Schweine dann doch jemanden, der nicht ihrem Traumpartner entspricht.

Die Frau aus diesem Mischzeichen schätzt den ritterlichen Mann, der ihr jeden Wunsch von den Augen abliest und ihn auch erfüllt, wenn das Kleingeld ausreicht. Sie dankt es ihm durch nimmermüde Liebe und durch einen Hausstand, in dem alles blitzt und blinkt, und zu dem sie oft mehr beisteuert als der Herr Gemahl.

Jungfrau-Schweine (24. August bis 23. September)

Vom Pfad der Tugend abzuweichen, käme für Jungfrau-Schweine einer Katastrophe gleich. Sie sehen stets auf ein

猪

tadelloses Äußeres und auf innere Haltung. Menschen, die sich dem Leichtsinn verschrieben haben, strafen sie mit Verachtung. Manch einer mag sie für rechte Pedanten halten und für Pessimisten obendrein.

Obwohl Jungfrau-Schweine im Beruf gute Positionen erreichen können, bleiben sie bescheiden. Sie drängen sich nicht nach Ruhm und Ehre, dafür um so mehr nach Gut und Geld. Hier lassen sie Zielstrebigkeit, verbissenes Beharren und hartnäckiges Durchsetzungsvermögen erkennen.

Im Streben nach Gut und Geld entwickeln Jungfrau-Schweine Zielstrebigkeit und Beharrlichkeit

Als Liebhaber sind Jungfrau-Schwein-Männer nicht unbedingt die stürmischsten. Sie mögen keine extravaganten Frauen, aber auch nicht die Heimchen am Herde. Sie lieben die kluge, charakterfeste, tugendsame Partnerin, mit der man über alles sprechen kann. Finden sie sie nicht, bleiben sie lieber Junggesellen.

Natürlich stellt auch die Jungfrau-Schwein-Dame gewisse Ansprüche. Sie hat ein ausgeprägtes moralisches Bewußtsein und hält sich mehr zurück als ihre leichtsinnigeren Schwestern. Doch gerade die stolze Haltung dieses Sternenmischlings zieht so manchen Mann an. So kommt es, daß diese kühlen Frauen meist an ausgesprochen feurige Männer geraten, die diese aus purer Neugier kennenlernen wollen und dann ein Leben lang nicht mehr loskommen. Wer von ihnen ehrlich ist, wird zugeben, daß er nicht das schlechteste Los gezogen hat.

Waage-Schweine (24. September bis 23. Oktober)

Waage-Schweine können nicht nein sagen. Das bringt Schwierigkeiten. Man nutzt sie aus. Da sie von allen Sternenmischlingen die gutmütigsten sind, lassen sie sich im Grunde genommen auch gern ausnutzen. Und wenn's einmal zuviel wird, setzen sie ihr diplomatisches Geschick ein oder stellen sich schwerhörig. Im rechten Augenblick zu schweigen, ist ihre Stärke. Wenn sie reden, geben sie nur das zum besten, was sie gut ausschauen läßt. Kritik können sie von anderen nicht vertragen, üben aber insgeheim viel Selbstkritik.

Das macht sie für den Lehrberuf ebenso geeignet wie für den eines Richters. Unter den Anwälten, die einer gerechten Sache zum Sieg verhelfen, finden sich viele Waage-Schweine.

Auch feinnervige Künstler und humorvolle Poeten werden unter diesem Mischzeichen geboren.

Die Männer, die unter dem Waage-Schwein geboren werden, können nicht allein bleiben. Sie lieben die Zweisamkeit mehr als Gruppenfreundschaften. Zum anderen Geschlecht finden sie schnell Kontakt, ziehen sich aber ebenso schnell zurück, wenn sie glauben, daß das Verhältnis nichts taugt. Obwohl man sonst über die Entschlußfreudigkeit der Waage-Schweine eher klagen kann, sind sie in Sachen Liebe und Ehe oft schnell bei der Hand. Ihre Partnerinnen können sich freuen: Sie haben einen Mustergatten mit nur kleinen Fehlern erobert.

Harmonisch liebt sich's mit der Frau aus diesem Mischzeichen. Diese schicke Person verdreht Männern leicht den Kopf. Sie ist ständig auf der Suche nach dem Richtigen und scheut sich nicht, einige Partner auf Probe zu erwählen, bis sie den Mann gefunden hat, mit dem sie zum Standesamt gehen will. Die Waage-Schwein-Frau weiß immer, was sie will und was speziell für sie nützlich ist.

Skorpion-Schweine (24. Oktober bis 22. November)

Durch ihre unnachgiebige Geradlinigkeit verletzen Skorpion-Schweine nur zu oft ihre Mitmenschen. Sie beharren auf einmal gefaßten Entschlüssen mit einer Sturheit, die selbst ihre Freunde verzweifeln läßt. Im Beruf sind sie nicht unbedingt die besten Kollegen, weil sie boshaft genug sind, Fehler anderer im rechten Moment regelrecht anzuprangern.

Man sollte Skorpion-Schweine nie zu arg tadeln; denn sie sinnen stets auf Rache. Sie vergessen nichts. Das Positive daran: Sie vergessen auch niemals Gutes, das man ihnen tat. Sie bleiben ebenso der Firma treu, in der das Betriebsklima stimmt. Wie alle Schweine hassen sie Zank und Streit.

Jeder potentielle Partner wird erst einmal auf Herz und Nieren geprüft

Sex-Abenteuern sind Skorpion-Schweine nicht abgeneigt. In jungen Jahren ist Sturm und Drang ihr Programm. Frauen aus diesem Mischzeichen machen Männern gerne Hoffnungen. Diese warten nur darauf, eine dieser lebhaften Frauen mit dem anziehenden Sexappeal zu gewinnen. Leider macht hier Hoffen und Harren manchen zum Narren. Skorpion-Schwein-Frauen testen jeden Mann auf Herz und Nieren, ehe sie ihn endgültig für sich erwählen. Finden sie nicht den Richtigen, bleiben sie lieber allein.

Skorpion-Schwein-Männer haben stets ein Späßchen parat, selbst wenn es andere gar nicht hören wollen. Es gibt Frauen, die solche lustigen Menschen mögen. Wenn sie nichts krumm nehmen, haben sie beim Skorpion-Schwein-Mann gewonnen. Als Ehefrau möchte er sie als seinen unveräußerlichen Besitz, der mit allem Komfort ausgestattet, jedoch eifersüchtig behütet wird.

Schütze-Schweine (23. November bis 21. Dezember)

Wenn Schütze-Schweine ihr sanguinisches Temperament nicht zu Fehlschüssen verleitet, werden sie vorwärtskommen. Sie haben gute Pläne, die sie am liebsten gleich alle auf einmal ausführen möchten. Aber obwohl sie wie die Berserker arbeiten können, gelingt es auch ihnen nicht, die Zeit stillstehen zu lassen. Schütze-Schweine übernehmen sich oft, und nur darum bleiben manche von ihnen irgendwo auf den unteren Berufsebenen hängen. Können sie sich auf ein Ziel konzentrieren, haben sie gewonnen.

Der Familiensinn des Schweins bändigt die Oberflächlichkeit des Schützen. Herauskommt eine gute Mischung in puncto Partnerschaft

Des Schweins Familiensinn und des Schützen etwas oberflächliche Art führen zu einer guten Mischung im zwischenmenschlichen Bereich. Hier ist der Schütze an die Kette gelegt und muß beizeiten Farbe bekennen, für welchen Partner er sich entscheidet.

Schütze-Schwein-Männer sind häuslicher als ihre Schütze-Brüder. Sie begehen die gleichen Jugendtorheiten. Wenn sie sich aber binden, meinen sie es ernst und halten an dem Versprechen fest, das sie vor dem Standesamt gegeben haben. Treue ist für sie ein ethischer Begriff, der auf Gegenseitigkeit beruht.

Klug und häuslich sind die Frauen aus dem Schütze-Schwein-Zeichen. Sie sind lieb und sexy und nützen ihre Überlegenheit gegenüber denen, die sie lieben, nie aus. Sie schließen schnell Freundschaften, an denen sie oft ein Leben lang festhalten.

Schütze-Schweine sind heiter und abgeklärt. Sie können niemandem etwas zuleide tun. Nur ihr Selbsterhaltungstrieb läßt sie manchmal zu Mitteln greifen, die sie eigentlich im Grunde ihres Herzens verabscheuen.

Steinbock-Schweine (22. Dezember bis 20. Januar)

Bevor Steinbock-Schweine jemand anderen an eine Sache heranlassen, machen sie sich lieber selbst ans Werk. Sie trauen niemandem, was ihnen oft Feinde schafft. Ihre Ordnungsliebe ist größer als die anderer Schweine-Geborenen. Es ist jedoch möglich, daß sie sich in der von ihnen geschaffenen Ordnung manchmal selbst nicht mehr zurechtfinden.

Im Beruf sind Steinbock-Schweine Einzelgänger mit ungeheurem Fleiß. Am liebsten würden sie alles an sich reißen. Hilfsbereit nehmen sie den Kollegen die Arbeit ab, um dann hinterher im geheimen über die Däumchendreher zu schimpfen. Wegen ihrer Gründlichkeit sind Steinbock-Schweine nicht die Schnellsten, aber sie fallen höheren Orts immer im guten Sinne auf.

Steinbock-Schweine sind ordnungsliebend und gründlich. Im familiären Bereich entwickeln sie Verantwortungsgefühl

Leichtsinnige Partner haben an der Seite dieser so sittenstrengen Mischlinge nichts zu suchen. Im zwölften chinesischen Tierzeichen bandelt man in jungen Jahren zwar gern an, doch geht es vielfach nicht über eine kurze Liaison hinaus. Man will mit dem Partner an einem Strang ziehen und prüft darum, ob außer Liebe noch weitere Gemeinsamkeiten vorhanden sind.

Steinbock-Schwein-Männer haben viel Sinn für Häuslichkeit. Aber immer wieder muß vor lauter Arbeit die Familiengründung verschoben werden. Solch ein Mustermann heiratet erst, wenn er Frau und Kinder ganz gewiß ernähren kann. Die Verantwortung drückt ihn schwer.

Auch die Steinbock-Schwein-Frau hat nur wenig Zeit für die Liebe. Zu sehr ist sie um das Wohl ihrer Familie besorgt. Nach Feierabend führt sie ein Haushaltsbuch, in das selbst Pfennigbeträge fein säuberlich vermerkt werden. Der Mann mag warten. Zu den ehelichen Pflichten gehört halt auch ein wenig Bürokram.

猪

Wassermann-Schweine (21. Januar bis 19. Februar)

Wassermann-Schweine haben immer Erfolg, weil sie zielstrebiger sind als andere Schweine. Ihr wacher Verstand bewirkt stets das Richtige. Sie entscheiden sich nur dann für eine Sache, wenn sie daraus Nutzen ziehen können. Damit wären die Weichen für den Beruf gestellt: Man macht den Wassermann-Schweinen nichts vor! Es sind Alleskönner, die sich in der schwierigsten Materie zurechtfinden. Und wenn sie in einer ganz bestimmten Angelegenheit nicht firm genug sind, mogeln sie sich eben so durch. Auch das will gelernt sein.

Diese Alleskönner finden sich überall zurecht. Wenn nicht, mogeln sie sich irgendwie durch

Die Männer aus diesem Zeichen mögen die Frauen ohne Schminke und kosmetische Tricks. Natürlichkeit zieht sie an. Sie lieben das einfache, ursprüngliche Leben. Trotzdem wird es den Frauen an ihrer Seite nie langweilig. Dafür sorgen die Launen, die wechselnden Stimmungen, die ein Wassermann-Schwein zuweilen befallen. Man sollte ihnen deshalb nicht böse sein. Sie machen es schon wieder gut.

Wassermann-Schwein-Frauen sind temperamentvoller als ihre Sternenbrüder. Ihre Launen haben Esprit. Sie verlieben sich oft, vergeben sich aber nie etwas dabei. Sie sind fröhliche Menschenkinder, an deren Seite jeder Mann glücklich werden kann, Spießer ausgenommen.

Diese Sternenmischlinge, Frau oder Mann, kennen nur die eine Moral, vor sich selbst bestehen zu können. Sie wollen in der Ehe unabhängig sein, gestehen aber auch dem Partner gewisse Freiheiten zu. Außer einigen Stimmungstiefs haben sie kaum Schwächen. Nur vor übermäßigem Essensgenuß sollten sie sich hüten. Als echte Schweine könnten sie mit den Jahren Speck ansetzen und träge werden.

Fische-Schweine (20. Februar bis 20. März)

Fische-Schweine sind gar nicht so ohne. Sie treten ihrer Umwelt freundlich entgegen, setzen sich jedoch gerade damit durch. Ihr bescheidenes Wesen schafft ihnen viele Freunde und Gönner. Sie träumen gern vom großen Glück, nehmen aber auch mit dem kleinen vorlieb. Sie beobachten, wie die anderen hasten und rennen und handeln selbst nach dem Wahlspruch: Immer mit der Ruhe!

Weil Fische-Schweine stets einen kühlen Kopf bewahren, haben sie ihren Mitmenschen einiges voraus. Sie erwecken Vertrauen im Beruf und in den zwischenmenschlichen Beziehungen. Man schätzt sie als Kollegen ebenso wie als Vorgesetzte. Sie packen nur da an, wo sie erfolgreich sein können, und reden nur dann mit, wenn sie die Materie beherrschen.

In der Liebe möchten Fische-Schweine spielen. Fröhliche Partner sind bevorzugt. Solche, die wie Kletten an ihnen hängen, werden sie schnell wegschicken. Gefühl ist bei diesen Sternenmischlingen alles. Enttäuschungen überwinden sie nur schwer.

Fische-Schwein-Männer können sich kaum schnell entscheiden. Die Liebe auf den ersten Blick kommt bei ihnen selten vor. Da sie stets die Idealfrau suchen, werden sie oft enttäuscht. Sie möchten am liebsten im siebenten Himmel schweben. Besser wäre freilich, sie bekämen eine Partnerin, die sie sanft von da oben herunterholt. Liebe allein macht noch nicht glücklich. Fische-Schwein-Männer brauchen die Frau, die ihnen ab und zu einmal gehörig die Leviten liest.

Vorsicht bei den Frauen dieses Zeichens: nicht immer sind ihre Tränen ehrlich

Zu hart sollte man aber Fische-Schweine nicht anpacken, vor allem nicht die Frauen aus diesem Mischzeichen. Wenn sie sich schlecht behandelt fühlen, können sie auch schon mal ein paar Tränen vergießen. Damit kriegen sie jeden Mann 'rum, der vielleicht gar nicht weiß, daß ihre Tränen nur Mittel zum Zweck sind, um ihn, den Heißgeliebten, zu einer tröstenden, liebevollen Geste zu bewegen. Der Rest kommt dann schon von allein.

Partnerschaftstest: Wer paßt zu wem?

Zum Schluß laden wir Sie zu einem kleinen Gesellschaftsspiel ein, das alle 144 Sternenmischlinge aus der chinesisch-abendländischen Astrologie unter einen Hut bringt.

Mit Hilfe der Tabellen können Sie eine gute oder schlechte Partnerkonstellation erkennen

Für diesen Partnerschaftstest „Wer paßt zu wem?" haben wir drei Tabellen zusammengestellt, aus denen Sie die Zahl errechnen können, die für ein ganz bestimmtes Verhältnis steht.

Angenommen, Sie wollen wissen, wie gut ein Widder-Drache zu einer Löwe-Schlange paßt. Dazu brauchen Sie vier Daten:

1. ***die Zahl für das Verhältnis Widder zu Löwe (wie aus Tabelle I zu ersehen ist: eine 6);***
2. ***die Zahl für das Verhältnis Drache zu Schlange (in Tabelle II erhalten wir ebenfalls eine 6);***
3. ***die Zahl für das Verhältnis Widder zu Schlange (aus Tabelle 3 ergibt sich eine 1);***
4. ***die Zahl für das Verhältnis Drache zu Löwe (hier müssen Sie ebenfalls Tabelle 3 benutzen und erhalten dort eine 3).***

Sie müssen also aus den drei Tabellen die Verhältnisse der einzelnen Tier- und Tierkreiszeichen untereinander ablesen, wobei die jeweilige Zahl immer im Schnittpunkt der bestimmten Zeichen zu finden ist.

Die vier Zahlen, die man dabei erhält, werden nun zusammengezählt (in unserem Beispiel also 6 + 6 + 1 + 3). Die Endsumme (in unserem Beispiel 16) ist dann die Zahl, die aussagt, wie günstig oder manchmal auch weniger gut es um ein bestimmtes Partnerschaftsverhältnis bestellt ist.

Um beim Beispiel zu bleiben: bei Widder-Drache und Löwe-Schlange sieht es sehr gut aus.

Die Noten für Ihr ganz spezielles Partnerschaftsverhältnis

Aus den nachstehenden Punktezahlen können Sie ablesen, wie günstig oder weniger gut eine Partnerschaft bestimmter Tierkreis-Geborener ist. Die Endsumme, die Sie anhand der drei Tabellen auf den Seiten 530 bis 535 nach dem Beispiel am Anfang dieses Kapitels errechnet haben, ergibt die jeweilige Punktezahl.

22–24 Punkte

In dieser Partnerschaft fühlt man sich im siebten Himmel, der voller Geigen hängt. Man achte nur darauf, daß diese stets gut gestimmt sind, sonst könnten Dissonanzen entstehen und sogar am siebten Himmel mal Wolken aufziehen. Sie wissen ja: Das Beste kann leider nur schlechter werden.

19–21 Punkte

Hervorragendes Verhältnis, in dem kaum etwas schiefgehen kann, weil sich beide Partner vorzüglich zu ergänzen scheinen. Es herrscht Gemeinsamkeit in fast allen Fragen. Schwierigkeiten können nur auf wenigen Interessengebieten entstehen, die leicht zu meistern sind.

16–18 Punkte

Verständnisvolle Partner, die auch bei unterschiedlichen Meinungen stets den goldenen Mittelweg beschreiten werden. In dieser Verbindung hat man sich gesucht und gefunden. Ernste Streitigkeiten sind kaum zu erwarten. Hängt trotzdem mal der Haussegen schief, bemühen sich beide Partner sofort, ihn schleunigst wieder gerade zu hängen.

13–15 Punkte

In diesem Fall haben wir es mit dem sogenannten Normalfall zu tun, mit einem kameradschaftlichen Verhältnis, das auch durch größere Gegensätze nicht so leicht zu erschüttern ist. Man liebt sich und man neckt sich, und wenn's mal kracht, ist die Versöhnung um so schöner.

Fortsetzung auf Seite 536

Tabelle I	Widder	Stier	Zwillinge	Krebs	Löwe	Jungfrau
Widder	4	2	5	1	6	3
Stier	2	5	1	4	3	6
Zwillinge	5	1	5	3	4	2
Krebs	1	4	3	5	2	4
Löwe	6	3	4	2	5	1
Jungfrau	3	6	2	4	1	5
Waage	4	3	6	3	5	1
Skorpion	3	2	4	6	4	5
Schütze	6	5	3	1	6	2
Steinbock	2	6	1	5	3	6
Wassermann	5	1	6	2	2	4
Fische	1	4	2	6	1	3

Waage	Skorpion	Schütze	Steinbock	Wassermann	Fische	Tabelle I
4	3	6	2	5	1	Widder
3	2	5	6	1	4	Stier
6	4	3	1	6	2	Zwillinge
3	6	1	5	2	6	Krebs
5	4	6	3	2	1	Löwe
1	5	2	6	4	3	Jungfrau
4	2	5	1	6	2	Waage
2	1	3	4	1	6	Skorpion
5	3	1	2	4	4	Schütze
1	4	2	4	3	5	Steinbock
6	1	4	3	5	3	Wassermann
2	6	4	5	3	5	Fische

Tabelle II	Ratte	Büffel	Tiger	Hase	Drache	Schlange
Ratte	4	3	3	2	5	2
Büffel	3	4	1	5	2	6
Tiger	3	1	6	3	6	4
Hase	2	5	3	5	3	4
Drache	5	2	6	3	1	6
Schlange	2	6	4	4	6	1
Pferd	1	3	4	1	3	5
Ziege	1	1	2	6	5	3
Affe	6	2	1	4	4	5
Hahn	4	6	5	1	2	3
Hund	6	4	5	2	1	2
Schwein	5	5	2	6	4	1

Pferd	Ziege	Affe	Hahn	Hund	Schwein	Tabelle II
1	1	6	4	6	5	Ratte
3	1	2	6	4	5	Büffel
4	2	1	5	5	2	Tiger
1	6	4	1	2	6	Hase
3	5	4	2	1	4	Drache
5	3	5	3	2	1	Schlange
5	4	2	6	6	2	Pferd
4	4	3	2	5	6	Ziege
2	3	6	5	1	3	Affe
6	2	5	1	3	4	Hahn
6	5	1	3	4	3	Hund
2	6	3	4	3	1	Schwein

Tabelle III	Widder	Stier	Zwillinge	Krebs	Löwe	Jungfrau
Ratte	4	5	6	1	3	3
Büffel	3	4	5	6	2	1
Tiger	2	3	3	5	2	6
Hase	3	5	1	5	4	2
Drache	6	4	4	2	3	5
Schlange	1	3	2	3	4	2
Pferd	5	2	1	6	1	4
Ziege	1	1	5	3	6	4
Affe	4	1	4	2	5	6
Hahn	2	6	3	1	5	3
Hund	6	6	2	4	1	5
Schwein	5	2	6	4	6	1

Waage	Skorpion	Schütze	Steinbock	Wassermann	Fische	Tabelle III
6	5	2	2	4	1	Ratte
3	1	5	2	6	4	Büffel
1	4	1	4	5	6	Tiger
4	6	6	1	2	3	Hase
1	2	6	1	3	5	Drache
5	6	4	6	1	5	Schlange
3	3	5	4	6	2	Pferd
2	3	2	6	5	4	Ziege
5	2	3	3	1	6	Affe
6	4	1	5	4	2	Hahn
2	5	4	3	3	1	Hund
4	1	3	5	2	3	Schwein

Fortsetzung von Seite 529

10–12 Punkte Gar nicht so schlechte Partnerschaft, in der man sich immer wieder zusammenrauft. In diesem Verhältnis sollte man sich gegenseitig ermuntern und versuchen, den anderen auch dann zu verstehen, wenn es schwerfällt. So schlecht stehen die Beziehungen zueinander nicht, daß nicht eine Verständigung zu erzielen wäre.

7–9 Punkte Na, ja – zu klagen braucht man nicht bei solch niedriger Punktzahl. In diesem Verhältnis gibt es einige erbitterte Streitgespräche, über denen man aber immer wieder zueinander finden kann, wenn man gegenseitig den guten Willen dazu hat. Hauptsache, man tritt sich ehrlich gegenüber und versucht, das Beste aus der Partnerschaft zu machen, die in vielen Fällen ja mit der großen Liebe begonnen hat.

4–6 Punkte Schauen Sie erst einmal ganz genau nach, ob Sie sich nicht verrechnet haben. Wenn nicht, sollten Sie sich ständig am Riemen reißen und versuchen, dem unterbenoteten Partner stets freundschaftlich gegenüberzutreten. Unter dem Sternenzelt gibt es kein Verhältnis, das nicht durch Eigeninitiative und guten Willen so zu verbessern wäre, daß man sich am Ende doch prächtig versteht.

ISBN: 978-3-8094-2178-8

Zeichnungen: Archiv
Umschlaggestaltung: Atelier Versen, Bad Aibling
Redaktion: Herta Winkler
Druck: Těšínská tiskárna a.s., Český Těšín
Printed in the Czech Republic

Die Ratschläge in diesem Buch sind von Autorin und Verlag sorgfältig erwogen und geprüft, dennoch kann eine Garantie nicht übernommen werden. Eine Haftung der Autorin bzw. des Verlags und seiner Beauftragten für Personen-, Sach- und Vermögensschäden ist ausgeschlossen.

110160201X817265344536271